SPINOZA

DON GARRETT (Org.)

SPINOZA

EDITORA
IDEIAS&
LETRAS

Direção Editorial:
Marcelo C. Araújo

Comissão Editorial:
Avelino Grassi
Edvaldo Manoel de Araújo
Márcio Fabri dos Anjos

Coordenação Editorial:
Ana Lúcia de Castro Leite

Tradução:
Cassiano Terra Rodrigues

Revisão:
Leila Cristina Dinis Fernandes

Diagramação:
Simone Godoy

Capa:
Vinício Frezza / Informat
Detalhe da obra *Portrait of Baruch de Spinoza*
Gemäldesammlung der Herzog
August – Bibliothek,
Wolfenbüttel / Germany

Coleção Companions & Companions

Título original: *The Cambridge Companion to Spinoza*
© Cambridge University Press, 1996
ISBN 978-05-2139-865-7

4ª impressão.

Todos os direitos em língua portuguesa, para o Brasil,
reservados à Editora Ideias & Letras, 2017.

Rua Barão de Itapetininga, 274
República - São Paulo /SP
Cep: 01042-000 – (11) 3862-4831
Televendas: 0800 777 6004
vendas@ideiaseletras.com.br
www.ideiaseletras.com.br

Dados Internacionais de Catalogação na Publicação (CIP)
(Câmara Brasileira do Livro, SP, Brasil)

Spinoza / Don Garrett (org.); (Tradução: Cassiano Terra Rodrigues). Aparecida-SP: Ideias & Letras, 2011. (Companions & Companions)

Título original: *The Cambridge Companion to Spinoza*
Vários autores
Bibliografia.
ISBN 978-85-7698-102-2

1. Spinoza, Benedictus de, 1632-1677 I. Garrett, Don. II. Série.

11-04366   CDD-199.492

Índice para catálogo sistemático:
1. Spinoza: Filosofia holandesa 199.492

Este volume é dedicado à memória
de Alan Donagan, nosso amigo e colega.

Sumário

Colaboradores – 9

Agradecimentos – 13

Método de citação – 15

Nota do tradutor – 17

Introdução – 19
    Don Garrett

1. Vida e obras de Spinoza – 33
    W. N. A. Klever

2. Metafísica de Spinoza – 89
    Jonathan Bennett

3. Teoria do conhecimento de Spinoza – 123
    Margaret D. Wilson

4. Ciência natural e metodologia de Spinoza – 185
    Alan Gabbey

5. Psicologia metafísica de Spinoza – 245
    Michael Della Rocca

6. Teoria ética de Spinoza – 333
    Don Garrett

7. Kissinger, Spinoza e Genghis Khan – 389
   EDWIN CURLEY

8. Teologia de Spinoza – 421
   ALAN DONAGAN

9. Spinoza e os estudos bíblicos – 469
   RICHARD H. POPKIN

10. Recepção e influência de Spinoza – 497
    PIERRE-FRANÇOIS MOREAU

Bibliografia – 527

Índice remissivo – 559

Colaboradores

JONATHAN BENNETT é professor de Filosofia na Universidade de Siracusa. É autor de dois livros sobre Kant, um sobre os empiristas britânicos e, depois, sobre *A Study of Spinoza's Ethics* (1984), dentre outros. Com Peter Remnant, editou e traduziu os *Novos ensaios sobre o entendimento* de Leibniz para o inglês (1981). Seu livro mais recente é *The Act Itself*.

EDWIN CURLEY é Professor de Filosofia na Universidade de Michigan, editor e tradutor de *The Collected Works of Spinoza* (v. I, 1985; v. II, no prelo) e de *A Spinoza Reader* (1994), editor do *Leviatã* de Hobbes (1994) e autor de *Spinoza's Metaphysics* (1969), *Descartes Against the Skeptics* (1978) e *Behind the Geometrical Method* (1988).

MICHAEL DELLA ROCCA é Professor Assistente de Filosofia na Universidade Yale. É autor de *Representation and the Mind-body Problem in Spinoza* (Oxford University Press, 1996) e de artigos sobre Spinoza e sobre metafísica.

O falecido ALAN DONAGAN era Professor da cadeira *Doris and Henry Dreyfuss* de Filosofia no *California Institute of Technology*. Ele escreveu *The Later Philosophy of R. G. Collingwood* (1962), *The Theory of Morality* (1977), *Human Ends and Human Actions: an Exploration of St. Thomas Teatment* (1985), *Choices: The Essential Element in Human Action* (1986), *Spinoza* (1988) e *Philosophical Papers of Alan Donagan* (2 vv., 1994).

ALAN GABBEY é professor de Filosofia e foi Chefe do Departamento de Filosofia no Barnard College, Universidade Columbia, e é *Membre effectiv* da *Académie Internationale d'Histoire des Sciences*. Dentre suas publicações, constam "Force and inertia in the Seventeenth Century: Descartes and Newton", em S. Gaukroger (ed.), *Descartes: Philosophy, Physics, Mathematics* (1980), e "Philosophiae Cartesiana Triumphata: Henry More 1646-1671", em T. Lennon *et al.* (ed.), *Problems of Cartesianism* (1982). É membro dos conselhos editoriais do *Journal of the History of Philosophy* e da série monográfica *International Archives of the History of Ideas*.

DON GARRETT é professor de Filosofia na Universidade do Utah. É autor de vários artigos sobre Spinoza e sobre filosofia moderna inicial. Também é autor de *Cognition and Commitment in Hume's Philosophy* (1996) e coeditor do periódico *Hume Studies*.

W. N. A. KLEVER é professor de Filosofia na Universidade Erasmus de Roterdã (Holanda) e cofundador e editor-chefe de *Studia Spinozana*. Publicou o recentemente (1992) descoberto *Vrye Politijke Stellingen* de Franciscus van den Enden, mestre de Spinoza; é autor de *Verba et Sententiae Spinozae According to Lambertus van Velthuysen* (1990), *Zuivere Economische Wetenschap; een Ontwerp op basis van Spinozistische Beginselen* (1991) e *Zicht op Spinoza* (1994).

PIERRE-FRANÇOIS MOREAU é professor de Filosofia na *École Normale Supérieure* de Fontenay/Saint-Cloud e Presidente do *Groupe de Recherches Spinoziste* (CNRS). É autor de *Récit Utopique. Droit Naturel et Roman de L'Etat* (1982), *Hobbes. Science, Philosophie, Religion* (1989) e *Spinoza. L'Experience et L'Eternité* (1994). É tradutor do *Tractatus Politicus* de Spinoza (1979) e (em colaboração com J. Lagrée) de *Philosophia S. Scripturae Interpres* de L. Meyer.

RICHARD H. POPKIN é professor emérito da Universidade de Washington, campus de St. Louis, e Professor Adjunto na Universidade da Califórnia, Los Angeles. É autor da *History of Scepticism from Erasmus to Spinoza* e de muitos artigos sobre a história intelectual judaica e cristã nos séculos XVII e XVIII.

MARGARET DAULER WILSON foi professora de Filosofia na Universidade Princeton, onde lecionou de 1970 até 1998. Publicou um livro, *Descartes*, assim como muitos artigos sobre a filosofia moderna inicial. Dentre suas publicações anteriores estão numerosos ensaios acerca da *Ética* de Spinoza.

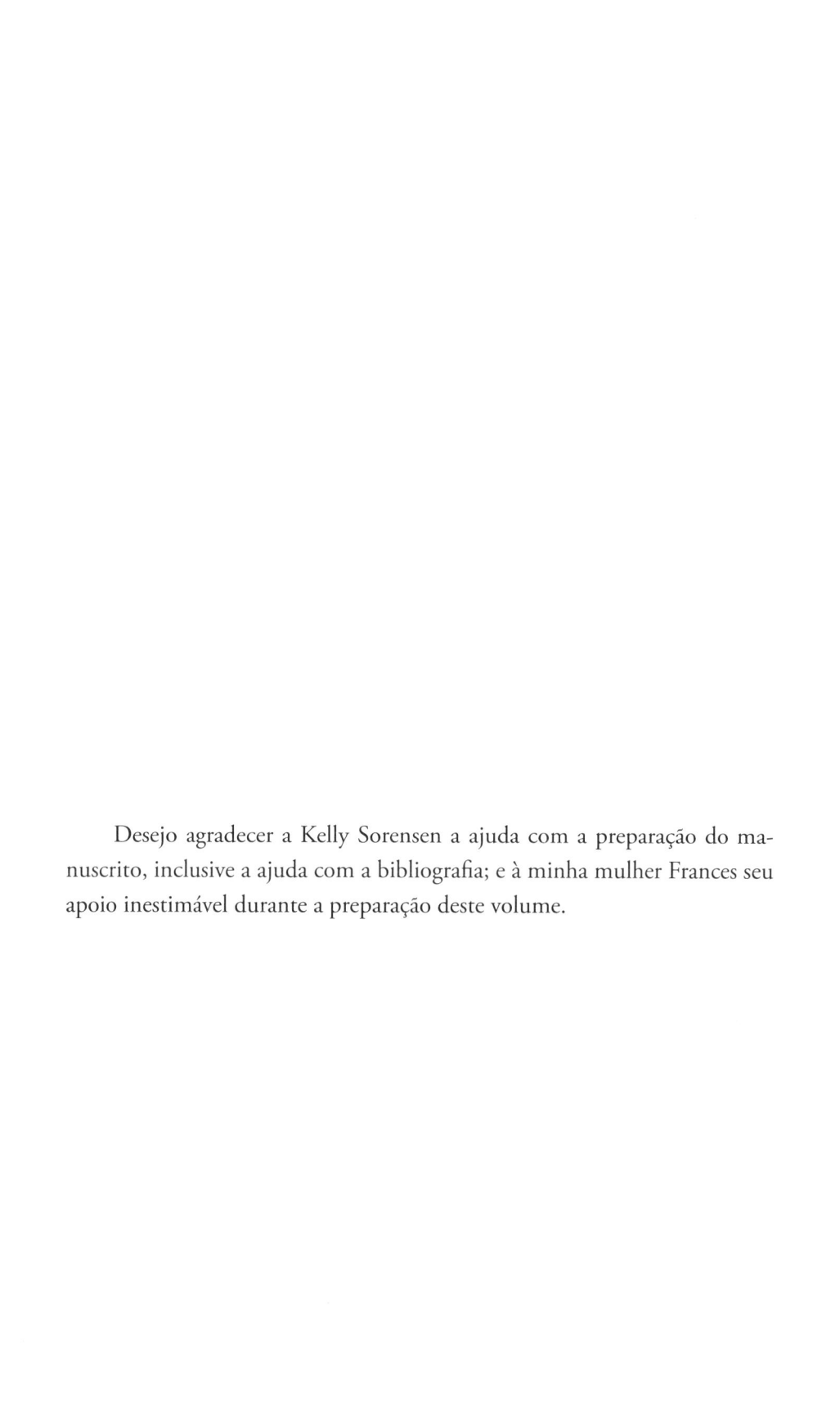

Desejo agradecer a Kelly Sorensen a ajuda com a preparação do manuscrito, inclusive a ajuda com a bibliografia; e à minha mulher Frances seu apoio inestimável durante a preparação deste volume.

Método de citação

Quando as referências forem por autor e ano de publicação, as informações sobre as referências completas podem ser encontradas na bibliografia.

As seguintes abreviações comuns foram usadas para referir aos escritos de Spinoza:

CGLH	*Compendium Grammatices Linguae Hebraeae* (*Compêndio de Gramática hebraica*)
DPP	*Renati Des Cartes Principiorum Philosophiae, pars I et II, more geometrico demonstratae* (*Princípios da Filosofia de Descartes*)
E	*Ethica ordine geometrico demonstrata* (*Ética*)
Ep	*Epistulae* (*Correspondência*)
KT	*Korte Verhandeling van God, de Mensch en deszelfs Welstand* (*Curto tratado sobre Deus, o Homem e seu bem-estar*)
TdIE	*Tractatus de Intellectus Emendatione* (*Tratado da emenda do intelecto*)
TP	*Tractatus politicus* (*Tratado político*)
TTP	*Tractatus theologico-politicus* (*Tratado teológico-político*)

Referências ao *Curto tratado sobre Deus, o Homem e seu bem-estar*, ao *Tratado da emenda do intelecto*, ao *Tratado político* e ao *Tratado teológico-político* são feitas aos capítulos e, dentro dos capítulos, pelos números das seções introduzidos na edição Bruder das obras de Spinoza e reproduzidas em muitas edições subsequentes.

As referências à *Correspondência* são por número da carta.

As referências aos *Princípios da Filosofia de Descartes* e à *Ética* começam com algarismos arábicos denotando a Parte e passam a usar as seguintes abreviações comuns:

a	Axioma
ap	Apêndice
c	Corolário
d	Definição (quando não vier depois de um número de proposição)
d	Demonstração (quando vier depois de um número de proposição)
da	Definição dos Afetos (no fim da *Ética* parte 3)
ex	Explicação
le	Lema (depois de *Ética* 2p13)
p	Proposição
po	Postulado
pr	Prefácio
s	Escólio (nota)

Por exemplo, "E 1p14d, c1" refere-se à *Ética* Parte 1, proposição 14, demonstração e corolário 1.

Nota do tradutor

As seguintes traduções dos escritos de Spinoza foram utilizadas:

Ética. Trad. e notas de Tomaz Tadeu. 2ª ed. bilíngue latim-português. Belo Horizonte: Autêntica Editora, 2008.

Tratado teológico-político. Tradução, introdução e notas de Diogo Pires Aurélio. 1ª ed. São Paulo: Martins Fontes, 2003.

Pensamentos metafísicos; *Tratado da correção do intelecto*; *Ética*; *Tratado político*; *Correspondência*. Seleção de textos de Marilena de Souza Chauí; traduções de Marilena de Souza Chauí, Carlos Lopes de Mattos, Joaquim de Carvalho, Joaquim Ferreira Gomes, António Simões, Manuel de Castro. 3ª ed. São Paulo: Abril Cultural, 1983. Coleção *Os Pensadores*.

Para as citações da *Ética*, preferimos sempre a tradução de Tomaz Tadeu. As traduções de obras de outros autores são devidamente referenciadas na primeira vez em que aparecem citadas. Procuramos sempre indicar a numeração de página das edições que utilizamos entre colchetes, após a indicação padrão do volume. Assim, por exemplo, "TTP XVI. 36 [242]" quer dizer *Tratado teológico-político*, cap. XVI, seção 36 da edição Bruder, página 242 da tradução de Diogo Pires Aurélio, por nós utilizada. A mesma regra vale para outros livros, de outros autores, mormente clássicos, como o *Leviatã* de Hobbes, por exemplo. As referências bibliográficas completas são dadas conforme a ocasião.

Citações de outros escritos de Spinoza, para os quais não encontramos traduções para nosso idioma, foram traduzidas do inglês.

Uma última observação sobre a tradução do título do *Tractatus de Intellectus Emendatione*. Preferimos traduzir esse título por *Tratado da emenda do intelecto*, apesar de nossa opção não ser corroborada por alguns tradutores. A explicação é simples: a palavra de nosso idioma *emenda* traduz direta e exatamente (tanto quanto isso é possível) a latina *emendatio*.

Cassiano Terra Rodrigues

Introdução

Don Garrett

Benedito (Baruch) de Spinoza parece ser, de muitas maneiras, uma figura contraditória na história da filosofia. Desde o início, ele é considerado notoriamente como um "ateu" que procura por uma deidade pessoal no lugar da Natureza; no entanto, ele também era, de acordo com a famosa descrição dele feita por Novalis, "um homem intoxicado de Deus". Ele era um fatalista intransigente e um determinista causal, cujo ideal ético era tornar-se um "homem livre". Ele sustentava que a mente humana e o corpo humano são idênticos; no entanto, insistia que a mente humana pode alcançar um tipo de eternidade que transcende a morte do corpo. Foi adotado pelos marxistas como um precursor do materialismo histórico, bem como pelos hegelianos, que nele viram um precursor do idealismo absoluto. Ele era um egoísta psicológico, que proclamava que todos os indivíduos buscam necessariamente sua vantagem própria acima de tudo, com a consequência de que outros indivíduos só teriam algum valor à medida que lhe fossem úteis; no entanto, seus escritos tinham como meta promover a comunidade humana baseada no amor e na amizade, ele mesmo tinha muitos amigos devotados, e até seus críticos eram obrigados a reconhecer que sua conduta pessoal estava acima de qualquer crítica. Ele sustentava que o estado tem o direito de fazer o que for que tiver o poder de fazer, enquanto ao mesmo tempo defendia a democracia e a liberdade de expressão. Ele negava a revelação sobrenatural, criticava a religião popular como um grave perigo à paz e à estabilidade do estado; no entanto, devotou-se pessoalmente à cuidadosa interpretação da Escritura, defendendo tolerância completa e liberdade de religião. Raramente empregando figuras de estilo ou floreios de retórica de qualquer tipo, suas obras, apesar disso, estão entre as mais magistrais e edificantes de todos os escritos filosóficos, e inspiraram mais poetas e romancistas do que as de qualquer outro filósofo. Dando definições explícitas de termos que usava e demonstrações formais de suas doutrinas, ele buscou esclarecer o que queria dizer e suas razões com mais esforço do que qualquer outro filósofo jamais tenha feito, ainda que alguns poucos filósofos tenham se mostrado mais difíceis de interpretar.

Entender como todas essas coisas podem ser verdadeiras de um único homem e sua filosofia é fazer mais do que meramente resolver alguns quebra-cabeças interpretativos fascinantes. É mais até do que ter uma compreensão profunda do mundo intelectual do século XVII que o produziu e das épocas seguintes que tentaram entendê-lo. As duas coisas, naturalmente; mas é também ver fundo numa das mentes filosóficas mais profundas da idade moderna ou de qualquer época; e, por conseguinte, ver profundamente dentro de sua filosofia.

O século XVII foi um período de tumulto científico, intelectual, político e religioso que deu origem a muitos "sistemas" filosóficos. Desses, é o sistema monista e naturalista de Spinoza que, de início tão proibitivo na linguagem e na apresentação, em última instância, fala de maneira mais cogente e persuasiva ao século XX. Como escreveu Alan Donagan:

> A maioria das filosofias, quaisquer que sejam suas atrações superficiais, são incoerentes e, portanto, impossíveis. Outras, ao passo que não impossíveis, ou assumem gratuitamente aquilo que não mostra razões para ser acreditado, ou negam aquilo que é bom para se acreditar. [...] O número de filosofias possivelmente verdadeiras para as quais há alguma razão para se acreditar é de fato muito pequeno, e o interesse filosófico de cada uma delas é correspondentemente grande. A de Spinoza é uma dessas (Donagan 1988: XIV).

Nascido e educado na comunidade judaica de Amsterdã, e fortemente influenciado por seu estudo de Descartes, Spinoza foi excomungado no começo de seus vinte anos, mudou de nome, de "Baruch" (abençoado) para seu equivalente latino *Benedictus*, e viveu as duas últimas décadas de sua vida calmamente como tutor e polidor de lentes em Leiden e Haia, e nas proximidades.

Sua insígnia pessoal trazia a palavra "Caute" ("cautela"), e ele certamente foi um revolucionário intelectual cauteloso, que expressava doutrinas novas e radicais na terminologia e nas fórmulas tradicionais. Sempre cuidadoso quanto a partilhar suas visões com outros, ele publicou seu *Tratado teológico-político* (que examina a relação entre a teoria política e a religião por meio da interpretação das escrituras e da história da nação hebraica) anonimamente sob uma marca falsa; e também se recusou a publicar sua obra-prima, a *Ética*, enquanto vivo. Todavia, não era um indivíduo solitário trabalhando num vácuo pessoal ou intelectual, como muitos supuseram. Ao contrário, influenciou e foi influenciado por muitos de seus contemporâneos, além de fazer parte de uma vivaz comunidade intelectual holandesa. No capítulo 1, W. N. A. Klever baseia-se em recentes descobertas históricas – muitas delas dele mesmo – para recontar a história da vida e das obras de Spinoza no século XVII do contexto holandês. No processo, ele abre novas perspectivas sobre as metas e motivações de Spinoza, dedicando especial atenção à precoce secularização de Spinoza, seu comprometimento com a "ciência" num sentido amplo e sua preocupação em tratar, do ponto de vista de sua própria concepção filosófica de Deus, dos problemas políticos práticos colocados pela natureza da religião popular.

O ousado e surpreendente título completo da apresentação madura de Spinoza de seu sistema filosófico é a *Ética demonstrada à maneira dos geômetras*. Essa "maneira geométrica", segundo o modelo dos *Elementos* de Euclides, corresponde ao que Descartes chamou de método "sintético" de demonstração:

> A maneira de demonstrar é dupla: uma se faz pela análise ou resolução, e a outra pela síntese ou composição.
> A análise mostra o verdadeiro caminho pelo qual uma coisa foi metodicamente descoberta [...].
> A síntese, ao contrário, por um caminho todo diverso, e como que examinando as causas por seus efeitos, [...] demonstra, na verdade, claramente o que está contido em suas conclusões, e serve-se de uma longa série de definições, postulados, axiomas, teoremas e problemas, para que, caso lhe neguem algumas consequências, mostre como elas se contêm nos antecedentes, de modo a arrancar o consentimento do

leitor, por mais obstinado e opiniático que seja [...] (Descartes 1985: II, 110-111[176-177]).[1]

Spinoza já usara esse método sintético ou ordem geométrica como expositor de Descartes na única obra que publicou assinada com seu nome em vida, *Princípios da filosofia de René Descartes* (*Renati Des Cartes Principiorum Philosophiae*).

Na *Ética*, Spinoza buscou demonstrar suas teorias éticas na ordem apropriada, a partir dos princípios metafísicos, dos quais, ele acreditava, elas dependiam e por meio dos quais elas têm de ser entendidas. Sua ontologia metafísica, como a de Descartes, tem como elementos a substância, os atributos (chamados por Descartes "atributos principais") e os modos. De acordo com Spinoza, uma substância é aquilo que é "em si mesmo e concebido por si mesmo"; um atributo é aquilo que "o intelecto percebe como substância, como constituinte de sua essência"; e os modos são "as afecções da substância ou aquilo que está em outro por meio do qual também é concebido".

Descartes sustentava que todas as coisas dependem causalmente de Deus para sua criação e conservação; por isso, reconhecia somente um sentido muito estreito do termo "substância", segundo o qual Deus é a única substância. Num sentido mais solto e cotidiano do termo, porém, ele reconhecia dois tipos de substância criada, cada qual com seu atributo principal: as substâncias extensas, cujo principal atributo é a extensão (isto é, a dimensionalidade espacial); e as mentes, cujo principal atributo é o pensamento. De definições e axiomas aparentemente cartesianos – que, todavia, incorporam uma forte exigência de que tudo seja inteligível por meio de uma causa ou razão suficiente – Spinoza deduziu, em sua *Ética*, um monismo substancial rigoroso, de acordo com o qual Deus é a única substância. O Deus de

---

[1] Descartes também usava a expressão "ordem geométrica", mas em sentido mais amplo do que o fazia Spinoza. Para Descartes, a ordem geométrica requer apenas que "as coisas propostas primeiro devem ser conhecidas sem a ajuda das seguintes, e que as seguintes devem ser dispostas de tal forma que sejam demonstradas só pelas coisas que as precedem" (Descartes 1985: II, 110[176]). Para Descartes, ambos os métodos analítico e sintético de demonstração são exemplos de ordem geométrica.

Spinoza é uma substância autocausada de "infinitos" atributos, incluindo os da extensão e do pensamento, de cuja natureza tudo o que é possível necessariamente flui. Decorre disso que as coisas individuais, como os seres humanos, só podem ser *modos* dessa substância única – que Spinoza às vezes chama de "Deus ou Natureza" (*Deus, sive Natura*). Em sua concepção, *todo* modo de extensão é idêntico a um modo correspondente de pensamento, e assim tudo é pensamento, bem como tudo é extenso. Uma aplicação dessa teoria é que o corpo humano é idêntico à mente humana. Não obstante, não pode haver interação causal ou relação explicativa entre eles, porquanto a extensão e o pensamento são, cada qual, atributos independentes e autocontidos de Deus ou da Natureza. No capítulo 2, Jonathan Bennett busca as raízes da metafísica de Spinoza em quatro assunções subjacentes – a do "racionalismo explicativo" (isto é, o princípio de que tudo deve ter uma razão suficiente), a do "dualismo conceitual", a da "mecânica do impacto" e a da "neutralidade do tamanho" – e na tentativa de Spinoza de resolver dois problemas metafísicos fundamentais: (1) quais são as substâncias materiais que existem? e (2) o que subjaz à correlação sistemática entre estados mentais e estados físicos? Enquanto faz isso, ele ainda desenvolve a interpretação singular das relações entre substância, atributos e modos na filosofia de Spinoza que primeiro publicou no seu *Study of the Ethics of Spinoza* (Bennett em 1984).

Spinoza apropriou-se da distinção cartesiana entre as duas faculdades representativas humanas, o intelecto e a imaginação. Ele considerava a primeira como não imagística e como a fonte de ideias adequadas, ao passo que a segunda era considerada como imagística e como fonte de ideias inadequadas. Conforme sugerido pelo título de seu precoce e inacabado *Tratado da correção do intelecto*, parte do projeto filosófico de Spinoza era melhorar e reforçar o intelecto. Na Parte 2 da *Ética*, ele se propôs a demonstrar – como consequências de sua metafísica – a natureza da mente humana como "ideia" do corpo humano, a natureza da percepção sensorial, a relação entre ideias verdadeiras e falsas e a maneira como todas as ideias (inclusive as humanas) estão contidas no intelecto infinito de Deus. Ele também diferenciou três gêneros de conhecimento ou cognição (*cognitio*): o primeiro gênero, *opinião* ou *imaginação*, inclui a experiência aleatória ou indeterminada, boatos ou conhecimento advindo de meros signos; o segundo gênero, a *razão*, depende das "noções comuns" (aspectos das coisas que existem igualmente nas partes e no todo) e de conhecimento adequado das "propriedades" (em vez de das essências) das coisas; e o terceiro, *conhecimento intuitivo*, "parte da ideia adequada da essência formal de certos atributos de Deus para chegar ao conhecimento adequado da essência das coisas", na ordem apropriada, das causas aos efeitos. Ambos, o segundo e o terceiro gênero de cognição, são verdadeiros e adequados, mas o terceiro gênero dá maior entendimento e compreensão das essências das coisas. No capítulo 3, Margaret D. Wilson explica de maneira bastante compreensível os muitos aspectos inter-relacionados da teoria do conhecimento de Spinoza, mostrando o que é distintivo ou idiossincrático nela e enfatizando a natureza e os propósitos éticos de suas doutrinas epistemológicas.

Para Spinoza, teoria do conhecimento, de um lado, e ciência natural, de outro, estavam profundamente relacionadas. Em sua concepção, a primeira serve como base da qual os métodos da ciência natural, como os de toda inquirição, têm de ser derivados e pela qual têm que ser entendidos. Contudo, além disso, do paralelismo dos dois atributos de pensamento e extensão e da identidade de seus modos correspondentes, segue-se que a força da própria implicação lógica – pela qual ideias adequadas produzem ou ocasionam outras ideias adequadas sob o atributo do pensamento – é literalmente *idêntica* à força causal pela qual os modos da extensão produzem ou ocasionam outros modos de extensão. Ou seja, a força lógica e a força física são a mesmíssima força, consideradas de duas maneiras diferentes, segundo dois atributos diferentes. A própria *Ética* dedica de certo modo menos discussão às ciências dos corpos extensos, ou o que hoje chamamos de ciência natural, do que às ciências de pensar as coisas, ou o que hoje chamamos de psicologia. Não obstante, a preocupação de Spinoza tanto com os métodos quanto com os conteúdos da ciência natural é manifesta por toda parte em seus escritos, desde o *Tratado da correção do intelecto* até sua apresentação geométrica da física cartesiana em *Princípios da filosofia de Descartes*, e desde seu assim chamado excurso físico em seguida à *Ética* 2p13 a sua às vezes detalhada correspondência com Henry Oldenburg (primeiro secretário da Sociedade Real Britânica, amigo de Robert Boyle). No capítulo 4, Alan Gabbey situa os interesses científicos de Spinoza no contexto das categorias disciplinares do século XVII, investiga a autoria de dois pequenos tratados (sobre o arco-íris e sobre o cálculo das probabilidades) frequentemente atribuídos a ele, descreve sua correspondência científica, avalia suas forças e fraquezas como expositor da física cartesiana, examina a função da física cartesiana em sua filosofia e explora sua concepção de metodologia nas ciências naturais.

A doutrina de que há somente uma única substância levanta a questão de como as coisas individuais podem ser diferenciadas umas das outras. Porque diferentes indivíduos não são diferentes substâncias, eles precisam ser diferenciados, dentro da substância única, de algum outro jeito. Dentro do atributo da extensão, as coisas individuais são constituídas de "proporções fixas de movimento e repouso" – isto é, padrões persistentes na distribuição de forças físicas fundamentais. Dentro do atributo do pensamento, os indivíduos são constituídos pelas ideias desses padrões efetivamente persistentes. Cada um dos indivíduos tem uma natureza ou essência definida, e todos são, nessa medida, aproximações finitas às substâncias. A Parte 3 da *Ética* defende que a essência ou natureza de uma coisa deve buscar excluir de si o que for incompatível com sua própria persistência, de modo que uma coisa pode ser entendida como *ativa* – isto é, como causa adequada de efeitos – somente na medida em que se esforça, por sua própria natureza, em persistir. Essa luta ou esforço (*conatus*) em perseverar em seu próprio ser é assim uma consequência das condições necessárias para que um indivíduo seja um indivíduo verdadeiramente e constitui o poder próprio de cada indivíduo.

Dessa maneira, a solução spinoziana ao problema da individuação implica uma doutrina do egoísmo psicológico individual necessário que vale em toda a natureza. Ele buscou deduzir a natureza da psicologia humana acrescentando a essa doutrina geral dois postulados a mais acerca dos seres humanos em particular: (1) que são afetados de muitas maneiras que podem aumentar ou diminuir seu poder de *agir* (no sentido de ser uma "causa adequada"); e (2) que são suficientemente complexos para formar e reter imagens ou rastros sensórios de outras coisas. Nessa base, Spinoza definiu três emoções ou "afetos" primários: (1) o desejo (*cupiditas*), que é o "apetite (isto é, o esforço de se autopreservar) junto com a consciência pelo apetite"; a alegria (*laetitia*), que é um afeto "pelo qual a Mente passa a uma maior perfeição" ou capacidade para a ação; e a tristeza (*tristitia*), que é um afeto "pelo qual a Mente passa a uma menor perfeição" ou capacidade para a ação. Quando um afeto é produzido por causas externas, em vez de pelo próprio poder do agente, o afeto é uma *paixão*. A Parte 3 da *Ética* analisa e define um grande número de afetos adicionais em termos desses três – variando suas combinações, suas causas e seus objetos – e deduz dessas definições uma série de consequências para os fenômenos emocionais e motivacionais. No capítulo 5, Michael Della Rocca analisa e avalia detalhadamente o argumento de Spinoza em favor da conclusão metafísica de que "cada coisa, à medida que por seu próprio poder for capaz, luta para perseverar em seu ser"; ele descreve e avalia o esforço de Spinoza em aplicar essa doutrina metafísica à psicologia humana; e criticamente examina a interpretação spinoziana das leis particulares que regem a psicologia humana. Ao fazê-lo, ele enfatiza o aspecto naturalista do projeto de Spinoza, o que exige que o filósofo considere os estados psicológicos humanos como sujeitos a leis que são instâncias ou aplicações de leis mais gerais que operam em toda a natureza.

A análise de Spinoza das emoções, ou "afetos", e sua doutrina de que cada pessoa necessariamente se esforça por perseverar em seu próprio ser, junto com sua metafísica e sua teoria do conhecimento, dão a base para a teoria ética por ele desenvolvida nas Partes 4 e 5 da *Ética*. Ele procurou ali explicar a suscetibilidade humana às paixões (isto é, afetos dos quais o indivíduo não é a causa adequada), as maneiras em que o entendimento confere poder para controlar essas paixões e os elementos do "jeito correto de se viver". O "bem", conforme Spinoza o definiu, é qualquer coisa que sabemos ser útil para preservar nosso ser. Já que todos os seres humanos necessariamente se esforçam em perseverar em seu ser, todos os seres humanos estarão motivados, ao menos em certa medida, até onde seu próprio poder permita, a perseguir o bem conforme o entendam. A ética, como conhecimento do "jeito correto de se viver", é para Spinoza um gênero de conhecimento da natureza que ao mesmo tempo é conhecimento que é necessariamente motivador (em alguma medida) para os seres humanos. Ele defende que o mais elevado bem humano está no conhecimento adequado, que é ele próprio eterno e, por causa disso, faz com que uma parte da mente humana seja eterna. Aqueles que são mais capazes de perseguir sua vantagem própria por meio do conhecimento adequado são "homens livres", "guiados pela razão" e possuidores da virtude. A existência da liberdade humana é compatível com o determinismo (*necessitarianism*), porque liberdade não implica acaso ou indeterminismo, mas, antes, ação que vai da necessidade da natureza autopreservativa de uma pessoa, diferentemente da determinação (*necessitation*) por causas externas. Consequentemente, somente aqueles que são guiados pela razão, e não pela paixão, são verdadeiramente livres. A Parte 4 da *Ética* avalia uma variedade de afetos e comportamentos de uma perspectiva ética, elogiando a amizade e a nobreza (porque nada é mais vantajoso a um ser humano do que outros seres humanos serem guiados pela razão), mas condenando certas concepções cristãs, tais como a humildade, o arrependimento e a pena (porque são gêneros de tristeza). No capítulo 6, esboço a teoria ética de Spinoza e doutrinas relacionadas e examino vários aspectos cruciais, mas com frequência negligenciados ou mal-entendidos, dessa teoria: (1) o significado da linguagem ética; (2) a natureza do bem; (3) a praticidade da razão; (4) o papel da virtude; (5) as exigências a serem satisfeitas para a liberdade moral e a responsabilidade moral; e (5) a possibilidade e a importância moral do altruísmo.

O egoísmo psicológico de Spinoza também fornece a base para sua teoria política. Assim como sua teoria ética, sua teoria política é um ramo do estudo da natureza; mas enquanto sua teoria ética se preocupa principalmente com o poder e a vantagem dos indivíduos humanos, sua teoria política, conforme detalhada em seu *Tratado teológico-político* e em seu mais tardio e inacabado *Tratado político*, preocupa-se principalmente com o poder e a vantagem dos coletivos políticos compostos pelos indivíduos humanos. É fundamental a sua teoria política a ideia de que "direito" e "poder" são coextensivos. Como Maquiavel, ele buscou entender as relações do poder político prática, científica e desapaixonadamente. Como Hobbes, sustentou que os cidadãos fazem bem em entregar seus direitos e poder ao Estado em troca da proteção que o Estado pode garantir a eles em sua busca de autopreservação. Mas, diferentemente de Hobbes, Spinoza enfatizava a amplitude das limitações práticas da concessão de poder do indivíduo ao Estado; e também diferentemente de Hobbes, ele situava a mais elevada vantagem do ser humano não na simples vida continuada e na busca do prazer, mas em realização do conhecimento adequado e em sua resultante paz de espírito.

Para Spinoza, o próprio estado é um "indivíduo" que se esforça para se autopreservar. Contudo, seus cidadãos representam para ele mais perigo do que os inimigos externos; e, para se preservar, o estado precisa cuidar de como busca exercer seu poder sobre seus cidadãos. Spinoza sustentava que o estado mais sábio e estável é uma democracia constitucional limitada que permita a liberdade de expressão e a tolerância religiosa. Para ele, um estado livre é "livre" em três sentidos diferentes, mas relacionados: ele não impõe restrições à expressão ou à religião; favorece o desenvolvimento de "homens livres", no sentido do ideal ético de Spinoza; e é *em si mesmo* um indivíduo livre, já que age por sua própria natureza para realizar sua autopreservação. No capítulo 7, Edwin Curley explica a relação de Spinoza com Maquiavel, com Hobbes e com o conceito de contrato social, avaliando criticamente a subordinação spinoziana do conceito de direito político ao de poder político.

Embora fosse um naturalista – no sentido de que sustentava que nada existe fora ou além da Natureza –, Spinoza não era um simples ateu que disfarçava a impiedade com uma terminologia teísta irônica ou conciliatória. Em vez disso, reconcebendo a Natureza como ativa e autocausante e, ao mesmo tempo, reconcebendo Deus como extenso e não proposital, ele conseguiu conceber Deus identicamente à Natureza, em vez de como um criador transcendente dela. Seu Deus, como o Deus dos teólogos, é perfeito e infinito, é a causa autocausada de tudo, tem uma essência idêntica a sua existência e (por meio do "terceiro gênero" de conhecimento) é o objeto de eternos e contemplativos amor e beatitude religiosos. Porém, diferentemente do Deus dos teólogos, o Deus de Spinoza é diretamente inteligível ao intelecto, por meio dos atributos divinos do pensamento e da extensão. Com efeito, uma vez que o Deus de Spinoza é a única substância, na qual tudo existe e por meio da qual tudo deve ser concebido, para Spinoza *todo* conhecimento é conhecimento de Deus, assim como todos os efeitos são efeitos do poder de Deus. A teologia natural e intelectualista de Spinoza, preocupada com o conhecimento de Deus como a substância absolutamente infinita, é em larga medida coextensiva a sua metafísica, apresentada na Parte 1 da *Ética*. Todavia, Spinoza não buscou somente dar um entendimento da teologia, mas também descrever o gênero de teologia imaginativa – isto é, a teologia tal como compreendida pela faculdade de imaginação – que poderia servir de base para uma religião popular universal. Embora não interprete de maneira sobrenatural a revelação divina, no *Tratado teológico-político* ele a considera seriamente. No capítulo 8, Alan Donagan interpreta a teologia natural de Spinoza, conforme ela se apresenta nas Partes 1 e 2 da *Ética*; a interpretação spinoziana da revelação e da teologia revelada, conforme expressa no *Tratado teológico-político*; e também a interpretação spinoziana da teologia prática ou da ação humana em relação a Deus.

Spinoza entendia a Bíblia como uma obra de grande importância, capaz de exacerbar conflitos sociais e de motivar perseguições, mas também capaz de exercer uma influência benéfica sobre as massas não filosóficas, dependendo da maneira em que fosse interpretada. Por conseguinte, ele próprio procurou interpretá-la com grande cuidado, como um produto histórico da natureza, tendo como base a atenção cuidadosa ao significado de sua composição e transmissão. Além de escrever um *Compêndio de Gramática hebraica*, ele dedicou atenção considerável à interpretação da Escritura no *Tratado teológico-político*. Do conteúdo da própria escritura, ele concluiu que os profetas não são distinguidos das outras pessoas pela força de seu intelecto, mas pela vivacidade de suas imaginações; que as revelações se acomodavam nas mentes dos profetas que as recebiam; e que a própria Sagrada Escritura nada ensina de essencial à salvação, exceto a justiça (isto é, a obediência às leis do estado) e a caridade para com o próximo. No capítulo 9, Richard H. Popkin situa alguns dos antecedentes e das influências da abordagem interpretativa da Bíblia feita por Spinoza na obra de Aben Ezra, Isaac La Peurere, o Quacker Samuel Fisher e os Socinianos – ele explica os princípios de Spinoza para a interpretação da Escritura; examina o tratamento dado por ele à natureza de Jesus; e conclui que a originalidade da interpretação de Spinoza da Escritura está menos nos detalhes das teses interpretativas que ele propõe do que no espírito radicalmente secularizante que seu naturalismo tornou possível.

Spinoza e sua filosofia significaram muitas coisas para muitas pessoas. Seus contemporâneos geralmente consideravam que sua filosofia era uma forma tenuemente disfarçada de ateísmo, ao mesmo tempo que o *Dictionnaire*

Historique et Critique (1697) de Bayle serviu para reforçar a imagem de um metafísico herético e absurdo, que, não obstante, viveu uma vida exemplar. O romantismo alemão, primeiramente, e depois o inglês acharam que o panteísmo de Spinoza casava bem com o espírito rebelde e heterodoxo de sua época. Os idealistas absolutos do século XIX viam seu monismo e sua concepção do atributo infinito do pensamento como antecipações de Hegel, enquanto os marxistas viam seu determinismo e suas teorizações políticas baseadas no poder como uma prefiguração de Marx. Filósofos posteriores classificaram Spinoza, junto de Descartes e Leibniz, como uma das três figuras mais importantes do "Racionalismo Continental". Sucessivas gerações de cientistas naturais e psicólogos, escritores e poetas encontraram em seus escritos uma permanente fonte de inspiração. No capítulo 10, Pierre-François Moreau (traduzido por Roger Ariew) faz a crônica da variegada história da recepção e da influência de Spinoza, desde o século XVII até o presente.

Spinoza considerava que todo conhecimento – como também os objetos de conhecimento – estavam profundamente inter-relacionados. Além disso, conforme enfatizado por Gabbey, sua concepção de fronteiras disciplinares diferia consideravelmente da nossa. É inevitável, então, que alguns tópicos sejam abordados, de diferentes ângulos, em mais de um capítulo deste volume. Por exemplo, os capítulos 5 e 6 tratam ambos da racionalidade da ação e da fraqueza da vontade; os capítulos 8 e 9 tratam ambos da cristologia; e os capítulos 3, 6 e 9 tocam, cada um de uma maneira, no tema da eternidade da mente. Espero que os leitores achem essas múltiplas perspectivas sobre algumas das teorias que estão nas intersecções dos muitos interesses de Spinoza úteis. Em nenhum dos casos creio haver mera repetição.

A despeito – e, às vezes, por causa – de seu uso da "ordem geométrica", Spinoza figura entre os filósofos mais difíceis de se interpretar; e conforme esclarece Moreau, ele foi assunto de muitas interpretações divergentes até e inclusive hoje em dia. Mesmo uma questão fundamental como a de o que Spinoza pretendia quando disse que os modos estão "na" substância é tópico de debate contínuo, como explica Bennett no capítulo 1. Assim, não é de surpreender que algumas diferenças de interpretação e de ênfase interpretativa apareçam no presente volume (para um único exemplo, ver os diferentes tratamentos da desonestidade nos capítulos 6 e 8). O que é surpreendente, dadas as circunstâncias, não é quantas tantas, mas quão poucas discordâncias existem. Nosso entendimento do que Spinoza pretendia transmitir a seus leitores não é completo – contudo, é consideravelmente maior do que já foi em qualquer época passada. Tomados em conjunto, os ensaios neste volume apresentam um retrato detalhado, coerente e, creio, preciso de um dos mais originais e frutíferos pensadores que a humanidade jamais produziu.

1 Vida e obras de Spinoza

W. N. A. KLEVER

A vida de Benedictus (Baruch) Spinoza é normalmente resumida a poucas linhas, da seguinte maneira. Filho de judeus marranos imigrantes de Portugal, Spinoza nasceu em Amsterdã, em 1632. Depois de ter recebido educação judaica, foi excomungado em 1656. Enquanto ganhava a vida, primeiro como comerciante, depois como polidor de lentes, aprendeu latim na escola de Franciscus van den Enden e conviveu com um círculo de Colegiados de Amsterdã, que se dedicavam ao cartesianismo. Viveu perto de Leiden em Rijnsburg (1660-1663), em Voorburg perto de Haia (1663-1670) e em Haia (a partir de 1670). Em 1663 publicou, assinando com seu próprio nome, *Os Princípios da Filosofia de René Descartes* (*Renati Des Cartes Principiorum Philosophiae, Pars I et II, More Geometrico demonstratae*); anonimamente, em 1670, publicou o *Tratado teológico-político* (*Tractatus Theologico-Politicus*). Após sua morte (21 de fevereiro de 1677), sua *Opera Posthuma* – contendo em latim sua obra máxima, a *Ética, demonstrada segundo a ordem geométrica* (*Ethica, Ordine Geometrico Demonstrata*), a *Correspondência* (*Epistulae*), o inacabado *Tratado da emenda do intelecto* (*Tractatus de Intellectus Emendatione*) e um *Compêndio de Gramática hebraica* (*Compendium Grammatices Linguae Hebraeae*) – foi publicado por seus amigos. Eles também fizeram uma tradução para o holandês da *Opera Posthuma* (sem a *Gramática hebraica*), chamada *De Nagelate Schriften,* no mesmo ano. Uma precoce obra antecipadora da *Ética*, em holandês e intitulada *Curto tratado sobre Deus, o Homem e seu bem-estar* (*Korte Verhandeling van God, de Mensch en deszelfs Welstand*), foi descoberta e publicada no século XIX. Spinoza foi um filósofo racionalista depreciado sobremaneira no século XVII por causa de seu ateísmo.

Mesmo nessa grosseira revista geral, alguns aspectos são falsos, imprecisos e levemente enganadores. Para uma biografia confiável, uma discussão crítica dos documentos biográficos disponíveis é indispensável. Ainda mais porque as biografias antigas por vezes mostram diferenças consideráveis em sua apresentação. Advirto o leitor que este capítulo é uma reconstrução da história da vida de Spinoza baseada numa nova interpretação das fontes e na apresentação de algumas novas fontes. Contudo, oferecerei o material básico para que o leitor julgue se estou certo ou não.

O pai de Baruch, Miguel Spinoza, nascido em 1587 no Município da Vidigueira, em Portugal, era um respeitado e influente membro da comunidade judaica em Amsterdã. Foi regularmente eleito membro do *Parnassim* (*Quinze Senhores*), um conselho que discutia questões comuns. Ganhou a vida como mercador; deve ter feito comércio de frutos cítricos secos. Os negócios prosperavam no período anterior a 1652; seus balancetes bancários eram altos. Morava no quarteirão judaico de Amsterdã, Vlooienburg, onde hoje estão a Casa da Música e a Prefeitura.[1] Miguel se casou três vezes dentro de sua própria família: primeiro, com Raquel de Spinoza, falecida em 1627; depois, com Ana Débora de Spinoza, falecida em 1638; e finalmente com Estér d'Spinoza, falecida em 1653. Duas crianças, Isaac e Rebecca, nasceram do casamento de Miguel e Raquel; Baruch, Miriam e Gabriel são filhos de Miguel e Débora.

Spinoza nasceu em 24 de novembro de 1632 e foi batizado com o nome judaico "Baruch", embora sua família o chamasse de "Bento". "Baruch", "Bento" e, por fim, a latinização "Benedito" ou "Benedictus", todos com a mesma significação: "abençoado". Sua língua-mãe era o português, mas, criança, rapidamente aprenderia algumas palavras holandesas ao brincar com crianças holandesas. O espanhol era o idioma cultural dos Marranos Sefarditas, cujos antepassados foram expulsos da Espanha para Portugal. Mas, é claro, a educação era primordialmente composta de uma introdução ao hebraico, língua da Sagrada Escritura, do estudo da Lei e do Talmud. Seus pais mandaram-no para a excelente escola Talmud Torá, então famosa por seu

---

[1] Vaz Diaz e Van der Tak 1982.

sistema educativo bem planejado. Certo rabino chamado Sabattai Scheftel Hurwitz, que visitou Amsterdã em 1649, escreveu: "Também fui à escola deles, que ficava num amplo edifício. Vi que as crianças pequenas aprendiam o Pentateuco da primeira à última palavra e, depois dele, todos os outros vinte e quatro Livros da Bíblia, e depois ainda toda a Mischna". Entre os mestres escolares de Spinoza estavam o famoso Saul Levi Morteira[2] e Menasseh bem Israel.[3] Spinoza deve ter permanecido na escola até o início da adolescência, até uns quatorze anos mais ou menos.[4]

Os historiadores hoje em dia sugerem que ele não terminou a educação superior preparatória para o rabinato, mas que ele se envolveu em atividades comerciais, primeiro, junto com seu irmão Gabriel, na firma "Bento y Gabriel de Spinoza". Em abril e maio de 1655, o jovem mercador teve uma experiência amarga com um devedor chamado Anthonij Alveres, que não lhe pagou grande quantidade de dinheiro emprestado. Alveres chegou a assaltá--lo, conforme atestado num documento oficial:

> Hoje, 7 de maio de 1655, Adriaen Lock, notário, apareceu ante a minha pessoa na companhia das testemunhas citadas a seguir, Hendrick Fransen, cerca de 35 anos, e Jan Lodwijcxsen, cerca de 32 anos, ambos a serviço do honorável Cornelis de Vlamingh de Outshooren, delegado-chefe desta cidade, e com palavras verdadeiras e se oferencendo a juramento, declararam e atestaram a pedido de Bento Dispinose, mercador aqui, que é verdade que há cerca de uma semana e meia, sem lembrarem exatamente o dia, prenderam, a pedido do requisitor, a pessoa de Anthonij Alveres por débito e o levaram à pousada De Vier Hollanders em Nes, aqui, para obter pagamento de certa conta de câmbio de 500 florins que o requisitor possuía, devidos a ele, e que o dito Anthonij Alveres então pediu que o requisitor viesse

---

[2] Salomon 1988.
[3] Méchoulan e Nahon 1979.
[4] Quase todos os detalhes possíveis sobre a primeira juventude de Spinoza e sua educação nesse período podem ser encontrados em *Spinoza. Troisième Centenaire de la Mort du Philosophe* (catálogo), Paris: Institut Néerlandais, 1977.

até o hotel para entrar em acordo com ele; que quando o requisitor chegou ali, o dito Anthonij Alveres atingiu o requisitor na cabeça com seu punho sem ter pronunciado palavra alguma em troca e sem que o requisitor nada fizesse (Vaz Diaz e Van der Tak 1982: 160, ênfase acrescentada).

Em março de 1656, vemos Spinoza – com a mediação do Mestre do Orfanato Lous Crayer – abster-se de todos os direitos de reclamar a herança de seu pai "já que receia que, após a mais rigorosa aplicação da lei, a alocação judicial da reclamação venha a se transformar em ônus para ele, podendo ser usado contra ele pelos credores". Também em 1656 Spinoza parou de pagar sua *finita* e sua *imposta*, a contribuição e o imposto comuns para benefício da comunidade que eram calculados de acordo com a riqueza e a soma das mercadorias que tivessem sido comercializadas. Não sabemos se a razão foi que os negócios declinaram ou se ele já tinha se afastado dos costumes e dos modos judaicos ortodoxos de vida. Esta segunda interpretação parece mais provável, porque poucos meses mais tarde (27 de julho de 1656) ele foi formalmente excomungado por causa de suas heresias e seu comportamento. O texto do decreto de excomunhão foi preservado e, traduzido, diz o seguinte:

> Os Senhores do Mahamad fazem saber que há muito conhecem as opiniões e o comportamento errados de Baruch d'Spinoza, e tentaram vários meios e promessas para dissuadi-lo de seus modos malignos. Mas como não obtiveram melhoria alguma, e, ao contrário, tendo conseguido mais informações todos os dias acerca das horríveis heresias que ele praticou e ensinou e das ações monstruosas que realizou, e como tiveram muitas testemunhas confiáveis que, na presença do mesmo Spinoza, relataram e testemunharam contra ele, e o condenaram; e após tudo isso ter sido investigado na presença dos rabis, eles decidiram com o consentimento destes que o mesmo Spinoza deve ser excomungado e separado do povo de Israel, conforme agora o excomungam com o seguinte banimento [...]. Ordenamos que ninguém deve comunicar-se com ele por meio oral ou escrito, ou lhe demonstrar algum favor, ou permanecer com

ele sob o mesmo teto, ou ficar dentro de quatro paredes com ele, ou ler qualquer coisa composta ou escrita por ele (ênfase acrescentada).[5]

O documento distingue claramente entre o comportamento transviado de Spinoza e suas opiniões heterodoxas. Contudo, também supõe que já foram praticadas e ensinadas durante longo período. Esforços da parte das autoridades judaicas para trazê-lo de volta ao caminho certo não obtiveram resultado. Temos de imaginar, além do mais, que o ato de excomunhão, tal como citado acima, fala de Spinoza na terceira pessoa. Ele próprio já se afastara anteriormente[6] e já se "convertera" a outra visão de mundo e outro estilo de vida.

> Desde que a experiência me ensinou ser vão e fútil tudo o que costuma acontecer na vida cotidiana, e tendo eu visto que todas as coisas de que me arreceava ou que temia não continham em si nada de bom nem de mau senão enquanto o ânimo se deixava abalar por elas, resolvi, enfim, indagar se existia algo que fosse o bem verdadeiro [...].[7]

Suponho que a conversão de Spinoza tenha ocorrido ao menos meio ano antes de ele ter sido excomungado. A excomunhão não foi uma experiência trágica em sua vida. Outras coisas foram piores, inclusive a violência das reações emocionais humanas e o perigo iminente de vida da ganância, da ambição e da intolerância humanas.

---

[5] O texto original em português está no *Livro dos acordos* da comunidade judaica portuguesa. N.T.: como não tivemos acesso a esse texto original, o que ora se apresenta é uma tradução com base no inglês.

[6] Pierre Bayle diz que Spinoza escreveu "*Un Apologie de sa Sortie de la Synagoge*". O título dessa obra, escrita em espanhol, teria sido (segundo C. G. Von Murr): "*Apologia para Justificarse de su Abdicación de la Synagga*".

[7] Essas são as primeiras linhas do texto mais antigo que possuímos escrito por Spinoza, o *Tratado da emenda do intelecto* (segundo a tradução para o inglês de Edwin Curley, Spinoza 1985a. N.T.: sobre as traduções utilizadas, conferir NOTA DO TRADUTOR no início deste volume).

A força intelectual de Spinoza, que apareceu logo depois de 1656 em seu *Tratado da emenda do intelecto*, deve ter passado bom tempo na incubação. Um gênio filosófico não pode surgir do nada; as ideias têm suas causas, como outras coisas, e precisam de tempo para se desenvolverem. É perigoso propor uma história da evolução mental de Spinoza. Mas é possível ao menos especular. Em 1648, Spinoza era um jovem de dezesseis anos. Ele se recusava a continuar seus estudos nos cursos superiores de teologia judaica dados por seus mestres, embora seu pai, membro fiel e talvez o mais conservador da comunidade judaica, recomendasse os cursos energicamente a seu filho. Ele lera os autores teológicos judeus, e antes de todos Maimônides, mas eles não conseguiriam satisfazer sua mente investigativa. Aprofundava-se sua crítica ao sistema judaico, suas muitas prescrições e sua justificação. Ele somente se livraria de toda essa pressão com a participação na vida pública nos negócios de seu pai; isso lhe pareceu uma saída promissora. Nesse meio, ele entrou em contato com outros mercadores, muitos deles de origem Menonita, mercadores de mentes livres e muito interessados na nova filosofia de Descartes. Alguns deles eram Pieter Balling[8] e Jarig Jelles,[9] ambos mercadores e posteriormente amigos, conforme sabemos da correspondência; ele pode tê-los encontrado na Bolsa. Descartes era elogiado por causa de suas novas física e geometria. Embora tenha deixado a Holanda em 1649, indo morrer na Suécia um ano depois, os escritos de Descartes foram publicados na Holanda e causaram muita discussão. Os livre-pensadores religiosos organizavam reuniões especiais – os "colegiados" – nas quais todos eram bem-vindos. Talvez Spinoza tenha participado das reuniões desses *Collegiani*. Ele logo percebeu que não poderia privar-se de aprender latim. Havia uma maravilhosa oportunidade de se familiarizar com a língua das ciências e com as próprias ciências na recém-inaugurada (em 1652) escola de latim do médico Franciscus van den Enden. O doutor

---

[8] Ver Klever 1988b. Com seu pequeno trabalho, *Het Licht op den Kandelaar* (um pequeno folheto, impresso "pelo autor"), Balling foi o primeiro a publicar algumas das ideias de Spinoza sobre linguagem, conhecimento, determinismo e paixões.
[9] Ver Akkerman e Hubbeling 1979.

Van den Enden participou de disputas científicas, ia às reuniões dos *Collegiani* e instruía os filhos dos cidadãos prósperos que não queriam mandar seus filhos e filhas para a escola oficial, mas reformada, de latim da cidade. Muitos documentos biográficos confirmam que Spinoza aprendeu latim e ateísmo com Van Den Enden, sem dizer se isso aconteceu antes ou depois da excomunhão.[10]

Em minha visão, não podemos duvidar de que o processo de secularização de Spinoza deve ter começado quatro ou cinco anos antes de 1656. O teólogo reformado Salomão van Til, professor em Leiden, escreve em 1694 acerca do desenvolvimento de Spinoza e sua "Apologia":

> Alguns anos atrás, o Príncipe das Trevas possuía um grande instrumento para a dispersão do mal num mestre-escola de Amsterdã [Van den Enden], que, em sua turbulenta cidade, tentava espalhar, todas as vezes que pudesse, sua opinião de que a natureza deveria ser considerada o único Deus. ... Quem tentava ainda construir mais sobre tal opinião, dando a ela suave lustro, era Benedictus de Spinoza, certo judeu abandonado, que, no começo, fazia-se de admirador e expositor da Filosofia Cartesiana, atraía alunos para instrução sob tal pretensão, mas começou a contradizer imperceptivelmente alguns dos fundamentos de Descartes. Sua familiaridade com a matemática e a experiência em polir lentes abriram-lhe portas, para ganhar proximidade com muitos grandes homens. Posteriormente, manifestando-se de maneira um pouco mais clara, esse assaltante de doutrinas religiosas empreendeu primeiramente sobrepujar a autoridade dos livros do Antigo e do Novo Testamentos. E ele tentou mostrar ao mundo como esses escritos do engenho humano foram transformados e reformados várias vezes. E como poderia acontecer que fossem alçados à estima da divindade? Tais objeções foram extensamente colecionadas por ele num tratado espanhol com o

---

[10] Independentemente de novas descobertas que serão mencionadas posteriormente, ver Meinsma 1896. Essa obra fundamental também foi traduzida para o francês e ampliada com muitas notas valiosas como Mainsma 1983. Ver também Meininger e van Suchtelen 1980.

nome de *Uma Justificação de sua Saída do Judaísmo*. Mas, retendo seus escritos a conselho de seus amigos, ele ousou introduzir essas coisas de maneira mais industriosa e mais econômica em outra obra, publicada por ele sob o título de *Tractatus theologico-politicus* no ano de 1670 (Van Til 1694: 5; ênfase acrescentada).[11]

Enfatizei a palavra "posteriormente" (*Daama*). De acordo com Van Til, Spinoza se interessou por ciência e se familiarizou com matemática e ótica antes de romper com a tradição judaica.

Uma confirmação dessa nova cronologia de sua vida pode ser encontrada na biografia de Jean Maximilien Lucas, que, como ele mesmo afirma, foi amigo de Spinoza. Seu *La Vie et l'Esprit de Mr. Benoit de Spinoza* (publicado em Freudenthal em 1899) foi publicado um tanto tardiamente, mas certamente não foi escrito muito tempo mais do que um ano após a morte de Spinoza. É possível encontrar ali um relato razoavelmente confiável da vida de Spinoza, que, em minha opinião, é deveras subestimado pelos estudiosos, porque eles não gostam do tom de admiração, mesmo de adoração, que perpassa todo o livro. Penso que Lucas, embora nem sempre preciso nos detalhes, está muito próximo do nível intelectual de Spinoza. Esse imigrante francês nos Países Baixos, que conversou com Spinoza e pode ter perguntado a ele sobre sua juventude, explicitamente em duas vezes dá uma data mais precoce para a atitude crítica de Spinoza com relação aos artigos judaicos de crença:

> Seu pai... decidiu deixá-lo aprender a literatura hebraica. Esse gênero de estudo, que constitui toda a ciência dos judeus, não poderia satisfazer sua mente brilhante. Ele ainda não tinha quinze anos quando propôs objeções que não poderiam ser resolvidas pelos judeus mais doutos. ... Ele concluiu que doravante melhor seria consultar a si mesmo e que dispenderia todo esforço próprio para descobrir por si mesmo a verdade. É preciso uma grande mente e uma força extraordinária para

---

[11] Para uma análise dessa passagem, ver Gebhardt 1987: 224-228.

conceber *com vinte anos (au-dessous vingt ans)* plano tão importante (ênfase acrescentada).

Lucas continua que Spinoza prosseguiu por si mesmo a analisar os textos bíblicos e autores teológicos judeus e, como autodidata, chegou a suas conclusões heréticas, pelas quais os rabis, especialmente Morteira, sentenciariam-no. Segundo ele, os rabis declararam

> que o ouviram zombar dos judeus porque eram um povo supersticioso, nascido e educado na ignorância, que não conhecem o que Deus é e apesar disso são tão audaciosos a ponto de considerarem a si mesmos como seu povo, por causa disso desprezando outros povos. E a Lei teria sido instituída por um homem que era muito mais astuto do que eles no tocante a verdade em assuntos políticos, mas que não era absolutamente tão esclarecido em física e muito menos em teologia; e que se uma pessoa tivesse somente uma onça de senso comum, seria facilmente capaz de desvelar a impostura; uma pessoa teria de ser tão estúpida quanto os hebreus o foram na época de Moisés para se manter sob as ordens desse homem.

A saída (*sortie*) de Spinoza da comunidade judaica, assim como sua entrada na escola de Van den Enden e sua alocação na casa particular deste último são igualmente datados por Lucas *antes* de sua condenação solene (a *herem*) na Sinagoga. O estudo das ciências e de sua língua (latim) ocuparam Spinoza por bastante tempo antes que o *Parnassim* considerasse necessário expulsar sua sombra. "Spinoza, que encontrara um asilo, só pensava em progredir nas Ciências humanas" (Freudenthal 1899: 10).

Não se deve supor que "Ciências humanas" (*Sciences humaines*) referidas neste texto são idênticas às atuais ciências "suaves" do homem. Havia somente uma única ciência nos dias de Galileu, Descartes, Huygens e Newton, a ciência da natureza, alternativamente chamada de *philosophia* ou "*mathematica*"; e esta era a ciência à qual Spinoza doravante se dedicaria. É possível ler isso também nas outras biografias disponíveis. Certo ministro luterano chamado Colerus, que chegou em Haia alguns anos após a morte de Spinoza, viveu numa casa onde também morara Spinoza; ele pesquisou alguma coisa sobre seu famoso predecessor e, então, escreveu a *Korte, dog waaragtige Levens-Beschhjving van Benedictus de Spinoza, uit Autentique Stukken en mondeling getuigenis van noglevende Personen, opgestelt* (Curta, mas verdadeira Biografia de Benedictus de Spinoza, extraída de autênticas peças e testemunhos orais de pessoas ainda vivas). Ele também é bastante claro quanto a este ponto:

> Spinoza, agora entendedor da língua latina... e achando-se mais capaz para pesquisar as coisas físicas (*natuurkundige zaaken*), abandonou a teologia e dedicou-se totalmente à filosofia (*wysgeerte*). Durante certo tempo ele procurou por um bom Mestre e por escritos que servissem a suas intenções, até que finalmente chegou a Renatus Descartes. Ele frequentemente fingia ter recebido a maior luz em sua ciência natural (*in zijn natuurkunde*) de Descartes, e também que aprendera com ele a nada aceitar que não pudesse ser provado com razões claras e sólidas... Consequentemente (*Dienvolgens*), ele começou a evitar cada vez mais a convivência com seus Mestres Judaicos e a aparecer somente de raro em raro na Sinagoga, e por causa disso eles começaram a odiá-lo (Colerus 1705: 6).

Não há mal-entendido possível acerca da referência das *sciences humaines* ou *natuurkunde*. O testemunho de um terceiro biógrafo, o crítico Pierre Bayle, em seu influente artigo "Spinoza", no *Dictionnaire Historique et Critique*, deve ser interpretado na mesma linha:

> Ele estudou a língua latina com um doutor médico que ensinava em Amsterdá e se aplicou desde muito cedo ao estudo de teologia, no qual passou vários anos; depois disso, dedicou-se totalmente ao estudo da filosofia. Por ter a atitude de um geômetra (*l'esprit géomètre*) e querer ser pago com razões para todas as coisas, logo entendeu que a doutrina dos rabinos não se adequava a seu gosto... Pouco a pouco se retirou da Sinagoga (Bayle 1697).

De acordo com o que evidenciam esses documentos, a saída da Sinagoga foi mais o ponto final de uma introdução na ciência natural do que seu ponto de partida, como em geral é suposto. A nova física de Descartes deve ter tido papel importante no processo de esclarecimento de Spinoza. Lucas confirma isso.[12] Voltarei a essa influência logo mais.

O período de 1656-1661 é um tanto invisível aos olhos do estudioso de Spinoza. Podemos supor que Spinoza ainda ficou um ou dois anos na escola de latim de Van den Enden; uma evidência independente para essa hipótese é o fato de que a estilística latina de Spinoza demonstra muita familiaridade com o latim de Terêncio. Sabemos, por meio de outras fontes, que o comediógrafo latino ocupava lugar de destaque no método educativo de Van den Enden. Sob sua liderança, os alunos encenaram *Andria* e *Eunuchus* no Teatro da Cidade de Amsterdã várias vezes durante os primeiros meses de 1657 e 1658. Muitas das citações crípticas que Spinoza faz de Terêncio podem ser rastreadas a certos papéis das comédias que, portanto, podem ter sido encenadas por ele mesmo, que era dos alunos mais velhos.[13] Curioso é que as citações de Terêncio parecem estar completamente ausentes do *Tratado da emenda do intelecto*; tal ausência poderia ser interpretada como indício de uma data muito precoce para esse texto, a saber, antes da participação de Spinoza no palco.[14] O conteúdo e o latim dessa obra estão muito mais próximos

---

[12] "*Se samis, dont la plupart étoient Cartésiens...*" (Seus amigos, cuja maior parte era de cartesianos...) (Freudenthal 1899: 12).

[13] O primeiro a demonstrar esse ponto foi o filólogo clássico e poeta holandês J. H. Leopold, em Leopold 1902. Ver também Akkerman 1980 e principalmente Proietti 1985. Proietti dá uma lista extensa de citações crípticas usadas por Spinoza das diferentes obras de Terêncio e sugere que Spinoza tinha os papéis de Simo e Parmeno.

[14] Conforme observado por O. Proietti em Proietti 1989a. Após reforçar o fato de que encontramos muitas citações de Terêncio nas obras de Spinoza, ele escreve: "*Leggere il TIE* [*Tractatus de Intellectus Emendatione*] *è invece constatare l'enigmatica assenza di Eunucus e Andria: enigmatica se collochiamo l'opera nel 1662-63, ancor più enigmatica se la collochiamo negli anni 1957-1959. Si dovranno porre perciò, con molta prudenza, una domanda e un problema: non è possibile che Spinoza utilizzi, in quell'opera, blocchi di materiale accumulati negli anni 1655-1657? La discussione critica di Seneca, Epist. 57, 7-9 in TIE, p. 28, 20-26 mostra ad esempio la presenza di una tematica 'urielique,' in dubbiamente lontana dalla* KV [*Korte Verhandeling*] *e dall'E*" (p. 255; ênfase acrescentada).

das tragédias e cartas de Sêneca e das *Metamorfoses* de Ovídio.[15] Uma origem precoce do *Tratado da emenda do intelecto* não só se ajusta à teoria de Mignini acerca de uma origem tardia do *Curto tratado* (a ser discutido depois), como também é confirmada por Jarig Jelles em seu *Voorreeden* (prefácio) aos *Nagelate Schriften*, em que ele nos dá uma visão geral muito confiável da vida, das obras e da filosofia de Spinoza. Ele escreve: "O *Tratado da emenda do intelecto* foi uma das primeiras obras do Autor, conforme testemunham seu estilo e os próprios conceitos".[16] Jelles deve ter sabido da "Apologia" de Spinoza. É tentador substanciar seu plural, "uma das primeiras obras do autor", ligando o esotérico *Tratado da emenda do intelecto* com a época da exotérica "Apologia" como um empreendimento inacabado de dar um relato de sua conversão à filosofia. As primeiras páginas do *Tratado da emenda do intelecto* só podem ser explicadas como muito próximas das experiências pessoais de Spinoza e do início de sua nova "instituição", seu novo ponto de vista: a unidade da mente com o todo da natureza. São, por assim dizer, anotações tiradas de seu diário pessoal, do tempo de sua transição a um novo "sistema".[17]

Além da maioria ortodoxa, havia também livre-pensadores judeus na comunidade judaica de Amsterdã. A tragédia de Uriel da Costa, que, depois de uma vida de humilhação, difamação e excomunhão reiterada, cometeu por fim suicídio, deve ter abalado profundamente a família de Spinoza. Bento tinha oito anos de idade quando as notícias de que Uriel da Costa se matara com um tiro chegaram. Sua rejeição da Lei de Moisés lhe colocara em miséria profunda, atraindo sobre ele a raiva dos rabis.[18] Outro tipo radical na "Cidade Livre" (*Vrijstad*), conforme Amsterdã era chamada na literatura

---

[15] Ver Proietti 1989b.
[16] O texto do *Voorreeden* dos *Nagelate Schriften* e do *Praefatio* da *Opera Posthuma* (isto é, a tradução de Meyer do prefácio em holandês de Jelles) foi republicado recentemente em Akkerman 1980. A citação está na p. 250.
[17] Para uma bela análise da seção introdutória do *Tratado da emenda do intelecto*, ver Zweerman 1983.
[18] As obras de da Costa estão coligidas e anotadas em Osier 1983. Para uma visão geral dos problemas na comunidade de Amsterdã, ver Albiac 1987 e Fuks-Mansfield 1989.

do submundo, era certo judeu chamado Juan de Prado, médico espanhol, nascido em 1610, em Álcali, Espanha, que se mudara para Amsterdá em 1641. Suas obras mostram que ele era um naturalista que identificava Deus com a natureza e rejeitava doutrinas dogmáticas supersticiosas. C. Gebhardt foi o primeiro a apontar para uma possível relação entre Spinoza e Prado no fim da década de 1650 (Gerbhardt 1923), mas é mérito do historiador I. Révah ter descoberto documentos interessantes no arquivo da Inquisição em Madri, documentos que mostram que Spinoza e Prado mantiveram contato um com o outro (Révah 1959, 1964). O monge Solano y Robles responde às questões dos inquisidores em 8 de agosto de 1659, acerca de sua estada em Amsterdá no ano anterior, dizendo que:

> Ele também conheceu o Dr. Juan de Prado, médico, que se autodenominava Juan – ele não conhecia seu nome judaico –, que estudara em Álcali, e um certo De Spinoza, que pensava ser nativo de uma das cidades holandesas, porque estudara em Leiden e era um bom filósofo. Essas duas pessoas confessaram a Lei de Moisés, e a Sinagoga os expulsara e excomungara, porque se tornaram ateus. Eles mesmos disseram à testemunha que foram circuncidados e observaram a Lei dos Judeus, mas que mudaram de opinião, porque lhes parecia que a Lei mencionada não era verdadeira e que as almas morriam com os corpos, e que não há outro Deus, a não ser filosoficamente (*ni havia Dios sino filosofalmente*).

Em seu interrogatório, Spinoza foi descrito como "um homem pequeno, com uma bela face, de tez clara, cabelos negros, olhos negros. Ele tem quarenta e quatro anos de idade [*sic*]. Não tinha emprego e era judeu de nascença". No dia seguinte (9 de agosto de 1659), o capitão Miguel Perez de Maltranilla foi ouvido e confessou que frequentemente (*muchas vezes*) falava com o Dr. Prado e com Spinoza na casa de um cavalheiro das Ilhas Canárias. Ele descreveu Spinoza assim: "um jovem com corpo bem formado, esguio, longos cabelos negros, pequeno bigode da mesma cor, bela face; sua idade é trinta e três anos". Além disso, Spinoza lhe dissera que nunca vira a Espanha, mas que desejava conhecer esse país.

É importante encontrarmos dois judeus heterodoxos, que sofreram o mesmo destino de excomunhão em 1656-1657, juntos nos anos de 1658-1659. O *"Dios de la naturaleza"* era sua base comum, a fundação de seu esclarecimento. Não é impossível que Spinoza e Prado tenham chegado, um com a ajuda do outro, à distinção entre os vários gêneros de conhecimento, apresentados no *Tratado da emenda do intelecto* 19-29. Há uma carta de Prado ao *Parnassim* da Torá Talmud, escrita em 1658, na qual se descobre a distinção:

> Quando o ensinei (isto é, ensinei o espião enviado pelos rabis) sobre as normas da certeza, afirmando que conhecemos algumas coisas por luz natural, outras coisas por ordenação silogística, outras coisas aprendemos da experiência e outras, finalmente, da crença, dei-lhe no fim este exemplo: "Não acredito pela experiência que existe uma recompensa e uma punição, nem tampouco, forçado pela razão, confiro assentimento à imortalidade da alma" (Albiac 1987: 509).

Os documentos do arquivo da Inquisição mostram que entre os anos de 1658-1659 Spinoza e Prado estavam em contato. Contudo, não posso seguir a superestimação da influência de Prado feita por Révah, o que o leva a concluir "que os historiadores de Spinoza exageraram a precocidade do desenvolvimento filosófico do jovem Baruch" (Révah 1959: 37). Pode-se imaginar que Spinoza se opunha à rejeição de Prado da imortalidade da alma por causa de sua compreensão precoce da eternidade da mente, conforme já expresso no *Tratado da emenda do intelecto*.

Um terceiro testemunho acerca do "período de trevas" na vida de Spinoza está no diário de um viajante dinamarquês nos Países Baixos, Olaus Borch (Klever 1989b). As anotações no diário desse douto anatomista nos trazem ao limiar do período da vida de Spinoza que é um pouco mais bem conhecido, período do qual temos ao menos algumas cartas e alguns outros escritos. Elas também mostram que Spinoza, em seu período em Amsterdã, pertenceu a um grupo de cartesianos radicais. Conforme notei antes, as obras de Descartes foram muito discutidas nos círculos intelectuais e nas universidades.[19] Em 17 de maio de 1661, Borch foi avisado "de que havia certos ateus em Amsterdã, a maioria deles cartesianos, dentre os quais um ímpio judeu ateu". Alguns meses mais tarde, em 10 de setembro do mesmo ano, quando viajava nas proximidades de Leiden, Borch novamente teve algo a relatar sobre esse judeu: as pessoas diziam

> que aqui na vila de Rijnsburg vive um homem que era judeu e que se tornou cristão e que agora já era quase ateu. Ele não liga muito (*non curat*) para o Antigo Testamento. O Novo Testamento, o Corão e as fábulas de Esopo teriam para ele o mesmo peso. Mas, quanto ao resto, esse homem se comporta tão sinceramente e vive sem fazer mal nenhum às outras pessoas; e ele se ocupa da construção de telescópios e microscópios.

Em 1661, Spinoza já era bem conhecido por seu ateísmo e pela fabricação de instrumentos óticos. Esse texto, descoberto só recentemente, é a confirmação historicamente mais antiga de seu trabalho em ótica, a tecnologia científica na qual ele mais tarde colaborou com Huygens e com o matemático Hudde. Não se deve subestimar o valor do testemunho de Borch. Borch não tinha interesse específico nessa área e estava mais fascinado com as lições de anatomia do que com teorias óticas ou disputas teológicas. O que ele escreve em seu diário são coisas que casualmente recolhera em seus muitos contatos com outros cientistas e professores na Universidade de Leiden. Por assim dizer, ele é o eco do renome então já desfrutado por Spinoza naquele período. No mesmo mês, ele escreve ainda mais uma vez sobre Spinoza, dizendo agora que "ele *era excelente em filosofia Cartesiana*, além do mais, *ele superou Descartes*, a saber, com suas ideias distintas e prováveis; todas aquelas ideias [cartesianas] foram deveras convertidas pelo amsterdanês Hudde, que acrescentou seu 'de forkeren' à recente edição das obras geométricas de Descartes" (ênfase acrescentada).

---

[19] Ver Thijssen-Schoute 1989 e Verbeek 1988.

Não fica muito claro o que ele quer dizer com a referência à atividade de Hudde; mas, apesar disso, é muito intrigante encontrar o famoso Hudde[20] já como um neocartesiano na companhia de Spinoza, bem como encontrar esses dois entre os cartesianos radicais do início dos anos de 1660. Um terceiro homem nessa corrente de filósofos cartesianizantes era Franciscus van den Enden, provavelmente a mente mestra do círculo. Ele foi o primeiro participante nomeado em outro dia (3 de abril de 1662), no qual Borch, que estava em Amsterdã, escreve em seu diário que:

> Aqui há ateus e eles são principalmente cartesianos, como Van den Enden, Glasemaker etc.; e eles também ensinam outras pessoas. Eles não pregam o ateísmo abertamente, porque frequentemente falam de Deus, mas por Deus nada mais entendem do que todo este universo, conforme aparece mais claramente *de certo escrito holandês,* que recentemente foi escrito de maneira artificiosa, ao passo que o nome do autor foi suprimido[21] (ênfase acrescentada).

É tentador supor que essa menção a "certo escrito holandês" seja uma referência ao *Curto tratado* de Spinoza e, por causa disso, uma confirmação da sua composição então bastante recente. No mesmo mês (Abril 1662), Spinoza escreve a Oldenburg:

> Quanto a sua questão de como as coisas começaram a ser e por meio de qual ligação elas dependem da causa primeira, compus toda uma *curta* obra dedicada a esse assunto. Estou ocupado em transcrevê-la e emendá-la, mas às vezes deixo-a de lado porque ainda não tenho um plano definido relativamente a sua publicação. Temo, naturalmente, que os teólogos de nosso tempo possam sentir-se ofendidos e que com seu ódio habitual ataquem-me, eu, que tenho horror a brigas...

---

[20] Hudde, naquela época já conhecido como jovem gênio matemático, muito em breve se tornaria um dos políticos mais influentes de Amsterdã, cidade em que ele atuou como burgomestre por mais de vinte e cinco anos. Para uma curta biografia e bibliografia, idem, ver Klever 1989b.

[21] Ver também a publicação que fiz destes documentos em Klever 1989b.

> Considero como criaturas muitos atributos que eles – e todo mundo, até onde sei – atribuem a Deus. De maneira inversa, outras coisas que eles, por causa de seus preconceitos, consideram como criaturas, eu contendo que são atributos de Deus que eles não entenderam bem. Também não separo Deus de natureza, como todo mundo que eu conheço fez (*Ep* 6; ênfase acrescentada).

Foi F. Mignini que, baseado em indícios internos, primeiro propôs a teoria de que o *Curto tratado* foi escrito depois do *Tratado da emenda do intelecto*, provavelmente nos anos de 1661-1662.[22] O *Curto tratado* é evidentemente uma obra esotérica, destinada ao uso privado no círculo de seus amigos, conforme explicitamente afirmado em sua conclusão:

> Para trazer tudo isso a um fim, resta-me somente dizer aos *amigos a quem escrevo isto aqui*: não vos surpreendeis com estas novidades... E como já sois cientes da época em que vivo, eu vos peço com urgência que sejais muito cuidadosos relativamente a comunicar essas coisas todas a outrem. Não quero dizer que deveis guardá-la totalmente para vós mesmos, mas somente que se começais a comunicá-las a alguém, não deveis ter outro fim ou motivo a não ser a salvação de vosso próximo e ter tanta certeza quanto possível de que não trabalharais em vão (KV II.26.10; ênfase adicionada).

Até onde consigo enxergar, todos os indícios converge para a hipótese de que o tratado referido no diário de Borch deve ser o *Curto tratado* de Spinoza. Essa obra, embora ainda não esteja em forma geométrica, é um tratado composto sistematicamente (e nesse sentido também artificialmente), uma apresentação provisória do material que mais tarde seria deduzido geometricamente na *Ética*.

Conforme diz Borch em outro lugar em seu diário, Van den Enden também escrevera algumas obras e também as entregou a certos amigos "*quaedam philosophiae suae arcaniora... manuscript*" ("certas coisas mais

---

[22] Ver agora sua *opus magnum*, Mignini 1986a.

secretas de sua filosofia... em manuscrito"). De fato não temos manuscritos de Van den Enden desse período; mas temos um panfleto impresso escrito por ele em 1661 e 1662 com o título *Kort Verhael van Nieuw-Nederlants...* (1662) e outro, publicado em 1665 sob o título de *Vrije Politijcke Stellingen*, mas escrito em 1663. Esses panfletos foram recentemente revelados por este autor[23] e também foram descobertos dezenove anos antes, mas não publicados, por M. Bedjai, conforme ouvi algumas semanas mais tarde. Com base nas obras mencionadas, cheguei à conclusão de que Van den Enden deve ser considerado um protospinoza, o gênio por trás de Spinoza; Bdejai defende em sua tese a mesma ideia, alegando que o assim chamado círculo Spinoza em Amsterdã poderia ser mais bem denominado de "Van den Enden e seu círculo" (Bedjai 1990). As obras de Van den Enden contêm uma teoria política que de fato é a mesma que aquela desenvolvida por Spinoza em seus *Tratado teológico-político* e *Tratado político*. Além do mais, todos os pontos que seriam posteriormente provados dedutivamente por Spinoza em sua *Ética* são encontrados nas entrelinhas de Van den Enden: o determinismo amadurecido, a distinção entre os três gêneros de conhecimento (e outras alegações epistemológicas), a passividade humana, a teoria do *conatus*, o amor intelectual de Deus e assim por diante. Muita pesquisa ainda tem de ser feita, mas já se pode concluir que o grupo de amigos de Amsterdã, ao qual Meyer e Bouwmeester também pertenceram, tinha uma filosofia comum, à qual foram inspirados pelo mestre-escola latino, o cartesiano radical e médico Franciscus Van den Enden. Este homem é muito louvado por poetas contemporâneos por causa de suas extraordinárias capacidades em ciências e em letras, na educação e na política.[24] Ele parece ter-se ocupado fortemente com teoria e com prática políticas. A intenção de Spinoza em contribuir tanto quanto possível à formação da sociedade, acerca da qual ele falou na

---

[23] Ver minha publicação dos achados em *NRC Handelsblad* (8 de maio de 1990).
[24] Ver Van Suchtelen 1987. Pode-se demonstrar que o interesse de Van den Enden por política data ao menos de 1648, quando teve algum papel na Paz de Münster, e de 1650, quando republicou um panfleto político holandês, no qual a soberania dos Estados da Holanda e da Frislândia Ocidental foi defendida contra as alegações do rei da Espanha.

terceira página de seu mais precoce escrito, pode ser interpretada como um eco do interesse principal de Van den Enden.[25]

A preocupação de Spinoza com Descartes também pode ser demonstrada a partir de outras fontes. Nos primeiros anos da década de 1660 (1660-1663), ele teve muitos contatos com o anatomista dinamarquês Niels Stensen (Steno), que naquela época era estudante de medicina em Leiden. Na carta que Steno escreveu a ele em 1671, sem que ainda se tivessem completado quatro anos de sua conversão ao Catolicismo Romano em 1667,[26] ele descrevia Spinoza como "um homem que já me foi bastante familiar uma vez". Ele reconhece explicitamente nessa carta que Spinoza estava bastante à vontade com a filosofia cartesiana, que é "muito diligentemente elaborada e *reformada por você*" (ênfase adicionada). No mesmo ano, 1671, Steno escreveu ao famoso Malpighi: "Tenho alguns amigos na Holanda que estão completamente perdidos (*dati tutti alia*) para a filosofia cartesiana, de tal maneira que eles tornam a filosofia o juiz acerca de todo o conhecimento da graça" (Stenonis 1952: 248).

Não se pode duvidar de que Spinoza escolhera a carreira de cientista, ou seja, a "investigação da natureza" em todos os seus aspectos. Durante alguns anos ele se concentrou nas leis da natureza humana, uma pesquisa cujos resultados foram publicados em seu *Curto tratado sobre Deus, o homem e seu bem-estar*. A natureza era para ele um *continuum* de que todas as coisas eram simplesmente modos ou modificações. O homem é um desses modos da natureza única, divina, infinita, determinado por outros modos numa série infinita, mas sempre de acordo com as leis eternas, parcialmente conhecidas por nós nas assim chamadas noções

---

[25] Ver o *Tratado da emenda do intelecto* 14: "Este é, portanto, o fim ao qual tendo: adquirir uma natureza assim e esforçar-me para que muitos a adquiram comigo; isto é, pertence também a minha felicidade fazer com que muitos outros entendam o mesmo que eu, a fim de que o intelecto deles e seu apetite convenham totalmente com meu intelecto e meu apetite. E para que isso aconteça, é preciso... formar uma tal sociedade como é desejável para que o maior número chegue a isso do modo mais fácil e seguro".

[26] Essa carta (Epístolo 67A, datada de 1675 em Spinoza 1928) foi publicada, e não escrita, em 1675.

comuns. Para um cientista, tudo é causado por algo mais no mesmo atributo. Esse princípio também vale para o comportamento humano, isto é, para os movimentos dos corpos humanos, movimentos estes que tem de ser considerados como efeitos de outros movimentos, dentro ou (principalmente) fora desses corpos. Este foi o ponto que ele criticou em seu mestre em física, Descartes, conforme ele disse em sua primeira carta (Setembro 1661) para o secretário da Sociedade Real Britânica, Henry Oldenburg: "volições particulares não podem ser chamadas de livres (porque elas exigem uma causa para existir), mas têm de ser conforme suas causas determinaram que elas sejam" (Ep 2).

Os cientistas ingleses, principalmente Robert Boyle, e Spinoza, com outros holandeses como Huygens e Hudde, tinham uma área comum de interesse e pesquisa e comunicaram-se mutuamente de maneira considerável. Oldenburg contara a Spinoza sobre os ensaios fisiológicos de Boyle e seus experimentos acerca da elasticidade do ar, acerca da fluidez e da fixidez do material (Ep 1), e ele escreveu:

> Em nossa Faculdade Filosófica nós nos dedicamos com toda energia que dispomos a fazer experimentos e observações e estamos muito ocupados em coligir uma História das Artes Mecânicas. Pois consideramos estabelecido que as formas e as qualidades das coisas podem ser mais bem explicadas segundo princípios mecânicos, que todos os efeitos da natureza são produzidos pelo movimento, forma e textura, e suas várias combinações, e que não há necessidade de procurarmos refúgio para nossa ignorância em formas inexplicáveis e qualidade ocultas. (Ep 3).

Spinoza deve ter-se fascinado com essas notícias, porque ele mesmo subscreveu completamente esse programa de pesquisa. Em sua Carta 6 ele comentou como um especialista os resultados dos experimentos de Boyle acerca da constituição do salitre (nitrato de potássio), usando para sua crítica os resultados dos experimentos que ele mesmo fizera. Isso prova que ele deve ter sido introduzido a esse tipo de trabalho em algum período anterior. De fato, sabemos que também Van den Enden, junto com certo

Johan Glauber,[27] dedicava-se à análise química. É provável que Spinoza também tenha tido participação nesse trabalho quando ele ainda vivia em Amsterdã. Sua crítica ao livro de Boyle era que Boyle não era coerente o bastante em sua tentativa de dar somente explicações de fenômenos naturais:

> No parágrafo 25 o Distinto Cavalheiro parece querer demonstrar que as partes alcalinas são levadas para lá e para cá pelo impulse das partículas Salinas, mas que as partículas Salinas *levantam-se no ar por impulso próprio*. Ao explicar esse Fenômeno eu venho dizendo que as partículas do Espírito de Nitrato ganham um movimento mais violento, porque, quando entram em passagens mais amplas, elas devem necessariamente ser cercadas por um material muito fino e *impulsionadas para cima* por ele, como acontece com partículas de madeira pelo fogo, mas que as partículas alcalinas recebem seu movimento do impulso das partículas de Espírito de Nitrato penetrando no meio das passagens mais estreitas (EP 6, ênfase adicionada).

Outra observação, sobre uma passagem em que Boyle supõe que a natureza planejou que os pássaros voem e os peixes nadem, não poderia ser mais curta e direta: "Ele busca a causa no propósito". Um cientista natural não tem permissão para explicar por meio de causas finais.

O leitor deve consultar as Cartas 6 e 13 para descobrir o quanto Spinoza estava envolvido com a ciência empírica – sem, contudo, negligenciar os princípios do método matemático.[28] Temos de reconhecer que esse era o tipo de trabalho ao qual ele mais se dedicava como um "filósofo". Sua filosofia não era um tipo de "filosofia de gabinete", distante do centro da ciência natural. Ao contrário, ele concebia e praticava um tipo de filosofia que estava em continuidade com o que chamamos hoje de "ciência natural". Essa alegação também pode ser provada de outra maneira.

---

[27] O *Miraculum Mundi* (1660) de Glauber era na verdade um ensaio sobre o salitre.
[28] Ver Klever 1988d.

Os amigos de Amsterdã, que logo em 1663 já possuíam alguns dos escritos de Spinoza e os discutiam em seu círculo,[29] repentinamente descobriram que Spinoza, como tutor profissional, explicara a filosofia cartesiana a um estudante da Universidade de Leiden chamado Casearius. Isso os deixou com ciúmes. "Afortunado, na verdade, deveras afortunado é o teu companheiro, Casearius, que vive sob o mesmo teto que tu e pode conversar contigo sobre os assuntos mais importantes no café da manhã, no jantar e em teus passeios" (De Vries, em Ep 8). De fato, Casearius recebeu de Spinoza uma introdução profissional à física cartesiana; nas horas em que tinham contato, concentravam-se no segundo livro (e nos seguintes) dos *Princípios da filosofia* de Descartes.

Eis como Lodewijk Meyer, um douto amigo e ele mesmo *doctor medicinae* da Universidade de Leiden, introduz a edição de 1663 dos *Princípios da filosofia de Descartes*. Depois de declarar "que o melhor e o mais seguro método de buscar e esinar a verdade nas ciências é o dos matemáticos, que demonstram suas conclusões com base em definições, postulados e axiomas, já que um conhecimento certo e firme de tudo que é conhecido só pode ser derivado de coisas conhecidas certamente de antemão", ele diz que sua época é privilegiada, porque é iluminada pela "mais brilhante das estrelas" da época, René Descartes, cujos escritos contêm um método matemático, embora ainda não completamente formalizado. Porque leitores não especialistas precisam de alguma ajuda com seus estudos da obra de Descartes, Meyer sempre desejara que alguém que possuísse "um conhecimento profundo dos escritos e da filosofia de

---

[29] A Epístola 8, escrita por Simon Joosten de Vries em 24 de fevereiro de 1663, afirma: "Em seguida, agradeço-te *teus escritos*, que me foram transmitidos por P. Balling e que me deram grande alegria, particularmente a observação à proposição 19" (ênfase acrescentada), da qual podemos concluir que uma primeira parte do que posteriormente se transformaria na *Ética* pertencia aos escritos enviados. Spinoza respondeu na Carta 9 às "questões propostas em teu círculo". É importante notar que o fato de que Spinoza incitara seus amigos absorverem as ciências naturais em sua totalidade. Isto é pressuposto na observação conclusiva de De Vries: "Ingressei num curso de anatomia (*collegium anatomie*) e já estou quase na metade. Quando terminar, começarei química, e *seguindo teu conselho* (*suasore te*), cursarei todo o curso de medicina" (ênfase acrescentada).

Descartes" fosse capaz de trazer a essas pessoas alguma assistência, transpondo para a ordem sintética aquilo que Descartes escrevera na ordem analítica, demonstrando com isso tudo na maneira familiar aos geômetras. Ele não se sentia à altura de realizar tamanha tarefa e, além do mais, estava ocupado com outras coisas:

> Portanto, fiquei muito contente em saber de nosso Autor que ele ditara, a certo aluno seu, a quem ele ele estava ensinando a filosofia cartesiana, toda a Segunda Parte dos *Princípios*, e parte do Terceiro [livro], demonstrado naquela maneira geométrica, junto com algumas das principais e mais difíceis questões, que são disputadas na Metafísica e que ainda não foram resolvidas por Descartes, e que, em resposta aos apelos e às exigências de seus amigos, que ele concordara que esses escritos, já que ele os tinha corrigido e a eles acrescentado algo, poderiam ser publicados. Então eu também elogiei esse projeto a ele, e ao mesmo tempo alegremente ofereci minha ajuda a publicá-lo, se ele a requerisse. Além do mais, aconselhei-o – na verdade, roguei-lhe isso – a transpor também a primeira parte dos *Princípios* para a mesma ordem e a pô-la antes do que ele já escrevera, de modo, por ter sido arranjada dessa maneira desde o começo, a matéria pudesse ser mais bem compreendida e mais agradável. Quando ele viu a solidez desse argumento, ele não quis negar nem os pedidos de um amigo, nem a utilidade do leitor. E ele confiou a meus cuidados todo o negócio de imprimir e publicar, já que ele vive no campo, longe da cidade, e, assim, não poderia estar presente (DPP Prefácio).

Então, depois de resumir os conteúdos da obra, Meyer continua afirmando que Spinoza não somente com frequência se desvia de Descartes no arranjo e na explicação dos axiomas, demonstrações e conclusões, mas também que o próprio Spinoza em muitos casos não concorda com as proposições de Descartes, que são fielmente apresentadas por ele. "Que não se deixe então ninguém pensar que ele está ensinando aqui ou suas opiniões, ou somente aquelas que ele aprova." Spinoza, por exemplo, não acha que a vontade é distinta do intelecto, muito menos que ela é dotada de liberdade. De acordo com ele, Descartes está somente assumindo sem provar que a mente humana é uma substância que pensa absolutamente. Outro ponto importante de discordância entre Descartes e seu expositor é que Descartes afirma rápido demais que isto ou aquilo ultrapassa o entendimento humano acerca de coisas que, na opinião de Spinoza, são inteiramente claras e que podem ser explicadas satisfatoriamente. Os fundamentos da ciência de Descartes, diz Meyer, não são os mesmos da de Spinoza. A introdução de Meyer aos *Princípios da filosofia de Descartes* é extremamente valiosa como um documento autêntico acerca de um período inicial na carreira de Spinoza, contendo uma afirmação clara da posição de Spinoza acerca da ciência cartesiana.

Meyer era um importante cientista e ele mesmo um legítimo autor. Ele tinha grande respeito por Spinoza, e o contrário também é verdade, como podemos concluir das cartas de Spinoza a ele (Ep 12, 12A, 15). Não é impossível que tenha sido ele a empurrar Spinoza para a geometrização de sua filosofia. Depois de ter escrito suas teses de doutorado em medicina e em física em 1662 na Universidade de Leiden, ele voltou a Amsterdã como "*liberalium atrium magister*" e devotou todas as suas forças à questão da interpretação da Escritura, que era um tópico importante nas disputas teológicas daqueles anos. Os resultados desse programa de pesquisa foram publicados em seu *Philosophias s. scripturae interpres* (Meyer 1666).[30] O texto dessa obra, contudo, fora escrito poucos anos antes (1663-1664), conforme observa Meyer em seu posfácio.[31] Ocuparei-me dessa obra para esclarecer o significado da palavra "filosofia" nesse período e, também, para usar a obra como uma fonte que não somente se refere à influência precoce de Spinoza, mas também a seus efeitos sobre Spinoza. A literatura

---

[30] O título completo é: *Philosophia s. scripturae interpres; Exercitatio Paradoxa, in qua, veram Philosophiam infallibilem S. Literas interpretandi Normam esse, apodictice demonstratur, & discrepantes ab hac Sententiae expenduntur, ac refelluntur.* Uma tradução holandesa feita pelo próprio autor foi publicada em 1667. Também há uma tradução francesa recente; Meyer 1988.

[31] Ele escreve que "Já impedi alguns anos que esse tratado fosse impresso".

secundária constrói uma oposição entre Meyer e Spinoza,[32] em minha opinião sem qualquer fundamento. Tanto Spinoza quanto Meyer sustentam que o verdadeiro sentido (*sensus verus*) das frases, parágrafos, seções ou obras da Escritura só podem ser descobertos de uma maneira racional, isto é, científica. Ambos recusam a ideia de que o significado das palavras e das sentenças dependeria de ou teria de ser acomodado a determinado sistema filosófico ou a outros preconceitos dos leitores e intérpretes. Quando eles chamam de "filosofia" ou "o entendimento" ao juiz da revelação, eles não querem dizer nada mais do que o tratamento científico, a leitura profissional com a ajuda da filologia, da história e assim por diante. Como verdadeiro especialista, uma pessoa teria de mostrar e provar por meio de princípios linguísticos, da gramática e da lexicografia, de métodos práticos como a comparação de palavras e metáforas, que certo sentido é com efeito o significado do autor, mesmo quando não for absolutamente compreensível o porquê de ele querer dizer isso. "Filosofia" equivale a "conhecimento das artes liberais e da ciência" (Meyer 1666: 53), "especialmente gramática, retórica, dialética e física" (Meyer 1666: 122), e a conhecimento das línguas particulares – no caso da Escritura, as línguas orientais. Na última página dessa obra, Meyer allude às pessoas (plural) que, seguindo os passos de Descartes, "trarão à luz tais coisas como Deus, a alma racional e a mais alta felicidade humana, e coisas semelhantes, pertencentes à aquisição da vida eterna". A sequência das palavras nessa sentença é, para os iniciados, uma saudação ao título do *Curto tratado sobre Deus, o homem e sem bem-estar* de Spinoza. Algumas páginas antes, porém, Meyer se referira a um anônimo (singular): "o mais ilustre e experimentado homem nessas coisas" (isto é, na filologia), ou "esse mesmo homem, de longe o mais exercitado em toda sorte de conhecimento e aprendizado semelhante, que não hesita em declarar em palavras claras que *quando alguém fosse comparar todos os livros escritos do Novo Testamento uns com os outros, essa pessoa encontraria tantas diferenças ali quanto nas palavras*" (Meyer 1666: 131).[33] Alhures, esse homem é chamado de "o eminente filósofo de

---

[32] Ver Zac 1965; Matheron 1969; Meyer 1988. Ver Klever 1990c.
[33] A italicização está no texto de Meyer e deve ser lida como uma citação literal do que disse Spinoza.

nossa época" (Meyer 1666: 134). Meyer, que deve ter sido muito próximo de Spinoza e era de sua total confiança, paga grande tributo a seu companheiro científico com essas palavras. Sua própria carreira científica foi cheia de estudos filológicos, gramáticos e poéticos. Ele foi autor de um famoso dicionário holandês, *Woordenschat*, que teve várias edições; uma gramática italiana; um vocabulário latino; e muitas peças de teatro. Ele também cooperou com outro amigo de Spinoza, Johannes Bouwmeester, na academia de artes "*Nil Volentibus Arduum*" (NVA), autora coletiva de *Onderwijs in de Tooneelpoëzy* (*Ciência da poesia teatral*).[34]

Spinoza continuou seu trabalho na ciência das letras com seu *Tratado teológico-político* (ao qual me referirei mais tarde) e com seu *Compêndio de gramática hebraica* (publicados nas *Opera Posthuma*) – obra inacabada mas ainda assim bastante volumosa –, que ele deve ter começado nos mesmos anos em que *NVA* floresceu (1660-1671).[35] Os editores das *Opera Posthuma*, dos quais faziam parte os mesmos linguistas Meyer e Bouwmeester, declararam sua "admonição ao leitor" que Spinoza escrevera essa gramática "a pedidos de alguns de seus amigos (*rogatu amicorum quorandum suorum*) que estudavam diligentemente a linguagem sagrada", com cujas palavras eles provavelmente queriam dizer eles mesmos. É muito provável que essa obra tivesse sido planejada como uma contribuição de Spinoza ao programa de

---

[34] Esse texto, escrito entre os anos de 1669 e 1671 e editado recentemente por A. J. E. Harmsen (*Nil Volentibus Arduum* 1989) contém muitos ensaios da pena de Bouwmeester e Meyer, no qual podemos facilmente reconhecer a influência de suas conversas com Spinoza e Van den Enden. Meyer – só para se ter um exemplo notável – escreveu no primeiro capítulo: "Por natureza, todos estão obrigados a buscar seu bem-estar; e quantas mais capacidades meu próximo tiver para favorecer meu bem-estar e quanto mais eu espere isso dele, mais também estou eu obrigado a buscar seu bem-estar, no qual as capacidades anteriormente mencionadas estão contidas. Este é o fundamento sobre o qual repousam todos os ensinamentos e instruções e tudo o que alguém for capaz de fazer em favor de seu próximo. E ninguém que dirija seu comportamento à reta razão tomará penas em trabalhar em favor de outrem, sem a expectativa de algum fruto deste labor retornar a ele" (*Nil Volentibus Arduum* 1989: 31). Compare-se essa passagem com aquela já mencionada do *Tratado da emenda do intelecto* 14. Para mais informações sobre *NVA* ver Van Suchtelen 1987.

[35] Ver Proietti 1989c.

pesquisa linguística da academia *NVA* de seus amigos. Eles ainda diziam nesse prefácio que eles sabiam que ele estava "imbuído com essa língua desde sua primeira juventude, língua esta que ele estudara durante muitos anos com grande esforço e compreendia seu 'gênio' muito bem, e que ele era um excelente especialista nela". Na visão de Spinoza (e na de Meyer) a análise científica da língua hebraica era muito importante para a interpretação da Escritura. Spinoza demonstraria isso no capítulo sétimo do *Tratado teológico--político*, mas ele também disse isso em sua observação satírica no *Compêndio de gramática hebraica*: "muita gente escreveu uma gramática [explicação] da Escritura, mas ninguém escreveu uma da língua hebraica" (CGLH VII.2). Para dizer o mínimo, é muito equivocado os historiógrafos da filosofia sequer mencionarem que este "filósofo", Spinoza, passou uma quantidade considerável de seu valioso tempo analisando e descrevendo as estruturas linguísticas do hebraico e compôs uma gramática desse idioma que mostrava um estilo pessoal.[36]

Jelles dá um testemunho em retrospecto sobre Spinoza em seu Prefácio biográfico aos *Nagelate Schriften*:

> Ele aprendera linguística e literatura (*Letteren*) desde a infância... Além de sua ocupação costumeira nas ciências (*wetenschappen*), ele tem interesse específico no exercício da ótica (*Gezichtkunde*) e no polimento de lentes de aumento e de telescópios... Ele passou a maior parte de seu tempo na *pesquisa da natureza das coisas* e, ao ordenar as coisas, ele achou que era bom comunicar isso às pessoas (Akkerman 1980: 216; ênfase adicionada).

Spinoza era – nunca repetirei isso demais – um homem de ciência muito mais do que um filósofo do tipo dos do século XX. A ótica foi seu interesse especial. Agora, preciso dizer algumas palavras a mais sobre esse tópico, porque os historiadores tendem a negligenciar também esse aspecto de sua obra, com

---

[36] A literatura relevante inclui: Spinoza 1968; Klijnsmit 1986; Levi 1987; e Porges 1924-1926.

a opinião de que isso era superficial. Todas as fontes biográficas, contudo, enfatizam que Spinoza estava muito ocupado com isso, muito interessado nessa área de pesquisa, não só num nível teórico, mas também num nível prático. Quando Leibniz chamou-o de "*insignis opticus*" (Freudenthal 1899: 193), não foi por mera brincadeira retórica para evitar o título (e o elogio) de filósofo, mas isso foi uma avaliação reveladora. Eu já disse que o trabalho de Spinoza foi mais do que artesanato, podendo ser comparado com a indústria ótica, que implicava a teoria ótica. Os viajantes alemães Stolle e Hallmann (Freudenthal 1899: 225), Pierre Bayle (Bayle 1697: 346), Colerus, Jelles, Lucas, Christiaan Huygens, Theodor Kerckringh e muitos outros relatam que Spinoza pessoalmente construiu microscópios e telescópios que foram bastante elogiados por cientistas de sua época. Leibniz elogiou-o como o construtor de notórias miras para arcos (*peeptubes*) e confessou, em sua carta para ele (5 de outubro, 1671), que "ele não encontraria facilmente alguém nessa área de estudos que pudesse julgar melhor". Em suas *Observationes anatomicae*, Kerckringh, colega de Spinoza na escola latina de Van den Enden e se tornara um famoso anatomista, escreveu: "Tenho um microscópio de primeira classe (*microscopium praestantissimum*) feito por Benedictus Spinoza, esse nobre matemático e filósofo, que faz com que eu seja capaz de ver os feixes vasculares linfáticos... Bem, isto que eu claramente descobri por meio de meu maravilhoso instrumento é ainda mais maravilhoso" (Kerckringh 1670: 177).

O famoso astrônomo e matemático Christiaan Huygens falou sobre os excelentes instrumentos fabricados "por aquele Israelita" (uma expressão um tanto depreciativa) que morava perto de Voorburg. Estando em Paris, ele frequentemente pedia a seu irmão que lhe desse toda informação possível acerca do progresso teórico e técnico que Spinoza fazia nessa área. Depois de algumas discordâncias, ele no fim confessou que Spinoza estava certo: "É verdade que a experiência confirma o que é dito por Spinoza, a saber, que os objetivos pequenos no microscópio representam os objetos muito mais finamente do que os maiores" (Huyens 1888-1950: IV, 140; carta de 11 de Maio, 1668). Um rastro da discussão científica entre Huygens e Spinoza também pode ser encontrado na carta de Spinoza a Oldenburg em maio de 1665:

O sr. Huygens também tem o livro sobre observações microscópicas, mas a menos que eu me engane, está em inglês. Ele me contou coisas maravilhosas acerca desses microscópios e também acerca de certos telescópios, feitos na Itália, com os quais eles poderiam observar eclipses de Júpiter, causados pela interposição de seus satélites, e também certa sombra em Saturno, que parecia como se tivesse sido causada por um anel. Essas coisas me deixam espantado com a pressa de Descartes. Ele diz que a razão pela qual os Planetas próximos a Saturno – pois ele pensou que suas projeções fossem Planetas, talvez porque nunca as observou tocando Saturno – não se movem pode ser que Saturno não faça uma rotação em torno de seu próprio eixo. Mas isso não concorda muito bem com seus princípios (Ep 26).

Spinoza certamente se juntou a Huygens em uma de suas observações noturnas de Júpiter com seu telescópio de 100 metros. Spinoza tinha total certeza de sua posição na ótica e não tinha medo de criticar Huygens. Depois de resumir na Carta 30 alguns pontos da *Dióptrica* de Huygens para Oldenburg, que estava em Londres, ele acrescenta a seguinte observação: "Até agora isso me parece completamente impossível". De outro matemático, o posteriormente Burgomestre de Amsterdã Johannes Hudde, Spinoza pediu conselhos. A Carta 36 de junho de 1666 mostra que Spinoza, numa única e mesma carta, explicou a ele as propriedades da natureza divina infinita e propôs a ele uma fórmula ótica que o tornaria capaz de construir os melhores novos pratos pra polir lentes. Questões óticas também foram assunto de alguma correspondência com Jarig Jelles (Ep 39).[37]

Spinosa não só se especializou em teoria e em tecnologia ótica, como também tentou fazer observações por si mesmo, tão bem quanto possível, onde era apropriado, usando instrumentos. A Ostens, ele escreveu que "a mão mais bonita parece horrível quando vista através de um microscópio" (Ep 54). E a famosa Carta 32, na qual a harmonia no mundo infinito é ilustrada

---

[37] Para uma discussão mais elaborada de todos os aspectos da ótica de Spinoza, ver Klever e van Zuylen 1990.

pelo exemplo de um verme vivendo no sangue e se debatendo contra outras partículas e vírus, sugere claramente que Spinoza praticava o estudo do sangue usando seu microscópio. Na biografia de Colerus, encontramos um sinal desse prazer com a observação microscópica, quando ele relata sobre Spinoza:

> Ele também frequentemente tomava sua lente de aumento, observando através dela os menores mosquitos e moscas, ao mesmo tempo em que raciocinava sobre eles.
> Ele sabia, porém, que as coisas não podem ser vistas como elas são em si mesmas.
> As propriedades eternas e as leis das coisas e os processos só podem ser descobertos por dedução a partir de noções comuns e axiomas evidentes. "Os olhos da mente, pelos quais ela vê e observa as coisas, são as demonstrações."[38]

A prática da ciência à qual Spinoza se dedicava completamente[39] levantou muitas críticas contra sua pessoa da parte dos ministros da Igreja Reformada, que, tendo descoberto que ele identificava Deus com a natureza em manuscritos não publicados e temendo sua influência crescente, acusaram-no de ateísmo e tentaram advertir seu rebanho contra suas doutrinas "perniciosas". Numa disputa local em Voorburg acerca da indicação de um novo ministro — na qual o senhorio de Spinoza, Daniel Tydeman, também estava envolvido — o povo pio do conselho da igreja espalhou o seguinte relatório:

> Que o anteriormente citado Daniel Tydeman alugou um apartamento para um A... Spinosa, nascido de pais judeus, que é agora (conforme se diz) um ateu ou alguém que zomba de todas as religiões e, portanto, é um instrumento danoso nesta república, como muitos homens doutos e pregadores, dentre os quais o Reverendo Lantman, e que o conhecem,

---

[38] A citação é de E 5p23s.
[39] Ele também fez seus experimentos em hidrostática (Epístola 41) e metalurgia. Ver Klever 1987.

podem testemunhar, que escreveram o requerimento apresentado aos Burgomestres (Freudenthal 1899: 117-119).

Os pregadores não deixaram de instigar o ódio teológico e de, apelando à revelação divina, exigir uma parada à ameaçadora ciência natural. De lá do púlpito e com muitos panfletos polêmicos, as autoridades políticas foram acusadas de negligência na campanha contra esse mal. A pressão do partido de Orange dirigido por eles acuou cada vez mais o partido dos Estados liberais, o partido dos assim chamados *regenten* (isto é, os governadores políticos). As tensões entre a Igreja Reformada e o governo resultaram numa relação desagradável.

Spinoza não foi o único a experimentar as consequências negativas de uma vida racional devotada à explicação causal das coisas. Seu amigo Lodewijk Meyer escreveu em 1665 no Posfácio de seu *Interpres*: "O desconforto e o dano, que pairam sobre minha cabeça, é o ódio dos teólogos, que desprezarão e rejeitarão meus sentimentos. (...) eles em geral elevam-se a si mesmos sobre todos os cientistas, imaginando que as enunciações divinas estão confinadas somente para eles". Sua previsão foi exata. Seis refutações indignas se seguiram imediatamente à publicação de seu tratamento científico das Escrituras, no qual ele não fizera mais do que tentar descobrir o "verdadeiro sentido" (*verus sensus*) das profecias com provas linguísticas. As primeiras palavras escritas em *Onderwijs* por outro amigo, Johannes Bouwmeester, diziam: "Em toda parte e em todas as épocas as Artes e as Ciências são as mais odiadas pelos ignorantes", e ele afirmava que principalmente os ministros de todos os sectos religiosos tentavam obnublar a verdade para sua audiência em favor de seu benefício particular.

Spinoza percebeu lhe seria impossível permanecer em segurança e ao mesmo tempo explicar a seus colegas cidadãos os princípios da natureza e sua aplicação ao comportamento humano, como ele já fizera de acordo com o método dos geômetras nos primeiros esboços de sua *Ética*, já enviada a seus amigos em Amsterdã. Por isso, ele decidiu interromper esse trabalho, que provavelmente resultaria num desastre, para antes assentar o caminho para uma comunicação verdadeiramente livre de pensamentos. E sua intenção não fora sempre fazer o máximo em favor do bem-estar do estado para dele tirar o máximo de sua própria felicidade e segurança? A segurança pessoal depende da estabilidade do estado. Mas um estado sólido é impossível onde a liberdade de pensamento, de expressão e de publicação é excluída ou restrita pela estreiteza mental dos preconceituosos. Em outubro de 1665 ele informou Oldenburg sobre sua nova atividade:

> Comecei agora a escrever um tratado com meu entendimento da Escritura. Estou motivado a fazê-lo:
> 1. Pelos preconceitos dos teólogos, porque percebo que eles são o maior obstáculo a impedir que as pessoas se dediquem à ciência.[40] Portanto, esforço-me em revelar esses preconceitos e a bani-los da mente das pessoas mais prudentes.
> 2. Pela opinião que as pessoas comuns alimentam a meu respeito: ela não para de me acusar de ateísmo. Sinto-me compelido a impedir tanto quanto possível também esse mal.
> 3. Pela liberdade de praticar a ciência e de exprimir nossos pensamentos. Desejo defender com todos os meios essa liberdade, que aqui é suprimida pela autoridade e pela brutalidade demasiado grandes dos pregadores.

O primeiro objetivo – desmascarar e desmontar os preconceitos dos teólogos, que consistem em falsas interpretações e em um mal uso político da Escritura – foi alcançado com a primeira parte do *Tratado teológico-político* (isto é, os capítulos I-XV). Uma elucidação desse alvo também é dada no Prefácio. Tendo afirmado que aqueles que se autoproclamam cristãos somente veem coisas misteriosas e inacreditáveis na Escritura, Spinoza continuava:

---

[40] Conforme notado antes, o significado da palavra "*philosophia*" no século XVII não é o mesmo que o significado de nossa "filosofia" no século XX, mas, com efeito, é mais próxima de nossa "ciência".

> Refletindo sobre tudo isso – a saber, que a luz natural é, não só desprezada, mas até condenada por muitos como fonte de impiedade; que as invenções humanas passam por documentos divinos e a crendice por fé; que as controvérsias dos filósofos desencadeiam na Igreja e no Estado as mais vivas paixões, originando os ódios e as discórdias mais violentos, que facilmente arrastam os homens para sublevações [...] fiquei seriamente decidido a empreender um exame da Escritura, novo e inteiramente livre, recusando-me a afirmar ou a admitir como sua doutrina tudo o que dela não ressalte com toda a clareza (Ed. bras. p. 10-11).

O método para realizar esse projeto é o mesmo que aquele indicado e praticado por Meyer. Spinoza explicou seus princípios para o entendimento e a explicação científicos de um texto como o das Escrituras no capítulo VII. Esses princípios consistem principalmente no conhecimento da língua hebraica, numa abordagem histórica dos livros separadamente, numa comparação de várias partes de um livro e assim por diante. O método de explicação dos textos não difere do método de explicação dos fenômenos naturais: em ambos os casos os fenômenos são deduzidos de princípios gerais.

O segundo propósito de Spinoza, a saber, sua defesa de si mesmo como cientista contra a acusação de ateísmo, é realizada no capítulo VI, no qual ele rejeita a possibilidade dos milagres e alega que temos um melhor conhecimento de Deus à medida que temos mais conhecimento da natureza. "Qualquer coisa que ocorresse na natureza e que não estivesse conforme a suas leis [...] seria contrário à natureza e a suas leis. Consequentemente, acreditar em tal hipótese seria duvidar de tudo e cair no ateísmo" (TTP VI.28; trad. bras. 102).

Spinoza realiza o terceiro objetivo – a defesa da liberdade de ciência, de publicação de resultados científicos e de discussão sobre todos os tipos de tópicos – nos últimos cinco capítulos. De acordo com a teoria do estado desenvolvida nos capítulos XVI-XX, a *"libertas philosophandi"* constitui a própria essência de uma sociedade política e, tal como indicado na formulação do subtítulo, "não pode ser abolida (*tolli*) sem se abolir ao mesmo tempo a paz do Estado e a própria piedade". Prescrições doutrinárias só fazem causar dissensão, sectarismo e cismas entre as pessoas, razão pela qual a liberdade do Estado (sem mencionar a possibilidade das ciências e das artes) é necessariamente solapada. Um governo que se meta em questões de teologia estimularia a fúria das partes e transformaria a piedade em raiva. A história da Holanda deu um trágico exemplo dessa raiva, que deveria servir como aviso para todos os tempos, de que as leis acerca de religião são perniciosas. Esse exemplo foi a batalha entre os Remonstrantes e os Contrarremonstrantes, mencionada por Spinoza na penúltima página do *Tratado teológico-político* (TTP XX.41, trad. port. 309). Os calvinistas puritanos, junto com o príncipe Maurício, conseguiram trazer o Estado da Holanda à beira do abismo. O grande estadista da época, o pensionário Oldenbarnevelt, um Remonstrante com ideias liberais, teve de pagar pela própria vida (em 1619). É a ele que Spinoza alude cinicamente no *Tratado teológico-político* XX.35:

> Haverá algo mais pernicioso, repito, do que considerar inimigos e condenar à morte homens que não praticaram outro crime ou ação criticável senão pensar livremente, e fazer assim do cadafalso, que é o terror dos delinquentes, um palco belíssimo em que se exibe, para vergonha do soberano, o mais sublime exemplo de tolerância e de virtude?

Amsterdã, ao contrário, era aos olhos de Spinoza um exemplo positivo. "De fato, nesta florescente república e nobilíssima cidade, todos os homens, seja qual for sua nação ou sua seita, vivem na mais perfeita concórdia" (TTP XX.40; 308). Como membro de uma comunidade de refugiados políticos, a minoria dos judeus portugueses, Spinoza não teve experiências notadamente ruins com as autoridades estatais e sua justiça. Mas Amsterdã era ainda tão tolerante no fim da década de 1660?

Enquanto Spinoza escrevia seu tratado, a situação piorou, devido a um período ruim nas finanças e ao isolamento político da República Holandesa. A intolerância se agravou também e chegou bem perto do próprio Spinoza. A seu círculo de amigos e seguidores pertencia certo Adriaan Koerbagh, que estudara medicina e direito em Utrecht e Leiden. Ele (junto com seu irmão Johan) persuadiu-se do naturalismo de Spinoza e também conhecia Franciscus van den Enden. Esse homem, somente dois anos mais jovem do que Spinoza, começou a espalhar os pontos essenciais da teoria spinoziana a partir de 1665, publicando-os em 1668, em bom holandês.[41] Sua obra principal, *Een ligt*, em muitas páginas era mais explícita quanto às doutrinas de Spinoza do que o *Tratado teológico-político*. Deus é definido como "a essência de todos os modos de existência que consiste de atributos infinitos, dos quais cada um é infinito em si mesmo". A obra como um todo pode ser considerada como um paralelo ao *Tratado teológico-político*, com capítulos sobre a Essência (Deus é consequentemente chamado de "*Wesen*"!), o Salvador (Jesus), o Espírito Santo (a razão), o bem e o mal, a religião, a Bíblia, os hereges, o céu, os milagres e assim por diante.[42] Em lugar algum no livro o nome de Spinoza é mencionado, mas suas doutrinas são elaboradas em muitas páginas. Contudo, o autor era muito menos prudente do que o próprio Spinoza, e lançou fortes ataques sobre os pregadores e teólogos. Quando foi preso, ele confessou em seu julgamento suas relações com Spinoza e Van den Enden. Foi sentenciado, na livre cidade de Amsterdã, a dez anos na casa de correção (*tuchthuis*), a dez anos de exílio depois disso e a uma multa de 6.000 florins. Foi jogado na *Rasphuis*, uma prisão com circunstâncias muito ruins, onde morreu um ano depois (em 1669).

---

[41] Primeiro em *Een Bloemhof van allerley lieflijkheyd sonder verdriet door Vreederijk Waarmond / ondersoeker der waarheyd / tot nut en dienst van al die geen die der nut en dienst uyt trekken wil. Of een vertaaling en uytlegging van al de Hebreusche / Griekscke / Latijnse / Franse / en andere vreemde bastartwoorden en wijsen van spreeken...*, um dicionário em que as palavras estrangeiras vindas da teologia, da medicina e do direito eram explicadas. Depois, também uma obra sistemática: *Een ligt schijnende in duystere plaatsen / om te verligten de voornaamste saaken der Godsgeleertheyd en Gods-dienst / ontsteeken door Vreederijk Waarmond /ondersoeker der Waarheyd. Anders Adr. Koerbagh*. O texto de *Een Ligt* está republicado em uma edição crítica feita por H. Vandenbossche, Koerbagh 1974. Ver também: Vandenbossche 1978; e Evenhuis 1971: IV, 35 I-6 I. Em seu julgamento, Koerbagh confessou explicitamente "que ele estava em contato com Spinoza e que o visitara algumas vezes."
[42] A obra é escrita magistralmente, testemunha a forte habilidade do autor em linguística e ciência natural e é um tratado antiteológico de primeira classe que merece ser considerado pelos estudiosos de Spinoza. É forçoso reconhecer que o *Tratado teológico-político* é somente um de muitos escritos semelhantes dos membros do círculo de Amsterdã, que defendem, todos, as mesmas ideias. Já mencionei o *Licht op den kandelaar* (1662) de Balling e o *Interpres* (1666) de Meyer, mas deve-se mencionar também o *Belijdenisse des algemeenen em christelijken geloofs* (1673) de Jelles.

Esse caso de fúria teológica que resultou em repercussões políticas – do qual seu amigo e aluno Adriaan Koerbagh foi vítima, numa cidade que, de acordo com sua memória era tão tolerante a toda espécie de religião – deve ter causado uma impressão muito forte em Spinoza, ocupado que estava com os últimos capítulos de seu *Tratado teológico-político*. As autoridades condenaram Koerbagh sob pressão dos ministros da Igreja Reformada, que depreciaram Koerbagh como um perigo muito grande à vida pública. No *tratado teológico-político* XVIII.24, depois de explicar como os fariseus acusaram os saduceus de impiedade, Spinoza continuava, provavelmente pensando no destino infeliz de seu amigo: "e a exemplo dos fariseus, os piores hipócritas, animados pela mesma raiva, que chamam zelo pelo direito divino, perseguiram por toda parte homens insignes por sua honestidade e reconhecidos por sua virtude e, por isso mesmo, malvistos pela plebe, reprovando publicamente suas opiniões e inflamando contra eles as fúrias das multidões".

O *Tratado teológico-político* foi publicado em 1670, anonimamente e sob estampa editorial falsa.[43] A obra logo se mostrou contraproducente. Ela nem ajudou a reduzir a influência dos preconceitos teológicos entre os leitores filosóficos, nem favoreceu a liberdade exigida para o cidadão ilustrado. De fato, o *Tratado teológico-político* de modo algum preparou o caminho para a publicação e a recepção da filosofia geral de Spinoza. Sua publicação, ao contrário, agravou a situação, liberando uma série de refutações e difamações devastadoras.[44] Um bom exemplo de uma reação negativa numa pessoa que era considerada um filósofo liberal, e, portanto, a quem Spinoza se dirigia especialmente em seu prefácio como um "leitor filosófico", era Lamber van Velthuysen, um dos membros do *College der Sçavanten*

---

[43] "Hamburgui, apud Henricum Künraht", em lugar de "Amsterdã, Jan Rieuwertsz". Mais tarde (por volta de 1675), Spinoza fez muitas anotações, algumas bastante longas, ao texto do *Tratado teológico-político*, que foram publicadas pela primeira vez em latim original em 1802 por Chr. Th. De Murr em de Murr. Elas foram publicadas antes em francês como *Remarques curieuses et nécessaires pour l'intelligence de ce livre* [observações curiosas e necessárias para o entendimento deste livro], acrescentadas à tradução francesa do *Tratado teológico-político* por Saint-Glen, que foi publicado primeiramente com o título de *La clef Du Sanctuaire* ([Spinoza] 1678). Para uma discussão erudita dos problemas acerca dessas anotações e suas variantes, ver Torato 1989.

[44] Ver Van Bunge 1989.

de Utrecht, que atacou o *Tratado teológico-político* como um escrito ateísta em carta a Ostens. Spinoza ficou desapontado e chegou mesmo a ficar indignado com essa interpretação "sinistra", tal como ele a chamou em sua carta 43 a Jacob Ostens.

Van Velthuysen conscientemente interpretara de maneira equivocada as afirmações e os objetivos do tratado em seu sumário, o *libellum* que ele mandara a seu amigo em comum. Como ele poderia tê-lo chamado de ateu? "Os ateus costumam lutar imoderadamente por honrarias e riquezas, coisa que eu sempre desprezei, como todos os que me conhecem sabem... Dessa maneira Descartes foi denunciado antes por Voetius, e dessa maneira as melhores pessoas por toda parte são traídas!".[45]

Os Conselhos e Sínodos da Igreja Reformada demonstravam alto grau de vigilância. Eles imediatamente condenaram o *Tratado teológico-político* como "um livro perigoso" (Amsterdã), um "tratado de idolatria e superstição" (Haia, julho de 1670), como "o mais vil e mais sacrílego livro que o mundo já viu" (Schiedam, julho de 1670). O teólogo J. Melchior publicou no mesmo ano uma refutação em que o nome de Spinoza aparecia corrompido como "Xinospa" e ele era caracterizado como um monstro (*monstrum*). Um professor em Utrecht, certo J. G. Graevius, escreveu numa carta a Leibniz sobre o "*libei pestilentissimus*", cheio de "opiniões mosntruosas". O efeito do livro, no qual Spinoza "falava como cientista acerca da Escritura", não foi nada menos do que "uma torrente de perseguidores".[46]

A agitação, porém, logo foi ofuscada por uma revolução política de consequências duradouras. O regime do Grão-Pensionário liberal Jan de Witt, que estivera no poder ininterruptamente desde 1654, chegou a um fim sangrento com a invasão dos exércitos francês e alemão no assim chamado ano desastre (*rampjaar*) da história holandesa (1672). Todo o país ficou *radeloos, redeloos en reddeloos*, isto é, desesperado, irracional e irremediável. Jan de Witt, junto com seu irmão, foi abduzido pela plebe e cruelmente

---

[45] Para as relações posteriores entre Spinoza e Van Velthuysen ver minha monografia, Klever 1990d.
[46] As duas últimas frases citadas são de J. M. Lucas em Freudenthal 1899.

assassinado. A dinastia dos estatúderes (*Stadhouders*) da casa de Orange retornou na pessoa do jovem príncipe Guilherme III (posteriormente rei da Inglaterra). Leibniz, que visitou Spinoza em 1676, disse que ele, que deve ter conversado com Jan de Witt,[47] estava muito angustiado[48] com essa rebelião e com a morte de seu amigo e protetor político, e que, portanto, queria protestar contra ela usando um cartaz em que ele tinha escrito "*Ultimi barbarorum*". Mas o senhorio impediu-o de fazer demonstrações perigosas desse tipo.[49]

Não obstante a soturna rejeição do *Tratado teológico-político* por parte dos ministros da Igreja Reformada, a obra iniciou um sucesso comercial para quem a publicou, o amigo de Spinoza Jan Rieuwertsz. Os vendavais de indignação não conseguiriam segurar as prensas para imprimir novas edições. Depois de cinco edições em quarto em 1670, uma série de edições em oitavo com título enganador foi iniciada. Em 1673, o *Tratado teológico-político* apareceu como *Francisci Henriquez de Villacorta, doctoris medici Opera Chirurgica omnia* (Amstelodami: apud Jacobum Paulli). Outra edição do mesmo ano foi batizada de *Danielis Heinsii Operum Historicorum Collectio Prima. Editio secunda, priori editione multo emendatior & auctior. Accedunt quaedam hactenus inedita* (Lugd. Batav: Apud Isaacum Herculis). Uma terceira edição em oitavo foi nomeada *Totius Medicinae idea nova, seu Francisci de le Boe Sylvii, medici inter Batavos celeberrimi Opera Omnia novas potissimum super morborum causis, symptomatis & curandi ratione meditationes & disputationes continentia* (Amstelodami: apud

---

[47] J. M. Lucas (Freudenthal 1899: 15) escreve: "Ele tinha a vantagem de ser conhecido do senhor pensionário De Witt, que desejava aprender matemática com ele e que frequentemente deu a ele a honra de consultar-lhe sobre questões importantes". A relação entre Spinoza e De Witt é confirmada por Sebastian Kortholt no prefácio a Kortholt 1700, no qual se afirma que Spinoza preferiria ser trucidado "com De Witta, com seus amigos" buscar a vã glória.

[48] Lucas confirma esse escrito, "que ele derramou muitas lágrimas ao ver como seus concidadãos dilaceraram seu pai comum" (Freudenthal 1899: 19).

[49] Essa história parece verossímil, já que não há razão por que Leibniz a teria inventado. Além do mais, sabemos que Spinoza era bem versado em Suetônio, em cuja obra *A vida dos doze césares* encontra-se uma expressão bastante próxima de "*ultimi barbarorum*", que é "*ultimi Romanorum*".

Carolum Gratiani).⁵⁰ Rieuwertsz foi um empreendedor corajoso, não desprovido de senso de humor. Sua loja, chamada *In het Martelaersboeck* (*No livro dos Mártires*), era um centro de discussões de livre-pensadores em que se trocavam notícias entre radicais cartesianos e spinozianos.

Entretanto, Spinoza sabia que tinha de ter cuidado e que sua vida poderia estar em perigo quando as pessoas comuns fossem incitadas contra ele. Ele não se esquecera do caso de Adriaan Koerbagh, que publicara suas ideias em bom holandês. Portanto, ele tentou com todos os meios disponíveis evitar a publicação da tradução holandesa de seu *Tratado teológico-político*. Em 17 de fevereiro de 1671, quando ainda desfrutava da proteção de Jan de Witt, ele escreveu a seu amigo em Amsterdã, Jarig Jelles:

> Quando recentemente recebi a visita do professor..., ele me contou dentre outras coisas que ouvira dizer que meu *Tractatus Theologico Politicus* fora traduzido para o holandês e que alguém – ele não sabia quem – pretende imprimi-lo. Portanto, eu vos rogo urgentemente que façais o melhor que puderdes para obter informação sobre isso e que, se possível, impeçais a impressão. Este não é só meu pedido, como também o de muitos amigos e conhecidos meus, que não gostariam de ver o livro proibido, como indubitavelmente acontecerá quando for publicado em holandês (Ep 44).

A fama de Spinoza, que já começara a se espalhar por volta de 1665,⁵¹ chegava agora a um pico. Suas ideias alcançavam toda a Europa: Londres, Paris, Florença, Roma, Estocolmo e outras cidades. A corte de Heidelberg convidara-o para ser professor na recém-fundada academia do ilustre monarca Karl Ludwig dos Paladinos. Mas Spinoza não hesitou recusar essa oferta. Em sua carta de convite, o conselheiro Fabricius (que, por ele, era contra o convite) mencionara uma condição que era impossível a Spinoza cumprir, porque ela não dependia dele. Ele receberia a maior liberdade possível de filosofar ("*philosophandi libeitatem*"), mas esperava-se que ele

---

⁵⁰ Para informação bibliográfica completa e precisa, ver Kingma e Offenberg 1977.
⁵¹ O nome de Spinoza *coepit inclarescere*. Ver Klever 1989c.

"não a usasse mal de modo a perturbar a religião publicamente estabelecida" (Ep 47; 16 de fevereiro de 1673). A resposta de Spinoza foi direto ao ponto: "Creio que não sei dentro de quais fronteiras essa liberdade de filosofar deveria ser incluída para não dar a impressão de que tenho a intenção de perturbar a religião publicamente instituída". Spinoza não queria correr o risco. Ele já havia experimentado a facilidade com que poderia ser mal-interpretado e mal-entendido, mesmo quando intentasse uma apresentação muito clara de seus pensamentos. "E uma vez que já experimentei isso enquanto levava uma vida privada e solitária, o quanto mais tenho de temer o mesmo em caso de ascender a tal grau de dignidade" (Ep 48; 30 de março de 1673). Outra razão que Spinoza deu para não aceitar o convite foi que ele nunca quis ser professor com responsabilidade pública de ensino. A instrução da juventude tiraria sua liberdade de promover a ciência. O pano de fundo desse argumento deve ser o mesmo que o outro motivo recém-mencionado: um homem que é empregado de certas autoridades e pago por seu trabalho acadêmico é na verdade um subordinado, que tem de se manter dentro de certas prescrições e conforme a certas expectativas, e que não tem liberdade total de expressão. Conforme escreveu Spinoza: "As academias que são fundadas pelos custeios públicos são instituídas nem tanto para cultivar as habilidades naturais dos homens, mas mais para restringi-las. Mas num Estado livre, as artes e as ciências (*scientiae et artes*) serão mais bem cultivadas em sua plenitude se todo aquele que pedir permissão puder ensinar publicamente, e isso por sua própria conta e risco" (TTP VIII.49). Um cientista tem de ser completamente independente. A liberdade de uma pessoa fica inevitavelmente restringida quando essa pessoa se permite ser paga por seu trabalho.

Não é impossível que uma terceira razão tenha tido um papel importante na recusa por Spinoza do convite feito por Karl Ludwig, que era conhecido por ser um monarca de mente aberta. O próprio Fabricius era um teólogo ortodoxo que estudara teologia reformada em Utrecht sob orientação de Voetius, e tinha muitas relações com os teólogos holandeses Contrarremonstrantes, como, por exemplo, Frederik Spanheim. Um certo J. H. Heidegger posteriormente disse em seu obituário desse Fabricius que ele, após ter lido o "horrível livro" (o *Tra-*

tado teológico-político), lhe dissera que esperava que esse material blasfemo jamais pudesse entrar e ser promulgado dentro de fronteiras alemãs. Ele ainda observou que Fabricius preferiria muito mais que opiniões perniciosas parecidas fossem suprimidas a refutadas.[52] Em um mundo pequeno com somente umas poucas redes de relações, essa atitude do Fabricius holandês pode bem ter ficado conhecida de Spinoza.

Outro convite, porém, não foi recusado: Spinoza foi instado pelo general, o Príncipe De Condé, a comparecer ao quartel-general do exército francês em Utrecht. As fontes (Bayle, Colerus) não revelam a razão por que ele foi convidado. O príncipe era um *esprit fort*, ou libertário, que poderia ter desejado encontrar-se com o famoso pensador holandês que já mantinha contato com vários outros libertários franceses. Spinoza, por outro lado, pode ter pensado que poderia lucrar com a oportunidade de se encontrar com autoridades francesas, para fazer alguma coisa em favor de seu país, que ainda sofria muito por causa da guerra com os invasores franceses. Isso parece provável, tanto mais que era um princípio de conduta de Spinoza contribuir tanto quanto possível para o bem-estar do Estado, todas as vezes que ele conseguisse. "Sou um sincero republicano", ele disse (Colerus 1705: 38).[53] Em todo caso, ele usou o passaporte que lhe fora dado de presente e foi para Utrecht em julho de 1673. Quando chegou, o Príncipe de Condé já partira, chamado que fora por seu superior, o rei Luís XIV. Colerus diz que Spinoza conversou com o tenente Stouppe em vez de com De Condé. Nossa informação permanece muito escassa para dizer qualquer coisa de definitiva sobre essa curiosa visita de Spinoza a Utrecht. Será que ele tinha permissão ou até um mandado dos Estados da Holanda, ou do príncipe estatuder Guilherme III? Não é possível imaginar que Spinoza foi sem qualquer acusão política – talvez a preparação de negociações

---

[52] Ver John Henrico Heidegger, *Joh. Ludovici Fabricii Theologi Archipalanti Celeberrimi Opera Omnia quibus praemittitur Historia Vitae et Obitus ejusdem* (Tiguri: Gessner, 1698).
[53] A observação de Sebastian Kortholt em Kortholt 1700: 27, "*Politici enim nomen affectabat*" – ele queria o nome de um político, isto é, um bom cidadão.

– ao campo do inimigo. Stouppe, que fora ministro protestante antes de começar sua carreira militar, publicou no mesmo ano um pequeno livro sobre *La Religion des Hollandais*, no qual dava muita atenção à influência das ideias de Spinoza sobre religião. Embora obviamente ele não o reconhecesse, ele tinha informação de primeira mão:

> Não creio que já falei o bastante sobre as religiões deste país, se ainda não disse palavra acerca de um homem ilustre e culto que, conforme me asseguraram, tem grande número de seguidores (*Sectateurs*) que se apegam completamente a seus sentimentos. É um homem judeu de nascimento, que é chamado de Spinoza, que não abjurou a religião dos judeus e nem abraçou a religião cristã; portanto, ele é um judeu muito mal, e menos ainda um cristão. Há alguns anos ele escreveu um livro em latim, cujo título é *Tractatus Theologico-Politicus*, no qual seu principal objetivo é a destruição de todas as religiões e a introdução do ateísmo, da libertinagem (*le Libertinage*) e da liberdade em todas as religiões. Ele sustenta que elas são todas inventadas para a utilidade pública, com o fito de que os cidadãos vivam honestamente e obedeçam seus magistrados, e que se mantenham virtuosos, não na esperança de uma compensação após a morte, mas simplesmente em nome da excelência da própria virtude e das vantagens para as pessoas virtuosas nesta vida (Freudenthal 1899: 195).

Spinoza deve ter-se desapontado pelas muitas refutações do *Tratado teológico-político* que ele viu aparecerem no mercado de livros. Qualquer pessoa que tivesse alguma influência na vida pública ou nas academias parecia ter-se voltado contra Spinoza, nem que fosse somente para protegê-lo de suspeitas. Mas ele também conseguia ser irônico com relação ao que encontrava. Acerca da refutação de um Reinier van Mansvelt, um professor em Utrecht, cujo livro ele vira na janela de uma livraria, ele escreveu a seu amigo Jelles: "E rindo comigo mesmo, ponderei com que precisão os ignorantes são os primeiros a deitar pena ao papel e os mais audaciosos em sua escrita" (Ep 50).

Spinoza não era nem pessimista nem asceta, e mantinha uma atitude positiva com relação a tudo o que pudesse contribuir para seu bem-estar. Ele desfrutava das coisas boas da vida, inclusive uma taça de vinho e um cachimbo com bom tabaco; numa de suas cartas, ele escreveu: "busco passar minha vida sem tristeza e sem suspiros, mas em paz, alegria e deleite".[54] Não era seu costume, porém, rir publicamente de outras pessoas ou desprezá-las. Ele escreveu que era seu princípio "tentar não rir das ações humanas, nem lamentá-las, nem detestá-las, mas entendê-las" (TP I.4).[55] Spinoza não diz que sempre conseguiu isso, mas somente que ele honestamente buscava seguir essa sua máxima. É bem conhecido que ele às vezes não conseguia – e confessava que não conseguia, dizendo (com Terêncio): "Nada que é humano me é estranho".[56] Não é minha intenção fazer de Spinoza um santo, ele que acreditava profundamente na fraqueza de cada um de nós, inclusive em sua própria. Contudo, seu modo de vida

---

[54] A passagem aparece na Epístola 21, a Blijenbergh. Uma apresentação persuasiva dessa atitude também ocorre na *Ética* 4p45s2: "Este é meu princípio e assim me orientei. Nenhuma potestade, nem ninguém mais, a não ser um invejoso, pode comprazer-se com minha impotência e minha desgraça ou atribuir à virtude nossas lágrimas, nossos soluços, nosso medo, e coisas do gênero, que são sinais de um ânimo impotente. [...] Assim, servir-se das coisas, e com elas deleitar-se o quanto possível (não, certamente, à exaustão, pois isso não é deleitar-se), é próprio do homem sábio. O que quero dizer é que é próprio do homem sábio recompor-se e reanimar-se moderadamente com bebidas e refeições agradáveis, assim como todos podem servir-se, sem nenhum prejuízo alheio, dos perfumes, do atrativo das plantas verdejantes, das roupas, da música, dos jogos esportivos, do teatro e de coisas do gênero. Pois o corpo humano é composto de muitas partes que, de natureza diferente, precisam, continuamente, de novo e variado reforço, para que o corpo inteiro seja, uniformemente, capaz de tudo o que possa seguir-se de sua natureza e, como consequência, para que a mente também seja, uniformemente, capaz de compreender, simultaneamente, muitas coisas".
[55] Ver também Epístola 30, *Ética* 2p49s, e o Prefácio à *Ética* Parte 3.
[56] Um exemplo é sua raiva em consequência do assassinato dos irmãos De Witt. Outro exemplo é indicado numa carta de Phillipus van Limborch a Jean Le Clerc (23 de janeiro de 1682), que está na Biblioteca da Universidade de Amsterdã (impressa como apêndice 10 em Meinsma 1896): "Lembro-me de que há seis anos fui convidado a um jantar, ao qual além das minhas expectativas esse autor também estava presente. Durante a oração, ele mostrou sinais de uma alma não religiosa, ao fazer gestos com os quais ele evidentemente tentava mostrar nossa estupidez em orar a Deus".

era sóbrio e honesto. Ele não procurava bens supérfluos.⁵⁷ Tal conduta era um problema para muitas pessoas: como um ateu pode comportar-se tão virtuosamente? Esse também era o problema de um de seus últimos biógrafos, Pierre Bayle, depois que ele o caracterizara como *"um homme d'un bon commerce, affable, honnête, officieux e fort règlé dans ses moeurs"* (Bayle 1697: 347). Durante a vida e o governo de Jan de Witt, a suprema corte da Holanda já tentara proibir oficialmente a impressão e a distribuição do *Tratado teológico-político*, mas o Grão-Pensionário conseguiu impedir essa proibição. Depois da mudança política, a situação ficou completamente diferente nesse aspecto. Em julho de 1674, a Corte da Holanda publicou um *"placcaet"* contra alguns livros prejudiciais, dentre os quais estava o *Tratado teológico-político*. Spinoza deve ter sentido um amargo desapontamento com isso. No texto do anúncio, seu livro era declarado um dos "livros sacrílegos e destrutivos da alma, cheio de proposições infundadas e perigosas e horrores, para a desvantagem da verdadeira religião e do serviço da igreja". Castigos severos foram impostos à impressão, promulgação ou venda desses livros. Com esse ato das autoridades judiciais – isto é, políticas –, ele, que amava tanto seu país e sua tão prezada liberdade, tornou-se um infame, sujeito a outras difamações. Muitos cientistas famosos de toda a Europa vieram visitá-lo e discutir o progresso das ciências e das artes. Agora, seu apartamento estava cada vez mais quieto. Um de seus melhores amigos e seguidores, o jovem Barão Von Tschirnhaus, que naquela época estava em Paris, perguntou-lhe se ele poderia entregar os manuscritos de parte de sua *Ética* a um certo Gottfried Leibniz, que já consultara Spinoza há alguns anos acerca de questões de ótica. Spinoza se recusou a dar a permissão: "Não considero recomendável confiar meus escritos tão rapidamente a ele. Primeiro quero saber o que ele está fazendo em Paris" (Ep 72).

---

⁵⁷ *"Les richesses ne le tentoient pas."* Ele tentou ser economicamente autossuficiente polindo e vendendo lentes. S. J. de Vries queria fazer-lhe uma doação de 2.000 florins, mas Spinoza se recusou a aceitar o presente. Uma pensão anual de 500 florins, doada a ele pelo irmão desse seu amigo (o De Vries de Schiedam) foi reduzida, a seu pedido, a 300 florins (Freudenthal 1899: 17-18).

Qual era a razão? Não resta dúvidas de que ele não estava convencido da sinceridade de Leibniz, de seu empenho para se esforçar somente em busca da verdade. Mas podemos imaginar também que outra coisa fez Spinoza pressentir más consequências. Não era improvável que a divulgação de sua *Ética* tivesse repercussões por toda a sua vida. Seu mestre Van den Enden, que vivia em Paris desde 1670, fora preso e condenado à morte por suas atividades políticas, mas provavelmente também por outras razões. Ele foi enforcado em 6 de dezembro de 1674; seus escritos foram queimados um dia depois. Jornais holandeses, como o *De Amsterdamsche Courant*, relataram o julgamento e a execução em todos os seus detalhes. A despeito da advertência de Spinoza de que Tschirnhaus deveria ser cauteloso em comunicar o que recebera para uso privado, sabemos que Tschirnhaus, apesar disso, revelou muitos segredos a um inquisitivo Leibniz. Isso aparece numa nota escrita por Leibniz, que ele deve ter feito logo após um encontro. Creio que vale a pena citar essa nota inteira aqui, porque ela nos permite ver como a teoria de Spinoza foi percebida, entendida e explicada por seus amigos e seguidores em ou por volta de 1675. Uma segunda razão é que essa nota, que não é conhecida por muitos estudiosos e ainda não está disponível em inglês em outra forma, contém vários pontos interessantes que não podem ser encontrados alhures, e também por isso ela é relevante.

> Sir Tschirnhaus me contou muitas coisas sobre o livro manuscrito de Spinoza. Há um mercador em Amsterdã, acho que chamado Gerrit Gilles (Jarig Jelles), que sustenta Spinoza. O livro de Spinoza será sobre Deus, a mente, a felicidade ou a ideia do homem perfeito, a recuperação da mente e a recuperação do corpo. Ele afirma a demonstração de uma série de coisas sobre Deus. Que somente ele é livre. Ele supõe que a liberdade existe, quando a ação ou determinação se origina não de um impacto externo, mas somente da natureza do agente. Nesse sentido, ele justamente prescreve a liberdade somente a Deus.
> De acordo com ele, a própria mente é em certo sentido uma parte de Deus. Ele pensa que há sentido em todas as coisas conforme os graus de suas existências. Deus é por ele definido como um Ser absolutamente infinito, que contém todas as perfeições, isto é, afirmações

ou realidades ou o que puder ser concebido. Da mesma maneira, somente Deus seria uma substância ou um Ser que existe em si mesmo ou que pode ser entendido por si mesmo; todas as criaturas nada mais são do que modos. O homem é livre na medida em que não é determinado por quaisquer coisas externas. Mas porque este nunca é o caso, o homem jamais é absolutamente livre, embora ele participe da liberdade mais do que os corpos.

A mente nada mais seria do que a ideia do corpo. Ele pensa que a unidade dos corpos é causada por um tipo de pressão. A filosofia da maioria das pessoas começa com as criaturas, Des Cartes começava com a mente, ele [Spinoza] começa com Deus. A extensão não implica divisibilidade, como era desnecessariamente suposto por Descartes – embora ele supusesse ver também isto claramente, ele errou ao supor que a mente age sobre o corpo ou que o corpo age sobre a mente.

Ele pensa que esqueceremos a maioria das coisas quando morrermos e reteremos somente aquelas coisas que sabemos com o tipo de conhecimento que ele chama de intuitivo, do qual somente alguns poucos estão conscientes. Porque o conhecimento ou é sensitivo, ou imaginativo, ou intuitivo. Ele acredita num tipo de transmigração pitagórica, a saber, que a mente passa de corpo para corpo. Ele diz que Cristo é o melhor filósofo. Ele pensa que à parte do pensamento e da extensão há uma infinidade de outros atributos positivos, mas que em todos eles há pensamento como aqui na extensão. Como eles são constituídos não pode ser concebido por nós, mas cada um é infinito como o espaço aqui (Leibniz 1980).

Podemos concluir desse documento substancial que o jovem Tschirnhaus, que estivera em contato com Spinoza quando estudava em Leiden nos primeiros anos da década de 1670,[58] estava bem iniciado no essencial da *Ética*. É bastante surpreendente como ele distingue entre os métodos de Descartes e Spinoza, dizendo que o primeiro parte da alma, ao passo que Spinoza desenvolve sua filosofia com base na ideia de Deus. O cerne nessa

---

[58] Ver Vermij 1988.

física spinoziana é o determinismo, que inclui que "*oriri unionem corporum a pressione quada*" – as coisas se constituem como indivíduos pela pressão das partículas circundantes.[59] O dualismo e o interacionismo antropológico cartesianos são suplantados na teoria spinoziana dos atributos da substância única, da qual as coisas individuais são os modos. Além disso, Tschirnhaus dá crédito a Spinoza – e isso é completamente novo comparativamente a outras fontes – por um tipo de pitagorismo que implica que as almas em certo sentido transmigram de uma forma de matéria para outra. Essa ideia não é inteiramente estranha à teoria da eternidade da mente, baseada em ideias adequadas das "coisas fixas e eternas" de extensão. É provável que a comparação com a teoria da transmigração tenha se originado do próprio Spinoza, que provavelmente reconhecera a similaridade em sua leitura das *Metamorfoses* de Ovídio (livro XV), uma de suas fontes clássicas.

Quando Spinoza terminou as cinco partes de sua *Ética* um ano antes, ele foi até seu amigo de Amsterdã Jan Rieuwertsz para lhe apresentar o texto para publicação. Contudo, bons amigos advertiram-lhe que não o fizesse, porque a situação estava perigosa demais. Spinoza relata a história a Oldenburg (em setembro ou outubro de 1675):

> Assim que eu recebi tua carta de 22 de julho, parti para Amsterdã com a intenção de entregar o livro, aquele acerca do qual eu já te escrevera, à impressão. Enquanto me ocupava disso, espalhou-se o rumor de que certo livro meu sobre Deus estava no prelo e que eu tentava demonstrar nele que Deus não existe. Esse rumor foi acreditado por muitos. Certos teólogos (provavelmente os próprios autores desses rumores) por causa disso foram reclamar de mim ao Príncipe e aos magistrados. Outros cartesianos estúpidos – provavelmente para se livrarem da suspeita de que simpatizavam comigo – não pararam de exprimir sua repugnância quanto a minhas opiniões e escritos; e eles ainda continuam a fazer isso. Quando ouvi tais coisas de certos homens confiáveis, decidi postergar a publicação que estava preparando

---

[59] Compare-se a definição de Spinoza de *individuum* no excurso físico que se segue à *Ética* 2, p13.

e esperar primeiro o desdobramento das coisas; e planejei contar-te posteriormente o que estava por fazer. *Mas parece que a situação está tornando-se pior dia após dia; e realmente não sei o que tenho de fazer* (Ep 68; ênfase acrescentada).

No fim das contas, Spinoza estava angustiado e sentindo-se inseguro, talvez até sozinho também. Ele não tinha contato com parentes. Muitos bons amigos, como Simon Joosten de Vries e Pieter Balling, morreram; outros foram perseguidos até a morte, como Koerbagh, Jan de Witt e Franciscus van den Enden. Dois de seus antigos colegas (Niels Stensen e Albert Burgh) converteram-se ao catolicismo romano e agora tentavam arrastá-lo para a ortodoxia.[60] Oldenburg, seu primeiro correspondente, não podia seguir seu determinismo e seu secularismo radicais; com efeito, ele implorou a Spinoza que mudasse de ideia. O que lhe aconteceria? "*Sub specie aeternitatis*", a morte não era nociva. Na última parte da agora terminada *Ética*, ele escrevia que "a morte é tanto menos nociva quanto maior é o conhecimento claro e distinto que a mente possui e, consequentemente, quanto mais a mente ama a Deus" (E 5p38s). Mas ele ainda era um ser humano como todo mundo, com medos e esperanças, passivo a paixões, preso a imaginações de todos os tipos. A compreensão clara das leis eternas da natureza e do raciocínio não conseguiriam expulsar de sua mente o "primeiro" (o mais baixo, o imaginativo) tipo de conhecimento, embora isso o ajudasse a aquiescer aos processos e derrotas inevitáveis da vida humana.

Sua saúde deixava muito a desejar. Em sua correspondência, Spinoza sempre indicava a seus amigos que nem tudo estava bem com ele e que às

---

[60] Ver a interessante observação de Proietti 1989c: 266: "*Il 1675 rappresenta um punto di crisi e di svolta per il cammino intellettuale di Spinoza* (O ano de 1675 representa um ponto de crise e de reviravolta para o caminho intelectual de Spinoza)". O ano de 1675 representa um ponto de virada na vida de Spinoza. Ele põe agora tudo de lado (ver Epístola 84) em nome da transição da ordem teológica-política para a política. Spinoza prepara-se para uma batalha decisiva: "*un intervento politico di natura teorica*". "*C'è battaglia aperta, nuova, decisiva e ultima* [uma intervenção política de natureza teórica; é a batalha aberta, nova, decisiva e derradeira]." (Proietti 1989c: 269).

vezes ele tinha de excusar a si mesmo por não conseguir trabalhar. Lucas diz que ele morreu na meia-idade, "depois de ter sofrido durante os últimos dias de sua vida". De acordo com Jelles, foi a *tering* (tísica ou consumação) que lhe causou muitos problemas. Mas a situação nem sempre foi ruim a ponto de ele não trabalhar. Seu interesse no bem-estar do estado estava tão profundamente enraizado em sua cabeça que ele não conseguia evitar mais um esforço para contribuir para esse bem-estar. Após esconder em sua escrivaninha o texto da *Ética*, trazido para casa depois da viagem inócua a Amsterdã, ele colocou mais uma vez o papel em branco em cima da mesa. Dessa vez, Spinoza começava a apresentar uma arquitetura política num tratado, o *Tratado político*, no qual ele demonstrava como diferentes tipos de sociedades políticas (monarquias, aristocracias, democracias) devem ser organizadas para serem estáveis e seguras para seus cidadãos. De suas leituras dos livros dos irmãos De La Court, das obras de seu mestre Franciscus van den Enden, inclusive sua palestra sobre Machiavelli, e de historiadores romanos como Lívio, Tácito, Curtius e Flávio Josefo, ele juntou material considerável em favor de suas propostas. E mais, ele agora também podia usar as leis do comportamento humano, formuladas e deduzidas nas Partes 3 e 4 da *Ética*, para seu novo empreendimento.

Jarig Jelles escreveu em seu Prefácio aos *Nagelate Schriften*:

> Nosso escritor fez o Tratado sobre Política não muito antes de sua morte, que veio também a impedir que ele pudesse terminá-lo. Seus pensamentos nesse tratado são muito precisos e seu estilo é claro. Sem discutir as opiniões de muitos escritores políticos, nessa obra ele propõe de maneira muito sólida suas concepções, e de suas premissas em toda parte tira conclusões (Freudenthal 1899: 248).

Jelles relata que uma obra sobre "a natureza do movimento e de que maneiras as diferenças na matéria poderiam ser deduzidas *a priori*" também estava em seu programa, se a vida lhe tivesse dado a oportunidade. Também lemos acerca de suas intenções na correspondência com Tschirnhaus. Na carta 59, Tschirnhaus perguntava sobre os *Generalia in physicis* de Spinoza, e para quando deveria esperar a publicação dessa obra. Spinoza respondeu na carta 60 (janeiro de 1675) que "ele ainda não tinha composto esse material de maneira ordenada" e que Tschirnhaus, portanto, teria de esperar até outra ocasião. Também uma curta *Algebra* estava na lista de obras a serem escritas, de acordo com Jelles.

Spinoza não teve tempo suficiente para realizar tudo o que desejava.[61] Muitas de suas obras permaneceram inacabadas – o *Tratado sobre a emenda do intelecto, Princípios da filosofia de Descartes (Parte III)*, o *Tratado Político*, o *Compêndio de gramática hebraica* – enquanto outros ficaram só no projeto. Somente o *Tratado teológico-político* e a *Ética* nos restaram em completude perfeita. No entanto, não precisamos ficar tristes quanto aos frutos de sua vida. Concordo plenamente com as belas palavras de seu amigo J. M. Lucas: "*Ses jours ont été courts; mais on peut dire néanmoins qu'il a beaucoup vécu*" (Seus dias foram curtos; mas, não obstante, pode-se dizer que ele viveu muito.) (Freudenthal 1899: 23). Sua vida não durou mais do que quarenta e quatro anos, mas sua importância dificilmente pode ser igualada por outras vidas. Ele "viveu muito", embora não por muito tempo.

A morte chegou em 23 de fevereiro de 1677. Colerus pesquisou cuidadosamente as circunstâncias dela checando os documentos originais. Ele diz (três vezes) que o "*medicus* L. M." (Lodewijk Meyer) de Amsterdã estava com Spinoza em seus últimos dias e também estava presente junto a seu leito de morte. Ele nos assegura que Spinoza não tomou ópio para morrer sem dor. Ele só tomou uma canja de galinha, que a esposa do senhorio Van der Spyk cozinhara a pedido de Lodewijk Meyer. Muito magro, por causa do descaso em que se encontrava já há muitos anos, ele deve ter morrido em silêncio, por falta de forças. Seus manuscritos foram imediatamente enviados a Amsterdã:

> O senhorio de Spinoza, que ainda vive, Sr. Hendrik van der Spyk, conta-me que Spinoza pedira que após sua morte sua escrivaninha com seus escritos e cartas fossem enviados sem nenhuma demora a

---

[61] Jelles vê a morte "prematura" de Spinoza como uma confirmação de uma regra geral: "Mas a morte demonstrou que as intenções humanas raramente são executadas" (Akkerman 1980: 254).

Jan Rieuwertzen, impressor na cidade de Amsterdã, conforme ele mesmo já o fizera. E Jan Rieuwertzen, em sua resposta ao já mencionado Sr. Van der Spyk, datada de 25 de março de 1677, em Amsterdã, confessa ter recebido essa escrivaninha. As últimas palavras dessa carta foram: "Os amigos de Spinoza queriam saber a quem a escrivaninha foi enviada, já que julgavam que ela continha muito dinheiro e que eles pretendiam convocar os capitães aos quais ela fora entregue. Não vejo como eles conseguiriam saber disso, já que em Haia os pacotes entregues no cargueiro não estão registrados. É melhor que eles não o saibam" (Colerus 1705: 51).

Em carta anterior datada de 6 de março, Jan Rieuwertsz escrevera a Van der Spyk pedindo que ele arcasse com todos os custos do enterro e que o amigo de Schiedam (um irmão de Simon Joosten de Vries) lhe pagasse o aluguel que Spinoza devia pelo apartamento (Colerus 1705: 78). Van der Spyk tinha de se desfazer do corpo. Colerus continua seu relato: "Em 25 de fevereiro o corpo foi enterrado na Nova Igreja no Spuy com seis carruagens oficiais (*karossen*) e guardado por muitas pessoas de alta categoria (*aanzienlijke luiden*)... Depois do enterro, os amigos beberam, de acordo com o costume civil, uma taça de vinho".

Seis coches puxados a cavalo num dia frio ou nebuloso com pessoas distintas e proeminentes seguiram o cadáver! Não, Spinoza não estava inteiramente sozinho em seus últimos anos. Os beatos cada vez mais o atacavam,[62] mas entre as pessoas inteligentes, e evidentemente entre as pessoas muito bem situadas, ele se tornara um homem bastante respeitável. O "*grand nombre de sectateurs*", do qual o coronel francês Stouppe falava, foi, por assim dizer, visualizado no espetacular funeral do humilde filósofo. Bayle testemunhou que "*les esprits forts accouraient de toutes parts*" (isto é, que os libertários de todos os lados acorreram a ele). Pode-se supor que muitas dessas pessoas

---

[62] Para mencionar uns poucos: Van Blijenbergh 1674; Mansvelt 1674; Cuper 1676; Melchior 1671; Batalier 1674; Musaeus 1674; Spizelius 1675. Spizelius chama Spinoza de "um autor deveras não religioso". Mansfelt diz que o *Tratado Teológico-Político* deveria ser condenado para sempre. Observações semelhantes são feitas pelos outros autores.

políticas e *esprits forts* prestaram-lhe a última homenagem. Antes de serem vendidos, os livros da biblioteca de Spinoza foram catalogados numa pequena lista de títulos que chegou até nós.[63] Vale a pena examinar essa lista, já que ela pode mostrar quais as áreas de interesse e as fontes que Spinoza usava.[64] Trata-se de uma coleção de um cientista que queria manter-se em dia com os desenvolvimentos em várias áreas de pesquisa. A maioria dos livros são sobre matemática, mecânica, gramática, hermenêutica bíblica, literatura clássica,[65] história e teoria política, ou literatura espanhola. Há somente uns poucos itens que se enquadrariam nas bibliotecas filosóficas atuais. Aristóteles faz-se presente numa edição latina, mas Platão está ausente. As obras de Descartes, diferentemente, estão representadas em muitas edições, inclusive uma tradução para o holandês.

J. M. Lucas concluiu seu obituário com as palavras "*Baruch de Spinosa vivra dans le souvenir des vrais Sçavants*": Spinoza sobreviverá na memória e na prática dos verdadeiros cientistas (Freudenthal 1899: 24). Isso pode ser verificado pelo exame da obra de seus amigos depois de sua morte. Tschirnhaus, por exemplo, um amigo que muito se preocupava com o significado preciso das proposições de Spinoza, tal como é manifesto na correspondência, dedicou sua vida à matemática e à medicina. Seu naturalismo spinoziano é elaborado em sua obra *Medicina Mentis sive Artis Inveniendi Praecepta Generalia* (Tschirnhaus 1686).[66] Em muitas páginas ele insinua sua adesão aos princípios e proposições de Spinoza. A mente humana só é curada de seus erros pela "ciência da natureza".

---

[63] A lista pode ser encontrada no *Catalogus van de Bibliotheek der Vereniging 'Het Spinozahuis' te Rijnsburg*, Leiden: Brill, 1965. Uma descrição mais extensa aparece no *Catalogus van de Boekery der Vereniging Het Spinozahuis* (s/d). A lista também está impressa em Preposiet, J. *Bibliographie spinoziste*, Besançon: Centre de Documentation (s/d).
[64] Ver Vulliaud 1934.
[65] Os autores aqui são: Tácito, Lívio, Virgílio, Arriano, Petrônio, Luciano, Júlio César, Sêneca, Salústio, Marcial, Plínio, Ovídio, Plauto, Cícero, Curtius e Justiniano.
[66] Também há uma tradução francesa, com introdução e notas: Tschirnhaus 1980.

Sei que muitos discordarão de mim ao lerem isto aqui. A razão disso não me é desconhecida. Até agora eles ainda não formaram uma ideia correta da física acerca da qual falo, nem reconheceram ou provaram de fato seus frutos. Por física, entendo simplesmente a ciência do universo demonstrada *a priori* pelo método rigoroso dos matemáticos e confirmada *a posteriori* pelas experiências mais evidentes que convencem até a imaginação. (...) Essa ciência é verdadeiramente divina. Uma pessoa expõe aqui as leis... de acordo com as quais tudo invariavelmente produz seus efeitos. O conhecimento dessas ciências nos liberta também de inumeráveis preconceitos. (...) Dessa maneira, através da mediação da verdadeira física, uma pessoa se torna por assim dizer um novo homem e se regenera filosoficamente. (...) Aprende-se aqui a ver as coisas de um ponto de vista superior e a considerar que nada é mais claro para o entendimento do que nossa contínua dependência somente de Deus, que é tamanha que sequer podemos levantar nossa mão ou produzir um pensamento e, numa palavra, que nunca, nem em nossa mente, nem em nosso corpo, podemos absolutamente qualquer coisa sem o concurso efetivo de Deus. (...) Em última instância, *graças à física* estamos preparados para um conhecimento ainda mais importante.[67] Pois quando levamos o estudo de todos os itens gerais dessa ciência a bom termo, então não somente o conhecimento de nossa mente e de sua eternidade, mas também do próprio Deus, de sua real e necessária existência e seus atributos infinitamente perfeitos... torna-se claro e manifesto para nós (Tschirnhaus 1686: 245-247; ênfase adicionada).

Assim o legado de Spinoza foi interpretado e praticado por um de seus mais inteligentes missivistas: a salvação e a felicidade humanas são os produtos do entendimento humano das leis da natureza, uma espécie de ciência que é o privilégio de todos, mas que pode ser profissionalmente melhorada

---

[67] "*Grâce à la physique nous sommes préparés à des connaissances beaucoup plus importantes encore.*" N.T.: "Graças à física estamos preparados para conhecimentos ainda muito mais importantes".

na física. Pode-se mostrar com base em vários documentos[68] que os amigos de Spinoza em Amsterdã continuaram sua obra como linguistas e matemáticos. Essa foi a maneira como a recepção de Spinoza foi de fato realizada: não filosofando sobre a finalidade da vida e a ética apropriada, mas fazendo ciência como o próprio Spinoza sempre fizera. Um exemplo interessante desse spinozismo naturalista encontra-se em Burchard de Volder, que uma vez estivera em contato com Spinoza em Amsterdã. Ele foi indicado professor em filosofia (tradicional) na Universidade de Leiden, mas logo depois pediu permissão aos curadores para lecionar sobre física e matemática.[69] Ele começou uma tradição em ciência natural que se tornou famosa com o nome de Boerhaave.[70] A *Opera Posthuma* foi publicada no ano da morte de Spinoza, 1677. A página de rosto mostrava as iniciais "B.d.S.", mas não o nome do autor ou do publicador, Rieuwertsz.[71] Além da *Ética*, da *Correspondência* e do *Tratado político*, a obra também continha o inacabado *Tratado sobre a emenda do intelecto*, que os editores indicavam como uma das primeiras obras de Spinoza. Nessa obra, Spinoza já delineara o programa da sua *Ética*, após enumerar e explicar os quatro tipos de percepção. Ele escreveu:

> Para escolher os quatro modos de perceber dentre estes, precisamos enumerar brevemente os meios necessários para alcançar *nossa meta*:
> 1. Conhecer exatamente nossa natureza, que desejamos perfeita, e, ao mesmo tempo,
> 2. [Conhecer] tanto quanto for necessário da natureza das coisas,
> (a) Inferir corretamente disso as diferenças, concordâncias e oposições das coisas,

---

[68] Ver Klever 1991a.
[69] Ver Klever 1988a.
[70] Outros exemplos dos amigos de Spinoza que se tornaram cientistas são: Dr. P. van Balen, autor de *De Verbetering der Gedachten* (1684 e 1691) (editado por M.J. van Hoven em van Balen 1988); Dr. P. van Gent (ver Klever 1991a); e Dr. A. Cuffeler, autor de *Artis Ratiocinandi Naturalis et Artificialis ad Pantosophiae Principia Manuducens*, 1684.
[71] Acerca de Rieuwertsz, o bispo holandês Neercassel escreveu em 1677 ao cardeal católico romano Barberini: "Esse livreiro geralmente publica tudo o que de exótico e ímpio é pensado aqui por mentes insolentes e presunçosas", aludindo à *Opera posthuma* e a seu autor. Ver Klever 1988c.

(b) Conceber corretamente pelo que elas podem passar e pelo que não,
(c) Comparar [a natureza das coisas] com a natureza e o poder do homem. Feito isso, a mais elevada perfeição que o homem pode alcançar facilmente se manifestará a ele (TdIE 25).

A *Ética* parece ser a realização desse programa de pesquisa. Na base das leis gerais da natureza (Parte 1), ela apresenta uma análise das propriedades da natureza humana, de seus poderes e suas fraquezas confrontados com outras coisas, suas paixões e sua servidão, mas também sua (relativa) liberdade, perfeição e felicidade.

Em 25 de junho de 1678, os Estados da Holanda e da Frislândia Ocidental oficialmente proclamaram num *Placcaet* que interditavam "o comércio, a venda, a impressão e a tradução" da *Opera Posthuma* de Spinoza, porquanto a consideravam ser um livro "profano, ateísta e blasfemo". A proibição não vale mais, mas isso não significa que o texto finalmente tenha se tornado propriedade intelectual de nossos tempos esclarecidos. Ainda há um trabalho enorme a ser feito antes que compreendamos inteiramente a vida e as obras de Spinoza.

2 Metafísica de Spinoza

Jonathan Bennett

Apresentarei, neste capítulo, dois problemas que dominam a metafísica de Spinoza (seções 1-2) e, depois, apresentarei sua solução a um deles por meio de sua doutrina de que só há a substância extensa (seções 3-6). Depois de um breve interlúdio que examina suas ideias acerca da necessidade e do tempo (seções 7-8), volto-me ao tratamento de Spinoza do segundo problema, em sua teoria de como a mentalidade se adéqua no universo (seções 9-14). A maior parte das referências são à *Ética* Parte 1 e às primeiras poucas proposições da Parte 2.

Algumas suposições subjacentes

As principais linhas do sistema metafísico de Spinoza são sua resposta a dois problemas herdados da filosofia de Descartes. Eles existiam para ele como problemas por causa de certas suposições que fizera num nível profundo demais para que pudesse reconhecê-las como itens da teoria. Tomarei quatro dessas suposições.

(1) *Racionalismo explicativo*. Há uma resposta satisfatória para toda questão "Por quê?" (Leibniz também era um racionalista nesse sentido; Descartes não). Ligada a essa está a ideia, ou atitude, relativa à causação. Spinoza não distinguia o que é absoluta ou logicamente necessário do que só é causalmente necessário. Em sua maneira de pensar, há uma única relação de ligação necessária, que liga causas com efeitos em cadeias causais reais e premissas com conclusões em argumentos válidos. Aqueles de nós

que distinguem essas coisas desejarão saber *como* Spinoza junta tudo numa só. Ele acha que a necessidade absoluta é mais fraca do que realmente é ou acha que a necessidade causal é mais forte do que realmente é? Pode ser que não haja uma resposta exata e precisa para isso, mas a última está mais perto da verdade do que a primeira.

(2) *Dualismo conceitual.* Os conceitos que pertencem aos aspectos materiais das coisas não se sobrepõem aos conceitos que pertencem ao pensamento. Nenhum fato sobre o reino do pensamento tem quaisquer relações lógicas com qualquer fato sobre o reino da matéria. Essa suposição intensamente cartesiana de Spinoza é expressa por ele na afirmação de que a mentalidade e a materialidade (ou, como ele dizia, o pensamento e a extensão) são "atributos", isto é, maneiras fundamentais e que mutuamente não se sobrepõem em que as coisas podem ser.

(3) *Mecânica do impacto.* Os corpos se afetam uns aos outros somente pelo impacto – há empurrões, mas não puxões; há forças repulsivas, mas não as há atrativas. Spinoza partilhava essa suposição com Descartes; ela também era aceita por Locke e Leibniz – o primeiro abjurou essa ideia diante do sucesso manifesto dos *Principia* de Newton, mas Leibniz continuou fiel a ela. O preço a ser pago pela negação da "tração" foi alto: incluía uma incapacidade completa em explicar a "coesão", ou seja, o fato de que algumas porções de matéria acumulam-se juntas para formar coisas separadas. Mas havia uma razão para isso, a saber, que a tração não pode ser explicada pela natureza básica da matéria, enquanto a repulsão pode. Da verdade supostamente necessária de que os corpos são mutuamente impenetráveis, segue-se que se o corpo A se move para uma região que contém o corpo B, este último deve mover-se para fora dali. Isso não implica em quaisquer leis particulares, mas implica – como absolutamente necessário – o resultado de que certo fenômeno causal como o impulso, o que é exigido pela essência do corpo como tal; ao passo que não há razão comparável pela qual deva haver a tração. Conforme disse Leibniz, se existe a tração, ela é "milagrosa". Em sua mente, assim como provavelmente na de Spinoza, o racionalismo explicativo funciona nessa área.

(4) *Neutralidade do tamanho.* Não há nada de especial com o fato de se ser pequeno. Era comum nos séculos XVII e XVIII pensar que coisas pequenas

diferiam das grandes somente no tamanho. C. D. Broad falava que esse era um cheque em branco do banco da Natureza que os filósofos assinaram e que só reapareceu sem fundos no fim do século XIX.

Dois problemas

Os dois maiores problemas que a metafísica de Spinoza pretendia resolver eram estes:

(1) Quais substâncias materiais existem? Essa questão modesta coloca um problema para qualquer um que acredite, como muitos filósofos e físicos dos seiscentos acreditavam, (a) que tudo o que for material é também extenso, (b) que toda e qualquer coisa extensa, não importa quão pequena, é divisível em partes que podem seguir caminhos separados, e (c) que se algo for divisível não será uma substância, mas, no melhor dos casos, um agregado de substâncias. Parece decorrer disso que não há substâncias materiais, o que é o mesmo que dizer que se o mundo for constituído de coisas básicas, elas não são pedacinhos de matéria. Uma vez que parece que o mundo é feito de pedacinhos de matéria, isso é um problema. A premissa (a) vem da assunção da neutralidade do tamanho, que fez com que os filósofos parassem de pensar na possibilidade – que ocorreu a Kant – de as coisas extensas poderem ser constituídas de pontos físicos e de a extensão da matéria conhecida resultar do fato de cada ponto exercer força por toda uma região. A premissa (b) é verdadeira se a mecânica do impacto for toda a física, mas, de outra maneira, seria falsa. A premissa (c) não precisa de muita explicação; mas observe-se que ela negligencia a possibilidade de não haver substâncias (coisas básicas), embora haja uma substância (matéria básica). Começarei expondo a solução de Spinoza a esse problema na seção 3.

(2) Os fatos acerca do mundo em seus aspectos mentais obviamente têm a ver com os fatos acerca do mundo em seus aspectos materiais: não é uma coincidência que os estados sensórios de uma pessoa sejam de alguma maneira correlatos a como as coisas são no ambiente material da pessoa ou que o dano físico esteja associado com a dor, ou que querer uma coisa esteja

mais provavelmente associado com o chegar mais perto dela do que o distanciar-se dela. Alguma coisa sistemática está acontecendo aqui; o que é? A resposta óbvia é que é uma interação causal: os estados sensórios são causados pelo ambiente, a dor é causada pelo dano, os movimentos corpóreos são causados pelos desejos. Essa resposta, porém, é proibida a Spinoza. Seu forte entendimento da conexão causal implica que há ligações causais somente onde há o que chamaríamos de conexões conceituais: mentes não agem sobre corpos ou vice-versa, a menos que haja sobreposições conceituais adequadas entre os dois reinos. O dualismo conceitual é precisamente a negação de que tais sobreposições existem. Spinoza audaciosamente concluiu que os reinos mental e material estão conceitualmente fechados um com relação ao outro, mas ele precisava explicar a aparência de interação como alguma outra coisa que não fosse uma absurda série de fatos brutos coincidentes. Portanto, ele tinha um problema: há uma relação sistemática que não é causal; então, o que é essa relação? Começarei com esse tópico na seção 10.

Monismo substancial

Segundo Spinoza, há somente uma única substância, qual seja, todo o mundo, que ele normalmente chama de "Natureza" ou "Deus". Seu argumento oficial para esse monismo substancial (E 1p14d) nunca satisfez a ninguém. Ele segue assim:

(a) Há uma substância que tem todos os atributos.
(b) Não pode haver duas substâncias que tenham um atributo em comum.
(c) Não pode haver uma substância que não tenha atributos.
Portanto:
(d) Não pode haver duas substâncias.

O argumento é válido, e a premissa (c) parece verdadeira. Mas (a) depende de uma versão especial do "argumento ontológico" em favor da existência de Deus (E 1p11d), que não é mais correto do que qualquer uma das outras versões do notório paralogismo. Ela infere a existência de Deus do fato de que Deus é por definição uma substância. Spinoza aceitou a ideia então comum de que substância alguma deve depender de si mesma para sua existência. Isso soa parecido com a autocausação, que não tem sentido claro, mas Spinoza encontrou uma maneira de interpretá-la que, ele pensava, poderia fazer com que tivesse sentido. Ele considera a auto-dependência de uma substância num modo lógico mais do que causal, dizendo que a existência de qualquer substância é explicada pela natureza da substância, pelo que ele quer dizer que a substância tem uma natureza que deve absolutamente ser instanciada (na terminologia de Spinoza, a essência de uma substância implica a existência). Assim Deus, ou uma substância que... etc., necessariamente existe.

Quanto ao argumento em favor de (b): mesmo os estudiosos de Spinoza para os quais a caridade vem primeiro concordam que esse argumento (E 1p5d) parece restrito às substâncias que têm só um atributo cada. Duas dessas substâncias que compartilhassem um atributo compartilhariam (trivialmente) todos os atributos, mas isso não implicaria o monismo substancial desejado por Spinoza. Poderia haver centenas de substâncias, cada uma com uma seleção diferente de atributos e somente uma com todos os atributos.

Contudo, há um caminho muito melhor do que a *Ética* 1p14d para concluir que há somente uma única substância – um argumento que passa por movimentos respeitáveis a partir de premissas para as quais Spinoza tinha razões. Uma premissa nesse argumento não oficial diz que há somente uma única substância *extensa*. A segunda premissa diz que qualquer pensamento que seja feito deve ser feito por substâncias extensas. Essas duas premissas implicam que o mundo do pensamento e da extensão consiste de uma única substância, que é igualmente pensante e extensa. Creio que essa rota para seu monismo substancial estava funcionando na mente de Spinoza; de outra forma, é pura coincidência que um sólido ponto spinoziano possa ser defendido em nome de uma doutrina para a qual Spinoza ofereceu um argumento oficial tão débil. A esse respeito, como em alguns outros, eu cedo, seu aparato oficial de "demonstrações" não é um bom guia para suas razões efetivas em favor de suas doutrinas metafísicas.

O melhor argumento, que devo começar a analisar na seção 4, envolve dois dos "atributos" do mundo, quais sejam, a extensão e o pensamento. Entretanto, Spinoza parece implicar que há outros – ele diz, com efeito, que Deus ou a Natureza tem "atributos infinitos". Por mais surpreendente que seja, há razões para pensar que com isso Spinoza não queria dizer nada que implicasse que há mais do que dois atributos. (I) Pensamento e extensão são os únicos dois atributos que têm alguma função ativa na *Ética*. (II) A função da infinitude na *Ética* 1p14d mostra que Spinoza considera que "Deus tem atributos infinitos" implica que Deus tem todos os atributos. Essa implicação não se sustenta quando "infinito" é usado do nosso jeito; então, o significado de Spinoza para o termo é diferente do nosso, e a questão é, "Como?" Uma resposta possível é que ele usava "atributos infinitos" querendo dizer "todos os atributos (possíveis)", de modo que a Natureza ter atributos infinitos é coerente com ela ter somente dois. (III) Spinoza tem uma razão sólida e inteligível para dizer que a Natureza tem todos os atributos: se houvesse um atributo – um jeito básico de ser – ele não seria instanciado, nada poderia explicar esse fato, e isso conflita com o racionalismo explicativo. Por um lado, não há nenhuma razão respeitável para Spinoza dizer que a Natureza tem (em nosso sentido) infinitamente muitos atributos. (IV) Ele insere "atributos infinitos" na história com sua afirmação de que Deus tem atributos infinitos, e devemos perguntar por quê. O uso que Spinoza faz do termo "Deus" como um dos nomes para o mundo natural obviamente se baseia em sua crença de que descrições de Deus na tradição judaico-cristã chegam mais perto de se adequar ao mundo natural do que de se adequar a qualquer outra coisa: infinito, não afetado de fora (*not acted on from the outside*), não criticável por nenhum modelo válido, onisciente (no sentido de conter todo conhecimento possível), onipotente (no sentido de ser capaz de fazer qualquer coisa que seja possível fazer). Se nesse espírito a atribuição a Deus de "atributos infinitos" puder ser justificada, deve ser pela tradição de que Deus é o *ens realissimum*, o ser mais real, o ser que existe em todo jeito básico em que for possível existir. Isso nos leva a Deus ter todos os atributos (possíveis), e não implica em nada acerca de quantos atributos existem.

Por outro lado, Spinoza foi um tanto perverso ao dizer "infinitos" se ele queria dizer somente "todos". E em suas duas últimas cartas ele considera a questão de como é que não sabemos nada acerca de algum outro atributo, exceto o pensamento e a extensão. O mero fato de que ele encara a questão não demonstra que ele estava convencido da existência de mais do que dois atributos. Ele certamente não excluiu haver mais do que dois, então, ele precisava explicar como *poderia* acontecer de haver atributos com os quais não estamos familiarizados (sua explicação disso é ruim). E ainda, se ele realmente pensava que *poderia* haver somente dois, e não queria dar a entender mais nada diferente disso, é estranho que ele não diga isso em suas cartas.

Monismo acerca da substância extensa

Spinoza acreditava, e tinha boas razões para tanto, que há somente uma única substância extensa, a saber, o mundo extenso inteiro – não a totalidade de toda matéria, mas a totalidade de tudo que é extenso. Se o espaço se estende além dos limites do mundo *material*, então todo esse espaço extra também é parte da substância extensa (e nesse caso a diferença entre matéria e espaço não se mostra no nível da metafísica básica). Esse candidato ao papel de "certa substância extensa" é único em seu não ser divisível: não pode ser dividido de um lado a outro, porque é infinito em todas as direções e não tem lados, e não pode ter pedaços tirados de si, porque não há aonde os pedaços possam ir. Podemos fazer divisões nele, mas não dele.

Isso o diferencia fortemente de qualquer porção menor e finita do mundo material. Spinoza pensa que toda porção desse tipo é divisível, que não há átomos. Portanto, toda porção desse tipo é um agregado (e assim não é uma substância singular) e pode ser destruída por dissipação (e assim não é substancial); e pode ser afetada de fora (*acted upon from the outside*) (o que Spinoza também parece pensar que a desqualifica como substância). Quaisquer outras razões que ele possivelmente tivesse, a pura divisibilidade de toda matéria o pressionou a dizer que o mundo em seu todo é a única substância extensa.

Se o mundo extenso é a única substância extensa, qual é a natureza dos corpos finitos comuns, tais como os pedregulhos? Uma resposta possível é que eles são partes de uma única substância, o que é tolerável porque nesse único caso uma coisa poderia ter partes sem correr qualquer risco de estar separada, e, assim, sem prejudicar sua natureza de substância, de coisa básica, um item cuja existência não está à mercê da existência de outros itens. As razões que Spinoza poderia ter tido para não lidar com corpos finitos dessa maneira são um tanto complexas, e não estou certo de que ele alguma vez chegou de fato a considerar essa possibilidade. De qualquer forma, passarei por isso.

A real resposta de Spinoza à questão, "qual a natureza metafísica de um pedregulho?", é que um pedregulho é um "modo" da substância única. Para Spinoza, assim como seus contemporâneos, um "modo" de uma coisa é uma propriedade ou qualidade dela. Descartes, por exemplo, diz que usa "modo" para dizer "exatamente o mesmo que aquilo que, alhures, se quer dizer com *atributo* ou *qualidade*", embora ele recomende a reserva de "modo" para aqueles aspectos de uma substância que ela pode ganhar e perder, permanecendo "atributo" para suas propriedades que ela tem de ter absolutamente sempre que existir (Descartes 1985: I, 56). Esse uso de "modo" para significar o que é predicável de uma substância ou possuído, ou instanciado por uma substância, era comum na escrita filosófica dos séculos XVI e XVII. Spinoza nada diz que sugira usar o termo de qualquer outra maneira, e sua definição – "Por modo compreendo as afecções de uma substância, ou seja, aquilo que existe em outra coisa, por meio da qual é também concebido" – indica fortemente seu uso de "modo" com esse significado normal.

Um modo era frequentemente concebido como um caso de uma propriedade particular, e não como uma propriedade universal. Um rubor é um modo: pois uma face estar ruborizada é justamente ela estar vermelha de certa maneira; não temos duas coisas, uma face e um rubor, em certa relação; antes, temos uma coisa só, uma face, e ela está ruborizada; mas há um item que é *o rubor*, ele é esta *instância do ruborizar-se*. Assim, mesmo que você e eu estejamos ruborizados exatamente da mesma maneira, seu rubor é um item e o meu é outro: são itens como se fossem qualidades, só que são particulares, não são universais. Segundo vários teóricos, de Locke e Leibniz, passando por Jaegwon Kim e por mim mesmo, modos ou instâncias de propriedade também são como acontecimentos: a queda do pardal é uma instância particular do cair. Não uso "instância da propriedade P" para referir à coisa que é a instância particular de P. Se o fizesse, estaria identificando o rubor com a face e a queda com o pardal. As instâncias de que falo são *particulares abstratos*. A concepção de Spinoza, então, é que um pedregulho se relaciona com o mundo extenso inteiro assim como um rubor com uma face ou uma queda com um pardal.

Como isso pode ser possível? Compreendemos a gramática da sentença e sabemos o que cada uma das palavras significa, mas isso não nos diz o que Spinoza tem em mira, ou seja, como é que poderia ser verdade que um pedregulho é um modo. Comentadores de Spinoza geralmente vêm repetindo sua afirmação e, assim, explicam superficialmente seu significado (da mesma maneira que eu fiz até agora) sem atacar seriamente o problema de o que ele pode ter em mira. Restou a Edwin Curley desafiar esse procedimento, dizendo que não deveríamos entender que Spinoza queria dizer uma coisa dessas se não formos capazes de contar uma história razoável sobre como é que ela poderia ser verdadeira. Ela pode até ser falsa, mas, pelo menos, tem de ser inteligível e *prima facie* defensável.

Sem achar meio de apresentar a teoria sob tal prisma, Curley concluiu que foi um equívoco atribuir a Spinoza a visão de que os pedregulhos se relacionam com o mundo extenso assim como o rubor se relaciona com uma face (Curley 1969: 36-43). O termo "modo", notou Curley, era usado no século XVII para dizer duas coisas ao mesmo tempo: dizer que uma coisa era um modo era *tanto* classificá-la como uma instância de uma qualidade, *bem como* dizer que era uma entidade dependente, algo que depende de outra coisa para sua existência (já vimos isso funcionar duas vezes: no elemento de autodependência no argumento ontológico para a existência de Deus de Spinoza e na ideia de que porções finitas da matéria são destrutíveis e, portanto, não substanciais). Na ausência de qualquer interpretação coerente de o que o termo verdadeiramente quer dizer, em detalhe, dizer que pedregulhos são "modos" quando essa palavra tem seu significado completo, Curley conjeturou que Spinoza queria dizer que "modo" tem somente o segundo significado, a saber, aquele de "item dependente". Isso implica que seu monismo substancial, quando aplicado à extensão, se simplesmente se transforma na tese de que o mundo extenso inteiro é o único item extenso que não poderia ser destruído de fora.

Essa posição metafísica é quase certamente verdadeira e estou certo de que Spinoza a defendia. O que está em questão é se isso era *tudo* o que ele queria dizer quando dizia que o mundo em seu todo é a única substância extensa e que os corpos finitos são modos dele. Dizer que sim é dizer que tinha bom senso, mas não com ousadia ou originalidade, ainda que essas duas virtudes em geral sejam consideradas mais típicas dele. A leitura de Curley do monismo substancial ainda tem outro ponto contrário: nada nos usos de Spinoza de "substância" e "modo" nos prepara para que esses termos sejam destituídos daquilo que até então sempre fora a parte mais central e importante de seus significados. O principal a favor de Curley era a falta de qualquer história sobre como os corpos talvez pudessem relacionar-se com o mundo extenso, assim como rubores se relacionam com faces.

Essa falta foi reparada. Está registrado que Curley concorda que em meu *Study of Spinoza's Ethics* (Bennett 1984) eu apresentei uma história metafísica basicamente coerente, segundo a qual corpos finitos de fato se relacionam com o mundo extenso, assim como rubores se relacionam com faces ou como quedas com pardais. Embora ele concorde que seu desafio foi vencido, Curley não está convencido de que Spinoza realmente pretendia desenvolver a metafísica que atribuí a ele, e continua a defender sua teoria de que Spinoza estreitou os significados de "substância" e "modo". Nosso debate sobre a questão está em outro lugar e não será repetido aqui (ver Curley 1991b, e Bennett 1991). Neste capítulo, defendo a interpretação de Spinoza que apresentei em meu livro, interpretação cujos delineamentos apresentarei agora.

Corpos finitos como modos

Comece-se pensando numa substância extensa como o *Espaço*, que pode ser dividido arbitrariamente em regiões moldadas como e de que tamanho se desejar (essas regiões não competem com o Espaço pelo nome de substância ou gênero mais básico de coisa, já que nenhuma região é privilegiada: não há restrições para a maneira como o Espaço possa ser "dividido", se de maneira mais fina ou mais rudimentar). Agora, considere-se um pedregulho P que preenche exatamente certa região R. Pensamos que R existia antes de P se mover ali para dentro, e pensamos que continuará a existir depois de P sair, mas neste preciso instante P e R coincidem exatamente. Isso soa como se P e R fossem dois itens extensos que têm exatamente as mesmas coordenadas, itens de gêneros que os torna capazes de serem precisamente colocados, coisa que supomos ser impossível a duas coisas materiais. Se não gostamos dessa interpretação da situação (e ninguém gosta), parece que temos de dar primazia ou a P ou a R: ou há um pedregulho aqui, e explica-se que a assim chamada região desaparece, ou há uma região, e explica-se que o assim chamado pedregulho desaparece. Leibniz adotou a primeira opinião, e Descartes e Spinoza a segunda.

Se a primazia for dada ao pedregulho (não necessariamente dizendo que ele é fundamentalmente real, mas dando a ele mais realidade do que à região), o que é que se dirá da região? Descartes antecipou uma resposta possível, a saber, que a região não é *nada* (Descartes 1985: II, 18). Ele atacou isso com um argumento que é repetido de maneira aprobatória por Spinoza: se a região não é nada, então, se o pedregulho for aniquilado, entre os pedregulhos nada haverá agora que toque suas extremidades opostas; se não houver nada entre eles, então eles estarão em contato; e já que agora não estão em contato, isso significa que terão se movido; temos então o resultado de que a aniquilação de uma coisa necessitará absolutamente do movimento de alguma outra coisa; isso é inadmissível, e, portanto, a premissa está errada e a região não é nada. Esse argumento, que às vezes é deduzido, parece-me coerente, profundo e importante. Eu iniciei seus detalhes um pouco, mas o coração dele está em Descartes e em Spinoza (para as referências deste segundo, ver seção 6).

Leibniz tinha um jeito diferente de explicar o desaparecimento da região. Ele dizia que toda assim chamada região, e certamente o Espaço como um todo, é uma entidade ideal – um construto lógico feito de relações entre corpos. Essa interpretação do espaço implica, por exemplo, que o fato decisivo acerca dos dois pedregulhos em lados opostos de P não é que *há algo entre eles,* mas, antes, que *estão separados um do outro*; então, temos a linguagem das relações entre corpos e (regiões do) espaço, mas deve-se entendê-la como uma maneira de expressar fatos acerca de relações entre corpos. Não é fácil levar essa concepção relacional do espaço a cabo de maneira detalhada, e foi impressa de maneira melhor do que qualquer outra versão sua (Earman 1989, cap. I). No entanto, ainda é uma possibilidade, e parece que não foi pensada nem por Descartes nem por Spinoza.

Eles, especialmente Spinoza, foram por outro lado: devemos começar com a região e explicar a afirmação de que há um pedregulho nela. Se há (como ordinariamente diríamos que sim) um pedregulho na região R, o que torna isso verdadeiro é o fato de que R é *do feitio do pedregulho*, caso em que "pedregulho" significa certa propriedade monádica que uma região espacial pode ter. Se o pedregulho se mover (como ordinariamente diríamos), o que torna isso verdadeiro é o fato de que há uma mudança contínua na qual as regiões são do feitio dos pedregulhos: o assim chamado movimento de um pedregulho através do espaço é como o assim chamado movimento de pânico numa multidão. Nada literalmente se move, mas há uma mudança entre as pessoas estarem calmas e estarem agitadas. E se o pedregulho fosse aniquilado, o que realmente estaria acontecendo é que a região cessaria de ser pedregulhosa sem que nenhuma região adjacente tenha se tornado pedregulhosa; o desaparecimento da existência de um pedregulho é como o desaparecimento da existência de um rubor ou de um pânico ou de um congelamento – nada deixa de existir, mas alguma coisa se altera.

Alguns indícios textuais

Esta é a minha interpretação da teoria de Spinoza de que há somente uma única substância extensa e que os corpos finitos são modos dela. A minha interpretação dá à teoria uma chance de ser verdadeira e usa os termos técnicos "substância" e "modo" com seus significados normais completos. Além disso, consegue dar sentido, como nenhuma outra, à principal passagem na *Ética* em que esse assunto é efetivamente discutido – fora do contexto do aparato de "demonstrações" oficiais. Refiro-me à maravilhosa passagem de *Ética* 1p15s, que inclui o seguinte:

> [...] a matéria é, em todo lugar, a mesma, e nela não se distinguem partes, a não ser enquanto a concebemos como matéria afetada de diferentes maneiras, motivo pelo qual suas partes se distinguem apenas modalmente e não realmente. Por exemplo, concebemos que a água, enquanto água, divida-se, e que suas partes se separem umas das outras, mas não enquanto substância corpórea, pois, enquanto tal, ela não se separa nem se divide. Além disso, a água, enquanto água, é gerada e se corrompe, mas enquanto substância não é gerada nem se corrompe.

As partes da matéria não estão separadas realmente (isto é, "à maneira da coisa", do latim *res*, que quer dizer "coisa"), mas estão separadas modalmente (isto é, à maneira da qualidade). E a última sentença diz que quando a água se esvai, coisa alguma deixa de existir, mas uma região da substância única se torna sem água. Isto é tudo o que Spinoza deveria dizer se ele tem a metafísica que atribuo a ele; não consigo achar outra base para ela.

Spinoza liga isso com Descartes, por meio de sua referência na *Ética* 1p15s a um tratamento anterior que ele fazia concordar com o "vácuo". Esse tratamento está em seu *Princípios da filosofia de Descartes* 2p2,3, no qual o argumento de Descartes de que o espaço não pode ser *nada* é explicitamente invocado.

Um dramático pedacinho de indício de que esta realmente é a posição de Spinoza pode ser encontrado na Carta 4. A passagem tem duas sentenças, das quais a primeira é esta: "Quanto ao que objetais a minha primeira proposição, considerai, meu amigo, que os homens não são criados, mas engendrados, e que seus corpos existiam antes, embora numa outra forma". Isso soa como uma afirmação sobre a permanência das partículas da matéria: meu corpo "existia antes" no sentido de que seus átomos constituintes existiam em 1929, embora ainda nesse ano não fossem constituintes de um corpo humano; e isso poderia ser dito por alguém que não aceita a metafísica que expus. Mas creio que Spinoza pretendia estar afirmando aquela metafísica, que implica que o Espaço é básico e meu corpo não: meu corpo "existia antes" no sentido de que meu corpo nesse momento é certa região Bennettiana do espaço, e essa região existia em 1929, embora ainda não fosse então Bennettiana (também não era Bennettiana três minutos atrás. Eu (para falar idiomaticamente) me movi para essa posição há dois minutos, o que é verdade porque (para falar com rigor metafísico) essa região se tornou Bennettiana naquele momento). Isso tem de ser o que Spinoza almejava; de outra maneira, sua próxima sentença é lunática. Ele acabou de dizer que teu começo não foi um genuíno processo de originação e implicou que teu fim tampouco será uma genuína aniquilação. O que seria para ele uma genuína aniquilação de um item extenso? Teria de ser a *aniquilação de uma região*. Mas se há somente um único espaço euclidiano, esse fato teria de envolver *a aniquilação do espaço*: não faz sentido supor que uma região poderia deixar de existir deixando o resto do Espaço intacto. Agora olhemos as duas sentenças juntas: "os homens não são criados, mas engendrados e seus corpos existiam antes, embora numa outra forma. Na verdade, o que se conclui, e que também reconheço de bom grado, é que se uma única parte da matéria se aniquilasse, imediatamente toda a extensão desapareceria". Em minha interpretação de Spinoza, essa segunda sentença está exatamente correta. Não é de meu conhecimento nenhuma outra base sobre a qual isso faria afinal algum sentido.

Essa concepção metafísica, a de que os "ocupantes" do Espaço são realmente modos do Espaço que é a única substância extensa, foi simpaticamente cogitada por Platão, Descartes, Newton, Locke, Quine, dentre outros. Quando a atribuo a Spinoza, coloco-o em companhia valiosa.

Detalhes circundantes

Duas "questões que surgem" deve ser tratadas aqui, antes de passarmos a outros tópicos.

(1) No aparato de lemas etc. que Spinoza insere entre *Ética* 2p13 e 2p14, ele apresenta uma física abstrata, baseada na visão de que o mundo material é constituído dos "mais simples corpos". Muitas questões surgem acerca deles – questões que não são respondidas pela caracterização que ele faz deles como itens que "se distinguem entre si pelo movimento e pelo repouso, pela

velocidade e pela lentidão" (E 2p13a2"). Para os propósitos presentes, contudo, o que interessa primordialmente é que nada do material apresentado entre 2p13 e 2p14 pertence à metafísica de Spinoza no nível mais básico. Esse nível mais básico deixa aberta a possibilidade de que as variações qualitativas que são encontradas no Espaço, a substância única, poderia ser de tal tipo que de maneira alguma serviria de sustento a uma física das partículas materiais; ela poderia, por exemplo, diferenciar modalmente as regiões umas das outras em padrões à maneira de nuvens, em vez de à maneira de coisas. Como cria de seu tempo, Spinoza aceitava a "hipótese corpuscular" e não tinha nenhuma boa razão para não fazê-lo. No entanto, sinto um pouco por ele não ter-se inspirado em sua própria metafísica para ver a possibilidade de que o mundo em seu nível quase básico poderia ter sido inimaginavelmente diferente do mundo que pensamos ter. Todavia, o ponto principal é que a física dos mais simples corpos não compete com o monismo substancial; ela pertence a um nível diferente, mais raso.

(2) Além dos modos finitos, Spinoza diz haver modos infinitos. Se os modos são aspectos ou qualidades das substâncias, então os modos finitos de extensão – descritos conforme Spinoza os descreve – têm de ser aspectos do mundo extenso que ele instancia sempre e em toda parte, aspectos que continuará a ter não importa por quais alterações passe. O que poderiam ser tais aspectos? A única resposta convincente a essa pergunta que conheço é a de Curley. Ele diz que modos infinitos são aspectos causais do mundo, e uma afirmação que atribua tal modo ao mundo seria uma lei causal básica (Curley 1969: 55-74).

Isso parece estar muito claramente correto, e Curley desenvolve a ideia satisfatoriamente quando explica 1p28,d. Ele interpreta essa passagem como se dissesse que cada modo finito (coisa ou acontecimento) é causado por um modo finito prévio, o que quer dizer que a cadeia causal que leva a qualquer coisa particular que aconteça regride ao infinito; e cada sucessão de um modo finito por outro acontece em virtude de um modo infinito, ou seja, uma lei causal. Assim, conforme Curley diz de maneira muito feliz: "Os fatos singulares previamente existentes nos dão a série infinita de causas finitas. Os fatos gerais [leis causais] nos dão a série finita de causas infinitas, que termina em Deus" (Curley 1969: 66). Note-se, incidentalmente, que Curley precisa dizer que os modos infinitos dependem de uma única substância, porquanto são leis sobre ela, ao passo que os modos finitos dependem dela porque estão causalmente a sua mercê. De acordo com minha abordagem mais tradicional de "modo" e "substância", a noção de dependência modal é mais unitária e menos central.

Necessidade e contingência

A interpretação spinoziana da causação de acontecimentos particulares, qual seja, por meio de uma cadeia infinita de acontecimentos anteriores ligados por leis causais eternas e infinitas, traz-nos à questão de suas concepções sobre a necessidade e a contingência. Ele certamente sustenta que leis causais são absolutamente necessárias: é necessário, tão fortemente quanto você desejar, que, se um mundo for extenso, então se conformará a tais e tais leis causais. Disso, junto com a concepção de Spinoza – baseada em seu peculiar argumento ontológico – de que é absolutamente necessário haver um mundo extenso, segue-se que as próprias leis da física são absolutamente necessárias. Isso satisfaz as exigências de racionalismo explicativo ao menos no que concerne às leis da física. Se P é uma lei causal, então a resposta a "Por que é o caso que P?" é que seria impossível não ser o caso que P. Leis causais não envolvem nenhum elemento de fato bruto.

E quanto a questões de fato particulares, tais como o fato de que uma telha acabou de cair de meu telhado? Bem, a queda foi causada por um sopro de vento, que foi causado por algum outro movimento do ar, que foi causado por..., e assim sucessiva e retroativamente; o determinismo estrito impera, e a cadeia causal deve retroagir para sempre. Além disso, cada elo é absolutamente necessário. Dado que uma lufada como aquela ocorreu precisamente naquelas circunstâncias, era absolutamente impossível que a telha não caísse.

Então, a queda da telha, assim como toda outra questão de fato particular, era *nevitável* no sentido de que: dada a história prévia do mundo, não poderia possivelmente não ter acontecido exatamente como aconteceu. Contudo, isso não quer dizer que fatos desse tipo sejam *necessários*. A proposição acerca da telha poderia ser inevitável e, no entanto, contingente, o que é justamente dizer que o mundo poderia ter tido uma história prévia diferente, caso em que a telha não teria caído.

Quando Spinoza escreve: "As coisas não poderiam ter sido produzidas por Deus de nenhuma outra maneira nem em qualquer outra ordem que não naquelas em que foram produzidas" (E 1p33), uma pessoa pode razoavelmente considerar que ele quer dizer que cada questão de fato é absolutamente necessária ou que este é o único mundo possível. Mas eu acho que tal leitura não é forçada sobre nós. Tomada em contexto, essa passagem em *Ética* 1p33 poderia exprimir somente a tese de que cada questão de fato particular é (não necessária, mas) inevitável, isto é, necessitada pela história pregressa do mundo.

Spinoza também escreve: "Nada existe, na natureza das coisas, que seja contingente" (E 1p29). Isso poderia definitivamente parecer implicar que este é o único mundo possível, mas não se trata disso, porque Spinoza não quer dizer com "contingente" o mesmo que nós. Para ele, uma verdade contingente não é nem necessária ou nem mesmo inevitável. Seu determinismo implica que nada seja "contingente" nesse sentido, porque implica que toda questão particular de fato é inevitável. A questão se Spinoza considera que todas as verdades desse tipo são em si mesmas necessárias permanece aberta.

Não estou certo de qual era sua opinião considerada sobre essa questão, e isso é um ponto de discordância entre seus intérpretes. Alguns sustentam que ele sistematicamente sustentava que todas as verdades são absolutamente necessárias, alguns que ele sistematicamente negava isso, e alguns ainda que ele assistematicamente afirmava e negava isso. Inclino-me a pertencer ao terceiro time, embora esteja balançado pela defesa da primeira posição – a de que Spinoza era um determinista sistemático – presente em Garrett 1991.

A visão de que este é o único mundo possível parece à primeira vista já ser tremendamente implausível – até mais do que a ideia de que cada questão de fato particular é inevitável. No entanto, Spinoza é pressionado a adotar a posição determinista, pressão essa que vem de seu racionalismo explicativo.

A queda da telha foi o último evento numa cadeia causal infinita – cadeia esta que não teve começo, cada item nela sendo causado por um outro anterior. Qualquer questão da forma "Por que E_i ocorreu?", em que E_i é um membro dessa cadeia, pode ser respondida pela remissão a algum acontecimento pregresso e às leis da natureza. Mas agora considere-se a questão "Por que toda essa cadeia causal aconteceu?" Parece não haver como se responder a ela de maneira a satisfazer as exigências de racionalismo explicativo, a menos que se possa dizer que toda a cadeia é absolutamente necessária.

Não seria de surpreender, portanto, se Spinoza fosse então um rígido determinista, embora eu não pense que se tenha conclusivamente provado que ele o fosse. Adicionalmente a Garrett 1991, pode ser que seja valioso ler Bennett 1984, capítulo 5.

Tempo

O conceito de necessidade absoluta está implicado no uso do termo "eterno" por Spinoza, e faço disso minha desculpa por falar agora da questão de qual era a concepção spinoziana do tempo. E também há muita discordância e muita controvérsia sobre isso, mas defendo que se trata de uma questão direta, não complicada e não ambígua.

(I) Por "eterno", Spinoza quer dizer "absolutamente necessário" (E 1d8), e quando ele usa essa palavra para exprimir esse conceito é porque está pensando no fato de que tudo o que for necessariamente verdadeiro será sempre verdadeiro. (II) Por "duração" Spinoza quer dizer a passagem do tempo. (III) Com a palavra latina *tempus* (geralmente traduzida como "tempo"), ele quer dizer o tempo concebido em cortes ou dividido de algum jeito: o conceito de *tempus* funciona em qualquer proposição que distinga alguma parte do tempo de outra. Assim, o termo é usado em todos os enunciados acerca de períodos medidos de tempo, todos os usos dos tempos verbais e todos os enunciados acerca de o que aconteceu antes ou depois de alguma coisa. A frase "uma hora" envolve *tempus,* porque se refere a uma parcela de tempo, a uma pequena quantidade de tempo separada do todo da linha do tempo; a frase "de que cor *estava* o céu" envolve *tempus*, porque distingue um tempo passado de outro presente; e "a chuva terminou antes de a neve começar" envolve *tempus*, completamente independente de seu tempo verbal passado, porque distingue o tempo do término da chuva do tempo do começo da neve.

Spinoza diz que a duração "pode ser definida pelo *tempus*" (E 5p23d), querendo dizer que um enunciado que envolva o primeiro conceito, o de duração, pode ser mais especificado ainda pelo uso do segundo, o de tempo. Por exemplo, podemos passar de "A Via Láctea dura (sem tempo gramatical) no tempo" para a fórmula mais específica "A Via Láctea dura (sem tempo gramatical) ao menos um bilhão de anos". Em suma, atribuir duração a um item é somente dizer que ele dura no tempo, sem dizer mais nada acerca de quanto é seu tempo de existência, seja passado, seja futuro, ou acerca da maneira como se relaciona com outros tempos; quaisquer outros detalhes ulteriores envolvem *tempus*.

A eternidade, conforme impliquei, envolve a sempiternidade, ou seja, envolve o fato de alguma coisa existir em todos os tempos. Spinoza diz da existência de uma coisa eterna que "não pode ser definida pelo tempo, ou seja, não pode ser explicada pela duração" (E 5p23s). O fato de não poder ser limitada pelo *tempus* é algo que compartilha com coisas simplesmente sempiternas (se as houver), ou seja, coisas que existem em todos os tempos, embora não necessariamente. Ao falarmos sobre o tempo de existência de uma coisa sempiterna, não precisamos de tempos verbais, relógios, calendários ou relações de tempos com outras coisas. Mas a sempiternidade poderia ser "explicada pela duração", pois ela é justamente duração ilimitada ou duração através de todos os tempos. A eternidade não pode ser explicada dessa maneira, já que envolve não somente a sempiternidade, mas também o conceito adicional de necessidade absoluta.

Alguns comentadores fizeram uma tempestade desse copo de água. Na verdade, é bem simples e direto. A única questão escorregadia tem a ver com saber quais desses conceitos temporais Spinoza está disposto a aplicar a Deus ou Natureza. Em seus precoces *Pensamentos Metafísicos* (publicados como um apêndice a *Princípios da filosofia de Descartes*), ele dizia que Deus não tem duração, o que significa dizer que nenhum conceito temporal é aplicável ao universo. Suas razões para isso eram ruins, e ele parece ter mudado de ideia na *Ética*. É claro, ele está comprometido com a atribuição de duração a Deus, já que atribui a eternidade a Deus, porque a eternidade é sempiternidade necessária, que é um caso especial de duração.

E quanto a *tempus*? Na Carta 12, Spinoza fala dele como "somente um modo da imaginação", o que deveria significar que o conceito de *tempus*, numa interpretação fundamental e verdadeira do todo da realidade, não seria usado. Contudo, na *Ética*, não fica claro que Spinoza pretendia ir tão longe. Quando ele fala de *tempus*, ele geralmente tem em mente a medida do tempo, e ele achava que todas as nossas medidas – de tempo e espaço e das coisas espaciais e temporais – são superficiais e "imaginosas", e não fazem parte da história básica e objetiva (ver 1p15s). Não creio que ele pretendia declarar a sério que nenhum outro uso do conceito de *tempus* entraria numa descrição fundamental do mundo.

Se quisesse dizer isso, então ele tinha de ter sustentado que o universo não se altera e que a mudança aparente é irreal. Ele diz que algumas coisas poderiam ser consideradas assim, especialmente "Deus, ou dito de outra maneira, todos os atributos de Deus são imutáveis" (E 1p20c2), mas esse tipo de observações não nos obriga a concluir que Spinoza pensava ser irreal toda mudança, e reluto em atribuir a ele qualquer coisa tão manifestamente falsa.

Três teses, especialmente a do paralelismo

O que acontece com meu corpo está sistematicamente atado aos estados de minha mente. Isso tem de ser explicado, e Spinoza não o explicará causalmente. Sua explicação se baseia numa teoria que chamarei de *paralelismo*: "Itens mentais podem ser mapeados sobre itens corporais de tal maneira a preservar a conectividade causal. Ou seja, se M1 causa M2, e C1 corresponde a M1 e C2 a M2, segundo o mapa, então C1 causa C2, e vice-versa". Como diz Spinoza: "A ordem e a conexão das ideias é o mesmo que a ordem e a conexão das coisas" (E 2p7). O correlato mental de qualquer item material x é chamado de "a ideia de x". A instância mais surpreendente disso é que a mente de qualquer ser humano é a "ideia de" seu corpo.

Essa tese do paralelismo entre mente e corpo supostamente explica o porquê de as mentes parecerem interagir com os corpos. Parece-nos que uma punhalada causa uma dor que causa um grito; mas na verdade a punhalada causa a contraparte corpórea da dor, que causa o grito; e a "ideia da" punhalada causa a dor que causa a "ideia do" grito. Há duas cadeias causais paralelas; estamos cientes de pedacinhos de cada uma delas e mentalmente montamo-los numa única cadeia espúria – uma que se move, de maneira impossível, da extensão ao pensamento e do pensamento de volta à extensão.

O fato de Spinoza ver as correlações como completas em vez de parciais é perfeitamente concordante com o espírito de sua filosofia: não poderia haver uma razão pela qual alguns itens materiais devessem ter contrapartes mentais e outros não, e o que não pode ter uma razão não pode existir. Em face do aparente fato de que o mundo mental está parcialmente atrelado ao mundo da matéria, Spinoza está dizendo que "não é um atrelamento e não é parcial".

Dessa maneira, isso não se parece muito com uma explicação dos fatos como os vemos! Sabemos *o que leva Spinoza a acreditar nisso,* mas isso não explica os fatos, a menos que ele também diga *o que é que faz o paralelismo verdadeiro.* Ele diz que o paralelismo decorre de *Ética* 1a4, "o conhecimento do efeito depende do conhecimento da causa e envolve este último", embora eu ache que de 2p3 também tenhamos algum auxílio, "existe necessariamente, em Deus, uma ideia tanto de sua essência quanto de tudo o que necessariamente se segue dessa essência", junto com o *monismo substancial,* que afirma que há somente uma única substância, de modo que tudo o que for extenso será também tudo o que existir que pensar. Isso é desencorajador. E pelo seguinte: o argumento oficial em favor do monismo substancial é fraco (ver seção 3 acima), e mesmo com o monismo substancial não é possível se tirar, ou sequer parecer tirar, o paralelismo da *Ética* 1a4 e 2p3. Se alguém pensa que Spinoza foi um gênio ou mesmo que era um filósofo firmemente competente, essa pessoa tem de pensar que poderia ter-se saído melhor no caso do paralelismo. Se ele não consegue fazer melhor do que isso, eu desisto:

o que resta é mera história, sem conteúdo que seja suficientemente seguível para envolver nossos interesses filosóficos. O que está em jogo aqui é a questão de se o paralelismo é metafísica sóbria ou um mero tiro no escuro.

A pista para a resposta é a *identidade modal*, ou seja, a tese de que se M é correlato de C segundo o paralelismo, então M é C. Esse surpreendente enunciado é feito pela primeira vez em 2p7s, e não podemos ir mais adiante sem descobrir o que Spinoza quer dizer com isso.

A tese da identidade modal

Para entender a teoria de Spinoza de que um modo de extensão e sua ideia "são uma só e a mesma coisa", isto é, que meu corpo e minha mente são uma só e a mesma coisa, temos de levar a sério o termo "modo". De acordo com Spinoza, meu corpo é um modo – isto é, uma "afecção" ou estado ou qualidade – da substância extensa. Isso implica necessariamente que o fato de que

Há um corpo que é...,

com lacuna preenchida com uma completa interpretação da natureza física e da história de meu corpo, é realmente o fato de que

O Espaço é F

para algum valor complexo de F. O mesmo se aplica *mutatis mutandis* para minha mente: ela é um modo da substância pensante, o item que é para o pensamento o que o Espaço é para a extensão, de modo que o fato de que

Há uma mente que é...,

com a lacuna preenchida com uma interpretação completa da natureza e da história de minha mente, é realmente o fato de que

A substância pensante é G

para algum valor complexo de G. Essa tem de ser as concepções de Spinoza se ele séria e literalmente sustentar que coisas particulares finitas são modos.

Ora, quando ele diz que meu corpo é minha mente ou que um círculo e a ideia do círculo são uma só e a mesma coisa, ele deveria querer dizer *que F é G*. Ou seja, o que é necessário para que haja um objeto físico tal como meu corpo deve também ser necessário para haver uma substância extensa que é F, e o que é necessário para que haja uma mente como a minha é necessário para haver uma substância pensante que é F – para o mesmíssimo valor de F. Minha mente é um modo, meu corpo é um modo, e minha mente é meu corpo; portanto, o modo que é minha mente é o modo que é meu corpo; e, portanto, a "afecção" ou qualidade ou estado que, acrescentado à extensão, acarreta toda a natureza de meu corpo é aquela mesmíssima que, acrescentada ao pensamento, acarreta toda a natureza de minha mente. O que Spinoza quer dizer com a tese da identidade modal, por conseguinte, é exatamente o que suas palavras implicam quando compreendidas em seus significados comuns completos.

A teoria é que cada modo é um modo com todos os atributos; temos de pensar no modo que constitui meu corpo não como uma qualidade complexa que *inclui* a extensão, mas, antes, como uma qualidade complexa que *pode ser combinada* com a extensão, e também com o pensar. Falando logicamente, os modos são transatributos, isto é, cada um é combinável com o pensamento e com a extensão, e com quaisquer outros atributos possíveis.

Spinoza geralmente usa o termo "modo" de maneira diferente desta, considerando um modo como uma propriedade complexa que inclui um atributo: "os modos de cada atributo envolvem o conceito de seu próprio atributo", ele diz (E 2p6d). Mas em 2p7s ele mudou seu acorde e agora usa "modo" para significar aquilo que permaneceria se o atributo fosse removido. Minha interpretação da tese da identidade modal traz esse fato ao centro da discussão, mas ainda que minha interpretação fosse errada o fato é inegável aqui. Que se coloque as seguintes coisas juntas: (a) dualismo conceitual,

(b) a tese de que os modos de extensão envolvem extensão e que o modos de pensamento envolvem pensamento, e (c) nossa presente tese de que um modo de extensão é um modo de pensamento. Se (c) for sustentada, uma das outras tem de ser descartada ou qualificada. Não pode ser (a) dualismo conceitual, porque essa é uma parte que escora muito da estrutura da *Ética*. Devemos então supor que (b) é intermitente porque Spinoza, em 2p7s, passa a usar "modo" num sentido específico, um sentido em que o termo não se refere a modos que envolvem atributos, mas, antes, a modos dos quais o atributo foi excluído, com o resultado de algo que, ele agora diz, pode ser combinado com qualquer atributo.

Explicando o paralelismo

Esses modos não só são transatributos no sentido de que cada um é *combinável* com qualquer atributo; além disso, cada modo efetivamente é *combinado* tanto com o pensamento como com a extensão. Isso é garantido pela doutrina do monismo substancial, que diz que há somente uma substância que instancia ambos os atributos. Se houvesse duas substâncias, uma extensa e outra pensante, não resultaria do fato de que alguma coisa é extensa e F não decorreria do fato de que qualquer coisa é pensante e F. O modo potencialmente transatributo que se combina com a extensão para produzir meu corpo poderia não ser possuído pela substância pensante, caso em que minha mente não existiria.

Essa é a chave para explicar por que o paralelismo é verdadeiro. A teoria da identidade modal afirma que, correspondendo a todo modo extenso (F-e-extensão), *poderia* haver um modo pensante correspondente (F-e-pensamento); a teoria do monismo substancial afirma que todo modo que seja instanciado em combinação com a extensão também é instanciado em combinação com o pensamento; mas se colocarmos as duas teorias juntas, teremos a tese de que, correspondendo a qualquer modo efetivo que envolva um atributo, há um modo que envolve outro. Assim, do monismo substancial e da identidade modal chegamos ao paralelismo.

Esse padrão de argumento se adéqua exatamente aos detalhes de 2p7s. Nesse escólio, Spinoza faz o seguinte, na seguinte ordem. (1) Ele nos lembra de que há somente uma única substância, de modo que a substância pensante e a substância extensa são uma só e a mesma. (2) Ele passa diretamente a dizer que qualquer modo de extensão é idêntico à ideia de si mesmo, isto é, ao modo correspondente de pensamento. Por exemplo, um círculo e uma ideia efetiva do círculo são "uma só e a mesma coisa que é explicada pelos diferentes atributos". Ele não infere (2) de (1), mas simplesmente diz que são semelhantes, como certamente são. *Assim como* há somente uma única substância compreendida sob este ou aquele atributo, *então também* qualquer complexo pensamento-extensão é somente um único modo, que pode ser explicado por este ou aquele atributo. (3) Depois de afirmar (1) e (2), Spinoza diz que "eis por que" (*ideò*) encontraremos uma só e a mesma ordem e conexão de causas, não importa sob qual atributo investiguemos a Natureza. Ou seja, ele oferece o monismo substancial e a identidade modal como *explicações* do paralelismo que afirmara em 2p7.

O que vem depois no escólio (seu penúltimo parágrafo, na disposição de Curley) é perturbador, se pararmos para olhar cuidadosamente. Explicarei a confusão e a solução para ela na seção 14, mas, primeiro, tenho de dedicar uma parte à objeção mais formidável à linha de pensamento que venho creditando a Spinoza.

Uma conjectura sobre modos transatributos

Minha interpretação das três teorias parece entrar em conflito com a tese spinoziana de que não há fluxo causal através de qualquer fronteira entre os atributos. Isso é vital a muitas de suas linhas de pensamento, isto é, sua concepção de que para explicar o comportamento físico humano temos de recorrer à biologia, e não à psicologia. O conflito ameaçado, contudo, não resulta de nada controverso que eu tenha dito, mas está claramente presente em qualquer leitura inteligente do texto de Spinoza. Por um lado: "Os modos de qualquer atributo têm Deus por causa, enquanto ele é considerado exclusivamente sob o atributo do qual eles são modos, e não enquanto é considerado sob algum outro atributo" (E 2p6). Isso claramente implica que o que acontece em minha mente não causa o que acontece em meu corpo e vice-versa. Por outro lado: "um modo da extensão e a ideia desse modo são uma só e mesma coisa, que se exprime, entretanto, de duas maneiras" (E 2p7s). "O objeto da ideia que constitui a mente humana é o corpo" (E 2p13). Essas duas afirmações implicam que minha mente é meu corpo. Como pode minha mente ser meu corpo e ainda assim não ser causalmente relevante a meu corpo? A ameaça de absurdo vem diretamente de Spinoza, sem que eu exegeticamente o ajude. *Algo* precisa ser feito para tornar tudo isso coerente.

O único remédio que posso achar exige que eu aceite certa hipótese sobre o pensamento de Spinoza – uma hipótese arriscada, que atribui a ele uma teoria filosófica que ele não afirma explicitamente. No entanto, acho que a atribuição é correta: além de remover a incoerência, também soluciona alguns problemas textuais e filosóficos para os quais nenhumas outras soluções foram dadas, uma das quais é o problema de saber o que Spinoza tem em mira na estranha parte posterior de 2p7s.

Suponho que Spinoza sustentava que os modos transatributos não são acessíveis isoladamente ao intelecto e só podem ser pensados em combinação com algum atributo. É possível se pensar que a substância única *é extensa e F*, pensando com isso toda a verdade sobre meu corpo; e é possível se pensar que a substância única é *pensante e F*, e isso é toda a verdade sobre minha mente. Mas intelecto algum – nem mesmo um ilimitado ou "infinito" – pode desmontar cada um desses pensamentos em seu atributo componente e seu componente F, isolando conceitualmente o modo transatributo.

Isso daria a Spinoza uma razão para dizer que nenhuma explicação pode passar de um atributo a outro. Explicar alguma coisa atravessada numa fronteira entre atributos seria passar das premissas

A substância única é extensa e F, e
A substância única é pensante,

à conclusão

A substância única é pensante e F.

Isso tiraria uma conclusão sobre minha mente de uma premissa sobre meu corpo junto com a débil premissa de que o universo tem um aspecto mental. Mas para se levar adiante essa previsão ou explicação, tem-se que descolar F da extensão e trazê-lo cruzando a fronteira para entrar em combinação com o pensamento. Suponho que Spinoza acreditava que não podemos fazer isso, e por isso ele disse que nenhuma operação intelectual legítima procede de premissas que estão sob um atributo para alguma conclusão que esteja sob outro; e por isso é que essa ideia faz sentido junto com a tese de que um modo singular aparece sob ambos os atributos. Rastrear esse modo envolveria pensar certos conceitos abstratamente, separados de todo atributo, e (de acordo com minha hipótese) Spinoza sustenta que isso é impossível.

Explicação e causação

Isso explicaria como Spinoza, de maneira coerente com sua teoria da identidade dos modos através de diferentes atributos, pode negar que há *explicações possivelmente decorrentes* que procedem de um atributo a outro, mas não como ele pode negar que há *implicações* ou *cadeias causais* que procedem de um atributo a outro. Com efeito, ele parece estar comprometido com a ideia de haver implicações através de fronteiras entre atributos: os modos transatributos criam um sistema de relações lógicas entre os atributos, seja ou não possível eles serem pensados de maneira abstrata. Ou assim alguém poderia pensar.

Isso parece ser um problema para minha interpretação e para qualquer outra isso faz com que ele use "modo" com todo o seu significado normal. Ao mostrar como o problema pode ser tratado, não discutirei as possibilidades lógica e causal separadamente, já que Spinoza não as distingue. Então, a dificuldade é esta: minha hipótese reconcilia a identidade modal com a negação de que há *explicações possivelmente decorrentes* que atravessam fronteiras entre atributos, mas, aparentemente, não a reconcilia com a negação de que há *cadeias causais* que atravessam fronteiras entre atributos.

Contudo, essa dificuldade baseia-se numa distinção que Spinoza rejeita. Quando ele diz que não há cadeias causais que... etc., ele quer dizer somente que não há explicações possivelmente decorrentes que... etc. Ele diz somente isso, exatamente só onde precisa dizer, justamente no ponto em que um leitor atento começaria a suspeitar que a teoria é incoerente. E esse ponto é o estranho episódio quase final em *Ética* 2p7s, ao qual tenho me referido (as ênfases são minhas):

> E se eu disse que Deus é *causa* de uma ideia – da ideia de círculo, por exemplo –, enquanto é apenas coisa pensante, e *causa* do próprio círculo, enquanto é apenas coisa extensa, foi só porque o ser formal da ideia de círculo não pode ser *percebido* senão por meio de outro modo do pensar, que é como que sua causa próxima, e esse último modo, por sua vez, por meio de um outro, e assim até o infinito, de maneira tal que sempre que *considerarmos* as coisas como modos do pensar, deveremos *explicar* a ordem de toda a natureza, ou seja, a conexão das causas, exclusivamente pelo atributo do pensamento. E, da mesma maneira, enquanto essas coisas são *consideradas* como modos da extensão, a ordem de toda a natureza deve ser *explicada* exclusivamente pelo atributo da extensão.

Essa passagem isola e psicologiza a teoria do isolamento causal entre os atributos, explicando-a como se significasse alguma coisa sobre como as coisas devem ser explicadas, percebidas e consideradas. Este é o lugar para se fazer isso. Spinoza acabou de terminar de explicar por que o paralelismo acontece; a explicação afirma a identidade dos modos através das fronteiras dos atributos, o que parece oferecer uma base sobre a qual poderia haver um fluxo lógico-causal através dessas fronteiras; e Spinoza precisa explicar por que não há. Ele faz isso psicologizando a noção de fluxo causal.

Este é o único lugar na *Ética* em que Spinoza faz tal coisa, talvez porque este seja o único lugar em que precise disso. É somente aqui, em nenhum outro lugar, que ele explica o suporte metafísico do paralelismo de 2p7; essa explicação envolve a identidade modal de um gênero que *prima facie* ameaça a separação causal dos atributos; e Spinoza tem de remover a ameaça. Note-se que a causação psicologizante remove a ameaça somente com a ajuda da premissa de que os modos transatributos não podem ser pensados abstratamente com relação a atributo algum. Minha hipótese é que Spinoza aceitou que dessa maneira a premissa consegue alguma confirmação do penúltimo parágrafo de 2p7s. Se a hipótese estiver errada, então também estará minha interpretação de o que o parágrafo está fazendo ali. Mas, então, que outra interpretação pode ser dada?

O que é um atributo?

Minha hipótese também me permite explicar algo que atormentou os estudiosos de Spinoza por séculos, a saber, sua estranha definição do termo "atributo". O delineamento geral de como as coisas vão na *Ética* parece indicar que os itens que são predicáveis da substância única se dividem nos *atributos*, que são os básicos, e os *modos*, que são todo o restante. Por exemplo, chamar uma coisa de "quadrado" é dizer que ela é extensa e...; chamar uma coisa de "medrosa" é dizer que ela é pensante e... mas chamar uma coisa de "extensa" ou "pensante" não é atribuir a ela alguma espécie de um gênero ainda mais amplo; não há gêneros mais amplos. Eu repito: parece ser dessa maneira que Spinoza diferencia atributos de modos.

Mas a definição oficial de "atributo" diz, de maneira estranha, que um atributo é "aquilo que, de uma substância, o intelecto percebe como constituindo sua essência" (E 1d4). O termo "intelecto" introduz somente um único atributo, a saber, o *pensamento*. Qual é o privilégio especial que o pensamento tem que lhe dá o direito de ajudar a definir "atributo" de maneira geral? Mais urgente e específica é a seguinte questão:

• Se Spinoza não pensa que os atributos são essências, o que ele pensa deles e por que ele explica o termo "atributo" em termos de alguma coisa que não é verdadeira acerca dos atributos, embora seja percebida como se assim o fosse? Se, por um lado, Spinoza sustenta que um atributo é uma essência toda substância que o tenha, por que ele não diz isso diretamente, em vez de dizer somente que ele é "percebido como" uma essência?

Ou percebido *como se* fosse uma essência – a diferença demasiadamente debatida entre "como" e "como se" não tem importância. De ambas as maneiras, ao introduzir o que "o intelecto percebe", Spinoza poderosamente sugere que os atributos não são realmente essências, e pode-se querer saber o porquê. Uma resposta a essa questão está fora da interpretação que venho dando para a identidade modal e de maneira mais geral para 2p7s.

Por que o *definiens* diz que um atributo é "percebido como", em vez de dizer que *é* uma essência da substância que o tem? Porque, de acordo com Spinoza, ele *não é* uma essência da substância que o tem. O sentido relevante de "essência" é aquele dado por Descartes:

> E, certamente, é a partir de um atributo, não importa qual, que uma substância é conhecida, mas é uma só, no entanto, a propriedade principal de cada substância, a qual constitui a natureza e a essência da mesma e à qual todas as outras são referidas. A saber, a extensão em comprimento, largura e profundidade constitui a natureza da substância corpórea, e o pensamento constitui a natureza da substância pensante. Pois tudo o mais que pode ser atribuído ao corpo pressupõe a extensão e é apenas um certo modo da coisa extensa; assim como todas as coisas que encontramos na mente são apenas diversos modos de pensar (Descartes 1985: I, 53; PP I: LIII).

De acordo com minha hipótese, a atitude de Spinoza quanto a isso poderia ser expressa assim:

- Pondo de lado o pouquinho acerca de "*uma só* propriedade principal", que é só um equívoco, o resto dessa interpretação "da natureza e da essência" de uma substância dá uma interpretação precisa da maneira como a situação deve ser percebida por qualquer intelecto.

Se se começa com os vários aspectos específicos de uma coisa extensa e se pergunta o que é que têm em comum – de que é que todos são especificações –, a resposta inevitavelmente será a *extensão*. De fato, cada aspecto consiste de alguma coisa que é da forma "F e extenso", em que F poderia ser combinado também com outros atributos; mas esse fato não é evidente a qualquer intelecto, e, portanto, a extensão será *percebida por qualquer intelecto como* uma essência cartesiana da substância que a possua. Não é verdadeiramente uma essência cartesiana, porém; não é a coisa mais básica que é predicável da substância. Ao contrário, os modos transatributos num sentido claro são mais básicos, já que podem espalhar-se através de todos os atributos.

Então, o que a definição de "atributo" faz é nos permitir tratar os atributos como se fossem básicos da mesma maneira em que se diz que as "essências ou naturezas" cartesianas são básicas, ao mesmo tempo em que inclui uma pista ("o que o intelecto percebe...") daquilo que torna esse procedimento seguro é uma limitação daquilo que o intelecto pode fazer, em vez de um fato acerca de como as coisas ficam no restante da realidade. Spinoza explica "atributo" dessa maneira porque não dispõe de outra. Isso explica porque Spinoza procede como faz em 1d4, e essa explicação possibilita que 1d4 conte como suporte textual para minha hipótese.

Essa interpretação também explica por que um atributo específico (pensamento) deve ser implicitamente mencionado numa definição de "atributo" em geral. A definição dá um estatuto privilegiado a um atributo específico, porque ele tem esse estatuto no todo da estrutura metafísica de Spinoza: sua interpretação dos atributos em geral envolve o conceito de causação, que ele em última instância traduz em termos de pensamento, conforme explica no fim de 2p7s.

Quando Spinoza insere "o que o intelecto percebe" na definição de "atributo", ele diferencia aparência de realidade. Isso é o que também disse Wolfson, e refutá-lo passou a ser um exercício padrão para os estudiosos spinozianos (Wolfson 1934: I, 151 *seq*.). Mas ele achava que Spinoza sustentava que os atributos na verdade não são distintos uns dos outros, embora sejam percebidos pelo intelecto como se fossem. Isso é completamente indefensável, pois ignora os termos da definição de "atributo", que nada diz sobre distintividade. Interpreto que Spinoza sustentava que os atributos são reais, e realmente distintos, mas que não são realmente básicos, não são realmente "essências" no sentido de Descartes. Isso está de acordo com os termos da definição "percebe como... sua essência") e em harmonia com minha maneira de ler 2p7s.

Se Spinoza realmente sustentava que um atributo *é* uma essência da substância que a tem, não há somente a confusão quanto a "percebe como" na *Ética* 1d4, mas também a questão de por que ele repetidamente diz que cada atributo *exprime* a (ou alguma) essência de Deus (ver, por exemplo, E 1d6, 1p16d, 1p19d). Explico isso assim: o mais próximo que Spinoza chegará de usar o conceito de essência de um jeito metafísico sério implica em que ele diga que o sistema de modos transatributos é a essência de Deus. Só podemos chegar a isso combinando com um ou outro atributo. Então, a função dos atributos é combinar com os modos transatributos para que esses últimos entrem numa forma em que possamos pensá-los. Os atributos deixam que os modos atravessem. É como se os modos fossem palavras escritas num roteiro que o intelecto não consegue ler, e os atributos tornam a mensagem dos modos inteligível ao intelecto lendo as palavras em voz alta, *expressando*-as.

Há outro tanto de indícios surpreendentes de que isso está certo. No começo de 2p7s, Spinoza nos lembra do monismo substancial ao dizer que todos os atributos pertencem a uma única substância. Mas, ao invés de escrever que todo atributo pertence somente a uma única substância, ele escreve "tudo o que pode ser percebido por um intelecto infinito como constituindo a essência de uma substância pertence a uma única substância apenas". Neste único lugar, e em nenhum outro na *Ética*, Spinoza substitui a palavra "atributo" por seu *definiens* de 1d4. Por que afinal fazer isso? Por que fazê-lo exatamente aqui? Respondo que esse escólio é o único lugar na obra em que a força total de 1d4 é relevante ao que se passa. Por todo o restante da obra, podemos proceder como se os atributos fossem básicos, isto é, como se fossem "essências" cartesianas; é seguro que assim façamos, e, com efeito, não temos outra alternativa porque nossos intelectos estão determinados a percebê--los como se fossem básicos. Somente aqui, onde os modos transatributos têm de ser introduzidos na explicação spinoziana do paralelismo, é que Spinoza precisa admitir que, por uma questão de pura metafísica, os atributos não são afinal realmente básicos.

Outro benefício dessa linha de interpretação é que ela responde à velha questão acerca de qual é o conteúdo do monismo substancial de Spinoza. A afirmação de que pensamento e extensão são atributos de uma única substância não implica, Spinoza nos diz, que eles interajam causalmente; então, que diferença *faz* se são possuídos por uma ou duas substâncias? Respondo que há muito conteúdo para a tese: a unidade de uma única substância – ela ser uma, em vez de duas ou mais – é assegurada pelo fato de que toda a história modal acerca do todo da realidade reaparece sob cada um dos atributos. A singular "ordem e ligação das coisas" e a "ordem e a ligação das causas" – isto é, toda a rede de modos transatributos – perpassam, atravessam, sublinham todos os atributos, dando à substância única sua integridade, sua unidade, sua totalidade. Não há a menor ameaça de que a Natureza, somente porque seus atributos estão tão desligados uns dos outros, venha a ruir conceitualmente.

3 Teoria do conhecimento de Spinoza

MARGARET D. WILSON

"A mente humana é parte do intelecto infinito de Deus."
(E 2p11c)

Introdução

A teoria do conhecimento de Spinoza é uma criatura estranha e híbrida. Parte orgânica e inseparável de seu sistema filosófico total, ela mescla formulações muito originais e distintivas (até mesmo bizarras) tanto com influências "modernas" – principalmente cartesianas –, como com ideias e aspirações enraizadas no pensamento muito mais antigo.

Muitos comentadores recentes da epistemologia de Spinoza enfatizaram particularmente o contexto cartesiano da posição de Spinoza, apresentando-o como se suas concepções tivessem evoluído em resposta ao que ele percebia como deficiências na posição de Descartes.[1] Até certo ponto essa interpretação é bastante sensata. Aspectos fundamentais do arcabouço e da terminologia de Spinoza derivam claramente da filosofia cartesiana – e muito do que Spinoza diz sobre tópicos como o ceticismo, a certeza, o juízo e as "ideias" inquestionavelmente se dirige contra Descartes. Além disso, focar nesses aspectos da epistemologia de Spinoza que podem ser representados plausivelmente como alternativas deliberadas a princípios bem conhecidos das *Meditações* (e de obras relacionadas de Descartes) ajuda a domesticar os elementos epistemológicos

---

[1] Ver, por exemplo, Curley 1988; Donagan 1988; e Walker 1989, cap. 3.

da *Ética*, liberando-os de seu exótico contexto teológico/moral/escatológico, bem como a qualificar Spinoza como um abrangente contestador em debates reconhecidamente modernos acerca do conhecimento.

No entanto, creio que os esforços para subordinar o tratamento de tópicos epistemológicos por Spinoza à tradição cartesiana pode muito facilmente nos distrair de nos acertarmos com o ímpeto básico de seu sistema e com o papel do conhecimento nele. Para bem ou para mal, Spinoza simplesmente *não* é um pensador "moderno" (pós-cartesiano), se essa designação implicar o aceite de uma relação meramente instrumental ou extrínseca entre a busca do conhecimento humano e o alcance da felicidade pessoal, tanto na vida ordinária como em relação ao prospecto da eternidade. "O esforço por entender", ele escreve, "é a primeira e única base da virtude, e não é por causa de algum outro propósito que nos esforçamos por entender as coisas" (E4p26). Para Descartes, mesmo o conhecimento de *Deus* tem uma função primordialmente instrumental, isolando de toda ameaça de dúvida as percepções claras e distintas sobre as quais ele busca fundamentar uma ciência da natureza "firme e permanente". Spinoza, ao contrário, nega que legitimamente buscamos conhecer Deus por causa de algo ulterior: "O sumo bem da mente é o conhecimento de Deus, e a suma virtude da mente é conhecer Deus" (*Summum Mentis bonum est Dei cognitio, et summma Mentis virtus Deum cognoscere*) (E 4p28).[2]

---

[2] Como veremos, Spinoza também nega a *necessidade* de uma "garantia" externa para nossas percepções distintas; mas esse aspecto de sua posição está ele mesmo profundamente emaranhado de concepções não cartesianas acerca da relação de nossas mentes com o intelecto de Deus.

Note-se que o termo "*cognitio*", aqui (assim como alhures na *Ética*) traduzido mais naturalmente como "conhecimento", não tem exatamente a mesma conotação que o termo em inglês *knowledge*: nessa passagem específica, por exemplo, seu sentido parece mais próximo de nosso "apreender" *apprehend*. As traduções neste capítulo frequentemente seguem as de Edwin Curley, especialmente nas citações do *Tratado da emenda do intelecto*, e as de Samuel Shirley em algumas citações da *Ética*. Mas fiz algumas modificações em ambas versões de Curley e Shirley.

Para Spinoza, é claro, o conhecimento de Deus é o conhecimento da substância única, "Deus ou natureza", cuja essência é igual e alternativamente expressa pelos atributos infinitos do Pensamento e da Extensão. Contudo, conforme veremos, "a mais elevada espécie de conhecimento" não é o simples conhecimento da essência infinita ou absoluta de Deus por meio desses atributos; antes, ele envolve uma compreensão intuitiva de como as essências das coisas dependentes (ou "modos") necessariamente decorrem da natureza divina. Dessa forma, a teoria do conhecimento de Spinoza, direcionada que é para "o sumo bem da mente", está, ao mesmo tempo, firmemente ancorada em sua posição metafísica determinista.

O breve comentário que introduz a exposição central da epistemologia de Spinoza, a Parte 2 da *Ética* (A natureza e a origem da mente), tanto se refere de volta à posição determinista da Parte 1 – especificamente à central 1p16 – quanto indica adiante para as concepções de liberdade e salvação humanas que serão expostas mais tarde na obra:

> Passo agora a explicar aquelas coisas que deveram seguir-se necessariamente da essência de Deus, ou seja, da essência do ente eterno e infinito. Embora tenhamos demonstrado, na prop. 16 da P 1, que dela devem seguir-se infinitas coisas, de infinitas maneiras, não explicarei, na verdade, todas, mas apenas aquelas que nos possam conduzir, como que pela mão, ao conhecimento da mente humana e de sua beatitude suprema.[3]

A preocupação primordial do presente capítulo será explicar tão claramente quanto possível as alegações de Spinoza acerca do conhecimento e de tópicos relacionados nesta Parte da *Ética*, sem perder de vista os comprometimenos metafísicos/teológicos que lhes subjazem ou o objetivo final da salvação ou "beatitude" expostos sistematicamente na Parte 5 (uma fase de grande importância para a salvação pelo conhecimento é o "remédio para as paixões" que o entendimento distinto fornece (Partes 4 e 5).

---

[3] N.T.: trata-se do *Prefácio* à Parte 2 da *Ética*.

Não tentarei tratar desse tópico em pormenor, porém, já que ele é analisado extensamente no capítulo 6).

O outro principal texto epistemológico no *corpus* spinoziano é um ensaio precoce e inacabado, o *Tratado da emenda do intelecto* (*Tractatus de Intellectus Emendatione*, abreviado como "TdIE"). Essa obra suplementa a posição da *Ética* de certas maneiras: por exemplo, por sua discussão explícita de questões de "método" – um importante tópico filosófico do século XVII que não aparece explicitamente na *Ética*. Uma discussão completa das concepções de Spinoza sobre o conhecimento teria de incluir o minucioso exame crítico do *Tratado do intelecto* também, além da Parte 2 da *Ética* (e outras partes relevantes).[4] Infelizmente, o *Tratado do intelecto* apresenta formidáveis desafios interpretativos próprios e parece divergir da doutrina posterior e definitiva da *Ética* em certos aspectos importantes (além disso, falta a ele muito da pormenorizada estrutura metafísica dentro da qual essa doutrina é desenvolvida).[5] Portanto, parece-me melhor lidar com o *Tratado do intelecto* na maior parte apenas incidentalmente neste capítulo; ou seja, recorrerei a ele somente quando as afirmações de Spinoza ali parecerem genuinamente úteis para interpretar suas alegações posteriores. Minha intenção principal, mais uma vez, é dar uma leitura de sua doutrina epistemológica na *Ética* que será a mais clara, correta e inteligível quanto possível.

Mas para sustentar o tema principal dessa introdução – as interconexões íntimas entre a posição de Spinoza acerca do conhecimento e de suas concepções de Deus, o mundo dependente e a busca humana pela salvação – concluirei a seção com um breve sumário da famosa passagem de abertura do *Tratado do intelecto*. O *Tratado* começa com um esboço

---

[4] Outras obras de Spinoza, inclusive o *Curto tratado sobre Deus, o homem e seu bem-estar* e o *tratado teológico-político*, também contêm material relevante para suas concepções sobre o conhecimento.

[5] Para uma discussão interessante da relação entre as abordagens do conhecimento no *Tratado do tntelecto* e na *Ética*, ver Carr 1978. Carr argumenta que as discussões nas duas obras não são tão difíceis de se conciliar quanto alguns primeiros intérpretes sustentaram.

autobiográfico da conversão de Spinoza, da busca de certos objetos comuns de desejo, como fama, riqueza e prazer sensório para a busca do "bem verdadeiro" – "algo que, achado e adquirido, me desse para sempre o gozo de uma alegria contínua e suprema"(TdIE 1). Spinoza transmite a urgência dessa sua nova busca em frases poderosas que lembram Pascal e outros pensadores religiosos principais:

> Via-me, com efeito, correr um gravíssimo perigo e obrigar-me a buscar com todas as forças um remédio, embora incerto; como um doente que sofre de uma enfermidade letal, prevendo a morte certa se não empregar determinado remédio, sente-se na contingência de procurá-lo, ainda que incerto, com todas as forças, pois que nele está sua única esperança (TdIE 7).
> Mas o amor de uma coisa eterna e infinita alimenta a alma de pura alegria, sem qualquer tristeza, o que se deve desejar bastante e procurar com todas as forças (TdIE 10).

Até esse ponto, Spinoza falou do bem verdadeiro como um objeto a ser procurado e "amado"; mas logo ele começa a reforçar que sua busca (que ele espera compartilhar com outros também) tem, ao menos, uma forte dimensão epistemológica. O bem supremo, ele diz, é o gozo de uma natureza humana perfeita: "qual, porém, seja ela mostraremos em seu lugar, a saber, o conhecimento da união que a mente tem com toda a Natureza" (TdIE 13). Ele prossegue e observa que várias "ciências" são indispensáveis a essa empresa, listando a Filosofia Moral, a Teoria da Educação, a Medicina e a Mecânica. "Mas", ele continua,

> antes de tudo, deve excogitar-se o modo de curar o intelecto e purificá-lo quanto possível desde o começo, a fim de que entenda tudo felizmente sem erro e da melhor maneira. Donde se poderá já deduzir que quero encaminhar todas as ciências para um só fim e escopo, a saber, chegar à suma perfeição humana de que falamos; e assim tudo o que nas ciências não nos leva a nosso fim precisa ser rejeitado como inútil (TdIE 16).

Parece, então, que o intelecto deve ser emendado e purificado para ajustá-lo ao progresso (somente) naquelas ciências que conduzem ao supremo bem para o homem: esse bem, ele mesmo, uma forma de "conhecimento".

Ética 2: Pressuposições de fundo e terminologia da parte I

Muito da doutrina metafísica exposta na Parte 1, acerca da substância, dos atributos, dos modos e da causalidade, está direta ou indiretamente implicada na teoria da mente e do conhecimento à qual Spinoza se volta na Parte 2. Ainda que a uma compreensão geral das afirmações básicas da Parte 1 deva amplamente ser tomada como pressuposto no presente capítulo, há uns poucos pontos aos quais vale a pena chamar a atenção antes de prosseguirmos.

Conforme já mencionado, o próprio Spinoza recorda uma proposição central particular da Parte 1 logo no início da Parte 2; nomeadamente, 1p16: "Da necessidade da natureza divina devem seguir-se infinitas coisas, de infinitas maneiras (isto é, tudo o que pode ser abrangido sob um intelecto divino)". A intenção primordial por trás dessa proposição – conforme sua demonstração e sua subsequente elaboração na Parte 1 deixam claro – é estabelecer que todos os seres dependentes decorrem necessária e inelutavelmente da essência de Deus. Conforme ele elabora no escólio a *Ética* 1p17:

> (...) Penso ter demonstrado, de forma bastante clara (veja-se a prop. 16), que, da mesma maneira que da natureza do triângulo se segue, desde a eternidade e por toda a eternidade, que a soma de seus três ângulos é igual a dois ângulos retos, da suprema potência de Deus, ou seja, de sua natureza infinita, necessariamente se seguiram – ou melhor, se seguem, sempre com a mesma necessidade – infinitas coisas, de infinitas maneiras, isto é, tudo.

Um aspecto importante dessa doutrina é a negação – contra Descartes particularmente – de que Deus produz o mundo, inclusive tanto as leis da matéria quanto os princípios da razão humana, por meio de um ato de criação que é radicalmente arbitrário. Assim como Descartes, Spinoza sustenta que a criação que vem de Deus é completamente livre ou "sem limitações"; para Spinoza, contudo, essa concepção implica somente que "Deus age unicamente segundo as leis de sua própria natureza": ou seja, não implica nenhuma arbitrariedade ou contingência.

Outro aspecto importante de 1p16 é a introdução explícita (pela primeira vez na *Ética*) do conceito de "intelecto infinito". Essa referência ao intelecto infinito assinala a inteligibilidade fundamental da geração dos modos a partir da natureza da substância – assim como o faz, de uma maneira mais simples, a analogia geométrica que Spinoza vai dar. O conceito – frequentemente expresso pelo termo aparentemente equivalente "ideia de Deus" (*idea Dei*) – terá papel absolutamente fundamental quando Spinoza vier articular sua teoria do conhecimento humano na Parte 2.[6]

Também particularmente importante para o desenvolvimento da Parte 2 são as alegações da Parte 1 de que (a) os atributos, embora expressem a essência da substância única e unitária, são concebidos independentemente uns dos outros (E1p10); (b) os modos "só podem existir na natureza divina e só por meio dela podem ser concebidos" (E 1p15); e (c) (uma consequência de (b)) "Deus é a causa... *imanente* de todas as coisas" (E 1p 18; ênfase adicionada). Além disso, (d) toda coisa finita "que tem uma existência determinada" exige outra causa *finita*, que tenha ela mesma "existência determinada", para existir ou agir (E 1p28).

Finalmente, precisamos notar dois axiomas da Parte 1 que têm funções particularmente salientes na Parte 2. De acordo com 1a4, "o conhecimento do efeito depende do conhecimento da causa e envolve este último". Em várias proposições da Parte 1, Spinoza interpreta esse axioma como se implicasse que

---

[6] No sistema de Spinoza, o intelecto infinito é concebido como um modo infinito do atributo do Pensamento. Ver 1p31 e (para uma discussão dos modos infinitos, embora com foco nos modos da Extensão) Donagan 1988; 102 *seq.*

um efeito tem de ser *concebido por* sua causa, e, portanto, tem de *ter algo em comum* com sua causa (E 1p3, 1p6, 1p25; ver 1a5). Veremos que esse axioma é muito importante a certos aspectos da posição epistemológica que Spinoza desenvolve na Parte 2, particularmente com respeito à relação entre a ordem causal da natureza material e o conhecimento das coisas materiais.[7]

De acordo com 1a6,[8] "uma ideia verdadeira deve concordar com seu ideado [isto é, seu objeto]". Esse axioma aparentemente insosso aparece na Parte 1 somente de maneira um tanto marginal e discreta (ver E 1p5 e 1p30). Contudo, ele começa a adquirir mais importância quando Spinoza passa a expor suas concepções sobre a verdade na Parte 2. O axioma está mesmo implicado em certos conflitos evidentes em suas afirmações que apresentam alguns difíceis desafios interpretativos.

Ética 2: Orientação inicial

Dentre as várias definições no começo da Parte 2, há duas tão fundamentalmente importantes para tudo o que se segue que deveriam ser citadas inteiras. *Ética* 2d3 expressa o entendimento que Spinoza tem do termo cartesiano "ideia": "Por ideia compreendo um conceito da mente, que a mente forma porque é uma coisa pensante". Essa definição deve ter uma implicação importante. Conforme Spinoza prossegue a explicar: "Digo *conceito* e não *percepção*, porque a palavra *percepção* parece indicar que a mente é passiva relativamente ao objeto, enquanto *conceito* parece exprimir uma ação da mente". De fato, Spinoza parece usar vários termos como equivalentes a "ideia" ao longo da Parte 2 – inclusive "percepção".[9] Mas a noção de que ter ideias

---

[7] O axioma é o pino que segura a negação de Spinoza da interação entre corpo e mente, que, embora não afirmada formalmente até 3p2, subjaz várias das teorias centrais da Parte 2, inclusive sua interpretação não interacionista da percepção sensorial.

[8] N.T.: Corrigimos a referência, já que o original traz um equívoco, referindo-se ao axioma 6 (que não existe) da parte 2.

[9] Discuto esse ponto, assim como outros pontos relevantes para a presente discussão, em Wilson 1991.

implica alguma sorte de atividade mental nunca sai de vista (sua importância só se faz clara ao fim da Parte 2, porém).

Descartes comparava suas ideias "claras e distintas" (pertencentes primordialmente ao intelecto ou à razão) com aquelas que eram "obscuras e confusas" (primordialmente associadas com a imaginação e o sentido). Spinoza segue Descartes em alguma medida nessa terminologia, mas ele tende a favorecer uma terminologia diferente para marcar a distinção entre ideias preferidas e não preferidas: ideias são ou *adequadas* ou *inadequadas*. Conforme ele explica em 2d4: "Por ideia adequada compreendo uma ideia que, enquanto considerada em si mesma, sem relação com o objeto, tem todas as propriedades ou denominações (*denominationes*) intrínsecas de uma ideia verdadeira". Ele acrescenta (com referência implícita de volta a 1a6):[10] "Digo *intrínsecas* para excluir a propriedade extrínseca, a saber, a que se refere à concordância da ideia com seu ideado [isto é, seu objeto]". Mas o que *são* essas "denominações intrínsecas"? E como elas se relacionam com o "acordo" extrínseco exigido por 1a6? Infelizmente Spinoza nunca lida com essas questões importantes de maneira mais concreta, e as observações que ele faz (mais tarde na Parte 2) tendem a produzir mais confusão do que retiram. O desdobramento dessa posição geral sobre as ideias e o conhecimento nas primeiras fases da Parte 2 sugere (como veremos) que um *ordenamento* racional apropriado das ideias é fundamental para sua concepção de "adequação".

Outra definição deve ser notada aqui, porque explica um termo técnico que veremos ser prevalente por toda a Parte 2, a saber, "coisas singulares": "Por coisas singulares compreendo aquelas coisas que são finitas e que têm uma existência determinada" (E 2d7).

As outras quatro definições e os cinco axiomas da Parte 2 não precisam ser examinados separadamente nesse estágio (embora eu toque em um ou dois deles mais tarde). De fato, é digno de nota que *nenhuma* definição ou axioma da Parte 2 figura (explicitamente, enfim) em *qualquer* raciocínio que Spinoza apresenta até 2p10! Em outras palavras, as primeiras nove proposições da Parte 2, com seus vários corolários e escólios, decorrem ostensivamente sem

---

[10] Muito embora, parece, com um quê de novidade na leitura de 1a6: ver abaixo.

premissas suplementares dos princípios e teoremas da Parte 1 (essas primeiras proposições ainda estão focadas em Deus, e não no conhecimento humano). Contudo, elas implicam um novo ponto de partida: o foco específico na mente e no corpo (a Parte 1 lidava com a substância, o atributo e o modo de maneira mais abstrata). Elas também fornecem a estrutura essencial para praticamente tudo o mais que Spinoza tenta estabelecer na Parte 2. É certo que em muitas maneiras são obscuras e estranhas – ao menos dos pontos de vista tanto do discurso ordinário quanto do relativamente acessível sistema filosófico cartesiano. Esboçarei agora meu entendimento do cerne desses teoremas iniciais, sem particularmente tentar mostrar como eles se ajustam com o que "nós" (Descartes) "diríamos".

A ideia de Deus e a ordem das coisas (E 2pp19)

Em 2p1 e 2p2 Spinoza defende que o Pensamento e a Extensão são "atributos infinitos de Deus, cada qual exprimindo a essência eterna e infinita de Deus" (E 2p1; ver E 2p2). De acordo com 2p3, "existe necessariamente, em Deus, uma ideia tanto de sua essência quanto de tudo o que necessariamente se segue dessa essência". A demonstração dessa proposição se baseia parcialmente em 1p16, em que, como vimos, Spinoza introduziu o conceito de "intelecto infinito": de tudo o que "pode ser abrangido sob um intelecto infinito" dizia-se que decorria necessariamente da essência de Deus. O ponto de 2p3 é que Deus não somente "é capaz de", mas *efetivamente* "forma a ideia de sua própria essência e de tudo o que necessariamente se segue dela". *Ética* 2p4 explicitamente liga a expressão "intelecto infinito" com "a ideia de Deus", e defende que a ideia de Deus "só pode ser única" (com base em que Deus é único). A questão da relação entre o intelecto infinito ou "ideia" de Deus e a mente humana se tornará a preocupação principal da Parte 2 (e, de maneira derivada, da Parte 5 também). Qualquer interpretação legítima da teoria do conhecimento de Spinoza tem de dar conta completamente da função da "*idea Dei*".

As próximas várias proposições dizem respeito à questão igualmente importante e intimamente relacionada da ordem causal. De acordo com

2p5, as ideias consideradas em seu "ser formal" – isto é, como modos de pensamento, sem relação com seus conteúdos objetivos – têm sua causalidade total ("têm Deus como sua causa") sob o atributo do Pensamento, em vez de depender causalmente de seus objetos. *Ética* 2p6 generaliza esse ponto: "os modos de qualquer atributo têm Deus por causa, enquanto ele é considerado exclusivamente sob o atributo do qual eles são modos e não enquanto é considerado sob algum outro atributo". A demonstração completa dessa proposição, e uma das duas demonstrações oferecidas para a precedente, baseia-se nas alegações da Parte 1 de que quaisquer dois atributos são concebidos independentemente um do outro (E 1p10), e que um efeito deve ser conhecido (ou concebido) por sua causa (E 1a4).

Mas embora as causas de um modo sejam encontradas exclusivamente sob seu atributo, há uma relação extremamente íntima entre a "ordem" das causas, e, por conseguinte, a ordem do conhecimento, sob diferentes atributos, especificamente o Pensamento e a Extensão: "a ordem e a conexão das ideias é a mesma que a ordem e a conexão das coisas" (2p7). Essa proposição, uma das mais importantes da *Ética*, tem uma das demonstrações mais curtas: "É evidente pelo ax. 4 da P. 1. Com efeito, a ideia de qualquer coisa causada depende do conhecimento da causa da qual ela é o efeito." Embora essa "demonstração" tenha sido desqualificada como incompleta e também (até quando suplementada) como malsucedida,[11] em certo nível de inteligibilidade o ponto de Spinoza parece bastante claro. Ter a ideia de um efeito é "conhecer" o efeito; mas o conhecimento do efeito (por 1 a4) depende do conhecimento da causa. Em outras palavras, *assim como* um efeito depende de sua causa, *da mesma maneira* o conhecimento ou ideia desse efeito depende do conhecimento ou ideia de sua causa. Em outras palavras ainda, Spinoza sustenta que "a ordem" do entendimento é a mesma que "a ordem" do ser.

Spinoza declara quase a mesma coisa ainda de outra maneira em 2p7c: "Segue-se disso que a potência de pensar de Deus é igual a sua potência

---

[11] Ver Bennett 1984: 127 *seq*. Bennett assume uma concepção particularmente negativa do uso de 1 a4, para a qual, ele diz, Spinoza não dá "razão alguma" para aceitarmos (131). Crítico em pormenor o tratamento de Bennett do axioma em Wilson 1991.

atual de agir. Isto é, tudo o que se segue, formalmente, da natureza infinita de Deus segue-se, objetivamente, em Deus, na mesma ordem e segundo a mesma conexão, da ideia de Deus". Ele aqui simplesmente expressa em cartesianês a noção de que seja qual for a ordem em que as coisas decorram da natureza de Deus, é nessa mesma ordem que Deus pensa, conhece ou (por assim dizer) tem ideias delas: sua ordem considerada como coisas causadas (ordem "formal") é a mesma que sua ordem considerada como objetos de entendimento (ordem "objetiva"). No famoso escólio a 2p7, ele ainda baseia a identificação da ordem *formal* dos modos (da Extensão, especificamente) com a ordem de suas ideias, observando que decorre da unidade de Deus ou Substância (concebida sob os diferentes atributos) que os *modos* da Extensão e suas ideias no atributo do Pensamento são "uma única e mesma coisa, concebida de duas maneiras".

Ética 2p8, com seu corolário e escólio, diz respeito às "ideias de coisas singulares não existentes". Nessa proposição está implícita uma distinção – importante ao longo de toda a *Ética*, mas frequentemente negligenciada – entre a existência puramente como essência (existência nos atributos de Deus) e a existência no tempo e em algum lugar, ou "duração". A distinção é particularmente importante para a interpretação de Spinoza das várias "espécies" de conhecimento e para sua teoria da eternidade da mente; voltaremos a essa proposição mais tarde, em conexão com esses tópicos. Por enquanto, basta notar que Spinoza considera que 2p7 implica que as ideias das coisas não existentes têm o mesmo estatuto na ideia de Deus que as coisas não existentes têm nos atributos de Deus: ambas têm igualmente certo tipo de realidade essencial, mas não têm existência determinada (assim, por 2d7, citada acima, elas não podem ser qualificadas pela denominação de "coisas singulares").

Ética 2p9,[12] aproveitando 1p28, defende que a ideia de uma coisa singular tem de ser causada pela ideia de alguma outra coisa singular; ou, nas palavras de Spinoza, tem de ter Deus como sua causa, "enquanto é considerado como afetado de outro modo do pensar" (e a cadeia dessas causas

---

[12] N.T.: outro engano de referência no original, no qual consta "2p10".

vai ao infinito). No corolário a essa proposição, Spinoza sustenta que Deus tem conhecimento "de tudo o que acontece em" uma coisa singular que é o objeto de uma ideia, somente à medida que ele tem a ideia desse objeto. A demonstração (que acho um tanto obscura) parece basear-se na assunção implícita de que uma coisa é a *causa* de "tudo o que acontece nela" (portanto, uma ideia de uma coisa, por 2d7, é a causa da ideia ou conhecimento de tudo o que acontece na coisa).

Neste ponto (que começa em 2p10), Spinoza finalmente se dirige para a mente humana (e seu corpo). Algo do material que ele desenvolve de 2p10 até o fim da Parte 2 – algo do que ele diz acerca da "essência do homem" e da relação mente-corpo, por exemplo – é considerado de maneira mais apropriada em outro capítulo. Ao mesmo tempo, muito desse material – mais, penso, do que comumente se reconhece – é realmente muito importante para nos aproximarmos de um entendimento das doutrinas básicas de Spinoza acerca do conhecimento.

A mente humana

Spinoza explica primeiro com alguma extensão (em 2p10, seus escólios e corolário) que a essência do homem não tem o estatuto de substância, mas, antes, é "constituída por modificações definidas dos atributos de Deus". Ele prossegue defendendo (E 2p11) que uma mente humana existente de fato é necessariamente a "ideia de" uma efetivamente existente "coisa singular" (que logo será identificada com o corpo humano - E 2p13). No importante corolário de 2p11 ele assevera:

> Disso se segue que a mente humana é uma parte do intelecto infinito de Deus. E, assim, quando dizemos que a mente humana percebe isto ou aquilo não dizemos senão que Deus, não enquanto é infinito, mas enquanto é explicado por meio da natureza da mente humana, ou seja, enquanto constitui a essência da mente humana, tem esta ou aquela ideia.

O corolário continua (e conclui):

> E quando dizemos que Deus tem esta ou aquela ideia, não enquanto ele constitui a natureza da mente humana apenas, mas enquanto tem, ao mesmo tempo que a ideia que é a mente humana, também a ideia de outra coisa, dizemos, então, que a mente humana percebe essa coisa parcialmente, ou seja, inadequadamente.

O leitor que responder com espanto a tais pronunciamentos retumbantes verá que sua reação foi antecipada pelo autor: "Aqui, os leitores, sem dúvida, deter-se-ão, pensando em muitas objeções" (E 2p11s). Spinoza roga que sigamos seu argumento até o fim antes de fazer qualquer julgamento.

Embora isso pareça ser basicamente um pedido razoável, ainda pode ser útil nesse ponto reafirmar brevemente alguns aspectos da notável posição que está começando a tomar forma definida.

Primeiro, Spinoza sustenta que há um sistema infinito de pensamento efetivo, que constitui o conhecimento de tudo o que existe, conforme necessariamente produzido da essência de Deus ou natureza: ele chama esse sistema de intelecto infinito ou a ideia de Deus.

Segundo, a ordem e a conexão das ideias determinadas que são abrangidas pelo intelecto infinito são as mesmas que a ordem causal que existe em meio às coisas determinadas (corpos) que são os objetos dessas ideias (de fato, uma ideia e seu objeto corpóreo são a mesma coisa, concebida de duas maneiras diferentes).

Terceiro, as mentes humanas são elas mesmas "ideias", e como tais têm seu lugar no sistema infinito que é a ideia de Deus: são "partes" desse sistema (efetivamente, como se torna claro à medida que Spinoza prossegue, as mentes humanas, como a própria ideia de Deus, são constituídas de uma pluralidade de ideias subsidiárias. Ver especialmente 2p15).

Quarto, o "objeto" de uma mente humana – o modo correspondente sob o atributo da Extensão – é o corpo desse ser humano. A mente humana, para sua "existência determinada", é dependente da existência determinada de seu corpo.

Finalmente, quinto, uma ideia na mente humana pode ser incompleta (parcial ou inadequada), no sentido de que é dependente (no sistema infinito de pensamento ou conhecimento) de outras ideias que aquela mente humana não inclui.

Sentido e imaginação (E 2pp10-18)

A referência de Spinoza à percepção inadequada no fim de 2p11c anuncia o início de sua abordagem da percepção sensível (que Spinoza, assim como Descartes antes dele, associa primordialmente a ideias confusas ou inadequadas). *Ética* 2p12 fornece o ponto de partida para essa interpretação ao enunciar uma alegação deveras estranha que se mostra como uma de suas premissas fundamentais:

> Tudo aquilo que acontece no objeto da ideia que constitui a mente humana deve ser percebido pela mente humana, ou seja, a ideia daquilo que acontece nesse objeto existirá necessariamente na mente; isto é, se o objeto da ideia que constitui a mente humana é um corpo, nada poderá acontecer nesse corpo que não seja percebido pela mente.

A demonstração dessa afirmação espantosa recorre a 2p9c: "De tudo o que acontece no objeto singular de uma ideia existe o conhecimento em Deus, enquanto ele tem unicamente a ideia desse objeto". Já sugeri que a demonstração desse corolário é obscura; e não creio que rastrear os antecedentes da demonstração de 2p12 ajude muito a nos dizer o que fazer com a proposição. Um ponto que parece ser esmagadoramente forçado sobre nós pelo senso comum é que Spinoza *deve* estar dissociando a noção de a mente humana *perceber* alguma coisa (ou ocorrência) daquela de ela estar *cientemente cônscia* dessa coisa (ou ocorrência).[13] Esse ponto é reforçado pelo que ele prossegue dizendo sobre mentes em geral em 2p13.

Como já mencionado, Spinoza proclama em 2p13 que o corpo humano é o objeto da mente humana. Essa proposição está baseada em um axioma para o efeito de que "sentimos que certo corpo é afetado de muitas maneiras" (2 a4). Assim, ele diz, "segue-se disso que o homem consiste de uma mente e de um corpo, e que o corpo humano existe tal como o sentimos" (E 2p13c). Além

---

[13] Para uma discussão crítica dessa questão, ver Wilson 1980; e para uma abordagem apologética pormenorizada e engenhosa, Robinson 1991.

disso, "do que precede, compreendemos não apenas que a mente humana está unida ao corpo, mas também o que se deve compreender por união de mente e corpo" (E 2p13s). É evidente que Spinoza está tentando substituir a interpretação cartesiana da união entre mente e corpo baseada na interação causal (que seu sistema deliberadamente exclui), por uma interpretação baseada na proposição de que a mente é "a ideia de" um corpo (ou o corpo "o objeto de" uma mente). Este não parece ser o contexto certo para avaliar esse movimento particularmente anticartesiano.[14] Mas é mais importante notar dois pontos que Spinoza imediatamente dirá em seguida. Primeiro, assim como a ideia de Deus inclui a ideia do corpo humano (isto é, a mente humana), assim também ela inclui ideias de todos os corpos quaisquer que sejam: assim, *todas* as coisas individuais são animadas, "embora em graus diferentes". Segundo, as mentes dos diferentes indivíduos variam em excelência de acordo com a perfeição de seus corpos: a mente humana, Spinoza implica, é superior a todas as outras, por causa de certas perfeições de seu "objeto" corporal:

> (...) quanto mais um corpo é capaz, em comparação com outros, de agir simultaneamente sobre um número maior de coisas ou de padecer simultaneamente de um número maior de coisas, tanto mais sua mente é capaz, em comparação com outras, de perceber, simultaneamente, um número maior de coisas. E quanto mais as ações de um corpo dependem apenas dele próprio, e quanto menos outros corpos cooperam com ele no agir, tanto mais sua mente é capaz de compreender distintamente.

Aqui está uma indicação ulterior de que a percepção distinta vai ficar amarrada à determinação interna: o comportamento corporal (relativamente) autocausado é outro lado (no atributo da Extensão) das ideias que são adequadas *dentro* da mente humana. Mas a passagem também incentiva a especulação de que as ideias ou mentes de corpos relativamente imperfeitos

---

[14] No entanto, vale notar que no contexto de uma discussão de questões epistemológicas, essa parte da meta de Spinoza está em solapar o tratamento da existência do corpo por Descartes como problemático: ver 2p17s (final do primeiro parágrafo).

e não autônomos poderiam ser um pouco parecidas com aquelas de componentes relativamente simples e não autônomos do corpo humano que (por E 2p12) necessariamente ocorrem dentro da mente humana.[15] Talvez em geral essas ideias de nível básico estejam bastante remotas da conscientividade articulada (*articulate conscious awareness*) ou mesmo da sensação ordinária.

A semelhança de natureza de todos os corpos é enfatizada numa série de lemas e (novos) axiomas que se seguem a *Ética* 2p13. Essa passagem reiterada também dá alguma interpretação dos princípios gerais que governam o movimento corporal e da constituição dinâmica dos corpos complexos (inclusive de sua existência continuada a despeito da substituição de seus corpos componentes).[16] Mas precisamos somente, aqui, citar parte de um dos axiomas – que se mostra fundamental para a interpretação spinoziana da experiência sensível: "Todas as maneiras pelas quais um corpo qualquer é afetado por outro seguem-se da natureza do corpo afetado e, ao mesmo tempo, da natureza do corpo que o afeta" (E 2p13a1). Depois dos lemas, Spinoza estabelece um conjunto de "postulados" acerca da composição e da eficácia do corpo humano e sua dependência de coisas externas. Ele, então, prossegue, em 2p14-16, e oferece uma interpretação da percepção sensível que evita a suposição cartesiana de que mudanças produzidas em nossos corpos e cérebros pela imposição de coisas externas em última instância causam a produção de ideias de sentido em nossas mentes. De acordo com a inteligente posição não interacionista de Spinoza, nossas mentes, em virtude de "perceberem tudo o que acontece em nossos corpos", "percebem" as mudanças produzidas em nossos corpos pelos corpos externos que interagem com ele. Por 2p13a" (citado acima) essas mudanças "se seguem da natureza do

---

[15] Note-se que os lemas da Parte 2 (seguindo E 2p13) sugerem uma concepção ingenuamente mecanicista das partes componentes do corpo humano, longe da concepção informacional complexa com a qual estamos hoje em dia familiarizados.
[16] Nessa passagem, Spinoza distingue os "corpos simples" dos "corpos compostos" que são feitos dos simples. A "forma" dos compostos consiste na "união" dos corpos simples que os constituem; e a união é explicada em termos de uma "relação invariante de movimento (ou de movimento e repouso) entre eles". A relação – e por conseguinte a individualidade do corpo composto – pode ser retida mesmo que alguns dos corpos simples sejam substituídos por outros.

corpo afetado junto com a natureza do corpo que afeta"; ou seja, ambas as "naturezas" são causalmente relevantes. Por conseguinte, com base na assunção de que "o conhecimento do efeito depende do conhecimento da causa e envolve este último" (E 1 a4), o conhecimento ou percepção dessas mudanças envolve "a natureza de ambos os corpos" (2p16); ou seja, nós (como mentes) percebemos os corpos externos, mas somente de maneira derivada, por nossa "percepção" de nossos próprios corpos. De fato, Spinoza conclui, "as ideias que temos de corpos externos indicam a constituição de nosso corpo mais do que a natureza de corpos externos" (E 2p16c2). Isso parece ser sua própria maneira de expressar a concepção característica do século XVII de que a percepção sensível não consegue revelar-nos os corpos como eles realmente são – particularmente na medida em que as assim chamadas qualidades secundárias, tais como a cor, o gosto e o som estejam implicadas[17] (mas Spinoza tem outra base mais sistemática para conceber a percepção sensível como "conhecimento inadequado", como veremos dentro em pouco).

Essa interpretação da experiência sensível fornece a base para a intepretação que Spinoza faz da imaginação e da memória também. Na imaginação, a mente considera um corpo externo como presente, como resultado de seus efeitos *anteriores* sobre o corpo humano (E 2p17).[18] Além disso, se dois ou mais corpos alguma vez já afetaram um corpo humano ao mesmo tempo, a imaginação mental seguinte de um deles trará o outro à mente também (E 2p18).[19] A memória, "com efeito, não é senão certa concatenação de ideias,

---

[17] Spinoza toca nessa questão de maneira mais ou menos explícita mais para o fim do apêndice à Parte 1.

[18] Na demonstração de 2p17, Spinoza dá uma pitoresca interpretação mecanicista de como a imaginação trabalha no nível físico, baseado nos "postulados" que ele estabeleceu antes (entre E 2p13 e E 2p14).

[19] Na proposição e em sua demonstração, Spinoza parece indicar que um caso de exposição simultânea é suficiente para preparar a associação imaginativa. No escólio, porém, ele enfatiza a conjunção experienciada frequente e a conexão habitual: "E, assim, cada um, dependendo de como se habituou a unir e a concatenar as imagens das coisas, passará de certo pensamento a este ou àquele outro". O ponto-chave em todo caso é que a imaginação é subjetiva, no sentido de que ela depende dos caprichos da experiência que variarão de pessoa a pessoa.

as quais envolvem a natureza das coisas exteriores ao corpo humano, e que se faz, na mente, segundo a ordem e a concatenação das afecções do corpo humano" (E 2p18s). No mesmo escólio, Spinoza indica dois pontos muito importantes acerca de como entende a imaginação e a memória. Primeiro, ele chama a atenção para uma distinção facilmente esquecida entre "envolver a natureza de" e "explicar a natureza de":

> Em primeiro lugar, digo apenas que [a memória] é uma concatenação de ideias, as quais envolve a natureza das coisas exteriores ao corpo humano, e não que é uma concatenação de ideias, as quais explicam a natureza dessas coisas. Pois, trata-se, na realidade (pela prop. 16), das ideias das afecções do corpo humano, as quais envolvem tanto a natureza do corpo humano quanto a natureza dos corpos exteriores.

Segundo, ele começa a enfatizar uma distinção entre dois tipos de "ordem" ou "conexão" (*concatenatio*) entre ideias que se mostrarão serem talvez o único elemento mais fundamental em sua teoria geral do conhecimento:

> Em segundo lugar, digo que essa concatenação se faz segundo a ordem e a concatenação das afecções do corpo humano, para distingui-la da concatenação das ideias que se faz segundo a ordem do intelecto, ordem pela qual a mente percebe as coisas por suas causas primeiras, e que é a mesma em todos os homens (E 2p18s).

A noção de uma ideia "que explica a natureza" de uma coisa também aparece na explicação dada por Spinoza da distinção entre a "ideia de" um dado indivíduo, que é a mente desse indivíduo, e a ideia do indivíduo em *outra* mente. Assim, a ideia de Pedro, "que constitui a essência da mente do próprio Pedro (...) explica diretamente a essência do corpo de Pedro, e não envolve a existência senão enquanto Pedro existe" (E 2p17s). Por outro lado, a ideia de que Pedro está em outro homem – digamos, Paulo – "indica mais o estado do corpo de Paulo do que a natureza de Pedro e, assim, enquanto durar o estado do corpo de Paulo, sua mente considerará Pedro como lhe estando presente, mesmo que Pedro já não exista".

Assim, ideias que estão em minha mente – embora talvez sempre em certo sentido "de" meu corpo – também podem ser "de" (derivativamente, por assim dizer) outros corpos externos também (Spinoza ainda afirma que ele usará o termo "imagens das coisas" para designar "aquelas afecções do corpo humano *cujas ideias* apresentam corpos externos como presentes a nós").[20] Contudo, o que deve ainda ser notado é que ele também distingue entre as duas leituras de "ideia de" em termos de questões de essência e existência. A essência da mente de Pedro "explica diretamente a essência" do corpo de Pedro: Spinoza amarra essa caracterização à alegação de que a ideia de Pedro que constitui a essência da mente de Pedro só pode existir enquanto "seu" corpo (isto é, o corpo de Pedro) existir. A ideia que *Paulo* tem de Pedro, por outro lado, somente indica o efeito que Pedro teve sobre a "constituição" do corpo de Paulo. Esses efeitos podem durar como afecções de Paulo após Pedro ter cessado de existir (enquanto *Paulo* continuar a existir). O resultado dessa última circunstância, Spinoza segue dizendo, é que Paulo pode *erroneamente* acreditar que Pedro continua a existir (ele acrescenta que o erro neste caso não é inerente à própria imagem da coisa externa – que, podemos dizer, até onde se sabe é uma "percepção" verídica de um estado do corpo de Paulo, que resulta de seus encontros passados com Pedro. Antes, ela surge do fato de que a mente de Paulo não tem a peça de conhecimento *adicional* que Pedro tem enquanto deixou de existir. Mas ainda não é hora de considerar em pormenor a teoria do erro de Spinoza).

O conhecimento inadequado que a mente humana tem de si mesma, de seu corpo e dos corpos externos (E 2pp19-31)

Em *Ética* 2p19, Spinoza sustenta que a mente humana "não conhece" seu corpo, nem a existência de seu corpo, exceto à medida que ele é afetado por coisas externas. O impulso básico de seu argumento em favor

---

[20] Ênfase acrescentada (Spinoza continua: "E quando a mente considera os corpos dessa maneira, devemos dizer que ela 'imagina' [*imaginari*]."). O verbo latino traduzido como "apresentar" é *repraesentant*.

dessa alegação é que (por um dos postulados enunciados anteriormente) o corpo humano é dependente causalmente para existir de muitos corpos externos. Assim (por E 2p7), Deus "conhece" o corpo humano somente à medida que tem ideias desses corpos externos, "não enquanto (Deus) constitui a natureza da mente humana". Mas a mente humana percebe sim as afecções de seu corpo (E 2p12), e com isso percebe seu corpo como efetivamente existente.

À primeira vista isso parece um desenvolvimento um tanto perturbador. Dado que o corpo é o "objeto da" mente, como pode Spinoza negar categoricamente que Deus conhece o corpo humano "na medida em que constitui a natureza da mente humana"? Mas a reconsideração de uma parte do raciocínio lá no início da Parte 2 – principalmente a demonstração de 2p13, "o objeto da ideia que constitui a mente humana é o corpo, ou seja, um modo definido de extensão, existente em ato" – revela que esse aspecto de sua posição é *baseado na* afirmação de que temos ideias das afecções de nosso corpo (ver também 2a4: "Sentimos que certo corpo é afetado de muitas maneiras").[21] Parece, então, que até agora afirmações sobre nosso conhecimento de nosso corpo foram predicadas a nosso conhecimento (ou "percepção") dos efeitos produzidos em nosso corpo por coisas externas.

Nas seguintes três proposições (E 2pp20-22), Spinoza defende a concepção de que "existe em Deus" a ideia ou conhecimento *da mente humana*, que se relaciona com a mente da mesma maneira em que a mente está relacionada com o corpo. Essa "ideia de uma ideia" inclui como subpartes as ideias das percepções que a mente tem das afecções de seu corpo. Há uma variedade de problemas muito discutidos que surgem relativamente à teoria das "ideias de ideias" de Spinoza: por exemplo, a questão de como a relação entre dois itens *dentro* de um atributo pode legitimamente ser assimilada a uma relação entre modos de *diferentes* atributos. Felizmente, esses problemas não precisam atrasar-nos aqui. Vale notar, no entanto, que

---

[21] De acordo com 2p13c, "o homem consiste de uma mente e de um corpo, e o corpo humano existe tal como o sentimos (*prout ipsum sentimus*)". A tradução da última frase é controversa: ver a nota de Curley a essa passagem em Spinoza 1985ª para alguma discussão.

Spinoza, aproveitando-se em parte de 2p19, sustenta que a mente humana conhece *a si mesma* somente enquanto ela "percebe ideias de afecções do corpo" (E 2p23). Essa afirmação é importante, porque levará a uma conclusão sobre a inadequação do conhecimento que a mente tem de si mesma – uma conclusão que faz parelha àquela que Spinoza está quase chegando acerca da *inadequação* do conhecimento que a mente tem de seu corpo e dos corpos externos. Para Spinoza, as percepções da mente acontecem dentro de um contexto causal, assim como as afecções do corpo dependem da causalidade externa. A mente não tem um conhecimento imediato e direto de si mesma, independentemente dessas causas externas, mais do que tem um conhecimento direto de seu corpo, independentemente de fatores externos que sustentam a existência do corpo.

Nas próximas várias proposições, Spinoza defende várias alegações acerca da "inadequação" de muito do conhecimento humano. A mente humana não tem conhecimento adequado das partes componentes de seu corpo (E 2p24). Suas ideias das afecções de seu corpo não envolvem o conhecimento adequado de um corpo externo (E 2p25). Enquanto ela imagina corpos externos, falta a ela o conhecimento adequado deles (E 2p26c). Suas ideias das afecções de seu corpo não envolvem o conhecimento adequado de seu corpo (E 2p27); elas "não são claras e distintas, mas confusas" (E 2p28). De maneira semelhante, "a ideia que constitui a natureza da mente humana", a ideia dessa ideia, e "as ideias das ideias das afecções do corpo" não são vistas como claras e distintas (E 2p28s). Além disso, "a ideia da ideia de uma afecção qualquer do corpo humano não envolve o conhecimento adequado da mente humana" (E 2p29).

Em geral, os argumentos para essas afirmações fazem surgir uma distinção entre o que a mente humana é capaz de conhecer, com respeito aos vários objetos de conhecimento em questão (e, por conseguinte, com respeito a Deus, "enquanto constitui a natureza da mente humana"), e o sistema de ideias no intelecto infinito que constitui o conhecimento daqueles objetos de acordo com a ordem de suas causas. Por exemplo, as partes componentes de um dado corpo humano não estão essencialmente atadas a esse corpo, mas também podem existir sozinhas ou como constituintes de outros corpos:

"Portanto (pela prop. 3), a ideia ou o conhecimento de cada uma das partes existirá em Deus, e isso (pela prop. 9) enquanto ele é considerado como afetado de outra ideia de uma coisa singular, a qual, na ordem da natureza, é anterior à própria parte (pela prop. 7)." (E 2p24). É de se notar que Spinoza não cita sua definição anterior de "ideia adequada" nessas proposições acerca da *in*adequação das ideias na mente humana (ele em breve se voltará à discussão direta da verdade, da adequação e do erro, porém). Não obstante, fica totalmente claro o que se supõe inoportuno com as ideias humanas em questão. Elas não podem realmente ser *entendidas* pela mente humana porque suas causas – as ideias das causas de seus objetos – estão fora da mente humana. Do ponto de vista da mente humana, elas ocorrem somente de maneira fortuita: "segundo a ordem comum da natureza", conforme Spinoza diz (ver E 2p29c). Dessa maneira, seu estatuto na mente humana contrasta com seu estatuto na mente divina, na qual elas *são* entendidas em relação com sua história causal e de acordo com a "ordem da Natureza". Dentro da mente humana, elas são – para citar uma das famosas frases de Spinoza na *Ética* – "como conclusões sem premissas" (E 2p28s).[22] Ou, como ele também diz, no resumo de *Ética* 2pp24-29, "a mente não tem, de si própria, nem de seu corpo, nem dos corpos exteriores, um conhecimento adequado, mas apenas um conhecimento confuso, sempre que percebe as coisas segundo a ordem comum da natureza" (E 2p29s).

É claro, Spinoza não tem intenção de implicar que *todas* as ideias na mente humana são inadequadas. Muito em breve ele estará discutindo em pormenor sua capacidade de compartilhar com a mente divina ideias que são adequadas. Esse ponto é adiantado no escólio de 2p29, que também formula muito bem a diferença entre os dois tipos de "ordem" de ideias que apareceu na discussão prévia:

---

[22] "Logo, essas ideias das afecções, à medida que estão referidas exclusivamente à mente humana, são como consequências sem premissas, isto é (o que é, por si mesmo, sabido), ideias confusas."

> Afirmo expressamente que a mente não tem, de si própria, nem de seu corpo, nem dos corpos exteriores, um conhecimento adequado, mas apenas um conhecimento confuso, sempre que percebe as coisas segundo a ordem comum da natureza, isto é, sempre que está exteriormente determinada, pelo encontro fortuito com as coisas (*ex rerum nempe fortuito occursu*),[23] a considerar isto ou aquilo. E não quando está interiormente determinada, por considerar muitas coisas ao mesmo tempo, a compreender suas concordâncias, diferenças e oposições. Sempre, com efeito, que está, de uma maneira ou de outra, interiormente arranjada, a mente considera as coisas clara e distintamente, como demonstrarei mais adiante.

O contraste principal nessa passagem é entre a mente ter dentro de si mesma conhecimento suficiente para lhe dar um entendimento genuíno de alguma coisa que ela contempla e ela somente "encontrar" certa coisa pelo impacto da coisa externa sobre seu corpo. Normalmente, suponho, o entendimento exige uma compreensão dos determinados causais da coisa em questão.[24]

A terminologia exótica de Spinoza – e, com efeito, as assunções distantes do senso comum que subjazem toda a sua discussão – não precisa nos cegar para a elegância e simplicidade essenciais de sua posição tal como até agora esboçada. Se uma pessoa está disposta a lhe conceder (ao menos em nome da discussão) sua concepção de intelecto infinito, sua concepção da mente humana como a "ideia do" corpo humano, suas várias assunções sobre a causalidade e seu comprometimento com a identidade "da" ordem do conhecer (no intelecto infinito) e da ordem causal do ser, muito do que ele acabou de dizer faz sentido perfeitamente (ou assim me parece). Não que eu

---

[23] Sigo aqui a leitura de Curley, que me parece tanto exata como inspirada.

[24] A referência nesta passagem ao entendimento das "concordâncias, diferenças e oposições" entre as coisas parece afastar-se da questão da determinação causal que Spinoza em geral reforça e traz à mente (para um especialista em filosofia moderna, enfim) a interpretação de Hume da "comparação de ideias" (ver *Tratado da Natureza Humana*, livro I, parte I, seção 5). Spinoza usa um fraseado bastante similar no *Tratado do intelecto* (TdIE 25).

queira negar que todas essas "concessões" perfazem uma exigência muito alta. Mas, como mencionei de início, não estou preocupada aqui em fazer a posição epistemológica de Spinoza parecer intuitivamente atrativa e conforme o "senso comum" do ponto de vista do final do século XX – um objetivo que considero fundamentalmente equivocado.[25]

Nas próximas duas proposições (E 2pp30-31), Spinoza conclui sua exposição do que é conhecido apenas inadequadamente argumentando que a mente humana tem só um conhecimento inadequado da duração de seu corpo e dos corpos externos. A linha básica de pensamento está associada muito intimamente com o que acabou de preceder (embora Spinoza ponha uma ênfase especial sobre 1p28). A duração de todos os corpos depende de toda uma coleção de causas externas – com efeito, de uma série infinita – isto é, "da ordem comum da natureza e da estrutura do universo". Mas Deus, é claro, só não tem uma ideia adequada dessa estrutura à medida que "constitui a natureza da mente humana".

Verdade, adequação e falsidade (E 2pp32-36)

Embora eu pense que em geral seja muito mais fácil entender Spinoza se resistirmos a torná-lo um tipo de filósofo diferente, mais do senso comum e/ou cartesiano do que ele alguma vez pretendeu ser, não há como negar que certas seções notoriamente difíceis da *Ética* permanecem causando perplexidade, mesmo com base na abordagem que prefiro. Um caso em questão é apresentado pelas proposições que serão consideradas doravante: declarações que constituem o cerne daquilo que Spinoza tem a dizer diretamente acerca da natureza da verdade e da falsidade.

---

[25] Fico surpresa com o fato de que a interpretação da primeira filosofia moderna tem geralmente sofrido (se esta for a palavra correta) muito mais de uma necessidade sentida de fazer com que seus temas se alinhem às perspectivas e assunções prevalentes hoje em dia do que o tem a interpretação da filosofia antiga e medieval.

De acordo com 2p32: "Todas as ideias, enquanto estão referidas a Deus, são verdadeiras". A demonstração vai como se segue: "Com efeito, todas as ideias, as quais existem em Deus, estão em perfeita concordância com seus ideados (2p7c) e, portanto (1a6), são todas verdadeiras". Uma anomalia apresentada por essa curta demonstração é o uso de 1a6, "uma ideia verdadeira deve concordar com seu ideado". Conforme afirmado originalmente, o axioma parece apresentar somente uma condição *necessária* de verdade; no entanto, nesta demonstração, ele cita o axioma como permitindo uma inferência a partir do concordância ("perfeita") para a verdade, como se expressasse uma condição *suficiente*. Mas se voltarmos a 2d4 – a definição de "ideia adequada" – vemos que Spinoza ali já caracterizava "concordância com seu objeto" como a "denominação extrínseca" de uma ideia verdadeira. Então, provavelmente o movimento interpretativo mais sensível neste ponto é simplesmente supor que 1a6 fora formulado de maneira enganosa, ou seja, de modo que Spinoza realmente pretende que "concordância com o objeto" forneça tanto condições necessárias quanto suficientes para a verdade das ideias.[26]

Mas também a outra parte da demonstração de 2p32 apresenta um problema. Spinoza diz que todas as ideias *que estão em Deus* concordam completamente com os objetos de que são ideias, citando 2p7c. Ora, o escólio que se segue imediatamente a esse corolário nos diz que qualquer ideia e seu objeto são "uma e a mesma coisa, expressa de duas maneiras". Isto poderia bem parecer sugerir que toda ideia *sem qualificação* deve concordar com seu objeto, e, por conseguinte, que a frase "que estão em Deus" deve ser abandonada. Mas certamente essa restrição é crucial para os propósitos de Spinoza (ele está prestes a dar uma teoria das ideias falsas).

Contudo, o que penso que devemos notar, é que o escólio a 2p7, assim como 2p7 ela mesma, preocupa-se fundamentalmente com a "ordem e a conexão" das ideias e das coisas. E este certamente é o foco do corolário a 2p7 citado na demonstração de 2p32: "tudo o que se segue, formalmente,

---

[26] Na Parte 1, o axioma é usado só duas vezes; em ambas somente como se desse condição necessária. Possivelmente Spinoza apenas não conseguiu olhar adiante para suas necessidades na Parte 2 ao formular o axioma.

da natureza infinita de Deus segue-se, objetivamente, em Deus, na mesma ordem e segundo a mesma conexão, da ideia de Deus". Dessa forma, sugiro, devemos inferir que quando Spinoza fala de "concordância perfeita" entre ideias e objetos em 2p32 ele está incluindo no conceito de "concordância" (nunca explanada diretamente) a noção de identidade com respeito à "ordem da natureza".[27]

Essa sugestão leva a outra, acerca da concepção de Spinoza da relação entre verdade e adequação, ou entre as denominações "intrínsecas" e "extrínsecas" da verdade. Em conformidade com os comprometimentos de seu sistema, principalmente a tese de que a ordem e a conexão das ideias é a mesma que a ordem e a conexão das coisas, essas caracterizações acabam por ser efetivamente equivalentes. "Denominações intrínsecas" da verdade têm a ver com a ordem intrínseca do intelecto divino; denominações "extrínsecas" com a correspondência da ordem intelectual com a ordem das coisas em extensão; mas essas ordens são as mesmas.[28]

Ética 2p32 tem um papel importante no desdobramento da posição de Spinoza quanto à falsidade. As ideias não podem ser falsas em virtude de algum aspecto positivo, já que esse aspecto (assim como tudo o mais) teria de estar

---

[27] Não pretendo negar que a ênfase em 2p7s sobre a proposição geral de que ideias são o mesmo que seus objetos em extensão ainda fica em certa tensão com a assunção de que algumas ideias são falsas, uma vez que a "concordância com o objeto" é interpretada como uma condição suficiente de verdade. Apenas sugiro que Spinoza concebia "concordância com o objeto" como incorporando a identidade da *ordem* enfatizada em 2p7; ou, ao menos, que os textos melhor se sustentam juntos se assumirmos que ele assim concebia.

[28] De maneira confusa, em 2p36 Spinoza cita 2p7 como estabelecendo a *adequação* das ideias em relação com Deus – aparentemente em distinção de sua verdade, conforme estabelecido em 2p32! "Todas as ideias existem em Deus (1p15), e, enquanto estão referidas a Deus, são verdadeiras (2p32) e adequadas (2p7c)." Discussão considerável tem havido sobre se a teoria da verdade de Spinoza deveria ser interpretada como uma teoria da "correspondência" ou da "coerência". Já que a posição de Spinoza sobre a verdade é incompreensível separadamente de suas assunções metafísicas, e já que essas assunções são (para dizer o mínimo) incomuns, estou inclinada a pensar que é improdutivo tentar tipificar suas concepções com relação a esse contraste um tanto anacrônico.

"em Deus"; mas todas as ideias consideradas em relação a Deus são verdadeiras (E 2p33). A única alternativa, sustenta Spinoza, é que a falsidade consiste em uma *privação*. Não somente em uma falta, porém (pois o erro com respeito a algo é diferente da mera ignorância), antes, "a falsidade consiste na privação de conhecimento que as ideias inadequadas, ou seja, mutiladas e confusas, envolvem" (E 2p35). O que Spinoza parece querer dizer é que as ideias ocasionam a falsidade quando ocorrem em mentes finitas em separação da ordem totalmente causal em que estão na mente divina. Por exemplo, considere-se uma pessoa que tem uma ideia visual do sol, mas nenhum conhecimento dos determinados causais de sua ideia; isto é, nenhum conhecimento de ótica, astronomia etc. É possível esperar que essa pessoa considere sua ideia, por assim dizer, por seu valor nominal: seus juízos sobre o tamanho e a distância do sol refletirão somente os conteúdos da ideia sensível (cf. E 2p35s). Ora, sua ideia do sol também estará em Deus, pois é em si mesma uma coisa "positiva" – e (conforme notamos acima) não *inerentemente* errônea. Mas Deus entenderá a maneira como o sol aparece à pessoa na Terra como o resultado inevitável de um corpo de tamanho tal, a tal distância, que transmite luz de tal e tal maneira para tal olho e tal sistema nervoso (temos de nos lembrar, é claro, que a cadeia física não "causa" a ideia; esta última é um resultado de uma cadeia de *ideias* que coincidem com a ordem causal física).[29]

Esta é mais uma das inteligentes soluções sistemáticas de Spinoza, que se adéqua bem com muito do que ele disse.[30] Parece que isso está escancaradamente aberto a pelo menos uma séria objeção, porém. Pode ser correto sustentar que a

---

[29] Há alguns paralelos irresistíveis entre a noção de intelecto infinito de Spinoza e a exposição feita por Bernard Williams de uma abrangente "concepção absoluta da realidade" (ver Williams 1978: 64-8, entre outras passagens).

[30] É interessante notar que o erro (ou falso juízo) apresenta dificuldades tanto para Descartes quanto para Spinoza com relação a suas concepções de Deus, e que ambos adotam respostas tradicionais para o problema do mal ao atacar o problema do erro. Diferentemente de Spinoza, Descartes não se satisfaz com a explicação de que o erro não é "nada de positivo" (embora ele pareça endossar a afirmação, no começo da Meditação IV). Antes, ele vai explorar a noção de que o erro surge do mau uso que os seres humanos fazem de seus livre-arbítrios (ao afirmar ou negar o que não "percebem" de maneira suficientemente clara). O ataque de Spinoza a essa última ideia é discutido abaixo.

razão ou explicação de eu ter uma ideia falsa de, digamos, a distância do sol deve ser encontrada no fato de que me faltam outras ideias relevantes necessárias para "situar" a ideia sensível num sistema causal intelectualmente adequado. E além disso ainda parece razoável sustentar que *em certo sentido* minha "ideia do sol estando a tal distância" pode existir "em Deus", sem decorrer disso que Deus tem ideias falsas. Pois, como vimos, "ideias de" objetos externos em dada mente finita são (na primeira instância, por assim dizer) ideias das afecções do corpo dessa mente; e *que* o corpo é afetado de certa maneira é *verdadeiro*.[31] Finalmente, parece não haver razões para negar que (em outro nível epistêmico) poderia existir em Deus a ideia reflexiva *de que tenho* uma ideia errônea da distância entre eu e o sol. Então, de muitos pontos de vista, uma pessoa pode ser capaz de preservar a reconciliação feita por Spinoza do erro humano com a máxima de que todas as ideias, por estarem relacionadas com Deus, são verdadeiras. Tudo isso dito, parece permanecer ainda um problema: um problema que não é, creio, muito fácil de contornar. A pessoa não instruída *tem sim a ideia de que*, digamos, *o sol está a uma distância aproximada de 200 pés*. Mas, tentando insistir, *essa* é uma ideia falsa, ponto. Mas ela *é* uma ideia; e assim talvez tenha de ser concebida como um modo de Deus. Parece que se seguiria que as ideias que são falsas estão entre os modos de Deus: isto é (para colocar a questão coloquialmente), o Deus de Spinoza no fim das contas *tem de* ter ideias falsas.[32]

Em todo caso (voltando à exposição mesma de Spinoza), devemos notar um ponto final que ele faz em ligação com sua teoria das ideias inadequadas.

---

[31] Embora conhecido "adequadamente", mais uma vez, apenas quando entendido com relação a todo o sistema de causas.

[32] Na demonstração de 2p30, Spinoza fala de ideias que são "inadequadas em Deus" – mas "enquanto ele é considerado como apenas a natureza da mente humana". Será possível que ele pretende sustentar, ao mesmo tempo, que uma ideia falsa deve ser considerada um *modo* de Deus, "enquanto ele é considerado como apenas a natureza da mente humana"? Essa não parece ser uma solução aceitável: diz-se que uma ideia é um modo porque é concebida através de um atributo infinito e é dependente dele.

Não quero com isso implicar que não há claramente *nenhuma* maneira satisfatória de resolver o aparente conflito entre os comprometimentos de Spinoza: isto é, para com o estatuto de todas as ideias como modos de Deus (e, portanto, "em Deus"); para com a falsidade nas ideias humanas; e para com a negação da falsidade em Deus (exceto

Ele prossegue observando que, visto que "nenhuma ideia é inadequada e confusa senão enquanto está referida à mente singular de alguém", "as ideias inadequadas e confusas seguem-se umas das outras com a mesma necessidade que as ideias adequadas, ou seja, claras e distintas" (E 2p36). Ou seja (como provavelmente agora deveria estar óbvio), todas as ideias sem exceção têm seu lugar na ordem ideacional infinita que constitui o verdadeiro e adequado conhecimento pertencente a Deus. Uma ideia só é inadequada, ou separada dessa ordem intelectual, enquanto é "considerada com relação a" uma mente finita que possui a ideia como uma "conclusão sem premissas". Isso, ao menos, é o que Spinoza deseja sustentar.

Ideias que são adequadas em nós (E 2pp 34, 37-40)

Na epígrafe deste capítulo citei uma observação da *Ética* 2p11c: "A mente humana é parte do intelecto infinito de Deus". É hora de indicar que essa máxima é ambígua em um importante aspecto. Por um lado, ela poderia ser considerada como se cobrisse o aspecto da posição de Spinoza que estamos considerando, de acordo com a qual até mesmo ideias inadequadas na mente humana também pertencem à mente divina (com relação à qual, porém, elas supostamente não são inadequadas). Ou então, ela pode ser interpretada de maneira mais estrita, como se cobrisse somente aqueles casos em que Deus tem uma ideia "enquanto é explicado por meio da natureza da mente humana, ou seja, enquanto constitui a essência da mente humana"

"enquanto constitui" mentes finitas). De fato, uma variedade bem considerável de respostas engenhosas me foi proposta, em defesa de Spinoza, por uma série de pessoas (principalmente participantes de um colóquio conjunto realizado pelo Amherst College e pela Universidade de Massachusetts [Amherst] [dezembro 1992]; e Jonathan Vogel [em correspondência]). Contudo, nenhuma abordagem de que tenho conhecimento é suficientemente direta para ser aqui apropriadamente introduzida.

Para uma objeção intimamente semelhante à posição de Spinoza sobre a falsidade (com relação a Deus), ver Barker 1972 (principalmente p. 118) (esse ensaio foi publicado originalmente em 1938). Em Radner 1971, Daisie Radner oferece uma resposta a Barker (ver principalmente p. 349); mas me parece que sua resposta não consegue atacar a questão crucial (tal como reafirmada aqui).

(2p11c): em outras palavras, somente enquanto a mente humana percebe as coisas adequadamente. Spinoza esclarece em 2p34[33] que ele pretende a última leitura.[34] Conforme essa proposição, "toda ideia que é, em nós, absoluta, ou seja, adequada e perfeita, é verdadeira". E a demonstração se esteia em 2p11c: "quando dizemos que existe, em nós, uma ideia adequada e perfeita, não dizemos senão que (2p11c), em Deus, enquanto ele constitui a essência de nossa mente, existe uma ideia adequada e perfeita e, consequentemente (2p32), não dizemos senão que esta ideia é verdadeira".

Em 2pp37-39, Spinoza especifica uma circunstância sob a qual nossas ideias e as de Deus são a mesma coisa. "Aqueles elementos que são comuns a todas as coisas e que existem igualmente na parte e no todo não podem ser concebidos senão adequadamente" (E 2p38). Porque essas coisas estarão igualmente no corpo humano, as afecções do corpo humano, e as coisas externas que afetam o corpo humano, as ideias delas serão "em Deus, necessariamente adequada, enquanto ele constitui a mente humana, ou seja, enquanto tem as ideias que existem na mente humana" (E 2p38). O ímpeto básico desse argumento, conforme o entendo, é que as ideias divinas ou perfeitas das "propriedades" comuns ao corpo humano e aos outros corpos contrastam com as ideias do sentido e da imaginação ao *não* exigirem conhecimento daquelas coisas que a mente humana só apreende confusamente, em virtude de seus *efeitos* sobre seu corpo.

A lógica desse raciocínio parece bastante clara, mas a interpretação de seu conteúdo certamente é esquiva. Sigamos o pensamento de Spinoza mais alguns passos adiante, e então veremos que luz pode ser lançada sobre a noção de "o que é comum a todas as coisas".

No corolário a 2p38, Spinoza se baseia em um de seus lemas anteriores (E 2p13le2) para concluir que "há certas ideias ou noções comuns a todos os homens". De acordo com esse lema, "todos os corpos concordam em certos aspectos"; pois eles todos envolvem a concepção do atributo da extensão; e também todos eles "podem mover-se em velocidades variadas, e podem estar absolutamente em movimento ou absolutamente em repouso".

---

[33] N.T.: O original traz equivocadamente 2p35.
[34] Na verdade, uma leitura cuidadosa de 2p11c mesmo já acarreta a mesma interpretação (ou assim me parece. Para uma visão diferente, ver Barker 1972: 163-164).

Em 2p39 e seu corolário, Spinoza usa um raciocínio similar para estabelecer que quanto mais um corpo tenha em comum com as coisas que costumeiramente o afetam, tanto mais sua mente será capaz de perceber mais coisas adequadamente. O ponto mais uma vez é que a ideia de qualquer propriedade dessas será "adequada em Deus" *simples* enquanto ele tem a ideia do corpo humano, ou seja, enquanto ele "constitui a natureza da mente humana". Por conseguinte, Spinoza conclui, "a mente é tanto mais capaz de perceber mais coisas adequadamente quanto mais propriedades em comum com outros corpos tem seu corpo" (E 2p39c). Mais uma vez, em 2p40, ele sustenta que é "evidente" que "todas as ideias que, na mente, se seguem de ideias que nela são adequadas são igualmente adequadas". Pois, por mais uma vez, as limitações inerentes do sentido e da imaginação são irrelevantes nesses casos: a mente humana tem conhecimento daquilo que se segue das ideias que são adequadas nela mesmo sem ser infinita, e mesmo que tenha somente conhecimento confuso das causas de suas afecções enquanto suas propriedades não estejam completamente contidas em seu próprio corpo.

Creio que a teoria das ideias humanas adequadas que Spinoza está desenvolvendo aqui tem três componentes fundamentais. Primeiro, porque a mente é apenas a "ideia do" corpo, tudo o que estiver *completamente* contido no corpo será direta e completamente ("adequadamente") apreendido pela mente. Segundo, há aspectos básicos de natureza material que de fato estão completamente presentes em qualquer corpo (ou "afecção" do corpo) que seja. Terceiro, das ideias desses aspectos decorrem ideias de *outras* coisas, das quais a mente humana é, portanto, também capaz de obter conhecimento adequado. Essas ideias de outras coisas, e isso vai aparecer – e este é o resultado mais importante para Spinoza –, são as ideias das essências das coisas singulares *em geral*, não somente da essência daquele corpo cuja mente humana particular é a "ideia". Ou seja, de maneira surpreendente, a mente humana é capaz de alcançar um entendimento das essências das coisas singulares que parece um entendimento do ponto de vista de Deus, já que as coisas particulares se seguem da essência de Deus, e, com isso, a mente humana replica o *insight* no poder criativo divino expresso em 1p16 em termos de "intelecto infinito": "Da necessidade da natureza divina devem seguir-se infinitas coisas, de infinitas maneiras (isto é, tudo o que pode ser abrangido sob um intelecto divino)".

O último ponto é tangenciado em 2p40s2, no qual Spinoza distingue as "espécies de conhecimento" (e isso estará no centro de sua interpretação da "eternidade" da mente na Parte 5). Mas antes de enfrentar suas observações nesse escólio, vejamos o que mais pode ser dito para esclarecer sua concepção do que é "comum a todas as coisas" – ou, conforme ele escreve no *primeiro* escólio a 2p40, "aquelas noções ditas 'comuns' e que constituem os fundamentos de nossa capacidade de raciocínio". Este é um ponto sobre o qual seu tratamento no *Tratado do intelecto* tanto parece razoavelmente consoante com o que ele diz na *Ética* quanto fornece pormenores algo mais explícitos.

A primeira coisa a se notar é que Spinoza contrasta sua concepção do que é comum a todas as coisas com meras "abstrações" ou "universais". Na *Ética*, esse contraste é em larga medida implícito. Em 2p40s1 ele sustenta que tanto termos "transcendentais" tradicionais, tais como "ente", "coisa", "algo", quanto termos universais ordinários, tais como "homem", "cavalo" e "cão" significam meras ideias confusas da imaginação (termos do primeiro tipo são ditos "confusos no mais alto grau"). Ou seja, eles significam ideias confusas que resultam da falta que o corpo tem da capacidade de reter imagens separadas de todos os indivíduos que o afetam. Por exemplo, alguém que tenha visto centenas de cavalos é incapaz de reter na imaginação todas as "pequenas diferenças" entre eles, mas "imagina distintamente apenas aquele algo em que todos, enquanto o corpo é por eles afetado, estão em concordância". Um termo como "ente" está ainda mais imprecisamente ligado a experiências particulares: ele resulta de a mente imaginar confusamente *todos os corpos* pelos quais seu corpo foi afetado (infelizmente, Spinoza não se importa em defender essa abordagem nem de objeções óbvias, nem de teorias rivais dos universais; e aqui passarei por cima dos muitos problemas). A implicação clara é que quando ele escreve sobre "o que é comum a todas as coisas" como a base do raciocínio, ele tem em mente algo totalmente diferente dessas confusas ideias da imaginação.[35]

---

[35] No fim de 2p40s1, Spinoza enfatiza que fatores subjetivos, tais como se uma pessoa se impressiona com a altura nos seres humanos, influenciarão como essa pessoa forma os universais. Ele conclui: "Não é, pois, surpreendente que, dentre os filósofos que pretenderam explicar as coisas naturais exclusivamente pelas imagens dessas coisas, tenham surgido tantas controvérsias".

Mas o quê? Este é um ponto para o qual o *Tratado do intelecto* talvez ofereça pouca ajuda. Se voltarmos ao *Tratado*, encontramos Spinoza sustentando que a meta de seu método "é ter ideias claras e distintas, tais, a saber, que provenham da pura mente e não de movimentos fortuitos do corpo". Ele reforça que a mente, ao obter essas ideias, reproduz a ordem da natureza: "A seguir, para que todas as ideias sejam reduzidas a uma, tentaremos ligá-las (*concatenare*) e ordená-las de tal modo que nossa mente, quanto possível, reproduza objetivamente (*refereat objective*) a formalidade da natureza, no todo e em cada uma de suas partes" (TdIE 91). Ele prossegue afirmando de maneira totalmente definitiva que para termos ideias claras e distintas, diferentemente das ideias que derivam dos efeitos fortuitos das coisas externas sobre nosso corpo, devemos evitar abstrações e basear nosso pensamento sobre particulares. "Logo, nunca poderemos, enquanto tratamos da investigação das coisas, concluir algo de abstrações" (TdIE 93); antes, "a melhor conclusão se tirará de alguma essência particular afirmativa" (*idem*). "Pois", ele continua, "quanto mais especial (*specialior*) for a ideia, mais distinta será (...). Logo, o que acima de tudo devemos procurar é o conhecimento das coisas particulares" (TdIE 98). Devemos, assim, proceder "de um ser real para outro ser real, de modo a não passarmos a ideias abstratas e universais" (TdIE 99) na busca de nosso objetivo epistemológico – que é simplesmente entender "a essência mais íntima das coisas".

Spinoza prossegue a explicar que é totalmente impossível aos seres humanos entenderem a série infinita de "coisas singulares e móveis", o que envolveria uma compreensão intelectual das circunstâncias infinitas que determinam a existência ou não existência delas (TdIE 100). Nossa meta, antes, é o conhecimento das *essências* das coisas, e,

> as essências das coisas singulares e móveis não devem ser deduzidas de sua série ou ordem da existência. Com efeito, esta última (a ordem da existência) não nos dá outra coisa senão denominações extrínsecas, relações ou, quando muito, circunstâncias,

coisas que estão longe de constituir a essência íntima das coisas. Esta, entretanto, só se há de procurar nas coisas fixas e eternas e, ao mesmo tempo, nas leis inscritas nessas coisas como em seus verdadeiros códigos [*tanquam in suis veris codicis*: "códigos" no sentido de sistemas escritos ou compêndios de leis], e segundo as quais são feitas e ordenadas todas as coisas singulares. (TdIE 101).

Ele prossegue afirmando que as coisas singulares e móveis dependem essencialmente das coisas fixas e eternas; elas não podem "nem existir, nem ser concebidas sem elas".[36] "Portanto", ele conclui, "estas coisas fixas e eternas, ainda que sejam singulares, serão para nós, por sua presença em toda parte e latíssima potência, como que universais, *ou* gêneros das definições das coisas singulares e mutáveis, e causas próximas de todas as coisas" (TdIE 101).

Assumo que podemos identificar as poderosas, ubíquas, mas singulares "coisas fixas e eternas" do *Tratado sobre o Intelecto* com as "coisas comuns a todas as coisas" que aparecem na Parte 2 da *Ética*. Na *Ética*, como vimos, diz-se que as "coisas comuns" incluem (pelo Lema 2 depois de E 2p13) o atributo da extensão e os princípios do movimento e do repouso. No *Tratado do intelecto* eles são descritos como a fonte das essências das coisas singulares e como registros de "leis". Spinoza parece ter em mente o poder produtivo da natureza material, conforme ela opera de acordo com leis necessárias e "eternas" de movimento e repouso[37] (uma vez que para Spinoza o pensamento é coextensivo com a materialidade e governado pela mesma ordem causal, embora realmente distinto em concepção, a conclusão inelutável parece ser a de que os

---

[36] Ver *Ética* 2d2, sobre o que Spinoza entende por "essência".
[37] Para um desenvolvimento particularmente detalhado de uma visão dos atributos e dos modos infinitos como entidades conforme a lei, ver Curley 1969.

princípios da mentalidade deveriam ser incluídos dentre as naturezas comuns também, embora Spinoza não diga isso explicitamente em nenhum dos dois trabalhos).[38]

Certos aspectos da concepção spinoziana de "o que é comum a todas as coisas" são bem fáceis de entender, ao menos enquanto ficarmos dentro dos termos de seu sistema. É claro, ele deseja contrastar as inferências e abstrações incertas, superficiais e mutáveis que fazemos imaginativamente como resultado de nossos encontros aleatórios com vários corpos, com o *insight* intelectual direto dos primeiros princípios que fazem com que as coisas sejam o que elas (essencialmente) são. Porque essas causas estão implícitas na essência do corpo humano, que a mente humana "explica", elas são diretamente acessíveis à mente humana – e de fato "só podem ser concebidas adequadamente" por ela.

Outra maneira de se abordar a posição de Spinoza sobre as noções comuns é compará-la com a concepção de Descartes do conhecimento racional da natureza. Descartes parece sustentar que os princípios explicativos básicos da natureza material são inatos à mente.[39] Nos escritos de Descartes, essa concepção está implicada com a da mente como substância mental, que Deus dota com certas ideias, independentemente de qualquer corporificação. Spinoza parece estar defendendo que a mente, em virtude de ser "a ideia do corpo", automaticamente tem acesso a tais princípios (concebidos por ele como "particulares").[40]

---

[38] No *Tratado do intelecto*, Spinoza escreve que o que ele afirmou (sobre "*scientia*") é "o mesmo que os antigos disseram, isto é, que a verdadeira ciência procede da causa para os efeitos; a não ser que nunca, ao que eu saiba, conceberam, como nós aqui, a alma agindo segundo certas leis e como que um autômato espiritual (*quasi aliquod automa spirituale*)".

[39] Ver começo da *Meditação* V. Para uma defesa mais recente do ponto de vista "racionalista" – que tem interessantes afinidades com a posição de Spinoza e também com a de Descartes –, ver a seção sobre "Racionalismo" escrita por Thomas Nagel em Nagel 1986: 82-89.

[40] A questão de se um filósofo aceita ou nega a existência de "ideias inatas" é às vezes considerada importante para se saber se ele pode ser rotulado apropriadamente de

As posições de Descartes e Spinoza, embora difiram em seus comprometimentos onto e teológicos, enfrentam a mesma dificuldade maior, do ponto de vista do entendimento do conhecimento científico que tem o século XX. O que ambos os filósofos dizem que é verdadeiro parece ser totalmente inacreditável; a saber, que todo ser humano desfruta de um *insight* direto (se implícito) na natureza e nas leis fundamentais das coisas materiais.[41] A consideração das toscas e antiquadas leis de interação entre os corpos que Spinoza implementa nos lemas seguintes a 2p13 somente tende a reforçar esse juízo negativo. Talvez a simplicidade dos princípios mecanicistas da época cartesiana tenham alimentado a ilusão de que os princípios básicos da natureza material são acessíveis diretamente a todos os seres humanos – muito como se sustenta que os princípios aritméticos e geométricos o são.

"racionalista" ou não. A posição de Spinoza sobre esse ponto é um pouco difícil de categorizar, em parte porque ele não concebe a mente como uma substância em que as ideias possam ser impressas, independentemente de sua ligação com o corpo. Mas, no todo, parece-me que ele é mais bem categorizado como alinhado ao campo inatista. Ou seja, ele sustenta que a mente, em virtude de ser o que é (a "ideia do corpo") tem certas ideias, independentemente de experiências de aprendizagem particulares, fortuitas (a saber, as ideias de "o que é comum a todos"). Adicionalmente, ele repetidamente indica no *Tratado do intelecto* que a mente possui certas ideias verdadeiras como "instrumentos inatos" ou "que surgem do próprio poder da mente" (ver, por exemplo, TdIE 39, 86).

[41] Spinoza não diz quase nada sobre como uma dada mente pode "acessar" as noções comuns – melhor dizendo, estar ciente dessas noções de maneira explícita. Descartes diz muita coisa sobre transformar ideias inatas, do conhecimento potencial ao efetivo, mas já disseram que sua posição não é completamente clara ou coerente entre diversos textos. Uma coisa a se notar é que Spinoza implica que as noções mais fundamentais são verdadeiramente comuns entre os homens e sequer estão sujeitas ao obscurecimento por "preconceito" (tal como Descartes parece ter permitido). Ver as observações de Spinoza no começo de 2p40s1.

Os três gêneros de conhecimento (E 2p40S2-2-42)

Na *Ética* 2p40s2, Spinoza distingue, com base no que ele já disse, quatro maneiras em que "percebemos muitas coisas e formamos noções universais". As duas primeiras ele chama (juntas) de "conhecimento de primeiro gênero", "opinião" e "imaginação".[42] Incluem, primeiro, "conhecimento originado da experiência errática" (*experientia vaga*)[43] ou "a partir de coisas singulares, que os sentidos representam mutilada, confusamente e sem a ordem própria do intelecto" (Spinoza nos remete aqui ao corolário de 2p29, acerca do "conhecimento segundo a ordem comum da natureza"). O segundo tipo de "conhecimento de primeiro gênero" (não discutido previamente em extensão alguma) é conhecimento a partir de signos (*ex signis*): "por exemplo, por ter ouvido ou lido certas palavras, nós nos recordamos das coisas e delas formamos ideias semelhantes àquelas por meio das quais imaginamos as coisas" (ele aqui nos remete ao escólio de 2p18, acerca da associação por hábito, em que um dos exemplos era o de um romano que relacionava a palavra falada "*pomum*" (maçã) com a percepção visual de certa fruta). Assim, parece que ambos os tipos de conhecimento do primeiro gênero envolvem certas associações que resultam de encontros fortuitos com coisas sensíveis individuais e signos sensíveis. Spinoza passa a diferenciar desse tipo de conhecimento aquele que ele chama de "razão" ou "conhecimento de segundo gênero". Esse "segundo gênero de conhecimento" surge "do fato de que temos noções comuns e ideias adequadas das propriedades das coisas".

---

[42] A categorização feita por Spinoza dos vários gêneros de conhecimento tem certas afinidades claras com a famosa categorização da "linha dividida" feita por Platão em *A República*. Este é um dos aspectos em que a posição de Spinoza parece mais prontamente comparável às noções filosóficas gregas do que às concepções de Descartes.

[43] *Experientia vaga* é uma frase um tanto estranha, para a qual várias traduções foram propostas: "experiência errante", "experiência aleatória" e "experiência casual" são sugestões legítimas (embora "experiência vaga [*vague experience*]" não seja). Creio que a conotação mais importante da frase seja "que coisas e conjunções de coisas *uma pessoa vem a encontrar em seu curso individual de vida*" (como oposta ao que outros possam encontrar nos seus). É claro que não há sugestão alguma de que as esquisitices da experiência de um indivíduo sejam estritamente contingentes: somente que sob as leis determinadas da natureza, pessoas diferentes com carreiras diferentes pelo mundo inevitavelmente desenvolvem diferentes associações "imaginativas". "Experiência fortuita" parece-me capturar essa conotação melhor do que as alternativas.

Para sustentar sua descrição desse "tipo de conhecimento", Spinoza cita o corolário de 2p38, 2p39 "com seu corolário" e 2p40. Dessas citações podemos inferir que a percepção de muitas coisas e a formação de noções universais pela "razão" pretende compreender tudo o que segue: coisas que são comuns a todos os corpos; coisas que são comuns ao corpo humano e as coisas que costumeiramente afetam ele; e (E 2p40) coisas que seguem de coisas comuns.

Contudo, o ponto a que Spinoza de fato está levando é que mesmo o segundo tipo de conhecimento (razão) é deficiente da perspectiva de se alcançar a perfeição humana: "além desses dois gêneros de conhecimento, existe ainda um terceiro, como mostrarei a seguir, que chamaremos de ciência intuitiva ('*scientia intuitiva*'). Este gênero de conhecimento parte da ideia adequada da essência formal de certos atributos de Deus para chegar ao conhecimento adequado da essência das coisas". Essa caracterização se ajusta bem à ênfase que Spinoza põe sobre o conhecimento das essências particulares no *Tratado do intelecto* (bem como à ênfase recorrente naquela obra sobre nossa mente vir a reproduzir a ordem da natureza – em outras palavras, a capacidade de nossa mente corresponder ao intelecto infinito). Contudo, a diferença entre o segundo e o terceiro tipo de conhecimento é – de várias maneiras – desconcertante.

De início, o conhecimento do segundo tipo (razão) é classificado como uma maneira de formar "noções universais": no entanto, ele é baseado nas noções comuns, que, sugeri (baseado no *Tratado do intelecto*), são diferenciadas de meros universais. Talvez essa desvantagem possa ser posta de lado, quando nos lembrarmos do que Spinoza de fato diz sobre as "coisas fixas e eternas", que elas são *para nós* como universais.[44] Além disso, como mostrarei resumidamente, Spinoza passa a subsumir o conhecimento da essência de Deus sob as noções comuns até agora discutidas. Qual, então, é a diferença entre o conhecimento do terceiro gênero e essa parte do conhecimento de segundo gênero que envolve a inferência? Será que a diferença está em que o primeiro passa ao conhecimento

---

[44] No *Tratado do intelecto*, Spinoza interpreta o conhecimento a partir de "axiomas universais" como uma forma de conhecimento a partir da indução experimental em contraposição à demonstração racional (TdIE 23). Incidentalmente, o *Tratado do intelecto* parece-me sugerir que mesmo o mais alto gênero de conhecimento, que compreende as essências mais íntimas das coisas, pode bem se basear parcialmente em experimentos (ver TdIE 102).

das essências das coisas singulares, ao passo que o segundo infere somente para outras "coisas comuns"? A menção feita por Spinoza às "propriedades das coisas" em sua explicação da razão pode ser interpretada como sustentação para essa sugestão. Pois sua visão parece ser a de que o conhecimento mais fundamental das coisas singulares é o de suas "essências mais íntimas", das quais suas propriedades decorrem (ver, por exemplo, TdIE 95).[45]

O exemplo que Spinoza dá para ilustrar as distinções entre os gêneros de conhecimento apresenta um problema para essa interpretação aparentemente atraente. Pois o exemplo sugere que todos os três gêneros podem ter o mesmo tipo de conclusão:

> Explicarei tudo isso com o exemplo de uma única coisa. Sejam dados três números, com base nos quais quer obter-se um quarto que esteja para o terceiro como o segundo está para o primeiro. Os comerciantes não hesitam, para isso, em multiplicar o segundo pelo terceiro e dividir o produto pelo primeiro; ou porque não esqueceram ainda o que ouviram seu professor afirmá-lo, sem qualquer demonstração, ou porque o experimentaram, frequentemente, com números mais simples, ou, ainda, por causa da demonstração da prop. 19 do livro 7 dos *Elementos* de Euclides, isto é, por causa da propriedade comum dos números proporcionais. Ora, no caso dos números mais simples, nada disso é necessário. Por exemplo, dados os números 1, 2 e 3, não há quem não veja que o quarto número da proporção é 6, e muito mais claramente do que pelas razões anteriores, porque ao perceber, de um só golpe de vista, a proporção evidente que existe entre o primeiro e o segundo, concluímos imediatamente qual será o quarto (E 2p40s2).

Em cada caso, parece, vem-se a "saber" *que certo número é a solução para certo problema*: a diferença está em se chegamos a um número por regras derivadas de impressão [*inculcation*] externa fortuita ou à aplicação de demonstração rigorosa, ou à intuição direta.

---

[45] Ver *Tratado sobre o intelecto* 93: "a partir de axiomas universais apenas a mente não pode descer aos particulares".

A despeito das implicações *aparentemente* contrárias do exemplo, contudo, parece-me mais plausível que Spinoza quer indicar a diferença entre o conhecimento das propriedades e o conhecimento das essências, sugerido por sua maneira de descrever a razão e a ciência intuitiva respectivamente. A justeza do exemplo matemático, sugiro, não está no fato de que todos os procedimentos resultam no mesmo tipo de conclusão, mas antes só nas diferenças entre os procedimentos. Segundo essa interpretação, o segundo tipo de conhecimento difere do terceiro tanto ao exigir passos de raciocínio, já que distinto da visão mental direta, como ao não conseguir chegar à essência mais íntima das coisas.

Creio que essa leitura recebe algum suporte adicional muito leve da discussão sobre os gêneros de conhecimento no *Tratado sobre o Intelecto*, no qual Spinoza dá o mesmo exemplo. Ele ali conclui que os geômetras, ao resolverem um problema de proporcionalidade pela demonstração de Euclides, "não veem a proporção adequada dos números dados, e, se veem, não é por força daquela proposição, mas intuitivamente, não fazendo nenhuma operação" (TdIE 24).[46]

É claro que nada disso ilumina de maneira significativa a concepção spinoziana de conhecimento intuitivo da essência das coisas. A definição

---

[46] Deve-se mencionar que há algumas diferenças notáveis entre as interpretações dos gêneros de conhecimento no *Tratado da emenda do intelecto* e na *Ética*, e os estudiosos discordam de sua significação. Talvez mais importante seja o fato de que no *Tratado*, o tipo intermediário de conhecimento seja identificado como "uma percepção na qual a essência de uma coisa é tirada de outra, mas não adequadamente" (TdIE 19). Spinoza continua: "o que acontece quando induzimos de algum efeito a causa ou quando se conclui de um universal que sempre é acompanhado de certa propriedade". Numa nota de pé de página a essa passagem, Spinoza registra (dentre outros comentários) uma diferença entre conhecer *propria* e conhecer a essência das coisas particulares – uma distinção que parece adequar-se ao que propus a respeito da discussão da *Ética*. Mas parece implausível que a consideração da interpretação obscura e aparentemente algo divergente do *Tratado sobre o intelecto* ajudaria a *esclarecer* a posição posterior de Spinoza; então, passo largamente sobre ela aqui (como veremos em breve, na *Ética*, Spinoza tem dificuldades em descrever também o conhecimento de segundo gênero como *adequado*).

de "essência" que ele ofereceu no começou da Parte 2 é por demais abstrata para ajudar a entender essa concepção.⁴⁷ Dois pontos relevantes aparecerão quando completarmos nossa discussão da Parte 2 e começarmos a considerar a função do terceiro gênero de conhecimento na Parte 5. Mas, infelizmente, não posso prometer nenhuma elucidação dramática dessa noção importante.⁴⁸

De acordo com 2-41: "O conhecimento de primeiro gênero é a única causa de falsidade, enquanto o conhecimento de segundo gênero e o de terceiro são necessariamente verdadeiros". A demonstração não é interessante, indicando somente que ideias inadequadas e confusas – pelo escólio anterior – foram consignadas ao primeiro gênero de conhecimento, ao passo que "se afirmou" que ideias adequadas pertencem ao segundo e ao terceiro gêneros. Mas, por 2p34, ideias adequadas são todas verdadeiras (embora qualquer ligação entre "conhecimento" e "falsidade" possa surpreender o leitor de língua inglesa como um solecismo, devemos lembrar que o termo traduzido por "conhecimento" é *cognitio* – não, por exemplo, "*scientia*").⁴⁹

De acordo com 2p42, o conhecimento de segundo e terceiro gêneros só "nos ensina a distinguir o verdadeiro do falso"; pois somente eles podem fornecer ideias adequadas, inclusive a ideia adequada da diferença entre o verdadeiro e o falso. Contudo, *Ética* 2p43 faz uma alegação mais interessante.

---

⁴⁷ "Digo pertencer à essência de certa coisa aquilo que, se dado, a coisa é necessariamente posta e que, se retirado, a coisa é necessariamente retirada; em outras palavras, aquilo sem o qual a coisa não pode existir nem ser concebida e vice-versa, isto é, aquilo que sem a coisa não pode existir nem ser concebido."(E2d2).
⁴⁸ No *Tratado sobre o intelecto*, Spinoza admite que as coisas que ele até então foi "capaz de conhecer por esse gênero de conhecimento são muito poucas" (TdIE 22).
⁴⁹ Ver nota 2.

Verdade e certeza (E 2p43; *TdIE*)

A maior parte do que Spinoza tem a dizer sobre verdade e certeza na *Ética* está em 2p43, junto com sua demonstração e seu escólio. De acordo com a proposição: "Quem tem uma ideia verdadeira sabe, ao mesmo tempo, que tem uma ideia verdadeira, e não pode duvidar da verdade da coisa". A demonstração depende da teoria das ideias de ideias, junto com o corolário a 2p11, que tanto já apareceu neste capítulo. O cerne do argumento é o seguinte: uma ideia que é verdadeira em nós é adequada em Deus, "enquanto Deus é explicado pela natureza da mente humana"; a ideia (adequada) dessa ideia estará em Deus da mesma maneira e, assim, estará ela mesma inclusa na mente humana. Spinoza conclui: "Portanto, quem tem uma ideia adequada, ou seja (pela prop. 34), quem conhece verdadeiramente uma coisa deve, ao mesmo tempo, ter uma ideia adequada – ou um conhecimento verdadeiro – de seu conhecimento. Em outras palavras (como é, por si mesmo, evidente), quem conhece verdadeiramente uma coisa deve, ao mesmo tempo, estar certo disso". Essa linha de raciocínio depende da ligação estreita entre adequação, ou "denominações intrínsecas", e as "denominações externas" de concordância com os objetos que Spinoza tentou estabelecer em 2pp32-34 (de fato, ele alega no fim do escólio a 2p43 que explicou como uma pessoa pode saber que tem uma ideia que concorda com seu objeto, isto é, em virtude de ter uma ideia adequada e, portanto, necessariamente saber, por 2p44, que essa ideia é verdadeira). Mas, enquanto em 2p34 ele parecia estar apresentando a adequação como condição *suficiente* da verdade, ele agora parece estar *restringindo* "ideias verdadeiras" àquelas que são adequadas. Ele de fato vai mais longe. Conforme elabora no escólio a 2p43, "ter uma ideia verdadeira não significa senão conhecer uma coisa perfeitamente, ou seja, muitíssimo bem". Assim, "ninguém que tenha uma ideia verdadeira ignora que ela envolve certeza absoluta". Ele faz afirmações parecidas no *Tratado sobre o intelecto*, no qual ele insiste, por exemplo, que "para a certeza de uma ideia, não é preciso nenhum outro sinal do que ter uma ideia verdadeira" (TdIE 35). E ali ele sustenta que todo mundo tem, de maneira inata, uma ideia verdadeira (TdIE 39).[50]

Parte da posição de Spinoza sobre essa questão é a concepção de que a "dúvida hiperbólica" cartesiana está enganada. Uma ideia é verdadeira em nós somente quando entendemos completamente o assunto da ideia – e jamais poderíamos errar em nossa apreensão de que entendemos a coisa perfeitamente. Assim, nenhuma garantia externa é exigida, tal como Descartes procurou dar em sua "prova" da natureza não enganadora de Deus. Com efeito, nenhuma *norma geral* é exigida: pois (Spinoza pergunta retoricamente) "o que pode existir de mais claro e certo do que uma ideia verdadeira e que possa servir como norma de verdade?" (E 2p43s).[51] Além disso, e de maneira não surpreendente, Spinoza novamente invoca o corolário a 2p11: "É preciso acrescentar que nossa mente, enquanto percebe as coisas verdadeiramente, é uma parte do intelecto infinito de Deus (pelo corolário da proposição 11). Portanto, é tão necessário que as ideias claras e distintas da mente sejam verdadeiras, quanto é necessário que o sejam as ideias de Deus" (2p43s).

O esforço de Descartes para "garantir" suas ideias claras e distintas face à "dúvida hiperbólica" notoriamente está sujeito à objeção de "raciocínio circular" (dentre outras objeções). A corajosa insistência de Spinoza que "a verdade é norma de si mesma" tem o mérito de evitar essa marisma. Além disso, conforme sugere a referência a 2p11c, a rejeição de Spinoza da dúvida hiperbólica não é uma mera conveniência epistemológica *ad hoc*, mas tem profundas raízes em sua metafísica anticartesiana geral. A estratégia de Descartes para colocar em questão mesmo as coisas que ele percebe como mais

---

[50] No *Tratado do intelecto* 34-39, Spinoza parece preocupado em eliminar a possibilidade do regresso infinito negando que é necessário, para conhecer, que uma pessoa saiba que sabe. Parece haver uma mudança nessa questão na *Ética*, na qual a doutrina das ideias de ideias assegura o conhecimento que uma pessoa tem do próprio conhecimento pelo que Spinoza parece ali considerar um regresso não vicioso.

[51] Será essa posição compatível com a noção spinoziana de que há "denominações intrínsecas" de uma ideia verdadeira? Talvez sim, se essa noção puder ser entendida em termos de uma ideia individual que se apresenta como verdadeira (oposta a ser identificada como verdadeira por comparação com alguma norma geral).

evidentes recorre explicitamente à noção de "um Deus que pode fazer tudo, por quem fui criado tal como sou", para quem seria "fácil" fazer-me errar mesmo nas claras e distintas opiniões livres de minha razão (Meditação III). Parece que isso se baseia implicitamente numa concepção da mente humana como uma criatura separada de Deus e no comprometimento de Descartes para com a visão de que toda verdade depende da vontade irrestrita de Deus, de modo que mesmo as coisas que parecem incompreensíveis e contraditórias a nós não estão além do poder divino de criação. De acordo com a posição contrária de Spinoza, todas as coisas seguem necessariamente da necessidade da natureza divina, de acordo com suas "leis". E a mente humana, através de seu *insight* naquela natureza (que logo será dito diretamente), compartilha da sequência necessária no entendimento do intelecto infinito; com efeito, ela é "parte" da mente de Deus.

Mas é claro que a posição de Spinoza apresenta problemas próprios. Sua insistência em que ideias verdadeiras, por sua natureza mesma, envolvem "certeza absoluta" e que "entender uma coisa perfeitamente" resulta em uma concepção extremamente restritiva do que é afinal uma "ideia verdadeira" – uma ideia que tem pouca ligação seja com o discurso comum, seja com o filosofar mais tradicional sobre o conceito de verdade[52] (parece que *somente* o que é absolutamente certo pode ser verdadeiro em seu sistema).[53] Além disso, não é de maneira

---

[52] Estranhamente, Spinoza também alega no escólio de 2p43 que uma pessoa, para duvidar da proposição que "ter uma ideia verdadeira significa somente conhecer uma coisa perfeitamente", deve conceber equivocadamente uma ideia como "algo mudo, como uma pintura numa tela", em contraposição ao ato de entendimento (lembre-se de que Spinoza explicou no começo da Parte 2 que as ideias envolvem atos mentais; ele logo explicará esse ponto em pormenor. Mas mesmo que uma pessoa concorde que ter uma ideia verdadeira envolve algum ato de entendimento, não se segue claramente que esse ato exija a autoconsciência [*self-conscious awareness*] de que alguém "conheça a coisa perfeitamente").

[53] No começo do escólio de 2p49, Spinoza distingue a mera ausência de dúvida que pode estar presente nas ideias falsas de alguém (que resulta da mera casualidade de que essa pessoa não encontrou nada que "faça sua imaginação flutuar") da certeza (que é "algo positivo", não "a privação de dúvida"). Ele acrescenta: "mas por privação de certeza queremos dizer falsidade".

alguma fácil compreender plausivelmente essa noção de verdade que se autorevela, ligada como está às interpretações menos detalhadas de Spinoza das "ideias adequadas", "concordância com o objeto" e os segundo e terceiro "gêneros de conhecimento".[54]

Conhecimento sob a perspectiva da eternidade (E 2pp44-47)

Na proposição seguinte (E 2p44), Spinoza indica que "é da natureza da razão" considerar as coisas como necessárias, não como contingentes. Esse resultado decorre um tanto trivialmente da posição defendida em toda a Parte 1, a de que não há contingência na natureza (e a razão deve considerar as coisas como elas são, isto é, verdadeiramente). Em um longo escólio a 2p44, ele explica que quando concebemos as coisas como se fossem contingentes, só o fazemos porque associações sensórias inconstantes resultam numa "flutuação da imaginação" que envolve expectação incerta. O seguinte corolário (E 2p44c2) introduz, então, uma das frases mais famosas da *Ética*: "É da natureza da razão perceber as coisas sob certa perspectiva da eternidade (*sub quadam specie aeternitatis*)". Ao perceber as coisas como necessárias, a razão as percebe em relação à "própria necessidade da natureza eterna de Deus" (segundo E 1p16). Além disso, "os fundamentos da razão", sendo (como vimos) "comuns a todas as coisas", devem ser concebidos "sem

---

[54] Spinoza também afirma que o verdadeiro está relacionado com o falso, assim como o ser ao não ser (E 2p35, E 2p43s), e que "a verdade é norma de si própria e do falso", "exatamente da mesma maneira que a luz revela a si própria e as trevas" (E 2p43s). (Para outro exemplo da comparação anterior, aparentemente tirada da tradição neoplatônica, ver também Descartes, *Discurso sobre o método*, parte V, lá pelo fim.) Essas comparações, ainda que veneráveis, parecem mais esperançosas do que úteis, no tangente ao esclarecimento das questões essenciais de por que estamos tão frequentemente *errados* e como, afinal, supostamente somos capazes em princípio de distinguir entre crenças ou asserções falsas de verdadeiras. Além disso, note-se que a improvável linha dura de Spinoza quanto à verdade e à certeza aparentemente se estende ao endosso da visão de que o raciocínio é impérvio ao erro: ver *Ética* 2p47s.

qualquer relação com o tempo, mas sob certa perspectiva de eternidade".[55] As três proposições seguintes preparam o terreno para a afirmação (E 2p47) de que "a mente humana tem um conhecimento adequado da essência eterna e infinita de Deus". A maior parte do argumento ao longo dessa passagem parece trivial, dado o que já foi dito. As coisas "existentes em ato" têm de ser concebidas sob o atributo do qual são modos, isto é (pela definição de "atributo" [E 1d6)]),[56] segundo a essência eterna e infinita de Deus (E 2p45). Mas essa essência é comum a todas as coisas, e, portanto (por E 2p38), será conhecida adequadamente em toda ideia. A mente humana terá então conhecido essa essência adequadamente, já que, conforme enunciado anteriormente, ela tem ideias de si mesma, de seu corpo e dos corpos externos.

Contudo, há duas observações relacionadas nessas três proposições que merecem comentário especial. No escólio de 2p45, Spinoza enfatiza que ele não está ali preocupado com a existência na duração, aquela que exige determinação sob a série de causas finitas. Antes, ele está falando "dessa natureza da existência que é conferida às coisas singulares, porque da necessidade eterna da natureza de Deus seguem-se infinitas coisas, de infinitas maneiras (veja-se a prop. 16 da P1)". As sentenças finais desse escólio dão mais pistas para o que ele quer dizer com "a natureza da existência": "Falo, repito, dessa existência das coisas singulares, enquanto elas existem em Deus. Pois, embora cada uma seja determinada, por outra coisa singular, a existir de uma maneira definida, a força pela qual cada uma persevera no existir segue-se da necessidade eterna da natureza de Deus". No fim dessa afirmação, Spinoza faz referência a uma passagem excepcionalmente difícil da Parte 1, 1p24c, que envolve uma distinção entre vir a existir e continuar existindo, e inclui algumas observações bastante obscuras sobre existência e essência. Simplesmente não há espaço no presente contexto para tentar explicar todas as distinções que ele tivesse em mente. O que precisa ser notado, principalmente,

---

[55] Em 2p44s Spinoza liga o tempo à imaginação, dizendo que ele surge de nossas percepções dos movimentos variantes dos diferentes corpos.
[56] N.T.: a definição de atributo encontra-se na verdade em E 1d4. E 1d6, que diz o seguinte: "Por Deus compreendo um ente absolutamente infinito, isto é, uma substância que consiste de infinitos atributos, cada um dos quais exprime uma essência eterna e infinita".

é que Spinoza (aqui em 2p45s) parece estar focando num tipo específico de relação que as coisas singulares têm com Deus. À parte sua determinação por outras coisas finitas, cada uma tem uma força de perseverar na existência, *que decorre da necessidade eterna da natureza de Deus*. Numa proposição inicial da Parte 3, ele afirma que "cada coisa esforça-se, tanto quanto está em si, por perseverar em seu ser" (E 3p6). Na demonstração, ele liga essa afirmação com a concepção de coisas singulares como "modos (...) que exprimem de uma maneira definida e determinada a potência de Deus, por meio da qual ele existe e age". E na proposição seguinte ele identifica "o *conatus* pelo qual cada coisa se esforça por perseverar em seu ser" com "a essência atual" da própria coisa (E 3p7).

A relevância de tudo isso para a teoria do conhecimento de Spinoza é indicada em 2p47s:[57]

> Vemos, assim, que a essência infinita de Deus e sua eternidade são conhecidas de todos. Ora, como todas as coisas existem em Deus e são por meio dele concebidas, segue-se que desse conhecimento podemos deduzir muitas coisas que conheceremos adequadamente e formar, assim, aquele terceiro gênero de conhecimento sobre o qual falamos no esc. 2 da prop. 40 e sobre cuja excelência e utilidade teremos oportunidade de falar na P. 5.

Considero que essas passagens sugerem que o terceiro gênero de conhecimento envolve uma compreensão intuitiva da relação da essencial força individual de persistência das coisas para com o poder de Deus. É claro que essa sugestão não nos leva *muito* longe no entendimento de exatamente o que Spinoza tem em mente. Mas, dado o pouco que ele nos diz sobre a *scientia intuitiva*, e a importância central dessa noção na Parte final da *Ética*, parece que mesmo pistas vagas deveriam ser explicitamente notadas.

---

[57] N.T.: Mais um erro de referência, o original traz 2p46s, que não existe.

Vontade, ideias e juízo (E 2pp48-49)

As poucas páginas restantes da Parte 2 estão muito voltadas para a exposição cheia de energia de uma posição quanto a natureza das ideias e do juízo que Spinoza contrasta com aquela de (aparentemente numerosos) oponentes anônimos. Trata-se de uma das passagens mais acessíveis e mais discutidas da Parte 2. Em conformidade com isso, serei breve na minha abordagem.

Muitos aspectos do tratamento dado por Spinoza ao assunto parecem particularmente dirigidos contra Descartes. A interpretação de Descartes do juízo foi desenvolvida para servir à necessidade de reconciliar o erro humano com a bondade de Deus (sobre a qual seu esforço para estabelecer uma garantia para ideias claras e distintas repousa). Descartes sustenta uma distinção entre as faculdades da vontade e do intelecto no homem. A vontade ele considera livre – não determinada por causas externas. Ela está essencialmente implicada no juízo, que afirma ou nega ideias apresentadas a ele na mente. O intelecto é limitado (há muitas coisas que não percebemos distintamente); mas a vontade é ilimitada, ou seja, capaz de afirmar ou negar qualquer ideia que seja que possa ser apresentada a ela. O erro surge quando usamos nossas vontades erroneamente, afirmando ou negando coisas que não percebemos distintamente (em vez de simplesmente suspender o juízo). Spinoza tem pouca paciência com qualquer aspecto dessa interpretação.

Primeiro, pelo argumento determinista da Parte 1, não há volição "livre": a mente "é determinada a querer isto ou aquilo por uma causa que é, também ela, determinada por outra (...) e assim até o infinito" (E 2p48). Além disso, não há "faculdades" da vontade ou do intelecto, somente atos individuais da mente (E 2p48s). De fato, "volições" (concebidas como atos de afirmação – não, como nota Spinoza, desejos) não são nada distintas de ideias: ideias em si necessariamente envolvem a afirmação ou a negação. Por exemplo, não podemos nem afirmar que os três ângulos de um triângulo são iguais a dois ângulos retos sem ter a ideia de um triângulo, *nem podemos separar da afirmação essa ideia de um triângulo* (E 2p49; ver E 2p48s).

Nessas duas proposições (principalmente no longo escólio de 2p49), Spinoza reforça que a tendência equivocada de conceber o juízo como se implicasse atos arbitrários da vontade dirigidos a ideias inertes e, contrariamente, negligenciar a natureza essencialmente judicativa das ideias está intimamente associada com o não se conseguir distinguir corretamente a natureza do pensamento daquela das coisas extensas, tanto imagens quanto palavras. Uma ideia é "uma concepção da mente" – um ato mental – que não pode ser confundido nem com "uma pintura muda numa tela", nem com a afirmação meramente verbal. Parece-me que algo do que Spinoza diz com relação a isso está confuso, principalmente se supormos que seu alvo *principal* é a posição cartesiana. Por exemplo, ele atribui a certos oponentes a visão de que "as ideias consistem nas imagens que em nós se formam pelo encontro dos corpos", de modo que "essas ideias das coisas das quais não podemos formar nenhuma imagem que se lhes assemelhe não são ideias, mas apenas ficções que fabricamos pelo livre-arbítrio da vontade" (E 2p49s). Ora, a identificação de ideias mentais e imagens físicas certamente não faz parte da posição cartesiana; e a voluntarista teoria cartesiana do juízo nada tem a ver com "ficções fabricadas" (a diferença traçada por Spinoza entre "afirmações" verbais e ideacionais levanta outras questões, mas passarei por cima delas aqui).

No entanto, a posição spinoziana básica é bastante clara e interessante para merecer a atenção que frequentemente recebeu. O juízo não é algo *adicionado* a entidades mentais distintas; antes, o pensamento, ou o mental, é inerente e essencialmente judicativo (e nesse sentido "a natureza do pensamento (...) é bem distante do conceito de extensão").[58] Ideias inadequadas do sentido ou da imaginação não podem ser separadas da afirmação ou da

---

[58] Às vezes, lê-se que Spinoza considera as ideias como "proposicionais", mas isso parece uma caracterização muito equivocada (a menos que de alguma forma se identifique proposições com atos mentais individuais). Sobre esse ponto, ver também Mark 1978: 13 *seq*. (Mark de fato defende que devemos recusar não somente a caracterização das ideias espinosistas como proposicionais, mas também sua identificação como juízos, concebendo-as em vez disso como "atos de percepção ou apreensão". Tenho dúvidas quanto a seu argumento no que tange ao último ponto – principalmente com relação a ideias falsas – mas não seguirei aqui a questão semântica até esse nível de detalhe.)

negação mais do que as ideias da razão o podem. Spinoza concede haver isso que se chama de suspensão do juízo, mas essa suspensão não pode ser considerada como resultante do livre controle da vontade. Antes, a suspensão do juízo é, na verdade, em si mesma, uma percepção: "Com efeito, quando dizemos que alguém suspende seu juízo, não dizemos senão que ele vê que não percebe adequadamente a coisa" (E 2p49s). Essa posição sem dúvida tem vantagens sobre a de Descartes (em minha visão, quase qualquer teoria teria).[59] O que "ver que não se percebe adequadamente a coisa" significa não fica, porém, muito claro (ver que os indícios e as evidências que se tem não são conclusivos? Experimentar a "imaginação flutuante" que resulta de relações inconstantes entre os objetos percebidos?). Mas não há espaço aqui para seguir os detalhes dessa questão. De maneira semelhante, tenho de adiantar a consideração de outras questões que Spinoza assume para defender sua concepção das ideias em 2p49s. Concluirei esta seção com uma breve (mas dúplice) observação sobre a concepção spinoziana dos modos mentais como inerentemente judicativos (envolvendo afirmação ou negação).

Por um lado, o interesse da posição de Spinoza vai muito além de sua função de solapar uma teoria do juízo anterior inerentemente implausível. Através de olhos pós-kantianos, não é difícil vê-lo como antecipador de proposições seminais, do tipo "é necessário para o 'eu penso' acompanhar todas as minhas representações", e "intuições sem conceitos são cegas". Pessoas que se perguntam como um filósofo como Berkeley conseguiria passar dos exíguos átomos sensórios que ele considera como os conteúdos primordiais da mente para uma epistemologia coerente podem sentir que Spinoza estava bem à frente dos principais filósofos que escreveram depois dele (e não somente com relação à rejeição da concepção atomista, receptiva e "muda" da percepção: a concepção spinoziana da *mente* como, por assim dizer, um grande metajuízo mostra uma maneira de evitar concebê-la como um tipo misterioso de receptáculo não físico). Mas, de outro lado, é preciso notar que a posição de Spinoza sobre a natureza das ideias é, no todo, anunciada, e não argumentada. Seus textos geralmente não conseguem oferecer as observações evocativas, concretas, e as

---

[59] Ver Wilson 1978, cap. 4.

distinções precisas e inovadoras que poderiam dar solidez a alegações em favor de avanços maiores na filosofia do conhecimento e da mente. Além disso, a interpretação de sua filosofia – em minha opinião – não consegue legitimamente livrar de restrições sistemáticas nem mesmo aquelas concepções que se parecem com alternativas agradáveis a outras que pensamos que entendemos e que, embora infinitamente intrigantes, são não raramente impenetráveis.

Scientia Intuitiva, amor intelectual de Deus e eternidade da mente

As últimas três Partes da *Ética* procuram tratar "da natureza e da virtude dos afetos, bem como da potência da mente sobre eles" (E 3pr). Um objetivo principal do argumento de Spinoza é mostrar como passar de um estado de não liberdade ou "servidão" – dominação pelos "afetos passivos" – ao tipo de liberdade que somos capazes de alcançar. A distinção entre ideias adequadas e inadequadas aparece constantemente nessa discussão: as paixões, de acordo com Spinoza, "depende exclusivamente de ideias inadequadas" (E 3p3). Assim, seu tratamento dessa questão amarra-se muito fortemente com tópicos que consideramos neste capítulo. Contudo, pode-se razoavelmente dizer que a maioria do material diretamente relacionado com as paixões e com a potência da mente sobre elas pertence de maneira mais apropriada à área da psicologia moral do que à epistemologia. Mas a concepção spinoziana do objetivo geral do conhecimento, com relação à natureza e à felicidade humanas, também é desenvolvida em certas porções dessa parte da *Ética*, culminando na última metade da Parte 5. De acordo com minha concepção de como Spinoza deveria ser lido, essa fase de seu argumento é de importância essencial para qualquer exposição séria de sua teoria do conhecimento. Resumirei (sem escrutínio detalhista) as alegações mais importantes das Partes 3 e 4 que contribuem para esse tema, e então seguirei a um exame mais detalhado e crítico da Parte 5, particularmente 5pp21-40.

No começo da Parte 3, Spinoza introduz o ponto de que somos *ativos* enquanto a causa de algo estiver totalmente dentro de nossa natureza: "Digo que agimos quando, em nós ou fora de nós, sucede algo de que somos a causa adequada, isto é (...), quando de nossa natureza se segue, em nós ou fora de nós, algo que pode ser compreendido clara e distintamente por ela só" (E 3d2). Em outras palavras (pelo ubíquo 2p11c), nossas mentes agem enquanto nossas ideias são adequadas em Deus enquanto ele constitui a essência de nossa mente, isto é, enquanto temos ideias adequadas (E 3p1; ver E 3p3). Contrariamente, nossas mentes são passivas enquanto nossas ideias são inadequadas ou causadas de fora: por conseguinte, em última instância, a assimilação por Spinoza dos afetos passivos a ideias inadequadas, assunto tocado acima. Nossas mentes podem passar para um estado de atividade ou perfeição maior ou menor (essas transições sempre se correlacionam, é claro, com um aumento ou decréscimo da potência de atividade *do corpo*: em 3p2, Spinoza tira explicitamente a implicação de 2p6 e 2p7s de que a mente e o corpo não interagem, embora também afirme no longo escólio que as condições dos dois variam correlativamente). Transições para uma maior atividade são identificadas por Spinoza com o prazer; transições em outra direção com a dor (E 3p11). A terceira emoção básica, o desejo, é identificada com o *conatus* em perseverar no ser (enquanto estamos cientes disso) (E 3p9). Quando a mente considera sua própria potência de atividade, ela com isso passa a um estado de atividade maior, e, portanto, sente prazer (E 3p53). Mais importante para os presentes propósitos é o ponto subordinado de que a mente experimenta o prazer – e também o desejo – enquanto concebe ideias adequadas (E 3p58).[60] Spinoza tem um termo maravilhoso para "a satisfação consigo mesmo que surge porque o homem considera a si próprio e a sua potência de agir": *acquiescentia in se ipso* (E 3da25). ("Autocontentamento" [*self-contentment*] é uma versão correta, mas um tanto inadequada, em inglês.)

Em certas passagens da Parte 4, Spinoza dá os primeiros passos para identificar essa atividade e o prazer que a acompanha com o supremo bem da mente e para ligá-lo tanto com a eternidade da mente quanto com o amor de Deus. Primeiro, no fim do prefácio da Parte 4, ele dá uma explanação

---

[60] Spinoza sustenta que "o desejo é a própria essência do homem, enquanto esta é concebida como determinada, em virtude de uma dada afecção qualquer de si própria, a agir de alguma maneira" (E 3da1).

explícita do significado de "perfeição", que reforça a relação entre essência e perfeição, e a distinção entre ambos esses conceitos e a (mera) duração:

> Por perfeição em geral compreenderei, como disse, a realidade, isto é, a essência de uma coisa qualquer, enquanto existe e opera de uma maneira definida, sem qualquer relação com sua duração. Com efeito, de nenhuma coisa singular se pode dizer que é mais perfeita por perseverar mais tempo no existir. Pois, a duração das coisas não pode ser determinada por sua essência, porque a essência das coisas não envolve qualquer tempo definido e determinado de existência.

Também de importância é 4d8, que relaciona virtude, potência e essência: "Por virtude e potência compreendo a mesma coisa, isto é (...), a virtude, enquanto referida ao homem, é sua própria essência ou natureza, na medida em que ele tem o poder de realizar coisas que podem ser compreendidas exclusivamente por meio das leis de sua natureza". Essa definição (pulando alguns outros detalhes de argumento) resulta nas alegações de que "o *conatus* por se conservar é o primeiro e único fundamento da virtude" (E 4p22c) e de que se diz que um homem age virtuosamente à medida que ele é determinado a fazer alguma ação porque compreende (E 4p23). Além disso, o *conatus* da mente por se preservar é "somente o esforço por compreender", e, portanto, o esforço por entender é "o primeiro e único fundamento da virtude. E não é por causa de algum fim (...) que nos esforçaremos por compreender as coisas" (E 4p26). Mas uma vez que "a suprema coisa que podemos compreender" é Deus, "o bem supremo da mente é o conhecimento de Deus e a sua virtude suprema é conhecer Deus" (E 4p28). Em 4p52, Spinoza também diz que a satisfação consigo mesmo é o supremo bem pelo qual podemos esperar. Assim, parece, a satisfação consigo mesmo e o conhecimento de Deus são uma única e mesma coisa, como previamente explicado. Esses temas ganham arremate no final da Parte 4, na qual Spinoza conclui: "Assim, na vida, é útil, sobretudo, aperfeiçoar, tanto quanto pudermos, o intelecto ou a razão, e nisso, exclusivamente, consiste a suprema felicidade ou beatitude do homem. Pois a beatitude não é senão a própria satisfação do ânimo que provém do conhecimento (*cognitio*) intuitivo do homem" (E 4ap4). Essa observação prefigura o argumento mais desenvolvido da Parte 5, ao qual agora me volto.

No final do escólio de 5p20, Spinoza resume algumas das alegações que ele acha que já estabeleceu acerca do valor da razão ou do conhecimento claro e distinto. A razão (e principalmente "o terceiro gênero de conhecimento, cujo fundamento é o próprio conhecimento de Deus") pode relacionar as emoções passivas a Deus, compreendendo-as por isso adequadamente (E 5pp3-4) e experimentando o prazer (E 3p53). Já que Deus é percebido como a causa deste prazer, ele carrega consigo o amor de Deus (pois amamos o que concebemos como a causa externa de nosso prazer) (E 3da6).[61] Escolhendo o fraseado do *Tratado sobre o Intelecto* que citei acima na seção 1, ele acrescenta que esse conhecimento claro e distinto "gera um amor por uma coisa imutável e eterna (...), amor que, por isso, não pode ser maculado por nenhum dos defeitos que existem no amor comum e que, em vez disso, pode ser cada vez maior (...), ocupar a maior parte da mente (...) e afetá-la profundamente" (E 5p20s).

Neste ponto, Spinoza faz uma observação que muitos consideraram um desconcertante desvio de tudo o que apareceu antes na *Ética*, chegando mesmo à contradição direta com doutrinas previamente enunciadas:

> Cheguei, assim, ao fim de tudo aquilo que se refere à vida presente. Com efeito, o que eu disse, no início deste escólio, isto é, que nessas breves proposições havia reunido todos os remédios para os afetos, é algo que pode ser verificado por qualquer um que preste atenção ao que aqui dissemos (...). É, pois, agora, o momento de passar àquilo que se refere à duração da mente, considerada sem relação com o corpo. (*Tempus igitur iam est, ut ad illa transeam quae ad mentis durationem sine relatione ad corpus pertinent.*)

---

[61] É preciso reconhecer que é estranho que a lógica de Spinoza aqui exija conceber Deus – nossa causa "imanente" – como "externo". Na verdade, o que está em questão aqui, creio, é que Deus, a causa de nosso prazer, é entendido como maior do que somos e, por conseguinte, não idêntico a nós.

Certamente até agora Spinoza coerentemente sustentou a completa inseparabilidade entre mente e corpo: afinal, diz-se que são "a única e a mesma coisa" (E 2p7s). Em 2p8c (acerca das "ideias dos modos não existentes"), Spinoza parece mesmo ligar especificamente a duração da mente à duração do corpo: "quando se diz que as coisas singulares existem, não apenas enquanto estão compreendidas nos atributos de Deus, mas também enquanto se diz que duram, suas ideias envolverão também a existência, razão pela qual se diz que elas duram". Embora eu geralmente resista a "solucionar" problemas interpretativos simplesmente jogando textos a torto e a direito, a transição para 5p21 parece-me apresentar um exemplo quase inquestionável em que esse procedimento está garantido. Spinoza, alego, simplesmente "errou o fraseado"; o que ele pretendia dizer era o seguinte:

Agora é o momento de passar àqueles assuntos que dizem respeito à realidade da mente sem considerar a duração do corpo.[62]

---

[62] Contudo, não de maneira inquestionável, porquanto há um procedimento interpretativo que nos permitiria reter as palavras de Spinoza como estão escritas: a saber, assumindo que ele está usando "duração" na sentença problemática em um sentido diferente do que usou em outros lugares na *Ética*. Essa possibilidade – a mim sugerida por James Ross com base em compreensões tradicionais variantes de "duração" – ganha um pouco de sustentação do curioso palavreado (citado abaixo em meu texto) vindo de 5p23: "nós não atribuímos, porém, à mente humana nenhuma duração, a qual pode ser definida pelo tempo". De maneira alguma considero impossível que Spinoza use "duração" de maneira repentina e sem aviso em um sentido diferente do que aquele em que ele vinha insistindo por muitas páginas. Em todo caso, o ponto é que há pouca ou nenhuma ambiguidade real acerca do sentido da discussão spinoziana da eternidade da mente em 5pp21-40; e (em minha opinião) pouca ou nenhuma base para crer que ali ele "trai" fases anteriores de sua posição sobre o estatuto da mente. Talvez alguns intérpretes se inclinassem a fazer essa alegação em parte por causa de desejarem poder apresentar Spinoza como um tipo de filósofo "cabeça dura", (talvez) com inclinações materialistas (escritos não publicados de Shawn Travis renovaram meu conhecimento de várias questões complexas ligadas ao tratamento dado por Spinoza à eternidade, particularmente com respeito à "eternidade" dos modos, em relação à "eternidade" da substância. Infelizmente, o tempo restringe-me e não posso considerar o que disse aqui à luz dessas questões – que, em todo caso, são complexas demais para serem tratadas pormenorizadamente no presente contexto.)

Quase *tudo* que Spinoza vai dizer nas próximas poucas proposições sustenta essa sugestão sobre o que ele tem em mente. Antes de olhar em alguns dos detalhes da posição que ele desenvolve, peço permissão para citar uma sentença (da demonstração de 5p23) que me parece em si mesma um indício virtualmente conclusivo: "Nós não atribuímos, porém, à mente humana nenhuma duração, a qual pode ser definida pelo tempo, senão enquanto ela exprime a existência atual do corpo, a qual é explicada pela duração e pode ser definida pelo tempo, isto é (pelo corolário da prop. 8 da P. 2), nós não atribuímos à mente nenhuma duração senão enquanto dura o corpo".[63]

A teoria da "eternidade da mente" que Spinoza avança depois de 5p20 pode ser resumida bastante brevemente, já que os elementos básicos foram bem preparados. Primeiro, o conhecimento inadequado dos corpos externos encontrados na imaginação, nos sentidos e na memória (e também implicados nas emoções passivas) cessa quando o corpo humano cessa de durar (E 5p21, 34). No entanto, a *essência* do corpo humano está em Deus (sem considerar a duração) e é concebida através de Deus "em virtude de certa necessidade eterna"; assim: "Em Deus, necessariamente existe, entretanto, uma ideia que exprime a essência deste ou daquele corpo humano sob a perspectiva da eternidade." (E 5p22). Isto é, a mente humana, enquanto exprime a essência do corpo humano – e é assim "parte do intelecto infinito de Deus" – é ela mesma eterna; ou como Spinoza de maneira um tanto equivocada expressa o ponto (E 5p23): "a mente humana não pode ser inteiramente destruída juntamente com o corpo; dela permanece algo, que é eterno". Novamente aqui vemos Spinoza sucumbir a uma tentação de exaltar a mente sobre o corpo, com respeito a algum tipo de permanência; no entanto, corretamente (de acordo com seus próprios princípios cuidadosamente desenvolvidos) ele poderia e deveria dizer simplesmente isso: que a mente humana tem uma parte não eterna que perece quando o corpo cessa de durar, mas também uma parte eterna, que deve ser entendida como conhecimento da essência do corpo do ponto de vista da eternidade: "sentimos, entretanto, que nossa mente, enquanto envolve a essência do corpo sob a

---

[63] Ver também 5p23s, lá pelo fim.

perspectiva da eternidade, é eterna, e que esta existência da nossa mente não pode ser definida pelo tempo, ou seja, não pode ser explicada pela duração" (E 5p23s; ver E 5p29).[64]

Conforme já mencionei, uma das concepções spinozianas centrais, com respeito ao conhecimento e à obtenção da perfeição humana, é que a habilidade de nossa mente em compreender a essência de várias coisas sob a perspectiva da eternidade é uma função de sua habilidade em compreender ou conhecer, ou conceber a essência de seu próprio corpo sob a perspectiva da eternidade. Porque esse conhecimento, como todo conhecimento, envolve compreender seu objeto em relação à causa dele – Deus – esse conhecimento que a mente tem em relação a seu corpo e aos corpos externos satisfaz a definição do "terceiro gênero de conhecimento".

> A mente não concebe nada sob a perspectiva da eternidade a não ser na medida em que concebe a essência de seu corpo sob a perspectiva da eternidade (pela prop. 29), isto é (pelas prop. 21 e 23), a não ser na medida em que é eterna. Por isso (...), na medida em que é eterna, a mente tem o conhecimento de Deus, o qual é, com certeza, necessariamente adequado (...). E, portanto, na medida em que é eterna, a mente é capaz de conhecer tudo aquilo que pode seguir-se desse dado conhecimento de Deus, ou seja, é capaz de conhecer as coisas por meio do terceiro gênero de conhecimento (...), do qual a mente, na medida em que é eterna, é, portanto (...), a causa adequada ou formal (E 5p31).[65]

---

[64] Ver também o escólio de 5p29, no qual Spinoza reafirma a distinção entre os dois sentidos de "atualidade" ou "existência" (isto é, com respeito à essência e à eternidade e com respeito à duração) a que anteriormente aludimos.

[65] Além disso, Spinoza indica (E 5p30) que a mente pode conhecer a si mesma, também, com relação à essência de Deus, e, portanto, sob a perspectiva da eternidade. Em 5p36s, ele põe ênfase especial sobre esse conhecimento como um componente da beatitude humana: "como a essência de nossa mente consiste exclusivamente naquele conhecimento cujo princípio e fundamento é Deus (pela prop. 15 da P 1 e pelo esc. da prop. 47 da P 2), torna-se claro para nós de que maneira e sob qual condição nossa mente se segue, tanto no que toca à essência quanto no que toca à existência, da natureza divina, e depende continuamente de Deus".

Spinoza passa a defender que o terceiro gênero de conhecimento traz o prazer "acompanhado da ideia de Deus como sua causa" e, por conseguinte (em parte por causa de algumas observações prévias sobre a natureza do amor), o amor de Deus, concebido como eterno (E 5p32). Assim, ele não está ligado só à autossatisfação, mas também ao que Spinoza chama de "amor intelectual de Deus" (*amor intellectualis Dei*), que é ele mesmo "eterno" (E 5p32c e 5p33). Essa condição é identificada por Spinoza, nas proposições seguintes, com a perfeição da mente, a beatitude ou salvação ou liberdade (E 5p33s e 5p36s). Ele explicitamente sustenta que o terceiro gênero de conhecimento – ou "conhecimento intuitivo de coisas singulares" – é "superior" ao segundo gênero "abstrato" de conhecimento (E 5p36s). Contudo, também o segundo gênero consiste em ideias adequadas, e, assim, (parece) contribuir para aumentar a parte da mente que desfruta da eternidade (E 5p38).[66] Ainda,

> do terceiro gênero de conhecimento provém a maior satisfação que pode existir, segue-se que a mente humana pode ser de uma natureza tal que sua parte que perece juntamente com o corpo [isto é, aquela parte que consiste em ideias inadequadas], conforme indicamos (veja-se a prop. 21), não tenha nenhuma importância, em comparação com a parte que permanece (E 5p38s).

Quanto mais coisas a mente humana compreende adequadamente, maior a porção dela que pertence ao intelecto infinito de Deus, e, assim, é eterna; e tanto menor a razão para se temer a morte (E 5pp38-40). A preocupação apaixonada expressa no começo do *Tratado do intelecto* em encontrar a chave para experimentar "uma alegria contínua e suprema para toda a eternidade" foi agora encontrada.

---

[66] A palavra que Spinoza usa aqui é – mais uma vez – "permanece" (*remanet*). Talvez seja possível mitigar as conotações temporais desse termo pensando em "restos" (*remainders*) aritméticos.

Conclusão

Diferentemente de alguns outros comentadores, não vejo que a Parte 5 da *Ética* (particularmente as proposições que vêm depois de 5p20) esteja em descontinuidade ou em desacordo com doutrinas anunciadas antes. Ao contrário, parece-me que quase tudo na Parte 5 está cuidadosamente prefigurado em material prévio (algo disso é frequentemente negligenciado, como a distinção entre os sentidos de "existência" em 2p45s, retomado em 5p29s). É verdade que tive de reconhecer uma anomalia na Parte 5, diferentemente de outras partes: ao apresentar sua teoria da eternidade da mente, Spinoza corruptamente tende a implicar que a mente alcança existência *separada* do corpo (e chega mesmo a falar que ela alcança "a *duração* sem relação com o corpo"). Nessa medida, a linguagem de Spinoza sem dúvida evoca uma concepção menos esotérica da "eternidade da mente" do que permitem seus princípios. Mas esse lapso não parece ser completamente insuperável: textos da mesma Parte 5 mostram que sua concepção anterior da relação entre corpo e mente, conforme afirmado principalmente na Parte 2, persiste por baixo da linguagem inconsistente (que de acordo com isso pode ser amplamente desconsiderada). O problema mais sério, creio, é muito diferente: a saber, explicar como Spinoza realmente entende o "terceiro gênero de conhecimento" – ou, de fato, o segundo.[67]

O terceiro gênero de conhecimento, como vimos, envolve compreender a "essência mais íntima" das coisas singulares em relação à essência de Deus. Indiquei que Spinoza nos dá alguma razão para supor que o que ele tem em mente (ao menos em parte) é como chegamos a

---

[67] Subjacentes às dificuldades de interpretação da posição spinoziana quanto à eternidade da mente na Parte 5 da *Ética*, estão outras dificuldades relacionadas com o que ele diz sobre "modos não existentes" em 2p8 – sobre as quais uma boa parcela de sua posição na última Parte da obra se baseia. Alan Donagan ataca esse problema de maneira engenhosa e inventiva em Donagan 1973b. Mas sua leitura é de certa maneira insatisfatória. Diane Steinberg criticou plausivelmente certos detalhes do artigo de Donagan em Steinberg 1981.

compreender intuitivamente a "força por perseverar na existência" que define a essência das coisas singulares como uma manifestação e uma consequência da potência de Deus. Infelizmente – e também exasperadamente – ele diz pouco mais para elucidar essa noção fundamental (sugeri que o exemplo matemático que ele dá tanto na *Ética* quando no *Tratado do intelecto* podem de fato ser equivocados em certos aspectos). É claro, somos informados que o terceiro gênero de conhecimento (e, num grau menor, o segundo), em virtude de apresentar as coisas "segundo a perspectiva da eternidade", torna a mente ela mesma (ou uma "parte" dela) "eterna". Essa compreensão traz consigo o "amor intelectual de Deus" e alimenta a mente com uma alegria pura. Muito dessa linguagem sugere uma transformação da mente em relação a Deus que poderia ser interpretada como "mística". Ao mesmo tempo, a teoria de "o que é comum a todos" ou as "coisas eternas e fixas", principalmente tal como desenvolvida no *Tratado do intelecto*, parece sugerir algum tipo de intelecção em termos de leis causais, mais próximo do que atualmente pensamos ser a compreensão "científica". Mas, parece-me, esse é o ponto máximo a que o texto nos leva. Assim, no final, ficamos com um enigma: o que é exatamente vir a perceber as "essências mais íntimas" das coisas singulares conforme elas decorrem da necessidade da natureza divina? Uma boa solução a esse enigma seria, penso, uma contribuição mais fundamental ao entendimento da posição de Spinoza sobre o conhecimento do que até mesmo os melhores comentários de sua resposta à dúvida hiperbólica cartesiana ou à teoria do juízo de Descartes. Mas, infelizmente, eu não conheço nenhuma.[68]

---

[68] Sou grata a Roger Woolhouse por indicar um problema num esboço prévio deste texto, com respeito a meu tratamento de 2p17s (fiz mudanças em resposta a sua crítica, mas pode ser que não a tenha acomodado completamente). Meus comentários sobre a teoria do erro de Spinoza foram, em certa medida, influenciados por observações dos membros do Seminário Spinoza que dei em Princeton no outono de 1992 (principalmente, talvez, Ben Friedman).

4 Ciência natural e metodologia* de Spinoza

ALAN GABBEY

Introdução

A questão do envolvimento de Spinoza com a ciência depende inicialmente dos tipos de busca científica em que se pensa que ele se envolveu. A julgar pelo prestigiado *Dictionary of Scientific Biography*, Spinoza não estava envolvido de maneira importante em nenhum tipo de ciência, já que ele não merece uma entrada em seus ostensivamente abrangentes dezesseis volumes (Gillispie 1970-1980). Esse juízo é compartilhado pelos autores da maioria das histórias da ciência que tratam do século XVII, nas quais o nome de Spinoza aparece, se tanto, somente de passagem, como parte da ambientação histórica. Uma minoria de historiadores da ciência tem uma visão mais construtiva. Em *History of Science, Technology and Philosophy in the 16th and 17th Centuries*, de Wolf, obra em que podemos ter uma visão mais ampla de uma historiografia da ciência mais antiga, Spinoza se une a Hobbes, Descartes, Locke e Leibniz no capítulo sobre psicologia; e a ele são dados um capítulo ou seção na maioria das histórias da psicologia, inclusive coleções de fontes textuais. Além disso, muitos artigos e estudos tão grandes quanto livros lidam de uma maneira ou de outra com a psicologia de Spinoza (qualquer que seja o modo como é entendida); biologia, medicina e psicanálise também aparecem topicamente

---

*Acrescentando à partilha do tributo deste volume como um todo em memória de Alan Donagan, eu gostaria que este ensaio também fosse considerado como tributo pessoal a Marjorie Grene.

nas bibliografias de Spinoza.¹ Mais uma vez, há uma entrada sobre Spinoza em uma recente enciclopédia de ciência política em volume único e em cada uma das principais enciclopédias (de língua inglesa) de ciências sociais.² Savan, Curley e Popkin são nomes de destaque dentre os que reconhecem o papel de Spinoza na emergência da hermenêutica científica, embora discordem quanto à natureza desse papel e sua importância.³

Quanto ao envolvimento de Spinoza com ótica, teoria do movimento, física em geral e metodologia científica, esses assuntos receberam tratamentos misturados em estudos monográficos. Os autores de algumas abordagens padrão não dizem quase nada sobre esses aspectos de sua vida intelectual, escrevendo sobre Spinoza como outros escrevem sobre Descartes, ou seja, como um colega filósofo do século XX sem o fardo da antiga ciência do século XVII. Em certos estudos sobre Spinoza, os temas científicos aparecem somente como latentes tendências subterrâneas ao pensamento "filosófico". Mesmo Wolfson decepciona, já que, negligente, diz pouco sobre as dimensões científicas do pensamento de Spinoza, pondo de lado (por exemplo) a interpretação dos *Princípios da filosofia de Descartes* como no máximo "apenas introdutória" a uma leitura da *Ética*. Dentre os que reconhecem a dimensão científica do pensamento de Spinoza, embora tratem dela em diversos graus de detalhe, estão Pollock, Curley, Parkinson (particularmente útil sobre a metodologia de Spinoza), Delahunty e McKeon, que faz uma varredura útil dos episódios científicos na vida e nas cartas de Spinoza. Há vários artigos muito bons sobre Spinoza e as

---

[1] Ver Wolf 1935; 564-581, principalmente nas p. 571-575. Spinoza reaparece, é claro, no capítulo sobre filosofia, p. 650-656. Vale lembrar que o autor dessa utilíssima história da ciência moderna inicial é o eminente estudioso de Spinoza. Ver também Brett 1965: 394-406; Sahakian 1970: 34-38; e Klein 1970: 402-409 (Spinoza's Hormic Psychology). Estranhamente, Spinoza não aparece em Herrnstein e Boring 1965. Para uma lista de outros estudos relevantes, ver Nails 1986, a que podemos adicionar Neu 1977.
[2] Ver Seligman e Johnson 1930-5: XIV, 299-301 (por Benjamin Ginzburg); Sills 1968-1979, XV, 135-137 (por Rosalie L. Collie); e Miller 1987: 502-503 (por Robert J. McShea).
[3] Ver Savan, 1986: 97-99; Popkin 1986 e seu capítulo neste volume; e Curley 1995.

ciências físicas, principalmente os de Lachterman e Savan. Complementando a monografia de Biasutti sobre a "doutrina da ciência" de Spinoza amplamente entendida, há agora um volume de escritos coligidos dedicados centralmente a Spinoza e as ciências particulares.[4]

O contexto das disciplinas

A ausência de Spinoza no *Dictionary of Scientific Bibliography* e outros textos de história da ciência transmitem duas mensagens: (1) que ele não fez nenhuma contribuição científica às ciências naturais e matemáticas, e (2) que suas realizações positivas não merecem o rótulo de "ciência", ou ao menos não de "ciência propriamente dita". A primeira dessas mensagens é aceitável, mas a segunda ser válida depende de classificações disciplinais assumidas de maneira tácita ou mais frequentemente inconsciente pelos cientistas, historiadores e compiladores de dicionários biográficos de hoje.[5] Por exemplo, para aqueles que pensam que "Ciência" Política é uma classificação falsa, usurpadora de um nome respeitável, o *Tratado político* e o *tratado teológico-político* sequer seriam classificados como ciência. Mas neste ensaio não me preocupo com a questão ociosa de saber se ou como muito do que Spinoza fez era "ciência" por quaisquer critérios do século XX.[6] As tradições e relações intelectuais

---

[4] Ver Wolfson 1934: I, 32; POLLOCK 1912; PARKINSON 1954; BIASUTTI 1979; CURLEY 1973a; DELAHUNTY 1985; LACHTERMAN 1978; MCKEON 1928; SAVAN 1986; e GRENE e NAILS 1986.
[5] Sem esquecer dos bibliógrafos: ver a atenta introdução (p. 305) a Nails 1986.
[6] Tampouco posso examinar a presença de Spinoza nos contextos científicos posteriores ao século XVII, o que possivelmente seria uma tarefa mais difícil. Em todo caso, pretendo permanecer a uma distância segura daquele ramo específico de estudos spinozianos em que encontramos – como se moscas em volta de um pote de geleia – autores congregados sobre meditações bizarras acerca de "Spinoza e" esta ou aquela noção científica ou cientista do século XX. Previsivelmente, Einstein, Freud, teorias de campo e o contínuo Espaço-Tempo são as vítimas comuns dessas designações diacrônicas surreais. Para alguns exemplos, convidamos o leitor a ler atentamente Nails 1986, Bennett 1984: 91 *et seq.*, e Hesing 1977. Como corretivo a Bennett nesse contexto, ver Ariew 1987: 652-653.

entre as disciplinas que Spinoza e seus contemporâneos conheciam são os contextos apropriados dentro dos quais seu pensamento pode ser compreendido e nos quais uma avaliação competente de sua originalidade e subsequente influência pode ser baseada.

Para ver alguma coisa das categorias disciplinais que eram geralmente reconhecidas nos tempos de Spinoza, podemos olhar para os manuais de lógica e filosofia que ele conheceu durante seus anos de formação (precisamente porque essas categorias eram moeda corrente – *praecognita philosophica* – é somente em textos didáticos ou propedêuticos que se pode esperar encontrar relatos completamente informativos delas). Dentre as obras que Spinoza conhecia estavam os manuais dos neoescolásticos como Burgersdijk e seu discípulo Adriaan Heereboord, e de outros como Bartholomew Keckermann,[7] que Spinoza começou a estudar na escola latina de Franciscus van den Enden, depois de sua expulsão da Sinagoga de Amsterdã em 1656. O *Systema Logica* de Keckermann existia na biblioteca de Spinoza, sua influência é discernível no *Curto tratado*, e o mesmo vale para as *Institutiones Logicae* de Burgersdijk e os *Meletemata Philosophica* de Heereboord. Spinoza tinha simpatia pela maneira de filosofar de Heereboord, citando diretamente trechos dos *Meletemata* nos *Pensamentos metafísicos* (o apêndice dos *Princípios da filosofia de Descartes*), durante cuja escrita ele também parece ter tido à mão as *Institutiones Metaphysicae* de Burgersdijk.[8] Esses tratados não esgotam toda a formação de Spinoza na principal corrente filosófica de seus dias, mas no que respeita a taxonomia das disciplinas, eles representam o suficiente de um amplo consenso para melhorar nossa compreensão das realizações de Spinoza.

---

[7] Sobre a escolástica e a neoescolástica nas universidades holandesas durante a primeira metade do século XVII, especialmente as obras influentes de Burgersdijk, Heereboord e Keckermann, ver Dibon 1954. Sobre o pensamento de Burgersdijk, contexto histórico e influência ver, Bos e Krop 1993.

[8] Ver Van Rooijen 1888: 180; Siebrand 1986: 65-66; os comentários de Wolf em Spinoza 1910: XXXI, 190-192, 194, 198; e Wolfson 1934: I, 64n.2, 81n.1.

No sentido amplo empregado "por mestres e por professores de filosofia hoje", conforme diz Keckermann, e diferentemente da teologia, da jurisprudência e da medicina (as três *facultates* mais altas),⁹ *philosophia* abrange todas as disciplinas liberais: gramática, retórica, lógica, física, matemática, metafísica, ética, economia¹⁰ e política. Mas, no sentido estrito, embora não propriamente falando, *philosophia* quer dizer filosofia teórica ou contemplativa, ou seja, as três ciências (metafísica, física ou filosofia natural e matemática) ou mesmo só metafísica. Falando propriamente, porém, *philosophia* abrange só seis disciplinas: as três *scientiae* e as três *prudentiae* (ramos da filosofia prática), que são a ética, a economia doméstica e a política. Há uma divisão correspondente dentro da filosofia de acordo com a natureza e o propósito. O propósito das *scientiae* é a contemplação, *theoria*, conhecimento pelo conhecimento; o propósito das *prudentiae* é a *práxis*, o conhecimento prático que tem em vista da ação humana.¹¹ Quanto à lógica, ela não é parte da filosofia. Como a gramática e a retórica, é uma "arte instrumental" (*ars instrumentaria*), cujos *instrumenta* é o método, que nos ensina como melhor encontrar a verdade usando o processo ilativo e como melhor reter na memória o conhecimento assim adquirido.¹²

---

⁹ *Plus ça change.* (...) Teologia, Direito e Medicina (some-se Odontologia) têm conseguido até hoje enganar os cidadãos e os governos para que acreditem que são as ocupações "mais elevadas", conforme é confirmado pela escala de salários de todas as profissões, exceto a primeira.

¹⁰ Nesse período, "economia" (*oeconomica*) queria dizer o que hoje em dia chamaríamos de "administração da casa", "economia do lar" ou "economia doméstica".

¹¹ Ver Keckermann 1614, "*Praecognitorum Philosophicorum Liber Primus, qui est de Philosophiae Natura*"; Cap. I, "*De Nomine et Definitione Philosophiae*," col. 7; Cap. II, "*Dephilosophiaepartitione*," cols. 11-18. No Cap. II, Keckermann faz um longo comentário sobre alguns inconvenientes de se repartir a filosofia em teórica e ativa. Ver também Heereboord 1659: "*Collegium Logicum*", "*Positionum Logicarum disputatio prima, de Philosophiae et Logicae Natura*", teses 8-14, p. 1. Ver também Burgersdijk 1651: "*EPMHNEIA Logica: sive Synopseos logicae Burgersdicianae Explicatio*", p. 277. Exceto onde dito ou indicado diferentemente, todas as traduções são minhas.

¹² Heereboord 1659: *Collegium logicum, Positionum logicarum disputatio prima, de philosophiae et logicae natura*, teses 15-18, p. 1. Burgersdijk 1651: Lib. II, Cap. I (*De Definitione in Genere, déque Definitione Nominali*), *Theorema* II; p. 143, Lib. II, Cap. XXVIII (*de methodo*), e a *explicatio* de Heereboord em "*EPMHNEIA Logica: sive Synopseos Logicae Burgersdicianae Explicatio*", p. 127.

Embora advirta que a filosofia não pode ser definida perfeitamente (no sentido de se afirmar sua essência), Heereboord propõe o convencional "conhecimento (*cognitio*) das coisas divinas e humanas inferidas dos princípios conhecidos *per se* pela luz natural do intelecto" (Heereboord 1659: *Collegium Logicum*, p. 1, teses 1-3, 5). *Scientia*, propriamente falando, surge da demonstração com respeito ao "por que", e é conhecimento (*cognitio*) das coisas necessárias por suas causas aproximadas. Contudo, falando livremente, pode-se dizer que *scientia* não é conhecimento, em algum sentido aceito, de quase nada (Heereboord 1659: *Collegium Physicum*, p. 1, tese 1). Em seu dicionário filosófico, o mais abrangente do século XVII, Goclenius nota que *scientia*, quando usado no sentido próprio, é *scientia* absolutamente falando; quando usada no sentido livre, torna-se um termo adjetivo ou a ciência *de* alguma coisa (ciência política, ciência da medicina etc.).[13]

Spinoza reflete os dois sentidos de "*scientia*". A se julgar pelo capítulo de abertura do *Tratado teológico-político*, *scientia* propriamente falando – *vera scientia* – é o conhecimento adquirido por meio de explicação causal. O terceiro gênero de conhecimento na *Ética* é *scientia intuitiva,* porque envolve o procedimento "de uma ideia adequada da essência formal de certos atributos de Deus para o conhecimento adequado da essência das coisas" (E 2p40s2).[14] É uma bela questão se esse processo ("*procedit ab ... ad*") deve ser interpretado como causal ou ilativo, mas ao menos ele reflete a dependência causal da essência das coisas particulares em Deus, e permite toda ponte puramente demonstrativa que Spinoza pensava ser possível entre os atributos infinitos e os modos finitos. Em um aspecto, o *Tratado sobre a Emenda*

---

[13] Goclenius 1613: 1010. Embora provavelmente não seja irrelevante para nós nesse contexto, deixo de lado o outro sentido de "*scientia*" como *habitus*, isto é, como um estado intelectual alcançado, ou qualidade ou disposição possuída pelo "cientista". Ver Goclenius 1613: 623-625, 1012; Heereboord 1659: *Collegium Logicum: Positionum Logicarum Disputatio Quarta, de Qualitate*, p. 6; Keckermann 1614: cols. 871-875, Lib. I, Cap. VI (*De explicatione qualitatum*), *Exemplum Primae Speciei Qualitatis Nempe* Habitus.
[14] Em sua análise valiosa em outros aspectos de *scientia intuitiva*, Mignini não consegue se perguntar o que Spinoza poderia ter compreendido por *scientia* (Mignini 1990).

do Intelecto (doravante, *Tratado sobre o Intelecto*) é mais explícito do que a *Ética*: o quarto modo de percepção (*perceptio* – isto é, o "terceiro gênero de conhecimento" da posterior *Ética*) acontece quando "uma coisa é percebida por sua essência unicamente ou por conhecimento (*cognitio*) de sua causa próxima" (TdIE 19).

Por outro lado, Spinoza frequentemente usa a frase superabrangente *"artes et scientiae"* ("artes e ciências"), notadamente para defender que a liberdade é um pré-requisito absoluto para seu avanço ou que elas, por sua vez, são pré-requisitos absolutos para a perfeição humana. Esses exemplos indicam que ele não descarta *"scientia"* (no sentido livre) como um rótulo apropriado para todas as seis divisões da filosofia.[15] Mais esclarecedora é a passagem no *Tratado sobre o Intelecto*, em que Spinoza lista as disciplinas requeridas para se alcançar a perfeição que consiste na união de mente e Natureza: filosofia moral, doutrina educativa, toda a medicina, mecânica (como uma *ars*!), e o tema do *Tratado sobre o Intelecto*, o "método corretivo" (*modus medendi intellectûs*). É um grupo bastante heterogêneo, e no entanto Spinoza revela sua identidade comum na nota de rodapé correspondente à passagem: "Note-se que aqui somente cuido de enumerar as ciências (*scientia*) necessárias a nosso escopo, sem olhar para sua série (*series*)" (TdIE 16n).

Portanto, em termos do século XVII, Spinoza fez grandes contribuições a dois ramos da filosofia prática (*prudentia*), a um da *scientia* e a parte de outro (a psicologia e a ciência dos corpos animados eram então subdivisões da *physica specialis*), a um *instrumentum* da lógica e à mescla disciplinar específica rotulada por Alsted de *critica theologica*.[16] E quanto a seu pão de cada dia, o Spinoza *mechanicus* o ganhava praticando a arte de polir

---

[15] *Tractatus de Intellectus Emendatione*: Spinoza 1925: II, p. 6. C. I: 8, nota a. *Tractatus Theologicus Politicus*, cap. V, XV, XX; *Tractatus Politicus*, cap. VIII. Spinoza 1925: III, p. 73, 187, 243, 346.

[16] Alsted 1649: Tom. IV (*Praecipuae Farragines disciplinarum*), Lib. 35 (*Apodemica, Critica*). O *Tratado teológico-político* de Spinoza poderia ser descrito nos termos de Alsted como um *farrago* de *politica, historia* e, conforme a Tabula XXXVIII (Tom. I) de Alsted, *critica specialis theologica de libris Scripturae Sanctae*.

lentes. Ele não foi uma figura importante na matemática, nem em nenhuma das *scientiae mediae*, como a ótica.[17] Tampouco ele foi um importante filósofo natural, exceto enquanto expositor de Descartes, ou na medida em que a física sustenta sua psicologia e sua filosofia ética[18] e política. O objetivo do filósofo natural estava em explicar o mundo físico: o propósito central de Spinoza estava em saber como os seres humanos se comportam e deveriam comportar-se como indivíduos e criaturas sociais. Conforme diz Brunschvicg: "*Spinoza s'est consacre a la philosophie parce qu'il s'est demande comment il devait vivre. Les hommes ont des genres de vie differents, chacun doit choisir le sien; il s'agit de faire le choix le meilleur, et c'est la le probleme que Spinoza s'est propose de resoudre*" (Brunschvicg 1951: I; ver também Roth 1929: 43).[19] Nancy Maull, por outro lado, "não pode circunscrever (Spinoza) às categorias de Descartes e Boyle, Leibniz e Newton", nem, "infelizmente", ela pode enfiá-lo à força "na linha de 'grandezas' científicas, seja teoricamente, seja por causa de alguma realização científica concreta" (Maull 1986: 3). Mas por que esperar que Spinoza seja algo que ele não era? Perguntar por que Spinoza não fez matemática ou filosofia natural séria, implicando com isso quase uma deliquência de dever de sua parte ou lamento da parte do pesquisador, é como perguntar por que Wagner não escreveu concertos para piano. Ou por que Descartes, Boyle ou Newton não escreveram filosofia política...

---

[17] As *scientiae mediae* (ciências intermediárias), uma subdivisão dentro da filosofia especulativa, operavam "a meio caminho" entre a matemática e a física, tratando objetos físicos e empiricamente acessíveis de maneira matemática. As principais *scientia mediae*, ou "matemática misturada", como se tornaram conhecidas na Inglaterra do século XVII, eram a ótica, a música, a astronomia e a mecânica. Ver, por exemplo, Keckermann 1614, *Generalis introductio in praecognita philosophica*, Cap. II (*De Philosophiae Partione*), col. 17. Ver também Gabbey 1992: 308-312.

[18] "a ética, como todos sabem, deve fundamentar-se na metafísica e na física" (Ep. 27, Spinoza a Eillem van Blijenbergh, 3 de junho de 1665).

[19] N.T.: "Spinoza se consagra à filosofia porque ele se pergunta como ele deveria viver. Os homens têm gêneros diferentes de vida, cada um deve escolher o seu; trata-se de fazer a melhor escolha, e este é o problema que Spinoza se propõe resolver".

As taxonomias disciplinares que delineei iluminam alguns dos fundamentos da originalidade de Spinoza. O próprio título da *Ethica ordine geométrico demonstrata* assinalava uma incongruência disciplinar para os contemporâneos mais tradicionais de Spinoza, um aspecto da obra do qual ele estava totalmente ciente:

> Quero, agora, voltar àqueles que, em vez de compreender, preferem abominar ou ridicularizar os afetos e as ações dos homens. A esses parecerá, sem dúvida, surpreendente que eu me disponha a tratar dos defeitos e das tolices dos homens segundo o método geométrico, e que queira demonstrar, por um procedimento exato, aquilo que eles não param de proclamar como algo que, além de vão, absurdo e horrendo, opõe-se à razão (E 3pr).

De acordo com a tradição peripatética, Burgersdijk (por exemplo) diferenciava entre o método "natural", que observa e preserva tanto a ordem da natureza quanto a ordem de nossas cognições distintas das coisas na ordem da natureza, e o método "arbitrário", que ignora a ordem natural para tratar das cognições confusas para os propósitos de persuasão e entretenimento. Todas as partes do método natural devem ser homogêneas, regra esta que decreta "não somente que as disciplinas não se misturem, e que as questões éticas não estejam comprometidas com questões matemáticas, e nem as matemáticas com as éticas; mas também que cada coisa singular encerrada em seu lugar..." (Burgersdijk 1651: *Institutiones logicae*, p. 275-6, 280). No entanto, a mescla de conteúdo e objetivos éticos com uma espécie de forma matemática de apresentação era precisamente o que Spinoza tentava na *Ética*. A *Ética* era um híbrido disciplinar de quatro partes, das quais uma consistia na *prudentia* (ética), duas *scientiae* (metafísica e partes de filosofia natural) e uma medida de *methodus* (modo geométrico). Nesse aspecto, a *Ética* era mais radical do que (digamos) os *Philosophiae naturalis principia mathematica* (1687) de Newton, no qual ao menos a *mathematica* e a *philosophia naturalis*, ambas, faziam parte da *philosophia speculativa*.[20] Quando um dos críticos

---

[20] Ver Gabbey 1992.

de Spinoza, Noël Aubert de Versé, sardonicamente o rotulou *ce géomètre* (Versé 1684: 29), ele não almejava alguma proeza imaginária em geometria, mas a suposta respeitabilidade apodítica conferida as perigosas doutrinas na *Ética* envernizada euclideanamente e, por implicação, o absurdo ímpio de tentar geometrizar a vida moral. Novamente, de acordo com a tradição peripatética, o assunto de cada *prudentia* são as coisas contingentes (no sentido absoluto) que dependem da vontade e da ação humanas, e o assunto de cada *scientia* (no sentido estrito) são as coisas necessárias produzidas por causa natural ou divina. O determinismo estrito de Spinoza abolia tal distinção (E 1p29),[21] tornando os assuntos principais da *Ética* e dos dois *Tratados* políticos impossibilidades formais dentro de uma perspectiva peripatética.

Filosofia natural e experimental na correspondência

As contribuições de Spinoza aos dois domínios de *philosophia practica*, à *critica theologica*, a duas *scientiae* (metafísica e psicologia) e a um subdomínio da lógica (epistemologia),[22] são examinados em outros lugares neste volume. Isso deixa a este capítulo as ciências matemáticas, aspectos do método de Spinoza e a filosofia natural menos a psicologia e (infelizmente, por causa de falta de espaço) menos os ensinamentos de Spinoza sobre os corpos animados.[23] Embora Spinoza não tenha dado nenhuma contribuição importante às ciências naturais ou matemáticas, ele tinha sério interesse

---

[21] As coisas contingentes definidas em *Ética* 4d3 são contingentes somente *para nós*, que, atentando somente a suas essências, nada encontramos que necessariamente postule ou exclua sua existência. Sobre o determinismo de Spinoza, ver Garrett 1991; 1990c: 32-37.

[22] "Epistemologia" pertence à lógica *de re*, embora não por nome. Não sei quando o termo *epistemologia* apareceu pela primeira vez antes de nos manuais neoescolásticos modernos, se é que apareceu antes disso. O termo inglês data de por volta de 1856, recentemente, portanto (segundo o *Oxford English Dictionary*).

[23] Contudo, sobre o modelo de estrutura orgânica de Spinoza, ver os excelentes estudos Jonas 1973 e Duchesneau 1974, e sobre a possível influência do pensamento físico geral de Spinoza sobre os escritos médicos e biológicos de Lambert van Velthuysen, ver Dunin-Borkowski 1933.

nos últimos avanços e conhecia ou se correspondia com os principais matemáticos e filósofos naturais.[24] Aqui, penso ser sensato não exagerar a participação de Spinoza na filosofia natural de seus dias. Nessa função, ele se juntou à classe dos muitos "*esprits curieux*" da época, e não ao seleto grupo de inovadores que a historiografia tradicional associa com "A Revolução Científica". Acrescentando aos avisos avançados na seção precedente, e sem esquecer a questão da habilidade inata, podemos dizer que se tratava simplesmente de uma questão de interesse e compromisso pessoal. Uma medida significativa do envolvimento de Spinoza com os tópicos deste capítulo é a proporção de títulos relevantes que compunham sua biblioteca, que na época de sua morte tinha algo em torno de cento e sessenta volumes. Esse era o resíduo do que provavelmente já fora uma coleção bastante modesta, levando em conta o fato de que alguns itens valiosos foram vendidos antes do inventário ser preparado. No entanto, os títulos que se relacionam às preocupações deste capítulo perfazem somente trinta por cento do total (Van Rooijen 1888: 110-220).[25] O tamanho de uma biblioteca particular de maneira alguma é medida das capacidades intelectuais de seu dono, mas as posses *proporcionais* em certa área normalmente constituem um índice dos interesses do dono naquela área. Certamente, o inventário da biblioteca de Spinoza não dá sustento à alegação de Klever de que "ele devorava toda (a) literatura da nova ciência física" (Klever 1990a: 126).

Para os propósitos deste capítulo, uma leitura da correspondência de Spinoza é desproporcionalmente recompensadora em comparação com as exíguas expectativas que o exame minucioso do estoque de sua biblioteca poderia levantar. Vinte e oito cartas constituem as trocas entre Spinoza e o

---

[24] Para valiosos estudos gerais do lado científico da vida intelectual de Spinoza, ver McKeon 1928: 130-157; Siebrand 1986; Savan 1986; também a Introdução a Spinoza 1928, principalmente as páginas 39-43. Para uma defesa da ideia incomum de que "sua filosofia estava surpreendentemente desligada da ciência criteriosa e questionadora que acontecia em volta dele", ver Maull 1986.

[25] Parkinson não vê mais importância na quantidade dos livros "científicos" de Spinoza mais do que eu (Parkinson 1954: 2-3).

primeiro secretário da Royal Society, Henry Oldenburg,[26] e o fato de que cinco delas (Ep 6, 7, 11, 13, 16) são efetivamente cartas para e de Robert Boyle, com Oldenburg como intermediário, só acentua sua importância. Indo de 1661 até 1676, com uma interrupção de dez anos entre 1665 a 1675, a correspondência Spinoza-Oldenburg ilumina muitos aspectos das reações de Spinoza à filosofia natural e experimental de sua época. Nas trocas iniciais eles discutiam Deus, a união mente-corpo, Pensamento e Extensão e as debilidades filosóficas de Descartes e Bacon: seu conhecimento imperfeito "da primeira causa e origem de todas as coisas", sua ignorância da "verdadeira natureza da mente humana" e seu fracasso em não conseguir compreender "a verdadeira causa do erro". Oldenburg mandou a Spinoza uma cópia de *Certain Physiological Essays*, de Boyle, na ocasião de sua publicação em 1661,[27] um gesto importante que teve papel decisivo em tirar de Spinoza sua crítica da interpretação feita por Boyle de seus experimentos sobre fluidez e firmeza e sobre o nitrato (ver seção 6 abaixo). Em 1663, Oldenburg enviou uma cópia da resposta de Boyle ao ataque de Francis Linus à "elasticidade do ar" defendida por Boyle em seu *New Experiments Physico-Mechanical* (1660).[28]

Em outros lugares, a correspondência Spinoza-Oldenburg é mais corriqueira, embora ainda informativa. Oldenburg envia a Spinoza notícias das pesquisas experimentais na Royal Society e em Oxford sobre o tratado das cores de Boyle e as publicações de Kircher e Hevelius. Hevelius contara a Oldenburg (1665) que sua *Cartographia* estava no prelo (não foi publicada

---

[26] Originalmente havia mais, já que os indícios internos da correspondência sugerem que (ao menos) cinco cartas estão perdidas.

[27] Já que Spinoza não lia em inglês, Oldenburg teria mandado de fato a tradução para o latim que fora publicada em Londres em 1661: ver Spinoza 1985a: 173n14. Ver também Carta 25, Oldenburg a Spinoza, 28 (O.E.) de abril de 1665, em que ele conta a Spinoza que os *Essays* já tinham aparecido em latim na Inglaterra, e, portanto, pede a ele que tente impedir que sejam publicados na Holanda (Oldenburg 1965-86: II, 381-382 [ver também nota 2]).

[28] A resposta foi incluída na segunda edição dos *New experiments physico-mechanical* (Oxford 1662), e a versão latina (talvez mandada a Spinoza) foi publicada em 1663, embora não haja indícios subsistentes de Spinoza ter respondido ao convite feito por Oldenburg para lhe mandar seus comentários sobre a obra.

até 1668) e que mandara a Oldenburg seu *Prodromus Cometicus* (1665), que continha descrições de dois cometas recentes, cuja explicação era questão de controvérsia entre os astrônomos. Spinoza "ainda não ouviu falar de nenhum cartesiano que tenha explicado os fenômenos dos cometas recém-descobertos com base na hipótese [do vórtice] cartesiana", e duvida "que eles possam ser explicados corretamente assim". Oldenburg também observa que ninguém ainda tentou explicar esses fenômenos usando a hipótese cartesiana (Ep 30, Spinoza a Oldenburg, setembro ou outubro de 1665; Ep 31, Oldenburg a Spinoza, 12 (O.E.) de outubro de 1665; Oldenburg 1965-1986: II, 540-542, 565, 568). Em resposta às notícias da Inglaterra, ele pergunta a Spinoza sobre avanços teóricos e experimentais na Holanda, explicitamente o trabalho de Huygens sobre o relógio pendular, sobre a teoria da colisão, sobre dióptrica e na astronomia. Spinoza escreve a Oldenburg que Huygens estivera lhe contando sobre Boyle e seu tratado das cores, sobre "o livro sobre as observações com o microscópio" que Oldenburg já mencionara (*Micrographia*, de Robert Hooke, 1665) e sobre os novos telescópios da Itália que foram usados para observar os anéis de Saturno e as sombras projetadas em Júpiter por seus satélites.

Como é de se esperar, as questões de dióptrica aparecem de maneira predominante na correspondência de Spinoza. Spinoza pergunta a Johan Hudde se ele não concorda, com base nos cálculos derivados da *Dióptrica* de Hudde (atualmente perdida), de que lentes plano-convexas são melhores para os telescópios do que as lentes côncavo-convexas. Jarig Jelles consulta Spinoza sobre uma dificuldade na *Dióptrica* de Descartes (ver seção 4). Leibniz envia a Spinoza seu *Notitia opticae promotae* (1671), menciona a obra em dióptrica de Francisco Lana e Johannes Oltius e sua própria obra *Hypothesis physica nova* (1671), além de propor uma maneira de eliminar a aberração esférica. Spinoza responde que ele ainda não viu as três últimas obras e, confessando que não segue completamente o argumento de Leibniz nas *Notitia*, pede mais esclarecimentos e dá uma ideia sua que já usara em sua resposta à dificuldade de Jelles com Descartes. Não há cartas sobreviventes entre Leibniz e Spinoza. Na última das nove cartas dos anos de 1670 entre Spinoza e Tschirnhaus, a penúltima carta que restou de toda a correspondência de Spinoza, este pergunta a Tschirnhaus se ele pode descobrir algo sobre recentes descobertas dióptricas em Paris.

Vendo essas "cartas dióptricas" como um todo, resta pouca dúvida sobre o entusiasmo de Spinoza pelo tema e por seu bem-estar; no entanto, a impressão geral é de uma competência teórica tão só moderada. Lucas poderia dizer que Spinoza era tão excelente em seu fazer lentes que "se a morte não tivesse impedido, ele teria descoberto os mais belos segredos da ótica" ([Lucas] 1927: 60), mas os indícios sugerem que depois de 1666 seus contemporâneos, ao menos na Holanda, rapidamente se conscientizaram de seus talentos limitados como teórico da ótica.[29]

Em carta atualmente perdida e em conversas, Jarig Jelles parece ter perguntado a Spinoza se ele pensava que a pressão e a velocidade da água correndo através de um tubo horizontal sob pressão gravitacional a partir de um tanque elevado variavam no trajeto do comprimento do tubo. Para responder a questão, Spinoza construiu o aparato apropriado e conduziu uma série de experimentos cuidadosos, com dois assistentes para ajudá-lo. Ele descobriu que, para a água parada, a pressão permanecia constante no tubo e que, para a água corrente, a velocidade permanecia constante independentemente do comprimento do tubo horizontal. Os experimentos parecem ter sido bem concebidos e os resultados são empiricamente sólidos, mas as explicações teóricas de Spinoza são cambaleantes, principalmente de sua aplicação da lei da queda de Galileu, que ele entendeu mal. Não há sinal na carta (Ep 41, Spinoza a Jarig Jelles, 5 de setembro de 1669) de que Spinoza (ou Jelles) estivesse ciente das pesquisas seminais no mesmo campo publicadas por Pascal em Paris seis anos antes.[30]

Duas cartas indicam algo da atitude de Spinoza com relação à alquimia. Em março de 1667, Jarig Jelles lhe perguntou sobre uma transmutação relatada bem-sucedida levada a cabo por J. F. Helvetius, físico do Príncipe de Orange. Spinoza respondeu que ele a mencionara a Vossius, que ridicularizara a ideia

---

[29] Ver as observações de Petry em Spinoza 1985b: 96-97.
[30] Ver Pascal 1663, e também Spinoza 1985a: 187n51.

toda. "Sem sequer considerar" as ideias de Vossius, Spinoza visitou o ourives que testara o ouro, para aprender que a transmutação ocorrera e que o ourives pensava que o ouro usado para iniciar o processo "continha alguma coisa incomum", ideia partilhada por outros que estiveram presentes.[31] Por fim, Spinoza visitou o próprio Helvetius, que explicou o que acontecera e mostrou a Spinoza o aparato, acrescentando que planejara publicar um relato da transmutação (Ep 40, Spinoza a Jelles, 25 de março de 1667). Oito anos mais tarde, escrevendo ao físico de Haia, G. H. Schuller, Spinoza disse que ainda não testara as afirmações de um anônimo *processus* (alquímico) que Schuller lhe enviara, nem pensava que fosse capaz de aplicar sua mente à tarefa numa data posterior. Com bases técnicas, ele duvidava da afirmação de Schüller de que este tinha feito ouro (Ep 70, G.H. Schuller a Spinoza, 14 de novembro de 1675; Ep 72, Spinoza a Schuller, 18 de novembro de 1675). Essas duas cartas sugerem que as ideias de Spinoza sobre a transmutação não eram incomuns para a época. Como muitos de seus contemporâneos, ele tinha uma mente aberta quanto ao tema, provavelmente tingida com um toque de ceticismo. Ignorando a desqualificação desdenhosa das afirmações de Helvetius por Vossius, Spinoza foi ele mesmo checar a história, e parece que ficou satisfeito com o relato dos eventos feito por Helvetius. Quanto a suas dúvidas sobre as afirmações de Schuller, evidentemente não se baseavam no fato de que a transmutação é absurda em princípio. Tampouco poderia a transmutação ter sido absurda em princípio para Spinoza, dada sua visão cartesiana da matéria e o ensinamento contido em *Princípios da filosofia de Descartes*, Parte 3, de que "a matéria, com o auxílio dessas Leis (da Natureza), assume sucessivamente todas as formas que é capaz de assumir" (Spinoza 1985a: 296). É claro que Spinoza se interessava por alquimia, mas provavelmente não de maneira irrestrita: havia somente um único livro de alquimia em sua biblioteca, o *Commentarius in Currum Triumphalem Antimonii Basilii Valentini* de Theodore Kerckring (Amsterdã 1671).

---

[31] Klever interpreta mal o relato de Spinoza da transmutação, pensando que ele quer dizer que Spinoza fez o experimento e, além disso, que seu propósito era "descobrir a estrutura do ouro" (Klever 1990a: 124). O propósito da operação não era descobrir a *estrutura* do ouro, mas descobrir uma maneira de *transformá-lo* (nesse caso) em prata.

Os ensaios mais extensos de Spinoza sobre filosofia natural eram seu *Princípios da filosofia de Descartes* (como comentador) e partes da *Ética*. Mas, antes de examiná-los, preciso tratar de uma questão não decidida nos estudos spinozianos.

Foi Spinoza o autor dos dois *Reeckening*?

Dois textos matemáticos conspiram para complicar a vida dos estudiosos de Spinoza já desde meados do século XIX: o *Stelkonstige Reeckening van den Regenboog* (*Cálculo algébrico do arco-íris*) e o *Reeckening van Kanssen* (*Cálculo das probabilidades*), publicados pela primeira vez anonimamente em Haia em 1687, por Levyn van Dyck. Apesar dos trabalhos expositivos e editoriais de McKeon, Dutka, Moreau e Petry, que sem exceção consideram ser Spinoza o autor dos textos, não é acordo universal que ele tenha escrito qualquer um deles. Klever e De Vet recusam a autoria por Spinoza, e Freudenthal duvidava que ele tivesse escrito o *Reeckening van Kanssen*. Particularmente, a crítica de De Vet (De Vet 1986) das suposições que dão forma à edição de Petry introduz uma ampla gama de considerações históricas, de arquivo e linguísticas que sugerem ser sábio supor que Spinoza *não* foi o autor desses exercícios matemáticos, em vez de nutrir a suposição esperançosa (conforme suspeito) de que ele, uma das maiores cabeças do século XVII, ótico prático, tenha publicado *alguma coisa* em ciência matemática.[32]

---

[32] Ver McKeon 1965; Dutka 1953; Spinoza 1984-1985; Freudenthal 1904: 298; Klever 1983; De Vet 1983, 1986; e Petry em Spinoza 1985b. De Vet 1986 produz um autor alternativo para o *Reeckening van den Regenboog*: Salomon Dierquens, certo magistrado em Haia. Petry 1994 recusa essa hipótese no contexto de uma crítica mais abrangente da posição de De Vet sobre o assunto.

Figura 1

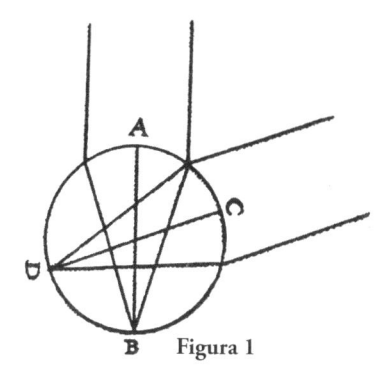

Além do trabalho histórico de Klever e De Vet, eu poderia acrescentar dois pontos de evidência textual interna que parecem ir contra a suposição de Spinoza ter sido o autor de algum dos *Reeckening*. Qualquer quer seja o valor de *Regenboog* como uma contribuição original à ótica, seu autor tinha certo grau de competência para lidar com os princípios dióptricos cartesianos. No entanto, a carta de Spinoza a Jarig Jelles, de 3 de março de 1667, contém um tropeço inexplicável (tal como o entendo) que dificilmente seria cometido pelo autor de *Regenboog*. Respondendo a uma questão levantada por Jelles (em carta atualmente perdida) sobre o que Descartes diz em *La Dioptrique* sobre o tamanho da imagem na retina, Spinoza escreve que Descartes erra porque "não considera o tamanho do ângulo que esses raios fazem quando se cruzam na superfície do olho". Isso é uma coisa que Descartes ignorava, porque ele "não tinha como saber juntar os raios que vêm em linhas paralelas, de diferentes pontos, em tantos outros pontos". Talvez, suspeita Spinoza, Descartes "tenha silenciado sobre isso para não por o círculo de maneira nenhuma acima das (outras) figuras que ele introduzira". Aí Spinoza explica:

> Pois é certo que nessa questão o círculo ultrapassa todas as outras figuras que podem ser descobertas. Pois sendo o círculo o mesmo em todos os lugares, em todos os lugares terá a mesma propriedade. Por exemplo, o círculo ABCD [figura 1] tem essa propriedade, a de que todos os raios paralelos ao eixo AB ou que vêm da direção A são refratados em sua superfície de tal maneira que depois eles todos chegam juntos ao ponto B. De maneira semelhante, todos os raios paralelos

ao eixo CD e que vêm da direção C serão refratados na superfície de tal maneira que todos eles chegarão juntos ao ponto D. Não se pode dizer isso de nenhuma outra figura, embora hipérboles e elipses também tenham diâmetros infinitos (Ep 39).[33]

A suspeita imediata de erro e confusão que se tem é prontamente confirmada por uma aplicação direta da lei da refração de Descartes. Para que o círculo tenha a propriedade dióptrica que Spinoza afirma, o índice refrator do vidro teria de ser uma função do ângulo de incidência,[34] condição esta à qual não há a menor alusão na carta. Em sua próxima carta (25 de março de 1667) a Jelles, que pediu esclarecimentos, Spinoza explicou que os raios de luz de um objeto relativamente distantes são de fato somente aproximadamente paralelos, já que chegam como "cones de raios" vindos de diferentes pontos do objeto. No entanto, ele manteve a mesma propriedade do círculo no caso de cones de raios, aparentemente insciente da importância das "[outras] figuras" (os famosos "ovais de Descartes") que Descartes construíra no livro 2 da *Géometrie* para dar uma solução geral ao problema da aberração esférica (Ep 40). Portanto, sugiro só com base nisso que, embora Spinoza possa bem ter escrito um tratado sobre o arco-íris (que supostamente ele queimou antes de morrer; Spinoza 1985b: 8), é muito implausível que ele tenha escrito *Stelkonstige Reeckening van den Regenboog*.

---

[33] Por "círculo" (*circulus*), Spinoza talvez queira dizer um disco circular de vidro.
[34] Se i é o ângulo de incidência entre o raio de luz e o raio do globo ou disco circular, com r para o raio e μ para o índice de refração do vidro, então a distância de A até a intersecção X do raio refratado e o diâmetro AB é dada por:

$$AX = \frac{r}{\sqrt{(\mu^2 - \sin^2 i)} - \cos i} + r$$

Se X sempre coincidisse com B, isto é, se $AX = 2r$ para todos os valores de i, então μ teria de depender de i, com $\mu^2 = 2 + 2 \cos i$. De maneira equivalente, o ângulo de refração teria de ser sempre metade do ângulo de incidência, conforme Wolf indica em sua anotação da carta 39 (Spinoza 1928: 434). O autor de *Reeckening van den Regenboog* deveria ter a mínima competência para fazer uma análise desse tipo.

Quanto às cinco questões do *Reeckening van Kanssen*, elas são tiradas literalmente do tratado pioneiro de Huygens sobre os jogos de azar (Van Schooten 1657),[35] e somente a Primeira Questão ganha solução (Primeira e Segunda Proposições). Para abordar a Primeira Questão, o autor aplica a segunda regra daquilo que ele chama – de maneira mistificadora – de "de Deckonst van de Heer Descartes", que Petry põe em itálico como "a *Arte de pensar* de Descartes" e identifica sem comentário como o *Discours de la méthode* (Spinoza 1985b: 80-81). Mas, já que é certamente a segunda regra do *Discours* que está em questão, podemos perguntar se é mesmo plausível que Spinoza achasse que "*Deckonst*" fosse uma tradução apropriada para qualquer parte do título completo do *Discours* de Descartes ou (outra possibilidade ainda mais implausível) que ele (de todas as pessoas) tivesse confundido os títulos do *Discours* e da Lógica de Port-Royal.[36] E é plausível que ele se referisse a "Heer" Descartes? Apenas em uma única vez em seus trabalhos e cartas Spinoza se referiu a Descartes dessa maneira – no *Curto tratado*, em que o convencionalmente respeitoso tratamento "D[ominus]. des Cartes" do texto holandês talvez seja uma importação não traduzida do texto latino original que se perdeu. Spinoza trabalhou com a teoria das probabilidades, conforme sabemos de sua clara solução a um problema proposto por Van der Meer (Ep 38, Spinoza a John van der Meer, 1º de outubro de 1666), mas embora isso não seja incompatível com a suposição de que ele escreveu o *Reeckening van Kanssen*, parece-me melhor não reforçar essa ideia.

---

[35] O *Tractatus de Ratiociniis in Aleae Ludo* de Huygens, originalmente escrito em holandês, foi publicado pela primeira vez na tradução latina (insatisfatória) de Van Schooten, em seu livro *Exercitationes mathematicae*, do qual havia uma cópia na biblioteca de Spinoza (Van Rooijen 1888, n. 27, p. 154). Ver ainda Huygens 1888-1950: XIV, 3-6; 29-31 n. 7, em que os editores dão a primeira tradução para o francês das duas proposições dadas em resposta à primeira questão no *Reeckening van Kanssen* (atribuído a Spinoza).

[36] Antoine Arnauld e Pierre Nicole, *La Logique, ou l'art de penser* (Paris, 1662). Cf. De Vet 1986: 297. Embora isso não prove nada em sentido nenhum, vale notar que Spinoza tinha em sua biblioteca tanto a *Art de penser* quanto a edição de 1659 da tradução holandesa de J. H. Glazemaker do *Discours*. Ver Van Rooijen 1888: 141-142, 187-188.

Física spinoziana e física cartesiana

A reelaboração propedêutica dos *Princípios da filosofia de Descartes* (1644) realizada por Spinoza é seletiva, frustrantemente incompleta, e sua apresentação "geométrica" não reflete o formato do original, cujo propósito era substituir as peripatéticas *summae philosophiae* nas universidades e faculdades europeias. Tampouco está limpo de mal-entendidos do texto de Descartes. No entanto, em muitas passagens o *Princípios da Filosofia de Descartes* de Spinoza é um resumo fiel das intenções de Descartes, que esclarece pontos importantes que não estavam explicados no original e que resolve dificuldades deixadas pendentes por Descartes. Seu *mos demonstrandi* euclidiano reflete a segurança epistemológica característica dos princípios da filosofia natural de Descartes (se não suas hipóteses explicativas), além de ser prenúncio da *ordo geometricus,* cujo ápice na área da filosofia prática seria a *Ética*.[37] Também é o prenúncio da filosofia natural sobre a qual a *Ética* se fundamenta. Johannes Casearius, o estudante de dezenove anos para quem Spinoza escreveu o texto, teve sorte em ter como tutor um leitor atento dos

---

[37] No *Praefatio*, Meyer escreve de maneira confusa que frequentemente ele desejara que alguém bem versado em análise e síntese, assim como nos escritos e na filosofia de Descartes, "transformasse em ordem sintética aquilo que Descartes escrevera na ordem analítica e demonstrasse isso na maneira familiar aos geômetras" (Spinoza 1985a: 227). Mas os "*Princípios da filosofia*" de Descartes não foram escritos em forma analítica (e nem as *Meditações*, falando propriamente: Garber 1992: 47-8), o que leva Curley a inferir com base no *Praefatio* que Spinoza não tinha clara a distinção entre análise e síntese feita por Descartes: Curley 1977, também Spinoza 1985a: 224n3. Siebrand discorda, sugerindo que a confusão é só de Meyer, e não de Spinoza: Siebrand 1986: 69. Ver também Garber e Cohen 1982: 141-7. Sobre o *Princípios da filosofia de Descartes* de Spinoza e como ele recebeu a física cartesiana, ver Dunin-Borkowski 1933-6: III, 95-146; Siebrand 1986: 65-73; e Van der Hoeven 1973a, 1973b. Para economizar em notas nesta seção, usarei somente referências no texto para os artigos dos *Princípios da filosofia de Descartes*, de podem ser facilmente localizados em Descartes 1964-1974: VIII (I). Tenho de deixar claro que o texto dos *Princípios da filosofia* usado por Spinoza foi o da edição original em latim de 1644, e não a tradução para o francês feita por Picot em 1647.

Princípios da filosofia, embora seja outra questão se ele apreciava o método didático de seu professor.[38]

Só posso tratar de alguns poucos exemplos para ilustrar aspectos notáveis da exposição spinoziana da Parte 2 dos *Princípios da filosofia de Descartes*. Tomo minha deixa das instruções de Spinoza a Lodewijk Meyer, que publicou o texto, para explicar aos leitores no prefácio que "eu [Spinoza] demonstro muitas coisas de uma maneira diferente de como Descartes as demonstrou, não para corrigir Descartes, mas para manter minha ordem melhor e não aumentar tanto o número de axiomas, e que, por essa mesma razão, demonstro muitas coisas que Descartes assevera sem demonstração alguma, e tive de acrescentar outras que ele omitiu" (EP 15, Spinoza a L. Meyer, 3 de agosto de 1663).[39]

Meu primeiro exemplo não é tanto uma diferença de demonstração, mas uma diferença na nomenclatura que assinala uma diferença mais profunda acerca da demonstração. Os artigos 37-38, 39, 40-42, da Parte 2 original, apresentam as três "leis da natureza" basilares da física cartesiana, "*leges naturae*", como as denomina Descartes. Contudo, o termo "*lex (leges) naturae*" não reaparece no texto de Spinoza, e as três leis redesenhadas são demonstradas como proposições (DPP 2p14-18, 20, com seus corolários e escólios). Embora as *leges Naturae (sive Dei Spinozani)* se tornem depois – na concepção spinoziana madura da Natureza – o fundamento de toda mudança e ação, com base nos *Princípios da filosofia de Descartes* não fica claro se em 1663 ele percebia a função ou estatuto das "leis da natureza" que aparecem na *summa* de Descartes da filosofia natural. Descartes certamente deriva suas leis da natureza dos atributos e ações de Deus (seu Deus cartesiano), que, por sua vez, ele deriva do primado irredutível do *cogito*, mas, uma vez que essa autenticação ontológica é alcançada, as leis da natureza constituem o único

---

[38] Spinoza não gostava de Casearius, a quem achava desagradável e "mais ansioso por novidades do que pela verdade". Ver a Carta 9, Spinoza a Simon de Vries, março de 1663.

[39] As instruções de Spinoza estão devidamente refletidas no prefácio de Meyer. Os leitores são avisados de que a tradução do texto de Spinoza feita por Halbert Hains Britan (Spinoza 1974) não é absolutamente confiável, e em certos lugares completamente horrorosa.

ponto de partida nomológico do programa de Descartes de filosofia natural. Os argumentos de Descartes em apoio de suas leis da natureza podem reaparecer (*grosso modo*) como demonstrações spinozianas, mas há uma grande diferença entre conceber e chamar algo de "Lei da Natureza" e rotular essa mesma coisa de "Proposição XIV". A denominação "lei da natureza" identifica não uma proposição a ser demonstrada, mas um princípio de explicação, com ou sem demonstração ou justificação. As proposições na versão de Spinoza da Parte 2 derivam de nove definições de vinte e um "axiomas", e a maioria desses poderiam ser trocados de lugar (*mutatis mutandis*) com algumas das "proposições" que os seguem. Com efeito, exatamente antes das demonstrações de cada um de 2p14 (parte da Primeira Lei de Descartes) e 2p15 (parte da Segunda Lei de Descartes), Spinoza indica que embora essas proposições possam ser vistas como axiomas, apesar disso ele as demonstrará.[40] Aqui, como na *Ética*, os "axiomas" de Spinoza não são premissas euclidianas intuitivamente evidentes e inconfutáveis, das quais tudo o mais decorre por assim dizer "unidirecionalmente"; são, antes, um conjunto de pontos de partida selecionados preferencialmente a outros conjuntos (isto é, as proposições), algumas das quais também poderiam servir como axiomas. Mas isso não significa que 2p14 e 2p15, renomeados como "axiomas", reteriam o primado nomológico que Descartes pretendia que tivessem.

Contudo, sob outros ângulos, esse aspecto da primeira publicação de Spinoza é instrutivo, já que anuncia, de sua maneira própria, o ideal spinoziano de um corpo unificado de verdades demonstrativas inter-relacionadas *de Natura sive Deo*. O real *terminus a quo* de Spinoza é o Todo, em vez de alguma sua parte constituinte qualquer. A caracterização feita por Grene da filosofia de Spinoza expressa o ponto efetivamente:

---

[40] Proposição 14: "Cada coisa, enquanto simples, indivisa e considerada tão só em si mesma, persiste, tanto quanto possível (*quantum in se est*), sempre no mesmo estado".
Proposição 15: "Todo corpo movido tende, de *per se*, a continuar a se mover em linha reta, e não em linha curva".

Como o atomismo, isto é, a tentativa de explicar o todo da realidade por suas partes mínimas, tentativa esta que recorre de tempos em tempos como um estilo de pensamento metafísico, da mesma maneira – ainda que mais raramente – acontece com o espinosismo, que é a tentativa de entender as partes da realidade em termos da natureza última do todo. Assim, a *Ética* representa, como poucos textos o fazem, uma possibilidade permanente de visão humana, um dos modelos mais avançados possíveis de reflexão filosófica (Grene 1973: XVI).[41]

Dentro dessa perspectiva, a categorização de verdades como axiomas ou proposições se torna quase uma questão de escolha. Não há equivalente spinoziano do *cogito* cartesiano.

Outro exemplo das demonstrações spinozianas serem diferentes das de Descartes de uma maneira significativa é o trio de proposições 2p15, 16, 17, correspondentes à apresentação de Descartes de sua Segunda Lei da Natureza:

> que todo movimento de si mesmo é retilínio; e os corpos que se movem em círculo tendem sempre a recuar do centro do círculo que descrevem. [Comentário:] A próxima lei da natureza é que cada partícula singular de matéria, considerada individualmente, nunca tende a continuar em movimento em linhas desviantes, mas somente em linhas retas – embora muitas partículas com frequência sejam compelidas a se desviarem, por causa da colisão com outras (*Princípios da filosofia* 2.39).

A justificação de Descartes da lei *per se* é apenas pouco clara e insuficientemente distinta. Ele fundamenta a lei na imutabilidade e simplicidade da atividade conservadora de Deus, que conserva o movimento

---

[41] Ver também o igualmente inspirado McKeon 1928: 155-156.

precisamente porque é somente no momento mesmo do tempo em que ele o está conservando, não tendo relevância como poderia ter sido antes um tempo curto. E embora movimento algum aconteça em um instante, ainda é evidente que em cada instante singular que pode ser designado durante o movimento de qualquer coisa que se mova, ela está determinado (*determinatum*) a continuar seu movimento em alguma direção em uma linha reta, nunca em uma linha curva.

Spinoza faz melhor do que isso (DPP 2p15), embora ainda esteja um pouco distante da clareza e da distinção. Ele defende que, porque Deus cria o movimento a cada instante, não podemos atribuir ao movimento uma duração que, já que pertencente à natureza do movimento, possa ser concebida como maior do que outra. Em outras palavras (minhas, não as de Spinoza), não há a mais curta duração diferente de zero do movimento cartesiano continuamente recriado (independentemente de velocidade) que pertença à natureza do movimento. Mas se alguém afirma que pertence à natureza do movimento o fato de um corpo movente descrever naturalmente uma linha curva, esse movimento por sua natureza teria uma duração maior do que se fosse em linha reta, que (por DPP 2a17) é a distância mais curta entre dois pontos. Daí segue a proposição.

No escólio à proposição, Spinoza levanta e rejeita uma objeção baseada no fato de que para toda linha dada (seja curva ou reta), há sempre outra (seja curva ou reta) que é mais curta. Sua demonstração tem a ver unicamente com "a essência universal ou diferença essencial" das linhas, não com suas quantidades ou diferenças acidentais. Para evitar obscurecer o que já está claro, Spinoza remete o leitor à definição do movimento (Artigo 25 de Descartes, 2d8 de Spinoza) como a *translatio* de uma parte da matéria da vizinhança de outros corpos dispostos de maneira semelhante, e ele arremata com a afirmação de que se concebemos a *translatio* mais simples como diferente de retilínea, atribuímos ao movimento algo estranho a sua natureza. É claro, o escólio pouco faz para esclarecer as dificuldades na demonstração. Não é claro o que Spinoza considera ser a "essência universal" do reto e do curvo, nem por que 2d8 é relevante; ele também poderia ter evitado completamente o escólio se tivesse simplesmente comparado o movimento retilíneo e o curvo entre os mesmos pontos arbitrários A e B. Dado 2a17, toda curva AB é necessariamente maior do que a linha reta AB, e, assim, para dado corpo movente a dada velocidade, seu movimento ao longo da curva AB necessariamente dura mais do que o movimento ao longo da linha reta AB. O corolário afirma que o movimento curvilíneo resulta de uma causa externa que continuamente faz com que o corpo se desvie de seu movimento retilíneo natural.

Descartes ilustra a Segunda Lei com o exemplo de uma pedra que é girada em uma funda. A todo momento, em seu movimento circular a pedra tende ou "tenta" mover-se saindo pela tangente do círculo naquele momento, e nesse sentido para longe do centro do círculo, mas é impedida de assim fazer pela funda. A pedra *per se* não é determinada a se mover ao longo do círculo, porque a curvilinearidade não está naturalmente "em" seu movimento, embora a pedra continuamente esteja sendo *forçada* a se mover em um círculo, como a tensão na funda indica.[42] Em vez de repetir a análise de Descartes, Spinoza dá duas engenhosas demonstrações alternativas que nada devem a Descartes.

Em 2p16 dos *Princípios da filosofia de Descartes*, Spinoza afirma que "todo corpo que se move em círculo, por exemplo, uma pedra numa funda, é continuamente determinado a continuar movendo-se ao longo da tangente". Há uma dificuldade textual no começo da primeira das duas demonstrações. A primeira sentença (texto em latim; duas sentenças na tradução de Curley) é uma aplicação direta de 2p15 e seu corolário ao movimento circular. Mas a terceira sentença de Curley (que traduz a segunda sentença do latim) lê-se: "além disso, digo que um corpo que se move em círculo é determinado por uma causa externa a continuar a se mover ao longo da tangente". Essa sentença leva Curley a observar: "não é claro se a exposição de Spinoza é coerente nem com a de Descartes, já que Spinoza trata a funda como causa da tendência da pedra a continuar ao longo da

---

[42] Mais tarde, nos *Princípios da filosofia* 3.57-59, Descartes examina o movimento circular em pormenor mais profundo. Ver Gabbey 1980: 290-297 e Garber 1992: 218-223, 285-288.

linha tangencial ao círculo em que se move [...] ao passo que Descartes trata a funda como um impedimento a uma tendência ao movimento retilíneo" (Spinoza 1985a: 278-279, n. 42). A situação, porém, é pior, já que a segunda sentença original de Spinoza contradiz completamente sua sentença de abertura! No entanto, a tradução de Curley é uma reprodução precisa do original latino: "*Dico praeterea corpus, quod circulariter movetur, a causa externd determinari, ut secundum tangentem pergat moveri*".[43] Não consigo acreditar que Spinoza fosse capaz de cometer uma contradição formal em duas sentenças imediatamente seguidas, portanto, concluo que o texto latino original está corrompido. Felizmente, pode-se restaurá-lo de maneira bastante simples pela transposição de uma única vírgula: de após "*movetur*" para após "*externâ*", e possivelmente se apagando a vírgula após "*determinari*". A sentença então seria lida da seguida maneira (modificando Curley): "Além disso, digo que um corpo que se move em círculo por uma causa externa é determinado a continuar se movendo ao longo de uma tangente".

Chegar à primeira demonstração propriamente depende de 2a18: "Se A é movido de C para B [ao longo da linha reta CB], e é forçado de volta por um impulso contrário, ele se moverá para C ao longo da mesma linha".[44] Spinoza procede por *reductio ad absurdum*. Suponha-se que uma pedra, que se move de L a B, não é determinada a se mover pela tangente BD quando chega a B, mas ao longo de outra linha BF (Figura 2). Agora suponha-se que a mesma pedra chegue de outra direção por CB e suponha-se que seja determinada a se mover não pela tangente BA, mas por BG, com o ângulo GBH igual ao ângulo HBF, por causa da simetria com B. O movimento por CB pode ser visto como

---

[43] Gerbhardt interpreta a sentença (Spinoza 1925: I, 204, linhas 6-10) de maneira idêntica àquela da primeira edição, e a edição holandesa de 1664 transmite precisamente o sentido do texto latino (Spinoza 1663: 64; 1664: 74).
[44] Com base no diagrama simples, que omito, fica claro que CB é suposta como uma linha reta.

Figura 2

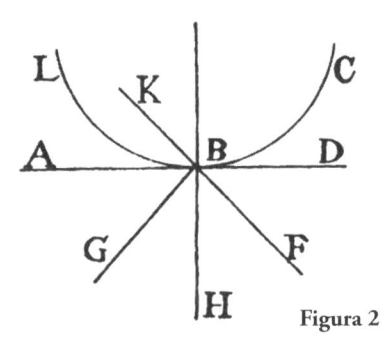

surgindo de um impulso que é contrário ao impulso que trouxe a pedra de L a B (Spinoza não diz isso, mas é o que ele quer dizer). Assim, decorre de 2a18 que, quando a pedra chega a B vinda de C, sua determinação deveria ser na direção BK, isto é, na direção oposta à suposta direção em que a pedra é determinada a se mover quando chega a B vinda de L. Mas isso é contrário à hipótese de uma determinação na direção BG para a pedra que chega vinda de C. As únicas direções de determinação que não levam ao absurdo são BD e BA, isto é, os dois segmentos de DBA, a tangente em B. Q.E.D.

A segunda demonstração ("*Aliter*") começa não com um círculo, mas com um hexágono ABH inscrito no raio do círculo DB (Figura 3). Um corpo está em repouso no ponto mediano C do lado AB do hexágono, e a régua DBE se move em sentido antirrelógio em volta do centro fixo D. Quando a régua atingir o corpo em C, estará perpendicular a AB, e assim determinará que o corpo se mova pela linha reta FBAG na direção de G (esse passo no argumento supõe o que precisa ser provado, mas deixemos passar...). Agora, o mesmo vale para qualquer figura inscrita no mesmo raio de círculo DB, assim, vá até o limite e substitua o hexágono por uma figura com um número infinito de lados retos ("*hoc est, circulum ex def. Archimedis*", explica Spinoza). Quando a régua DBE atingir o corpo sito no ponto mediano C de um lado desse círculo arquimediano, ela determinará que o corpo se mova pela tangente do círculo em C. Substitua a régua com uma funda, e a proposição se segue. Observe-se que a segunda demonstração é de inspiração arquimediana, um aspecto que ela compartilha com a obra matemática (a pura e a combinada) do amigo de Spinoza Christiaan Huygens.[45]

No fim da segunda demonstração, Spinoza indica que ambas as demonstrações "podem ser ajustadas a qualquer figura curvilínea".

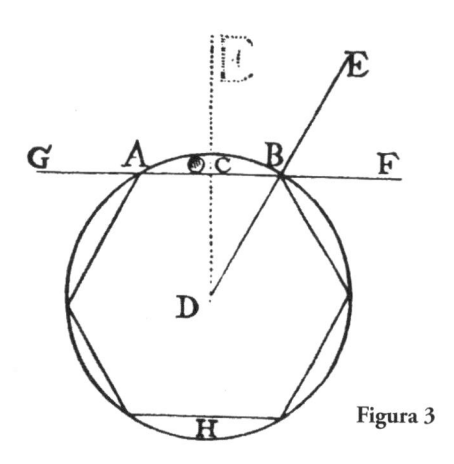

Figura 3

Trata-se de um fino *insight*, já que um corpo que se move continuamente por uma curva tende a se mover pela tangente. Mas é de se perguntar o quanto de ajuste as duas demonstrações exigiriam. As curvas em geral não são simétricas em ambos os lados de um ponto que está nelas, como DBE faz com que AB em C seja na segunda demosntração. Spinoza deixa redonda sua interpretação da Segunda Lei com 2p17: "todo corpo que se move em círculo se esforça (*conatur*) a retroceder do centro do círculo que descreve".

Um excelente exemplo das "muitas coisas que Descartes meramente propôs sem demonstração alguma", ou nesse caso sem explicação, é seu conceito de "determinação" (*determinatio*), que acabamos de ver Spinoza usar

---

[45] Huygens era completamente arquimediano. Ver os artigos relevantes em Bos 1980.

em sua versão da Segunda Lei e que ele obviamente fez importante uso em sua filosofia madura. Em grego e latim clássicos, "determinação" denotava uma especificação de certo tipo ou uma restrição de alguma coisa a certos limites ou *termini*. No período medieval e no início da era moderna, "*determinatio*" e seus cognatos eram correntes em textos filosóficos, e um sentido de "*determinatio*" era o de uma efetivação particular, específica, de uma força ou causa geral. Descartes tomou o conceito e o moldou a seus propósitos em *Le Monde, La Dioptrique*, e nos *Princípios da filosofia*. É mais uma das noções escorregadias no pensamento cartesiano, condição esta não melhorada pela ausência em seus escritos de uma explicação precisa do que ele queria dizer com ela. Em extensa tentativa alhures de definir claramente seu sentido cartesiano, e levando em conta outras tentativas de fazer a mesma coisa, o melhor que consegui achar foi que a *determinatio* de Descartes *não* é a direção do movimento de um corpo (conforme alguns ainda pensam), mas é seu "modo diretivo de força motora".[46]

Spinoza entendia que o conceito criaria dificuldades, especialmente para estudantes como Casearius; e, com a correspondência publicada de Descartes, ele aprendeu os equívocos causados pelo conceito em disputas com Fermat, Roberval e Hobbes. Ao mesmo tempo, ele se deu conta – como poucos então ou desde então – do papel crucial que a *determinatio* tem na teoria da colisão de Descartes e em sua física como um todo. De acordo com isso, para remover a confusão das mentes de seus leitores, Spinoza segue o corolário de 2p27 (a Terceira Regra de colisão de Descartes, 2.48) com um escólio em que ele exibe claramente sua compreensão da distinção entre a "força de determinação" (*vis determinationis*) e a "força de movimento" (*vis motûs*). O corolário diz de fato que a determinação de que um corpo tenha de se mover ao longo de uma linha (reta) é proporcional a sua velocidade. Mas o mesmo é verdadeiro da força de movimento de um corpo, assim, no escólio (modelado segundo os argumentos

---

[46] Ver Gabbey 1980: 248-260 e também Garber 1992: 188-193. Para uma pesquisa dos sentidos escolásticos de "*determinatio*" e cognatos, ver Goclenius 1613: 523-525.

em *La Dioptrique, Discours Second*), Spinoza mostra que a força adicional de determinação, diferentemente da força de movimento, está inseparavelmente associada a uma dada direção e pode ser resolvida e composta direcionalmente de acordo com a regra do paralelogramo. Aí ele vai além de Descartes, usando a *vis determinationis* para tentar solucionar o exemplo ilustrativo de dois corpos em colisão oblíqua. Sua solução é incorreta e confusa, mas a falha não é do Spinoza comentador. A lei de conservação de Descartes (*Princípios da filosofia* 2.36) aplica-se somente ao movimento, não à determinação, a regra do paralelogramo se aplica somente às determinações, não aos movimentos, e suas regras de colisão se aplicam somente às colisões na mesma linha reta – tudo isso tornando formalmente impossível analisar colisões oblíquas em termos cartesianos.[47] Mal se pode cobrar de Spinoza que tivesse feito as correções necessárias às teorias cartesianas do movimento e da colisão que, combinadas, resultariam nas contribuições revolucionárias de Huygens, Leibniz e Newton.

Um elemento forte na teoria da colisão de Descartes que não está nos *Princípios da filosofia*, mas que Spinoza suplementa com precisão, é o que descrevo alhures como "O Princípio da Mudação Modal Mínima" (PMMM), a versão cartesiana do princípio de economia. Talvez por sua natureza teleológica, Descartes excluiu o princípio da principal apresentação pública de sua filosofia natural, embora suas regras de colisão sejam ininteligíveis sem ele, como sua carta de 17 de fevereiro de 1645 a Claude Clerselier deixa claro: "elas [as regras de colisão] dependem somente de um único princípio, que é aquele quando dois corpos colidem e têm em si modos incompatíveis, ali deve indubitavelmente ocorrer alguma mutação desses modos para torná-los compatíveis, mas essa mutação é sempre a mínima possível" (Descartes

---

[47] Ver Gabbey 1980: 256-257. Note-se que, embora em *La Dioptrique, Discours Second*, as colisões sejam oblíquas, um dos corpos (terra, água etc.) supostamente é impossível de ser movido, e as mudanças de velocidade da bola são arbitrárias. Esses estratagemas são legítimos no contexto de uma demonstração da lei de refração ótica, mas no caso geral de colisão oblíqua, ambos os corpos estão em movimento, e as mudanças de velocidade (e direção) são precisamente o que estamos tentando achar.

1964-1974: V, 185).⁴⁸ A versão de Spinoza está em 2p23: "quando os modos de qualquer corpo são forçados a passar por uma variação, a variação será a mínima possível".⁴⁹ Contudo, a demonstração em uma única sentença aparece como uma surpresa: "Essa proposição se segue de maneira bastante clara da Proposição 14". Agora 2p14 traz como Spinoza refraseia a Primeira Lei da Natureza de Descartes e lê-se: "Cada coisa, na medida em que é simples, una e considerada si mesma sozinha, persevera, tanto quanto possível, sempre no mesmo estado". Por que 2p23 decorre de 2p14? Spinoza nunca nos diz, nem no *Princípios da filosofia de Descartes* nem em nenhum outro lugar.⁵⁰ (Tampouco Descartes explica por que *seu* PMMM é verdadeiro, embora possamos aventar que é porque a simplicidade da ação de Deus não permite nada de supérfluo em interações corpóreas.)

Talvez as coisas simples e indivisas de 2p14 mudem seus modos o mínimo possível para permanecerem tão próximas quanto possível ao estado em que acontecem de estar em um instante dado qualquer. Se essa é a resposta correta, ela tem implicações interessantes. *Ética* 3p6 diz essencialmente a mesma coisa que a cartesiana 2p14 de Spinoza. Então, se 2p23 de *Princípios da filosofia de Descartes* decorre tão claramente da prévia 2p14 como Spinoza diz, por que *Ética* 3p6 não *implica* com igual clareza

---

⁴⁸ São os modos em sentido cartesiano que estão em questão aqui, e não os modos do Spinoza maduro. Traduzi o "*changement*" de Descartes por "mutação", que é deselegante, mas tecnicamente preciso. Ele está pensando em *mutatio* no sentido peripatético que inclui a mudança instantânea, que é o caso durante uma colisão entre corpos duros, como nas Regras no *Princípios da filosofia*. Ver ainda Gabbey 1980: 306-307 n. 77, 313 n. 147. Sobre as complicadas relações entre o PMMM e as regras de colisão de Descartes, ver Gabbey 1980: 263-265.

⁴⁹ Spinoza situa 2p23 imediatamente antes de sua interpretação das regras de colisão de Descartes, usando essa proposição para demonstrá-las.

⁵⁰ Lécrivain alega, sem explicação, que em *Princípios da filosofia de Descartes* o princípio mínimo de Descartes é "uma aplicação da lei de inércia" e afirma, sem nenhuma justificação, que nas mãos de Spinoza o princípio "pode talvez ser compreendido como o início de um princípio de regulação interna – de uma natureza quase estatística – que tornará possível uma definição dinâmica de individualidade, notadamente na *Ética*" (Lécrivain 1986: 50).

um equivalente spinoziano do PMMM de Descartes? Não há a menor pista de tal princípio minimalista da *Ética*, e o mais perto que Spinoza chega em qualquer lugar disso é *Ética* 5a1: "Se, em um mesmo sujeito, são suscitadas duas ações contrárias, deverá, necessariamente, dar-se uma mudança (*mutatio*), em ambas ou em apenas uma delas, até que deixem de ser contrárias".[51] A terminologia e os conceitos associados mudaram de cartesianos (modos incompatíveis de corpos em interação) para spinozianos (ações incompatíveis nos mesmos modos finitos), mas o eco do PMMM de Descartes na *Ética* 5a1 levanta a suspeita de que no texto ostensivo de Spinoza está latente o axioma suplementar de que a *mutatio* exigida deve ser a menor possível. A suspeita é reforçada pelo começo da explicação de Spinoza das interconexões harmoniosas das partes da Natureza na carta da Oldenburg de 20 de novembro de 1665: "Então, pela coerência das partes, tudo o que quero dizer é que as leis, ou, se desejares, a natureza, de uma parte se acomodam de tal maneira às leis ou à natureza de outra parte, que há a menor quantidade possível de contrariedade entre elas (*ut quam minime sibi contrarientur*)" (Ep 32; Oldenburg 1965-1986: II, 597, 600). Este não é bem o equivalente do PMMM de Descartes, mas é bem próximo. Ao menos é plenamente teleológico. *Ética* 3p6, *Ética* 5a1 e seu eco do PMMM de Descartes e, é claro, o *conatus* de Spinoza, tudo conspira para lançar as mais graves dúvidas sobre a concepção convencional de que a filosofia madura de Spinoza é completamente livre de finalismo.[52] Este não é o lugar para explorar a questão além daqui, exceto para sugerir que o problema da teleologia para Spinoza (e para Descartes) é mais bem abordado pelo reconhecimento inicial da distinção que geralmente vale (isto é, no mundo real) entre o conteúdo efetivo de um sistema filosófico original e a propaganda filosófica que o acompanha e que almeja assegurar sua aceitação e sua influência.

---

[51] Note-se o uso de Spinoza de *mutatio*; ver nota 49.
[52] Em suas objeção-e-resposta sobre a teleologia segundo Spinoza, nem Curley, nem Bennett mencionam o aparecimento do PMMM de Descartes nos *Princípios da filosofia de Descartes*, e nenhum deles *a fortiori* examina a relevância do princípio para a questão à mão (Bennett 1990b; Curley 1990).

O cuidado de Spinoza com a *determinatio* e o PMMM de Descartes prepara-nos a não nos surpreendermos completamente ao descobrir que ele faz uma coisa com a Regra de colisão que Descartes inexplicavelmente omite. A Regra 1 de Descartes (*Princípios da filosofia* 2.46) afirma que dois corpos (duros) iguais que colidem com velocidades iguais ricocheteiam com velocidades sem mudar a velocidade. A Regra 2 (*Princípios da filosofia* 2.48) especifica que somente o corpo mais lento ricocheteia, recebendo o movimento do corpo mais rápido, de modo que ambos os corpos se movem juntos com a média da velocidade.[53] Todavia, Descartes não dá uma Regra que especifique o que acontece quando os tamanhos e as velocidades (diferentes de zero) são *ambos* iguais. Spinoza vê a lacuna, e entre as Regras 2 e 3 (entre as Regras 3 e 4 seria melhor lugar) ele situa 2p26: "Se os corpos são desiguais em volume (*molis*) e velocidade, com B duas vezes maior do que A, mas com o movimento de A duas vezes mais rápido do que o de B, com tudo o mais como antes, então ambos os corpos serão refletidos na direção oposta com cada um retendo a velocidade que tinha".[54]

Este não é o caso geral que gostaríamos de ver Spinoza tratar, mas ao menos é um exemplo numérico do importante caso específico em que a razão entre os tamanhos dos corpos é o inverso da razão entre suas velocidades. Na demonstração, Spinoza observa que os corpos têm a mesma quantidade de movimento, então, não há contrariedade entre seus movimentos, e suas forças de movimento são iguais. Portanto, o resultado é o mesmo que na Regra 1, em que as determinações iguais estão na oposição, mas não nos movimentos. Aqui, Spinoza modificou a teoria de Descartes. Em *Princípios da filosofia* 2.44, Descartes defendera que não há contrariedade entre movimentos de velocidade igual, mas somente entre movimento e repouso ou entre velocidade e lentidão ("na medida em que participa da natureza do

---

[53] Para uma útil sinopse das Sete Regras de Descartes, junto com traduções dos textos em latim e em francês (1644, 1647) e da importante carta a Clerselier de 17 de fevereiro de 1645, ver Garber 1992: 255-262.
[54] Uso "volume" (*bulk*) para *molis*, em vez do equivalente "massa" – que tem uma conotação newtoniana equivocadora.

resto") e entre determinações em direções opostas. Para solucionar a nova Regra, Spinoza vê a conveniência (talvez a necessidade) de estender a negação da contrariedade a *quantidades* iguais de movimento, como ele já fizera no corolário de 2p19. Por fim, no corolário de 2p26, Spinoza aproveita a oportunidade de realçar dois pontos importantes sobre a *determinatio* que seguem de 2pp24-26, e que ele teria lido Descartes explicar a Clerselier na carta de 17 de fevereiro de 1645. Mudar a determinação de um corpo requer tanta força quanto mudar seu movimento; assim, um corpo que perde mais da metade de sua determinação e mais da metade de seu movimento sofre uma mutação maior do que um que perca toda a sua determinação.

Infelizmente não conhecemos os pormenores que levaram Oldenburg a escrever a Spinoza em 1665: "ao falar do *Tractatus de motu* de Huygens, você insinua que as Regras do movimento de Descartes são quase todas falsas" (Ep 31, Oldenburg a Spinoza, 12 de outubro [O.S.], 1665; Oldenburg 1965-1986: II, 565).[55] Não restaram outras cartas de Spinoza em que ele trata desses assuntos. Oldenburg ainda pede a Spinoza que explique o que há de errado com as regras de Descartes e menciona os *Princípios da filosofia de Descartes*. Spinoza responde que foi Huygens quem encontrara falhas nas regras de colisão de Descartes, que ele (Spinoza) objetara apenas à Regra 6, e que ali ele achava que Huygens errara tanto quanto Descartes (Ep 32, Spinoza a Oldenburg, 20 de novembro de 1665; Oldenburg 1965-1986: II, 598, 601). Oldenburg pediu mais uma vez que Spinoza explicasse a ele onde Descartes e Huygens se perdiam em suas teorias da colisão (Ep 33, Oldenburg a Spinoza, 8 de dezembro de [O.S.] 1665; Oldenburg 1965-1986: II, 634, 636), mas nesse ponto a correspondência dos dois foi interrompida por dez anos, e não há carta-resposta (sobrevivente) ao pedido de Oldenburg.

---

[55] Wolf equivocadamente traduz *Cartesii Regulas motûs* por "Leis do Movimento de Descartes" (Spinoza 1928: 207). O tratado de Huygens mencionado por Spinoza a Oldenburg foi o *De motu corporum ex percusione*, escrito por volta de 1656, mas não publicado até 1703, no qual Huygens apresentava a primeira teoria geral bem-sucedida da colisão (perfeitamente elástica).

Não consigo adivinhar quais poderiam ter sido as razões de Spinoza para, ao mesmo tempo, (*a*) aceitar seis das Regras de Descartes, (*b*) rejeitar a Regra 6, (*c*) rejeitar a solução de Huygens para o mesmo problema, *e* – possivelmente por implicação – (*d*) aceitar o restante da teoria da colisão de Huygens. A Regra 6 de Descartes (*Princípios da filosofia* 2.50) afirma que se dois corpos B e C são iguais e C está em repouso, então C será colocado em movimento por B, e B será refletido por C, cada um com uma quantidade diferente de movimento. A solução (correta) de Huygens é que B fica em repouso e C se move com a velocidade inicial de B (Huygens 1888-1950: XVI, 33-39). Se ambas as soluções estão erradas, será que Spinoza tinha uma solução própria? Provavelmente não.[56] Rivaud sugeriu que Spinoza rejeitava a Regra 6 porque a mudança de velocidade dos corpos implica "mudar sua natureza e perder sua essência", que é caracterizada em cada um deles por uma velocidade fixa (Rivaud 1924-1926: 31). Mas as velocidades finais na Regra 6 são tão fixas e calculáveis quanto as outras nas outras Regras, e, conforme indica Guéroult (Guéroult 1968-1974: II, 552), Spinoza aceita as outras Regras, em três das quais (Regras 3, 5 e 7) os corpos também mudam sua velocidade com a colisão.

---

[56] É possível que Spinoza simplesmente não conseguia reconciliar a teoria empiricamente respeitável de Huygens sobre a colisão com a de Descartes, que ele parece ter aceito (fora a Regra 6) até o fim de sua vida. Depois de encontrá-lo em 1676, Leibniz escreveu: "*Spinoza ne voyait pas bien les defauts des règles du mouvement de M. Descartes; il fut surpris quand je commençai à lui montrer qu'elles violaient l'égalité de la cause et de l'effet* (Spinoza não compreendia bem os defeitos das regras do movimento do Sr. Descartes; ele se mostrou surpreso quando comecei a lhe mostrar que elas violam a igualdade da causa e do efeito)" (*apud* Guéroult 1968-74: II, 552). Spinoza contou a Tschirnhaus ser absolutamente impossível demonstrar a existência de corpos com base na concepção cartesiana de extensão, pois a matéria em repouso permanecerá em repouso a menos que movida por uma causa externa mais forte. "Por essa razão", concluía Spinoza, "não hesitei uma vez em afirmar que os princípios cartesianos das coisas naturais são inúteis, para não dizer absurdos" (Ep 81, 5 de maio de 1676). Se isso implica que as Regras de impacto também são inúteis *en bloc* é algo a se debater. A evidência que a *Ética* nos traz é que para Spinoza muitos princípios cartesianos das coisas naturais nada mais eram do que inúteis.

Em todo caso, não estaria Rivaud errado ao supor que para Spinoza os corpos mudam sua natureza ou essência quando mudam de velocidade? Se corpos em colisão são considerados como os *corpora simplicissima* da Parte 2 da *Ética*, então o movimento, o repouso, a velocidade e a lentidão são suas únicas características definidoras, de acordo com *Ética* 2p13l1 e o parágrafo no fim da *Ética* 2p13a2". Mas nenhuma dessas características cinemáticas constitui a essência de um *corpus simplicissimum*, a se julgar por *Ética* 2d2, já que um corpo simples pode existir e ser concebido (por *Ética* 2p13, a1", a2', a2") em movimento ou não, e qualquer que seja sua velocidade se em movimento.[57] Surge, então (e não pela primeira vez), o problema de se explicitar o que Spinoza quer exatamente dizer em *Ética* 2d1 (o corpo como "um modo que exprime de uma maneira certa e determinada a essência de Deus enquanto considerado como coisa extensa"). Se "a maneira certa e determinada" exclui (ou não inclui necessariamente) as características cinemáticas que distinguem um corpo simples (talvez empiricamente), o que é que necessariamente inclui, além da extensão? Claramente, a própria essência do corpo, que por *Ética* 3p6-7 é simplesmente o *conatus* ou esforço "pelo qual o corpo se esforça em perseverar em seu ser". Mas então perseverar em seu ser envolve necessariamente a persistência do corpo em seu repouso presente ou em seu movimento presente com esta ou aquela velocidade. Talvez Rivaud não esteja errado no fim das contas.

Por outro lado, se um corpo em colisão é considerado como um *corpus compositum* ou "individual", no sentido spinoziano, sua natureza depende da preservação das mesmas trocas internas proporcionais de movimento entre os corpos simples dos quais ele é composto (definição segundo *Ética* 2p13). Dado que tais relações proporcionais internas de movimentos (e repouso) permaneçam as mesmas, a natureza ou essência do corpo composto certamente não muda ou perece se o corpo muda de velocidade quando se move como um todo ou como indivíduo. Isso é bastante claro com base em *Ética* 2p13le6-7,s.

---

[57] Sobre as dificuldades acerca dos corpos simples e compostos de Spinoza no contexto de sua física, e, de fato, sobre sua física como um todo, ver Lachterman 1978.

Apesar de seus muitos *insights* e dos muitos esclarecimentos da filosofia natural de Descartes, o conceito que Spinoza tem do indivíduo é um indício óbvio de uma evidente indisposição ou inabilidade para desemaranhar e esclarecer uma dificuldade fundamental na teoria cartesiana do movimento. A dificuldade surge do par "movimento e repouso". Em *Princípios da filosofia* 2.36, Descartes introduz a conhecida tese de que Deus é a causa primária e universal do movimento e descreve sua potência criativa e conservativa nos seguintes termos:

> [A] causa geral de todo movimento no mundo [...] não é outra senão Deus, que, no começo, criou a matéria junto com o movimento e o repouso, e que unicamente por seu concurso conserva agora em toda a matéria tanto movimento e repouso quanto nela já colocara. Pois embora este movimento na matéria movida nada seja além de seu modo, não obstante ele tem certa quantidade, que facilmente podemos compreender ser sempre o mesmo na totalidade universal das coisas, embora possa mudar em suas partes singulares.

A criação e conservação de uma quantidade de movimento parece não apresentar problemas (supondo em primeiro lugar que podemos aceitar o conceito cartesiano de movimento) como a criação dos corpos em repouso o faz. Mas será que o repouso tem "uma quantidade certa e determinada"? E se tem, como pode ser quantificado e conservado de maneira coerente com o movimento? No contexto especial da teoria da colisão de Descartes, o repouso é quantificável e funciona como uma quantidade na explicação e operação das Regras,[58] mas não é claro o que Descartes quer dizer com conservação quantitativa de "movimento *e repouso*" no universo como um todo. Deus conserva todas as coisas com a mesma potência, mas a tradução dessa potência em repouso quantificável permanece obscura. O próprio Descartes não se explica aqui, nem alhures, e o *Princípios da filosofia de Descartes* de Spinoza tampouco ajuda (2p11, s, 12, 13).

---

[58] Ver por exemplo Gabbey 1980: 265-272.

Tenha Spinoza visto ou não as dificuldades, "repouso e movimento" se tornaram um *leitmotiv* em sua filosofia (como em muitos dos comentários de Spinoza) e, particularmente, é a noção central em seu conceito do indivíduo, definido na *Ética* 2p13:

> Quando corpos quaisquer, de grandeza igual ou diferente, são forçados, por outros corpos, a se justaporem ou se, numa outra hipótese, eles se movem, seja com o mesmo grau, seja com graus diferentes de velocidade, de maneira a transmitirem seu movimento uns aos outros segundo uma proporção definida, diremos que esses corpos estão unidos entre si, e que, juntos, compõem um só corpo ou indivíduo, que se distingue dos outros por essa união de corpos.[59]

Aqui, não se menciona *repouso*, quase certamente porque Spinoza não estava contente com a ideia de os corpos "transmitirem o repouso" mutuamente,[60] mas, não obstante, o repouso está implícita e inelutavelmente presente não somente por causa de *Ética* 2p13a1' e 2p13le1, mas de maneira menos ambígua por causa de (por exemplo) 2p13le5, s, e *Ética* 4p39. *Ética* 2p13le5 lê-se:

> Se as partes que compõem um indivíduo tornam-se maiores ou menores, mas numa proporção (*eâ ... proportione*) tal que conservam,

---

[59] Shirley ignora o uso crucial feito por Spinoza de "*communico*" ("*ut motûs suos invicem ... communicent*"), e, com isso, enfraquece sua tradução da definição: "so as to preserve an unvarying relation of movement among themselves [de modo a preservar uma relação invariante de movimento entre eles]" (Spinoza 1982: 74).
[60] Acho ser importante que em nenhuma das Regras de impacto de Descartes qualquer corpo seja *trazido ao repouso* pela colisão. Isso poderia ser acidental (no sentido de não ser mais do que um efeito colateral das Regras falhas de Descartes), mas penso ser mais provável que Descartes acreditava que os corpos que chegavam ao repouso em sua teoria da colisão poderiam ameaçar sua lei de conservação. Suspeito que Spinoza sentia o mesmo no caso de seu sistema, embora nenhum deles pudesse negar que o repouso deve sempre ter existido. Perseguir essa história nos levaria muito além dos limites deste texto, mas ver Gabbey 1973.

entre si, como antes, a mesma relação entre movimento e repouso (*motûs, & quietis ratio*) o indivíduo conservará, igualmente, como antes, sua natureza, sem qualquer mudança de forma.[61]

Podemos apreciar o que Spinoza está tentando fazer nesses textos, já que é excepcionalmente difícil dizer o que constitui a característica de unidade-na-diversidade dos indivíduos orgânicos e inorgânicos. Admiramos ele ter intuído o que muito mais tarde virá a ser chamado de homeostase – e pessoalmente admiro o que considero uma engenhosa reformulação neocartesiana da teoria medicinal tradicional galênica do equilíbrio (boa saúde) e do desequilíbrio (doença) dos humores. No entanto, essa intuição está viciada pelo enigma do "movimento e repouso" herdado da filosofia natural de Descartes. Falar de corpos que mantém mutuamente "a mesma quantidade de movimento e repouso" ou que transmitem uns aos outros o movimento "em certa proporção fixa" não significa dizer nada de efetivo, a menos que uma interpretação matemática seja dada dessas proporções e das medidas do movimento e do repouso de que são formados, e a menos também que haja uma interpretação das leis que asseguram a alegada invariância nas proporcionalidades. Spinoza não diz quais são essas leis, e tampouco diz como as proporções devem ser expressas matematicamente. No exemplo do verme no sangue da inter-relação harmoniosa de todas as partes da Natureza, a fórmula "*motûs, & quietis ratio*" esperançosamente se torna "*ratio motûs* ad *quietem*". Spinoza escreve a Oldenburg que todos os corpos

---

[61] Assim como alguns estudiosos de Spinoza, Shirley usa a formula hifenizada "movimento e repouso" para o *motus & quies* de Spinoza (Spinoza 1982: 75). Creio que isso é um erro. Os hífens implicam inseparabilidade (como guarda-chuva e vaga-lume), mas tudo que Spinoza quer dizer com *motûs & quies* é que em qualquer tempo dado alguns corpos estão em movimento, alguns em repouso, sem que cada estado implique o outro. No entanto, não se pode ter certeza absoluta, já que Spinoza nunca define movimento ou repouso. Tschirnhaus perguntou a Spinoza pela "verdadeira definição de movimento" em janeiro de 1675 (Ep 59). Spinoza respondeu que ainda não tinha formalizado suas ideias sobre o assunto, mas estava esperando por outra ocasião (Ep 60). Essa ocasião parece não ter chegado nunca, já que não ouvimos mais nada de Spinoza sobre a natureza do movimento e do repouso (além de que são modos infinitos).

[...] estão circundados por outros e estão determinados a existir e a agir, cada qual pelo outro, de uma maneira (*ratio*) fixa e determinada, a mesma proporção de movimento com relação ao repouso (*eâdem ratione motûs ad quietem*) sempre ficando preservada em todas as coisas como um todo, isto é, em todo o universo (Ep 32, Spinoza a Oldenburg, 20 de Novembro de 1665; Oldenburg 1965-1986: II, 598).

Mas ainda falta uma ancoragem quantitativa, e, portanto, tudo isso ainda é muito vago para permitir uma avaliação do que exatamente está a se afirmar.

Matheron corajosamente tenta fazer sentido desse aspecto do conceito spinoziano do individual, mas não consegue, em grande parte por causa de uma reconstrução matemática ininteligível das supostas intenções de Spinoza (Matheron 1969: 37-41).[62] A irremediabilidade matemática da doutrina spinoziana do indivíduo não dissuadiu Guéroult de tentar restaurar inteligibilidade matemática a ela percorrendo a teoria dos corpos rígidos. Em um apêndice dedicado inteiramente à questão, ele extensamente busca fundamentar a excêntrica alegação de que a definição spinoziana do indivíduo (*certa quadam ratio*) pode ser encontrada na relação entre velocidade e distância nas investigações sobre o centro de oscilação feitas por Descartes, Roberval e principalmente Huygens. De acordo com Guéroult, Spinoza poderia ter tirado a ideia de sua distinção entre *corpora simplicissima* e *composita* da distinção entre pêndulos simples e compostos feita por Huygens, e os argumentos na famosa carta a Oldenburg de 20 de novembro de 1665 mostram a "influência provável" sobre Spinoza das pesquisas sobre os pêndulos

---

[62] Matheron expressa a invariância spinoziana de "movimento e repouso" como uma fórmula sem sentido (e dimensionalmente incorreta) em que a quantidade de repouso é medida pela massa e de fato tornada igual à massa, enquanto a quantidade de movimento é medida pela fórmula mais convencional "massa × velocidade". Não incorporei em minha análise o preciso "⅓" dado como exemplo da razão entre "movimento e repouso" no *Curto tratado* II Prefácio Seção 12, 14 (Spinoza 1985a: 96), porque a passagem em questão é uma adição possivelmente não feita por Spinoza. Em todo caso, a razão ⅓ para exprimir a relação movimento/repouso no indivíduo humano não significa nada na ausência de medidas quantitativas de ambos os modos.

feitas por Roberval e Huygens, notadamente "*le principe de la conservation du mouvement du centre de gravite* (o princípio da conservação do movimento)". Guéroult admite que

> on doit préciser que si l'hypothèse d'une influence de la théorie pendulaire de Huygens sur la théorie spinoziste des corps n'est pas historiquement prouvée par des documents, des allusions precises ou des textes formels, mais ne s'impose que de par leur convergence indéniable, en revanche, les circonstances historiques, à tout le moins, l'autorisent... (Guéroult 1968-1974: II, 557).[63]

Infelizmente, as circunstâncias históricas (por exemplo, a amizade de Spinoza com Huygens) nada autorizam de parecido. Não há indicações, seja nas circunstâncias históricas de Spinoza, tampouco em seus escritos ou cartas, que ele tivesse qualquer compreensão das minúcias matemáticas das investigações de Huygens na teoria do movimento dos corpos rígidos, ou que haja qualquer ligação entre essas investigações e o conceito spinoziano do indivíduo. É doloroso dizer, mas o apêndice 5 de Guéroult é uma aberração inexplicável num comentário em outros aspectos diferenciado sobre Spinoza.[64]

---

[63] N.T.: "Deve-se precisar que se a hipótese de uma influência da teoria pendular de Huygens sobre a teoria espinosista dos corpos não está historicamente provada por documentos, alusões precisas ou textos formais, mas só se impõe pela inegável convergência das duas teorias, as circunstâncias históricas, em troca, ao menos a autorizam".

[64] "*Appendice n. 5. Disques tournants, pendules composés, corps composés, corps vivants*" (Guéroult 1968-74: II, 555-558). Os problemas do centro de oscilação e (de maneira equivalente) do centro de percussão surgem das propriedades de um corpo rígido (de qualquer forma) rotacionando em volta de um eixo que perpassa o corpo. Se o corpo oscila sob gravidade, encontre-se o período do pêndulo simples de corda que oscila com a mesma frequência (o problema do centro de oscilação). Se balançar sob qualquer força, como um bastão de *baseball* ou de *cricket*, encontre-se o ponto no corpo em que a força máxima pode ser sentida (o problema do centro de percussão). Esses problemas, que estavam entre os mais difíceis da mecânica de meados do século XVII, foram parcialmente solucionados por Descartes, Roberval e outros, e de maneira mais abrangente por Huygens.

Método científico

As críticas a Bacon na primeira carta de Spinoza a Oldenburg não implicam que ele repudiava toda a filosofia baconiana, não mais do que as críticas a Descartes na mesma carta implicam que a filosofia esteja livre de ideias cartesianas. Com efeito, a atividade de primeira ordem da filosofia natural de coleta de fatos era vista por Spinoza de maneira baconiana. No capítulo VII do *Tratado teológico-político*, ele categorizava os métodos de exegese da Escritura e de filosofia natural nos seguintes termos:

> Muito resumidamente, o método de interpretar a Escritura não difere em nada do método de interpretar a natureza; concorda até inteiramente com ele. Na realidade, assim como o método para interpretar a natureza consiste essencialmente em descrever a história da mesma natureza e concluir daí, com base em dados certos, as definições das coisas naturais, também para interpretar a Escritura é necessário elaborar sua história autêntica e, depois, com base em dados e princípios certos, deduzir daí como legítima consequência o pensamento de seus autores. [...] a Escritura trata frequentemente de coisas que não podem deduzir-se dos princípios conhecidos pela luz natural. Com efeito, ela compõe-se em boa parte de histórias e revelações [...]. Daí que o conhecimento (*cognitio*) de todas essas coisas, ou seja, de quase tudo o que vem na Escritura, deva investigar-se unicamente na própria Escritura, do mesmo modo que o conhecimento da natureza se investiga na própria natureza (TTP VII. 6-9; Spinoza 1925: III, 98).

A compilação de "histórias naturais e experimentais" era o primeiro passo no método baconiano, e a inferência de definições (isto é, de essências ou naturezas) de Spinoza parelha com a extração indutiva de formas e naturezas de Bacon. No *Tratado sobre o intelecto*, Spinoza lista quatro passos que auxiliam na seleção do melhor dos quatro *modi percipiendi*. Os dois primeiros passos são: "I. Conhecer exatamente nossa natureza, que desejamos aperfeiçoar, e, ao mesmo tempo, saber da natureza das coisas tanto quanto for necessário. II. Daí deduzir corretamente as diferenças, concordâncias e oposições das coisas" (TdIE 25). Penso que Savan está certo em ver no segundo passo a influência das tabelas indutivas de "Graus de comparação", "Presença e Essência" e "Desvio ou Ausência em Proximidade" de Bacon (Savan 1986: 122 n. 8).

O mesmo espírito baconiano leva Spinoza a aconselhar Oldenburg, durante sua discussão de "A história da fluidez e da firmeza" de Boyle, que:

> [...] para um entendimento da natureza dos fluidos em geral, basta saber que podemos mover nossa mão em um fluido em todas as direções com um movimento proporcional a ele (*motu fluido proportionato*) e sem qualquer resistência [?]. Isso é claro o bastante àqueles que prestam atenção suficiente àquelas noções (*notio*) que explicam a Natureza como ela é em si mesma, não como ela está relacionada à razão humana. Daí que eu não desprezo essa história como inútil. Ao contrário, se [uma história] de cada líquido pudesse ser compilada de maneira tão exata quanto possível e fosse da maior confiabilidade, eu a julgaria da maior utilidade para a compreensão de suas diferenças individuais, algo que, sendo altamente necessário, deve ser grandemente desejado por todos os filósofos (Ep 6, Spinoza a Oldenburg [abril de 1662]; Oldenburg 1965-1986: I, 456 [texto do autógrafo na Royal Society]).[65]

Com efeito, na mesma carta ele vai além da história natural baconiana e cita Bacon como tendo "mais do que adequadamente demonstrado" antes de Descartes que qualidades tangíveis dependem somente do movimento, da forma e de outras afecções mecânicas – embora eu suspeite que Spinoza esteja usando Bacon aqui para repreender Boyle por exagerar na complicação de algo que seu ilustre compatriota já esclarecera anos antes.

Mais decisiva talvez seja a carta a Bouwmeester em que Spinoza defende que nossas percepções claras e distintas não são causadas por nada fora de nós, mas somente por *outras* percepções claras e distintas. Isso significa que nossas percepções claras e distintas somente surgem

---

[65] Ver Savan 1986: 113.

de leis certas e fixas só de nossa natureza, isto é, de nossa potência (*potentia*) absoluta, não do acaso (*fortuna*), isto é, de causas, embora também certas e que agem segundo leis fixas, que nos são desconhecidas e estranhas a nossa natureza e nossa potência. Quanto a outros (gêneros de) percepções, reconheço que elas dependem completa e definitivamente do acaso.

De acordo, o verdadeiro Método consiste no seguinte:

O conhecimento tão só do entendimento puro, de sua natureza e suas leis. Para adquirir esse método, primeiro é preciso distinguir entre intelecto e imaginação, ou entre ideias verdadeiras e as outras, isto é, as fictícias, falsas e duvidosas, e, falando de maneira absoluta, todas aquelas que dependem tão só da memória. Para compreender isso, ao menos até onde exige o Método, não é necessário conhecer a natureza da mente por sua causa primeira; é suficiente compilar uma historieta (*historiola*), da maneira ensinada por Verulamius [Bacon], da mente e de suas percepções (Ep 37, Spinoza a Jan Bouwmeester, 10 de junho de 1666).

O "verdadeiro método" imaginado por Spinoza quase não é baconiano, à medida que projeta a geração de percepções claras e distintas umas das outras; mas o material sobre o qual supostamente trabalha devem ser coletados de maneira baconiana. Sem esse material empírico, não podemos ascender ao conhecimento da natureza das coisas. Ou melhor, seguindo o relato do quarto tipo de *perceptio* no *Tratado sobre o intelecto*, podemos adquirir um conhecimento por suas causas aproximadas das essências ou definições de modos finitos (TdIE 19).[66]

---

[66] Sobre toda a questão da experiência na epistemologia de Spinoza, ver Curley 1973a; Parkinson 1954 *passim*; também Klever 1990a. Sobre Spinoza o empirista e os usos e distinções seiscentistas entre "razão" e "experiência", ver Francks 1985, principalmente p. 180 e (sobre Spinoza e Bacon) p. 187-191.

Se de fato há uma influência baconiana sobre a metodologia de Spinoza, mais uma vez surge a questão da presença de Bacon na taxonomia do saber de Spinoza. Refiro-me à noção spinoziana de *experientia vaga*, que tradicionalmente tem sido considerada como uma alusão direta a ou um empréstimo do aforismo 100 do *Novum Organon*, livro I:

> Deve-se buscar não apenas uma quantidade muito maior de experimentos (*experimentum*), como também de gênero diferente dos que até agora nos têm ocupado. Mas é necessário, ainda, introduzir-se um método completamente novo, uma ordem diferente e um novo processo, para continuar e promover a experiência (*experientia*). Pois a experiência aleatória (*experientia vaga*), deixada a si mesma, como antes já se disse, é um mero tateio no escuro e presta--se mais a confundir os homens que a informá-los. Mas quando a experiência proceder de acordo com leis seguras e de forma gradual e constante, poder-se-á esperar algo de melhor da ciência (Bacon 1857-1874: I, 203; IV, 95, tradução modificada).[67]

Há certamente um paralelo entre a *experientia vaga* dos dois filósofos; e Spinoza, que estudara profundamente o *Novum Organon* por volta de setembro de 1661, mal pode ter deixado passar o uso que Bacon faz da expressão. No entanto, a ligação com Bacon parece ter sido suposta por falta de qualquer outra, em vez de inferida após exame de outras fontes *prima facie* relevantes. Spinoza e Bacon podem bem ter sido os únicos filósofos a casar *experientia* e *vaga*, tendo em vista um ponto filosófico, mas não foram

---

[67] Ver Joachim 1901: 164; 1940: 25-26 n.2; e Curley 1973a: 35. O original latim da penúltima sentença do aforismo 100 é: "*Vaga enim Experientia et se tantum sequens (ut superius dictum est) mera palpatio est, et homines potius stupefacit quam informat*" (Bacon 1857-74: I, 203). A precisão de "*vaga experientia*" desaparece na tradução de Ellis-Spedding-Heath: "For experience, when it wanders in its own track, is, as I have already remarked, mere groping in the dark, and confounds men rather than instructs them" (Bacon 1857-74: IV, 95).

os primeiros a usar o segundo termo para esse propósito. Desde o século XIII (no mais tardar),[68] "*vagus*" funcionava em tratados lógicos de jeitos que nos convidam a reconsiderar o uso que Spinoza faz do termo.

Para tomar mais uma vez os manuais que Spinoza conhecia, Burgersdijk, em suas *Institutiones logicae* (1626), introduz "*vagus*" em sua discussão dos universais, singulares e individuais. O singular é aquilo que é predicado de uma única coisa por sua natureza (Teorema VII); singulares são "átomos", ou indivíduos, no sentido de que não podem ser subdivididos em entidades que retêm o mesmo nome e a mesma natureza (Teorema VIII). Além disso (Teorema IX), cada indivíduo é ou determinado (*determinatum*) ou não especificado (*undesigned*) (*vagum*). Um indivíduo é determinado de quatro maneiras (Teorema X): por um nome próprio ("Alexandre", "Bucéfalo"), por um nome comum ("O Filósofo", quer dizer, Aristóteles), por um pronome demonstrativo (esta pessoa) e por perífrases ("O apóstolo dos gentios",

---

[68] No capítulo 5 ("Propriedades de Termos") de sua *Introductiones in logicam*, William de Sherwood (século XIII) distingue três modos de suposição simples, cujo terceiro é explicado assim: "O terceiro modo ocorre como se segue: 'A pimenta é vendida aqui e em Roma'. Essa suposição é diferente da primeira, já que a espécie ela mesma não é vendida, e diferente da segunda, já que 'pimenta' não é usado aqui [para tudo o que pertence à espécie] enquanto é pimenta. Em vez disso, 'pimenta' aqui supõe por seu *significatum* [como] relacionado de uma maneira geral e não fixada às coisas que pertencem a ele. Assim, frequentemente se diz que esta é uma suposição não fixada (*vaga*). [Um termo que tem esse terceiro modo de suposição simples] supõe por uma espécie enquanto [assim o faz] por meio dos indivíduos que pertencem à espécie, mas não são designados (*non signata*) [*undesignated*]. É como se alguém perguntasse 'que animal é útil para arar?' e alguém respondesse 'o boi'; ao responder, a pessoa não pretende dizer um boi em particular, mas simplesmente *boi*. Da mesma maneira, quem quer que diga 'a pimenta é vendida aqui e em Roma' não pretende dizer alguma pimenta em particular, mas simplesmente *pimenta*" (Sherwood 1966: 112; colchetes conforme impressos no texto). Note-se a tradução de Kretzmann de "*vaga*" como "não fixa". Embora no texto de William de Sherwood "não fixada" pudesse ser substituído sem perda por "indeterminada", "experiência não fixada", como uma possibilidade para a "*experientia vaga*" de Spinoza, soaria como uma tolice. Uma melhor alternativa para "indeterminada" é dada na sentença seguinte: "não designados" ("*non signata*"). Note-se também que o uso de "*vaga*" dessa maneira antedata o tratado de William de Sherwood ("Assim, frequentemente se diz"): cf. a citação tirada do *Lexicon philosophicum* de Goclenius abaixo no texto.

quer dizer, São Paulo). Um indivíduo é *vagum* de um só jeito (Teorema XI): por um pronome indefinido ("alguém", "alguma pessoa"). Conforme afirma Heereboord em sua *explicatio* do Teorema IX, "diz-se que os indivíduos são determinados quando estão delimitados a certo lugar e tempo. Não são especificados quando acontece o contrário".[69]

Uma fonte útil de uma época anterior no mesmo século é o artigo sobre *confusa* no *Lexicon philosophicum* (1613) de Goclenius. Após *confusa*"como *indistinct*" e após o *confusum* de Aristóteles e Zarbarella como um "todo que compreende uma quantidade de partes", Goclenius passa a observar que:

> *Confusum* também é considerado por alguns escolásticos como *Vagum*, & nas instruções de Fonseca em seu *De suppositionibus*, é o oposto de "especificado" *(signatum)* e "determinado" *(determinatum)*. As crianças conhecem os particulares primeiro como *particularia vaga*, e depois vêm a conhecer os *particularia signata*. Primeiro conhecem o pai ou a mãe somente como outra pessoa que não é diferente de outras pessoas, mas que se parecem com elas. Mais tarde, porém, conhecem a ele ou a ela como esta pessoa específica (*ut hunc signatum*), isto é, diferenciam pai e mãe de outras pessoas. João o Gramático também o considerava (ao *confusum*) nesse sentido em (seu comentário a Aristóteles,) *Física* I (Goclenius 1613: 439).

Dado esse sentido técnico tradicional de "*vagus*", tal como expresso em Burgersdijk, Heereboord e Goclenius, Spinoza parece estar usando o termo do mesmo jeito, como uma descrição do estatuto lógico dos indivíduos sobre os quais a *experientia vaga* se baseia. Primeiro, a oposição entre *vaga* e *determinata* é explicitamente mencionada no *Tratado sobre o Intelecto*, e a maneira que Spinoza a apresenta implica que algo do que ele diz é familiar a seus leitores:

---

[69] Ver Burgersdijk 1651: lib. I, cap. II (*De themate simplici & complexo, universali & singulari*) p. 9; e *EPMHNEIA Logica: sive Synopseos logicae Burgersdicianae Explicatio*, p. 5.

II. Existe uma percepção originária da *experientia vaga*, isto é, da experiência não determinada (*determinatur*) pelo intelecto, só se dizendo tal porque ocorre por acaso (*casu*) e não vemos nenhuma outra experiência que a contradiga (*nullum aliud habemus experimentum, quod hoc oppugnat*), e por isso fica como irrecusável entre nós (TdIE 19).

Segundo, Spinoza ilustra o que quer dizer com *experientia vaga* indicando que:

> Pela *experientia vaga*, sei que hei de morrer: afirmo-o porque vi que os outros, iguais a mim, morreram, ainda que nem todos vivessem o mesmo lapso de tempo, nem sucumbissem pela mesma doença. Também pela *experientia vaga*, sei que o óleo é próprio para alimentar a chama e que a água serve para extingui-la; sei igualmente que um cão é um animal que ladra, o homem um animal racional, e assim quase tudo o que se refere ao uso da vida (TdIE 20).

Ora, cada um desses itens de conhecimento, e o conhecimento que alguém não matemático tem de algoritmos aritméticos simples (inclusive a Regra de Três, o exemplo que aparece no *Tratado sobre o Intelecto*, no *Curto Tratado* e na *Ética*), é inferido de ou baseado em experiências individuais que merecem o epíteto de "*vaga*" porque não são "determinadas pelo intelecto" em nenhum dos quatro jeitos listados por Burgersdijk. Quando dizemos que "o homem é racional", não queremos somente dizer que Alexandre ou o Apóstolo dos gentios é racional, mas que qualquer humano é racional. Quando dizermos que "o óleo alimenta o fogo", não queremos dizer apenas *esta* ou *aquela* medida de óleo, mas simplesmente "óleo", isto é, toda e qualquer medida de óleo. Somos lembrados do terceiro modo de suposição simples de William de Sherwood, cujo exemplo era: "A pimenta é vendida aqui e em Roma" (ver nota 69). Spinoza diz – o que é importante para meu argumento – que aqueles que ele viu morrer não viveram os mesmos períodos de tempo ou morreram pelas mesmas causas, tendo em mente com isso que a morte de qualquer pessoa que seja, e não a de alguém em particular, teve seu papel garantido ao levá-lo a inferir que ele também morrerá. Ele não sabe isso simplesmente por ter visto o corpo sem vida de seu pai em certo dia de março de 1654, o de Simon de Vries em certa data em 1667, o de Adriaan Koerbagh em certa data em 1669 ou os corpos dos assassinados Jan e Cornelis de Witt em ou depois de 20 de agosto de 1672.[70] Tivesse Spinoza inferido sua própria mortalidade somente dessas mortes, o conhecimento adquirido teria vindo da *experientia determinata*; mas, por causa de sua base de observação estreita, (nesse caso) teria sido menos seguro do que o conhecimento adquirido da *experientia vaga*.

Considerações parecidas valem para *Ética* 2p40s1, 2. Em *Ética* 2p40s1, a discussão é parcialmente sobre os universais (como a de Burgersdijk acima era também), que formamos de várias maneiras de acordo com as disposições de nossos corpos individuais. Conformemente, Spinoza alega em *Ética* 2p40s2: "percebemos muitas coisas e formamos noções universais: 1. A partir de coisas singulares, que os sentidos representam mutilada, confusamente e sem a ordem própria do intelecto (veja-se p29c). Por isso, passei (*consuevi*) a chamar essas percepções de conhecimento originado da experiência errática (*experientia vaga*)".[71] Note-se como "*consuevi*" altera significativamente o sentido da última frase: Shirley a omite, deixando apenas "e portanto chamo tais percepções ..." (*and therefore I call such perceptions*) (Spinoza 1982: 90), o que quebra a ligação direta – implicada pelo texto latino – com o *Tratado sobre o Intelecto* e, possivelmente, a ligação indireta com a tradição lógica peripatética.

---

[70] Para efeito de exemplificação, suponho que Spinoza não somente tenha ouvido sobre as mortes dos quatro últimos, mas tenha também visto os corpos. Simplesmente ouvir das mortes, sem ver os corpos, seria *perceptio ex auditu*.

[71] Os termos *mutilatè* e *confusè* usados aqui e alhures por Spinoza também funcionam com sentidos técnicos em textos peripatéticos, mas explorar essa questão nos levaria muito além dos limites deste texto. Contudo, como uma *entrée* a esse aspecto não explorado do pensamento de Spinoza, ver o artigo de Goclenius sobre *confusum*, parcialmente citado acima.

Não podemos passar por cima do fato de que no *Tratado sobre o intelecto* Spinoza descreve o conhecimento com base na *experientia vaga* como "irrecusável", dado que não há casos de outras experiências, e como constituinte de quase todo o conhecimento prático de que precisamos na vida. Cada um dos itens de conhecimento com os quais Spinoza exemplifica a *experientia vaga*, em si mesmo, pode ser qualquer coisa, menos "vago" ou "indeterminado". Cada item é claro, sem ambiguidade, e, como a morte (sim, o exemplo ideal) e os impostos, é uma das certezas da vida. Cada produto de *experientia vaga* é ou uma generalização empírica, uma lei científica ou uma verdade matemática. Mas porque *poderia* haver outros casos, ao menos em princípio (mesmo a mortalidade humana está aberta à confutação experimental, ao que parece), o conhecimento com base na *experientia vaga* não é absolutamente certo. Aqueles que com base em sua experiência errática acreditam que todas as ovelhas têm caudas curtas surpreendem-se ao descobrir que ovelhas marroquinas têm caudas longas (ST II, 3). E embora Spinoza não seja claro nessa questão, suponho que mesmo a Regra de Três pode ser corrigida no sentido de que um matemático poderia mostrar, através da extrapolação com base em um simples caso, que há exceções ao algoritmo suposto sem benefício de Euclides, embora provavelmente ninguém as encontre em circunstâncias corriqueiras. Converter esses itens de conhecimento com base na *experientia vaga* em certeza absoluta exige o conhecimento da essência dos cães, do óleo, da água, dos humanos e o conhecimento da teoria euclidiana das proporções, com base no que os respectivos acidentes poderiam ser deduzidos.

Não se pode, portanto, supor que Bacon seja a fonte direta para a *experientia vaga* de Spinoza. É mais provável que a tradição lógica peripatética seja a fonte *tanto* para Bacon *como* para Spinoza, cada um deles usando *vagus* de maneira própria e para seus próprios propósitos diferentes. O propósito de Bacon nos aforismos ao redor do aforismo 100 (*Novum Organon*, Livro I) é avaliar os métodos que os outros escolheram para chegar à verdade nas ciências. Alguns recorreram à autoridade, alguns à lógica, e outros à simples experiência (*experientia mera*), "que se [somente] ocorre, é chamada acaso (*casus*), e se é buscada, é chamada experimento". Portanto, a experiência simples inclui a *experientia vaga*, que Bacon classifica junto com a experiência casual anteriormente no mesmo aforismo (Aforismo 82, Bacon 1857-1874: I, 189-190). Mas todos esses métodos são inúteis como meios de descobrir causas, diferentemente do método apropriado, que procede "segundo lei fixa, sem interrupção e em ordem regular" (*experientia determinata*). O propósito de Spinoza nos contextos em que aparece a "*experientia vaga*", por outro lado, não é emular Bacon com uma crítica das metodologias ou com propostas de um novo método, mas expor três de quatro gêneros de percepção ou conhecimento. E embora a *experientia vaga* de Spinoza não descubra causas ou essências, ao menos fornece generalizações empíricas (e algoritmos matemáticos) que formam uma parte útil do conhecimento geral das coisas de uma pessoa. A diferença aqui entre Bacon e Spinoza é que para Bacon *experientia vaga* é um *método* ineficaz de descoberta das causas das coisas; para Spinoza, é uma *base empírica de um gênero lógico específico* a partir da qual proposições gerais que são úteis na vida são inferidas, mas que não revelam as essências ou causas das coisas.

Então, qual é o método de Spinoza para revelar as essências das coisas? Como obtemos "ideias adequadas das propriedades das coisas" ou a *scientia intuitiva* que consiste no movimento a partir de "uma ideia adequada da essência formal de certos atributos de Deus ao conhecimento adequado da essência das coisas" (E 2p40s2)? É difícil moldar uma resposta, já que não fica claro como precisamente o método de Spinoza supostamente fornece uma compreensão das causas ou essências. Onde ele aconselha receitas baconianas, como na carta a Bouwmeester ou na carta a Oldenburg defendendo uma história dos líquidos (ambas citadas acima), aquela parte preliminar do método é simples, mas como um meio de desvelamento de essências e causas próximas ela teria sido tão impotente quanto o método do próprio Bacon se mostrou ser.

Onde Spinoza esboça seu próprio método, a questão é ainda menos simples. O otimista Bouwmeester perguntara a Spinoza se existe um método pelo qual "podemos proceder seguramente e sem cansaço [!] na consideração dos assuntos mais elevados". Spinoza respondeu que há um tal método, "pelo qual podemos direcionar e concatenar nossas concepções claras e distintas", que, porém, "só podem surgir de outras concepções claras e distintas que estão em nós; elas não admitem causa alguma fora de nós". Assim, como vimos acima, o verdadeiro método consiste no "conhecimento tão só do entendimento puro, de sua natureza e de suas leis" (Ep 37). É impossível avistar tal método "corretamente controlando a Razão na aquisição do conhecimento de verdades desconhecidas", conforme Tschirnhaus caracterizava o método que ele em vão buscava tirar de Spinoza em 1675 (Ep 59, E. W. von Tschirnhaus a Spinoza, 5 de janeiro de 1675). No *Tratado sobre o Intelecto*, que, embora admitidamente um esboço inacabado, é o único ensaio mais extenso de Spinoza sobre metodologia, ele explica que

> o método não é o próprio raciocinar para inteligir as causas das coisas e muito menos é *o* inteligir as causas das coisa, mas é o inteligir o que é a ideia verdadeira, distinguindo-a das outras percepções e investigando a natureza dela [...]. Daí se deduz que o método nada mais é que o conhecimento reflexivo (*cognitio reflexiva*) ou a ideia da ideia (TdIE 37-38).

Como diz Parkinson, o método de Spinoza "consiste em pensar sobre o que é conhecido, mais do que em tentar provar que uma dada proposição é conhecida". É difícil discordar com seu veredito de que as regras no *Tratado sobre o Intelecto* "são de pouco valor para a descoberta de novas verdades" (Parkinson 1954: 11, 21).[72]

Quanto à experimentação, Spinoza dava grande valor a ela, como vimos antes, porquanto ela revela novas coisas e suas qualidades e novos fenômenos. Mas ela não pode descobrir a natureza das coisas: o conhecimento sensório pertence à imaginação, o conhecimento das essências e das causas só ao intelecto.[73] Na controvérsia com Boyle (cf. seção 3), não há sugestão de que os experimentos de Boyle poderiam ter ajudado, ainda que minimamente, a melhorar o conhecimento que Spinoza tinha da natureza do nitrato

---

[72] Ver ainda McKeon 1928: 133-137; Joachim 1940: 102-111; Curley 1973a; e Savan 1986: 110.
[73] Ver a importante análise em McKeon 1928: 152-153, também páginas 133-135 e 144-145.

ou da fluidez e da solidez. A resposta de Spinoza aos *Ensaios* de Boyle foi essencialmente um exame de Boyle a partir de um ponto de vista cartesiano com traços espinosistas. O contraste natural era com Descartes, que Spinoza imaginava ter descoberto as naturezas reais de todas as coisas por demonstrações racionais, e cujas explicações dessas naturezas não foram ampliadas ou melhoradas pelas investigações experimentais de Boyle. Passarei por cima dos comentários (idiossincraticamente cartesianos) de Spinoza sobre os ensaios acerca da fluidez e da solidez, e examinarei brevemente algumas de suas críticas do experimento cujo relato foi publicado nos *Ensaios* de Boyle com o título "Sobre o nitrato".

Boyle deixou cair um pedaço de carvão em brasa sobre nitrato (salitre, nitrato de potássio), decompondo-o com isso em duas partes: uma parte fixa (nitrato fixo, potassa, carbonato de potássio[74]) e uma parte volátil (ácido nítrico) que ele destilou. Ao recombinar as duas partes, ele recuperou o nitrato "reintegrado", e uma rudimentar checagem quantitativa mostrou que fora recuperado quase tanto nitrato quanto o que fora inicialmente "dividido". Boyle concluiu que o nitrato é um composto químico (oposto a uma mistura mecânica de diferentes substâncias), cujas partes constituintes eram substâncias de naturezas químicas e físicas específicas diferentes, o ácido nítrico mostrando propriedades ácidas, o nitrato fixo mostrando "uma natureza alcalinizada", cada um deles de natureza distinta do nitrato em si, que exibia outras propriedades. Boyle inferiu que os corpúsculos das partes constituintes persistem sem mudança pelas reações, e que as reações eram explicáveis com base em sua química corpuscular, mas não com base na teoria das formas substanciais, de acordo com a qual a forma do nitrato é destruída na mudança substancial produzida nos experimentos.[75]

---

[74] Boyle não estava ciente de que o carvão contribuiu para a formação do nitrato fixo.
[75] Para mais detalhes sobre a disputa Boyle-Spinoza, ver McKeon 1928: 137-157; Daudin 1948; Hall e Hall 1964; Oldenburg 1965-86: I, 466-470 (notas dos editores sobre Spinoza a Oldenburg, abril de 1662); Yakira 1988; e particularmente Clericuzio 1990: 573-579.

Spinoza objetava que Boyle precisaria de um experimento adicional para mostrar que o nitrato e o ácido nítrico são de fato substâncias diferentes e que o ácido nítrico não pode ser cristalizado sem o nitrato fixo, que Spinoza considerava ser somente uma impureza, tanto no nitrato original, quando no ácido nítrico. Além disso, a checagem quantitativa de Boyle não apoiava seu ponto. Ele teria ao menos de ter investigado mais para ver se uma dada quantidade de nitrato sempre produz a mesma quantidade de nitrato fixo, e se o nitrato fixo é sempre proporcional à quantidade de nitrato requerida para produzi-lo. Esteja ou não essa intrigante crítica quantitativa da metodologia de Boyle (que não extraiu resposta de sua parte) relacionada com a teoria do indivíduo de Spinoza (seção 5), como provavelmente está, não é claro por que Spinoza pensava que esse experimento adicional poderia ter testado somente a interpretação que Boyle fez de seus resultados, não mais do que poderia ter testado sua interpretação. *A priori*, seria de se esperar que a relação proporcional se aplique igualmente ao nitrato fixo interpretado como mera impureza.

De acordo com a explicação cartesiana dada por Spinoza dos resultados de Boyle, os dois produtos do experimento nada mais eram do que os efeitos observados de diferentes estados mecânicos das mesmas partículas fundamentais. Nitrato e ácido nítrico são feitos de partículas rígidas e com forma de cenoura.[76] As partículas de nitrato estão em repouso, as de ácido nítrico estão em movimento rápido; o nitrato fixo desacelera as partículas mais rápidas do ácido nítrico para produzir nitrato, contendo poros cujos tamanhos mudam e cujas paredes ficam quebradiças quando o nitrato é forçado para fora pelo fogo. Quanto a diferença de gosto que Boyle indicou entre o nitrato fixo (alcalino) e o ácido nítrico (acidez), suas partículas ficam em posição longitudinal na língua quando vagarosas, alfinetando-a quando se movem rapidamente. A inflamabilidade do nitrato e a não inflamabilidade do ácido nítrico, também notada por Boyle, vem da incapacidade do fogo elevar as partículas paradas

---

[76] Ver DESCARTES, *Princípios da filosofia* 4.110 e Prancha XXI, figura 3.

de nitrato tão rapidamente quanto já eleva as partículas em movimento do ácido nítrico, que com isso extingue o fogo em vez de alimentá-lo. Para apoiar sua interpretação dos resultados do experimento de Boyle, Spinoza descreve três experimentos que fez para mostrar que o ácido nítrico é realmente nitrato volátil. Embora os experimentos tenham algum interesse por si mesmos, eles nem confirmam nem negam sua afiliação teórica cartesiana. Boyle teve pouca dificuldade em interpretá-los sem ter de revisar sua própria posição.[77]

Provar as diferenças específicas alegadas por Boyle entre as substâncias teria significado de fato mostrar que suas partículas têm formas geométricas diferentes. Contudo, Boyle ficou satisfeito em mostrar suas diferentes propriedades químicas, sem explicar com precisão como elas derivam dos presumidos estados corpusculares correspondentes, embora ele não tivesse dúvidas de que essa era sua origem. Seu propósito principal no experimento, de acordo com seu porta-voz Oldenburg, não era apresentar "uma análise realmente perfeita e filosófica do nitrato", mas mostrar a fraqueza da doutrina das formas e qualidades substanciais (que Spinoza pensava poderiam ser consideradas como ponto pacífico), mostrar que formas e qualidades podem elas mesmas ser explicadas em termos mecânicos (Ep 11, Oldenburg a Spinoza, 3 de abril de 1663; Oldenburg 1965-1986: II, 37, 40).[78] Contudo, no ensaio em si Boyle alegava que seu experimento provava a redutibilidade das qualidades sensíveis às "afecções primárias e mecânicas" dos corpos. Já que Boyle censurava Spinoza por fazer suposições (cartesianas) gratuitas acerca da natureza do nitrato e das substâncias associadas, a disputa como um todo, inclusive os argumentos sobre a fluidez e a solidez, vem a ser um caso do roto falando do esfarrapado. Como Meinel mostrou de maneira eficaz (ao menos para o início do século

---

[77] Ver Carta 6, Spinoza a Oldenburg (abril de 1662); carta 11, Oldenburg a Spinoza, 3 de abril (O.S.) de 1663; Oldenburg 1965-86: I, 448-454 (autógrafo na Royal Society), 458-463 (tradução); II, 38 (latim), 41 (tradução).

[78] O mesmo ponto é reiterado na Carta 16, Oldenburg a Spinoza, 4 de agosto de 1663 (O.S.) (Oldenburg 1965-86: II, 101-103). Ver Clericuzio 1990: 574-575.

XVII), confirmações experimentais alegadas de hipóteses mecânicas estavam longe de ser tão conclusivas como os teóricos e experimentalistas da filosofia mecânica pretendiam (Meinel 1988). Temos de olhar de novo para a insistência de Spinoza sobre as insuficiências epistemológicas da via experimental.

Natura vexata (sive deus vexatus)?

A conhecida distinção baconiana entre *natura libera* e *natura vexata* está entre as primeiras de uma série de distinções relacionadas que categorizam as noções modernas da Natureza e das Ciências Naturais. Supomos, frequentemente de maneira acrítica, a distinção entre observação e experimento, entre as ciências observativas e experimentais, entre a História Natural e a História Experimental, entre a Natureza livre de inspeção humana e a Natureza sujeita à inquisição humana, entre ouvir passivamente ao que a Natureza nos conta e "torturar" a Natureza para nos contar mais, entre Natureza e Arte. Em todas as tradições culturais e filosóficas, as artes mecânicas ou manuais, por exemplo, consistiram na construção e na operação de máquinas e aparelhos cujo propósito era beneficiar a sociedade humana movendo as coisas *contra naturam*. Os peripatéticos distinguiam entre *secundum naturam* (segundo a natureza), *contra naturam* (contra a natureza), *praeter naturam* (além embora não necessariamente contra o natural, isto é, ter nascido com seis dedos) e *supra naturam* (o sobrenatural, isto é, os milagres). Acima dessas distinções e conferindo inteligibilidade a elas, está a crença de que a espécie humana e a Natureza são entidades distintas e (para alguns) separadas, que podemos, por causa disso, exercer nossa vontade para *intervir* no mundo "natural", *perturbar* o fluxo "natural" das coisas, dominar as criaturas, tornarmo-nos a nós mesmos mestres e possuidores da Natureza.

Filosoficamente falando, Spinoza não pode admitir nenhuma dessas distinções, exceto somente como *entia rationis*. Elas não são demarcações no real, porque os seres humanos, como modos da substância infinita, são partes integrais da Natureza e não são distintos dela como agentes tecnológicos ou experimentais que intervêm na Natureza de maneira baconiana. Tudo que acontece é *secundum Naturam (sive Deum)*, isto é, de acordo estritamente com as Leis da Natureza (ou Deus). Nada pode concebivelmente agir *contra naturam*, como Spinoza proclama enfaticamente no capítulo VI ("Dos milagres") do *Tratado teológico-político*. Assim, não pode haver uma distinção *in re* entre Arte e Natureza. A substância não pode *intervir* em suas próprias operações para mudá-las de acordo com algum suposto ato não nomológico de vontade; a noção de "intervir" aqui não faz sentido. Como um cidadão comum usando a linguagem comum, Spinoza em seu torno polindo lentes descreveria a atividade como *ars mechanica*, mas de acordo com suas teorias filosóficas ele não pode dizer que está *intervindo* na Natureza por um ato de vontade para produzir lentes *contra naturam*. A vontade, por ser um *ens rationis*, não pode causar volições, cujas causas reais estão escondidas alhures (Ep 2, Spinoza a Oldenburg, setembro de 1661; Oldenburg 1965-1986: I, 425, 427). Spinoza, seu torno e as lentes manufaturadas se comportam estrita e unicamente de acordo com as Leis da Natureza expressas por sua essência ou pela essência delas.

No Prefácio à Parte 3 da *Ética*, Spinoza censura àqueles que, escrevendo sobre as paixões e a conduta humana,

> parecem ter tratado não de coisas naturais, que seguem as leis comuns da natureza, mas de coisas que estão fora dela (*extra naturam*). Ou melhor, parecem conceber o homem na natureza como um império num império (*imperium in imperio*). Pois acreditam que, em vez de seguir a ordem da natureza, o homem a perturba, que ele tem uma potência absoluta sobre suas próprias ações e que não é determinado por nada mais além de si próprio (Spinoza 1985a: 491 [161]).

Essa ideia – uma das mais poderosas de Spinoza – reaparece no *Tratado político*. Não há diferença entre os desejos engendrados dentro de nós pela razão e os desejos que são ocasionados por causas externas, porque ambos são produtos das leis da natureza:

Quer seja sábio ou insensato, o homem é sempre parte da Natureza, e tudo aquilo através do qual é determinado a agir deve ser relacionado com o poder da Natureza, tal como este pode ser definido pela natureza deste ou daquele homem. Quer seja conduzido pela Razão ou apenas pelo desejo, o homem, efetivamente, nada faz que não esteja conforme com as leis e as regras da Natureza [...].

Não obstante,

A maioria crê que os insensatos perturbam a ordem da Natureza mais do que a seguem, e a maioria também concebe os homens na Natureza como um império dentro de um império (*imperium in império*). Julgam, com efeito, que a alma humana, longe de ser produzida por causas naturais, é imediatamente criada por Deus, e independente do resto do mundo, a tal ponto que tem poder (*potestas*) absoluto para se determinar a si mesma e para usar o direito da Razão (TP II [308]).[79]

Refletindo sobre a Segunda Guerra entre Inglaterra e Holanda (1665--1667), Spinoza escreveu a Oldenburg:

essas desordens [...] não me levam ao riso nem tampouco às lágrimas, mas, antes, ao filosofar e a melhor observar a natureza humana. Não considero correto a mim rir da natureza, e muito menos chorar sobre ela, quando considero que os homens, assim como o resto, são

---

[79] Comentando essa passagem em algumas notas que escrevera sobre a filosofia de Spinoza por volta de 1707, Leibniz contrapunha essa ideia com a sua, segundo a qual "toda substância qualquer que seja é um império em um império, mas em harmonia precisa com tudo o mais" (Leibniz 1989: 280). Para Leibniz também, os seres humanos são portanto parte da Natureza, mas obviamente não num sentido espinosista. As notas de Leibniz sobre Spinoza aparecem numa discussão mais longa sobre o *Elucidarius Cabalisticus* (Roma 1706) de Johann Georg Wachter, que traz um capítulo chamado "Sobre a concordância entre a cabala e Spinoza". Ver Leibniz 1989: 272-273.

somente uma parte da natureza, e que não sei como cada parte da natureza está ligada ao todo, nem como está com as outras partes (Ep 30, Spinoza a Oldenburg, setembro ou outubro de 1665; Oldenburg 1965-1986: II, 541).[80]

Talvez essa seja a mais nobre lição tirada por Spinoza de sua visão filosófica do Homem e da Natureza. Dentre as muitas lições que hoje em dia poderíamos tirar da mesma rica fonte, a mais perturbadora, embora seja também a mais instigante, deve ser a de que "Homem Tecnológico Moderno" e "Homem no Estado de Natureza" são uma só e a mesma coisa. Esta é uma lição cujas implicações ainda não mostramos sinais de começar a compreender.[81]

---

[80] Oldenburg incluiu essa parte da carta de Spinoza em sua carta a Boyle de 10 de outubro (O.S.) de 1665 (Oldenburg 1965-86: II, 557-558).
[81] Sou grato a Marjorie Grene, Michael Petry e Samuel Shirley por seus úteis comentários e sugestões advindos de sua leitura de um esboço preliminar deste capítulo.

5 Psicologia metafísica de Spinoza

Michael Della Rocca

Spinoza é um metafísico. Enfatizo esse fato aqui (e em meu título) porque só se pode descobrir o que é mais empolgante e importante sobre a psicologia de Spinoza entendendo-a como originada de sua metafísica. Spinoza é um filósofo sistemático e em nenhum outro lugar seu sistema é mais ambicioso e está sob mais tensão do que em sua tentativa de derivar uma interpretação da motivação, dos afetos e de outros estados mentais humanos com base em sua metafísica geral.

Esse projeto de derivar a psicologia da metafísica tem raízes na crença diretriz spinoziana no naturalismo sobre os seres humanos – uma crença que ele expressou de uma maneira que ficou famosa como a concepção de que o homem na natureza não é um império em um império (E 3pr). Para Spinoza, os princípios em funcionamento na natureza em geral também governam a psicologia humana. O enunciado mais claro dessa ideia está no Prefácio à Parte 3 da *Ética*:

> [A] natureza é sempre a mesma, e uma só e a mesma, em toda parte, sua virtude e potência de agir. Isto é, as leis e as regras da natureza, de acordo com as quais todas as coisas se produzem e mudam de forma, são sempre as mesmas em toda parte. Consequentemente, não deve, igualmente, haver mais do que uma só e mesma maneira de compreender a natureza das coisas, quaisquer que sejam elas: por meio das leis e regras universais da natureza. É por isso que os afetos do ódio, da ira, da inveja etc., considerados em si mesmos, seguem-se

da mesma necessidade e da mesma virtude da natureza das quais se seguem as outras coisas singulares.[1]

Como essa passagem indica, para estabelecer seu naturalismo, Spinoza precisaria mostrar que as seguintes afirmações são verdadeiras:

(I) Há leis ou regras que governam os estados psicológicos dos seres humanos.[2]

(II) Essas leis ou regras são instâncias de leis ou regras mais gerais que operam na natureza.

A principal tarefa deste capítulo é analisar e avaliar a maneira de Spinoza de levar a cabo seu programa naturalista em psicologia. À luz de (1) e (2), dividirei essa tarefa em três partes. Primeiro, investigarei aqueles princípios metafísicos gerais que são centrais à psicologia de Spinoza, mas sem, nesse estágio, delinear suas pretensas ramificações psicológicas. Determinarei, depois disso, como Spinoza aplica esses princípios metafísicos aos seres humanos e a sua psicologia. Ficará claro que a despeito de seus pronunciamentos naturalistas, Spinoza às vezes se desvia de uma rota estritamente naturalista. Na terceira seção do capítulo, centrarei o foco na alegação (1) de que leis governam os fenômenos psicológicos. Conforme veremos, em muitos casos, é possível explicar de maneira útil esses princípios em seus próprios termos, sem dar muita atenção à maneira em que Spinoza tenta derivar esses princípios de concepções metafísicas mais gerais.

Devemos desde o início estar cientes de que Spinoza não leva seu projeto para a psicologia a cabo de maneira bem-sucedida. A metafísica geral,

---

[1] A menos quando houver indicação contrária, uso as traduções de Spinoza feitas por Curley (Spinoza 1985a). Ver também *Ética* 4p57s. Bennett capta bem a concepção de Spinoza: "toda a verdade sobre os seres humanos pode ser dita em termos que de qualquer maneira são necessários para descrever o resto do universo, e [...] os homens diferem somente em grau, e não em gênero, de todas as outras partes da realidade" (Bennett 1984: 36).

[2] No *Tratado da emenda do intelecto* 85, Spinoza diz conceber que a alma "age segundo certas leis, como um autômato espiritual".

a aplicação dela à psicologia e a psicologia considerada em si mesma são vítimas de graves lacunas e incoerências. As razões disso ficarão evidentes logo mais. Mas essa falha não deve obscurecer o fato de que o programa spinoziano geral de naturalizar a psicologia tem valor, é bastante atraente e que a execução que Spinoza tenta dele, mesmo quando não tem sucesso, é uma fonte rica de entendimento filosófico.[3]

A interpretação metafísica: esforço, autopreservação e potência de agir

Comecemos com as afirmações metafísicas que serão relevantes à psicologia. Destas, a mais importante é: "Cada coisa esforça-se, tanto quanto está em si, por perseverar em seu ser" (E 3p6).[4] Nesta seção, mostrarei o que essa afirmação significa, por que é falsa e por que Spinoza poderia ter sido levado a fazê-la. Também esquadrinharei e explicarei algumas das implicações metafísicas gerais que Spinoza considera pertencentes a 3p6. Um tema particular dessa seção é que as afirmações metafísicas centrais à psicologia de Spinoza frequentemente estão sujeitas a interpretações conflitantes. Isso sugere que, nessa área, Spinoza pode ser culpado por fundir teses diferentes em aspectos importantes.

---

[3] Minha avaliação geral aqui é parecida com a de Bennett (Bennett 1984: 38). Todavia, como ficará evidente, Bennett e eu discordamos quanto a muitos pontos interpretativos substanciais.

[4] "*Unaquaeque res, quantum in se est? in suo esse perseverare.*" Ver aqui *Tratado teológico-político* XVI.2 [235]: "é suprema lei da natureza que cada coisa se esforce, tanto quanto esteja em si, por perseverar em seu estado" (*lex summa naturae est, ut unaquaeque res in suo statu, quantum in se est, conetur perseverare*). Uso a tradução literal *insofar as it is in itself* da frase *quantum in se est* porque ela realça a ligação importante, que inferirei mais tarde, entre *Ética* 3p6 e a definição por Spinoza de substância como aquilo que é em si. Curley (*as far as it can by its own power*) e Caillois (*selon as puissance d'être*) preferem traduções menos literais. Para uma discussão, ver Spinoza 1985a: 498n15, e Spinoza 1954: 1427-1428.

O significado de 3p6

A primeira coisa a se notar sobre 3p6 é que, para Spinoza, o esforço de uma coisa perseverar em seu ser é equivalente a seu esforço de perseverar na existência ou seu esforço de se preservar a si mesma (por exemplo, E 4p22). Uma questão de interpretação de 3p6 mais difícil diz respeito aos significados dos termos-chave "esforça-se" (*conatur*) e "tanto quanto está em si" (*quantum in se est*). Embora os comentadores tenham investigado com frequência os significados desses termos, creio que eles não reconheceram a potencial importância de Spinoza ter incluído *ambos* os termos em uma *única* proposição. Por essa razão, depois de examinar o significado de cada um deles separadamente, investigarei a relevância que têm em conjunto.

Infelizmente, 3p6 e o contexto imediato não nos fornecem informação suficiente para podermos separar as diferentes contribuições que essas duas locuções fazem ao significado da proposição como um todo. Por essa razão, ao desenlaçar essas locuções, frequentemente recorrerei a outros textos relacionados em que também ocorrem. Uma comparação com o uso dos termos por Descartes também se mostrará bastante esclarecedor.

Focalizarei primeiro sobre o significado de "esforça-se". É importante perceber no começo que esse termo por si mesmo não traz quaisquer implicações genuinamente psicológicas. O ponto em 3p6 supostamente deve aplicar-se às coisas em geral: pode-se dizer que pedras e mesas esforçam-se tanto quanto cães e seres humanos. Spinoza, é claro, é um pan-psiquista – para ele, cada coisa é animada em certo grau (E 2p13s). Assim, uma mesa que se esforça é uma coisa animada que se esforça. Mas o fato de que uma mesa se esforça, para Spinoza, não pressupõe que ela tenha mentalidade. A atribuição que ele faz de esforço a todas as coisas é feita de maneira independente das considerações que levam a seu pan-psiquismo.[5]

Então, para Spinoza, esforçar-se não é uma noção psicológica. Isso está de acordo com o uso que Descartes faz do termo. Mas este não é o único ponto de concordância aqui, e, por essa razão, examinar a caracterização

---

[5] Ver Curley 1988: 107-8.

positiva que Descartes faz da noção de esforço jogará bastante luz sobre a abordagem de Spinoza. Descartes oferece sua definição de esforço em termos do esforço de certo gênero de objeto físico:

> Quando digo que os glóbulos do segundo elemento se esforçam (*conari*) por mover-se para longe dos centros em torno dos quais revolvem, não se deve pensar com isso que implico que eles têm algum pensamento de que esse esforço (*conatus*) procede. Simplesmente digo que estão posicionados e são impulsionados ao movimento de tal maneira que de fato viajarão naquela direção, a menos que sejam impedidos (*impediantur*) por alguma outra causa (*Princípios da filosofia*, 3: 56; Descartes 1985: I, 259).

Essa passagem sugere a seguinte definição cartesiana de esforço em geral:

x se esforça para fazer F (por exemplo, move-se em certa direção) se[6] o estado de x for tal que ele fará F a não ser que impedido por causas externas.

Com base na definição e na citação acima, fica claro que o que x se esforça por fazer é parcialmente uma função do que seu estado é em certo momento. Por exemplo, os glóbulos se esforçam para se mover em certa direção somente por causa de sua posição e movimento no instante. Isso mostra que um dado objeto pode esforçar-se para diferentes coisas em diferentes tempos, dependendo de seu estado nesses diferentes momentos.

Uma passagem correlata é *Princípios da filosofia* 2.39 (Descartes 1985: I, 241-242), em que Descartes diz que um corpo em movimento continuará em movimento retilineamente, a menos que desviados por outros corpos: "Todo movimento é em si mesmo retilíneo; e, por conseguinte, qualquer corpo que se mova em círculo sempre *tende* (*tendere*) a se mover para longe do centro do círculo que descreve" (ênfase acrescentada). Descartes elabora isso da seguinte maneira: "toda partícula de matéria, considerada em si mesma (*seorsim spectatam*), sempre tende a continuar se movendo, não em nenhum caminho oblíquo, mas somente em linha reta. Isso é verdadeiro a despeito do fato de que muitas partículas

---

[6] N.E. Sse é a abreviação do termo usado em Filosofia e Matemática cujo significado é "se e somente se".

frequentemente são desviadas à força pelo impacto de outros corpos". O ponto de Descartes aqui diz respeito a tender e – aparentemente – não tender ao esforço. Contudo, ao eliciar a interpretação geral de tendência implícita nessa passagem, podemos ver que as noções de esforço e tendência são equivalentes para Descartes. Note-se que um corpo tender ou não a se mover em linha reta depende em parte de seu estado, depende de se ele já está movendo em dado momento-se ou não. Assim, tender, como se esforçar, é uma função do estado em que se está. A passagem acima também deixa clara outra semelhança entre tender e se esforçar: ambos dizem respeito ao que dado objeto fará a menos que impedido por causas externas. Assim, a interpretação geral de tender nessa obra aqui parece ser:

x tende a fazer F sse o estado de x for tal que ele fará F a menos que impedido por causas externas.

Já que "tende" é definido da mesma maneira que "se esforça", esses termos são sinônimos para Descartes.[7]

Creio que Spinoza (ao menos na maior parte das vezes) usa "esforça-se" da mesma maneira como Descartes usa este termo e também o termo "tende". Um indício importante para essa alegação vem do fato de que Spinoza obviamente conhece muito bem o uso cartesiano, representando-o de maneira precisa em *Princípios da filosofia de Descartes*. Nessa obra, 3d3 é a versão spinoziana da definição de "esforçar-se" contida nos *Princípios da filosofia* 3.56: "Por esforço para o movimento (*conatum ad motum*) não compreendemos pensamento algum, mas somente que uma parte da matéria está de tal maneira situada em e provocada ao movimento, que ela verdadeiramente iria a algum lugar se não fosse impedida (*impediretur*) por uma causa qualquer". A contraparte de *Princípios da filosofia* 2.39 é *Princípios da filosofia de Descartes* 2p17.[8]

---

[7] Ver *Princípios da filosofia* 3.57 (Descartes 1985: I, 259-260) e Garber 1992: 354 n.10, 355 n.29.

[8] Aqui Spinoza fala do esforço para se mover de certa maneira, e não da tendência de assim fazer. Entretanto, essa discrepância não é significativa, já que, conforme vimos, esses termos parecem ser sinônimos para Descartes. Ver a nota de Curley sobre essa passagem em Spinoza 1985a: 280 n.43.

Mais indícios da compreensão que Spinoza tem do termo "esforço" vêm do apêndice a *Princípios da filosofia de Descartes*, *Pensamentos Metafísicos* 1.6 (15). Ali, Spinoza fala de um corpo A que se esforça para perseverar em seu estado de movimento. Ele diz que nesse caso A não pode "perder por si mesmo a força de se mover". Ou seja, sua perda de movimento só pode ser explicada por coisas externas a A. Portanto, o ponto de Spinoza é que para A se esforçar para continuar a se mover significa para ele ser tal que são exigidas causas externas para que aconteça de ele parar de se mover. Isso parece adequar-se perfeitamente à interpretação cartesiana do esforço.

Vejamos agora a frase "estar em si". Esta também é uma terminologia cartesiana com a qual Spinoza está bem familiarizado. A frase aparece notoriamente em *Princípios da filosofia* 2.37: "cada coisa, tanto quanto está em si (*quantum in se est*), sempre continua no mesmo estado; e assim o que uma vez está em movimento sempre continua em movimento" (Descartes 1985: I, 240-241).[9] O que significa para uma coisa, tanto quanto está em si, fazer algo, continuar em movimento? A passagem seguinte dá uma resposta:

> Cada coisa, à medida que é simples e indivisa, sempre permanece no mesmo estado, tanto quanto está em si (*quantum in se est*) e nunca muda, exceto como resultado de causas externas. Assim, se um pedaço particular de matéria é quadrado, podemos estar certos sem mais confusão que permanecerá quadrado para sempre, a menos que algo vindo de fora mude sua forma. Se estiver em repouso, sustentamos que nunca começará a se mover a menos que seja posto em movimento por alguma causa. E se ele se move, da mesma maneira não há razão para pensar que virá a perder seu movimento espontaneamente (*sua sponte*) e sem ser impedido (*impeditam*) por algo mais. Daí devemos concluir que o que está em movimento sempre, tanto quanto está em si (*quantum in se est*) continua a se mover (*Princípios da filosofia* 2.37).

---

[9] E de maneira ainda mais famosa na definição dada por Newton da força de inércia como "a força de resistir pela qual cada corpo, tanto quanto está em si (*quantum in se est*), persevera em seu estado de repouso ou de movimento retilíneo uniforme". Ver Cohen 1964.

Aqui, o ponto de Descartes parece ser que se coisas simples e indivisas mudam de estado, essa mudança tem de ser o resultado de fatores externos à coisa. O qualificador "tanto quanto está em si" no enunciado inicial da lei do movimento parece assim marcar o fato de que uma coisa simples e indivisa que se move continuará a se mover a menos que impedida por causas externas.[10]

Com base nesse exemplo, podemos chegar a uma definição geral do que significa para uma coisa, tanto quanto está em si, fazer F:

x, tanto quanto está em si, faz F sse o estado de x é tal que ele fará F a menos que impedido por causas externas.

Aqui podemos ver que, para Descartes, fazer F significa, para x, enquanto x é em si mesmo, o mesmo que se esforçar para fazer F.[11]

A mesma equivalência parece valer para Spinoza. Em *Princípios da filosofia de Descartes* 2p14 e sua demonstração, ele capta de maneira muito precisa o significado cartesiano do qualificador "tanto quanto está em si". Além disso, essa leitura da locução se adéqua muito bem ao uso técnico que Spinoza faz do termo "em si" (*in se*). Conforme Curley e outros indicaram, segundo Spinoza, dizer que algo é em si é dizer que é independente de causas externas.[12] É claro que as coisas podem estar mais ou menos sujeitas a influências externas, e essa é a razão pela qual faz sentido falar do quanto algo é em si. Isso sugere que, para Spinoza, dizer que x faz F tanto quanto está em si é o mesmo que dizer que x faz F

---

[10] Para a importância da restrição de Descartes a coisas simples e individuais, ver Garber 1992: 212-13. O princípio de Spinoza acerca da preservação do movimento e do repouso é restrito ao que ele chama de corpos simplíssimos (*corpora simplicissima*). Ver 2p13le3c e 2p13a2", depois daquele corolário.

[11] E isso, por sua vez, é o mesmo que o que é para x tender a fazer F.

[12] Ver Curley 1969 cap. 1 e Curley 1973b: 367-8. A ocorrência mais importante do termo "*in se*" aparece, é claro, na definição de "substância" como aquilo que é em si e é concebida por si (E 1d3). É interessante que na Epístola 32 Spinoza iguale considerar uma coisa como independente de causas exteriores com considerar uma coisa como um todo. Parece, então, que para Spinoza x é em si sse x é independente de causas externas sse x é um todo.

tanto quanto for independente de causas externas ou enquanto é deixado a si mesmo. Isto está totalmente alinhado com o sentido cartesiano da sentença "x faz F tanto quanto está em si", porque, para Descartes, essa sentença é equivalente à sentença "x se esforça para fazer F" e porque, como vimos, Spinoza também aceita a leitura cartesiana dessa última sentença, disso segue-se que Spinoza – assim como Descartes – considera as duas sentenças como equivalentes.

Com essa compreensão dos termos "tanto quanto está em si" e "esforçar-se", podemos dar uma interpretação de *Ética* 3d6. Tudo que precisamos fazer é substituir os termos-chave pelas frases definidoras apropriadas na proposição:

Cada coisa esforça-se, tanto quanto está em si, por perseverar em seu ser.

Primeiro, substituamos a frase "tanto quanto está em si". O resultado é:

(a) Para cada coisa x, o estado de x é tal que, a menos que impedido por causas externas, ele se esforçará por perseverar em seu ser.

Agora substituamos o termo "esforça-se" tal como aparece em (a):

(b) Para cada coisa x, o estado de x é tal que, a menos que impedido por causas externas, o estado de x será tal que, a menos que impedido por causas externas, x perseverará em seu ser.

Não fica imediatamente óbvio que (b) faz algum sentido afinal. Há um ar de redundância ou mesmo de incoerência em torno dele. O problema surge do fato de que Spinoza usa ambos os termos cruciais ("tanto quanto está em si" e "esforça-se") numa única proposição.[13] Essa dificuldade não

---

[13] Ver também a passagem do *Tratado teológico-político* XVI.2 [235], citada na nota 4.

surge em Descartes, que é cuidadoso (tanto quanto posso dizer) em separar as ocorrências dos dois termos.[14]

Não obstante, há uma maneira interessante de fazer com que (b) faça sentido. E, embora eu em última instância concorde que essa não é a maneira primordialmente pretendida por Spinoza em 3p6, é importante considerar essa leitura porque ela dará uma chave para entendermos alegações que ele faz em outras partes da *Ética*. Para ver como (b) pode fazer sentido, retornemos por um momento a (a):

(a) Para cada coisa x, o estado de x é tal que, a menos que impedido por causas externas, ele se esforçará por perseverar em seu ser.

A proposição acima pode ser lida como se dissesse que cada coisa é tal que se esforçará para perseverar em seu ser a menos que causas externas impeçam isso de acontecer. (a) abre a possibilidade de causas externas poderem agir sobre x, fazendo com que x não mais se esforce para perseverar em seu ser. Ora, dizer que x se esforça por perseverar em seu ser é dizer que causas externas são exigidas para o caso de x cessar de existir ou não mais perseverar em seu ser. Assim, (a) abre a possibilidade de causas externas poderem atuar sobre x de tal maneira que causas externas não sejam mais exigidas para produzir a não existência (*nonexistence*) de x. As causas externas resultarão em que o estado de x passa a ser suficiente para a não existência de x, sem qualquer outra influência vinda de fora. O ponto oculto atrás de (a), e, portanto, também de (b), é que x será tal que causas externas para sua não existência não serão mais exigidas somente se causas

---

[14] Por exemplo, nos *Princípios da filosofia* 3.55, Descartes usa ambos os termos, mas eles aparecem em sentenças diferentes. Mas, em *Princípios da filosofia* 2.37, é um tanto excepcional. Descartes diz ali que "todo pedaço de matéria, *considerado em si*, sempre tende a continuar a se mover" (minha ênfase). A frase "considerado em si", porém, não é uma tradução de "*quantum in se est*", mas, antes, de "*seorsim spectatam*". Em sua definição de força de inércia, na qual Newton usa o termo "*quantum in se est*", ele também não usa termos tais como "se esforça".

externas tenham causado x estar em um estado em que causas externas não são mais exigidas para a não existência de x. Essa leitura, creio, mostra que (a) e (b) são coerentes.

Não obstante, não penso que (a) e (b), assim entendidos, não reproduzem o significado pretendido por Spinoza em 3p6. Como indiquei, o problema principal é que, segundo essa leitura, Spinoza deixa aberta a possibilidade de algumas coisas não se esforçarem por perseverar em seu ser. E, por mais plausível que uma alegação desse tipo possa ser, ela entra em conflito com uma tese que está no coração da ética de Spinoza. Em 3p7, Spinoza afirma: "O esforço pelo qual cada coisa se esforça por perseverar em seu ser nada mais é do que sua essência atual". Essa proposição baseia o ponto de vista egoísta da ética spinoziana, tal como expresso na ideia de que "o esforço por se conservar é o primeiro e único fundamento da virtude" (E 4p22c). Uma vez que o egoísmo ético de Spinoza é absolutamente crucial para seu sistema, 3p7 tem de ser compreendida como de suma importância. Do fato de que, conforme 3p7, o esforço por perseverar em seu ser é a essência de uma coisa, segue-se de uma coisa não pode existir sem esse esforço.[15] Contudo, se interpretarmos 3p6 segundo a linha de (b), temos de considerar que 3p6 diz que uma coisa pode existir sem esse esforço. Dessa maneira, (b) é incompatível com 3p7. Dada a importância de 3p7, penso que devemos evitar qualquer interpretação de 3p6 que a torne incompatível com 3p7. Uma razão correlata para evitar uma interpretação desse tipo seria que as afirmações que ela deve entender como incompatíveis estão justapostas no texto. Não é muito provável que Spinoza tivesse em mente uma compreensão de 3p6 e então imediatamente fizesse uma afirmação incompatível com isso em 3p7.

Como, então, devemos interpretar 3p6? Penso que o melhor a fazer é lê-la como se Spinoza tivesse usado somente um termo do par "tanto quanto está em si" e "esforça-se". Há sustentação para isso no fato de que Spinoza frequentemente usa "esforça-se" sem "tanto quanto está em si" quando ele

---

[15] Ver 2d2 que diz, em parte, que uma coisa não pode ser sem aquilo que pertence a sua essência.

faz afirmações derivadas de 3p6 (ver, por exemplo, 3p28 e 3p29). *Ética* 3p6 teria então de ser interpretada assim:

(c) Para cada coisa x, o estado de x é tal que, a menos que impedido por causas externas, x perseverará em seu ser.

Embora (c) não faça um trabalho tão bom quanto (b) em dar conta da presença tanto de "tanto quanto está em si" como de "esforça-se" em 3p6, não obstante (c) transmite a importância que cada termo teria de ser considerado individualmente. Além disso, (c) não implica que uma coisa poderia existir sem se esforçar por perseverar em seu ser e, assim, diferentemente de (b), (c) é compatível com a importante 3p7. Isso não quer dizer que não haja sustentação para ler 3p6 conforme a linha de (b). Na próxima subseção, apresentarei evidências para a concepção de que Spinoza, em certa aplicação de 3p6, inclina-se para uma leitura parecida com (b).[16] Não obstante, penso que (c), e não (b), expressa a compreensão primordial de Spinoza de 3p6.

3p6 é verdadeira?

A evidência de que Spinoza tem alguma tendência para compreender 3p6 nos termos de (b) emerge ao considerarmos contraexemplos a 3p6 interpretada da seguinte maneira:

(c) Para cada coisa x, o estado de x é tal que, a menos que impedido por causas externas, x perseverará em seu ser.

Como muitos já indicaram, parece haver muitos contraexemplos a essa ideia. Considere-se um exemplo de Wallace Matson: "O sol perecerá, e é possível, de fato altamente provável, que perecerá queimando-se a si mesmo, esgotando sua energia nuclear e, depois, gravitacional" (Matson 1977a: 407).

---

[16] Ver também nota 23.

O sol parece ser tal que ele deixará de existir, mesmo que causas externas não impeçam o sol de existir – digamos, por ter sido atingido por uma estrela maior. Matson discute um exemplo parecido que Curley descreve da seguinte maneira: "Imangine-se uma vela, queimando sobre a mesa de Spinoza. [...] Se a deixarmos queimar ali, por si só, ela não irá queimar até o fim e, com isso, autodestruir-se?"[17] Mesmo que causas externas, como uma bomba que explode, não venham a impedir a vela de existir, a vela ainda assim deixará de existir. Aqui, também é relevante o caso de uma pessoa que comete suicídio. Uma pessoa que esteja pensando em se suicidar parece ser tal que mesmo que causas externas, como um assassino, por exemplo, não impeça essa pessoa de existir, ela ainda assim deixará de existir. Todos esses casos parecem ser contraexemplos a 3p6.

Dessa maneira, não penso que seja possível tirarmos Spinoza completamente da dificuldade aqui. Mesmo que contraexemplos potenciais possam ser descartados por explicação, não parece totalmente plausível que ao menos algumas coisas possam autodestruir-se e, dessa forma, ser de tal maneira que são capazes de deixar de existir, ainda que causas externas não as impeçam de existir. Isso solaparia 3p6 – ou, ao menos, 3p6 interpretada como (c). Embora eu pense – pelas razões dadas antes – que (c) exprime como Spinoza entendia 3p6 primordialmente, conforme eu também disse, ainda há evidências de que Spinoza às vezes compreende 3p6 em termos de:

(b) Para cada coisa x, o estado de x é tal que, a menos que impedido por causas externas, o estado de x será tal que, a menos que impedido por causas externas, x perseverará em seu ser.

Na medida em que Spinoza entende 3p6 dessa maneira, ele pode ser capaz de evitar ao menos alguns dos contraexemplos acima.

Para ver por que é assim, lembremos que, interpretada como (b), 3p6 não afirma ou implica que cada coisa sempre se esforça para perseverar em

---

[17] Curley 1988: 110. Ver Matson 1977: 407-8. O exemplo é tirado do *Tratado da emenda do intelecto* 57.

seu ser. Segundo essa interpretação, Spinoza permitiria que causas externas pudessem agir sobre uma coisa de tal maneira que ela não mais se esforçasse para persistir ou, de maneira equivalente, que causas externas pudessem agir sobre uma coisa de tal maneira que ela pudesse cessar de existir, ainda que não impedida de existir por causas externas.

Essa leitura ajudaria com os contraexemplos possíveis a 3p6 da seguinte maneira. Vamos considerar uma pessoa que cometa suicídio – uma pessoa que, diríamos naturalmente, não se esforça para persistir. 3p6, lida como (b), pode dar espaço para isso enquanto o fracasso da pessoa em se esforçar para persistir for um resultado de causas externas. Com efeito, é assim que Spinoza explica as pessoas suicidas em 4p20s: "Ninguém [...] a não ser que seja dominado por causas exteriores e contrárias a sua natureza, descuida-se de desejar (*appetere*) o que lhe é útil, ou seja, de conservar seu ser". Já que Spinoza usa o verbo "*appetere*" aqui e já que – conforme veremos – apetite (*appetitus*) é, para Spinoza, o esforço de um ser humano, ele parece estar dizendo que uma pessoa suicida não consegue esforçar-se para preservar seu próprio ser. Mas, Spinoza enfatiza, isso só pode ser o caso se fatores externos tenham feito essa pessoa não mais se esforçar em sua persistência.[18]

De maneira semelhante, pode-se garantir que uma vela queimando é tal que causas externas não são mais exigidas para produzir sua não existência, e, portanto, que a vela não se esforça mais por persistir. É possível reconciliar essa afirmação com 3p6, interpretada como (b), indicando que a vela está em tal estado por causa de fatores externos. A coisa externa que acendeu a vela foi causa da vela não mais se esforçar por persistir.[19]

Assim, ler 3p6 na linha de (b) nos habilitaria a evitar ao menos alguns dos contraexemplos a essa proposição e, de maneira muito significativa, 4p20s indica que o próprio Spinoza lidaria com os contraexemplos dessa

---

[18] Ver Bennett 1984: 238.
[19] Curley (em Curley 1988: 110) privilegia algo como esse diagnóstico, embora ele não mencione nenhuma interpretação de 3p6 na linha de (b). É difícil saber como lidar com o contraexemplo do sol segundo a maneira acima porque não fica claro quais causas externas fizeram com que o sol não seja de tal maneira que continuará a existir a menos que impedido por causas externas.

maneira. Não obstante, ainda não penso que podemos ver (b) como se exprimisse a maneira primordial como Spinoza compreendia 3p6. A despeito do fato de que interpretar 3p6 como (c) deixa-a exposta aos contraexemplos, essa interpretação acorda melhor com a posição ética geral de Spinoza, conforme expliquei.[20] A aparente inclinação de Spinoza para (b) em 4p20s, junto com sua aparente adesão a (c), revela, porém, que há correntes conflitantes e talvez sobrepostas no pensamento de Spinoza sobre o esforço por autopreservação.

O argumento em favor de 3p6

E ainda outra sobreposição no pensamento de Spinoza quanto a esses assuntos emerge de um exame da maneira como Spinoza argumenta em favor de 3p6. Esse argumento se baseia em 3p4: "Nenhuma coisa pode ser destruída senão por uma causa exterior".[21]

Uma vez que x seria destruído, mas não por causas externas, sse o estado de x em dado momento bastasse para sua destruição, considero que 3p4 resuma-se à alegação: "(d) para cada coisa x, não pode ser o caso de o estado de x bastar para sua destruição". *Ética* 3p6 segue-se diretamente de 3p4 entendida desse jeito. Segundo essa leitura, 3p4 diz que fatores além do estado de x devem ser responsáveis pela destruição de x. Assim, na ausência desses fatores responsáveis, x não é destruído e assim x persiste na existência. Essa é exatamente a alegação de 3p6, interpretada como (c).

Ética 3p4, interpretada como (d), está sujeita ao gênero de contraexemplos que pareciam solapar 3p6. O estado de combustão da vela, por exemplo, basta para sua destruição. Assim, 3p4, interpretada dessa maneira, parece ser falsa. Contudo, como com 3p6, há indícios de que Spinoza aceita uma leitura diferente de 3p4, uma leitura que não está sujeita aos contraexemplos

---

[20] E assim, doravante, ao falar de 3p6, pretendo referir-me a (c), a menos que indicado diferentemente.
[21] "*Nulla res, nisi a causa externa, potest destrui.*"

já conhecidos. Após introduzir essa outra leitura de 3p4, apresentarei evidências de que Spinoza pode compreender 3p4 dessa maneira.

Para estabelecer a discussão dessa outra leitura, preciso dizer um pouco mais sobre a distinção entre o estado de x e a essência ou natureza de x, além de dizer alguma coisa também sobre as ideias de Spinoza sobre propriedades não essenciais. A essência de x, é claro, incluiria somente os aspectos essenciais de x. O estado de x em dado momento incluiria todas as suas propriedades naquele momento. Porque a essência de x permanece a mesma, não importa em qual estado esteja, segue-se que o estado de x em qualquer momento dado inclui todos os seus aspectos essenciais. Assim, se Spinoza permite que x tenha aspectos não essenciais, então ele sustentaria que o estado de x é mais amplo do que a essência de x.

Spinoza concede explicitamente que as coisas têm propriedades não essenciais. Considere-se 3p8: "o esforço pelo qual cada coisa se esforça por perseverar em seu ser não envolve nenhum tempo finito, mas um tempo indefinido". Como vimos, Spinoza identifica esse esforço com a essência atual da coisa (E 3p7). Assim, parece que somente da essência de x não é possível determinar quanto tempo x existirá. Então, se x não tem a propriedade de, digamos, ter dez anos de idade, ele não tem essa propriedade em virtude somente de sua essência. Isso mostra que essa propriedade não é essencial a x.[22] Creio que Spinoza também poderia sustentar que muitas outras propriedades de uma coisa não são essenciais. Assim, para ele, o estado de x é mais amplo do que a essência de x.

Voltemos agora a uma leitura alternativa de 3p4. Conforme explicarei brevemente, em um único ponto na demonstração de 3p4, Spinoza não parece primordialmente preocupado com casos em que o estado de x em dado momento basta para a destruição de x; antes, o foco de Spinoza em 3p4d parece estar sobre os casos em que a *essência* de x basta para a destruição de x. Segundo essa leitura, 3p4 não é equivalente a

---

[22] Para indícios adicionais de que Spinoza aceita as propriedades não essenciais e para uma explicação de como essa aceitação é compatível com o determinismo de Spinoza, ver Garrett 1991.

(d) para cada coisa x, não pode ser o caso de o estado de x bastar para sua destruição,

mas, antes, a

(e) para cada coisa x, não pode ser o caso de a essência de x bastar para a destruição de x.

Porque, como acabamos de ver, Spinoza sustenta que a essência de uma coisa é mais estreita do que seu estado em dado momento, é claro que para ele (e) é uma alegação mais fraca do que (d); (e) é implicada por (d), mas não implica (d). Segue-se que se Spinoza está simplesmente dizendo em 3p4 que a essência de x não basta para a destruição de x, ele pode não pretender ao mesmo tempo excluir todos os casos em que o estado de x baste para a destruição de x. Isto é, ele poderia conceder que o estado de x basta para a destruição de x enquanto o conjunto de aspectos de x que bastam para sua destruição contiver alguns aspectos não essenciais.

Isso abre uma maneira de lidar com possíveis contraexemplos a 3p4. Embora a destruição da vela decorra de seu estado, essa destruição parece depender de aspectos dela que não são essenciais. A destruição da vela parece decorrer do fato de que ela foi acesa e, poder-se-ia dizer, a propriedade de ter sido acesa não é essencial à vela. Já que a destruição da vela depende de um aspecto que não é essencial, um caso desse tipo não violaria 3p4 entendida como acima. Outros contraexemplos possíveis a 3p4 talvez pudessem ser tratados de uma maneira similar.

Como mencionei, há indícios em 3p4 de que Spinoza entendia essa mesma proposição assim.[23] Eis 3p4d: "a definição de uma coisa qualquer afirma sua essência; ela não a nega. Ou seja, ela põe sua essência, ela não a retira. Assim, à medida que consideramos apenas a própria coisa e não as causas exteriores, não poderemos encontrar nela nada que possa destruí-la". A primeira sentença sugere que Spinoza está afirmando que não podemos,

---

[23] Devo aqui à discussão feita por Bennett de 3p4d (Bennett 1984: 236-237).

ao focar sobre a essência de x, encontrar nada que explicasse sua destruição. Essa ênfase sobre a essência da coisa sugere que quando, na segunda sentença, Spinoza diz que, ao considerar a própria coisa (*rem ipsam*), não conseguimos encontrar nada que seja capaz de destruí-la, pretende-se que a frase "a própria coisa" refira à essência de x em particular (e não, por exemplo, ao estado de x em dado momento). Por sua vez, isso sugere que a própria 3p4 deveria ser lida simplesmente como se excluísse a destruição de uma coisa em virtude somente de sua essência. Assim, há alguma indicação de que Spinoza entende 3p4 conforme a linha de (e).

Se essa interpretação de 3p4 permite evitar contraexemplos e parece ser sugerida pela demonstração que Spinoza faz de 3p4, então, talvez devêssemos ler 3p4 como (e) em vez de como (d). O problema, porém, é que Spinoza entende que 3p4 implica 3p6; e, como vimos, ainda que (d) implique 3p6 interpretado como (c), o mesmo não vale para (e). 3p6 interpretada como (c) requer que o estado de x não baste para sua destruição. Contudo, 3p4 interpretada como (e) não exclui essa possibilidade – exclui apenas a possibilidade de que a essência de x baste para sua destruição.[24]

---

[24] *Ética* 3p4 interpretada como (e) pode, porém, implicar 3p6 *interpretada como (b)*. Se for assim, então há ainda mais evidência de que Spinoza tende a ler 3p6 como (b) em vez de como (c). Eis por que penso que (e) implica (b): considere-se sob quais circunstâncias (b) seria falsa e também se considere se nessas circunstâncias (e) poderia ser verdadeira. (b) seria falsa somente se uma coisa pudesse estar em um estado E_1 que bastasse para sua destruição, mas não viesse a estar em E_1 como resultado de causas externas. Se a coisa não chegou a E_1 como resultado de causas externas, então, creio, o fato de que ela está nesse estado deve ter acontecido exclusivamente por causa da *essência* da coisa. Dizer que a coisa está em E_1 exclusivamente por causa de algum anterior estado E_2 dessa coisa não ajuda nada, pois então poderíamos investigar sobre como a coisa veio a estar em E_2 e teríamos a ameaça de um regresso *ad infinitum* (também não ajuda nada dizer que não há razão alguma para a coisa estar em E_1. Spinoza evidentemente não permitiria nenhum fato bruto desse tipo). A única maneira de explicar a coisa estar em E_1, afora o recurso a causas externas, seria recorrer à essência da coisa. O único caso em que (b) é falso seria assim um caso em que a essência da coisa explicaria ela estar em E_1. Mas note-se que isso é também um caso em que (e) é falsa: aqui, pode-se dizer que a essência da coisa basta para sua destruição porque ela basta para a coisa estar em E_1, o que, por sua vez, basta para sua destruição. Já que não há situação possível em que (e) seja verdadeira e (b) seja falsa, (e) implica (b).

Já que

(I) (como vimos) há boas razões para interpretar 3p6 como (c),
(II) 3p4 interpretada como (e) não implica 3p6 interpretada como (c), e
(III) Spinoza claramente entende 3p4 como se implicasse 3p6,

há alguma razão para não se interpretar 3p4 como (e). Diferentemente, ler 3p4 como (d) nos possibilita preservar a validade da inferência para 3p6 interpretada como (c). Mas, a despeito dessa relativa vantagem de (d), há alguma evidência (em 3p4d) de que Spinoza entende 3p4 como (e). E (d), ainda que forneça um entendimento natural dos termos em que Spinoza expressa 3p4, tem a desvantagem de estar sujeita a alguns contraexemplos óbvios aos quais (e) não está. Então, não há uma única leitura de 3p4 que esteja simultaneamente livre de contraexemplos óbvios e que implique 3p6 interpretada como (c). À luz de tudo isso, penso que devemos entender que Spinoza sobrepõe as duas diferentes leituras de 3p4. (d) parece funcionar para derivar 3p6 de 3p4, para (e) parece funcionar na própria 3p4d.[25]

Para manter o controle das várias sobreposições e conflitos em 3p4 e 3p6, o sumário a seguir pode ser útil. Uma possível leitura de 3p6 é como

(b) Para cada coisa x, o estado de x é tal que, a menos que impedido por causas externas, o estado de x será tal que, a menos que impedido por causas externas, x perseverará em seu ser.

---

[25] O fato de Spinoza sobrepor (d) e (e) não é surpreendente, uma vez que é uma maneira de não conseguir distinguir propriamente entre aquilo pelo que uma coisa é responsável e aquilo pelo que sua essência é responsável. Essa sobreposição de coisas com suas essências encontra-se em toda parte em Spinoza. Ver, por exemplo, quando Spinoza muda de falar sobre perceber a natureza dos corpos em 2p16c1 para falar sobre perceber os próprios corpos em 2p16c2. Esse tipo de fusão pode também operar na tendência de Spinoza de identificar uma substância com seus atributos, isto é, com aquilo que o intelecto percebe como constituinte da essência da substância (E 1d4).

(b) explica exatamente a presença tanto de "esforça-se" como de "tanto quanto está em si" em 3p6. (b) também possibilita a 3p6 evitar certos contraexemplos por meio de uma estratégia aparentemente empregada pelo próprio Spinoza em 4p20s. Contudo, (b) conflita com a afirmação sumamente importante em 3p7 de que o esforço na persistência é a essência da coisa. Esse fato indica que o que Spinoza em geral quer dizer com 3p6 não é (b), mas, antes, a proposição intimamente relacionada

(c) Para cada coisa x, o estado de x é tal que, a menos que impedido por causas externas, x perseverará em seu ser.

(c) está sujeita aos contraexemplos que (b) evita, mas talvez Spinoza não consiga ver isso porque ele funde (c) com (b). Portanto, devemos admitir que Spinoza não distingue propriamente (b) de (c).

Spinoza considera 3p4 como se implicasse 3p6 e isso sugere imediatamente que 3p4 deve ser lida como

(d) para cada coisa x, não pode ser o caso de o estado de x bastar para sua destruição.

Contudo, (d) está sujeita a contraexemplos. Além disso, há indícios em 3p4d de que Spinoza entende 3p4 como

(e) para cada coisa x, não pode ser o caso de a essência de x bastar para a destruição de x.

(e) não está sujeita a esses contraexemplos, mas infelizmente (e) não implica 3p6 interpretada como (c); embora, creio, ela implique 3p6 interpretada como (b). Uma vez que há razões em favor e contra interpretar 3p4 como (d) e também como (e), devemos concluir que, em seu entendimento de 3p4, Spinoza não distingue propriamente (d) de (e).

Penso que o relato acima avança um bom caminho na explicação do que Spinoza quer dizer com 3p4 e 3p6 e por que ele aceita as duas proposições, a despeito de sua aparente falsidade. Mas não tentei lidar com todas as dificuldades interpretativas que surgem do que pode agora ser visto como o texto um tanto rico em e em torno de 3p6. Considerei 3p4 (segundo uma leitura) como se implicasse mais ou menos 3p6, e Spinoza, de fato, trata 3p4 assim também. Pois, embora ele cite 3p5 em sua prova de 3p6, 3p5 é provado com ajuda exclusivamente de 3p4. Assim, falando formalmente, 3p5 é um terceiro supérfluo aqui. É uma questão intrigante saber por que exatamente Spinoza inclui 3p5, mas não tenho espaço para levar isso adiante.[26]

A verdade em 3p6

Tenho sido bastante crítico com a conclusão de Spinoza em 3p6 e com sua maneira de chegar a ela, mas agora quero esboçar brevemente porque penso que Spinoza chegou a uma verdade importante aqui, mesmo que ele em última instância a caracterize mal.

Ética 3p6 diz que todas as coisas se esforçam em se preservar a si mesmas. Embora isso possa ser falso se afirmado simplesmente por si, penso que Spinoza está certo na seguinte medida: o esforço por autopreservação é *de alguma maneira* incorporado na noção de ao menos algumas coisas – a saber, indivíduos complexos.[27] Mostrarei como isso acontece delineando uma explicação amplamente espinosista da individualidade complexa. Depois, considerarei o quanto dessa explicação Spinoza efetivamente aceita.

---

[26] Para alguma discussão sobre o assunto, ver Bennett 1984: 240-243. Curley 1988: 109 também sustenta que 3p5 pode ser visto como relativamente inútil.

[27] Meus exemplos dirão respeito a indivíduos físicos complexos, mas a maior parte do que digo, penso, poderia ser aplicada a indivíduos complexos mentais também. Spinoza certamente consideraria indivíduos mentais e indivíduos físicos paralelamente aqui.

O que faz com que certa coleção de objetos físicos seja um indivíduo complexo? Por exemplo, considere-se minha cadeira da salsa de jantar feita de várias peças diferentes – de maneira, pregos etc. Ou meu telefone, feito de um receptor, botões etc. Em cada um desses casos, os membros de certa coleção de objetos físicos se unem para formar outro indivíduo físico unificado.

Mas outras coleções de objetos físicos não alcançam uma unidade desse tipo – por exemplo, considere-se a coleção composta de minha cadeira e de meu telefone. Não se trata de um indivíduo físico de nenhuma maneira intuitiva, mas, antes, de uma mera coleção não unificada. Por que a coleção das partes da cadeira constitui um indivíduo singular, ao passo que a coleção cadeira-telefone não?

Uma resposta plausível é a seguinte.[28] Os membros da coleção cadeira-telefone não são sensíveis a mudanças em um ou em outro de nenhuma maneira sistemática. Se movo a cadeira de minha sala de jantar para meu escritório ou se começo a cortar a cadeira em pedaços, nada acontece ao telefone. De maneira análoga, as mudanças no telefone deixam a cadeira ilesa. Diferentemente, as peças de madeira etc. que formam a própria cadeira são sensíveis umas às outras. Se eu mover o encosto da cadeira, então, normalmente, o resto das partes irá atrás. As partes da cadeira têm uma tendência de ficar em certa relação geral. É claro que posso transtornar a relação que essas partes têm umas com as outras. Posso, conforme disse, cortar a cadeira em pedaços. Mas, ao menos em muitos dos casos, os membros da coleção composta pela cadeira respondem a mudanças que ocorrem em um ou em outro de uma maneira que os faz capazes de manter a mesma relação geral uns com os outros. Em outras palavras, as partes muito frequentemente guardam o formato de uma cadeira. Diferentemente, há pouca ou nenhuma tendência dos membros da coleção cadeira-telefone em manter certa relação geral. As mudanças no telefone normalmente não causam mudanças na cadeira que fazem a cadeira e o telefone permanecerem na mesma relação geral.

---

[28] Aqui, fui ajudado por Hampshire 1951: 76-81 e Bennett 1984: 246-251.

Assim, um indivíduo complexo, enquanto indivíduo complexo, tem constituintes que são – ao menos muito frequentemente – sensíveis uns aos outros de tal maneira que preservam certa relação geral entre si.[29]

Dessa interpretação do que constitui a individualidade complexa, podemos construir uma interpretação do que constitui a persistência de um indivíduo complexo ao longo do tempo. Os membros da coleção de corpos que constituem um indivíduo nem sempre, é claro, conseguem preservar certa relação geral entre si. Forças externas e talvez forças internas sejam capazes de esmagar o indivíduo. Todavia, quando os membros da coleção conseguem preservar essa relação geral uns com os outros, é plausível dizer que o indivíduo complexo persiste. Assim, a preservação da relação entre as partes é suficiente para a preservação da cadeira. Ela também parece ser necessária. A cadeira persiste somente se essa relação for mantida. Se a relação não é mantida (como quando, por exemplo, uma bomba explode perto da cadeira), a cadeira cessará de existir. Dada essa condição necessária e suficiente, parece que a preservação de um indivíduo complexo ao longo do tempo consiste no fato de seus constituintes manterem certa relação mútua entre si.[30]

---

[29] Essa afirmação precisa ser de alguma maneira qualificada. Não é preciso haver muitas ocasiões *efetivas* nas quais os constituintes de dado indivíduo complexo consigam manter certa relação geral. A cadeira, por exemplo, poderia ser explodida imediatamente após ter sido criada e assim seus constituintes teriam pouca oportunidade de preservar sua relação geral. Não obstante, a cadeira como indivíduo durante o breve momento de sua existência, porque, embora haja poucas ocasiões nas quais seus constituintes preservam certa relação geral, há muitos outros casos contrafactuais em que a cadeira manteria essa relação geral entre suas partes. A cadeira explodida, com efeito, foi só uma cadeira particularmente sem sorte. Em muitas outras circunstâncias, a cadeira *manteria* a relação geral entre suas partes, mesmo que efetivamente não o tenha feito por mais de um segundo. Isso indica que a interpretação geral da individualidade complexa precisaria somente de muitos casos efetivos *ou contrafactuais* em que os constituintes do objeto complexo mantenham certa relação geral. Mas não farei essa qualificação no texto.

[30] É claro que não discuto uma vasta seleção de problemas que precisariam ser tratados numa versão mais completa da identidade no tempo. Um desses problemas diz respeito à habilidade dos objetos de ganhar e perder partes enquanto mantêm sua identidade ao longo do tempo. De maneira correlata, vários problemas de ramificação também surgem aqui. Não obstante, alguma coisa como a afirmação geral do texto me parece correta.

Assim, dado que cada indivíduo é necessariamente tal que, em muitas situações, seus constituintes preservam certa relação uns entre os outros e dado que tal preservação é equivalente à preservação do próprio indivíduo, segue-se que um indivíduo é necessariamente tal que, em muitas situações, ele consegue se autopreservar. O ponto é que não poderíamos imaginar sentido para alguma coisa que fosse como um indivíduo complexo se ela não tivesse partes que, em grande número de circunstâncias, fossem sensíveis umas às outras de maneira a preservar o próprio indivíduo.

O fato de que em muitas circunstâncias as partes de um indivíduo são sensíveis umas às outras dessa maneira indica que, nessas circunstâncias, o indivíduo *se esforça* (no sentido de Spinoza) para se autopreservar. Por causa da sensibilidade das partes umas para com as outras, o indivíduo, em circunstâncias relevantes, buscará autopreservar-se e só não o fará se for impedido por causas externas. Assim, um indivíduo é tal que, em geral, ele se esforça por se autopreservar.

O fato de o esforço por autopreservação ser incorporado no conceito de um indivíduo conforme descrito acima é compatível com a afirmação de que, em certas circunstâncias, um indivíduo pode não se esforçar por se autopreservar e, de fato, esforçar-se por se autodestruir. É claro que o esforço para a autodestruição pode ser bem-sucedido; então, seria possível a um indivíduo se autodestruir. Esses casos de autodestruição e fracasso de autopreservação fazem sentido somente no caso de vermos – na linha do conceito de individualidade complexa que delineei acima – o indivíduo se esforçando para se autopreservar em muitas outras circunstâncias. Podemos dizer que o fracasso em se autopreservar pode ser compreendido, mas somente contra o fundo genérico de casos em que o indivíduo se esforça em se autopreservar.

A maneira como o esforço por autopreservação aparece no conceito de indivíduo complexo é bastante parecido com a maneira em que, na visão de Donald Davidson, a racionalidade aparece no conceito de pessoa. Para Davidson, a atribuição de estados mentais a uma pessoa é limitada pelo seguinte princípio: os estados mentais e as ações de uma pessoa não podem ser irracionais em geral. Quanto mais o padrão de estados mentais que atribuímos a um agente mostrar irracionalidade, mais evidência teremos de que essa atribuição é incorreta. Agentes, como tais, tem estados mentais que são ampla e geralmente racionais. É claro que podemos ver algum sentido na irracionalidade em outros, mas somente contra um contexto de fundo prevalente de racionalidade.[31] O conceito de indivíduo complexo está sujeito a limitações parecidas. Indivíduos, como tais, esforçam-se para se autopreservar em muitas circunstâncias. É claro que podemos ver sentido na autodestruição de um indivíduo e em seu fracasso em se autopreservar, mas somente contra um amplo contexto de fundo de casos em que esse indivíduo se esforça por se autopreservar.

Ora, quanto do relato acima pertence a Spinoza? Ele define individualidade complexa em termos da habilidade dos membros de uma coleção de objetos em preservar certa relação entre si.[32] Spinoza também sustenta que a preservação dessa relação é constitutiva da preservação do indivíduo complexo.[33] Então, Spinoza compromete-se com a ideia de que indivíduos complexos, como tais, tem a habilidade de se autopreservar. Isto é coerente com a interpretação precedente da individualidade e é, creio, um importante *insight* de Spinoza. Na medida em que 3p6 – a afirmação spinoziana de que cada coisa se esforça em persistir – reflete esse *insight* na natureza geral que se autopreserva dos indivíduos, ela está correta de maneira muito importante. Mas isso não significa endossar 3p6 completamente. Pois, como vimos, há alguma evidência de que Spinoza tomava essa afirmação como implicativa da negação da possibilidade de autodestruição. Na medida em que Spinoza sustenta essa visão, ele vai contra a concepção de individualidade que acabamos de delinear. Essa concepção – de maneira muito plausível – aceita a possibilidade de autodestruição.

---

[31] Para pronunciamentos úteis dessa visão, ver Davidson, Davidson 1982: 302-303; Davidson 1985: 351-354; e Rovane a sair. N.T.: o autor possivelmente se refere aqui a Carol Rovane, professora de Filosofia na Columbia University, autora de vários artigos sobre Donald Davidson e sobre identidade e racionalidade.

[32] Ver a definição após 2p13le3. No caso dos indivíduos físicos, Spinoza chama essa relação entre as partes de sua "proporção de movimento e repouso" (por exemplo, em 2p13le5).

[33] Ver 2p13le4-7, 4p39, *Curto tratado* II Prefácio.

Embora Spinoza compreenda que o conceito de esforçar-se para se autopreservar esteja ligado com o conceito de indivíduo complexo, sua caracterização dessa ligação é rígida demais. Ele não consegue ver a cláusula de exceção davidsoniana que nos permite ver sentido na autodestruição e no fracasso do esforço para se autopreservar. O evidente equívoco spinoziano de excluir a autodestruição é análogo ao equívoco de sustentar que, por ser a racionalidade de alguma maneira ligada com o conceito de pessoa, as pessoas nunca podem ser irracionais.[34]

3p6 e a potência de agir

Antes de deixarmos a metafísica spinoziana em geral e nos voltarmos a sua psicologia em particular, devemos examinar uma conclusão importante que ele tira de 3p6. Spinoza de fato formula sua alegação em termos psicológicos (em 3p12 e 3p13), mas é claro que ele vê uma tese metafísica geral em funcionamento aqui.[35] É essa tese geral que desejo explorar nesta subseção antes de me dirigir a sua versão psicológica na próxima seção. A afirmação geral é que cada coisa não somente se esforça para persistir na existência, mas também se esforça para impedir todo decréscimo naquilo que Spinoza chama de potência de agir (*agendi potentia*) e de fato se esforça para fazer tudo o que aumente sua potência de agir.

Por razões que ficarão claras em breve, para ver o que essas afirmações adicionais significam e como estão ligadas a 3p6, temos de voltar à noção spinoziana de causa adequada: "Chamo de causa adequada aquela cujo efeito pode ser percebido clara e distintamente por ela mesma. Chamo de causa inadequada ou parcial, por outro lado, aquela cujo efeito não pode ser compreendido por ela só" (3d1). Uma vez que,

---

[34] Veremos mais tarde que o próprio Spinoza comete esse erro análogo acerca da racionalidade.
[35] Ver, por exemplo, *Curto tratado* I.5, ao qual retornarei brevemente mais tarde.

para Spinoza, perceber um efeito por meio de uma causa é explicá-lo,[36] podemos dizer que, para ele, uma causa adequada é uma explicação completa ou suficiente do efeito.

A noção de causação adequada é crucial à noção spinoziana de atividade:

> Digo que agimos quando, em nós ou fora de nós, sucede algo de que somos a causa adequada, isto é (pela def. prec.), quando de nossa natureza se segue, em nós ou fora de nós, algo que pode ser compreendido clara e distintamente por ela só. Digo, ao contrário, que padecemos quando, em nós, sucede algo ou quando de nossa natureza se segue algo de que não somos causa senão parcial (3d2).[37]

Essa definição indica que algo é ativo na medida em que é uma causa adequada de algum efeito. De maneira correspondente, algo é passivo na medida em que é somente uma causa parcial de algum efeito.[38]

Atividade e passividade, assim definidas, são claramente assuntos de grau. Por exemplo, considere-se uma pedra A que, em t_1, é sustentada por um cordão que se move. O movimento da pedra em t_2 é uma função de seu movimento em t_1 junto com o movimento do cordão em t_1. Digamos que em t_2 o cordão se solte e, portanto, não desempenhe mais nenhum papel para determinar o movimento da pedra. O movimento da pedra em t_3 será, então, somente uma função do movimento da pedra em t_2 (com base na assunção de que em t_2 nenhum outro objeto interfere no movimento da pedra). Nesse caso, podemos dizer que inicialmente (em t_1) o movimento da pedra é determinado em larga medida por algo separado da pedra (a saber, o cordão). Entretanto, já que em t_2 o cordão não determina mais

---

[36] Ver 2p7s e Della Rocca 1993: 209.
[37] A definição de Spinoza, estritamente falando, é só uma definição da atividade *em nós* (nós seres humanos, presumivelmente). Mas claramente não existe impedimento para se formular a noção de atividade mais ou menos da mesma maneira para as coisas em geral.
[38] Dessa definição, aparece que as mudanças de que um indivíduo não é sequer causa parcial são mudanças com respeito às quais não se pode ser nem ativo nem passivo.

o movimento da pedra, a pedra, ela mesma, está mais perto de se tornar causa ou explicação de seu próprio movimento. Nessa medida, a pedra está mais ativa em t_2 do que estava em t_1.

Obviamente, há um sentido em que a pedra em t_2 não está completamente ativa. Embora o estado da pedra em t_2 possa bastar para ela estar em outro estado de movimento em t_3, esse estado em t_2 é devido em parte a causas externas que operavam antes de t_2. Assim, a explicação do movimento da pedra em t_3, em algum estágio, terá de recorrer a causas externas. Entretanto, essa passividade inegável na pedra não altera o fato de que em t_2 a pedra está menos sujeita a forças externas e relativamente mais independente do que estava previamente.

Dada essa interpretação de atividade, podemos definir um aumento na *potência* de agir da seguinte maneira: "um objeto chega a ter uma maior potência de agir na medida em que se torna capaz de ser ativo em grau maior com respeito a certo efeito". Em outras palavras, a potência de agir de algo aumenta na medida em que se torna menos dependente de causas externas na produção de algum efeito. Uma diminuição na potência de agir pode ser definida de maneira correspondente.[39]

Um exemplo diferente ajudará a esclarecer esse ponto. Digamos que antes de meu desjejum com *Wheaties*[40] eu só seja capaz de mover meu refrigerador com a ajuda de mais alguém. Entretanto, depois de comer meus *Wheaties*, passo a ser capaz de mover o refrigerador sem assistência de outra pessoa. Nesse caso, minha potência de agir aumenta. Depois dos *Wheaties*, sou mais capaz do que antes de chegar perto de ser a causa completa do movimento do refrigerador.

Uma diminuição na potência de agir pode ser ilustrada de maneira parecida. Se, depois de meus *Wheaties*, eu inadvertidamente tomo um veneno suave, posso deixar de ser capaz de mover o refrigerador sozinho. Então, sou

---

[39] Para Spinoza, as noções de aumento e diminuição na potência de agir são equivalentes às noções de aumento e diminuição em perfeição. Ver 3da3ex e 4pr.

[40] N.T.: Famosa e antiga marca de cereais dos EUA, cuja propaganda há tempos a associa aos esportes, com o slogan: *Wheaties, the breakfast of champions*.

menos capaz aí de chegar perto de ser a causa completa e, portanto, minha potência de agir diminuiu.

Antes de irmos à afirmação de Spinoza de que cada coisa se esforça para aumentar sua potência de agir, há três pontos importantes a serem notados sobre as noções gerais de aumento e diminuição na potência de agir.

(1) A potência de agir de alguma coisa pode aumentar em certos aspectos e simultaneamente diminuir em outros. Isso porque a potência de agir é definida em termos da capacidade que se tem de se produzir (por si só) certo gênero de efeito. Já que uma mudança pode fazer que se fique mais hábil em produzir certo tipo de efeito, mas menos hábil em produzir outro, pode acontecer que a potência de agir de alguém aumente em certo aspecto e diminua em outro (considere-se, por exemplo, uma droga que aumenta minha capacidade de levantar pesos pesados, mas diminui minha capacidade de desempenhar movimentos delicados com meus dedos, deixando-me incapaz de tocar um instrumento musical). Essas transições simultâneas em direções opostas formam a base da interpretação que Spinoza faz da vacilação psicológica (ver 3p17s).

(2) A interpretação acima nos possibilita representar a morte ou a destruição como se implicassem uma diminuição na potência de agir de alguém ao nada, uma eliminação completa da potência de agir de alguém. E isso porque quando um objeto é destruído, ele não tem mais nenhuma potência de ser nem mesmo causa parcial de nada e, portanto, não tem mais nenhum grau de atividade.[41]

(3) Finalmente, fica claro que um aumento ou uma diminuição na potência de agir de alguém pode ser devida a objetos externos. Isto é, objetos externos podem fazer com que alguém seja mais ou menos dependente de objetos externos na produção de certos efeitos. Por exemplo, o veneno ou os *Wheaties* – eles mesmos objetos externos (ao menos inicialmente) – tornam-me mais ou menos dependente de causas externas quando se trata de produzir o efeito de mover o refrigerador.

---

[41] Evidentemente, efeitos produzidos pelo objeto antes de sua destruição podem continuar a produzir efeitos ulteriores depois da destruição da coisa. Podemos então dizer que o objeto está produzindo efeitos mesmo depois de sua destruição. Mas, em um sentido claro o bastante, o objeto não está mais produzindo *diretamente* quaisquer efeitos e nesse sentido não está mais ativo de maneira alguma.

Esse terceiro ponto é simplesmente uma versão mais geral de uma conclusão da leitura de 3P6 como (b). Sobre esta leitura (seguindo o que Spinoza até certo ponto está propenso), Spinoza conclui que as causas externas tornam um objeto mais ou menos dependente de causas externas quando se trata de realizar a destruição dessa coisa. (b) diz respeito ao efeito específico de destruição, ao passo que a afirmação deduzida no parágrafo anterior da noção spinoziana de potência de agir simplesmente afirma o mesmo ponto para efeitos em geral.

Passemos agora às afirmações sobre o esforço com os quais comecei essa seção. Considere-se em primeiro lugar a afirmação de que cada coisa se esforça para fazer tudo o que aumente sua potência de agir. Em particular, se fazer F aumentar a potência de agir de x, então x se esforça em fazer F. Nessa afirmação, o ponto é que um objeto por si só não deixará de aumentar sua potência de agir. Se fazer F aumentasse a potência de agir de x, então as causas externas são necessárias para que x não consiga fazer F.

Essa afirmação é evidente com base em 3p12d. Spinoza diz ali que se a mente imagina certas coisas, então sua potência de agir é aumentada.[42] Spinoza conclui disso que a mente se esforça para pensar nessas coisas.[43] Embora o ponto aqui se relacione com a mente em particular, a forma da inferência parece ser plenamente geral. Podemos assim concluir que, para Spinoza, cada coisa se esforça em aumentar sua potência de agir e em fazer aquelas coisas que aumentarão essa potência.[44] Spinoza exprime esse ponto

---

[42] Na verdade, Spinoza fala aqui da potência da mente de pensar (e não potência de agir). Mas é claro que a potência que a mente tem de pensar é sua potência de agir. Em 3p11s, Spinoza descreve um aumento na potência da mente de pensar como sua passagem a um estado de maior perfeição. Como mencionei na nota 38, Spinoza iguala a passagem de uma coisa para um estado de maior perfeição com um aumento na potência de agir dessa coisa. Assim, para ele, um aumento na potência da mente de pensar é um aumento em sua potência de agir.

[43] De fato, ele conclui que a mente se esforça, *tanto quanto possa* (*quantum potest*), para imaginar essas coisas. A frase qualificadora "tanto quanto possa" gera as mesmas dificuldades e opções de interpretação que "tanto quanto está em si" gerava em ligação com 3p6.

[44] Por exemplo, já que estar livre do cordão aumentaria a potência de agir da pedra, pode-se dizer que ela se esforça por ficar livre do cordão.

geral no *Curto tratado*: "cada coisa em si mesma tem um esforço para se preservar a si própria em seu estado e para *passar a um estado melhor*" (KV I.5; ênfase adicionada).

Já que cada coisa se esforça dessa maneira, segue-se diretamente que ela também se esforça para impedir qualquer diminuição em sua potência de agir. Mais uma vez, isso simplesmente quer dizer que se ficar por si mesma, uma coisa não passará por uma diminuição em sua potência de agir. Spinoza parece fazer esse mesmo tipo de afirmação para a mente em 3p13d.

Spinoza baseia essas afirmações em 3p6, mas, como 3p6, elas parecem ser falsas. Uma vez que, conforme vimos, podemos ver um sentido em uma coisa se esforçar para se autodestruir ou para eliminar completamente sua potência de agir, parece não haver razão alguma pela qual também não podemos ver sentido em ela não conseguir esforçar-se para impedir uma diminuição parcial em sua potência de agir ou em ela simplesmente não conseguir esforçar-se para aumentar sua potência de agir. Então, as afirmações adicionais de Spinoza sobre o esforço parecem falsas.

Além do mais, não somente 3p6 e essas afirmações adicionais parecem ser falsas, como também as afirmações adicionais não decorrem de 3p6, contrariamente ao que Spinoza parece sustentar. Uma coisa pode perseverar em seu ser – isto é, continuar a existir –, mesmo que sua potência de agir não aumente e mesmo que sua potência de agir diminua (enquanto essa diminuição não chegar a zero). Já que a persistência é compatível com uma falta de aumento e também com uma diminuição na potência de agir de alguém, parece que o esforçar-se para persistir também é compatível com o não conseguir esforçar-se para aumentar a potência de agir de alguém e também com o não conseguir impedir uma diminuição nessa mesma potência de agir. A única restrição com raízes em 3d6 é que uma pessoa não consegue esforçar-se para eliminar completamente sua potência de agir. Então, mesmo que cada coisa se esforce para persistir, disso não decorre que cada coisa deva esforçar-se para impedir uma diminuição em sua potência de agir e, de fato, aumentar sua potência de agir. Então, as afirmações adicionais de Spinoza sobre o esforçar-se não somente são falsas, como também não parecem decorrer da base (falsa) sobre a qual ele as faz.[45]

O que levou Spinoza a fazer essas afirmações adicionais? Talvez aqui, como nas passagens anteriores, opere uma fusão entre as coisas e suas essências.[46] Pode bem ser verdade que a *essência* de uma coisa não possa por si mesma bastar para que uma coisa não consiga aumentar sua potência de agir. Talvez, em toda explicação do fracasso de uma coisa em aumentar sua potência de agir, fatores separados da essência da coisa tenham de ter algum papel. Spinoza pode estar sobrepondo essa afirmação de alguma maneira plausível com a afirmação claramente falsa de que o estado de uma coisa em dado momento não basta para que ela fracasse em fazer aumentar sua potência de agir. Porque a última afirmação é falsa, há um sentido significativo em que as coisas podem certamente não conseguir esforçar-se para aumentar sua potência de agir. Spinoza pode não conseguir reconhecer esse sentido, já que pode estar sobrepondo as potências causais das essências das coisas com as potências causais – talvez mais abrangentes – das próprias coisas.

É importante notar que uma versão davidsoniana mais fraca dessas alegações adicionais não parece ser verdadeira. Anteriormente, vimos que

---

[45] Embora aqui eu atribua mesmo um equívoco inferencial a Spinoza, não concordo com Bennett que nessas passagens Spinoza seja culpado de fundir uma condicional e seu inverso. Bennett sustenta – e eu concordo – que, em 3p12 e em passagens relacionadas, Spinoza assevera algo do tipo "(1) Se o ajuda, ele o faz". Bennett também sustenta que Spinoza faz essas alegações de maneira ilegítima na base de "(2) Se ele o faz, isso que ele faz o ajuda", o que, de acordo com Bennett, opera em passagens anteriores, como 3p7 e 3p9. Uma inferência de (2) para (1) certamente seria ilegítima, mas não penso que Spinoza faça tal inferência. Isto porque Spinoza não afirma (2) nessas passagens anteriores. Esse ponto deve ficar claro para minha versão da noção de esforço de Spinoza – uma noção que opera em 3p7 e 3p9. A razão pela qual Bennett atribui (2) a Spinoza nessas passagens anteriores prende-se, em larga medida, a sua leitura de uma sentença de 3p9s como implicando (2), e não (1). (Ver Bennett 1984: 222). A sentença em questão é: "[o ser humano], de cuja natureza necessariamente se seguem aquelas coisas que servem para sua conservação". Contudo, essa afirmação é lida de maneira mais natural alinhada a (1) e não a (2). De maneira bastante estranha, o próprio Bennett nota esse ponto mais tarde (Bennett 1984: 245).
[46] Ver nota 24.

embora não seja verdade que cada coisa *sempre* se esforce para se autopreservar, pode bem ser verdade que cada coisa (ou ao menos cada indivíduo complexo) é tal que há *muitas circunstâncias* em que ela se esforça para se autopreservar. Poderíamos dizer algo parecido para o esforço de aumentar a potência de agir de alguém e o esforço para impedir uma diminuição de sua potência? Julgo que não. Penso que é possível ver sentido em um indivíduo que na maior parte das circunstâncias não consegue esforçar-se para aumentar sua potência de agir e na verdade não consegue esforçar-se para impedir uma diminuição nela. Enquanto o indivíduo é tal que, em geral, ele se esforça para se autopreservar, isto é, esforça-se para impedir uma *completa eliminação* de sua potência de agir, podemos coerentemente dizer que ele, em geral, não consegue esforçar-se para aumentar sua potência de agir e mesmo que, em geral, ele não consegue esforçar-se para impedir uma diminuição dessa mesma potência. Significativamente, porém, como veremos na próxima seção, análogos psicológicos das afirmações davidsonianas acerca da potência de agir bem podem ser verdadeiros.

A aplicação da metafísica à psicologia

Estamos prontos agora para passar à dedução naturalista da psicologia propriamente feita por Spinoza, com base na interpretação geral da metafísica do esforço e da potência de agir. Para essa dedução ter sucesso, Spinoza precisa mostrar que os princípios em funcionamento na psicologia humana são instâncias dos princípios em funcionamento na natureza toda. O aspecto de nossa psicologia que mais interessa a ele derivar dessa maneira diz respeito ao que ele chama de afetos.[47] Para Spinoza, há três afetos básicos: o desejo, a alegria e a tristeza. Nesta parte, examinarei primeiro a maneira como Spinoza apresenta sua interpretação naturalista desses afetos. Para cada um dos três, perguntarei: qual a interpretação que Spinoza faz desse afeto e será que essa interpretação se baseia somente em elementos já encontrados na história

---

[47] O termo de Spinoza *affectus* é frequentemente traduzido como "emoção", mas Curley apresenta boas razões para preferir a tradução "afeto". Ver Spinoza 1985a: 625.

metafísica geral que delineamos? Veremos que a falta de uma interpretação naturalista da crença para Spinoza gera uma lacuna em sua dedução naturalista de cada um dos afetos básicos. Depois de examinar essas deduções, considerarei a ameaça que casos aparentes de prudência e altruísmo apresentam ao naturalismo spinoziano. Spinoza neutraliza essas ameaças usando interessantes estratégias que são em grande parte corretas. Mas, particularmente no caso de sua tratativa de casos aparentes de altruísmo, veremos que o que está correto em sua interpretação naturalista serve somente para levantar graves desafios ao sucesso dessa interpretação como um todo.

Desejo

Para esclarecer a interpretação spinoziana do desejo, tenho de introduzir sua noção de apetite. Para Spinoza, como vimos, tudo se esforça para fazer certas coisas. O esforço de uma mente humana em particular é chamado por ele de *vontade*. Dado o paralelismo de Spinoza,[48] toda vez que a mente se esforça, o corpo também deve esforçar-se. De fato, Spinoza também sustentaria que o esforço da mente é a mesma e única coisa que o esforço do corpo.[49] Isso lhe permite considerar um único esforço como "relacionado" à mente e ao corpo juntos. Quando considera esse esforço como um esforço simultaneamente do corpo e da mente, ele o chama de *apetite* (3p9s). Seguindo Descartes, Spinoza usa o termo "homem" (*homo*) para a união entre mente e corpo (E 2p13c). Usarei esse termo ou o termo "ser humano" para me referir a essa entidade. Assim, um apetite pode ser compreendido como o esforço de um homem ou de um ser humano.

---

[48] Conforme expresso em 2p7: "A ordem e ligação das ideias é a mesma que a ordem e a ligação das coisas".
[49] Ver 2p7s e 3p2s, em que Spinoza afirma uma identidade entre coisas mentais e coisas físicas. Discuto essa alegação de identidade em Della Rocca 1993; Della Rocca no prelo, 1996. N.T.: Provavelmente, trata-se de seu livro *Representation and the mind-body problem in Spinoza*, Oxford: Oxford University Press, 1996.

Inicialmente, parece que Spinoza considera que um desejo é um tipo de apetite – um apetite acompanhado pela consciência (E 3p9s). Mas em 3da1, vemos Spinoza minimizar essa distinção: "não reconheço, na verdade, qualquer diferença entre o apetite humano e o desejo. Com efeito, quer esteja o homem consciente de seu apetite ou não, o apetite continua, entretanto, único e idêntico". Ele define dessa maneira o desejo de modo a "abranger todos os esforços da natureza humana que designamos pelos nomes de apetite, vontade, desejo ou impulso". E portanto: "compreendo, aqui, portanto, pelo nome de desejo todos os esforços, todos os impulsos, apetites e volições do homem".

Para Spinoza, então, embora uma distinção tenha de ser feita entre aqueles apetites ou esforços humanos de que estamos conscientes e aqueles de que não estamos, a maneira como Spinoza entende o desejo não tem de ser vista como atada a essa distinção.[50] Dessa maneira, penso que é melhor entender um desejo simplesmente como um apetite, isto é, como o esforço de um ser humano.

Para começarmos a avaliar a interpretação naturalista do desejo feita por Spinoza, precisamos explicitar o que, de acordo com sua compreensão, são os objetos do desejo. Como vimos, para ele, as coisas em geral se esforçam por preservar a si mesmas e por aumentar sua potência de agir. O naturalismo de Spinoza dita que o mesmo é verdadeiro para os seres humanos e que, já que os esforços dos seres humanos são seus desejos, segue-se que, para ele, todos os seres humanos desejam autopreservar-se e aumentar sua potência de agir.[51]

Já vimos que as alegações metafísicas gerais implicadas aqui são falsas e não há razão para pensar que as versões específicas dessas alegações acerca dos seres humanos sejam de alguma maneira mais satisfatórias (por exemplo, conforme mencionei, os casos em que os seres humanos cometem suicídio parecem claramente falsificar a alegação de que todos os seres

---

[50] Ver Bennett 1984: 259.
[51] Para o primeiro tipo de desejo, ver 4p20d; para o outro, ver 3p12d (que discutimos anteriormente).

humanos se esforçam para se autopreservar. Contraexemplos parecidos poderiam ser imaginados acerca dos seres humanos que não se esforçam para aumentar sua potência de agir). Contudo, não estou preocupado primordialmente neste estágio com a falsidade das alegações metafísicas gerais ou das correspondentes alegações psicológicas que envolvem o desejo. Quero focar sobre a questão dependente de essas últimas alegações serem tiradas de modo apropriado das primeiras.

Quando consideramos uma objeção natural e imediata a sua alegação de que cada ser humano deseja aumentar sua potência de agir, fica claro que há mesmo um problema aqui com a derivação de Spinoza. Vimos antes que a alegação geral de que cada coisa se esforça por aumentar sua potência de agir implica que se fazer F aumentasse a potência de agir de x, então x se esforça para fazer F. Causas externas teriam de impedir x de fazer F. Aplicado aos desejos, o ponto é que se fazer F aumentasse a potência de agir do ser humano x, então x deseja fazer F. Mas isso parece ser falso: há muitas coisas que aumentariam minha potência de agir que não desejo fazer simplesmente porque não estou ciente de que aumentariam minha potência de agir. Por exemplo, suponha-se que se eu tomar certa droga, ela me curará de uma doença e aumentará assim minha potência de agir. De acordo com a apresentação do desejo feita acima, segundo a qual eu desejo fazer tudo que aumente minha potência de agir, segue-se que nesse caso eu desejo tomar a droga. Contudo, isso certamente não seria o caso se acontecer de eu não saber dos poderes curativos da droga. Parece que nesse caso eu não desejo tomar a droga, mesmo que tomá-la aumente minha potência de agir.

Um defensor da definição spinoziana de desejo poderia negar essa conclusão invocando uma noção *de re* do desejo espinosista. Segundo tal conceito, poder-se-ia dizer que desejo tudo que *de fato* faça aumentar minha potência de agir: se fazer F fizer aumentar minha potência de agir, então, mesmo que não esteja ciente desse fato, eu desejo fazer F. Dessa forma, no caso da droga, no fim das contas eu desejo tomar a droga.

A noção de desejo que opera aqui se encontra nesse exemplo de tipo bastante conhecido: João sabe que não gosto de música alta e observa que estou prestes a entrar em um quarto em que – fato que desconheço – se toca música alta. Cuidando de meus interesses, João me diz de maneira bastante apropriada: "Você não vai querer entrar ali. Você quer ficar aqui fora". Da mesma maneira como seria possível alguém dizer que eu quero ficar fora, a despeito de minha falta de conhecimento dos benefícios de assim fazê-lo, também seria possível dizer que quero tomar a droga, a despeito de minha ignorância sobre seus poderes curativos.[52]

O próprio Spinoza vê claramente a dificuldade que casos como esse da droga desconhecida põem para sua concepção de que cada ser humano deseja aumentar sua potência de agir. Contudo, ele não tenta contornar o problema invocando um sentido *de re* do desejo, da maneira que acabamos de descrever. Antes, Spinoza às vezes qualifica sua interpretação do desejo de certa maneira. Em vez de dizer, como em 3p12 diz, que se fazer F aumentará a potência de agir do ser humano x, x deseja então fazer F, ele às vezes e de maneira mais cautelosa diz que se x *acredita ou imagina ou julga* que fazer F aumentará a potência de agir de x, então x deseja fazer F.[53] Essa qualificação dá conta muito bem do caso da droga. Embora eu não deseje tomar a droga antes de aprender que essa droga vai de fato me curar, parece plausível dizer que se eu vier a aprender isso, eu desejarei tomar a droga.

Assim, a introdução da qualificação acerca das crenças de alguém é uma mudança bem-vinda, na medida em que a plausibilidade da interpretação spinoziana do desejo está em questão. Mas pode não ser uma mudança bem--vinda do ponto de vista do naturalismo de Spinoza. O problema surge da seguinte maneira. Spinoza define o desejo como o esforço de um ser humano. Se a interpretação do desejo for verdadeiramente naturalista, então os princípios que governam o desejo ou o esforço humano devem ser os mesmos que os princípios que governam o esforço das coisas em geral. Conforme vimos, um princípio geral de esforço, de acordo com Spinoza, é:

---

[52] Para mais detalhes sobre a noção de desejo *de re*, ver W. V. O. Quine, "Quantifiers and propositional attitudes", *The Journal of Philosophy*, 53 (1956): 177-186.
[53] Ver principalmente 3p28 e 4p19 (que é derivada de 3p28). Bennett 1984: 294-295 discute a concepção mais cautelosa.

(1) se fazer F aumenta a potência de agir de x, então x se esforça para fazer F.

Mas Spinoza às vezes sustenta que os seres humanos não são governados por esse princípio, mas por um princípio intimamente relacionado:

(2) se o ser humano x acredita que fazer F aumentará a potência de agir de x, então x se esforça para fazer F.

Se o esforço humano é regido por regras diferentes daquelas que se aplicam aos esforços não humanos, então os seres humanos constituem um caso específico – "um império em um império" – e, dessa maneira, o naturalismo seria violado.

Contudo, talvez essas dificuldades não mostrem que Spinoza viola seu naturalismo, mas, antes, mostrem que sua opinião considerada seria que, no nível metafísico geral, algo como (2) é verdadeiro em vez de (1). É claro, (2) não poderia, tal como está, ser uma afirmação metafísica geral. E isto em parte porque implica o conceito psicológico de crença, e princípios metafísicos gerais devem ser neutros quando se trata de questões psicológicas. Então, se alguém for defender Spinoza nesses termos, precisa dizer que Spinoza sustentaria que uma versão neutra de (2) é o princípio que governa o esforço em geral. De acordo com essa concepção, o desejo ou o esforço humano não seriam, no fim das contas, uma exceção às leis que governam o esforço em geral.

Esta é, penso, a linha que Spinoza teria de tomar para defender seu naturalismo. Mas, para que essa linha tenha sucesso, Spinoza precisaria especificar um conceito metafísico geral do qual a crença seria a versão psicológica. A relação entre esse conceito metafísico geral e o conceito de crença seria mais ou menos a mesma que ele diz valer entre o conceito metafísico geral de esforço e o conceito psicológico de desejo. Infelizmente, Spinoza de fato não especifica um conceito desse tipo. E tampouco fica absolutamente claro qual conceito desse tipo ele poderia aceitar. No entanto, não mostrei que sua maneira de entender o desejo esteja fadada ao fracasso como uma maneira naturalista de entender o desejo. Ela meramente traz uma lacuna importante: uma lacuna que seria preenchida por uma maneira naturalista de entender a crença.

Alegria e tristeza

Uma ameaça parecida ao naturalismo de Spinoza surge de uma discrepância entre a interpretação dos afetos de alegria e tristeza que parece operar em seu sistema e suas definições oficiais desses afetos.

Em 3p11s, Spinoza define alegria como "aquela paixão pela qual a mente (*mens*) passa a uma perfeição maior". A tristeza, de maneira correspondente, é ali definida como "aquela paixão pela qual [a mente] passa a uma perfeição menor".[54] Essa definição parece fazer de alegria e tristeza estados ou episódios completamente mentais. Mas, em suas definições de alegria e tristeza no fim da Parte 3, Spinoza não restringe esses afetos ao domínio mental: "A alegria é a passagem do homem de uma perfeição menor para uma maior. A tristeza é a passagem do homem de uma perfeição maior para uma menor" (E 3da2-3). Note-se que aqui Spinoza define alegria e tristeza em termos da transição de um *homem* (*hominis*) a um grau diferente de perfeição, e não (como em 3p11s) em termos da transição de uma *mente*. Ora, conforme indiquei antes, um homem, para Spinoza, consiste em uma mente e um corpo (E 2p13c). Isso indica que nas definições no fim da Parte 3, Spinoza considera a alegria e a tristeza como relacionadas tanto à mente quanto ao corpo, e não somente à mente.[55] Ao falar da alegria ou da tristeza como relacionadas tanto à mente quanto ao corpo, Spinoza pretende o seguinte. Toda vez que o corpo aumenta ou diminui em potência de agir, a mente também muda de maneira correspondente

---

[54] Lembre-se que, para Spinoza, "perfeição" significa "potência de agir". Ver nota 38. Os termos que ele usa para os afetos da *alegria* (*joy*) e da *tristeza* (*sadness*) são *laetitia* e *tristitia*. Alguns os traduziram como "prazer" (*pleasure*) e "dor" (*pain*) (por exemplo, Elwes e Shirley). Eu endosso as razões de Curley para preferir "alegria" e "tristeza". Ver Spinoza 1985: 642, 654. Entretanto, já que alguns de meus exemplos (principalmente na próxima subseção) de *laetitia* e *tristitia* são mais naturalmente interpretados como exemplos de prazer e dor, às vezes usarei esses termos em vez de ou em acréscimo à alegria e tristeza. E já que certas teses spinozianas são fraseadas de maneira um pouco menos pesada com o vocabulário prazer/dor do que com o vocabulário alegria/tristeza, usarei o primeiro vocabulário quando for o caso.

[55] Bidney 1940: 75 comenta sobre essa diferença entre 3p11s e as definições posteriores.

(E 3p11). Isso se segue do paralelismo de Spinoza, que também implica que toda vez que a mente aumenta ou diminui em potência de agir, o corpo passa por uma mudança correspondente. As transições da mente e as transições simultâneas do corpo são de fato, para ele, uma única e a mesma coisa (E 3p2s). Então, podemos falar das transições que envolvem a alegria e a tristeza como transições igualmente do corpo e da mente. Nesse sentido dos termos "alegria" e "tristeza", esses afetos escancham os atributos mais ou menos da mesma maneira que o apetite e o desejo. Esses últimos afetos foram definidos como o esforço de um homem, um esforço que está relacionado tanto com a mente quanto com o corpo (E 3p9s, 3da1).

No que segue, a diferença entre as definições de alegria e tristeza em 3p11s e as definições posteriores desses afetos não serão relevantes. Já que por toda a Parte 3 o desejo é definido em termos do esforço de um homem, focarei — em nome de uma apresentação geral mais unificada das concepções de Spinoza — sobre a interpretação de alegria e tristeza em termos da transição de um *homem*, em vez de em termos da transição de uma mente.

O que de primeiro e mais importante temos de notar sobre essas definições é que elas dão uma interpretação completamente naturalista desses afetos. A noção de uma transição a um grau maior ou menor de perfeição é uma noção que, na concepção de Spinoza, é aplicável não somente aos seres humanos, mas a todos os objetos na natureza. Para Spinoza, as coisas em geral passam por transições de um grau de perfeição ou potência de agir para outro. As coisas em geral podem tornar-se mais ou menos dependentes de causas externas na produção de certos tipos de efeito (lembre-se o exemplo da pedra que primeiro está e depois não está mais restrita por um cordão). As definições que Spinoza dá de alegria e tristeza sugerem que o que se passa quando os seres humanos experimentam esses afetos não é fundamentalmente diferente de certos tipos de mudanças que ocorrem na natureza.

Há uma objeção óbvia e imediata a essa maneira de entender alegria e tristeza — uma objeção à qual o próprio Spinoza parece ser sensível. Ele pode estar correto em que as noções de alegria e tristeza têm algo a ver com a noção de perfeição ou potência de agir. Entretanto, a ligação certamente não pode ser aquela afirmada nas definições que ele dá desses afetos. E isto porque seu sentir alegria ou tristeza parece não dizer tanto respeito a se há um aumento ou uma diminuição efetiva em minha potência de agir, mas, antes, se *acredito* que há um aumento ou uma diminuição.

Por exemplo, considere-se Bill um prisioneiro acorrentado. Se as correntes são removidas, a potência de Bill de agir aumentará: ele será então capaz de se mover de um lugar a outro mais rapidamente e sem assistência. Mas, intuitivamente, esse aumento na potência será alegria ou será acompanhada de alegria somente se Bill estiver ciente de que as correntes foram removidas e do aumento em sua potência. Se Bill equivocadamente acredita que ele ainda está acorrentado, então permanecerá triste ou ao menos não experimentará a alegria. De maneira semelhante, se Bill permanecer acorrentado, mas equivocadamente acreditar que as correntes foram removidas, parece que ele sentirá a alegria, muito embora não tenha havido um aumento em sua potência de agir. Ele meramente *acha* que houve um aumento.

Esses exemplos indicam que não deveríamos entender alegria e tristeza simplesmente como um aumento ou diminuição na potência de agir de alguém. Antes, se uma pessoa for explicar alegria e tristeza em termos absolutamente da potência de agir, ela deveria entender esses afetos como uma função das crenças de alguém acerca do aumento ou da diminuição em potência. Essas reflexões sugerem que, preferivelmente às definições spinozianas, seria preciso entender alegria e tristeza como se seguem:

(1) x sente tristeza sse x *acredita* que sua potência de agir está diminuindo.
(2) x sente alegria sse x *acredita* que sua potência de agir está aumentando.

O ponto importante para nossos propósitos não é que essas objeções podem ser levantadas contra a maneira oficial em que Spinoza entende a alegria e a tristeza, mas que, como no caso de uma objeção parecida a sua interpretação oficial do desejo, Spinoza parece ser sensível ao desafio posto a suas ideias. Isto é significativo porque, ao tentar lidar com esse tipo de dificuldade, Spinoza modifica sua maneira de entender alegria e tristeza de maneira a ameaçar as bases naturalistas de sua interpretação.

A tentativa de Spinoza de lidar com o problema em sua interpretação da alegria e da tristeza emerge mais claramente não em sua discussão de alegria e tristeza em geral, mas antes em sua discussão do amor e do ódio como tipos especiais de alegria e tristeza. No que segue, focarei no amor, mas pontos paralelos se aplicam ao ódio.

Spinoza define amor como "a alegria, acompanhada de uma causa exterior" (3p13s). Já que o amor implica a alegria, ele implica um aumento na potência de agir de uma pessoa. Digamos que x aumenta minha potência de agir e que estou ciente desse fato. Segue-se que amo x. Se x for destruído, minha potência de agir poderia muito bem diminuir. Por exemplo, suponha-se que meu carro me capacita a viajar para casa mais rapidamente do que eu conseguiria antes de ter um carro. O carro, assim, aumenta minha potência de agir e então experimento alegria. Se estou ciente de que esse aumento é devido ao carro, passo a amar o carro. Suponha-se ainda que o carro seja agora destruído. Não tenho mais a potência de chegar à casa rapidamente. Minha potência de agir diminui com a destruição do carro e assim sinto tristeza. Este seria um caso em que a destruição de um amado implicaria tristeza, de acordo com a interpretação oficial de Spinoza do amor e afetos associados.[56]

Entretanto, quando Spinoza explica certos aspectos do amor, fica claro que ele se desvia dessa interpretação oficial e se aproxima de interpretações alternativas da alegria e da tristeza expostas acima. Considere-se, por exemplo, 3p19: "Quem imagina que aquilo que ama é destruído, entrister-se-á; se, por outro lado, imagina que aquilo que ama é conservado, alegrar-se-á".[57] Aqui, Spinoza diz que uma condição suficiente para a tristeza de uma pessoa

---

[56] No entanto, não digo que a interpretação oficial de Spinoza necessariamente o comprometa com a concepção segundo a qual em cada caso a destruição de um amado envolve decréscimo de potência e, dessa maneira, também tristeza. A destruição de um amado simplesmente implica que uma fonte de aumento de potência foi removida. Essa remoção não envolve necessariamente uma diminuição na potência de agir e, assim, não envolve necessariamente a tristeza. Meu ponto aqui, porém, baseia-se meramente na afirmação mais fraca, a de que a destruição de um amado pode envolver diminuição de potência.

[57] Para passagens relacionadas, ver 3pp20-24.

nesse caso é ela imaginar que o amado é destruído. Da mesma maneira, é uma condição suficiente para a alegria alguém imaginar que o amado é preservado. Isto está conforme às definições alternativas (1) e (2).

Essas definições também implicam que imaginar a destruição ou preservação de um amado é uma condição necessária para a alegria ou tristeza nesse caso. Entretanto, Spinoza não faz essa afirmação explicitamente em 3p19. Essa proposição deixa aberta a possibilidade de que em alguns casos, em que não imagino nem que o amado é destruído e nem que é preservado, sinto alegria ou tristeza (dependendo de o amado ser mesmo preservado ou não). Essa ideia, porém, é muito implausível; e, dada a disposição óbvia de Spinoza em 3p19 e em passagens relacionadas de atar alegria e tristeza às crenças de uma pessoa, parece razoável pensar que ele rejeitaria essa ideia. Se for assim, então podemos ver que na discussão spinoziana do amor, ele se afasta de suas definições oficiais de alegria e tristeza e se inclina para as mais plausíveis (1) e (2).

Contudo, apesar de sua relativa plausibilidade, de um ponto de vista spinoziano essas interpretações podem ter um importante inconveniente. Diferentemente das definições explícitas de alegria e tristeza, as interpretações não oficiais que acabei de descrever não são claramente naturalistas. Isso deriva do fato de que as interpretações não oficiais incluem a noção de crença, ao passo que as oficiais incluem somente as noções claramente naturalistas de aumento e diminuição na potência de agir. Conforme vimos em ligação com a maneira como Spinoza compreende o desejo, ele não dá uma interpretação naturalista da crença e não tem claramente os meios para fazê-lo. Assim, na medida em que Spinoza quer explicar alegria e tristeza em termos de crença, ele ameaça desviar-se do que prometera ser uma interpretação estritamente naturalista de alegria e tristeza.

Prudência e o primado do imediato

Uma diferente ameaça potencial à psicologia naturalista de Spinoza aparece quando consideramos não a alegria e a tristeza *per se*, mas, antes, sua relação com o desejo. Considerem-se algumas afirmações do senso comum sobre os tipos de desejos que os seres humanos têm. Frequentemente desejamos fazer imediatamente (digamos, em t_1) certa ação que leva (e talvez que acreditamos que leva) nossa alegria em certo momento posterior t_2.[58] Da mesma maneira, frequentemente desejamos fazer imediatamente uma ação que (acreditamos) tem como resultado o fato de que nosso estado em t_2 é menos triste do que de outra maneira seria.

Mais polêmica do que essas afirmações é a questão de qual tipo de relação explanatória há (se houver alguma) entre o estado em t_2 (ou a crença sobre o estado de uma pessoa em t_2) e o desejo de uma pessoa fazer F em t_1. Uma afirmação natural – mas apesar disso contestada – é que a crença sobre nosso estado em t_2 de fato explica por que queremos fazer F em t_1. Se há uma explicação para nosso desejo de fazer F e, consequentemente, do fato de fazermos F como resultado de nosso desejo, então nossa ação pode ser explicada de maneira teleológica. Bennett tem defendido que, para Spinoza, em certo sentido não há quaisquer explicações teleológicas. Voltarei a essa interpretação no final deste capítulo.

Mas, nesta subseção, quero focar sobre um ponto menos geral, mas ainda assim polêmico. Concedamos que minha crença sobre t_2 explique meu desejo de fazer F imediatamente. Pode haver desacordo sobre como essa crença explica o desejo. É bastante natural dizer que em muitos casos minha crença acerca de meu estado em t_2 dá uma explicação prudente de meu desejo de fazer F imediatamente. Um exemplo deixará claro o que quero dizer com explicação prudente. Suponha-se que eu precise tomar um remédio imediatamente (em t_1) para evitar grande tristeza ou dor em t_2.[59] Não tenho dor agora, e não terei dor em t_1, o momento imediatamente seguinte. Antes, há a ameaça de dor em t_2 e essa dor só pode ser evitada se eu tomar o remédio em t_1. Além disso, suponhamos, em nome da simplicidade, que não haja efeitos colaterais – prazerosos ou dolorosos – do remédio, nem em t_1, nem depois.

---

[58] Aqui e no que segue, quando eu falar de desejo ou esforço para fazer F em t_1, pretendo que a frase "em t_1" se aplique ao fazer, e não ao desejar ou ao se esforçar. Assim, desejar fazer F em t_1 deve ser diferenciado de desejar em t_1 fazer F.
[59] Sobre os termos "tristeza" e "dor", ver nota 53.

Se sei de todos esses fatos sobre o remédio, eu bem poderia tomar o remédio em t_1. Parece que nesse caso eu desejo tomar o remédio só porque ele terá o bom efeito de eu não ter dor em t_2. Nenhum efeito bom que aconteça antes parece ser relevante para meu desejo de tomar o remédio. Parece que não é por acreditar que alguma dor em t_1 será evitada ou porque acredito que algum prazer em t_1 será gerado que desejo tomar o remédio. Antes, tomo o remédio só porque creio que um estado de ausência de dor acontecerá como resultado no futuro não imediato (em t_2). Já que o único benefício que parece ser relevante a meu desejo de tomar o remédio em t_1 é um benefício que surge somente depois de t_1, podemos dizer que meu desejo acerca do bom efeito em t_2 dá uma explicação prudente de meu desejo de tomar o remédio em t_1. Em geral, um desejo prudente de fazer F em t_1 (imediatamente) é um desejo que uma pessoa tem não por causa de qualquer benefício antecipado *em t_1* de se fazer F em t_1, mas exclusivamente por causa de algum antecipado efeito benéfico de se fazer F em t_1 que é *posterior*.

Conforme indiquei, parece bastante plausível sustentar que os seres humanos (e certamente criaturas capazes de planejar em geral) têm desejos prudentes. Entretanto, conforme explicarei agora, o naturalismo de Spinoza pressiona-o a negar haver quaisquer desejos genuinamente prudentes. Assim, de uma perspectiva naturalista, a afirmação familiar de que há desejos prudentes pode ser entendida, no fim das contas, como uma afirmação polêmica.

Para ver o porquê disso, considere-se um caso de esforço prudente em que acredito que fazer F em t_1 evitará a dor em t_2 porque é de fato verdade que essa ação evitará a dor (isso não precisa ser verdade para todos os casos de esforço prudente – por exemplo, em alguns casos a crença relevante pode ser falsa). Se essa crença por sua vez explica por que desejo fazer F em t_1, então podemos dizer que o fato de que fazer F em t_1 evitará a dor em t_2 explica por que desejo fazer F em t_1. Além disso, é possível também ser que, além de desejar fazer F em t_1 por causa dos benefícios futuros de fazer F, eu não desejo fazer F em t_1 por causa de quaisquer benefícios em t_1 que eu tenha se fizer F (parece que isso seria verdade para o caso do remédio). Em geral, então, a possibilidade do desejo prudente abriria a possibilidade de se desejar fazer uma ação imediatamente não porque essa ação aumentaria o prazer de alguém em t_1 ou porque eliminaria a dor em t_1, mas, antes, porque uma ação desse tipo aumentará o prazer ou eliminará a dor de alguém em t_2. É essa última possibilidade que gera uma ameaça ao naturalismo.

Dados os análogos metafísicos gerais de Spinoza para o desejo, a alegria e a tristeza, a versão naturalista dessa afirmação envolveria o que poderia ser chamado de esforço orientado para o futuro:

(EOF) É possível para um objeto x se esforçar para fazer G imediatamente (em t_1), não porque fazer G aumentaria a potência de agir de x em t_1 ou porque eliminaria uma diminuição nessa potência em t_1, mas porque uma ação desse tipo aumentaria a potência de agir de x *em t_2* ou eliminaria uma diminuição dessa potência *em t_2*.

O desejo prudente seria uma espécie de esforço orientado para o futuro.

Embora possa parecer que um análogo psicológico de (EOF) valha no caso dos seres humanos (e no de outras criaturas que planejam) que são assim capazes de esforçar-se orientadas para o futuro, não parece que as coisas em geral sejam capazes de um esforço desse tipo. Por exemplo, considere-se a pedra cujo movimento é afetado por um cordão. Essa pedra, conforme vimos, esforça-se para preservar sua proporção de movimento e repouso em t_1 e talvez seja possível dizer que se esforça para se livrar do cordão em t_1. Os objetivos desses esforços teriam benefício imediato para a pedra. Como vimos, manter sua proporção de movimento e repouso em t_1 é necessário para impedir a destruição da própria pedra em t_1, ou seja, para impedir que a potência de agir da pedra seja reduzida a zero. De maneira semelhante, tornar-se livre do cordão em t_1 imediatamente aumentaria a potência de agir da pedra. Esses resultados imediatos parecem explicar completamente a razão pela qual a pedra se esforça desse jeito. Não há base para dizer que a pedra se esforça para fazer essas coisas em t_1 por causa de algum benefício posterior que será acumulado para a pedra. Além disso, é difícil ver como quaisquer das coisas que a pedra se esforça por fazer em t_1 (imediatamente) poderiam não ser desse tipo. Isto é, tudo que a pedra se esforça para fazer em t_1, ela se esforça para fazer só por causa do benefício imediato de fazer essa coisa e não por causa de qualquer benefício ulterior no futuro. A pedra, assim, não parece capaz de esforçar-se orientada para o futuro e tampouco o parecem a maioria ou todos os objetos no mundo que não são normalmente considerados como criaturas capazes de planejar.

Parece, assim, haver uma importante diferença entre os seres humanos (e outras criaturas que planejam) e objetos tais como a pedra. Essa diferença aparente, se aceita por Spinoza, parece ameaçar seu naturalismo: pois se Spinoza sustenta que os seres humanos são capazes de um tipo fundamentalmente diferente de esforço (a saber, o esforço orientado para o futuro) do que o tipo de esforço de que a maioria dos outros objetos são capazes, então ele não estaria tratando os seres humanos como um caso especial, como um império dentro de um império no fim das contas? Frente a essa diferença entre os seres humanos e os outros seres, Spinoza só poderia evitar essa conclusão se pudesse explicar como os seres humanos vem a ter a capacidade especial de esforço orientado para o futuro e explicar isso baseando-se exclusivamente em termos tirados de sua maneira de entender o esforço e o comportamento dos objetos (inclusive a pedra) em geral.

Para ilustrar esse último ponto, considere-se o fato de que o açúcar derrete na água e o ouro não. Essa diferença básica entre açúcar e ouro não quer dizer que temos aqui uma violação do naturalismo. E isto porque podemos apelar a outras diferenças entre açúcar e ouro, diferenças acerca da estrutura molecular e assim por diante, que, junto com certas leis da natureza aplicáveis em geral, servem para explicar a razão do açúcar derreter em água, mas o ouro não. Da mesma maneira, talvez haja alguma outra diferença entre os seres humanos e objetos como a pedra que, junto certos princípios operantes na natureza, explicariam a razão de os seres humanos serem capazes de esforçar-se orientados para o futuro, mas as pedras não. Essa seria uma explicação naturalista da importante diferença acerca do esforço.

Podemos ver assim que se Spinoza aceitar que os seres humanos, mas não as pedras, são capazes de esforço orientado para o futuro, então, para salvar seu naturalismo, ele tem de dar uma explicação desse tipo. Uma maneira natural de tentar levar uma explicação desse tipo a cabo talvez fosse dizer que as pedras não têm crenças sobre o futuro, mas nós temos. Talvez essa diferença doxástica começasse a explicar por que diferimos das pedras em termos de esforço orientado ao futuro.[60]

Mas, creio, esta não é a maneira como Spinoza conseguiria sair da dificuldade aqui. Isto porque penso que Spinoza aceita a alegação de que seres humanos e objetos como as pedras diferem com respeito ao esforço orientado ao futuro. Embora ele pudesse sustentar, pelas razões dadas acima, que as pedras não se envolvem em esforço orientado ao futuro, ele negaria a alegação plausível de que os seres humanos são capazes desse tipo de esforço. Dada essa negativa, não haveria discrepância entre seres humanos e pedras e, assim, não precisaríamos do tipo de explicação naturalista para a discrepância que acabei de descrever. Spinoza seria assim capaz de sustentar seu naturalismo negando a relevante diferença nesse caso. Entretanto, como vimos, há muitos casos em que é inteiramente plausível dizer que os seres humanos envolvem-se em esforço orientado ao futuro. Assim, se Spinoza for negar que há esse esforço desse tipo, ele tem de dar uma maneira alternativa para entendermos o que acontece nos casos aparentes de esforço orientado ao futuro. Meu objetivo para a maior parte do restante dessa subseção é dúplice: mostrar como Spinoza explicaria casos aparentes desse tipo de esforço e, ao mesmo tempo, explicar por que Spinoza acha que os seres humanos (além das pedras) não são capazes desse tipo de esforço.

A primeira coisa a se notar é que casos aparentes de esforço orientado ao futuro nos humanos implicam a antecipação do prazer e da dor. No exemplo do remédio, eu antecipo estar com dor em t_2 e, por essa razão, tomo o remédio imediatamente (em t_1). Casos semelhantes de esforço orientado para o futuro envolvem a antecipação do prazer. Em nome da simplicidade, continuarei a focar sobre a antecipação da dor, mas os pontos correspondentes se aplicam à antecipação do prazer.

---

[60] Para que uma explicação seja genuinamente naturalista, ela teria, é claro, de ser combinada com uma maneira naturalista de se entender a crença.

A razão pela qual Spinoza negaria haver genuínos casos de esforço orientado para o futuro nos humanos está ligada à maneira como ele entende a antecipação. O ponto principal aqui é que, para Spinoza, a antecipação da dor é em si mesma dolorosa. Isso fica claro em 3p18: "O homem é afetado pela imagem de uma coisa passada ou de uma coisa futura do mesmo afeto de alegria ou de tristeza de que é afetado pela imagem de uma coisa presente".[61] Discutirei brevemente o argumento em favor dessa afirmação na seção 3 deste capítulo. Por enquanto, porém, bastará indicar que há algo obviamente correto quanto à posição de Spinoza aqui: a antecipação de uma experiência dolorosa é em si mesma uma experiência dolorosa. A dor da antecipação pode não ser tão intensa ou do mesmo tipo que a dor antecipada, mas ainda assim é dor. Esse pondo permitirá a Spinoza explicar os casos aparentes de esforço orientado ao futuro.

Outro ponto crucial nessa explicação é o fato de que, para Spinoza, toda vez que temos dor, esforçamo-nos para remover essa dor. Isto porque a dor é uma diminuição na potência de agir e Spinoza, como vimos, sustenta que cada coisa se esforça para evitar qualquer diminuição (inclusive qualquer diminuição ulterior) em sua potência de agir. Já que a antecipação da dor futura é em si mesma dolorosa, segue-se que nesse caso nos esforçamos para remover essa dor da antecipação; isto é, esforçamo-nos para parar a antecipação da dor futura. Isso é indicado por 3p13d em que Spinoza diz, efetivamente, que quando a mente acredita que algo doloroso existe ou existirá, ela se esforça para remover essa crença.[62]

Como uma pessoa para de antecipar a dor futura (e assim remove a dor da antecipação)? Normalmente – exceções importantes serão discutidas um pouco mais tarde – uma pessoa para de antecipar a dor futura fazendo algo que, ela acredita, evitarão a dor. Isso é claramente o que acontece no caso do remédio. Tomar o remédio em t_1, creio, teria o resultado de eu não ter dor

---

[61] Ver também as definições spinozianas de medo e desespero, 3p18s2 e 3da13, 15.
[62] *Ética* 3p13d não tem a antecipação explicitamente como questão, mas trata-se ali de estados imaginativos em geral e, conforme Spinoza afirma (E 2p44s), crenças antecipatórias estão nessa mesma categoria.

em t_2. Dada essa crença, se tomo o remédio em t_1 e estou ciente de assim fazê-lo, não mais anteciparei a dor em t_2 e, portanto, não sinto mais a dor da antecipação. Assim, nesse caso e em outros casos aparentes de esforço orientado ao futuro, há um benefício imediato de se fazer F em t_1.

Mas isso ainda não mostra que no fim das contas há um esforço orientado ao futuro nesses casos. Isto porque, por tudo o que eu disse até agora, pode bem ser o caso de que, embora o fato de eu fazer F em t_1 tenha um resultado imediato (além do resultado de longo prazo de eu não ter dor em t_2), eu desejo fazer F *somente* por causa do resultado de longo prazo, e não por causa do benefício imediato. Se fosse assim, então ainda teríamos um caso genuíno de esforço direcionado ao futuro.

Mas Spinoza rejeitaria essa situação. Para ele, o benefício imediato de fazer F em t_1 explica sim por que eu desejo fazer F. De fato, para Spinoza, eu desejo fazer F *somente* por causa do benefício imediato. Isso fica claro em 3p37d, em que Spinoza diz: "tudo pelo qual se esforça o homem afetado de tristeza é por afastá-la".[63] No caso em questão, já que agora antecipo ter dor em t_2, experimento agora a dor da antecipação. Além disso, vamos supor que eu não esteja experimentando mais nenhuma dor agora. Assim, para Spinoza, meu *conatus* ou esforço estaria completamente orientado para remover a dor da antecipação. Já que nesse caso eu me esforço para fazer F em t_1, esse esforço deve ser unicamente uma função do esforço de evitar ter qualquer outra dor adicional de antecipação. Isto é, o esforço para tomar o remédio é um esforço que tenho somente porque tal esforço removerá minha dor de antecipar a dor em t_2. Já que – nesse caso aparente de esforço orientado ao futuro – meu esforço para fazer F em t_1 não é um esforço que tenho por causa do benefício futuro de fazer F, o caso aparente de esforço orientado ao futuro no fim das contas não é um caso de esforço orientado ao futuro. A mesma conclusão vale para outros casos aparentes. Podemos ver, assim, que (I) a

---

[63] Spinoza faz uma afirmação paralela acerca da preservação da alegria em 3p37d. Ele parece considerar ambas as afirmações como se decorressem diretamente da concepção de que cada coisa se esforça por se autopreservar; mas não fica claro por que essa seria uma consequência.

concepção de Spinoza de que nosso esforço está completamente orientado à remoção da dor atual (se estou em dor); [64] e (II) sua maneira de entender a antecipação também leva à conclusão de que não há casos genuínos de esforço orientado para o futuro. Ao menos no que toca a esse esforço, não há, para Spinoza, nenhuma diferença fundamental entre os seres humanos e o objetos, como a pedra no cordão.

Ao negar que somos capazes de nos esforçarmos com orientação ao futuro, Spinoza não está negando que uma pessoa possa desejar fazer F em t_1 porque isso evitaria a dor em t_2. Ele simplesmente oferece uma maneira particular e polêmica de se entender como é que uma pessoa deseja fazer F em t_1 por causa dos efeitos daquela ação em um prazo mais longo. Ele explicita a cadeia explicativa da seguinte maneira: o fato de que fazer F em t_1 evitará a dor em t_2 explica por que fazer F em t_1 aliviará (se eu tiver as crenças apropriadas) a dor da antecipação que experimento agora. Já que, para ele, quando uma pessoa tem dor, seu desejo está voltado para aliviar essa dor, ele sustentaria que nesse caso eu desejo fazer F em t_1. Então, o fato de que fazer F terá efeitos bons em longo prazo explica por que desejo fazer F, mas somente por via de um desejo de alívio imediato da dor (a dor da antecipação).

Para Spinoza, resultados que estão relativamente distantes no futuro podem levar-nos a ter certos desejos somente por causa de sua ligação (via antecipação) com resultados imediatos. Os resultados mais distantes não podem, por si mesmos, ter impacto sobre nossos desejos. Essa visão reflete o que poderia ser chamado de primado do imediato em Spinoza. Esse primado do imediato é complementado pelo primado do eu [self] em questões de desejo, conforme veremos na próxima subseção.

Como mencionei antes, há casos em que uma pessoa não alivia a dor da antecipação fazendo algo que acredita que poderá evitar a dor antecipada em t_1. Alguns dos casos mais importantes desse tipo são aqueles em que eu não faço F (que acredito poder evitar a dor antecipada), mas acredito que estou fazendo ou que fiz F. Já que a antecipação da dor em t_2 implica uma crença

---

[64] Nosso esforço também está orientado à preservação do prazer atual (se temos prazer no presente).

de que a dor ocorrerá, acreditar que se tenha feito algo que evitará essa dor serve para solapar a crença anterior e, dessa maneira, serve para eliminar a antecipação e a dor que a acompanha.

Esse fato tem um resultado interessante. Como vimos, Spinoza insiste que desejamos a remoção de toda dor que experimentamos no presente. Já que uma crença que uma pessoa tem de ter realizado certa ação (independentemente do fato de tal pessoa tê-la de fato feito ou não) serviria para eliminar a dor, podemos ver que Spinoza sustenta que há alguma motivação para eu ter a crença de que fiz essa ação, mesmo que eu de fato não a tenha feito. Em outras palavras, nosso desejo dominante de evitar a dor pode gerar casos de crenças falsas motivadas.

Spinoza reconhece o fenômeno da crença falsa motivada e o discute em tipos de casos diferentes do que esse acima, relativo à antecipação. Por exemplo, ele dá razões para se pensar que se creio que fiz outras pessoas sentirem prazer, então eu mesmo sentirei prazer.[65] Já que uma crença desse tipo envolveria prazer, Spinoza diz que desejo tê-la. Contudo, esse desejo pode desprezar os fatos e dessa forma, diz ele, "pode facilmente ocorrer que aquele que se gloria seja soberbo e que imagine ser agradável a todos quando, na realidade, é um incômodo para todos" (E 3p30s).[66] Em geral, Spinoza muito corretamente permite a possibilidade de nossos desejos poderem cegar-nos para a verdade e nos levar a propugnar a falsidade.[67]

O impulso principal desta seção foi que a maneira como Spinoza entende a antecipação torna-lhe capaz de evitar uma ameaça a sua psicologia naturalista, que é colocada por casos aparentes de esforço orientado ao futuro. É crucial a essa interpretação da antecipação o ponto plausível de que

---

[65] As razões de Spinoza aqui dependem de sua teoria da imitação dos afetos que discutirei na seção 3.
[66] Para passagens relacionadas, ver 3p26s, 3da21, 22, 28, 29.
[67] Uma falsa crença motivada desse tipo não precisa envolver o autoengano (*self-deception*). O autoengano exige que as crenças de uma pessoa em p sejam parte daquilo que gera ou sustenta as crenças de uma pessoa em não p. A ilusão envolvida na crença falsa motivada não é necessariamente gerada ou sustentada por uma crença contraditória.

a antecipação da dor é ela mesma um tanto dolorosa (e que a antecipação do prazer é em si prazenteiro). Entretanto, a despeito desse elemento intuitivo, muitas dificuldades estão presentes na maneira como Spinoza entende a antecipação. Mencionarei algumas dessas dificuldades quando for explorar como ele entende a irracionalidade. Mas eu não gostaria de encerrar essa subseção com uma crítica da maneira como Spinoza entende a antecipação *per se*; antes, quero encerrar com um problema que essa interpretação levanta para o naturalismo spinoziano.

Trata-se do agora já conhecido problema acerca da crença. Spinoza justificaria e explicaria de maneira convincente casos aparentes de esforço orientado para o futuro invocando sua noção de antecipação. Se a interpretação spinoziana dos casos aparentes de esforço orientado ao futuro for genuinamente naturalista, ele tem de, portanto, dar uma interpretação naturalista da antecipação. Contudo, não fica claro se Spinoza conseguiria fazer isso. E isto porque a antecipação envolve, é claro, uma forma de crença (sobre o futuro) e, como vimos, Spinoza pode não ser capaz de dar uma interpretação naturalista da crença.

Altruísmo e o primado do eu

Casos aparentes de desejo altruísta também apresentam uma ameaça *prima facie* ao naturalismo spinoziano, assim como no caso anterior de casos aparentes de desejo prudente. Nesta subseção, quero mostrar por que isso acontece e também como a maneira de Spinoza lidar com o altruísmo aparente espelha sua maneira de lidar com a prudência aparente.

Um caso de desejo altruísta seria aquele em que desejo fazer F (por exemplo, dar assistência a um estranho que precise), não por causa de que isso me dará prazer ou evitará alguma dor que eu possa ter, mas simplesmente porque fazer isso trará benefício a alguma outra pessoa. Um desejo de fazer F pode ser altruísta até mesmo quando fazer F me for benéfico. O altruísmo requer simplesmente que eu não deseje fazer F *por causa* do benefício dessa ação para mim.

A possibilidade desse desejo ameaçaria o naturalismo de Spinoza. Para ver porque isso acontece, considere-se o análogo metafísico geral da afirmação de que desejos altruístas são possíveis. Uso aqui as noções metafísicas que correspondem, no sistema spinoziano, ao desejo, à alegria e à tristeza para gerar uma descrição do que poderia ser chamado de esforço orientado para outrem:

(EOO) É possível que um objeto x se esforce para fazer F, não porque essa ação aumentaria a potência de agir de x ou eliminaria uma diminuição na potência de agir de x, mas porque essa ação aumentaria a potência de agir de outro indivíduo (de y) ou eliminaria uma diminuição na potência de agir de y.

Desejos altruístas seriam uma espécie de esforço orientado a outrem.

A ameaça ao naturalismo vem do fato de que mesmo que os seres humanos (e talvez certas outras criaturas) pareçam capazes de esforço orientado a outrem, os objetos em geral não parecem ser capazes da mesma coisa. Retornemos por um momento ao exemplo da pedra cujo movimento é contido pelo cordão. Vamos adornar um pouco o exemplo dizendo que o movimento do próprio cordão é contido por uma pessoa que o segura. Agora, como vimos, a pedra se esforça para continuar a se mover e talvez se esforce para se livrar do cordão. Esses esforços estão direcionados para estados que manterão ou aumentarão a potência de agir da pedra. Contudo, não parece haver maneira plausível de atribuir à pedra um esforço em favor do bem-estar do cordão. Por exemplo, a pedra não esforça para que o cordão se livre da pessoa que o segura (ou se for possível dizer que a pedra se esforça dessa maneira, isso é somente porque essa liberdade para o cordão geraria liberdade para a pedra). Tampouco se pode de maneira plausível dizer que a pedra se esforça para a preservação ou para o aumento na potência de agir de qualquer outro objeto que não seja o cordão. Em geral, as pedras e a maioria dos outros objetos não parecem capazes de esforço orientado a outrem.

Se os seres humanos fossem capazes desse tipo de esforço, ao mesmo tempo em que outros objetos não, estaríamos frente a uma potencial violação do naturalismo. Em sua capacidade de se esforçarem com orientação a outrem, os seres humanos parecem afastar-se do restante da natureza. Como vimos no caso do esforço orientado para o futuro, é claro que se essa diferença entre os seres humanos e os outros seres fossem em si mesma explicável de maneira naturalista, então o naturalismo poderia ser mantido. Entretanto, assim como no caso anterior, Spinoza não neutraliza a ameaça dessa maneira, mas, antes, ele o faz negando haver qualquer diferença entre os seres humanos e outros objetos. Ele faz isso negando que somos capazes de ter desejos altruístas. Esse ponto está explícito na maneira como Spinoza aplica sua teoria do *conatus* aos seres humanos.

Para Spinoza, os seres humanos, como todos os outros seres, esforçam-se exclusivamente para preservar a si mesmos e para manter ou aumentar seu bem-estar. Veja-se, por exemplo, 3p28: "esforçamo-nos por fazer com que se realize tudo aquilo que imaginamos levar à alegria; esforçamo-nos, por outro lado, por afastar ou destruir tudo aquilo que a isso se opõe, ou seja, tudo aquilo que imaginamos levar à tristeza". Como ele deixa claro, a alegria ou tristeza em questão aqui é a própria alegria ou tristeza que uma pessoa sente. Essa afirmação indica que nossas ações estão focadas sobre nosso próprio bem-estar. Uma negação de um tipo particular de desejo altruísta aparece em 4p25: "Ninguém se esforça por conservar seu ser por causa de uma outra coisa".[68] *Ética* 3p28 e 4p25 dizem respeito particularmente aos seres humanos, mas é claro que a intenção é que eles sejam versões psicológicas de afirmações metafísicas com validade geral. Podemos ver, dessa maneira, que Spinoza recusaria o esforço orientado a outrem de maneira geral.

Naturalmente, Spinoza está ciente de haver casos aparentes de esforço orientado a outrem e é evidente como ele daria uma explicação convincente desses casos. Darei dois exemplos desse tipo de explicação. Em muitos dos casos em que posso estar motivado a ajudar outro indivíduo, estou motivado

---

[68] Garrett resume a posição de Spinoza da seguinte maneira: "(Para Spinoza) os interesses dos outros indivíduos entram nas considerações próprias de uma pessoa somente por meio de sua utilidade para *a própria pessoa*" (Garrett 1990a: 225).

a fazer isso por piedade. Essa motivação não pode ser altruísta para Spinoza. E isso porque, para ele, a piedade é uma forma de tristeza (E 3p22s).[69] Para ele, como vimos, o esforço de uma pessoa que experimenta a tristeza está inteiramente direcionado para a remoção dessa tristeza. Dessa forma, para Spinoza, quando ajo por piedade, esforço-me para aliviar meu sofrimento que está envolvido nesse mesmo sentimento de piedade (3p27c3d). Dessa maneira, Spinoza caracterizaria um caso aparente de altruísmo como um caso que não envolve absolutamente altruísmo algum.

Consideremos outro caso: uma pessoa poderia desejar instilar nos outros um amor da razão e um desejo de viver a vida de acordo com os ditames da razão (ver E 4p37). Esse nobre desejo poderia parecer ser uma manifestação de uma preocupação altruísta pela qualidade de vida que as outras pessoas possam ter. Mas Spinoza conseguiria explicar esse desejo sem invocar o altruísmo. Ele provavelmente veria esse desejo como suscitado pelo fato, tal como ele o vê, de que, na medida em que as pessoas vivam de acordo com o direcionamento da razão, elas são mais benéficas umas às outras.[70] Por essa razão, certo indivíduo poderia desejar instilar nos outros um desejo de viver de acordo com os ditames da razão porque tal desejo nos outros em última instância seria benéfico àquele indivíduo. Novamente, Spinoza tem meios de explicar convincentemente um caso aparente de altruísmo. De maneiras parecidas, creio, ele reinterpretaria todos os outros casos de desejos altruístas e preservaria, assim, sua ideia geral de que não há esforço orientado a outrem.

Vimos anteriormente que na questão do desejo Spinoza defende o que poderia ser denominado primado do imediato. Para ele, os resultados imediatos de uma ação desempenham um papel mais direto na explicação de um desejo de realizar essa ação do que os resultados não imediatos dela. Posso desejar fazer F imediatamente porque tal ação levará a um bom resultado

---

[69] A razão pela qual poderíamos sentir tristeza com o sofrimento dos outros vem da teoria de Spinoza da imitação dos afetos.
[70] Para razões diferentes e não igualmente bem-sucedidas em favor da afirmação de que pessoas racionais são benéficas aos outros, ver as duas demonstrações de 4p37. Ver também Della Rocca, no prelo, 1996.

em longo prazo, somente se e somente porque essa ação tem um resultado positivo (*payoff*) imediato.

De maneira parecida, podemos ver que para Spinoza também há o que poderia ser chamado de primado do eu. Spinoza sustenta que os benefícios para a própria pessoa de uma ação que ela faça desempenham um papel mais direto na explicação do desejo que essa pessoa tem de realizar essa ação do que os resultados dessa ação a outro indivíduo. Posso desejar fazer F porque essa ação ajudará a outro indivíduo y, somente se e somente porque essa ação me beneficia.[71]

É interessante notar que não há ligação lógica entre o primado do imediato e o primado do eu. É possível sustentar que os desejos estão sempre direcionados para benefícios imediatos, mas também que esses benefícios imediatos não precisam ser sempre benefícios próprios. De maneira semelhante, seria possível sustentar que os desejos estão sempre direcionados para os benefícios da própria pessoa, sem sustentar que eles sempre são no fundo benefícios imediatos. Dessa maneira, o primado do imediato de Spinoza não leva a seu primado do eu e seu primado do eu não leva a seu primado do imediato. Antes, ambas as posições são geradas ao menos em parte pelo naturalismo de Spinoza.

A ideia spinoziana de que o eu e seus interesses são objetos fundamentais de todo desejar é simplesmente a aplicação ao caso humano de sua ideia geral de que cada coisa se esforça por preservar a si mesma e aumentar sua potência de agir. Vimos anteriormente uma série de problemas dessa ideia geral e seria de se esperar que os mesmos problemas recorressem relativamente à ideia específica acerca dos desejos humanos. Mas aqui se esconde uma surpresa.

Quero focar sobre os problemas relativos à afirmação de que cada coisa se esforça por aumentar sua potência de agir. Dada a interpretação spinoziana do desejo e da alegria, a versão psicológica dessa alegação seria que

---

[71] É claro que essa alegação está sujeita a qualificações acerca do que uma pessoa acredita que a ajudará. Qualificações parecidas aplicam-se às alegações no parágrafo anterior acerca do primado do imediato.

cada pessoa deseja experimentar a alegria. Tanto a alegação geral quanto sua versão psicológica foram vítimas de contraexemplos que implicavam a autodestruição: alguns dos exemplos que consideramos antes eram psicológicos (por exemplo, casos de suicídio) e alguns não (por exemplo, o caso da vela). Assim, a alegação de Spinoza de que todas as coisas, inclusive os seres humanos, esforçam-se por preservar sua potência de agir não pode estar correta.

Vimos também que uma versão davidsoniana mais fraca da afirmação metafísica falha aqui. A afirmação mais fraca teria o resultado de que, embora uma coisa possa em certas ocasiões não conseguir esforçar-se para aumentar sua potência de agir, essa coisa deve *em geral* ser tal que ela se esforce para aumentar sua potência de agir. O fracasso de uma coisa para se esforçar para aumentar sua potência poderia ser compreendido, segundo essa visão, mas somente contra um amplo pano de fundo de casos em que a coisa se esforça mesmo para aumentar sua potência. Essa visão, porém, não parece estar correta. Eu aleguei que podemos ver algum sentido em uma coisa que raramente, se tanto, se esforça para aumentar sua potência de agir (embora, talvez, devamos vê-la como se frequentemente se esforçasse para permanecer existindo).

Será que uma versão mais fraca da relevante afirmação psicológica também falha? Isto é, é ou não é o caso de que, embora certa pessoa possa não conseguir desejar experimentar a alegria ou o prazer em certas ocasiões, essa pessoa precisa ser tal que *em geral* ela deseje experimentar a alegria? De acordo com essa visão, um fracasso de uma pessoa em perseguir a própria alegria poderia ser compreendido, mas somente contra um amplo pano de fundo de outros casos em que as pessoas não persigam a alegria. Diferentemente da versão fraca da afirmação geral, essa versão fraca da afirmação psicológica tem grande teor de plausibilidade. Na medida em que vemos uma pessoa contínua ou reiteradamente fracassar em desejar sua própria alegria – tanto em grandes quanto em pequenas coisas – então nessa medida devemos questionar se nossa interpretação do estado psicológico dessa pessoa está correta.

O ponto geral aqui deriva da compreensão davidsoniana do princípio de caridade. Nossa atribuição de estados mentais a esse agente tem de proceder sempre sob a restrição de não atribuirmos um sistema de estados mentais selvagemente irracional ou incoerente a um agente. De acordo com essa visão da mentalidade, por natureza cada estado mental é parte de um sistema de estados mentais que é em geral coerente e racional. Davidson exprime o ponto da seguinte maneira: "na medida em que não conseguimos descobrir um padrão coerente e plausível nas atitudes e ações dos outros, simplesmente renunciamos à chance de tratá-los como pessoas" (Davidson 1980: 221--222). Creio que a afirmação de que um agente não consegue, na maioria ou em todos os casos, buscar sua própria alegria ou prazer iria contra a coerência geral do domínio mental conforme esclarecido na aplicação davidsoniana do princípio de caridade.

Assim, uma versão davidsoniana flexível da afirmação de que as pessoas desejam sua própria alegria pode bem ser verdadeira, muito embora a versão rígida, sem exceções, seja falsa e muito embora a afirmação metafísica geral (tanto na versão rígida quanto na flexível) também pareça ser falsa. O fato de que uma versão da afirmação psicológica parece ser verdadeira mostra que a maneira como Spinoza entende o desejo humano capta um aspecto importante do desejo humano – a saber, sua ligação crucial com o bem-estar daquele que age. Não obstante, um problema com a posição spinoziana aqui (assim como alhures) é que ele sustenta que a ligação entre dois fenômenos (tais como o desejo e a alegria) é muito mais estrita do que de fato é. Esse tropeço talvez deva ser esperado de um filósofo que enfatiza o naturalismo e as leis tanto quanto Spinoza.

Mas as reflexões precedentes levantam um problema ainda mais fundo para Spinoza e seu naturalismo. Vimos que a versão davidsoniana enfraquecida da afirmação psicológica de que cada pessoa deseja sua própria alegria é plausível, ao passo que a versão enfraquecida da afirmação metafísica geral correspondente não é. Essa discrepância entre as afirmações psicológica e metafísica geral correspondentes indica que estamos dispostos – contrariamente a Spinoza – a tratar o psicológico como um caso especial, como algo que obedece a princípios diferentes daqueles que operam no resto da natureza. O próprio Davidson indica esse ponto, ao descrever o que efetivamente é sua caracterização antinaturalista do mental:

Todo esforço em aumentar a exatidão e a potência de uma teoria do comportamento nos força a considerar mais e mais diretamente todo o sistema de crenças e motivos do agente. Mas, ao inferir esse sistema com base em evidências, necessariamente impomos condições de coerência, racionalidade e consistência. *Essas considerações não encontram eco na teoria física* (Davidson 1980: 231; ênfase acrescentada).

Então, na medida em que aceitamos o que considero ser a interpretação davidsoniana plausível da natureza do domínio mental, parece que somos levados a uma posição antinaturalista, antispinozista. Uma interpretação davidsoniana pode ajudar-nos a ver que há algo correto na maneira spinoziana de entender o desejo e a alegria (a saber, o fato de que, de acordo com a concepção spinoziana, há uma importante ligação entre esses estados); mas uma interpretação davidsoniana também sugere que, adicionalmente, há algo de errado com a interpretação spinoziana dessas questões que é muito mais importante. As comparações com Davidson em vários pontos neste capítulo mostram de maneira nova e – creio – iluminadora exatamente por que, a despeito de *insights* genuínos e importantes, o naturalismo exaustivo de Spinoza em psicologia é, no fim das contas, difícil de sustentar.[72]

A conformidade-à-lei [Law-governedness] do domínio mental

Inicialmente, apresentei que o naturalismo de Spinoza quanto aos seres humanos envolvia duas afirmações:

(1) Há leis ou regras que governam os estados psicológicos dos seres humanos.

---

[72] Apesar dessas diferenças importantes, há muitas semelhanças importantes entre Davidson e Spinoza na filosofia da mente. Particularmente, ambos são holistas quanto ao mental e ambos aceitam alguma forma de teoria da identidade não redutiva dos acontecimentos mentais e físicos. Ver Della Rocca, no prelo, 1996, capítulos 4 e 8.

(2) Essas leis ou regras são instâncias de leis mais gerais ou regras operativas na natureza.

Conforme expliquei, essas duas afirmações geram duas estratégias diferentes para se analisar e avaliar a psicologia naturalista de Spinoza. A primeira estratégia é investigar a maneira como Spinoza aplica aos seres humanos e sua psicologia os princípios metafísicos que funcionam no restante da natureza. Foi o que fiz na Seção 2 deste capítulo. A segunda estratégia é investigar a natureza dos princípios que governam a psicologia, de acordo com Spinoza, sem se preocupar com saber em que medida esses princípios são instâncias de princípios mais gerais. Quero ir ainda um pouco mais adiante com essa investigação nesta parte do capítulo. É claro que já exploramos alguns dos princípios que governam a psicologia ao explicar a maneira como a psicologia de Spinoza nasce de sua metafísica. Mas há muitos aspectos da conformidade à lei da psicologia que podemos examinar proveitosamente sem atenção direta na medida em que as leis e regras psicológicas são derivadas de leis e regras metafísicas mais gerais. Sob essa luz, quero explorar três questões centrais nesta seção final: (I) a maneira como Spinoza compreende a ação irracional; (II) como ele compreende os princípios que controlam as relações entre os diferentes afetos; e (III) em que medida Spinoza permite explicações teológicas em psicologia. Assim como nas seções anteriores deste capítulo, aqui também as ideias de Spinoza parecerão interessantes e empolgantes, embora não sem importantes falhas.

Ação irracional

A ação irracional ocorre em certos casos em que tenho desejos conflitantes: desejo fazer F e também desejo fazer G, que é incompatível com F.[73] Por exemplo, eu posso querer comer comida apimentada e também não querer comer comida apimentada, porque creio que esse tipo de comida causa indigestão no fim das contas. Esse conflito de desejos é somente

---

[73] Para a explicação de Spinoza para os conflitos de interesses, ver 3p17s.

uma condição necessária da ação irracional. Não é uma condição suficiente. A ação irracional ocorre somente quando, frente a um conflito desse tipo, eu intencionalmente faço uma das ações, embora creia que meus interesses em longo prazo estariam mais bem servidos se eu escolher o outro curso de ação. Spinoza parece aceitar que há uma ação irracional nesse sentido. Citando Ovídio em 4p17s, ele parece afirmar que há casos em que "vejo o que é o melhor e o aprovo, mas sigo o que é pior".[74]

O fenômeno da ação irracional pode parecer ameaçar a conformidade à lei da psicologia da seguinte maneira. Mesmo que às vezes ajamos irracionalmente, é claro que nem sempre ou talvez até frequentemente agimos assim. Desse modo, um naturalista, como Spinoza, que aceita que podemos agir irracionalmente, enfrenta o desafio de articular os princípios que especificam as circunstâncias em que a ação irracional ocorre e aquelas em que ela não ocorre. Para um naturalista, para explicar por que a ação irracional acontece, não basta dizer simplesmente que a irracionalidade acontece às vezes, sem explicar o que acontece nesse caso que explica a aparência de irracionalidade. Negar que uma explicação esteja disponível seria negar a conformidade à lei da psicologia e, dessa maneira, negar o naturalismo.

Já que Spinoza aceita a existência da ação irracional, ele precisa dar uma explicação dos princípios que governam esse fenômeno. Spinoza é sensível a essa exigência e a explicação que ele vai oferecer é interessante e coerente com o restante de seu sistema, embora, como veremos, seja incompleta ao menos em um ponto decisivo.[75]

---

[74] Ver também 3p2s e 4pr (início), assim como a nota de Curley sobre 4p17s em Spinoza 1985a: 554 n.11.

[75] Ao apresentar a interpretação de Spinoza para as circunstâncias em que uma pessoa sabidamente age contra seus próprios interesses de longo prazo, não trato da questão separada de por que *não deveríamos* agir dessa maneira e assim por que essa ação merece o rótulo de *irracional*. Já que essa questão separada diz respeito às concepções éticas de Spinoza mais do que a suas concepções puramente psicológicas, não trato disso neste capítulo. Bennett considera brevemente essa questão (Bennett 1984: 319-320).

A explicação spinoziana da irracionalidade depende de sua explicação da antecipação. Lembre-se de que para Spinoza a antecipação da dor é ela mesma dolorosa.[76] Conforme dado em 3p18d, a razão de Spinoza para fazer essa afirmação é que quando a mente antecipa certo estado de coisas, o corpo está no mesmo estado que estaria se o estado de coisas acontecesse. Spinoza assume que se em dois tempos diferentes o corpo está no mesmo estado, então nesses tempos diferentes a mente deve estar no mesmo estado.[77] Dada essa assunção, segue-se que quando a mente antecipa certo estado de coisas, ela está no mesmo estado psicológico que estaria se o estado de coisas acontecesse. Assim, se a antecipação é de um estado de coisas que envolveria a dor, o estado de antecipação, ele mesmo, envolverá a dor. Em outras palavras, para Spinoza a antecipação da dor é ela mesma dolorosa.

Esse argumento levanta uma série de questões, e tratarei de algumas quando discutir as concepções de Spinoza sobre a memória na próxima subseção. O que quero notar aqui é a importante maneira como Spinoza qualifica sua concepção de que, ao antecipar a dor, a mente está no mesmo estado que estaria se esse estado doloroso efetivamente acontecesse. Como Spinoza afirma em 4p9 e alhures, os estados não são *exatamente* os mesmos. Antes, a dor da antecipação é *mais fraca do que* a dor antecipada. O ponto é que a dor antecipada é mais forte quando ocorre do que o foi a dor da antecipação no momento anterior quando ocorreu. Spinoza não deixa completamente claro o que é a fraqueza ou a força de um afeto,[78] mas uma coisa que é clara é que os afetos mais fracos, para ele, são menos capazes de produzir a ação do que os mais fortes. Por exemplo, uma dor mais fraca é menos capaz do que uma mais forte de suscitar a ação para aliviar essa dor. Isso é evidente desde o comecinho da Parte 4, na qual, ao

---

[76] Como antes, todos os pontos que avançarei sobre a antecipação da dor têm versões correspondentes acerca da antecipação do prazer.

[77] Spinoza não justifica essa suposição, mas talvez ela deva ser entendida como consequência de sua tese do paralelismo (E 2p7). A suposição de Spinoza aqui pode ser entendida como uma versão de uma tese de superveniência: não há diferença mental sem diferença física.

[78] Para uma útil tentativa de resolução dessa questão, ver Bennett 1984: 282-284.

discutir a ação irracional, Spinoza descreve a força de um afeto em termos de sua habilidade de forçar certo curso de ação. Veja-se também 4p17s, em que Spinoza conclui que há uma ação irracional depois de uma explicação das forças e fraquezas relativas de certos afetos. Então, o resultado final da afirmação de 4p9 de que a dor da antecipação é mais fraca do que a dor antecipada é que a capacidade da dor da antecipação de suscitar a ação orientada para sua remoção é menor do que a capacidade da própria dor antecipada de suscitar a ação orientada para *sua* remoção.

Com a ajuda de 4p9, Spinoza demonstra uma afirmação adicional que tem função decisiva em sua interpretação da irracionalidade: "Somos mais intensamente (*intensius*) afetados, relativamente a uma coisa futura, se a imaginamos bem próxima de ocorrer do que se imaginássemos que o momento de ela vir a existir está ainda muito longe do presente" (E 4p10). O ponto dele aqui pode ser ilustrado da seguinte maneira. Considere-se duas diferentes antecipações que um agente poderia ter em dado momento t_1. A antecipação A é a antecipação de ter certo grau de dor num momento posterior t_2. A antecipação B é a antecipação de ter esse mesmo grau de dor em t_3, um momento ainda mais ulterior no futuro. Em cada caso, para Spinoza, a dor da antecipação será mais fraca do que a dor antecipada. Entretanto, Spinoza acha que também podemos comparar a força da dor da antecipação A e a força da dor da antecipação B uma com a outra. Como 4p10 deixa claro, para ele, a dor da antecipação A é mais forte do que a dor da antecipação B. Spinoza está fazendo a afirmação plausível de que a força da dor da antecipação é, em parte, uma função da distância temporal do presente da dor antecipada.[79]

Contudo, para Spinoza, a força da dor da antecipação é também uma função de uma coisa que não a distância temporal da dor antecipada. Spinoza também sustentaria que a dor da antecipação é uma função do tamanho da dor antecipada. Isso se tornará evidente considerando-se duas antecipações

---

[79] Apesar da plausibilidade desse ponto, não acho que sua demonstração em 4p10d seja completamente clara. A demonstração de Spinoza depende da noção de graus de imaginação de algo que exclui a existência presente de certa coisa, mas não é óbvio o que esses graus possam ser.

orientadas a dores futuras que são de graus diferentes, mas que estão à mesma distância temporal do presente. Por exemplo, em t_1, um agente poderia antecipar uma dor muito severa (a dor da tortura) em t_2. Esse agente poderia também ou em vez disso antecipar em t_1 uma dor muito menor (a dor de um arranhãozinho) em t_2. Denomine-se a primeira antecipação "antecipação C", e a segunda "antecipação D".

Intuitivamente, pareceria que a dor da antecipação C é mais forte do que a dor da antecipação D. O sistema de Spinoza pode proporcionar esse resultado plausível. Para Spinoza, quanto maior for uma dor, maior será sua força, ou seja, mais ela será capaz de suscitar a ação apropriada. Isso fica evidente em 3p37d, onde Spinoza diz: "quanto maior a tristeza, maior será a potência de agir com a qual o homem se esforçará para remover a tristeza".[80] Agora, a dor da tortura é claramente maior do que a dor de um arranhãozinho, então, a primeira dor é mais forte do que a segunda.

Como as *antecipações* dessas duas dores se comparam em força? Antes de tudo, lembremos que para Spinoza a dor da antecipação da tortura é mais fraca do que a dor da própria tortura e a dor da antecipação do arranhão é mais fraca do que a dor do próprio arranhão. Como vimos, a fraqueza da dor da antecipação relativa à dor antecipada é uma função da distância temporal entre as duas. Conforme estipulei, nesse caso, a distância entre a antecipação C e a tortura é a mesma que a distância entre a antecipação D e o arranhão. Por isso, é plausível concluir que o grau em que a dor da antecipação C é mais fraca do que a dor da tortura é o mesmo que o grau em que a dor da antecipação D é mais fraca do que a dor do arranhão.[81]

---

[80] Aqui, Spinoza aceita a condicional: "se a dor x é maior do que a dor y, então a dor x é mais forte do que a dor y". Tendo a pensar que ele também aceitaria o contrário. Ver, por exemplo, 5p8 e 5p8d, em que Spinoza parece considerar "maior" e "mais forte" como termos equivalentes.

[81] Essa é somente uma conclusão razoável a se tirar. Não é necessária. É bem possível haver tipos de dor que são tais que a dor de antecipá-los seja menos sensível à distância temporal do que a dor de antecipar outros tipos. Mas ainda acho que algo como a conclusão acima esteja correto e, o que é mais importante para nossos propósitos, não consigo ver como a explicação que Spinoza dá da ação irracional pode fazer sentido sem atribuir essa conclusão a ele.

Se isso estiver correto, então, já que a dor da tortura é mais forte do que a dor do arranhão, segue-se que a dor da antecipação C é mais forte do que a dor da antecipação D. Aqui podemos ver como Spinoza poderia chegar à afirmação de que a dor de certa antecipação é uma função não somente da distância temporal do presente da dor antecipada, mas também do tamanho da dor antecipada.

Todos os elementos necessários para a explicação spinoziana da ação irracional estão agora situados. Consideramos um caso (o das antecipações A e B) em que o tamanho de um único afeto antecipado é o mesmo que o de outro, mas a distância temporal desses afetos é diferente. Segundo Spinoza, para ver como surge a ação irracional, temos de considerar certo tipo de caso em que os dois afetos antecipados diferem no tocante tanto ao tamanho quanto à distância temporal.

Assim, retornemos ao caso da comida apimentada. Antecipo o prazer imediato, se como a comida apimentada, mas também antecipo a dor da indigestão mais tarde. Assumamos que a dor da indigestão é maior do que (e, por conseguinte, mais forte do que) o prazer imediato de comer a comida. Assumamos também que estou ciente desse fato. Agora, como vimos antes, a força da antecipação de certo afeto é, em parte, uma função do tamanho do afeto antecipado. Já que a dor da indigestão é maior do que o prazer imediato de consumir a comida, podemos dizer que, no que concerne ao tamanho do afeto antecipado, a dor da antecipação da dor seria mais forte do que o prazer da antecipação do prazer. Em outras palavras, se o prazer antecipado e a dor antecipada estivessem à mesma distância temporal do presente, então a antecipação da dor seria mais forte do que a antecipação do prazer.

Mas a dor antecipada e o prazer antecipado não estão à mesma distância temporal. Isso abre a porta à ação irracional. Uma vez que há aqui uma disparidade temporal, o grau em que a dor de antecipar a dor da indigestão é mais fraca do que a própria dor da indigestão é maior do que o grau em que o prazer da antecipação do prazer de consumir a comida é mais fraco do que esse prazer. Nesse caso, pode acontecer que a proximidade temporal do prazer antecipado compense ou mesmo compense até demais sua relativa pequenez.

Outra maneira de entender isso é a seguinte: uma vez que a dor da indigestão é maior do que o prazer de consumir a comida, a dor da antecipação da indigestão tem uma vantagem em termos de força sobre o prazer da antecipação do prazer de consumir a comida. Entretanto, essa vantagem da dor da antecipação pode ser dissipada se a dor antecipada estiver suficientemente distante no futuro e o prazer antecipado estiver suficientemente próximo ao presente. O resultado seria que o prazer de antecipar o prazer imediato é mais forte do que a dor de antecipar a dor distante, não obstante o fato de que a dor distante seja maior do que o prazer imediato e não obstante o fato de eu estar ciente de seus tamanhos relativos. Nesse caso, eu estaria agindo irracionalmente.[82]

Nessa explicação da ação irracional, Spinoza apela a disparidades temporais do tipo que acabei de discutir (ver, por exemplo, 4p60s e 4ap30). Além disso, sua afirmação de que pode haver a ação irracional é feita em 4p17s imediatamente depois de ele elaborar sua concepção de que um afeto antecipado é mais forte do que o afeto da antecipação. Esses dois fatos indicam que a explicação acima da ação irracional é uma que Spinoza tem em mente. Ele, assim, tem um jeito de vencer o desafio a seu naturalismo colocado pela ação irracional. Ele pode especificar com alguma precisão exatamente os tipos de circunstâncias em que a ação irracional surge.

Essa interpretação, creio, tem muito a recomendá-la. Mas um de seus defeitos importantes precisa ser indicado. Essa explicação se baseia massivamente na afirmação feita por Spinoza em 4p9 de que a dor da antecipação de certa dor é menos forte do que a própria dor. Como eu já disse, essa afirmação parece plausível. Contudo, Spinoza não a defende de maneira apropriada. Ele faz esta afirmação em 4p9d: "uma imaginação [...] é mais intensa (*intensior*) enquanto não imaginamos nada que exclui a existência presente da coisa exterior".[83] Para sustentar esse ponto, ele recorre a 2p17, mas, como Bennett acertadamente nota, "2p17 não contém o conceito de intensidade nem nada parecido" (Bennett 1984: 284). Essa proposição simplesmente

---

[82] Note-se que, de acordo com essa interpretação, um caso aparente de prudência seria aquele em que o tamanho maior de um único afeto antecipado não seria supercompensado do jeito acima descrito pela proximidade relativa do afeto.
[83] Spinoza usa "mais intenso" como equivalente a "mais forte" (*fortior*). Ver a última sentença de 4p9d.

concerne às circunstâncias em que imaginar algo é o mesmo que considerá--lo como efetivamente existente. *Ética* 2p17 não dá os elementos para fazer a ligação entre o fato de que certo imaginar é o mesmo que considerar uma coisa como efetivamente existente e o fato de que esse imaginar é mais intenso ou mais forte do que um imaginar dessa coisa como distante no futuro. Assim, um elemento-chave da explicação spinoziana da ação irracional fica sem fundamentos adequados em seu sistema.

Princípios de constituição e transição de afetos

A subseção anterior focava sobre os princípios que governam a relação entre os afetos e as ações. O naturalismo de Spinoza proclama que há também princípios que cobrem as relações entre os próprios afetos. Uma vez que tais princípios têm várias funções importantes nas partes éticas da *Ética*, explicarei e analisarei brevemente alguns deles aqui. Contudo, devo dizer que não delinearei com nenhum detalhe as implicações éticas desses princípios.

É possível entender Spinoza como se ele estivesse usando dois tipos básicos de princípios acerca da relação entre os afetos. O primeiro tipo consiste naquilo que chamo de princípios de *constituição* dos afetos. O segundo tipo consiste em princípios de *transição* de afetos. Discutirei esses dois tipos um a cada vez.

Preciso ainda falar um pouco mais sobre o programa spinoziano para a classificação dos afetos, para explicar a natureza dos princípios de constituição dos afetos. Como vimos, Spinoza reconhece três afetos básicos: desejo, alegria e tristeza. Eles não são básicos no sentido de que são indefiníveis (como em Hume), mas no sentido de que cada um dos outros afetos é simplesmente uma versão específica ou do desejo, ou da alegria, ou da tristeza.[84] Assim, por exemplo, como vimos, o amor é um tipo específico de alegria: é a

---

[84] Ver Neu 1977: 76-7; e Wolfson 1934: II, 208. Spinoza coloca o ponto ao dizer que todos os outros afetos ou são "compostos" (*componitur*), ou "derivados" (*derivatur*) do desejo, da alegria ou da tristeza (E 3p56). Reconhecendo somente três afetos, Spinoza difere de Descartes, que reconhecia seis: admiração, amor, ódio, desejo, alegria e tristeza (*Paixões da alma* 2.69, em Descartes 1985: I, 353).

alegria acompanhada pela ideia de uma causa externa. De maneira parecida, o ódio é um tipo específico de tristeza: é a tristeza acompanhada da ideia de uma causa externa (E 3p13s, 3da6, 7). Já que, para Spinoza, a alegria é parcialmente constitutiva do amor e a tristeza é parcialmente constitutiva do ódio, poderíamos dizer que suas definições aqui exprimem princípios de constituição dos afetos.

Por toda a Parte 3 da *Ética*, Spinoza dá descrições de muitos outros afetos, até muito mais complexos, que são variações dos três afetos básicos. Essas descrições são sutis e frequentemente bastante sagazes. Apesar disso, por questões de limitações de espaço e porque a taxonomia spinoziana dos afetos já foi bem discutida em outros lugares, não me demorarei sobre os detalhes aqui.[85]

No entanto, quero mencionar um aspecto geral muito importante dessa taxonomia. Para Spinoza, os afetos são individuados por seu conteúdo cognitivo. Isso fica claro nos casos do amor e do ódio, que são definidos em termos dos tipos de crenças ou pensamentos que contêm. Em geral, para Spinoza, os afetos são estados mentais intencionais. Não são sensações sem conteúdo (como para Hume), mas, antes, estados cognitivos direcionados a um objeto ou estado de coisas particular. Spinoza faz essa afirmação geral em 2a3:

> Os modos do pensar, tais como o amor, o desejo ou qualquer outro que se designa pelo nome de afeto do ânimo, não podem existir se não existir, no mesmo indivíduo, a ideia da coisa amada, desejada etc. Uma ideia, em troca, pode existir ainda que não exista qualquer outro modo do pensar.

A natureza cognitiva dos afetos tem uma função central na explicação spinoziana dos meios que podemos usar para destruir afetos danosos ou ao menos diminuir seus efeitos deletérios. Já que um afeto danoso – como qualquer outro – envolve crenças, pensamentos etc. de maneira essencial, se

---

[85] Ver Bennett 1984: 262-7. Wolfson 1934: II, 209-10 e Voss 1981 delineiam cada um deles as semelhanças e diferenças entre a lista de afetos de Spinoza e a de Descartes.

formos capazes de alterar o estado cognitivo relevante, com isso alteraremos ou até mesmo destruiremos o afeto danoso. Dessa maneira, podemos ver como, para Spinoza, os princípios de constituição dos afetos têm importantes implicações práticas e éticas.[86]

O outro tipo de princípio que governa as relações entre os afetos spinozianos consiste em princípios de transição de afetos. A transição de afetos acontece quando um afeto A ocasiona um afeto B, mas nenhum dos dois é constituinte do outro. Ou seja, nenhum dos afetos contém o outro da maneira como meu amor por x contém um sentimento de alegria. Um exemplo deixará isso claro. Digamos que tenho um afeto de tristeza. Conforme vimos, para Spinoza, tal afeto ocasiona o surgimento de outro afeto: o desejo de remover a tristeza (E 3p37). O desejo não é constituído pela tristeza. Meu desejo não é minha tristeza qualificada de alguma maneira. De maneira semelhante, minha tristeza não é constituída por meu desejo. Antes, meu desejo é um afeto completamente separado causado pelo afeto da tristeza. Assim, esse não seria um caso de constituição de afeto, mas, em vez disso, um caso daquilo que chamo de transição de afeto.

Quero examinar alguns dos princípios que governam a transição de afetos. Já investigamos o princípio subjacente à transição acima, da tristeza ao desejo. Essa transição flui simplesmente da tendência que cada coisa tem de preservar a si mesma e aumentar sua potência de agir. Todavia, outros casos de transição de afeto envolvem princípios diferentes.

Para ver esses princípios diferentes, preciso explicar a teoria geral de Spinoza da associação dos estados mentais. Isso, em troca, exige que eu focalize por um momento a explicação que ele dá da memória. Para Spinoza, a lembrança de um acontecimento ou objeto anterior que uma pessoa tenha experimentado requer que o corpo da pessoa esteja no mesmo estado que esteve quando originalmente teve a experiência desse acontecimento ou objeto (ver E 2p17cd). Nesse aspecto, a explicação da memória é paralela à

---

[86] Spinoza discute várias técnicas para a superação de afetos danosos na primeira metade da Parte 5 da *Ética*. Ver principalmente 5p20s. Neu 1977 enfatiza a natureza cognitiva dos afetos spinozianos e a importância desse aspecto na psicoterapia.

explicação spinoziana da antecipação. Como vimos, para que um indivíduo antecipe certo acontecimento, é necessário que seu corpo esteja no estado em que estaria se o acontecimento efetivamente acontecesse.

Colocando entre parênteses as muitas questões que poderiam surgir relativamente a essa explicação da memória, quero somente indicar de que jeito essa explicação pode ser vista como enraizada na teoria geral da associação dos estados mentais. Em 2p18, Spinoza faz a importante afirmação: "Se o corpo humano foi, uma vez, afetado, simultaneamente, por dois ou mais corpos, sempre que, mais tarde, a mente imaginar um desses corpos, imediatamente se recordará também dos outros". Aqui, Spinoza afirma que se em certo momento percebo X e Y e se em momento posterior me lembro de X, então nesse momento posterior também me lembrarei de Y. Seu argumento é o seguinte: se me lembro de X então, segundo a explicação dada acima da memória, deve ser o caso de meu corpo estar no mesmo estado que estava quando originalmente percebi X. Ora, como vimos antes em ligação com 3p18d, Spinoza supõe que se em dois momentos diferentes o corpo estiver no mesmo estado, então nesses momentos diferentes a mente estará no mesmo estado. Meu estado corpóreo quando originalmente percebi X estava presente com certos estados mentais. Esses estados mentais incluem não somente uma ideia de X, mas também uma ideia de Y. Assim, dada a suposição de Spinoza, deve ser o caso de que se meu corpo está de novo nesse estado, minha mente deve de novo ter uma ideia não só de X, mas também de Y. Essa é a razão pela qual, para Spinoza, se me lembro de X, eu me lembrarei de Y também (E 2p18d).

A seguinte afirmação sobre a associação de ideias de objetos particulares está em funcionamento aqui:

Se em t_1 tenho uma ideia de X e uma ideia de Y, e se em um momento posterior t_2 eu tiver de novo uma ideia de X, então em t_2 eu terei de novo uma ideia de Y.

Esse é um princípio concernente à associação de ideias de objetos particulares. Mas as considerações operantes aqui sugerem uma afirmação sobre a associação de estados mentais em geral:

Se em t_1 estou no estado mental A e no estado mental B e se em t_2 eu estiver de novo no estado mental A, então em t_2 eu de novo estarei no estado mental B.

Essa seria uma teoria geral da associação dos estados mentais. Spinoza não formula explicitamente essa teoria geral. Contudo, dada a afirmação explícita de 2p18 acerca da associação de ideias de objetos particulares e dada a afirmação de 2a3 de que há um componente ideativo nos estados mentais em geral, seria totalmente implausível recusar a teoria associacionista geral. De fato, a seguinte linha spinoziana de argumento, que segue o modelo de 2p18d, indica que Spinoza está comprometido com a visão geral. Digamos que em t_1 eu tenha os estados mentais A e B e que em t_2 eu de novo tenha o estado mental A. Isso só pode acontecer se meu corpo estiver no mesmo estado em t_2 que estava em t_1 (aqui, invoco uma versão geral de uma afirmação que funciona nas explicações que Spinoza dá da memória e da antecipação). Em t_1 meu corpo estava em um estado em que certos estados mentais também estavam presentes – particularmente, os estados A e B. Dada a suposição spinoziana – que tem a forma de uma superveniência – de que se alguém está no mesmo estado corpóreo em dois momentos diferentes, então estará no mesmo estado mental nesses momentos, segue-se que os estados mentais A e B devem ambos estar presentes em t_2. Portanto, podemos ver que Spinoza está comprometido com a conclusão de que por causa da associação anterior dos estados mentais A e B, deve ser o caso de que se eu em seguida estiver no estado mental A, também terei de estar no estado mental B.[87]

Os argumentos spinozianos acima em favor de afirmações associacionistas não funcionam. O problema geral é o seguinte: Spinoza parece dizer que a recorrência de um estado mental requer a recorrência do estado físico inteiro do indivíduo no momento da ocorrência original do estado mental.

---

[87] Bennett 1984: 279 também sustenta que Spinoza está comprometido com alguma afirmação geral desse tipo.

Certamente isso não é verdade. No caso da recorrência de um estado mental, o estado físico anterior e o posterior devem, talvez, ter alguma coisa em comum. Contudo, não há por que pensar que deve haver uma semelhança completa que, em virtude de algum tipo de afirmação de superveniência, arrastaria junto a *totalidade* dos estados mentais originalmente associados com esse que é recorrente. Além disso, não parece haver razão para que a semelhança arraste junto *qualquer* dos estados mentais associados. Então, o raciocínio de Spinoza em suporte a uma afirmação de associação parece deficiente.

Não obstante, alguma versão de uma teoria associacionista parece ser verdadeira,[88] e é essa plausibilidade que confere plausibilidade a certos princípios de transição de afetos que dependem da teoria associacionista. Comecemos com um caso simples de transição de afetos. Em t_1, experimento dois afetos: a alegria do desfrute de um sorvete e a tristeza por causa de meu time favorito perder um jogo. Mais tarde, quando eu desfrutar um sorvete, experimentarei uma reativação [*revival*] da tristeza anterior. Já que o desfrute em t_2 ocasiona a tristeza em t_2, e já que nem a tristeza em t_2, nem o desfrute em t_2 constituem-se mutuamente, eis um caso de transição de afetos. A transição de afetos também está envolvida na relação entre os afetos anteriores e os posteriores. Os posteriores são causados, em parte, pelos anteriores, mas não são constituídos por eles.

A teoria geral da associação dos estados mentais também torna possível certos casos mais complicados de transição de afetos. Por exemplo, em um momento de grande tristeza para x, outro indivíduo, y, acontece de estar presente e x estava ciente de sua presença. Y, porém, não era absolutamente a causa da tristeza de x e não contribuiu a ela de maneira alguma. Nesse caso, uma associação é estabelecida entre o afeto da tristeza

---

[88] Bennett 1984: 278: "algo como 2p18 ao que parece (*apparently*) verdadeira". N.T.: o advérbio de modo "apparently" em inglês tem duplo sentido. Dependendo do contexto, pode significar "supostamente", que é o sentido mais comum de nosso advérbio "aparentemente", e "evidentemente", que é um sentido menos imediato no uso de nosso português. Assim, sem mais contexto de citação, optamos pelo mais corrente.

e uma percepção de y. Segundo a teoria geral da associação dos estados mentais, percepções posteriores de y ocasionarão um sentimento parecido de tristeza. Y, portanto, é uma causa parcial dessa tristeza subsequente e x pode bem considerar y como causa desse tipo. Ao ver y como causa dessa tristeza, x passará a odiar y (E 3p13s). Nesse caso, mais uma vez, temos transição de afetos. A tristeza original é uma causa parcial da tristeza posterior de x e do ódio por y. Spinoza reconhece esse tipo de caso e dá sua explicação para isso em 3p15 e 3p15c. Na terminologia usada, ele diz que y é a "causa acidental" da dor que x tem depois e que essa é a razão para x passar a odiar y.[89]

A semelhança entre indivíduos dá um gênero de transição de afetos particularmente interessante, que surge do fenômeno geral de associação dos estados mentais. Spinoza chama atenção a esse tipo de caso em 3p16: "Simplesmente por imaginarmos que uma coisa tem algo de semelhante com um objeto que habitualmente afeta a mente de alegria ou de tristeza, ainda que aquilo pelo qual a coisa se assemelha ao objeto não seja a causa eficiente desses afetos, amaremos, ainda assim, aquela coisa ou a odiaremos." Sua demonstração vai pela seguinte linha. Suponha-se que y faz com que x fique triste e que x esteja ciente desse fato. No momento em que y magoa x, x está ciente de que y tem o aspecto F, embora esse aspecto não seja relevante ao mal que y causou a x. Em um momento posterior, x percebe z, que é um indivíduo diferente de y. Apesar de suas características distintas, z, assim como y, tem um aspecto F e x está ciente de que z tem F. Devido a x, no passado, ter tido relações [*acquaintance*] com y, uma associação foi estabelecida na mente de x, entre a percepção do aspecto F e a tristeza. Assim, quando se encontrar com z, x perceberá F de novo e, em virtude dessa associação, x sentirá tristeza. Z é a "causa acidental" desse segundo episódio de tristeza e se x percebe isso, então, como resultado, x virá a odiar z. Por causa da semelhança entre y e z e

---

[89] Para passagens relacionadas, ver 3p36 e 3p36c, em que Spinoza descreve casos em que um objeto ou pessoa é a causa acidental de um afeto de alegria. Ver também a explicação de 3p50 das causas acidentais de esperança e medo.

por causa do fenômeno da associação dos estados mentais, a tristza original causada por y ocasiona a tristeza posterior e também o ódio por z. Esse seria outro caso de transição de afeto.[90]

Dois fatos ulteriores sobre esse caso devem ser mencionados.[91] (1) A transição de afetos como um resultado da semelhança não ocorrerá, a menos que x considere z como F. A transição depende de uma associação entre uma percepção de F e um sentimento de tristeza. Assim, sem uma percepção de z como F, nenhum sentimento de tristeza é devido a z e assim nenhum ódio por z pode ser gerado neste caso. Isso é assim mesmo que z seja de fato F (e x simplesmente não perceba isso). (2) Além disso, a transição ocorreria mesmo que a crença de x de que z é F fosse falsa. A transição depende dos aspectos que x considera que z (e y) tem, não de quais aspectos eles de fato tenham. Então, mesmo que x erroneamente pense que z é F, x virá a odiar z.[92]

Um tipo diferente de transição de afetos não parece operar segundo um princípio de associação de estados mentais dentro de certo indivíduo. Essa transição ocorre quando um afeto em um indivíduo ocasiona um afeto semelhante em outro indivíduo. Spinoza chama isso de imitação de afetos,[93] e ele a apresenta em 3p27: "Por imaginarmos que uma coisa semelhante a nós e que não nos provocou nenhum afeto é afetada de algum afeto, seremos, em razão dessa imaginação, afetados de um afeto semelhante". Essa imitação pode surgir com qualquer afeto. Por exemplo, a tristza de outro pode provocar um sentimento correspondente de tristeza em mim. Spinoza chama isso de "comiseração" [lat.: *commiseratio*; ing.: *pity*] (E 3p22s, E 3p27s). Outro desejo por certa

---

[90] Um caso relacionado é o ódio de toda uma classe ou nação. Spinoza compreende esse ódio como o resultado de uma transição de um afeto de tristeza causado por uma pessoa a um afeto de ódio dirigido a todos os que são parecidos com essa pessoa (E 3p46).
[91] Como veremos, pontos paralelos aplicam-se à imitação dos afetos.
[92] Esse ponto está implícito na frase de Spinoza em 3p16: "simplesmente por *imaginarmos* que uma coisa tem algo de semelhante..." (ênfase acrescentada). Spinoza concede que ideias de imaginação possam ser falsas (ver 2p35 e a definição de imaginação em 2p40s2).
[93] Conforme explicarei, porém, nem tudo o que Spinoza chama de imitação de afetos envolve de fato transição de afeto.

coisa pode gerar em mim um desejo pela mesma coisa. Spinoza chama isso de "emulação" [lat.: *aemulatio*; ing.: *emulation*] (E 3p27s, E 3da33). Pontos semelhantes valem para os outros afetos. É difícil negar que Spinoza capta um fenômeno efetivo aqui, embora, como veremos, seu argumento para a ideia de que essa imitação ocorre tem sérias falhas.

Para determinar as circunstâncias sob as quais, de acordo com Spinoza, x imita os afetos de y, três aspectos da teoria de Spinoza da imitação têm de ser considerados. (1) Spinoza especifica em 3p27 que para x imitar os afetos de y, y e x precisam ser semelhantes.[94] Esse é um ponto plausível. É muito menos provável que eu fique emocionado com os esforços de uma aranha do que com os de um próximo, um ser humano. Spinoza não explicita o grau de semelhança exigido antes da imitação acontecer. Contudo, conforme indica Curley,

> seria esperar muito dele que o fizesse. Parece claro que essa é uma questão em que as diferenças individuais são tremendas. Alguns sentirão compaixão baseados em uma semelhança muito pequena, outros serão capazes de se identificar somente com um círculo muito restrito de pessoas como a eles mesmos, e a maioria sentirá graus variáveis de compaixão dependendo do grau de semelhança (Curley 1988: 118-119).[95]

(2) A frase "que não nos provocou nenhum afeto" em 3p27 poderia sugerir que x imita os afetos de y somente quando x não tenha tido nenhum afeto prévio para com y. Dessa frase, pode parecer que Spinoza pensa segundo as seguintes linhas: normalmente, se x e y são semelhantes, o afeto de alegria de y gerará um afeto parecido em x. contudo, se x odeia y, então a alegria de y entristecerá x (E 3p23). Assim, x não imitará a alegria de y.

---

[94] Na verdade, 3p27 pode ser lido como se exigisse não a semelhança efetiva, mas a semelhança *percebida*. X deve considerar y como semelhante a x para que a imitação aconteça, mas x e y não precisam ser de fato semelhantes. Dou minhas razões para essa leitura em Della Rocca, no prelo.

[95] Ver também Bennett 1984: 281 e Matheron 1969: 155.

Entretanto, seria equivocado concluir de 3p27 que, para Spinoza, quando x odeia y de antemão, a imitação de afetos não acontece. Em 3p27d, Spinoza só diz que *na medida em que* (*eatenus*)[96] x odeia y, x é afetado por um afeto contrário ao de y, não por um afeto parecido. Isso é compatível com a imitação de afetos porque é compatível com se dizer que *na medida em que* x é como y, x é afetado por um afeto similar ao de y, e não por um afeto contrário. Se essa última afirmação for correta, segue-se que se x é como y *e* x odeia y, então x experimenta afetos conflitantes. Spinoza faz precisamente essa afirmação em 3p47: "A alegria que surge por imaginarmos que uma coisa que odiamos é destruída ou afetada de algum outro mal não surge sem alguma tristeza de ânimo" (ver também 3p23s).

(3) x imitar o afeto A em y ocorre somente x considera que y tem esse afeto. Além disso, se x falsamente considera que y tem certo afeto, então x virá a ter um afeto desse tipo.[97] Essas afirmações estão implícitas na especificação que Spinoza faz de que a imitação de afetos envolve x *imaginar* ter certo afeto.

Os três pontos acima sugerem a seguinte explicação geral da imitação de afetos:

x imita y com respeito ao afeto A sse y for similar a x e x considerar que y tem o afeto A.[98]

Contudo, por causa da possibilidade de x ficar triste baseado em uma crença falsa de que y está triste, essa explicação precisa ser levemente modificada. Conforme afirmado acima, essa interpretação implica que nesse caso x imita y com respeito à tristeza. Mas como se pode dizer que x imita y dessa maneira se y não está triste de fato? A *imitação* dos afetos parece requerer

---

[96] N.T.: Em português, as traduções divergem quanto a *eatenus*. A tradução que viemos utilizando, feita por Tomaz Tadeu, traz "neste caso"; a de Joaquim Ferreira Gomes traz "na medida do nosso ódio" etc.

[97] Ver as alegações paralelas na discussão de 3p16 que apareceram antes nesta subseção.

[98] Em vez de "y é semelhante a x", seria melhor dizer "x percebe que y é semelhante a x". Ver nota 93. Note-se que omiti qualquer qualificação acerca dos afetos antecedentes de x para com y. Conforme vimos, para Spinoza, uma história dos afetos não exclui a imitação.

uma combinação efetiva dos afetos em dois indivíduos. Spinoza não lida com esse tipo de problema para a interpretação dada acima da imitação. Para nos livrarmos da dificuldade, porém, precisamos forjar alguns termos novos. Direi que no caso de a crença de x quanto a y ser falsa, não há imitação verídica. Usarei o termo "q-imitação" para dar conta dos casos de imitação verídica e também casos de imitação inverídica.[99] Assim, dizer que x q-imita y com respeito ao afeto A não traz implicação para se y tem efetivamente ou não o afeto A. A afirmação simplesmente implica que x acredita que y tem o afeto A. Com a noção de q-imitação em mãos, podemos modificar a interpretação acima de imitação da seguinte maneira:

x q-imita y com respeito ao afeto A sse y for similar a x e x considerar que y tem o afeto A.

Essa explicação da q-imitação apresenta um princípio que regula a geração dos afetos. Contudo, deve-se notar que nem todos os casos de q-imitação de afetos são casos de transição de afetos de um indivíduo a outro. Essa transição de afeto transpessoal ocorre somente quando um afeto em um indivíduo ocasiona um afeto em outro indivíduo. Em muitíssimos casos de q-imitação de afetos, y ter um afeto A leva x a acreditar que y tem o afeto A. Essa crença, em troca, leva x a ter o afeto A. Esse seria um caso genuíno de transição de uma instância do afeto A (em y) a outra instância do afeto A (em x). Mas, em outros casos de q-imitação, não há transição genuína de afetos de y a x. Por exemplo, em um caso de imitação inverídica, não é preciso haver qualquer afeto em y que seja responsável pelo afeto gerado em x.[100]

---

[99] "Q-imitação" é abreviação de "quase-imitação" (*quasi-imitation*). Compare-se a noção de quase-memória (*quasi-memory*) encontrada em recentes discussões sobre identidade pessoal. Ver, por exemplo, Derek Parfit, *Reasons and Persons* (Oxford: Clarendon Press, 1984): 220. N.T.: É preciso notar que "quasi", em inglês, traz mais fortemente que em português o sentido etimológico de "aparente", "aparentemente", "como se". Mantivemos o cognato em português por falta de melhor tradução.

[100] Já que no resto desta seção a diferença entre imitação verídica e inverídica não estará ativa, em nome da simplicidade direi doravante imitação em vez de q-imitação.

A noção de imitação lança nova luz sobre as concepções spinozianas sobre a antecipação. Recorde-se que para Spinoza a antecipação da dor é em si dolorosa.[101] Nesse caso, se em t_1 acredito que experimentarei a tristeza em t_2, então experimento a tristeza em t_1. Embora Spinoza não descreva o caso nesses termos, ele poderia ser entendido como se envolvesse o fato de alguém autoimitar os próprios afetos de seu eu [*self*] futuro. Digamos que x é meu eu atual e y é meu eu futuro. X e y poderiam bem satisfazer as condições de imitação de afetos. Parece que y é semelhante a x. Além disso, se antecipo eu ficar triste em t_2, então podemos dizer que x (meu eu presente) acredita que y (meu eu futuro) estará triste naquele momento. Assim, x satisfaz as duas condições para imitar y. Ao antecipar a tristeza, meu eu presente imita meu eu futuro com respeito ao afeto da tristeza.[102]

A interpretação da imitação não jogou luz somente sobre as ideias spinozianas acerca da antecipação, mas o esclarecimento corre também na direção oposta. Como vimos, para Spinoza, a dor da antecipação é mais fraca do que a dor antecipada (E 4p9). Este seria um caso em que o que poderia ser chamado de imitação de afetos é mais fraco do que o afeto imitado. Tal fato sugere ideia plausível e mais geral de que quando um indivíduo imita os afetos de outro, o afeto que imita é mais fraco do que o afeto imitado. Por exemplo, a tristeza que sinto vendo teu sofrimento pode ser grande, mas provavelmente não é tão grande do que a tristeza que tu mesmo experimentas (ou, talvez, não tão grande quanto a tristeza que considero que experimentas). Spinoza não diz explicitamente que os afetos que imitam são mais fracos do que aqueles que são imitados, mas esse ponto decorre claramente de seu sistema.

A teoria da imitação de Spinoza tem muitas outras funções importantes em seu sistema. Talvez o mais importante seja a maneira em que ele emprega a teoria para mostrar como uma preocupação pelos interesses dos

---

[101] Os pontos que passarei a tratar valem também para a antecipação dos afetos de prazer.
[102] Pontos semelhantes valem no caso de certas memórias. Spinoza sustenta que a lembrança da dor é em si mesma dolorosa (E 3p18). Nesse caso, é possível dizer que meu eu presente imita meu eu passado relativamente a certo afeto.

outros nasce de seu egoísmo total (E 4p37d2).[103] A importância da teoria somente aumenta a importância de se dar um argumento cogente em favor dela. Infelizmente, o argumento de Spinoza não é cogente. O principal problema com 3p27d é que ela se baseia em uma afirmação geral que resulta que se x percebe que y é F (para qualquer aspecto F), então por isso x se torna mais parecido com y relativamente a F.[104] Isso é evidentemente falso: por exemplo, se percebo que Bob tem 1,90m de altura, nem por isso me torno um pouco mais alto. Assim, 3p27d não pode funcionar.[105]

Mas nem tudo está perdido. A teoria spinoziana da associação de estados mentais pode, creio, ir um pouco mais longe para dar o tipo de sustentação argumentativa de que a teoria da imitação precisa. É importante notar que não se trata de alegação trivial: *não* é o caso de a imitação dos afetos ser, por definição, um tipo de associação de estados mentais. A associação, conforme a defini, é uma relação particular entre estados mentais de certo indivíduo, ao passo que a imitação dos afetos diz respeito a casos (propositais) relativos a afetos em diferentes indivíduos.[106] Não obstante, a imitação pode ser considerada como se a associação estivesse sutilmente implicada.

Recorde-se que para que eu imite a tristeza de y, devo acreditar que y está triste. Normalmente, fico ciente da tristeza de y ao observar seu comportamento. No passado, quando eu estava triste, eu posso ter-me comportado de maneira parecida e pode ser que estivesse ciente desse meu estado. Dessa forma, minha própria experiência estabeleceu uma associação entre

---

[103] Ver Della Rocca, no prelo. Outros usos importantes da teoria da imitação aparecem na concepção spinoziana de que ódio alimenta mais ódio, mas pode ser terminado pelo amor (E 3p43, E 4p46), e nas explicações que Spinoza dá da ambição (E 3p29s), da vergonha, do amor da glória (E 3p30s) e da inveja (E 3p32s).

[104] Creio que é isso que a afirmação feita em 3p27d quer dizer: "se a natureza de um corpo exterior é semelhante à de nosso corpo, então a ideia do corpo exterior que imaginamos envolverá uma afecção de nosso corpo semelhante à do corpo exterior".

[105] Para uma crítica parecida, ver Bennett 1984: 281 e Broad 1930: 37-38. Para uma interpretação um pouco mais favorável da demonstração, ver Matheron 1969: 154-155.

[106] No entanto, talvez a imitação de eus [*selves*] passados ou futuros pelo eu presente de uma pessoa (na memória e na antecipação) possa ser entendida como um caso de associação.

uma ideia de certo tipo de comportamento e um sentimento de tristeza. Quando percebo esse comportamento em y, o princípio geral de associação dos estados mentais determina que também experimentarei a tristeza. Dessa maneira, passo a imitar o afeto da tristeza de y. De maneira semelhante, poderíamos explicar qualquer um dos outros casos de imitação dos afetos que a explicação de Spinoza tem de cobrir.[107]

Essa linha de pensamento dá sustentação genuinamente epinoziana para sua teoria da imitação. O argumento, porém, baseia-se na teoria da associação e, como vimos, Spinoza não dá sustentação adequada a essa teoria. Eis por que eu disse acima que a teoria da associação só avança *um pouco* em dar o apoio necessário para a teoria da imitação. Não obstante, o argumento em favor da teoria da imitação que descrevi é, penso, um melhoramento com relação ao argumento oficial dado por Spinoza em 3p27d. O progresso com frequência consiste em mostrar como duas dificuldades resistem ou caem juntas, e minha demonstração alternativa ao menos consegue fazer isso.

Teleologia humana

O objetivo da terceira seção deste capítulo é investigar alguns dos princípios reguladores das relações dentre estados psicológicos nos seres humanos. Nesta subseção explorarei em que medida Spinoza permite explicações teleológicas em seu sistema psicológico.

A psicologia humana parece admitir explicações teleológicas, isto é, explicações segundo as quais as ações seriam realizadas tendo em vista um fim. Um exemplo (tirado de Bennett 1984: 216) seria: levanto minha mão para desviar uma pedra. Estamos aqui explicando uma ação em termos de seu propósito e é natural desenvolver esse tipo de explicação da seguinte maneira: desejo desviar a pedra e esse desejo (junto, talvez, com uma crença de que

---

[107] Neste parágrafo, sigo um argumento dado em Della Rocca, no prelo.

desviarei a pedra se levantar a mão) explica minha ação (acredito não haver razão para não se entender a explicação que funciona aqui como uma explicação causal. Os estados mentais relevantes causam minhas ações).[108] Essa explicação de uma ação em termos dos desejos ou objetivos e crenças de uma pessoa sobre o futuro é uma explicação teleológica na psicologia.[109] Parece ser um fato básico quanto à psicologia que explicações desse tipo são possíveis.

No entanto, seria possível considerar que Spinoza nega esse fato. No apêndice à Parte I da *Ética*, ele diz que "todas as causas finais não passam de ficções humanas". Já que as causas finais são propósitos em vista dos quais as coisas agem, essa afirmação pode parecer que nega a legitimidade de qualquer explicação teleológica. Entretanto, conforme explica cuidadosamente Curley, o contexto deixa claro que Spinoza aqui não rejeita a explicação teleológica em geral, mas, antes, o que poderia ser chamado de teleologia divina em particular. Trata-se da concepção segundo a qual "o próprio Deus dirige todas as coisas tendo em vista algum fim preciso" e, em particular, que "Deus fez todas as coisas em função do homem, e fez o homem, por sua vez, para que este lhe prestasse culto" (E 1ap). A rejeição spinoziana dessa concepção não implica que ele rejeitaria também a explicação teleológica no caso dos seres humanos. Com efeito, conforme Curley também indica, no Prefácio à Parte 4, Spinoza justapõe uma negação da teleologia divina a uma aprovação da teleologia humana:

> Logo, assim como [Deus ou a natureza] não existe em função de qualquer fim, ele também não age dessa maneira. Em vez disso, assim como não tem qualquer fim em função do qual existir, tampouco tem qualquer princípio ou fim em função do qual agir. Quanto à causa que chama final, não se trata senão do próprio apetite humano, enquanto considerado como princípio ou causa primeira de alguma coisa. Por exemplo, quando dizemos que a causa final desta ou daquela casa foi a habitação, certamente não devemos compreender,

---

[108] Ver "Actions, Reason, and Causes", em Davidson 1980.
[109] Ver Curley 1990b: 45.

por isso, senão que um homem, por ter imaginado as vantagens da vida doméstica, teve o apetite de construir uma casa. É por isso que a habitação, enquanto considerada como uma causa final, nada mais é do que este apetite singular, que, na realidade, é uma causa eficiente, mas que é considerada como primeira, porque, em geral, os homens desconhecem as causas de seus apetites.

Dessa forma, Spinoza parece não ter dificuldades em permitir que a teleologia humana entre em seu sistema.

Bennett, no entanto, tem uma objeção a fazer. Ele recentemente reconheceu que Spinoza permite mesmo que os desejos e outros estados psicológicos causem ou expliquem as ações humanas (Bennett 1990). É como se isso fosse uma concessão, já que, em Bennett 1984, Bennett atribuía a Spinoza uma rejeição mais completa da teleologia.[110] Em resposta a críticas de Curley, Bennett recuou de sua posição extrema. Não obstante, embora conceda que Spinoza aceita a teleologia no sentido acima, Bennett ainda quer manter que Spinoza rejeita um componente crucial da teleologia. Assim, para ele, a teleologia de Spinoza é "um notável caso incerto [*half-hearted*]" (Bennett 1990: 53). No restante desta seção, defenderei que Bennett não mostra que Spinoza rejeita efetivamente esse aspecto da teleologia.

Para explicar esse aspecto, preciso falar um pouco sobre a distinção entre aspectos causalmente relevantes e aspectos causalmente irrelevantes de acontecimentos ou estados. Suponha-se que Bill mata Fred com um tiro.[111] Chamemos o disparo da arma de "A" e a morte de Fred de "B". A causa B. A tem, naturalmente, a propriedade de ser um tiro de arma de fogo. Além disso, suponha-se que A também tenha a propriedade de ser alto. Essas duas propriedades do mesmo acontecimento parecem desempenhar papéis diferentes na causação de B. Considere-se as seguintes afirmações:

---

[110] E, por causa disso, Bennett considerou a passagem de 4pr citada acima como se um atrapalho a sua interpretação. Ver Bennett 1984: 224.
[111] O exemplo aqui vem de Sosa 1984. Ver o exemplo dado por Bennett da queda do vaso (Bennett 1984: 218). Tenho aqui uma dívida para com Isaac Wheeler.

(1) É porque A foi alto que A causou B.
(2) É porque A foi um tiro de arma de fogo que A causou B.

Intuitivamente, (1) parece falso e (2) verdadeiro. A altura de A parece não ter nada a ver com o fato de A causar B, mas A ser um tiro de arma de fogo parece ter muito a ver com o fato de A causar B. Podemos marcar essa diferença entre as duas propriedades dizendo que a altura é um aspecto causalmente irrelevante, ao passo que ser um tiro de arma de fogo é causalmente relevante.

Retornemos agora às explicações teleológicas, de acordo com as quais, por exemplo, o fato de eu levantar minha mão é causado por um desejo de desviar uma pedra junto com minha crença de que eu levantar minha mão desviará a pedra. A alegação de que há relações causais desse tipo é, porém, somente uma parte de uma aceitação completa da teleologia. Há aqui uma alegação adicional que é decisiva, a saber, a de que os aspectos representativos dos desejos e crenças são relevantes à causação de nossas ações. Por exemplo, um aspecto representativo é a crença ter certo conteúdo ou o desejo ser um desejo de desviar a pedra.[112] É claro que não concebemos aspectos representativos como se fossem causalmente relevantes para a ação. Chamemos o desejo nesse caso de "C" e minha ação de "D". Agora, considere-se:

(3) É porque C é um desejo de desviar a pedra que C causou D.

(3) parece ser verdadeira. Isso reflete nossa convicção de que aspectos representativos de estados mentais podem ser relevantes à causação da ação.

Podemos entender a aceitação de uma afirmação desse tipo como um comprometimento com um aspecto ulterior em que a teleologia é predominante na explicação da ação humana. Podemos distinguir dois componentes de uma aceitação completa da teleologia. O primeiro é:

---

[112] Um aspecto não representativo seria, por exemplo, a propriedade de ocorrer numa terça-feira ou de ser um estado mental de um torcedor de beisebol.

(4) Desejos de certos resultados e crenças sobre como obtê-los causam nossas ações.

Conforme já vimos, Spinoza aceita uma afirmação desse tipo e Bennett reconhece que ele faz isso. O segundo componente pressupõe (4), mas não é implicado por ela:

(5) Os aspectos representativos desses desejos e crenças são relevantes à causação de nossas ações.

Já que (4) não implica (5), é possível aceitar (4) consistentemente, mas recusar (5). Mas recusar (5) seria ir contra boa parte do que pensamos sobre explicações teleológicas da ação. De fato, seria negar que afirmações como

(3) É porque C é um desejo de desviar a pedra que C causou D.

possam algum dia ser verdadeiras. Assim, uma concepção que aceita (4) mas recusa (5) seria na verdade uma defesa hesitante (*half-hearted espousal*) da teleologia.

Essa é a posição que Bennett atribui a Spinoza. Ele diz que, apesar de Spinoza aceitar (4), ele sustenta que a natureza representativa de um estado mental "é irrelevante a sua potência causal" (Bennett 1990: 55). A razão de Bennett fazer essa atribuição depende de dois pontos: o fato de que Bennett insiste em uma exigência muito forte para que um aspecto seja causalmente relevante e o fato de que ele pensa que, para Spinoza, aspectos representativos não satisfazem essa exigência.

A exigência estrita de Bennett para a relevância causal é a seguinte: um aspecto é relevante a uma relação causal somente se esse aspecto for citado em uma lei estritamente científica que cubra essa relação causal. Essa exigência fica clara em sua aprovação da seguinte afirmação: "os aspectos representativos dos estados mentais, embora figurem nas explicações rudimentares do leigo dos estados mentais, não tem lugar em nenhuma explicação disciplinada, científica, de como a mente faz seu trabalho" (Bennett 1990:

56). Bennett prossegue disso para concluir que aspectos representativos são causalmente irrelevantes.

De acordo com Bennett, Spinoza sustenta que aspectos representativos não aparecem em nenhuma explicação disciplinada, científica, dos poderes da mente. Por enquanto, desistirei de questionar a afirmação de Bennett aqui. Em vez disso, quero mostrar que mesmo se essa afirmação estivesse correta, não é absolutamente claro que ela significaria, como Bennett alega, que Spinoza esteja comprometido com uma negação da relevância causal de aspectos representativos. Em outras palavras, quero questionar a exigência feita por Bennett sobre a relevância causal das propriedades.

Está longe de ser claro que para sermos capazes de dizer que uma propriedade é causalmente relevante, temos de dizer que ela apareceria em "uma explicação disciplinada, científica". Retornemos ao exemplo do tiroteio. O fato de um acontecimento ser um disparo de arma de fogo aparentemente pode dizer-nos só "da maneira rudimentar do leigo" o que decorreria desse acontecimento. Dessa maneira, parece antes improvável que essa propriedade apareça em uma explicação disciplinada, científica, da relação causal entre A e B. Não obstante, há um forte sentido em que um acontecimento ser um disparo é um aspecto causalmente relevante de A. Isso se manifesta no fato de que

(2) É porque A foi um tiro de arma de fogo que A causou B.

parece ser verdadeira. Assim, não é claro que a exigência de Bennett para a relevância causal de um aspecto esteja correta.[113]

Por tal razão também não fica claro que se Spinoza sustentasse que aspectos representativos não aparecem em leis estritamente científicas, então ele estaria comprometido com a irrelevância causal desses aspectos. Antes que Bennett possa dar sentido a sua afirmação de que Spinoza aceita ou aceitaria tal irrelevância, ele precisa dar mais apoio do que de fato dá para sua exigência forte de relevância causal. Já que a afirmação de que Spinoza aceitaria a irrelevância causal de aspectos representativos é essencial à concepção

---

[113] Para dúvidas semelhantes sobre essa exigência, ver LePore e Loewer 1987.

de Bennett de que Spinoza é somente um defensor hesitante da teleologia, a acusação de hesitação ou incerteza também precisa de mais apoio.

Mas os problemas para a interpretação de Bennett não acabam aí. Como vimos, a concepção de Bennett de que Spinoza considera aspectos representativos como causalmente irrelevantes baseia-se em parte na alegação ulterior de que, para Spinoza, aspectos representativos não figurariam em uma explicação científica de como a mente funciona. Essa última afirmação, porém, de maneira alguma é correta. A razão para Bennett afirmar isso depende de sua interpretação de 2p16 e seus corolários, como se implicassem que os aspectos representativos de um estado mental são uma função da história causal desse estado.[114] Em troca, ele vê esse ponto como se implicasse que dois estados mentais pudessem ser intrinsecamente parecidos, mas representativamente diferentes por terem diferentes histórias causais. De acordo com a suposição (que Bennett faz e também atribui a Spinoza) de que somente aspectos intrínsecos desempenham alguma função em uma explicação científica de relações causais de um estado mental, disso decorreria que os aspectos representativos de um estado mental não desempenham função alguma em uma explicação científica de como a mente funciona (Bennett 1990: 55).

Há importantes e interessantes implicações a serem tiradas das ideias de Spinoza em 2p16 e seus corolários. Contudo, não há sinal de que ele se dá conta do ponto de que dois estados poderiam assemelhar-se intrinsecamente, mas serem diferentes representativamente, e certamente não há sinal de Spinoza reconhecer que esse ponto teria consequências para capacidade

---

[114] Creio que Bennett está certo em entender que essas passagens têm essa implicação. As passagens relevantes são:

2p16: A ideia de cada uma das maneiras pelas quais o corpo humano é afetado pelos corpos exteriores deve envolver a natureza do corpo humano e, ao mesmo tempo, a natureza do corpo exterior.

2p16c1: Disso se segue, em primeiro lugar, que a mente humana percebe, juntamente com a natureza de seu corpo, a natureza de muitos outros corpos.

2p16c2: segue-se, em segundo lugar, que as ideias que temos dos corpos exteriores indicam mais o estado de nosso corpo do que a natureza dos corpos exteriores, o que expliquei, com muitos exemplos, no apêndice da primeira parte.

dos aspectos representativos figurarem em explicações estritas, científicas, dos poderes causais da mente. Então, não penso que Bennett tenha conseguido provar seu caso em favor da ideia de que Spinoza chega a essa conclusão. Spinoza pode estar comprometido com essa conclusão, mas trata-se de um comprometimento que ele certamente nunca reconheceu. Temos ainda outra razão para duvidar dessa perspectiva, já que a afirmação de que os aspectos representativos não têm, para Spinoza, função alguma na teorização científica sobre os poderes causais da mente é decisiva para a ideia de Bennett de que ele rejeita a teleologia completa.

Deveríamos então concluir que Spinoza defende completamente a teleologia? Para tanto, precisaríamos estar convencidos de que Spinoza é claro ao distinguir entre uma teleologia que aceita somente

(4) Desejos de certos resultados e crenças sobre como obtê-los causam nossas ações.

e outra que aceita (4) e também

(5) Os aspectos representativos desses desejos e crenças são relevantes à causação de nossas ações.

Essa é uma importante distinção psicológica e, de fato, metafísica; infelizmente, apesar do fato de Spinoza ser psicólogo e metafísico, não há indícios fortes de que ele a reconhecesse.[115]

---

[115] Sou grato a Christine Hayes e Carol Rovane por muitos comentários valiosos.

6 Teoria ética de Spinoza

Don Garrett

> E então os Filósofos [...] seguem a virtude não como uma lei, mas segundo o amor, porque essa é a melhor coisa. (Ep 19)

Como muitos observaram, Spinoza é um filósofo da tradição cartesiana de muitas maneiras. Sua primeira obra publicada foi uma elucidação dos *Princípios da filosofia de Descartes*, e Descartes é o único filósofo mencionado e discutido na *Ética*. Algumas de suas teorias metafísicas e epistemológicas fundamentais são cartesianas, enquanto muitas outras parecem resultar de reflexão sobre várias dificuldades da posição de Descartes. Também sua física é amplamente cartesiana.[1] Mas apesar dessa influência inequívoca, o propósito intelectual diretivo de Spinoza era completamente diferente do de Descartes. Descartes buscou principalmente melhorar as ciências – para si e para os outros – dando a elas uma melhor fundação. Ele justificava esse esforço em última instância na base de que isso traria aos seres humanos maior controle sobre a natureza. Spinoza, diferentemente, buscava principalmente melhorar o caráter dos seres humanos – tanto os seus como o dos outros – melhorando sua autocompreensão. Ele justificava esse esforço em última instância na base de que isso traria paz espiritual (*peace of mind*) aos seres humanos como aspectos integrais da natureza.

---

[1] Em seu prefácio aos *Nagelate Schriften*, o amigo de Spinoza Jarig Jelles escreveu: "Ele era tomado por um desejo ardente de conhecimento; mas porque não tirava satisfação completa nem de seus professores nem daqueles escritos sobre essas ciências, ele decidiu ver o que ele mesmo poderia fazer nessas áreas. Para esse propósito, ele achava que os escritos do famoso René Descartes, que ele descobriu naquela época, eram muito úteis" (Akkerman 1980: 216-217, conforme citado em Spinoza 1994: X-XI).

Embora a metafísica, a epistemologia e a física de Spinoza sejam de muitas maneiras cartesianas, seus propósitos éticos são de muitas maneiras hobbesianos. Assim como Hobbes, ele concebia os seres humanos como mecanismos na natureza que são motivados pela autopreservação e pela vantagem individual, e que, pelo emprego mútuo da razão, podem melhorar seu modo de vida.

Embora a metafísica, a epistemologia e a física de Spinoza sejam cartesianas em muitos aspectos, seus propósitos éticos são hobbesianos em muitos aspectos. Assim como Hobbes, ele concebe os seres humanos como mecanismos na natureza que são motivados pela autopreservação e pela vantagem individual, e que, pelo emprego mútuo da razão, podem melhorar seu modo de vida. O objetivo de Hobbes, porém, é mostrar que os seres humanos satisfazem melhor seus apetites pela instituição de restrições políticas e sociais mútuas sobre suas paixões e, assim, maximizam suas chances de ter uma vida relativamente longa e agradável. O objetivo de Spinoza, embora abranja o de Hobbes, é muito mais ambicioso: trata-se de mostrar aos seres humanos como alcançar um modo de vida que transcenda em ampla medida apetites transitórios e que tenha como consequências naturais o controle autônomo sobre as paixões e a participação na beatitude eterna.[2]

Para Spinoza, a ética é o conhecimento "do modo correto de vida".[3] A centralidade da ética a seu projeto filosófico é inequívoca no título de sua apresentação mais sistemática de sua filosofia: *Ética demonstrada segundo a ordem geométrica* (*Ethica Ordine Geometrico Demonstrata*). A *Ética* procura demonstrar um amplo espectro de teorias metafísicas, teológicas, epistemológicas e psicológicas. A maioria dessas teorias, contudo, sequer constituem, sustentam ou mesmo elucidam as premissas para suas conclusões éticas. Além disso, as escolhas de Spinoza acerca de quais teorias metafísicas, teológicas,

---

[2] Para um belo e acessível tratamento da relação de Spinoza tanto com Descartes como com Hobbes, ver Curley 1988.

[3] A frase é do primeiro parágrafo do apêndice da Parte 4 da *Ética* e também aparece no prefácio da Parte 3. Spinoza não usa o termo "moralidade" para designar um corpo doutrinário ou de conhecimento, mas como o nome para um desejo – especificamente, "o desejo de fazer o bem, que surge por vivermos sob a condução da razão" (E 4p37s1).

epistemológicas e psicológicas enfatizar e desenvolver são largamente determinadas por sua utilidade em dar sustentação a suas conclusões éticas.

Pela *Ética* ter sido escrita conforme o que Spinoza chamava de "ordem geométrica" – que Descartes chamava de método "sintético" de demonstração[4] – a obra em si contém relativamente pouca discussão explícita do propósito de ter sido escrita. Entretanto, as linhas de abertura de seu anterior (e inacabado) *Tratado da emenda do intelecto* – escrito no estilo que Descartes chamava método "analítico" de demonstração[5] – enfatizam o caráter ético e pessoal de seu projeto filosófico:

> Desde que a experiência me ensinou ser vão e fútil, tudo o que costuma acontecer na vida cotidiana, e tendo eu visto que todas as coisas de que me arreceava ou que temia não continham em si nada de bom nem de mau senão enquanto o ânimo se deixava abalar por elas, resolvi, enfim, indagar se existia algo que fosse o bem verdadeiro e capaz de comunicar-se, e pelo qual unicamente, rejeitado tudo o mais, o ânimo fosse afetado; mais ainda, se existia algo que, achado e adquirido, me desse para sempre o gozo de uma alegria contínua e suprema (TdIE 1).[6]

Como insinua seu título, essa obra precoce procura desenvolver um método para se melhorar o intelecto. Esse método envolve encontrar remédios contra três obstáculos epistemológicos – ficção, falsidade e dúvida – que o intelecto tem de aprender a distinguir das ideias verdadeiras. Mas, como o parágrafo inicial da obra deixa claro, Spinoza busca o melhoramento

---

[4] Para uma descrição da distinção cartesiana entre os métodos sintético e analítico de demonstração, ver a Introdução deste volume.

[5] Defendi alhures que Spinoza não conseguiu terminar o *Tratado da emenda do intelecto* em parte porque, tendo chegado artificialmente a sua epistemologia, refletindo sobre Descartes e outros, ele não foi capaz de mostrar "como a coisa em questão foi descoberta metodicamente", o que é uma exigência do método analítico (Garrett 1986).

[6] Ver também capítulo 3, seção 1, e capítulo 10, seção 3 deste volume para discussão adicional dessa passagem, em relação com a epistemologia de Spinoza e a interpretação que Schopenhauer faz de Spinoza, respectivamente.

do intelecto (e, espeficamente, de seu próprio intelecto) não simplesmente como um exercício teórico, mas principalmente como um remédio contra três obstáculos *éticos* – as sobrevalorizações da riqueza, da fama e do prazer sensual – e como um instrumento para distinguir, avaliar e alcançar o único bem eterno verdadeiro e prático.

No geral, o interesse do século XX pelos escritos de Spinoza – diferentemente das prioridades do próprio Spinoza – focou mais sobre sua metafísica e sua epistemologia (principalmente no mundo anglo-fônico) e sobre sua teoria social e política (principalmente no continente europeu) do que em sua teoria ética propriamente.[7] É claro, não é incomum que uma geração posterior de leitores negligencie algum aspecto da obra de um filósofo que o próprio filósofo tinha na mais alta conta. Não obstante, a teoria ética de Spinoza é inovadora, sistemática e importante. Ela é, de fato, apesar da brevidade de sua apresentação, uma das mais importantes teorias éticas da era moderna.

Começarei esboçando em linhas gerais a teoria ética de Spinoza como ele mesmo a apresenta na *Ética*. Em seguida, com base nesses delineamentos, explorarei com um pouco mais de detalhe suas contribuições a uma meia dúzia de tópicos centrais da ética quanto aos quais suas concepções são frequentemente negligenciadas e facilmente mal compreendidas. Esses tópicos são: (I) o significado da linguagem ética; (II) a natureza do bem; (III) a praticalidade da razão; (IV) o papel da virtude; (V) as exigências para a liberdade e a responsabilidade moral; e (VI) a possibilidade e a importância moral do altruísmo. Concluirei caracterizando brevemente sua teoria ética dentro da história da teoria ética em geral, além de avaliar sua importância.

---

[7] Conforme indicado por Edwin Curley em 1973: "É raro um livro sobre ética que não tenha ao menos uma referência passageira a Spinoza. Mas é ainda mais raro um livro que tenha mais do que uma referência passageira" (Curley 1973b). Curley menciona a exceção de Broad 1930. Das obras recentes que iluminaram a teoria ética de Spinoza, a maior parte constitui-se de obras dedicadas a aspectos múltiplos da filosofia de Spinoza, incluindo sua teoria ética, em vez de obras dedicadas à teoria ética de Spinoza e de outros. Dentre os tratamentos recentes mais estimulantes da teoria ética spinoziana estão Delahunty 1985, Donagan 1988 e, principalmente, Bennett 1984. Minha interpretação do pensamento ético de Spinoza deve mais à interrogação incisiva e intransigente de Bennett do que a qualquer outra fonte singular.

Um esboço da teoria ética de Spinoza

Spinoza toca em tópicos éticos em muitos de seus trabalhos, bem como em sua correspondência. A segunda parte do *Curto tratado sobre Deus, o homem e seu bem-estar* trata dos tópicos do bem e do mal, da beatitude e da liberdade, além de também discutir vários afetos. O *Tratado teológico-político* relaciona-se naturalmente com questões de ética no contexto político. Mas a discussão da teoria ética que é de longe a mais completa, sistemática e amadurecida feita por Spinoza está contida na Parte 4 ("A servidão humana") e na Parte 5 (A potência do intelecto) de sua *Ética*, que portanto seguirei.

As fundações naturais da teoria ética

Nas Partes 4 e 5 da *Ética*, Spinoza busca derivar sua teoria ética de um entendimento da Natureza em geral – e da natureza psicológica humana em particular – que ele já desenvolveu nas Partes 1-3. Uma medida dessa dependência é o fato de que, embora a Parte 4 comece com oito novas definições, ela acrescenta somente um único axioma novo – um axioma, no mais das contas, não caracteristicamente ético (o axioma afirma: "Não existe, na natureza das coisas, nenhuma coisa singular relativamente à qual não exista outra mais potente e mais forte".). A Parte 5 introduz dois axiomas adicionais; mas, novamente, nenhum deles é caracteristicamente ético, e Spinoza certamente descreve o segundo (a despeito de seu estatuto oficial como axioma não derivado) como "evidente a partir de" *Ética* 3p7.[8]

---

[8] *Ética* 5a1 afirma: "Se, em um mesmo sujeito, são suscitadas duas ações contrárias, deverá, necessariamente, dar-se uma mudança, em ambas, ou em apenas uma delas, até que deixem de ser contrárias". *Ética* 5a2 afirma: "A potência de um efeito é definida pela potência de sua causa, à medida que sua essência é aplicada ou definida pela essência de sua causa". *Ética* 3p7 afirma: "O esforço pelo qual cada coisa se esforça por perseverar em seu ser nada mais é do que sua essência atual".

Um aspecto central da natureza, para os propósitos da teoria ética spinoziana, é evidentemente a relação de substância/modo entre Deus e as coisas individuais, relação esta implicada pelo monismo de 1p15: "Tudo o que existe, existe em Deus, e sem Deus, nada pode existir nem ser concebido". Os seres humanos, para Spinoza, estão numa íntima relação tanto com Deus-ou-Natureza (*Deus sive Natura*) quanto com outras coisas dentro da Natureza, das quais não são "realmente distintos" no sentido cartesiano.[9] Isso implica, por um lado, que os seres humanos não podem agir de maneira independente ou separada da atividade de Deus, e que toda ação humana deve ser concebida como uma manifestação da natureza; mas isso também implica, por outro lado, que há uma abertura para um tipo de participação direta no divino (ver E 4p45c2s).

Igualmente importante é seu necessitarismo, expresso em 1p29 ("Nada existe, na natureza das coisas, que seja contingente; em vez disso, tudo é determinado, pela necessidade da natureza divina, a existir e a operar de uma maneira definida"; ver também 1p16 e 1p33, d).[10] Essa doutrina exclui a possibilidade daquilo que Spinoza chama de "livre-arbítrio" (isto é, a liberdade entendida como a ausência de determinação causal da vontade), ajuda a determinar o caráter e a estrutura do conhecimento (em que 3pp26-28 situa nosso verdadeiro bem)[11] e dá a perspectiva de consolação no infortúnio (E 4ap32; ver também E 5p6).

---

[9] "Para falar rigorosamente, uma distinção *real* existe somente entre duas ou mais substâncias; e podemos perceber que duas substâncias são realmente distintas simplesmente do fato de que podemos clara e distintamente compreender uma separadamente da outra" (*Princípios da Filosofia* 2p60, em Descartes 1985: I, 213).

[10] Ver Garrett 1991 para uma discussão mais completa do significado e dos fundamentos dessa doutrina. Embora eu ainda acredite que é correto dizer que o determinismo de Spinoza envolve um tipo de necessidade *lógica*, eu enfatizaria agora que a concepção spinoziana de lógica – diferentemente da de Leibniz, por exemplo – torna a lógica uma questão de conteúdo, em vez de uma questão de forma, e está intimamente relacionada a concepções da lógica como "leis do pensamento", análogas às leis da física.

[11] Já que as coisas devem ser compreendidas por suas causas (E 1a4), e essas causas são determinantes (E 1a3), o bem do conhecimento é obtenível somente na medida em que as coisas são determinadas.

A teoria spinoziana da identidade entre os modos de extensão e seus correspondentes modos de pensamento (E 2p7s) implica a identidade da mente com o corpo humano, além da identidade tanto de cognições quanto de "afetos" (isto é, as emoções) com as modificações ou ocorrências corporais. Com isso, ela estende o escopo da ética, como uma doutrina sobre a maneira correta de se viver, tanto ao mental como ao físico, e proscreve toda interpretação da ética que a faça incluir um conflito fundamental entre a mente e o corpo. A distinção entre intelecto e imaginação e a teoria dos três gêneros de conhecimento (*experientia vaga*, *ratio* e *scientia intuitiva*; E 2p40s) definem mais especificamente as categorias cognitivas sobre as quais sua teoria ética se baseia e em cujos termos ela é formulada.

O fundamento singular mais essencial da ética de Spinoza, contudo, é evidentemente a teoria do *conatus* de 3p6, teoria esta segundo a qual "cada coisa esforça-se, tanto quanto está em si, por perseverar em seu ser",[12] do que ele tira a intimamente relacionada 3p7: "o esforço (*conatus*) pelo qual cada coisa se esforça por perseverar em seu ser nada mais é do que sua essência atual". Essas proposições constituem (entre outras coisas) uma solução inovadora a um problema que seu monismo substancial põe com relação à individuação metafísica. Para Spinoza, as coisas individuais na natureza não podem ser individuadas umas das outras por uma diferença de substância, porque há somente uma única substância. Ao invés disso, os indivíduos surgem somente como aproximações finitas da substância: especificamente, como naturezas finitas que, dentro do atributo da extensão, são distinguidas umas das outras pela tendência que suas "proporções fixas de movimento e repouso" essenciais têm em persistir (e, dentro do atributo do pensamento, pela tendência das ideias desses indivíduos extensos em persistir). A tendência para a autopreservação (a perseverança no ser) se torna, assim, *a priori*, um aspecto essencial e definidor das naturezas de todas as coisas individuais, inclusive todos os seres humanos.[13]

---

[12] Para uma discussão mais extensa dessa proposição e sua demonstração, ver capítulo 5, seção 1.
[13] Ver Garrett 1994 e capítulo 5, seção 1 deste volume.

Porque uma coisa é verdadeiramente *ativa* somente na medida em que é uma causa adequada por sua própria natureza (E 3d1) e *passiva* somente na medida em que é uma causa inadequada por sua própria natureza, e porque a natureza de cada coisa individual se reduz simplesmente ao se esforçar para se autopreservar como um padrão persistente, segue-se que a atividade de uma coisa, não importa quão grande ou pequena seja, sempre envolve um esforço em sua autopreservação. O *desejo* (*cupiditas*) é o esforço ou *conatus*, já que envolve tanto a mente quanto o corpo, junto com a consciência do próprio desejo (E 3p9s), principalmente à medida que está dirigido a objetos particulares. A *alegria* (*laetitia*) e a *tristeza* (*tristitia*) são definidas como o aumento e a diminuição, respectivamente, na perfeição ou na capacidade de se ser *ativo* (E 3p11s). Por conseguinte, o desejo, a alegria e a tristeza – junto com os afetos definidos nos termos deles – têm funções centrais na ética de Spinoza. De fato, em larga medida é a capacidade humana para tantas variedades de desejo, alegria e tristeza (descritas em toda a Parte 3 da *Ética*) que torna a ética um domínio tão potencialmente rico e complexo para ele. Muito de sua ética consiste na maneira como Spinoza avalia, de uma perspectiva ética, os vários fenômenos psicológicos humanos cujas natureza e causas ele já deduziu, na Parte 3, de sua base metafísica.[14] Ele conclui a Parte 3 e aponta para a transição para uma discussão da ética propriamente ao designar a fonte da atividade humana genuína (à medida que é distinta do comportamento movido pelas paixões) como *força de caráter* [fortaleza] (*fortitudo*). Em seguida, ele diferencia dois aspectos da força de caráter: a *firmeza* (*animositas*), que é "o desejo pelo qual cada um se esforça por conservar seu ser, pelo exclusivo ditame da razão"; e a *generosidade* (*generositas*), que é "o desejo pelo qual cada um se esforça, pelo exclusivo ditame da razão, por ajudar os outros homens e para unir-se a eles pela amizade" (E3p59s).

---

[14] Aquilo que nós chamaríamos de psicologia humana é, para Spinoza, um ramo da ciência do atributo do pensamento em geral. Ela distingue-se de outros ramos por tomar como seu objeto principal os seres humanos, que são capazes de raciocinar, de ter sua potência de agir aumentada e diminuída e de formar e reter imagens complexas de coisas externas (ver os postulados no começo da Parte 3).

Definições dos termos éticos

Spinoza começa o prefácio da Parte 4 da *Ética* definindo o termo "servidão" como "a impotência humana para regular e refrear os afetos". Em seguida, ele apresenta dois objetivos específicos da Parte 4: primeiro, demonstrar as causas da servidão; segundo, demonstrar "o que os afetos têm de bom ou de mau". O primeiro objetivo corresponde a *Ética* 4pp1-18. O segundo, a *Ética* 4pp19-73, mais o apêndice da Parte 4.

Mas, antes de buscar esses objetivos, Spinoza dedica o restante do prefácio a uma explicação de dois pares de termos usados em avaliações: "perfeição" e "imperfeição", "bem" e "mal". Os significados latinos de "perfeito" ("*perfectus*") incluem "realizado" ou "terminado". Dessa maneira, ele explica, no uso comum diz-se que uma coisa é perfeita quando quem assim fala crê que a coisa foi completada de acordo com o propósito de seu criador. Mas os seres humanos supõem equivocadamente que a Natureza busca produzir coisas naturais de acordo com arquétipos ou formas correspondentes às ideias da imaginação que os seres humanos formam como modelos ou "universais" (ver E 2p40s1). Portanto, acostumaram-se a empregar os termos "perfeito" e "imperfeito" a coisas naturais também, dependendo de se as coisas em questão se conformam ou não a seus humanos modelos imaginários. Ademais, por muitos terem supostos a existência de um gênero ou universal altíssimo, o de "ser" em geral, o termo "perfeito" também passou a ser usado como um termo técnico de filosofia para descrever o grau de realidade de uma coisa (como, com efeito, o próprio Spinoza fez em 2d6).

Spinoza já afirmou que "bem" e "mal" são aplicados às coisas de acordo com a maneira como elas nos afetam, se com apetite ou aversão, respectivamente. Não desejamos as coisas *porque* elas são "boas", nem as evitamos *porque* elas são "más", conforme o uso geral desses termos; antes, chamamos de "boas" as coisas simplesmente porque as desejamos e de "más" simplesmente porque temos aversão a elas (E 3p9s). Ele acrescenta aqui que, ao menos no uso comum, a mesma coisa pode ser "boa" para um indivíduo, "má" para um segundo e indiferente a um terceiro. Assim, esses quatro termos em seu uso comum "não designam nada de positivo nas coisas, consideradas em si mesmas"; são termos que surgem "por compararmos as coisas entre si" e indicam antes nossos modos pessoais e idiossincráticos de pensar (modelos imaginários universais vagos e apetites ou aversões pessoais, respectivamente).

Contudo, ao invés de recusar esses termos terminantemente, Spinoza os conserva e refina seu uso. Ele assim procede porque sustenta que é útil ter um "formar uma ideia de homem que seja visto como um modelo da natureza humana". Por conseguinte, ele propõe definições de "perfeito" e "imperfeito", "bem" e "mal", em termos de relações para com esse modelo. O "bem", de acordo com essas definições, é "aquilo que sabemos, com certeza, ser um meio para nos aproximarmos, cada vez mais, do modelo de natureza humana que estabelecemos"; e o "mal" é "aquilo que, com certeza, sabemos que nos impede de atingir esse modelo" (E 4pr).

Nas definições formais no começo propriamente da Parte 4, Spinoza reafirma essas definições de "bem" e "mal"; contudo, ele assim o faz sem se referir explicitamente ao "modelo de natureza humana que estabelecemos", referindo, ao contrário, simplesmente ao que nos é útil:

D1: Por bem compreenderei aquilo que sabemos, com certeza, ser-nos útil.

D2: Por mal compreenderei, por sua vez, aquilo que sabemos, com certeza, impedir-nos que desfrutemos de algum bem.[15]

Essas reformulações incorporam, assim, a assunção de que uma coisa é útil "para nós" por causa de sua capacidade de nos tornar aptos a nos aproximarmos do modelo de natureza humana que Spinoza estabeleceu para nós, e vice-versa.

---

[15] Para uma outra explicação, algo diferente, dessas definições, ver Curley 1973b. De maneira notável, Broad 1930: 44-47 relata que o próprio Spinoza usa "bem" como uma medida das potências de cada coisa dentro de sua própria espécie, e que Spinoza restringe o uso do termo "perfeito" a produtos de desígnio humano planejado. A descrição que Broad faz de "bem" é evidentemente influenciada pelo *Curto tratado* I.X. Contudo, as definições spinozianas de "bem" e "perfeito" no prefácio da Parte 4 (assim como em 4d1) mostram que ambas as alegações de Broad estão incorretas.

Das seis outras definições formais restantes da Parte 4, somente uma utiliza a linguagem ética.[16] É 4d8, na qual Spinoza apresenta sua definição de "virtude":

D8: Por virtude e potência compreendo a mesma coisa, isto é (pela prop. 7 da P. 3), a virtude, enquanto referida ao homem, é sua própria essência ou natureza, à medida que ele tem o poder de realizar coisas que podem ser compreendidas exclusivamente por meio das leis de sua natureza.

A servidão e suas causas

Ao explicar "as causas da impotência e da inconstância humanas, e por que os homens não observam os preceitos da razão" (E 4p18s), Spinoza enfatiza que os seres humanos, como partes finitas da natureza, têm uma

---

[16] *Ética* 4d3 e 4d4 dizem respeito ao "contingente" e ao "possível" respectivamente: coisas singulares são concebidas como contingentes, enquanto, consideramos somente suas essências e vemos que elas não envolvem nem a existência e nem a não existência (por um lado, isso é diferente de Deus, cuja essência envolve a existência e, portanto, determina sua existência; e, por outro lado, é diferente de coisas contraditórias, cujas essências envolvem a não existência e, portanto, determinam sua não existência). As coisas se chamam "possíveis" quando consideramos as causas que as produzem, sem saber se essas causas estão efetivamente determinadas a produzi-las ou não. Conceber uma coisa como contingente e como possível envolvem – ambos – a ignorância da existência efetiva da coisa; contudo, conceber uma coisa como possível requer um conhecimento e uma atenção da maneira de produção da coisa que está ausente quando a concebemos como contingente. *Ética* 4d5 define "afetos opostos" como aqueles que "arrastam o homem para direções diferentes", mesmo que os afetos venham a ser do mesmo gênero. *Ética* 4d6 remete o leitor a 3p18s1 e 3p18s2 para uma explicação dos afetos "para com uma coisa futura, presente ou passada" (embora esses escólios não sejam muito úteis para se entender *como* a mente representa as coisas como futuras, presentes ou passadas, o que é explicado mais completamente em 2p44c1s). *Ética* 4d7 afirma: "Por fim – isto é, aquilo por cuja causa fazemos alguma coisa – compreendo o apetite". Essa definição reforça a afirmação anterior em E 1ap de que "a ação por causa de algum fim" deve ser entendida como a causação eficiente de um desejo presente, e não como uma espécie de causação final a ser contraposta à causação eficiente.

quantidade limitada de potência e estão sempre sujeitos a forças externas, que podem ser mais potentes do que suas naturezas. Essas forças podem impedir os seres humanos de alcançar ou adquirir o que lhes for mais útil. Particularmente, essas forças podem induzir às *paixões* – isto é, os afetos de que o indivíduo sozinho não é a única causa, e que, portanto, podem ou não levar ao bem-estar do indivíduo. Dentre os afetos danosos, alguns são afetos de tristeza que diminuem a capacidade de ação do indivíduo; outros são afetos de alegria que aumentam a capacidade de ação do indivíduo em um único aspecto, mas somente às custas de o indivíduo se tornar menos capaz para outros tipos de ação (por exemplo, aumentando a potência de uma parte do corpo às custas de outras ou tornando o indivíduo incapaz de perceber ou de pensar outras coisas); e outros ainda são apetites que desviam o esforço do indivíduo para a autopreservação para a busca de objetos que não são verdadeira ou inteiramente úteis.

Por surgirem de causas externas, as paixões podem impedir que os seres humanos avaliem onde está seu verdadeiro bem ou sua verdadeira utilidade. Contudo, as paixões também podem impedir que os seres humanos busquem o que lhes for útil mesmo quando saibam o que isso é; conforme observa Spinoza (citando Ovídio), às vezes "vemos e aprovamos o que é melhor, mas seguimos o pior" (E 4p17s). Portanto, ele precisa explicar como esse fenômeno pode ser harmonizado com sua teoria de que os seres humanos necessariamente buscam sua própria utilidade tanto quanto puderem.

E ele o faz citando aspectos dos afetos que contribuem para sua força ou fraqueza motivadoras. Todo afeto é também ao mesmo tempo uma *ideia* (isto é, uma representação) de um estado do corpo do indivíduo e (indiretamente) de corpos externos que contribuíram para produzir esse estado. Todavia, a *força* [*force*] motivadora de um afeto não é diretamente uma função de sua verdade ou falsidade como uma ideia, mas, antes, de sua força (*strenght*) como um afeto. A restrição ou remoção dos afetos – inclusive dos danosos – depende, portanto, da ocorrência de afetos opostos e mais fortes (E 4p7). Um afeto é mais potente se imaginamos que sua causa está presente em vez de ter ficado no passado ou estar no futuro (E 4p9);

mais potente se imaginamos que seu objeto está no futuro ou no passado próximo, ao invés de distante (E 4p10); mais potente se imaginamos que seu objeto é livre e não necessário (E 3p49d); mais potente se imaginamos que sua causa é necessária ao invés de possível (E 3p11); e mais potente se imaginamos que seu objeto é possível ao invés de meramente contingente (E 4p12; 16). Mas "o conhecimento do bem e do mal" é simplesmente a cognição de que algo nos afeta com alegria ou tristeza, respectivamente (E 4p8). Portanto, um afeto que é uma paixão (um apetite, por exemplo) pode, em virtude das maneiras em que representa seu objeto na imaginação, ser mais forte do que outro afeto que constitui o conhecimento do bem ou do mal. Daí que o afeto pode oprimir-nos a considerar um bem reconhecidamente menor mais do que a um bem reconhecidamente maior, mas, em termos de motivação, menos efetivo. Ao fazer isso, vemo-nos impulsionados pelas paixões a "agir" (ou melhor, a nos *comportarmos*, porque "paixão" e "ação" são opostos) contrariamente nossos próprios melhores interesses reconhecidos, interesses que, por causa disso, não têm suficiente potência de agir para serem buscados.

As prescrições da razão

O restante da Parte 4 (E 4p18-73 e E 4ap) é dedicado ao segundo objeto que Spinoza apresentou no Prefácio – especificamente, mostrar "o que a razão nos prescreve e quais afetos estão de acordo com as regras da razão humana, e quais, em troca, lhe são contrários" (E 4p18s). Ele indica adiantadamente o caráter geral das prescrições da razão:

> Como a razão não exige nada que seja contra a natureza, ela exige que cada qual ame a si próprio; que busque o que lhe seja útil, mas efetivamente útil; que deseje tudo aquilo que, efetivamente, conduza o homem a uma maior perfeição; e, mais geralmente, que cada qual se esforce por conservar, tanto quanto está em si, seu ser. Tudo isso é tão necessariamente verdadeiro quanto é verdadeiro que o todo é maior que qualquer uma de suas partes (E 4p18s).

Spinoza procede em vários estágios diferentes. As sete proposições de 4pp19-25 dizem respeito à relação entre virtude (como já definida em 4d8) e o *conatus* – isto é, o esforço na autopreservação que ele atribuiu, em 3p7, a todos os indivíduos como a própria essência de sua existência individual. Uma vez que o *conatus* constitui a essência efetiva de cada indivíduo, ele define a potência e a atividade da própria natureza da coisa. Segue-se, de acordo com Spinoza, que a potência de um ser humano, e, por conseguinte, sua virtude, é simplesmente a capacidade de se esforçar por e alcançar aquilo que lhe for útil, o que é concebido como sua autopreservação:

> Quanto mais cada um busca o que lhe é útil, isto é, quanto mais se esforça por conservar seu ser, e é capaz disso, tanto mais é dotado de virtude; e, inversamente, à medida que cada um se descuida do que lhe é útil, isto é, à medida que se descuida de conservar seu ser, é impotente (E 4p20).

A comparação dessa explicação da virtude com 4p18s mostra que "agir por virtude" e "agir sob a condução da razão" são equivalentes, conforme o próprio Spinoza observa em 4p24.

As três proposições de 4pp26-28 dizem respeito à relação íntima entre virtude e entendimento e levam à conclusão de que "o bem supremo da mente é o conhecimento de Deus e sua virtude suprema é conhecer Deus" (E 4p28). Segundo Spinoza, o bem supremo da mente é o conhecimento, porquanto o bem próprio da mente deve ser entendido como aquilo pelo que ela ativamente se esforça por sua própria natureza – isto é, aquilo que ela tende a produzir ou a adquirir à medida que é genuinamente ativa. Mas ela é genuinamente ativa somente enquanto for uma causa adequada de seus pensamentos, e é a causa adequada de seus pensamentos somente quando deriva o conhecimento adequado de outro conhecimento adequado por meio de sua própria potência racional. Já que o objeto supremo de conhecimento é o ser absolutamente infinito, Deus, através do qual tudo o mais deve ser entendido (E 1p15), segue-se que o conhecimento de Deus é o bem supremo da mente e que conhecer Deus é sua suprema virtude.

O trecho *Ética* 4pp29-36 diz respeito às relações entre os seres humanos e as precondições para uma cooperação sustentada e mutuamente benéfica. Spinoza sustenta, como uma tese metafísica geral, que sempre que duas coisas "concordam em natureza", nessa medida elas serão mutuamente benéficas uma à outra, já que a natureza que cada uma se esforça por beneficiar é a mesma (E 4p31). Os seres humanos necessariamente "concordam em natureza" na medida em que são conduzidos pela razão (E 4p35). Pois a razão humana, como razão, é a mesma em todos e almeja a mesma coisa – a saber, o conhecimento ou o entendimento. O entendimento, além do mais, é um bem que pode ser compartilhado por todos sem diminuir o desfrute que qualquer pessoa tenha dele (E 4p36). De fato, sustenta Spinoza, nada é mais útil a um ser humano do que outro ser humano que seja conduzido pela razão (E 4p35c1). Por conseguinte, os indivíduos que são virtuosos ou conduzidos pela razão procurarão todos, por causa de seu próprio autointeresse, os mesmos bens para os outros que ele buscam para si mesmos (E 4p37). Com efeito, na medida em que uma comunidade de seres humanos é conduzida pela razão, seus membros podem "compor como que uma só mente e um só corpo" (E 4p18s) – isto é, um indivíduo complexo que tem seu próprio esforço de autopreservação, composto de seres humanos mentalmente semelhantes (*like-minded*).

Diferentemente, na medida em que os seres humanos não são guiados pela razão, mas, ao invés disso, estão sujeitos às paixões, eles são contrários em natureza e provavelmente entrarão em conflito uns com os outros (E 4p32). Isso acontece mesmo quando as próprias paixões parecem semelhantes (isto é, o amor passional pela mesma pessoa, recompensa ou reputação), já que estar sujeito às paixões é uma negação da potência, em vez de uma fonte positiva de concordância em natureza (E 4p32). Além do mais, os indivíduos sujeitos a essas paixões entram em conflito não por sua semelhança, mas por sua diferença. Por exemplo, eles não desejarão apaixonadamente os mesmos bens aparentes para os outros que eles desejam para si mesmos; antes, diferirão em que cada uma deseja uma disposição diferente desses "bens" (a saber, exclusivamente para si mesmos; ver 4p33s para um exemplo um pouco diferente).[17]

---

[17] Para uma discussão mais extensa da linha de argumento contida em 4pp29-36, ver Steinberg 1984.

Em *Ética* 4pp38-66, passamos do geral ao específico, com indicações de quais coisas, afetos e comportamentos são verdadeiramente bons, virtuosos ou de acordo com a razão e quais não. Dentre as coisas, as boas incluem aquelas que levam à preservação da proporção de movimento e repouso que constitui a natureza do corpo humano, e, por isso, servem para mantê-lo vivo (E 4p39); aquelas que dispõem o corpo humano de tal maneira que ele não pode ou ser afetado por muitas coisas (de modo que sua mente perceba muitas coisas) ou afetar muitas outras coisas (E 4p38); e aquelas que tornam os seres humanos capazes de viver harmoniosamente juntos (E 4p40).

Dentre os afetos, o contentamento – que é o tipo de alegria em que todas as partes do corpo são igualmente afetadas – é sempre bom (E 4p42). De maneira mais geral, toda alegria, como tal, é boa, e toda tristeza é má (E 4p41). Contudo, a excitação (diferentemente do contentamento) é a alegria em que uma ou diversas partes do corpo são afetadas mais do que outras; por conseguinte, pode ser excessiva quando nos impede de sermos afetados de outros jeitos que seriam úteis (E 4p43), como também podem fazê-lo o amor e o desejo (E 4p44). A dor, embora diretamente má, pode ser indiretamente boa quando refreia a excitação excessiva (E 4p41). O reconhecimento (isto é, o amor para com alguém que tenha feito bem a um outro [E 4p51]), a satisfação consigo mesmo (E 4p52) e o amor da glória (E 4p58) podem, quando baseados em ideias adequadas, estar de acordo com a razão. Mas o ódio nunca pode ser bom (E 4p45), e a inveja, o escárnio, o desprezo, a ira e a vingança que resultam do ódio são todos maus (E 4p45c1), assim como também a consideração e a desconsideração (E 4p48). A comiseração, o reconhecimento, a humildade e o arrependimento – às vezes considerados como virtude, mas, todos, tipos especiais de tristeza – não podem surgir da razão e não são virtudes genuínas (E 4pp50, 51, 53, 54).

Dentre os comportamentos, buscar retribuir o ódio, a ira ou o desprezo com amor ou generosidade é agir de acordo com a razão (E 4p46), assim como também buscar "dentre dois bens o maior e, dentre dois males, o menor" (E 4p65), mesmo quando o maior bem ou o menor mal estiver num futuro mais distante. De maneira mais geral, todo comportamento que leva ao prazer inofensivo é bom:

> Nada, certamente, a não ser uma superstição sombria e triste, proíbe que nos alegremos. [...] Assim, servir-se das coisas, e com elas deleitar-se o quanto possível (não, certamente, à exaustão, pois isso não é deleitar-se) é próprio do homem sábio. O que quero dizer é que é próprio do homem sábio recompor-se e reanimar-se moderadamente com bebidas e refeições agradáveis, assim como todos podem se servir, sem nenhum prejuízo alheio, dos perfumes, do atrativo das plantas verdejantes, das roupas, da música, dos jogos esportivos, do teatro e coisas do gênero (E 4p45c2s).

Em *Ética* 4pp67-73 temos a conclusão do corpo principal da Parte 4, com uma descrição do ideal de "homem livre", que, fica claro, constitui o prometido "modelo de natureza humana que estabelecemos" de Spinoza. "Livre" já foi definido, em 1d7, da seguinte maneira: "diz-se livre a coisa que existe exclusivamente pela necessidade de sua natureza e que por si só é determinada a agir". Embora somente Deus seja nesse sentido completamente livre, os seres humanos podem ter graus de liberdade, correspondentes aos graus em que são causas adequadas de suas próprias ações. O homem livre persegue diretamente o bem mais do que busca evitar o mal; então, "não há nada em que o homem livre pense menos que na morte, e sua sabedoria não consiste na meditação da morte, mas da vida" (E 4p67). O homem livre, se nascido livre "não formaria, enquanto fosse livre, qualquer conceito do bem e do mal" (E 4p68). O homem exibe a liberdade evitando os perigos tanto quanto superando-os (E 4p69); ele busca evitar os favores dos ignorantes (E 4p70); ele é muito grato para com outros homens livres (E 4p71); ele sempre age de maneira honesta, nunca enganosa, com dolo (E 4p72; mas ver a Seção 2 abaixo); e é mais livre num estado político, no qual ele pode viver em comunidade com outros de acordo com uma lei comum, do que numa condição solitária (E 4p73).

Nos trinta e dois artigos do apêndice à Parte 4, Spinoza resume suas doutrinas éticas, discute afetos adicionais e aproveita a oportunidade para acrescentar uma série de máximas práticas acerca do dinheiro, do casamento e de outras questões.

O caminho para a liberdade

Se os seres humanos frequentemente são servos de suas paixões, ainda assim eles conseguem às vezes alcançar algum grau de liberdade com relação a elas. Enquanto as proposições iniciais da Parte 4 apresentam as causas da fraqueza humana, as proposições iniciais da Parte 5 (E 5pp1-20) apresentam "a maneira, ou seja, o caminho que conduz à liberdade". Entretanto, diferentemente de Descartes (que buscava descrever a capacidade da mente de reestruturar a natureza de seu comando sobre o corpo através da interação entre mente e corpo na glândula pineal), Spinoza busca descrever as várias maneiras em que a capacidade cognitiva da mente humana de alcançar o conhecimento adequado dá a ela certo grau de potência sobre seus próprios afetos. Spinoza resume esses meios em 5p20s.

A primeira maneira de se chegar à liberdade está "no próprio conhecimento dos afetos". Na medida em que entendemos uma paixão (que, como paixão, é uma ideia confusa de um estado do corpo), nossa percepção dela se torna adequada, e, então, não somos mais passivos, mas ativos; por conseguinte, o afeto decorrente cessa, nessa medida, de ser uma paixão (E 5p3). Além disso, já que todos os estados do corpo envolvem alguns aspectos comuns ou dominantes de extensão que estão igualmente na parte e no todo (E 2p40s), a razão pode formar ao menos *algumas* ideias adequadas de qualquer estado do corpo, inclusive qualquer afeto (E 5p4). Ao entender as paixões *como* estados corpóreos de gêneros particulares, ganhamos alguma capacidade de controlá-las e moderá-las pelo conhecimento de sua natureza.

A segunda maneira está "em que a mente faz uma separação entre os afetos e o pensamento de uma causa exterior que nós imaginamos confusamente". O amor e o ódio são formas de alegria e tristeza, respectivamente, que estão combinadas com a ideia de uma causa externa como seus objetos. Quando experimentamos o amor ou o ódio passionais, a intensidade da paixão sentida para com o objeto do amor ou do ódio é diminuída quando entendemos quão limitada é o agenciamento [*agency*] causal ativo daquele objeto (E 5p3). Por exemplo, se compreendemos que um amor destrutivo por um indivíduo particular depende em grande parte de associações psicológicas acidentais, ou que uma pessoa que nos tenha feito mal só o fez por causa de suas paixões e falta de potência, nosso amor ou ódio passional serão diminuídos.[18] Além disso, na medida em que compreendemos que o efeito da causa sobre nós é uma atividade necessária de Deus, regozijaremos nessa nossa nova compreensão – que, como toda compreensão, aumenta nossa potência de pensar (E 4p15).

A terceira maneira está "no tempo, graças ao qual as afecções que se referem às coisas que compreendemos superam aquelas que se referem às coisas que concebemos confusa *ou* mutiladamente". Os afetos que têm origem na razão (e, por conseguinte, não são em si mesmos paixões) são derivados de uma compreensão adequada das "propriedades comuns" das coisas (E 2p40s2). Uma vez que essas propriedades estão igualmente na parte e no todo de tudo, nada que imaginemos pode excluir a existência dessas propriedades, e, por conseguinte, os afetos que têm origem em uma compreensão delas são em longo prazo mais persistentes e permanentes. Em última instância, portanto, todos os afetos contrários a eles tenderão ou à destruição, ou à acomodação a eles (E 5p7).

A quarta maneira está "na multiplicidade de causas que reforçam aqueles afetos que se referem às propriedades comuns das coisas ou a Deus". Uma vez que os afetos que resultam da razão estão relacionados com as propriedades comuns de todas as coisas, eles são produzidos por um número maior de coisas; mas, sustenta Spinoza, um afeto é mais forte quando mais coisas o causam (E 5p9). Além disso, quanto mais coisas o causem, mais frequentemente ele será produzido (E 5p11).

A quinta maneira está "na ordem, enfim, com a qual a mente pode ordenar e concatenar seus afetos entre si". Quando a mente não está sendo sacudida por efeitos contrários, ela pode compreender sua própria psicologia e, dessa

---

[18] Conforme Bennett corretamente observa, isso deixa aberta a possibilidade de uma paixão de ódio permanecer tão potente quanto antes, mas não mais constituir ódio – por exemplo, ela poderia simplesmente se tornar uma tristeza comum (Bennett 1984: 333). Spinoza poderia replicar que separar o afeto da ideia de uma causa pode ao menos impedir que a ideia do objeto odiado reanime ou revigore o afeto.

compreensão, ela pode formar máximas a respeito da melhor maneira de se viver. Ela pode associar na imaginação essas máximas com as circunstâncias comuns da vida às quais podem ser aplicadas, de modo que as máximas e a compreensão ética, e os desejos ativos que elas representam, virão à mente quando forem mais necessárias. Embora Descartes descreva um remédio parecido em suas *Paixões da alma* I.50 (Descartes 1985: I, 348), a versão spinoziana desse método separa-o tanto do dualismo mente-corpo quanto da teoria do livre-arbítrio com os quais Descartes o conecta.

Uma sexta maneira em que, de acordo com Spinoza, a razão tem potência sobre os afetos está inexplicavelmente ausente desse resumo em 5p20s.[19] Trata-se da potência que a mente adquire sobre os afetos quando ela compreende todas as coisas – e principalmente as coisas singulares – como necessárias. Pois, de acordo com Spinoza, são maiores os afetos para com uma coisa que imaginamos ser livre, imaginando-a "enquanto ignoramos as causas pelas quais ela foi determinada a agir" (5p5, derivado de 3p49). Entender que uma coisa – e, em particular, um mal ou uma coisa decepcionante – é determinada e inevitável diminui a potência dos afetos associados a ela. Este é um ponto que, ele pensa, "a própria experiência também confirma". Assim, o necessitarismo não só é verdadeiro, como também tem valor psicológico positivo.

Nem todos os "meios" que Spinoza lista em 5p20s são técnicas terapêuticas que uma pessoa poderia adotar conscientemente para aumentar sua liberdade e sua potência sobre as paixões – e nem se pretende que sejam.[20] Com efeito, é possível defender que somente a quinta descreve diretamente algo como uma *técnica*. A primeira e a segunda (assim como a sexta que não é listada) talvez sugiram o valor do empenho regular em linhas específicas de pensamento sobre os afetos, mas é difícil ver como a terceira e a quarta poderiam fazer isso. O objetivo primordial de Spinoza na primeira metade da

---

[19] Bennett discute o tratamento de Spinoza dessa fonte de potência sobre os afetos, e nota que Spinoza não consegue inclui-la em seu sumário (Bennett 1984: 337).
[20] Bennett 1984: 345, por exemplo, nota que nem todos os itens na lista de 5p20s são técnicas e insinua que esse fato é uma objeção ao procedimento de Spinoza.

Parte 5, porém, não é descrever técnicas que poderiam ser conscientemente adotadas como exercícios, mas, antes, listar os aspectos mais importantes em que a posse de um conhecimento adequado tende a produzir uma menor suscetibilidade às paixões em longo prazo. Ele acredita já ter mostrado, na Parte 4, o valor de uma menor suscetibilidade às paixões. Seu propósito de autor em 5pp1-20 é reforçar o desejo de seus leitores – um desejo que obviamente já está presente em algum grau de força em todos os seres humanos – de alcançar uma compreensão mais adequada. Ele tenta chegar a esse propósito de autor mostrando que o conhecimento adequado tem o poder de produzir, ao longo do tempo, o próprio enfraquecimento da suscetibilidade às paixões que ele já mostrou ser desejável.[21]

Amor intelectual de Deus e beatitude

Spinoza conclui 5p20s de maneira surpreendente: "Cheguei, assim, ao fim de tudo aquilo que se refere à vida presente. [...] É, pois, agora, o momento de passar àquilo que se refere à duração da mente, considerada sem relação com o corpo".[22] O restante da Parte 5 da *Ética* lida, de acordo, com a parte eterna da mente e com o amor intelectual de Deus e a beatitude de que a mente pode participar.

---

[21] No *Tratado da emenda do intelecto*, Spinoza escreve acerca de seu esforço para substituir "a avareza, a concupiscência e a glória" por um amor de algo eterno: "Apenas via que, enquanto a mente se ocupava com esses pensamentos, afastava-se daqueles e refletia seriamente no novo empreendimento, o que me servia de grande consolo, pois percebia que aqueles males não eram de tal espécie que não cedessem aos remédios. E embora no começo esses intervalos fossem raros e durassem por muito pouco tempo, tornavam-se mais frequentes e mais longos depois que o verdadeiro bem mais e mais me ficou sendo conhecido" (TdIE 10-11). O objetivo da discussão de Spinoza das cinco (ou seis) "vias para a liberdade" é mostrar a seus leitores que – e como – uma mudança parecida pode ocorrer neles.

[22] Margaret Wilson convincentemente sugere (no capítulo 3, seção 14 deste volume) que a linha final resulta de um simples equívoco da parte de Spinoza, e que deveríamos lê-la: "É o momento de agora passarmos àquelas questões que dizem respeito à realidade da mente sem relação com a duração do corpo".

A eternidade da mente em Spinoza é um tópico que desafia a categorização fácil. É de uma só vez metafísico (por estar ligado às relações entre a existência e a essência, a duração e o eterno), epistemológico (por estar ligado ao caráter do segundo e, principalmente, do terceiro gênero de conhecimento), teológico (por dizer respeito à relação entre Deus e os seres humanos) e ético (por dizer respeito à beatitude, assim como à atitude apropriada para com a vida e a morte).[23]

Em suma, Spinoza sustenta que há em Deus uma ideia que "exprime" a essência (que é diferente da existência efetiva) do corpo humano. Essa ideia, por exprimir a essência do corpo humano, pertence à essência (que é oposta à existência efetiva na duração) da mente humana.[24] Ela consiste inteiramente em um conhecimento adequado que, como conhecimento adequado, é eterno em Deus; e, ao adquirir conhecimento adequado, um ser humano está sempre adquirindo conhecimento que exprime a essência do corpo humano exatamente dessa maneira. Assim, conforme se ganha uma maior parcela de conhecimento adequado, a mente se torna algo "cuja maior parte é eterna" (5p39). Não se trata de alcançar a existência pessoal continuada após a morte biológica. A persistência pessoal ou individual não é possível, pois isso implica imaginação (inclusive consciência [*awareness*] sensorial) ou memória (E 5p21). Ao invés disso, uma pessoa traz para o escopo de sua mente o conhecimento adequado que sempre foi e sempre será eterno em Deus, e, assim, alcança para si a *perspectiva* do eterno enquanto estiver viva. Consequentemente, uma maior parte da mente dessa pessoa é composta de ideias que são impermeáveis tanto a afetos danosos – inclusive o medo – quanto à própria morte (E 5p38). Ou seja, a mente é menos afetada pelo medo em geral e, por conseguinte, pelo medo da morte em particular; e, ao mesmo tempo, a morte se torna menos

---

[23] Para suas dimensões metafísicas, epistemológicas e teológicas, respectivamente, ver capítulo 1, capítulo 3 e capítulo 8.
[24] Com certeza, a teoria da eternidade da mente *prima facie* relaciona-se com certa tensão com o paralelismo de mente e corpo. Creio que essa tensão pode ser removida assegurando-se que uma parte do corpo humano – sua essência formal – também é eterna para Spinoza.

danosa e, portanto, *deve ser* menos temida, já que a maior e mais importante parte da mente sobreviverá (embora, é claro, não *como* a ideia do corpo efetivamente existente, já que esse corpo terá perecido).

Mas isso não é tudo. Na concepção de Spinoza, as mentes humanas, consideradas como ideias ou representações complexas, são partes do "intelecto infinito de Deus" (2p11c), que é o próprio pensamento de Deus enquanto envolve ou é composto de ideias ou representações. Entretanto, o pensamento humano não é composto somente de um aspecto representativo, mas também de um aspecto afetivo; e isso é possível somente se o próprio pensamento de Deus – do qual o pensamento humano é naturalmente um modo – *também* tiver um aspecto afetivo. Com efeito, a existência desse aspecto afetivo é uma razão pela qual o intelecto infinito de Deus é *somente* um modo infinito de Deus e não o atributo completo do pensamento em si. Na medida em que uma pessoa obtém o conhecimento do terceiro (e supremo) gênero – que envolve o entendimento das essências das coisas singulares pelos atributos de Deus, os efeitos por suas causas (E 2p40s2) –, ela possui o conhecimento de maneira um tanto parecida com a maneira como o próprio Deus conhece. Ou seja, o conhecimento que uma pessoa tem está em sua mente da mesma maneira como esse conhecimento está em Deus, e, portanto, uma pessoa participa de maneira mais completa ou adequada do intelecto infinito de Deus. De maneira parecida, o conhecimento do terceiro gênero envolve ter afetos um pouco como esses afetos estão em Deus, e, portanto, torna uma pessoa capaz de participar mais completamente daquilo que poderia ser chamado de vida afetiva de Deus.

O Deus de Spinoza, embora seja uma coisa pensante infinita, não é uma pessoa. A perfeição eternamente suprema de Deus é incompatível com o desejo ou o propósito (ambos implicam alguma falta), com a alegria (que requer uma transição *de* uma perfeição menor ou menor capacidade de ação) e com a tristeza (que requer a transição *para* uma perfeição menor ou menor capacidade de ação). Segue-se, naturalmente, que Deus não ama literalmente nada, já que o amor é uma espécie de alegria (E 2p13s), implicando um aumento em algo que Deus já possui em grau máximo. Além do mais, o amor é a alegria acompanhada pela ideia de uma causa externa, ao passo que nada é ou pode ser externo a Deus.

Não obstante, uma vez que Deus tem eternamente a maior perfeição e a maior capacidade para agir, ele tem um tipo de análogo eterno da alegria, um eterno "regozijo" que experimentamos como alegria toda vez que aumentamos nossa participação nele. Além do mais, uma vez que Deus é autocausado, o regozijo eterno de Deus tem o próprio Deus como seu verdadeiro objeto, e, portanto, Deus também tem um análogo eterno – e interno – do "amor". Conforme passamos a participar no terceiro gênero de conhecimento, passamos a participar nesse análogo eterno do amor, que Spinoza chama de "amor intelectual de Deus". À medida que ainda somos seres que existem na duração no processo de vir a adquirir esse afeto, a ele experimentaremos como experimentaríamos o amor efetivo. Mas esse afeto pertence àquela parte de nossa mente que é eterna; e na medida em que somos capazes de assumir o ponto de vista eterno que é característico do conhecimento adequado, podemos reconhecer esse afeto como algo em si mesmo eterno – não meramente como uma transição para uma perfeição maior, mas como a própria perfeição (E 5p33s). Esse afeto da perfeição em si – que é oposto à transição a ela – é o que Spinoza chama "beatitude" (E 5p33s).

A beatitude, quando se considera que ela tem um objeto, é a mesma coisa que o amor intelectual de Deus (E 5p36s). De fato, ela é um amor intelectual que é "de" Deus em dois sentidos diferentes: ela tem Deus como seu *objeto* amado, mas é também o amor que Deus tem *de si mesmo*, e um amor de que nós podemos participar através do terceiro gênero de conhecimento. Além disso, reconhecemos que, por sermos modos de Deus, o objeto desse amor inclui também *a nós mesmos*. De acordo, Spinoza diz que o conhecimento do terceiro gênero nos permite amar a Deus com o mesmíssimo amor com que Deus "ama" a si mesmo e com o mesmo amor com que Deus nos "ama" (E 5pp35-36, 36c).

Portanto, temos de distinguir dois sentidos do termo "afeto". No sentido mais estrito, o Deus de Spinoza não tem afetos, uma vez que um ser eterno não pode ter desejo, alegria ou tristeza. Nesse sentido,

Deus não nos ama, nem podemos esforçar-nos para que Deus nos ame (E 5p17c, 19). No entanto, num sentido mais amplo, o Deus de Spinoza tem o afeto de tipo supremo: não a alegria literal, mas a eterna beatitude da qual a alegria é somente uma participação temporal.[25] De maneira semelhante, embora seu ser humano ideal em um sentido *adquira* a alegria temporal, considerada como uma transição para uma perfeição maior, em outro sentido ele ou ela assumem uma perspectiva da qual todos os afetos são subsumidos pela participação na beatitude eterna de Deus, que Spinoza também chama de "paz de espírito" (*peace of mind*).[26]

Spinoza enfatiza que o conhecimento da teoria da eternidade da mente não é necessário para a eficácia motivadora da ética (E 5p41), porque a vantagem da firmeza e da generosidade já foram totalmente demonstradas na Parte 4, independentemente dessa teoria. A virtude é desejável seja qual for a duração de uma pessoa; insistir que ela não tem valor a não ser que traga a imortalidade não seria "menos absurdo do que, se alguém, por não acreditar que possa nutrir, sempre, seu corpo com bons alimentos, preferisse saciar-se de venenos e substâncias letais" (E 5p41s).

Seis tópicos centrais em teoria ética

O esboço precedente levanta uma série de questões importantes acerca da posição de Spinoza quanto a alguns dos tópicos mais centrais na teoria ética. No que segue, tentarei dar respostas a algumas dessas questões.

---

[25] Em 5p36cs, Spinoza refere-se a esse afeto como "Alegria (se ainda me for permitido usar tal termo)".
[26] Há um óbvio paralelo entre essa doutrina da beatitude ou paz de espírito (que implica falta de perturbação) como o afeto supremo que ao mesmo tempo não é um afeto afinal e algumas formas de budismo. Contudo, não há indícios de nenhuma ligação causal direta.

O significado da linguagem ética

Spinoza alega demonstrar a ética em ordem geométrica. Isso requer que as proposições éticas das Partes 4 e 5 sejam deduzidas, em última instância, dos axiomas e das definições de seu sistema. No entanto, nenhum de seus axiomas, mesmo aqueles das Partes 4 e 5, são caracteristicamente éticos. A ética é uma disciplina prescritiva; no entanto, Spinoza alega demonstrar as proposições da ética inteiramente de premissas descritivas fornecidas por seus axiomas mais um conjunto de meras definições (inclusive apenas três definições de termos éticos, em 4pp1-2, 8). Como ele pode supor que isso é possível?

A resposta a essa questão está em sua concepção do significado dos termos éticos. Um dos aspectos mais marcantes dos escritos éticos de Spinoza é seu vocabulário ético distintivo, notável pelo que omite e também pelo que contém. Por exemplo, apesar da referência que faz em 4p18s a "o que a razão nos prescreve", em seus escritos há uma quase completa ausência de termos de obrigação e dever, tais como "dever" (*ought*), "ter de" (*must*), "deveria" (*should*) e "é permitido" (*may*). O conceito de licitude é por ele introduzido somente para indicar o quanto é lícito – a saber, tudo que pareça ser útil para alguém – sem indicar que coisa alguma não é lícita:

> É lícito que afastemos de nós, pelo meio que nos pareça mais seguro, tudo aquilo que existe na natureza das coisas e que julgamos ser mau, ou seja, que julgamos poder impedir que existamos e que desfrutemos de uma vida racional. E, contrariamente, é lícito tomar para nosso uso e utilizar de qualquer maneira tudo aquilo que existe e que julgamos ser bom, ou seja, que julgamos ser útil para conservar nosso ser e para desfrutar de uma vida racional. E, mais geralmente, é lícito que cada um, em virtude do supremo direito da natureza, faça o que julga ser-lhe útil (E 4ap18).

De maneira semelhante, sua utilização do termo "direito" não menciona nada que *não* seja feito por direito:

> É pelo direito supremo da natureza que cada um existe e, consequentemente, é pelo direito supremo da natureza que cada um faz o que se segue da necessidade de sua própria natureza. Por isso, é pelo direito supremo da natureza que cada um julga o que é bom e o que é mau; o que, de acordo com sua inclinação, lhe é útil; vinga-se; e esforça-se por conservar o que ama e por destruir o que odeia. (E 4p37s2; ver também TTP XVI.4 [234-235]).[27]

Ele define os termos "pecado" e "mérito", "justo" e "injusto", somente nos sentidos político ou legal, não no sentido ético: o pecado é a desobediência e o mérito é a obediência ao Estado; a justiça é conceder a cada um o que se julga ser seu pela decisão do Estado, a injustiça é o contrário disso (E 4p37s2). Esses termos não recebem nenhuma utilização ética na *Ética*, sendo aplicados a questões éticas em seus outros escritos somente em conexão com a ideia imaginária de que Deus é ele mesmo um legislador.

As próprias proposições éticas da *Ética* não ordenam, não exortam ou fazem súplicas ao leitor. Antes, elas avaliam, usando quatro termos primários de avaliação ética positiva: "bem", "virtude", "condução pela razão" e "homem livre". Conforme usados por Spinoza, cada um desses termos é ou pode ser definido de maneira naturalista – isto é, definidos por meio de termos naturais, descritivos, não éticos. Como vimos, ele define "bem" como tudo o que nos for útil ou vantajoso (E 4d1), o que, em troca, é definido como aquilo que conduz à autopreservação (E 4p8d). "Virtude" é definida por ele como potência (a potência de um ser humano) (E 4d8). A "condução pela razão" é definível como a força motivadora da faculdade inferencial da mente. "Livre" é definido como a causa adequada (isto é, completa) do comportamento de uma pessoa, pela própria natureza da pessoa (E 1d8). De acordo, as proposições éticas podem transmitir verdades naturais diretas e o tema das proposições éticas não é radicalmente distinto do estudo da natureza. Antes, a ética é simplesmente aquele ramo particularmente útil

---

[27] Para mais detalhes acerca do conceito spinoziano de "direito", ver capítulo 7 neste volume.

do estudo da natureza que compara modos de vida com relação ao bem, à virtude, à razão e à liberdade. Sua utilidade como um ramo de estudos está em sua capacidade de ajudar os seres humanos a perseguirem um modo de vida que seja verdadeiramente adequado a seus propósitos.

Da atenção que recebem no prefácio da Parte 4, seria possível pensar que os termos spinozianos primários de avaliação ética são "bem", "mal", "perfeição" e "imperfeição". "Bem" e "mal", é claro, são termos recorrentes nas Partes 4 e 5 da *Ética*, mas "perfeição" e "imperfeição" não.[28] Por que não? Uma razão possível para o segundo par de termos não ser tão recorrente é que Spinoza já definiu "perfeição" de maneira não ética, em 2d6, como sinônimo de "realidade", tendo-o usado nesse sentido *passim* nas primeiras partes da *Ética*. Outra razão provável, contudo, é que a perfeição ética, conforme definida no prefácio da Parte 4, é meramente formal: embora seja definida em termos de aproximação a um modelo de natureza humana que estabelecemos como nossa meta, a própria definição não especifica o que é esse modelo. O caráter específico do modelo é explicitado nas subsequentes descrições que ele faz de "virtude" (noção definida em 4d8), de "condução pela razão" (noção introduzida em, e, principalmente, de "homem livre" (noção introduzida em 4p66s); essas noções mais específicas suplantam o conceito parametral de "perfeição".

Ao caracterizar a concepção spinoziana do significado da linguagem ética, é importante distinguir entre o uso comum dos termos éticos e as extensões filosóficas que ele propõe. Sua observação em 3p9s, de que chamamos as coisas de "boas" porque as desejamos, e não vice-versa, sugere aquilo que atualmente seria denominado "emotivismo" com relação ao uso comum de "bem" e "mal" – isto é, a ideia de que as utilizações desses termos não são nem verdadeiras, nem falsas, mas, antes, são primordialmente *expressões* de desejo, mais do que, por exemplo, descrições de desejos, ou afirmações que dizem respeito a aspectos objetivos dos

---

[28] Os termos "perfeição" e "imperfeição" não aparecem em nenhuma das definições, axiomas, proposições, corolários ou demonstrações da Parte 4, embora "perfeição" apareça em vários escólios (duas vezes em 4p18s, e uma vez cada em 4p45s e 4p58s). "Perfeição" e termos correlatos reaparecem várias vezes, tanto relativamente a Deus quanto ao homem, na Parte 5, na qual aparecem em ligação principalmente com o terceiro gênero de conhecimento. Também aparecem em aplicação ética no *Curto tratado* e no *Tratado da emenda do intelecto*.

objetos avaliados. Outras observações (E 1ap, E 4pr), porém, sugerem que ele pensa que o uso comum desses termos também pode envolver uma interpretação equivocada dos estados de desejo e aversão como se expressassem ou representassem estados intrínsecos dos objetos desejados. Suas observações sobre o uso comum dos termos "perfeito" e "imperfeito" também sugerem que sua utilização traz em si um erro. Isto é, usos desses últimos termos afirmam normalmente (embora talvez somente de maneira vaga, nesse ponto de sua evolução) a existência de uma correspondência ou não correspondência entre a coisa avaliada e os propósitos da Natureza, com modelos imaginários que servem de critérios para julgar essa relação. Já que a Natureza não tem de fato propósitos, todas essas avaliações são falsas (uma afirmação parecida seria válida para os usos éticos de certa terminologia legalista, como "justo" e "injusto", "pecado" e "mérito", uma vez que avaliações éticas nesses termos afirmam relações entre as ações humanas e as ordens de um legislador divino. Já que Deus não dá ordens ou impõe leis literalmente, é-nos lícito supor que todas essas avaliações também são literalmente falsas).[29] Evidentemente, somente as avaliações éticas entendidas em seus sentidos spinozianos naturalistas é que são verdadeiras.

Então, quais são as relações entre os termos de avaliação ética positiva de Spinoza? Ao menos três deles (ou suas variações gramaticais) resultam ser coextensivos em sua aplicação à ação ou ao comportamento. Conforme já observado, ele identifica agir por virtude com agir sob a condução da razão (E 4p24, E 4p37s1). Em 4p66s, ele também identifica ser "conduzido pela razão" com ser um "homem livre".[30] Quem quer que aja segundo a condução da razão também age por sua própria potência

---

[29] A despeito da falsidade literal dessas avaliações, Spinoza garante que conceber Deus como um legislador é sob vários aspectos uma boa representação imaginária do fato de que as leis da natureza envolvem relações causais necessárias entre maneiras particulares de vida e resultados particulares.

[30] Spinoza escreve: "veremos facilmente em que se diferencia o homem que se conduz apenas pelo afeto, ou pela opinião, do homem que se conduz pela razão. Com efeito, o primeiro, queira ou não, faz coisas que ignora inteiramente, enquanto o segundo não obedece a ninguém mais que a si próprio e só faz aquelas coisas que sabe serem importantes na vida e que, por isso, deseja ao máximo. Chamo, pois, ao primeiro, servo, e, ao segundo, homem livre" (E 4p66s).

para se autopreservar e vice-versa; e quem quer que aja pela potência de se autopreservar é nessa medida a causa adequada de suas próprias ações, e, portanto, é livre.

Essa coextensividade sugere que a escolha de Spinoza de qual termo avaliativo usar em dado contexto pode ser amplamente arbitrária. E, com efeito, ele em larga medida simplesmente alterna a linguagem consultiva--cognitiva de "razão que conduz" com a linguagem centrada no caráter de "virtudes" e também com a linguagem consequencialista de "bem e mal" – como se implicar que ao menos muitas de suas teorias éticas podem ser igualmente bem expressas em quaisquer desses termos. Conforme ele também faz em sua metafísica, ele passa por um mal pedaço para mostrar que seu sistema acomoda muitas das fórmulas de seus diversos predecessores, já que essas fórmulas são interpretadas apropriadamente com definições spinozianas.

Mas é notável que Spinoza guarde a discussão sobre o homem livre para a conclusão da Parte 4; e é notável também que as proposições que a compõem digam respeito primordialmente a maneiras judicativas (*evaluating*) de se comportar. Isso distingue-se das proposições imediatamente precedentes da Parte 4, que dizem respeito primordialmente (mas não exclusivamente) a afetos de avaliação [*evaluating*], traços de caráter e objetos externos. Esse jeito de concluir a Parte 4 antecipa a quinta das cinco "vias que levam à liberdade" que ele resume em 5p20 – isto é, a técnica de se usar o entendimento para produzir máximas éticas, que uma pessoa pode então associar na imaginação com as circunstâncias em que elas são necessárias. Sua discussão do "homem livre" diz respeito principalmente a máximas de ação, e o fato de ele expressar essas máximas em termos das ações de "o homem livre" é evidentemente calculado para apelar à imaginação ou para explorá-la. Pois, diferentemente de doutrinas sobre a virtude e a razão, a descrição do homem livre nos permite imaginar, não meramente faculdades ou estados de potência, mas o comportamento de um ser humano ideal completo, a quem podemos então tentar emular. Na linguagem do prefácio da Parte 4 da *Ética*, temos "uma ideia de homem que seja visto como um modelo da natureza humana". A vindicação no prefácio à Parte 4 da *Ética* de sua alegação de que efetivamente *é* útil ter um modelo desse tipo deve ser encontrada precisamente em sua doutrina madura de que uma associação imaginária de máximas de conduta com circunstâncias apropriadas constitui um dos meios de se alcançar a liberdade.

No entanto, a ideia de um ser humano perfeitamente livre, se considerada literalmente, é inconsistente. Pois, para ser completamente livre, uma pessoa teria de agir segundo unicamente a necessidade de sua natureza, sem ser influenciada por forças externas (E 1d7). Mas isso é impossível de ser alcançado completamente por um ser humano, porque: "Não pode ocorrer que o homem não seja uma parte da natureza e que não possa sofrer outras mudanças que não aquelas que podem ser compreendidas exclusivamente por meio de sua própria natureza e das quais é causa adequada" (E 4p4). Já que a própria hipótese de que alguém é um homem (completamente) livre é inconsistente, é possível derivar conclusões diretamente contraditórias sobre a conduta dessa pessoa. Para ficar só com um exemplo de muitos possíveis, 4p69 afirma que "a virtude com a qual o homem livre evita os perigos revela-se tão grande quanto a virtude com a qual ele os enfrenta". No entanto, nada pode causar dano a si mesmo só por sua própria natureza (E 3p5), e um homem *completamente* livre não poderia ser afetado – e *a fortiori* não poderia ser prejudicado – por nenhuma causa externa. Segue-se que nada é perigoso ao homem livre, e, por conseguinte, que ele também não pode nem evitar nem enfrentar perigo algum, contrariamente a 4p69.

Não obstante, Spinoza crê que verdades sérias, literais, podem ser expressas em termos de idealizações – conforme ele explica no *Tratado da emenda do intelecto* em ligação com o exemplo de uma "vela queimando [...] em que não há corpos (isto é, num vácuo)".[31] A verdade literal expressa no retrato idealizador do homem livre é que certos tipos de comportamento se

---

[31] A explicação de Spinoza é a seguinte: "Por exemplo, quando dizemos: suponhamos que esta vela que está ardendo não arde *ou* suponhamos que ela queima em algum espaço imaginário, a saber, em que não há corpo algum. Coisas parecidas se supõem amiúde, *ainda que se entenda claramente que esta última suposição é impossível*; mas quando isto acontece, não se finge absolutamente nada (isto é, não somos culpados de "ideias fictícias"). Com efeito, no primeiro caso, nada mais fiz do que lembrar outra vela que não arde (ou conceber esta mesma sem a chama), e o que penso de uma é o mesmo que

tornam *mais prevalentes* conforme uma pessoa se torna *mais livre* – isto é, eles variam *proporcionalmente* à liberdade. E isso acontece porque são produtos da virtude humana e do uso da razão, coisas que nos tornam relativamente mais livres, mais capazes de agir por nossa própria natureza, em vez de sermos determinados por causas externas.[32] Para usar uma das expressões mais comuns de Spinoza, a descrição do homem livre é para ser entendida como uma descrição da condição e do comportamento aos quais os seres humanos se aproximam "tanto quanto" são livres.

A natureza do bem

Na visão de Spinoza, qual a natureza do bem? Por um lado, isso parece decorrer diretamente de sua definição do bem (isto é, o útil) como aquilo que conduz à perseverança no ser para o qual a morte é o maior mal, e que tudo o que contribua para a vida continuada é o bem. Essa interpretação do bem é sustentada por 4p39, que sustenta que tudo o que conduz à vida continuada é bom (ver também 4p22c, que sustenta que a autopreservação é "o primeiro e único fundamento da virtude"). No entanto, como vimos, ele também defende em 4pp26-28 que o verdadeiro bem da mente é o próprio

---

entendo da outra, enquanto não cuido da chama. No segundo caso, nada mais se faz que abstrair as ideias dos corpos adjacentes, para que a mente se volva unicamente à contemplação da vela vista em si só, e depois conclua que a vela não contém nenhuma causa para a destruição de si mesma. De modo que, se não houvesse corpos circunjacentes, essa vela, bem como sua chama, ficaria imutável; ou coisas semelhantes: *não existe, pois, nenhuma ficção, mas verdadeiras e meras asserções*" (TdIE 57; ênfase acrescentada).

Conforme afirma Bennett, "poderíamos ver o conceito de 'homem livre' como um caso limítrofe teoricamente conveniente, assim como o conceito de um 'gás ideal' – um gás cujas moléculas têm volume zero" (Bennett 1984: 317). E, à luz da quinta, das cinco "vias" spinozianas para a liberdade (E 5p20s), poderíamos acrescentar que isto não é só *teoricamente conveniente* a ele, mas também *eticamente eficaz*. A ideia de um ser humano que pudesse ser integral e completamente conduzido pela razão, ou integral e completamente virtuoso (isto é, poderoso) seria outro caso limítrofe idealizado literalmente contraditório.

[32] Para mais discussão desse tópico, ver Garrett 1990a.

compreender ou conhecimento adequado. R. J. Delahunty expressa o aparente conflito resultante muito bem:

> O tipo de potência que temos de procurar se quisermos permanecer vivos em um mundo hostil não parece ser a potência que consiste em ou que decorre de um entendimento ampliado. Um tipo de homem frio, controlado, ou um homem que se curva a cada mudança de vento, tem uma chance ao menos tão boa de sobreviver quanto um cientista ou pensador dedicado: quem apostaria em Spinoza mais do que, digamos, em Cromwell? Não se trata tanto de que Spinoza está errado em dizer que temos de buscar mais e mais poder para , mas é mais o caso de que ele descreve mal o *tipo* de poder que precisamos ter mais e mais (Delahunty 1985: 227).

Embora o conhecimento seja frequentemente uma ajuda para a continuação da vida de uma pessoa, o conhecimento inadequado do primeiro gênero muito frequentemente é útil, ou mais útil, para esse propósito, do que a maior parte do conhecimento adequado do segundo e terceiro gêneros. O conhecimento adequado não está inteiramente correlacionado com a vida longa. Afinal de contas, o próprio Spinoza viveu apenas até os quarenta e cinco.

Esse conflito só pode ser resolvido se o intelecto puder *ele mesmo* constituir ou garantir um tipo de perseverança no ser. Pois é a teoria de Spinoza da eternidade de parte da mente humana que lhe dá exatamente essa solução. Essa doutrina, portanto, não é um mero fracasso de resolução naturalista da parte de Spinoza, e é mais do que simplesmente uma indicação de sua capacidade de ajustar a linguagem da aspiração religiosa a sua metafísica. Antes, ela é logicamente necessária para reconciliar suas concepções irmanadas do bem como perseverança no ser e como conhecimento adequado, respectivamente. De acordo com essa teoria, o ganho de conhecimento adequado faz mais do que dar a uma pessoa mais recursos cognitivos para preservar a própria vida, embora aumente a atividade e a perfeição da vida que essa pessoa leva. Trata-se também de tornar eterna uma maior parte da mente e, portanto, de assegurar que uma maior parte da mente – embora não o todo – seja de verdade algo que tem um ser *eterno*. Uma vez que o intelecto permite que uma pessoa participe do eterno, ele não consegue deixar de constituir o tipo mais importante de "perserverança no ser", ainda que a duração da vida de uma pessoa seja longa ou não.

A teoria da eternidade de parte da mente humana harmoniza as duas concepções spinozianas do bem sem negar a bondade daquilo que conduz a uma vida continuada. De acordo com Spinoza, quanto mais conhecimento adequado uma pessoa tiver, menos será prejudicado pela morte e menos ainda ficará perturbado pelo medo da morte (E 5p38s). Não obstante, morrer nunca pode ser útil para uma pessoa. A morte é sempre o fim de *alguma* parte da mente – a saber, aquela parte que *não* é eterna. Além do mais, a morte assinala o fim de toda perspectiva de ulterior entendimento e, por conseguinte, o fim de toda perspectiva de *aumento* da parte da mente de uma pessoa que é eterna. Embora não haja nada que o homem livre "pense menos" do que na morte, isso acontece porque o homem livre é motivado pela busca direta do bem da vida continuada, e não porque a morte nem sempre seja um mal ao ser humano. De acordo com 4p39, "é bom aquilo que faz com que se conserve a proporção entre movimento e repouso que as partes do corpo humano têm entre si". E a preservação dessa proporção é simplesmente a preservação da vida de uma pessoa, tal como 4p39s explicita.

Já que a morte é sempre um mal à própria pessoa, tem de ser sempre bom, da perspectiva de Spinoza, fazer tudo o que impeça a própria morte. No entanto, parece que há aqui um conflito com 4p72, que afirma que "o homem livre jamais age com dolo, mas sempre de boa-fé". A demonstração de 4p72 é a seguinte:

> Se um homem livre, enquanto livre, fizesse algo com dolo, ele o faria segundo o ditame da razão (pois é apenas enquanto tal que nós o chamamos livre). E, assim, agir com dolo seria uma virtude (pela prop. 24 da P.4) e, consequentemente (pela mesma prop.), cada um procederia melhor, para conservar seu ser, se agisse com dolo, isto é, (como é, por si mesmo, sabido) os homens procederiam melhor se

concordassem apenas verbalmente, embora, na realidade, estivessem em discordância, o que (pelo corol. da prop. 31 da P.4) é absurdo. Logo, o homem livre etc. C.Q.D.

Em outras palavras, o homem livre, pela condução da razão, busca unir-se em ação cooperativa com os outros, e a boa-fé é necessária para tornar possível a cooperação genuína; portanto, a boa-fé é também uma virtude. De acordo, toda falta de boa-fé pode ser prescrita à falta de liberdade de uma pessoa, a sua incapacidade de ser completamente conduzida pela razão, e a sua falta de virtude. No entanto, parece que tem de ser *bom* agir com dolo, ao menos em algumas circunstâncias. Suponha-se, por exemplo, que uma pessoa só pudesse competir com sucesso com seus colegas náufragos por um suprimento limitado de comida com dolo, ou só pudesse se salvar de determinada morte nas mãos de seus captores agindo de má-fé para com eles. Porque tudo o que preserva a vida de uma pessoa é bom, e a má-fé é necessária nesse caso para preservar a vida, parece decorrer disso que é bom agir de má-fé. Mas como é que agir de má fé pode ser bom, se o homem livre sempre age de boa-fé, e não com dolo?[33]

O termo "bom" é o único dos quatro termos principais de avaliação ética positiva usados por Spinoza que ele não afirma explicitamente ser coextensivo com um ou mais de um dos outros. E, com efeito, "bom" parece ter um objetivo um pouco diferente, sob vários aspectos. Em primeiro lugar, "virtude", "sob a condução da razão", "livre" e suas variantes ou extensões são utilizadas na maior parte para estados de caráter, para o comportamento e para as próprias pessoas, ao passo que não apenas isso tudo, mas também os objetos podem ser caracterizados como "bons". Mesmo que restrinjamos nossa atenção a ações, porém, parece que o que é *bom* fazer difere do que é virtuoso fazer, ou fazer de acordo com a razão, ou fazer como o homem livre faz.

---

[33] O que se segue está baseado na discussão mais detalhada deste problema em Garrett 1990a.

A razão para tanto é simples. Alguém que aja por virtude, segundo a razão ou livremente, por agir assim *já* alcançou certo modo de ser. O bom, diferentemente, é o que *tornará* alguém capaz de alcançar certo modo de ser. E os tipos de ações que tornarão uma pessoa capaz de alcançar um modo de ser não são necessariamente os mesmos tipos de ações que uma pessoa realizará uma vez que já tenha alcançado esse modo de ser. Por exemplo, a dieta necessária para a pessoa que não é saudável tornar-se saudável pode não ser a mesma dieta dela quando ela já tiver alcançado a saúde. Já que a virtude, a razão e a liberdade almejam suas próprias automanutenção, podemos estar certos de que tudo que um indivíduo faça segundo a virtude, a razão e a liberdade será bom. Mas disso não se segue que tudo o que é bom para um indivíduo será um ato característico da pessoa virtuosa, razoável ou livre.

Spinoza considera explicitamente a escolha entre a morte e a má-fé no escólio de 4p72:

> Agora, se alguém perguntasse: – Se um homem pudesse livrar-se, pela perfídia, de um perigo iminente de morte, não aconselharia a razão, sob qualquer condição, que, para conservar seu ser, ele fosse pérfido? [...] Se a razão assim aconselhasse, ele aconselharia o mesmo a todos e, portanto, aconselharia, sob qualquer condição, a todos os homens a não pactuarem, a fim de unir suas forças e ter direitos comuns, senão por meio do dolo, isto é, a não ter, na realidade, direitos comuns, o que é absurdo.

A razão não pode recomendar o dolo "sob qualquer condição" nesse caso, pois a razão sempre recomenda acima de tudo que os seres humanos juntem forças pela cooperação. E, sem dúvida, o homem perfeitamente virtuoso e livre sempre teria meios suficientes diferentes do dolo, ou sempre conseguiria em primeiro lugar evitar com sucesso situações em que uma escolha entre a morte e o dolo fosse inevitável. Nenhum ser humano real, porém, tem tanta liberdade ou virtude para assegurar que uma escolha entre a morte e o dolo nunca precise ser enfrentada; como já vimos, a vida do "homem livre" é um modelo ou limite aproximável, mas não completamente alcançável.

Utilitaristas da regra defendem que pode ser mais útil adotar, em longo prazo, regras sem exceções do que tentar agir avaliando a utilidade em casos individuais. Pode ser tentador supor que, de maneira um pouco parecida, Spinoza defende (ou ao menos insinua) em 4p72 e 4p72s que será útil para uma pessoa adotar uma política de boa-fé sem exceções, mesmo que essa política exija às vezes que se escolha a própria morte em vez do dolo feito a outrem. Em geral, Spinoza poderia bem admitir que às vezes aferrar-se a uma regra que não admite exceções *pode* ser útil, mais do que se permitir avaliar os méritos dos casos individuais. Não obstante, é difícil ver onde poderia existir qualquer vantagem spinoziana no fato de se adotar uma regra de boa-fé que proíba uma exceção para uma escolha de dolo em vez da própria morte, pois nenhuma das considerações comumente utilizadas para justificar a adoção de regras sem exceções em vez do exame de casos particulares se aplica. Por exemplo, as consequências das duas escolhas em tal situação não precisam ser absolutamente difíceis de se calcular; não pode existir ganho em longo prazo para uma pessoa para compensar a escolha imediata da morte; e não há razão para supor que outras pessoas poderiam motivar-se a se regular por tal regra, ainda que sob a condição que alguém assim o tenha feito. Com efeito, parece que somente o homem *perfeitamente* livre (que não pode ser prejudicado) poderia adotar uma regra desse tipo – e esse homem não existe. Assim, é difícil evitar a conclusão de que, para Spinoza, uma escolha forçada entre o dolo e a própria morte seria uma situação em que seria bom para um ser humano real agir diferentemente de como se diz que o homem ideal agiria.

Essa conclusão recebe confirmação parcial do fato de que Spinoza em outros contextos assegura que algo pode ser "bom" ainda que não seja virtuoso, ao menos em alguma medida ou em algumas circunstâncias. Por exemplo, ele sustenta que a vergonha é um tipo de tristeza, e, portanto, não é virtude. Não obstante, ela ainda assim pode ser boa, "à medida que indica que o homem que se ruboriza por vergonha está imbuído de um desejo de viver lealmente" (E 4p58s). E, de maneira mais geral, ele sustenta que "um mal menor é, na realidade, um bem" (E 4p65d). Para Spinoza, quando a única alternativa é a morte, o dolo pode bem ser um "mal menor", e portanto um bem, mesmo que um homem livre não aja assim.

Uma possível estratégia para negar essa última conclusão seria enfatizar a primeira pessoa do plural na definição spinoziana do bem como "aquilo que sabemos, com certeza, nos ser útil". Isto é, seria possível interpretar que a definição quer dizer que somente as coisas que são benéficas *a todos* deveriam ser chamadas de "bem". Essa interpretação é reforçada em certa medida pelo fato de que Spinoza critica o uso comum do termo "bem", na base de que geralmente se diz que o "bem" é relativo a cada indivíduo. Segundo essa interpretação, uma situação em que ninguém poderia ser beneficiado, a não ser à custa de outro, seria uma situação em que não haveria *nenhum* "bem" a ser feito. O "bem" seria, assim, usado para descrever somente a vantagem humana comum, e não as vantagens conflitantes dos indivíduos que (inevitavelmente) surgem quando seus interesses divergem.

Mas, embora essa interpretação tenha alguma base textual, ela não consegue apagar por completo a divergência entre boas ações e as ações do homem livre ideal. Pois pode claramente haver circunstâncias em que o dolo seja útil *a todos*, e não só a quem o cometa. Por exemplo, toda uma comunidade poderia perecer, a menos que um de seus membros enganasse a todos os demais, convencendo-os a realizar uma ação a que não poderiam ser induzidos se não enganosamente. Por conseguinte, ainda somos obrigados a reconhecer que, na teoria ética de Spinoza, uma boa ação pode *às vezes* divergir da ação de um homem livre.[34]

A praticalidade da razão

Para Spinoza, a razão é cognitiva, é um processo inferencial pelo qual o conhecimento adequado é derivado de outro conhecimento adequado. Mas ele também escreve que a razão é uma ação que conduz (*ex ducto rationis*) e que dá conselhos (*consilium rationis*), preceitos (*praeceptum rationis*), regras

---

[34] Tampouco alteraria a situação enfatizar a exigência de "conhecimento" ou "certeza" da definição de Spinoza; pois uma pessoa também poderia *saber com certeza* que seria bom causar dolo toda vez que fazer isso fosse a única maneira de salvar toda uma comunidade.

(*praescriptum rationis*) e "ditames" (*dictamen rationis*). David Hume, escrevendo setenta anos depois da publicação da *Ética*, sustentava que a própria razão não tem força para motivar, de modo que é somente "a escrava das paixões" (Hume 1978: 415). Immanuel Kant sustentava, em resposta a Hume, que, na moralidade, a razão tem de ser prática e tem de ter força para motivar; mas ele também concedia que explicar *como* a razão pode ter essa força motivadora é algo que está além de nossa capacidade. Pode Spinoza explicar como a razão é motivadora?

A chave para compreender como a razão spinoziana pode motivar está na explicação da relação entre ideias e afetos que ele dá quando explica as causas da servidão às paixões, em 4pp1-18. As ideias, tais como acontecem nas mentes humanas, são ideias que representam (são "de") modificações ou aspectos do corpo humano. Elas também podem representar indiretamente objetos externos, cujas naturezas estão envolvidas na causação dessas modificações do corpo. Mas, para Spinoza, as ideias não são *simplesmente* representações; ao menos muitas delas também têm um aspecto ou alguma característica afetiva. Por exemplo, um desejo não é – como Hume mais tarde defenderia – somente um mero sentimento que é causado ou acompanhado por uma ideia de algum estado de coisas que envolve seu objeto. Antes, o desejo *é* a ideia desse estado de coisas, acontecendo em certas circunstâncias. Por exemplo, uma ideia que representa que uma comida está presente, ocorrendo em um indivíduo em funcionamento normal que precisa de comida, *será*, em seu aspecto afetivo, um desejo de conseguir comida e comer.

Para Spinoza, a razão é um processo cognitivo pelo qual ideias adequadas decorrem logicamente de – e são causadas por – outras ideias adequadas. É claro, muitos desejos são somente produtos passionais da imaginação, com pouco ou nenhum envolvimento da razão. Mas também é possível que uma ideia adequada, produzida pela razão, constitua um desejo. Se, por exemplo, uma pessoa determina pela razão que aquilo que lhe é útil está na busca do conhecimento ou na instituição de um estado bem organizado, ou na associação com indivíduos como ela mesma, então a ideia que constitui essa compreensão será ela mesma um desejo da coisa assim concebida, na visão de Spinoza. A ideia não somente direcionará ou estimulará esse desejo; ela *será* esse desejo. Isso não quer dizer que o desejo não possa ser sobrepujado por outros afetos mais potentes e mais passionais – essa, obviamente, é a moral primordial de 4pp1-18; mas é o mesmo que dizer que a razão tem em si uma força motivadora.

Spinoza consegue sustentar essa concepção da praticalidade da razão porque identifica os afetos (as emoções) com ideias (representativas). Enquanto a concepção comum, partilhada por Hume e por Kant, trata os afetos e as ideias como duas classes distintas de ocorrências ou entidades mentais, Spinoza interpreta o afetivo e o representativo como dois aspectos *das mesmas* ocorrências ou entidades mentais. Isso assegura que, quando a razão produz o tipo correto de representação, ela produz *ipso facto* um afeto motivador. Ele é capaz de sustentar essa identidade dos afetos e das ideias, em troca, pela teoria do *conatus*, que explica como, quando um indivíduo percebe um objeto como algo útil ou benéfico para ele, essa mesma percepção pode constituir um desejo pelo objeto. O desejo spinoziano não é algo que tem de ser *acrescentado* a uma mente, concebida como um conjunto de conteúdos representativos. Ao contrário, é da própria *essência* das mentes desejar tudo que percebam (adequada ou inadequadamente) poder levar a sua vantagem. Spinoza não precisa distinguir a percepção e o desejo como partes separadas da mente, pois uma mente que percebe algo como útil ou vantajoso e, ainda assim, ao menos em certa medida, não a deseje, é uma contradição, segundo sua teoria. A razão spinoziana, que pode dar percepções adequadas das coisas e de seus usos, é inerentemente prática.

Essa praticalidade inerente da razão, em troca, explica como Spinoza pode conceber o conhecimento ético tanto como naturalista quanto como intrinsecamente motivador. Spinoza não precisa e não pretende ordenar, exortar ou suplicar nada a seus leitores – é a razão do próprio leitor que faz isso por ele. Se seus leitores compreenderem suas demonstrações de que certos comportamentos, certos traços de caráter e certas relações humanas conduzem à preservação de seu ser, estarão *ipso facto* motivados a buscá-los. Para Spinoza, a questão "Por que ser moral?" não tem mais força cética do que a questão "Por que buscar alcançar nossos fins?". Cada indivíduo, por necessidade metafísica, busca autopreservar-se. A ética simplesmente mostra em que consiste essa autopreservação e quais os caminhos mais efetivos para se chegar a ela.

O papel da virtude

Por um lado, a ética de Spinoza parece ser uma versão do que veio a ser chamado "consequencialismo". Isto é, ele parece considerar as avaliações éticas mais importantes ou fundamentais como avaliações de ações em termos de suas consequências. Ele insiste que o fundamento da virtude é a autopreservação; e, portanto, parece que a virtude tem de ser desejável somente de maneira instrumental, como um auxílio para se alcançar a autopreservação – e também, talvez, como um auxílio para se alcançar os estados afetivos da alegria ou da beatitude. No entanto, Spinoza também parece ser um proponente daquilo que veio a ser chamado de "ética da virtude", de acordo com a qual as avaliações éticas mais importantes ou fundamentais são avaliações do caráter ou da virtude de uma pessoa. De fato, ele parece negar que o valor da virtude seja instrumental no fim das contas, pois ele alega demonstrar que "a virtude deve ser apetecida por si mesma, não existindo nenhuma outra coisa que lhe seja preferível ou que nos seja mais útil, e por cuja causa ela deveria ser apetecida" (E 4p18s). Como esse conflito pode ser resolvido?

De fato, Spinoza é um consequencialista *e* um defensor da ética da virtude.[35] Embora a autopreservação aparece na *Ética* primeiramente como uma tendência para a duração temporal continuada, vimos que o fato de

---

[35] Além do consequencialismo e da ética da virtude, uma terceira maneira de abordar a teoria ética é a deontologia, é claro. A deontologia considera as avaliações éticas mais fundamentais como avaliações de ações por sua conformidade à lei moral ou ao dever. Embora Spinoza pouco use esses conceitos de "dever", "obrigação" e "direito", sua descrição da razão como fornecedora de "conselhos", "regras", "preceitos" e "ditames" pode ser entendida também como se o alinhasse em alguma medida com a abordagem deontológica da ética. Com certeza, ele situa a fonte dessas "regras" e "ditames" na mesma faculdade que Kant situa a fonte de seus imperativos morais – a saber, a razão prática.

alcançarmos a compreensão adequada – que é a virtude mais alta – traz uma participação no eterno que é *em si* um tipo de perseverança no ser. De acordo, a virtude suprema não é meramente um *meio* para a autopreservação; e em si um *gênero* de autopreservação. Isto é, a própria consequência almejada pelo consequencialismo de Spinoza é também um estado de caráter, ao menos em sua manifestação mais importante.

Diferentemente, na ética de Spinoza o valor da alegria é instrumental. Pois se trata somente de uma indicação de uma transição para um estado de mais perfeição e de mais capacidade de ação.[36] É a esse estado de maior perfeição e de maior capacidade para a ação em si que Spinoza atribui um valor em si, como aquilo que seu *conatus* – o de cada pessoa – necessariamente busca produzir.

Esse estado de maior perfeição é a virtude, mas é *também* o estado afetivo de beatitude. Para Spinoza, a beatitude, como um estado afetivo da mente, não é uma mera consequência de um caráter virtuoso, ainda que seja uma consequência inevitável. Como vimos, ele identifica os afetos com as ideias. Porque a virtude suprema é a posse continuada de ideias adequadas, e o lado afetivo desse conhecimento adequado é a beatitude, segue-se que a busca da beatitude *é* a busca da virtude. Virtude e beatitude são igualmente valiosas e fundamentais – pois no fim elas resultam idênticas.[37] Assim, Spinoza afirma na última proposição da *Ética* que "a beatitude não é o prêmio da virtude, mas a própria virtude" (E 5p42).[38] A beatitude é a posse efetiva e eterna da virtude, da qual a alegria é um mero indicador temporal.[39]

---

[36] Esse ponto é feito por Broad 1930: 51-52.
[37] A maneira como Spinoza entende a virtude pode ser comparada muito proficuamente com a de Hume. Embora os objetos primordiais de avaliação ética na teoria moral de Hume sejam aspectos de caráter e o termo fundamental da avaliação ética seja "virtude", a virtuosidade de um aspecto de caráter é ela mesma uma consequência de suas consequências hedonistas típicas. Uma *fonte* de valor da virtude humana, portanto, não é intrínseca a ela, como é o caso com uma virtude spinoziana.
[38] Ver também 2p49s: "a virtude em si (é) a própria felicidade e a suprema liberdade".
[39] Sou grato a Michael Slote, cujas questões me ajudaram a formular essa interpretação do papel da virtude na teoria ética de Spinoza.

As exigências para a liberdade e para a responsabilidade moral

Spinoza não é um fatalista. Pois, embora ele sustente que todas as volições, comportamentos e outros acontecimentos sejam completamente determinados por suas causas, ele não nega que as volições estejam entre as causas do comportamento, nem que os comportamentos às vezes estejam entre as causas de outros acontecimentos. Sua ideia não é que os mesmos acontecimentos ocorreriam ajamos ou não, mas, antes, que a determinação causal daquilo que fazemos contribui para a determinação causal de quais acontecimentos ocorrerão.

Todavia, Spinoza é um necessitarista; ele sustenta que tudo o que é verdadeiro é verdadeiro necessariamente. Um aspecto de seu necessitarismo é seu determinismo: isto é, sua aceitação da teoria de que o estado total do universo em qualquer momento dado, mais as leis da natureza, determinam conjuntamente o estado total do universo em qualquer momento futuro. E frequentemente se supõe que o determinismo é incompatível com a liberdade e com a responsabilidade morais. Novamente, Spinoza adota uma atitude objetiva, científica, para com os seres humanos, as ações e as emoções humanas, escrevendo, por exemplo, que ele considerará "as ações e apetites humanos como se fossem exatamente uma questão de linhas, planos e corpos" (E 3pr). E frequentemente se supõe que esse tipo de atitude objetiva é incompatível como o que P. F. Strawson chamou de "atitudes morais" reativas que são essenciais às atribuições de responsabilidade moral (Strawson 1974). Então, surge a questão: será que Spinoza reconhece a liberdade e a responsabilidade morais?

A liberdade spinoziana, definida em 1d7, não exige uma ausência de determinação causal. Ela exige somente que a coisa livre seja determinada por sua própria natureza, ao invés de por causas externas. Conforme já notamos, somente Deus é perfeitamente livre nesse sentido; não obstante, os seres humanos podem alcançar uma medida de liberdade na proporção em que *ajam* por seu próprio esforço por perseverar em seu ser. Não há incompatibilidade em dizer simultaneamente que Deus causa livremente o comportamento humano e que os seres humanos às vezes causam livremente seu próprio comportamento, pois os seres humanos são modos de Deus. À medida que agem livremente, Deus produz efeitos ao constituir as naturezas deles; à medida que não agem livremente, Deus produz efeitos por outros meios.

Mas, embora Spinoza claramente conceda uma medida de liberdade, não fica claro se ela será um tipo de liberdade *moral*, a menos que tenha alguma relação com a responsabilidade moral. Já que Spinoza não usa o termo "responsabilidade moral", temos de procurar por sua atitude para com ela nas discussões sobre os afetos e nas atitudes para com aqueles que fazem o bem e aqueles que fazem o mal.

Spinoza usa os termos "exultação" ("*laus*") e "afronta" ("*vituperium*"). Conforme suas definições deles, porém, esses termos se aplicam somente aos afetos para com indivíduos que se esforçam para beneficiar ou causar dano à pessoa que sente o afeto. Assim, a exultação é "a alegria com que imaginamos a ação pela qual um outro se esforçou por nos agradar", ao passo que a afronta é "a tristeza com que abominamos, contrariamente, a ação de um outro" quando esse outro se esforça em nos causar dano (E 3p29s).

Mais interessantes a nossos propósitos são o "reconhecimento" ("*favor*"; às vezes traduzido como "aprovação" [*"approval"*; *"approbation"*]) e a "indignação" (*"indignatio"*). O reconhecimento é "o amor por alguém que fez bem a um outro", ao passo que a indignação é "o ódio por alguém que fez mal a um outro" (3da19, 20). O reconhecimento e a indignação diferem da exultação e da afronta de três maneiras: (I) são casos de amor e de ódio, em vez de simplesmente casos de alegria ou tristeza; (II) não estão explicitamente restritos à imaginação; e (III) são atitudes para com ações que afetam os seres humanos em geral, e não somente a própria pessoa. Vou assumir que o comportamento para com o "outro" significa o comportamento para com alguém que não o autor do comportamento, e, por conseguinte, que pode incluir o comportamento para consigo mesmo. De acordo com essa suposição, uma pessoa pode sentir reconhecimento ou indignação pelos benefícios ou danos feitos a si própria, assim como os feitos a outrem. O reconhecimento e a indignação são as "atitudes reativas" morais primordiais de Spinoza.

Spinoza afirma em 4p51s que a indignação "é necessariamente má". Como uma forma de ódio e, portanto, de tristeza, ela é o mal em si diretamente.

Além do mais, ela nos leva a desejar causar dano ou a destruir a pessoa que odiamos, o que é contrário à meta racional de união de todos os seres humanos em amizade. Ela é inapropriada também por outra razão: conforme nos tornamos cientes das causas porque alguém fez mal a outra pessoa, inevitavelmente nos tornamos cientes de que o causador do mal não é a causa adequada do próprio comportamento. Pois o homem livre busca fazer o bem, e não o mal, a outras pessoas. Aqueles que fazem o mal nunca são livres e, de acordo, a indignação para com eles nunca está de acordo com a razão.[40] Não é necessário perturbar a paz de espírito de uma pessoa com sentimentos odiosos ou desejos de vingança.

Diferentemente, 4p51 afirma que "o reconhecimento não se opõe à razão; em vez disso, concorda com ela e pode dela surgir". E isso porque ele pode surgir de uma compreensão adequada das ações de outra pessoa. Isso não quer dizer que *todo* reconhecimento está de acordo com a razão. Se, por exemplo, temos reconhecimento por uma pessoa que, por paixão, acidentalmente se comportou de modo a beneficiar outras pessoas, essa pessoa não é a causa adequada do benefício. A compreensão de tal fato resultará na retirada de nosso reconhecimento ou aprovação. Mas quando os seres humanos fazem o bem a outros por nobreza, buscando unir-se aos outros em amizade, eles são as causas adequadas de suas ações; quando somos conduzidos pela razão, portanto, sentimos reconhecimento por eles. O fato de tais atos benéficos decorrerem da necessidade da natureza divina não nos impede de reconhecer ou aprovar o agente humano. Pois, como vimos, Deus e o agente humano não competem entre si para causar o bem; antes, Deus produz o benefício pela causalidade adequada do agente humano que é, é claro, um modo de Deus, e cuja potência própria é uma parcela da potência de Deus.

Os dois principais partidos no assim chamado debate sobre o livre-arbítrio são os compatibilistas e os incompatibilistas. Os primeiros sustentam que o determinismo é compatível com a liberdade e, por conseguinte, com

---

[40] Conforme Spinoza enfatiza em 4p51s, "quando o poder supremo, no propósito de manter a paz, pune o cidadão que cometeu uma injúria contra outro, não digo que se indigna com ele, porque não é por ódio que prejudica o cidadão: pune-o movido pela piedade".

a responsabilidade moral pelas ações boas e más. Os outros sustentam que o determinismo é incompatível com a liberdade e, por conseguinte, incompatível com a responsabilidade moral pelas ações boas e más. Esses dois partidos, assim, compartilham uma suposição comum que Spinoza nega: a saber, que a liberdade de realizar (e, por conseguinte, a responsabilidade moral por) ações boas e más têm de andar juntas. Isto é, os dois partidos concordam em que a liberdade e a responsabilidade moral ou se aplicam ao bem e ao mal juntos, ou não se aplicam a nenhum dos dois. Spinoza nega isso porque tem uma concepção de "liberdade assimétrica".[41] Com isso, quero dizer que ele sustenta que às vezes fazemos o bem livremente, mas nunca fazemos o mal livremente. O mal é sempre o resultado da paixão ou da falta de potência, e, por conseguinte, não é o resultado da causalidade adequada de uma pessoa – isto é, não é o resultado da liberdade. Porque a liberdade é assimétrica nesse sentido, assim também o são as prescrições racionais de responsabilidade moral. A razão aconselha (isto é, move-nos para) o amor e o reconhecimento por aqueles que fazem o bem livremente, sem ódio ou indignação por aqueles que fazem o mal.

Spinoza enfatiza que uma falta de indignação não implica uma falta de disposição para o envolvimento numa ação punitiva. Mas essa ação será motivada inteiramente por um desejo bem fundado de autoproteção; ela não será motivada pelo ressentimento ou pelo desejo de retribuição. Assim, por exemplo, ele escreve: "Mas deve-se observar que quando o poder supremo, no propósito de manter a paz, pune o cidadão que cometeu uma injúria contra outro, não digo que se indigna com ele, porque não é por ódio que prejudica o cidadão: pune-o movido pela piedade" (E 4p51s).[42]

---

[41] A frase memorável é de Susan Wolf (Wolf 1979). Todavia, ela não usa o termo com relação a Spinoza, mas com relação a Kant.
[42] Também vale notar a disposição de Spinoza, nessa passagem, de fazer referência aos afetos do Estado. O Estado é ele próprio uma coisa individual, composta de partes humanas e que naturalmente se esforça para preservar seu ser. Embora somente seres humanos tenham afetos *humanos*, assim como somente cavalos têm afetos equinos (3p57s), não se trata, para Spinoza, de mera metáfora falar dos desejos e de outros afetos do Estado.

A indignação é má e não está de acordo com a razão; e, por conseguinte, o homem livre não sente indignação. Contudo, a liberdade absoluta é um ideal aproximável, mas não alcançável; e isso é verdade não só para as ações do homem livre, mas também com relação às *reações* afetivas do homem livre. Spinoza certamente admitiria que ele não era e não poderia ser um modelo de homem livre; e sua reação evidentemente indignada ao assassinato de seus amigos, os irmãos De Witt (conforme descrita por Leibniz e por Lucas; ver Freudenthal 1899: 19), é sinal de que as reações afetivas de Spinoza às vezes eram passionais, e não determinadas completamente pela razão. Mas, na medida em que uma pessoa ganha compreensão, a potência sobre as paixões de uma pessoa tende a aumentar, e quanto mais essa pessoa for livre, menos indignação sentirá.

A possibilidade e a importância moral do altruísmo

Spinoza defende que a atividade genuína de cada coisa consiste inteiramente em se esforçar para alcançar aquilo que lhe for vantajoso ou útil, o que é interpretado em termos de autopreservação. No entanto, a observação da vida humana sugere que os seres humanos frequentemente buscam beneficiar-se uns aos outros independentemente de qualquer perspectiva de vantagem sobre os outros. Com efeito, os seres humanos frequentemente parecem sacrificar sua própria vantagem em nome do bem-estar dos outros. Será que Spinoza pretende negar esses fatos aparentemente evidentes?

Na *Investigação sobre os princípios da moral*, David Hume distingue duas formas de egoísmo psicológico:

> Há um princípio, supostamente superior dentre muitos [...] de que toda *benevolência* é mera hipocrisia [...] e que embora todos nós, no fundo, busquemos somente nosso interesse privado, usamos esses belos disfarces para pôr os outros em guarda e expômo-los tanto mais a nossas artimanhas e maquinações [...].

> Há outro princípio, um tanto parecido com o primeiro [...] de que toda afeição que uma pessoa sente, ou imagina que sente pelas outras, não é paixão alguma ou pode ser desinteressada; que a mais generosa amizade, não importa o quão sincera seja, é uma modificação do amor próprio [...].
> [Quem sustenta esse último princípio] prontamente admite haver essa coisa de amizade no mundo, sem hipocrisia ou disfarce; embora essa pessoa possa tentar, por meio de alguma química filosófica, resolver os elementos dessa paixão, se me for permitido falar assim, naqueles de outra, e explicar toda afeição como se fosse amor próprio, torcido e moldado por uma volta particular da imaginação em uma variedade de aparências (Hume 1975: 295-297).

O próprio Hume, embora considere a segunda forma de egoísmo psicológico compatível com a moralidade, rejeita ambas as formas em favor de uma psicologia que deixa espaço para a benevolência receptiva como um princípio original independente do "amor próprio". Nos termos da distinção humiana, contudo, Spinoza pertenceria claramente à classe dos que propõem o segundo princípio – isto é, aqueles que buscam aplicar um tipo de "química filosófica" para resolver todo comportamento em modificações de uma única força original de autointeresse, direcionada e redirecionada pelas circunstâncias – e não à daqueles que defendem que toda benevolência aparente é hipocrisia e engano.

Spinoza não precisa negar que os seres humanos às vezes são motivados em seu comportamento por pensamentos sobre o bem-estar ou o dano dos outros sem pensar ou se preocupar consigo mesmos. Ele não precisa negar que os indivíduos às vezes superam algo que desejam para si em nome da felicidade ou do bem-estar do outro. Ele não precisa negar nem mesmo que os indivíduos às vezes sacrificam suas vidas pelo bem-estar dos outros. Dessa maneira, ele não precisa negar *fenômenos* de altruísmo. Ele está comprometido somente com a concepção de que as *origens* causais desses fenômenos sempre estão em uma força psicológica singular, que é o esforço do indivíduo pela autopreservação de si mesmo. Essa força, pela circunstância, pode vir a ser dirigida a uma variedade de objetos, objetos que o agente pode pessoalmente então experimentar como se os perseguisse diretamente. Conforme ele enfatiza, frequentemente sabemos quais são nossos desejos, embora ignoremos suas causas (E 1ap e alhures).

Então, para explicar o comportamento altruísta, Spinoza precisa explicar como essa força autopreservadora ou *conatus* vem a ser direcionada para o bem-estar dos outros. Hume menciona somente uma única faculdade pela qual seus "químicos filosóficos" poderiam supor que uma força egoísta original está direcionada – a saber, a imaginação. Isso é compreensível, já que Hume não reconhece uma faculdade representativa separada do intelecto além da imaginação. Spinoza, diferentemente, distingue o intelecto e a imaginação como duas faculdades representativas diferentes; e, para ele, o esforço do indivíduo para a autopreservação pode ser direcionado por ambas.

A imaginação pode direcionar o *conatus* de um indivíduo para o bem-estar de outro de muitas maneiras. Por exemplo, se percebemos outro indivíduo como a causa de ideias imaginativas que nos afetam com alegria, amaremos esse indivíduo e, por isso, buscaremos fazer-lhe o bem. Se percebemos que um indivíduo odeia outro a quem também odiamos, buscaremos fazer o bem ao primeiro para causar dolo ao objeto de nosso ódio. Se percebemos que um indivíduo é como nós, nossos afetos imitarão os afetos daquele indivíduo, e nos motivaremos a buscar o bem-estar dele assim como o nosso próprio. Em cada caso, o bem-estar do outro se torna um dos muitos objetos aos quais nosso esforço de autopreservação passa a se dirigir. Na medida em que esse direcionamento ocorre pela imaginação, somos passivos.

Quando o intelecto, pelo uso da razão, direciona o *conatus* do indivíduo para o bem-estar dos outros, ele assim o faz pelo reconhecimento de que a verdadeira utilidade dos indivíduos coincide, porque "nada é mais útil ao homem do que o próprio homem" (E 4p18s). Dentre os seres humanos, os mais úteis são os que se conduzem pela razão, pois, na medida em que os seres humanos são conduzidos pela razão, eles partilham da mesma natureza; portanto, tudo o que for benéfico a um será benéfico a todos. O bem que esses indivíduos buscam – a saber, o conhecimento – não só é partilhável, mais do que limitado; ele também é um bem que pode ser mais bem buscado em companhia dos outros. Como observamos, Spinoza considera o comportamento altruísta nessas circunstâncias com "reconhecimento" ou aprovação.

Não obstante, como também vimos (em conexão com a escolha entre o dolo e a morte, por exemplo), uma coincidência *completa* de interesses humanos não é possível. Cada indivíduo necessariamente se esforça para alcançar aquilo que lhe é útil; e os indivíduos podem competir por recursos limitados, já que são seres finitos que precisam manter a vida até para poderem buscar o entendimento. Por conseguinte, seus interesses podem divergir. Quando essa divergência acontece, um curso cooperativo comum de conduta, acerca do qual todos possam concordar, é impossível. Uma pessoa pode, então, ser forçada a escolher entre alcançar o que lhe é útil às custas dos outros e ajudar os outros com o próprio sacrifício. Como Spinoza avalia esse altruísmo do autossacrifício?

Embora o autossacrifício genuíno seja *possível*, não é possível que seja um *bem* para quem se autossacrifica, e não pode ser o resultado da razão ou da virtude. De acordo, o autossacrifício altruísta tem de resultar de o indivíduo ter sido tomado pela paixão. Já que o autossacrifício individual não pode ser a causa adequada da ação do indivíduo, o reconhecimento não é uma resposta racional. Mas, porém, tampouco o é a indignação, já que o indivíduo não causou dolo aos outros. Por conseguinte, a razão não pede nem o reconhecimento, nem a indignação para com aquele que escolha o autossacrifício para beneficiar aos outros.

Por outro lado, um indivíduo que não queira autossacrificar-se de maneira altruísta também não pode ser objeto de reconhecimento, já que não beneficiou aos outros. Mas a razão também não aconselha a indignação para com essa pessoa, já que a indignação nunca está de acordo com a razão. Por conseguinte, o afeto racional para com qualquer pessoa que tenha de escolher entre a autopreservação às custas de outras e o autossacrifício não será nem o reconhecimento, nem a indignação, *independentemente* da escolha definitiva da pessoa. Essa situação só exige o entendimento; não está inteiramente fora do alcance de atitudes morais reativas ou da responsabilidade moral – ao menos não do ponto de vista da razão.

Contudo, assim como uma coincidência completa de interesses é um ideal que nenhuma comunidade humana pode alcançar inteiramente, da mesma forma o ponto de vista afetivo da razão é um ideal que nenhum ser humano concreto pode manter inteiramente. Se um indivíduo que se autossacrifica beneficia os indivíduos que ama, provavelmente sentiremos – inclusive Spinoza – ao menos algum grau de reconhecimento, mesmo que o "homem livre" idealmente racional não sinta nenhum.

O lugar da ética de Spinoza na teoria moral

O método geométrico de demonstração de Spinoza tende a obscurecer o contexto histórico de sua teoria ética. À guisa de conclusão, tecerei breves comentários sobre sua ética em relação a seus predecessores gregos e judaico-cristãos, a seus contemporâneos (e quase contemporâneos) dos séculos XVII e XVIII e à teoria ética mais recente.

Spinoza e seus predecessores

Várias influências antigas são claras na teoria ética de Spinoza. De Platão, ele aceita uma concepção da ética preocupada com o conflito entre a razão e as paixões, além da distinção entre compreender o eterno, por um lado, e sentir ou imaginar o meramente durativo, por outro. De Aristóteles, ele toma uma concepção de ética preocupada com a virtude e com um tipo de florescimento humano, cuja expressão máxima está na vida ativa da razão. Dos estoicos, ele se apropria do ideal de uma liberdade interna encontrada na reconciliação de si mesmo com as necessidades da natureza. Entretanto, sua própria teoria ética é distintiva, não redutível a nenhuma dessas influências.[43]

---

[43] Para uma discussão da relação da teoria ética de Spinoza para com as de Aristóteles e Sêneca, ver Wolfson 1934, capítulo XIX. Wolfson nota a semelhança entre o retrato feito por Spinoza do "homem livre" e as descrições estoicas do "homem sábio".

A relação de Spinoza com a tradição moral judaico-cristã é complexa. Ele endossa a concepção cristã de que o ódio deve ser superado por darmos amor de volta a quem nos odeia (E 3pp43-44, E 4ap11). Entretanto, ele rejeita o ascetismo e a culpa do cristianismo, sustentando que "virtudes" cristãs fundamentais, tais como a humildade, o arrependimento e a caridade não são virtudes em absoluto, mas males, porque são todas espécies de tristeza e, por conseguinte, indicações de falta de potência.

O Deus de Spinoza não emite mandamentos, tampouco deseja que os seres humanos vivam bem. Não obstante, Spinoza acredita que uma pessoa pode recorrer a imaginação popular ao descrever o conteúdo da ética *como se* ela fosse constituída de um conjunto de mandamentos promulgados por um legislador divino, com promessas de recompensas e castigos. Conforme ele escreve a Willem van Blijenbergh:

> Quando dizemos que pecamos contra deus, falamos de maneira imprecisa ou de maneira humana, tal como quando dizemos que os homens irritam a deus. [...] Por Deus ter revelado os meios para a salvação e para a destruição, que nada mais são do que efeitos que decorrem dos meios, [os profetas] representaram Deus como um rei e um legislador. Os meios, que não mais são do que causas, são chamados de leis e escritos à maneira de leis. A salvação e a destruição, que nada mais são do que efeitos que decorrem dos meios, eles representaram como recompensa e castigo. Eles ordenaram todas as suas palavras mais de acordo com essa parábola do que de acordo com a verdade. Em toda parte eles representaram deus como um homem, ora zangado, ora misericordioso, ora ansiando pelo futuro, ora tomado pelo ciúme e pela desconfiança, e, com efeito, até mesmo enganado pelo diabo. Os filósofos, então, e com eles todos os que estão acima da lei, isto é, aqueles que seguem a virtude não como uma lei, mas por amor, porque isto é o melhor, não devem deixar-se surpreender por essas palavras (Ep 19).

Spinoza observa em E 2p7s, acerca da doutrina de que um modo de extensão e um modo de pensamento são a mesma coisa expressa de duas maneiras, que isso é o que "alguns hebreus parecem ter visto como que através de uma neblina, ao afirmar que Deus, o intelecto de Deus e as coisas por ele compreendidas são uma única e mesma coisa". De maneira semelhante, ele sustenta, os profetas hebreus captaram algo do conteúdo da ética, mas representaram-na como se as consequências benéficas e danosas das leis naturais que governam os seres humanos e seu bem-estar fossem, em vez de leis, recompensas e castigos livremente escolhidos por um Deus passional e decidido. Assim como a religião dos filósofos tem seu reflexo imaginário na religião popular do vulgo, da mesma maneira também a ética dos filósofos tem seu reflexo imaginário na moralidade religiosa do vulgo. Tal como ele deixa claro no *Tratado teológico-político*, a religião popular pode ser extremamente perigosa; mas, em um estado em que nem todos os seres humanos são filósofos, e, portanto, têm de ser influenciados pela esperança e (principalmente) pelo medo, a moralidade imaginária baseada na religião popular ainda é, apesar de tudo, essencial a muitos.

Spinoza e seus contemporâneos

Spinoza antecipa outros teóricos éticos modernos com seu esforço para tornar a ética totalmente independente dos mandamentos divinos ao situar o discernimento ético, a autoridade ética e a fonte da motivação ética completamente no indivíduo. A influência de Hobbes parece clara na psicologia moral egoísta de Spinoza, fundada sobre um impulso fundamental para a autopreservação, e em seu esforço para reconciliar a liberdade com a aplicação da necessidade natural aos seres humanos. Entretanto, ele difere de Hobbes ao simultaneamente aceitar o projeto ético cartesiano de treinar a imaginação e potencializar o intelecto – este último, considerado como uma faculdade representativa para a qual Hobbes não vê utilidade. Com efeito, mais do que qualquer outro fator singular, é sua aceitação da distinção cartesiana entre intelecto e imaginação que separa Spinoza não só de Hobbes no século XVII, mas também de certos pensadores morais britânicos do século XVIII, tais como Locke, Hutcheson, Shaftesbury, Butler e Hume. Trata-se apenas de suave supersimplificação dizer que os juízos éticos sentimentais, baseados na compaixão [*sympathy*], de Hume, são o que restaria da teoria ética de Spinoza, se Spinoza fosse obrigado a desistir da existência do intelecto e, junto com ela, dos segundo e terceiro gêneros de conhecimento.[44]

Muitos filósofos dos séculos XVII e XVIII tentaram adaptar a metafísica aos conteúdos e ao método da Nova Ciência. Alguns, como Spinoza, buscaram também tornar a *ética* científica, baseando-a sobre uma compreensão inteiramente naturalista e determinista dos seres humanos, de suas paixões e de seu comportamento. Mas Spinoza está sozinho quando almeja fazer o casamento da ciência com a ética ainda em mais um aspecto. Diferentemente de seus contemporâneos, ele buscou interpretar a própria compreensão científica natural (para ele, também descritível como "conhecimento de Deus") como a virtude mais alta e, com efeito, como a beatitude eterna. Sua ética não é meramente uma ética cientificamente bem fundamentada; trata-se de uma ética cuja própria peça-chave é a prática da ciência. Sua visão ética é aquela em que a compreensão científica nos permite participar de uma comunidade moral pacífica e cooperativa junto com outros coinvestigadores, partilhando e tendo alegria com as realizações dos outros, sem sermos perturbados pelas fraquezas uns dos outros.

Spinoza e seus sucessores

A recepção imediata da teoria ética de Spinoza não foi mais positiva do que a de sua metafísica. Embora o romantismo alemão tenha em geral dado um veredicto mais favorável a Spinoza, não se pode dizer que o movimento romântico como um todo tenha sido profundamente influenciado por sua teoria ética.

Leitores frequentemente acham ecos de Spinoza na "vontade de poder" de Nietzsche, simultaneamente a seu naturalismo e à rejeição da ética cristã.

---

[44] Também é possível dizer que a epistemologia humiana é o que restaria da epistemologia spinoziana, se Spinoza fosse obrigado a desistir do intelecto e, com ele, dos segundo e terceiro gêneros de conhecimento.

O próprio Nietzsche via em Spinoza um predecessor, embora só relativamente mais tarde em sua vida.[45] Uma abordagem spinoziana também faz eco na obra de outro astuto psicólogo, Sigmund Freud. Pois a ética de Spinoza é fundamentalmente uma ética *da saúde mental*, na qual uma pessoa alcança uma potência saudável para controlar a direção de seus afetos pelo conhecimento de suas causas.

A teoria ética de Spinoza foi historicamente menos influente do que as teorias éticas de outros filósofos modernos mais antigos, como Hume e Kant. Não obstante, em seu naturalismo, em seu racionalismo prático, sua concepção assimétrica da liberdade moral e da responsabilidade, seu não retributivismo, sua ênfase na virtude e também nas consequências, e sua íntima relação com a teoria social e política, ela é uma precursora de correntes contemporâneas na teorização ética, uma precursora de relevância especial.

Pelo fato de Spinoza deduzir sua teoria ética em ordem geométrica formal de sua metafísica, quem quer que rejeite essa metafísica também pode rejeitar sua demonstração da ética. Seu necessitarismo, sua metafísica monista, em troca, é amplamente baseado em um forte Princípio de Razão Suficiente (ver a discussão de Bennett do "racionalismo explicativo", no capítulo 1, e Garrett 1991). Poucos filósofos contemporâneos aceitariam essa versão forte desse princípio, e poucos aceitariam seu necessitarismo ou seu monismo na forma em que ele os expressou.[46] A maioria dos filósofos contemporâneos, porém, concordaria que o universo em geral e o comportamento humano em particular são ao menos aproximadamente deterministas em larga escala (indeterminidades quânticas permitidas), e que a mente humana é uma parte da natureza idêntica a alguma parte do corpo humano. Os aspectos mais importantes da teoria ética de Spinoza podem bem se mostrar quase tão adaptáveis a essa metafísica científica contemporânea quanto o são a sua metafísica científica do século XVII.

---

[45] O episódio, relatado por Nietzsche em um cartão-postal enviado a Overbeck em 1881, é descrito por Curley 1988: 128. P.-F. Moreau também menciona esse episódio, no capítulo 10, seção 3.

[46] Entretanto, Bennett 1984, capítulo 4, argumenta fortemente em favor de uma interpretação do monismo spinoziano alinhado com uma "metafísica de campo" contemporânea.

7 Kissinger, Spinoza e Genghis Khan

Edwin Curley

Numa entrevista a Oriana Fallaci em 1972, Henry Kissinger, perguntado sobre a influência de Maquiavel sobre seu pensamento, negou que o conselheiro florentino dos príncipes tivesse exercido qualquer influência sobre ele:

> Realmente há muito pouco de Maquiavel que se pode aceitar ou usar no mundo contemporâneo. [...] Se você quer saber quem mais me influenciou, responderei com os nomes de dois filósofos: Spinoza e Kant. O que torna ainda mais peculiar você ter escolhido associar-me com Maquiavel (*The New Republic*, 16/12/1972, p. 21).[1]

Obviamente, podemos suspeitar que se Kissinger aprendeu qualquer coisa com Maquiavel, a última coisa que ele desejaria fazer seria admiti-lo, dada a reputação de Maquiavel como um professor do mal. Se um líder não pode de fato *ser* virtuoso, diz-nos Maquiavel, ele deve ao menos tentar *parecer* virtuoso (a menos que, em circunstâncias específicas, parecer vicioso seja mais útil para manter sua posição).

No entanto, até onde consigo descobrir, ninguém parece ter notado a ironia implicada na combinação feita por Kissinger entre sua desaprovação de Maquiavel e sua adoção de Spinoza. É possível defender que Spinoza

---

[1] Infelizmente a srta. Fallaci não prosseguiu perguntando ao Dr. Kissinger quais aspectos do pensamento de Spinoza (ou de Kant) o influenciaram. Naturalmente, é possível se perguntar se a entrevista impressa corresponde ao que Kissinger de fato disse na ocasião. Ver Walter Isaacson, *Kissinger,* Simon and Schuster, 1992, p. 478. Mas não vejo razão para questionar essa parte da entrevista.

é o mais maquiaveliano dos grandes filósofos políticos modernos.[2] Não conhecemos Spinoza,[3] portanto não notamos a ironia. Tentemos reparar nossa ignorância.

Spinoza como um hobbesiano excêntrico

À primeira vista, em sua filosofia política, Spinoza se parece mais com um hobbesiano excêntrico do que com um maquiaveliano. Ele imagina um estado de natureza no qual o natural egoísmo e a natural hostilidade dos homens uns para com os outros tornam suas vidas inseguras, desgraçadas e brutais (TTP IV.18-25[68-69]).[4] Esse estado de natureza é completamente amoral. Cada indivíduo nele tem um direito perfeito para fazer o que quer

---

[2] A influência de Maquiavel sobre Spinoza foi enfatizada tanto por McShea 1968, quanto por Stanley Rosen, em sua contribuição para Cropsey and Strauss 1981. O estudo mais completo é o de Calvetti 1972.

[3] Ou seja, filósofos anglo-americanos não conhecem Spinoza como pensador político, especialmente se seu conhecimento da história do pensamento político for derivado de obras como o influente *A History of Political Theory* (4ª ed., rev. por T. L. Thorson, Dryden Press, 1973; ed. bras. *História das teorias políticas*. Rio de Janeiro: Editora *Fundo de Cultura,* 1964), de George Sabine, no qual Spinoza é muito pouco mencionado.

[4] O *Tratado teológico-político* (TTP) foi a primeira obra política de Spinoza, publicada anonimamente em 1670, com informações falsas sobre o editor e lugar de publicação. O livro levantou enorme tempestade de protesto, principalmente por causa das partes teológicas da obra, que encorajavam o ceticismo quanto a milagres, profecias e a autoridade da escritura. Quando de sua morte, Spinoza estava trabalhando num outro tratado puramente político, o *Tractatus Politicus* (TP), que foi publicado de forma inacabada na sua *Opera Posthuma* (1677). As traduções das obras políticas de Spinoza são minhas, citadas do segundo volume de meu *Collected Works of Spinoza,* Princeton University Press. Uso os números das seções de Bruder para referências ao TTP.

Para uma passagem comparável de Hobbes, ver *Leviatã* XIII. Nas comparações com Hobbes citarei ou o *De Cive* (do qual sabemos que Spinoza tinha uma cópia) ou o *Leviatã* (que alguns estudiosos acham que ele nunca leu) conforme for conveniente. O *Leviatã* foi traduzido para o holandês em 1667, por Abraham van Berkel, membro do "círculo Spinoza", que entendia seu argumento em favor da indivisibilidade da soberania como se apoiasse De Witts na controvérsia deles com a Casa de Orange, que tradicionalmente alegava poder executivo e militar (ver Secretan 1987). O livro já estava disponível em latim por volta de

que for capaz de fazer, no sentido de que não pode ser criticado com base na justiça de perseguir seu próprio autointeresse em qualquer sentido.[5] Os conceitos de justiça e de injustiça só fazem sentido na sociedade civil, e ali deverão ser definidos em termos de obediência ou desobediência à lei civil (TTP XVI.42 [243]; cf. Hobbes, L XV.3, XXIV.5, XXVI.4, 8). Mas porque os homens vivem miseravelmente no estado de natureza, a busca racional de seu autointeresse os leva ao contrato para formar um estado que restringirá seu comportamento (TTP XVI.12-14 [236-237]; cf. L XVII.1,13). Eles chegam a ver que, na verdade, menos é mais, que se desistirem de seus direitos no estado de natureza de tomarem o que puderem, e transferi-lo a um estado que terá o poder de fazer e impor regras sobre a propriedade, estarão mais seguros na posse do que adquiriram no passado ou poderiam adquirir no futuro. Não estarão em melhores condições somente em termos econômicos, já que o empreendimento pode florescer somente quando as posses estiverem asseguradas por lei; eles também estarão em melhores condições em termos de bens menos mundanos, como o conhecimento, já que buscas culturais podem florescer somente quando nem todas as nossas horas despertas forem consumidas na satisfação de necessidades básicas. O estado que os homens formam para fornecer esses bens terá autoridade absoluta sobre seus cidadãos, o direito supremo de compeli-los por força em todas as questões, inclusive questões de religião (TTP XVI.24-25[239-240], e TTP XIX; cf. L XVII.13, XVIII. XXXI.37).

1668. Creio ser virtualmente certo que Spinoza conhecia o *Leviatã* ao menos por volta de quando compunha o esboço final do *Tratado teológico-político*. Abrevio o *Leviatã* como L e cito por capítulo e parágrafo. Abrevio o *De Cive* como DCv, citando-o por capítulo e seção. A edição do *Leviatã* que recentemente publiquei com Hackett (1994) indica as principais diferenças entre as edições em inglês e em latim do livro.

[5] Cf. TTP XVI.2-4. Para a diferença entre os sentidos forte e fraco de direito (*jus*), cf. H. Grócio, *De jure belli ac pacis,* I.1.3-4. Passagens comparáveis em Hobbes seriam L XIII. 13, XIV.4, embora ele não use a linguagem dos direitos naturais em ligação com os animais e aparentemente fundamento o direito natural de todos a tudo sobre o direito de autopreservação (L XIV.1). Haverá mais sobre isso abaixo.

Até agora tudo isso soa muito hobbesiano, e na medida em que Maquiavel pouco ou nada fala sobre o estado de natureza ou direitos naturais, ou um contrato social, nem ele demonstra muita preocupação com a questão se poderia legitimamente haver limites à autoridade do estado, não muito maquiaveliano. Não há dúvida de que Maquiavel concordaria com a afirmação hobbesiana sobre como a vida seria sem um governo efetivo,[6] mas as passagens em sua obra que chegam mais perto de uma discussão do estado de natureza (*Discursos* I.1-2) parecem ser mais história especulativa do que uma hipótese teórica. Embora ele cite a necessidade de segurança como uma motivação para a fundação das cidades, ele não desenvolve uma teoria da natureza humana para explicar essa necessidade. É muito provável que se Maquiavel estivesse operando com o conceito de um estado de natureza, ele concordaria com a tese hobbesiana de que no estado de natureza a utilidade é a medida do direito (DCv I.10).[7] Mas o fato é que ele não parece muito interessado no conceito de direito (ou direitos). Talvez haja uma leve alusão a um contrato social quando Maquiavel escreve, considerando as cidades construídas pelos nativos do lugar onde foram construídas, que as pessoas "passam a viver juntas em algum lugar que escolheram para viver de maneira mais conveniente e por ser mais fácil se defenderem" (Maquiavel 1975: 100-101). Mas aqui parece ser somente a vaga noção de um acordo em se viver junto,

---

[6] Esta parece ser uma inferencial razoável baseada em sua interpretação do que as pessoas gostam na sociedade civil. Ver particularmente os capítulos XV-XIX de *O Príncipe* (Maquiavel). Discuti isso em Curley 1991a.

[7] Aqui, uma sentença bastante controversa no parágrafo final do capítulo XVIII d'*O Príncipe* é importante: "Nas ações de todos os homens, especialmente os príncipes, contra os quais não há tribunal a que recorrer, os fins é que contam." (Maquiavel 1992: 49 [113]). Assumo que isso implica que: (a) todos os padrões de comportamento que se aplicam ao príncipe se aplicam também a qualquer pessoa que esteja numa situação parecida, isto é, a qualquer pessoa não sujeita a um soberano capaz de adjudicar disputas, e, por conseguinte, aos seres humanos num estado de natureza; (b) embora a sentença seja descritiva, e não prescritiva, ela indica sim que Maquiavel acredita que as pessoas geralmente aplicarão um padrão consequencialista ao comportamento humano. Parece claro, tomando os *Discursos* I.9 (passagem a ser discutida adiante), que Maquiavel endossaria o uso de padrões consequencialistas desse tipo.

sem noção alguma de uma transferência de direitos, ou do estabelecimento de um poder que tenha direitos. Já que Maquiavel não está interessado em questões sobre os direitos do estado, ele não discute o direito do estado em questões de religião (embora sua discussão da religião romana nos *Discursos* 1.XI-XV certamente assuma que é legítimo ao estado encorajar certas formas de religião, conforme os magistrados considerem útil para seus propósitos seculares).[8] Assim, a estrutura conceitual de Maquiavel é muito diferente da de Hobbes e Spinoza.

Não obstante, quando consideramos que tipo de estado supõe-se emergir do processo contratual para Spinoza, vemos que ele é um hobbesiano excêntrico no melhor dos casos. Diferentemente de Hobbes, ele tem uma preferência marcante pela democracia, caracterizando-a como a forma mais natural de governo, porquanto nela todos permanecem iguais, tal como eram no estado de natureza, e porque a democracia se aproxima muito mais da liberdade do estado de natureza. Numa democracia, "ninguém transfere seu direito natural para outrem a ponto de este nunca mais precisar consultá-lo; transfere-o, sim, para a maioria do todo social, de que ele próprio faz parte" (TTP XVI.36 [242]). Isto pode fazer-nos pensar mais em Rousseau do que em Maquiavel,[9] mas é claramente uma perspectiva que Hobbes muito ansiosamente deseja combater.[10]

---

[8] É possível presumir que seu consequencialismo também implicaria a legitimidade de formas desalentadoras de religião que podem ser prejudiciais ao Estado (como ele parece pensar que o é a Cristandade, nos *Discursos* II.2).

[9] Cf. *Do Contrato Social* I.8: "liberdade é obediência a uma lei que uma pessoa prescreve a si mesma". Mas em Rousseau essa liberdade parece ser consequência da participação em qualquer sociedade civil legítima, seja a forma de governo democrática ou não. De fato, Rousseau parece ter pensado que a democracia, como forma de governo, era apropriada somente para os deuses, e não para os homens (cf. *Do Contrato Social* III.4) e que a melhor forma de governo seria uma aristocracia (*Cartas Escritas da Montanha* VI; III, 808-9 da edição da *Encyclopédie de la Pléiade*). O maior número deve governar e o menor número ser governado vai contra a ordem natural. Em Maquiavel, o contraste não é democracia *vs.* monarquia, mas governo republicano ou popular *vs.* governo do príncipe, e a assunção é a de que há mais liberdade no governo republicano. Cf. *Discursos* I.4-5; I.16-18; II.2.

[10] Cf. DCv X.8 para um ataque à concepção de que há mais liberdade numa democracia do que numa monarquia.

A preferência de Spinoza pela democracia também se baseia na suposição não hobbesiana de que num estado democrático "são menos de recear os absurdos: primeiro, por ser quase impossível que a maior parte de um conjunto de homens reunidos, se for um conjunto suficientemente grande, concorde com um absurdo" (TTP XVI.30 [240]). As razões para essa confiança nas decisões de assembleias amplas são obscuras. Spinoza certamente conhecia o argumento hobbesiano de que numa assembleia grande muito poucas pessoas teriam o entendimento de assuntos estrangeiros e domésticos para julgar sabiamente o que conduz ao bem comum, que a grande maioria seria, portanto, presa fácil de oradores que conheceriam como fazer a pior causa parecer a melhor, apelando ao preconceito popular em vez de à razão, e que a influência da paixão nessas decisões frequentemente levaria à facção, à inconstância e, no pior dos casos, à guerra civil (DCv X.9-15). E a visão de Spinoza da capacidade das massas para escolher racionalmente não parece, no todo, ser mais favorável do que a de Hobbes.[11] Portanto, o porquê de Spinoza pensar que há menos perigo de absurdos numa democracia é um quebra-cabeças que, por enquanto, deixo para ser discutido mais tarde. Mas ele pensa isso, e que essa é uma visão bastante não hobbesiana, está claro.

Talvez a indicação mais forte de que Spinoza é, no melhor dos casos, um hobbesiano muito revisionista, esteja, no entanto, no propósito fundamental de sua principal obra política: defender que, não importa quão absoluto seja o direito do soberano para fazer o que quiser, mesmo em assuntos sagrados (TTP XX, título), não obstante, "num estado livre é lícito a cada um pensar o que quiser e dizer aquilo que pensa" (TTP XX, título). Hobbes, por outro lado, defende que o soberano tem de ter controle absoluto sobre quais doutrinas podem ser publicadas nos livros, ensinadas nas escolas ou pregadas nas igrejas (L XVIII.9; Revisão e conclusão, 16; XLII.68), e que esse controle é coerente com a liberdade de seus súditos (L XXI.7). E embora Hobbes possa estar mais preocupado em defender o direito do soberano de controle sobre a expressão externa de crença do que ele está em liberar esforços de controlar

---

[11] Cf., por exemplo, *Tratado teológico-político* XVII.13-16 ou *Tratado político* I.5.

"o pensamento e a crença internos dos homens" (L XL.2; cf. XXXII.4-5, XLII.11), ainda assim, enquanto ele sustentar que "as ações dos homens procedem das opiniões, e no bem governar das opiniões consiste o bem governar das ações, para sua paz e concordância" (L XVIII.9), ele não pode deixar as opiniões soltas por muito tempo.[12] Não importa quão semelhantes sejam os fundamentos de suas respectivas teorias políticas, Spinoza de alguma maneira consegue chegar a conclusões muito diferentes das de Hobbes.

Coextensividade entre direito e poder[13]

Comparações às vezes são odiosas; noutras, ajudam-nos a entender ao tornar familiar o que não nos é familiar. Mas, no fim, Spinoza é Spinoza, não é nem Hobbes, nem muito menos Maquiavel. Ele é, nas palavras de um escritor recente, uma anomalia.[14] Para entender a anomalia precisamos tentar investigar mais a fundo a lógica do sistema. Podemos começar considerando por que Spinoza sustenta que o direito de cada coisa vai até onde sua potência (*power*) conseguir ir (TTP XVI.4[234]).

---

[12] Para um tratamento sugestivo dessas questões, ver Ryan 1983.

[13] N.T.: O argumento de Curley é que, para Spinoza, direito e poder são coextensivos, isto é, não podem abranger domínios diferentes. No entanto, há uma dificuldade de tradução que podemos somente indicar aqui. Em latim, Spinoza correlaciona *jus* (direito) e *potentia* (potência). Em inglês, o latim *potentia* é traduzido no texto por *power*, e não por *potency*. Procurei sempre manter a tradução de *power* por *poder*, inserindo o termo em inglês quando *potência* for usada. A tradução do *Tratado teológico-político* por Diogo Pires Aurélio traduz *potentia* sempre por *potência*, reservando *poder* para *imperium* ou *potestatis*, conforme o caso. Achamos conveniente em certas ocasiões indicar entre colchetes também essas palavras em latim.

[14] Negri 1991. Embora eu aceite a frase de Negri, rejeito o que ele parece querer dizer com ela: "que ao colocar *spes* contra *metus*, *libertas* contra *superstitio*, a república contra a monarquia absoluta, Spinoza propõe e renova conceitos contra os quais todo o século se posiciona" (p. 122). Ver Spinoza romanticamente isolado contra as tendências intelectuais dominantes de seu século é negligenciar a força da tradição republicana coetânea (ver aqui Mulier 1980) e ignorar em que medida Hobbes antecipa a crítica de Spinoza à revelação (a respeito, ver Curley 1992).

Eu considero essa tese perturbadora e imagino que a maioria dos leitores de Spinoza também partilham dessa reação. Talvez o fato de essa tese ser tão importante para a teoria política de Spinoza, e frequentemente parecer que não foi defendida de maneira suficientemente persuasiva, ajude a explicar por que os historiadores do pensamento político frequentemente a negligenciaram. A tese é parecida com a alegação de Hobbes, já perturbadora o bastante, de que no estado de natureza todo homem tem o direito a tudo (L XIV.4), mas é uma afirmação mais forte ao menos em dois aspectos: Spinoza a emprega a todos os indivíduos (e não somente aos seres humanos), e ele não a qualifica dizendo que se aplica somente aos indivíduos no estado de natureza.[15]

Em Hobbes, podemos construir ao menos dois caminhos para a afirmação mais restrita,[16] e ao menos um desses pode ter exercido alguma influência sobre Spinoza. A linha de argumentação mais familiar procede da seguinte maneira: na guerra, é permitido a uma pessoa fazer qualquer coisa que for necessária para se preservar; ora, o estado de natureza é um estado de guerra; portanto, no estado de natureza uma pessoa tem permissão para fazer o que for necessário para se preservar; mas absolutamente qualquer coisa pode vir a ser necessária para a autopreservação; portanto, não há nada absolutamente proibido no estado de natureza; nesse estado, pode-se fazer qualquer coisa que se quiser.

Pelo menos parece que esse é o argumento que vai do início do capítulo XIII até o quarto parágrafo do capítulo XIV do *Leviatã*, e talvez represente a melhor maneira de se entender o argumento. Essa linha argumentativa tem a vantagem de se basear numa intuição moral – a permissividade da

---

[15] Cf. a famosa afirmação na Carta 50: "Tu me perguntas qual é a diferença entre a concepção política de Hobbes e a minha. Respondo-te: a diferença consiste em que mantenho sempre o direito natural e que considero que o magistrado supremo, em qualquer cidade, só tem direitos sobre os súditos na medida em que seu poder seja superior ao deles; coisa que sempre ocorre no estado natural". Muito semelhante é a afirmação do *Tratado político*, III.3: "o direito natural não cessa na ordem civil".
[16] No que segue, baseio-me parcialmente nas coisas (e, espero, parcialmente as melhorei) que disse mais pormenorizadamente em dois artigos recentes: Curley 1990 e Curley 1991b.

autopreservação em situações extremas – que parece estar profundamente enraizada nas pessoas e que até mesmo pessoas completamente céticas quanto à moralidade poderiam aceitar. Ela tem a vantagem de que Hobbes pode e de fato dá fortes razões em favor da suposição de que no estado de natureza (entendido como um estado no qual não há governo efetivo algum) haveria conflitos efetivos o bastante (ou o medo bem fundamentado do conflito) para tornar a vida de todos intoleravelmente insegura. Ela tem a fraqueza (do ponto de vista de justificar uma conclusão tão forte quanto aquela que Hobbes parece desejar) de parecer permitir o comportamento contrário à moralidade convencional somente em casos nos quais seja possível dar razões plausíveis para que realmente esse comportamento seja necessário para a autopreservação.[17]

Em algumas passagens do *De Cive* pode haver um caminho diferente, mais teológico, para a conclusão de que o direito é idêntico ao poder, uma rota que nos aproxima do argumento de Spinoza no *Tratado teológico-político*. Vamos supor que comecemos com a proposição de que o direito de Deus à soberania sobre o homem deriva de sua onipotência (DCv XV.5). Essa parece ser uma leitura plausível do livro de Jó, no qual Deus defende que seus atos que afligem Jó são justos sem qualquer indicação de algum pecado que Jó tenha cometido, mas afirmando seu próprio poder (cf. *Jó* 38:4, citado por Hobbes em DCv XV.6). Então, contrapomos que se é a irresistibilidade do poder de Deus que lhe confere o direito de se comportar da maneira como quiser, um poder semelhante no homem tem de conferir a ele um direito semelhante ao homem que o possua. Pressionado por opositores teológicos, Hobbes pode negar que algum homem tenha tal poder irresistível, mas isso

---

[17] Na passagem comparável em *De Cive* (DCv O.7-10) Hobbes trata disso defendendo que o direito a se autopreservar implica um direito de julgar quais meios são necessários à autopreservação. Mas até isso parecer requerer como condição para, digamos, eu legitimamente tirar a vida de um prisioneiro desarmado, que eu acredite de boa-fé que ele é um perigo a minha preservação. Talvez seja por isso que Hobbes abandone essa linha argumentativa no *Leviatã*. Cf. de Hobbes os *Elementos da lei natural e política* I.19.2 e minha discussão dessa e de outras passagens em Curley 1991b. Ver também as úteis discussões em Spinoza 1958: 13-14 e Den Uyl 1983: 11-14.

não parece ser sua posição no *De Cive* I.14, no qual, em virtude da máxima segundo a qual o poder irresistível confere um direito de governar, sustenta--se que a conquista confere aos conquistados um direito à obediência, sem necessidade de se defender que os conquistados consintam com isso submetendo-se aos conquistadores.[18]

O argumento no *Tratado teológico-político* XVI.3-4(234) parece seguir um padrão semelhante, exceto à medida que evidentemente implica ao menos uma tese peculiar da metafísica de Spinoza: Deus tem soberania absoluta, isto é, o direito supremo de fazer todas as coisas, isto é, qualquer coisa que possa fazer; ora, a potência (*power*) da natureza (considerado em absoluto) é simplesmente a potência de Deus; portanto, a natureza (considerada em absoluto) tem o direito de fazer o que quer que puder fazer; mas a potência [*power*] do todo da natureza nada mais é do que a potência (*power*) de todos os indivíduos na natureza; portanto, tudo na natureza tem direito de fazer o que quer que puder fazer. O direito é coextensivo ao poder.

É possível entender por que algumas pessoas não achariam esse argumento persuasivo. À medida que repousa sobre assunções tradicionais acerca da soberania de Deus, é um argumento que poderíamos esperar ser persuasivo ao público de Spinoza. À medida que repousa sobre a teoria de que o poder de Deus pode ser identificado com o poder da natureza (na qual essa

---

[18] Tal como Hobbes argumentará em L XX.11. Em "Of liberty and necessity", ele diz que "*o poder irresistível justifica todas as ações, verdadeira e apropriadamente,* em quem quer que seja encontrado; menos poder não justifica, e porque esse poder irresistível está somente em Deus, ele precisa ser justo em todas as ações, e nós, que, não compreendendo seus aconselhamentos, chamamo-lhe ao tribunal, cometemos injustiça nisso" (*English Works* IV, 250). No *Leviatã* (XXXI.5) Hobbes não nega explicitamente que o poder de qualquer homem pode ser irresistível, mas ele trata a hipótese como um contrafactual (se tivesse havido um homem de poder irresistível...). De maneira diferente, no DCv I.14 e nos *Elementos da lei natural e política* (I.14.13), Hobbes entende a noção de poder irresistível de maneira que um homem possa possuí-la (por exemplo, quando a outra pessoa é uma criança ou estiver temporariamente inválida). Penso, então, que Matheron está errado em dizer que Hobbes não faz uso algum, sequer de maneira sub--reptícia, da máxima segundo a qual o poder (*might*) faz o direito (Matheron 1985, ver particularmente p. 151).

noção, por sua vez, é identificada com o poder de todos os indivíduos na natureza), não o é. Já se sugeriu que essa não é uma assunção tipicamente spinoziana, e, por conseguinte, não é do tipo que se precisa ser um spinoziano para aceitar,[19] mas isso me parece equivocado. A crítica de Spinoza ao entendimento comum dos milagres procede muito com base na assunção de que as pessoas comumente fazem uma distinção (equivocada) entre o poder da natureza e o poder de Deus (cf. TTP VI.1-2[95]). Além do mais, se compararmos a versão do argumento de Spinoza presente no *Tratado teológico-político* XVI.3-4[95] com a reprise dele no *Tratado político* II.2-3, poderemos ver que nessa segunda obra Spinoza está tentando dar uma versão alternativa do argumento que evite simplesmente assumir uma identidade entre o poder da natureza e o de Deus.[20]

Se essa tentativa é bem-sucedida ou não, creio que isto será um problema para qualquer argumento em favor da coextensividade entre direito e poder que proceda da assunção de que o direito de Deus está baseado em seu poder (como o faz explicitamente o argumento do *Tratado político* e implicitamente o do *Tratado teológico-politico*). Alguns teístas admitirão isso, outros não. Sugiro que Spinoza tenha um argumento mais efetivo em favor da coextensividade entre direito e poder, que não pressupõe essa assunção, a ser encontrado não nos capítulos declaradamente políticos do *Tratado teológico-político*, mas no capítulo IV.

Poderíamos reconstruir o argumento do capítulo IV da seguinte maneira: suponha-se que há uma lei que imponha sobre nós uma obrigação e, por conseguinte, limite aquilo que nos é permitido fazer; se essa lei impuser uma obrigação sobre nós, devemos concebê-la como um mandamento, e

---

[19] Alexandre Matheron em Matheron 1969: 290.
[20] Discuti esse ponto com bastantes pormenores em Curley 1991b. Também é interessante a ligação entre a crítica de Pufendorf a Spinoza em *De jure naturae et gentium* (II.2.3 e III.4.4), que discuti num artigo publicado nas atas do congresso em Cortona sobre a recepção do *Tratado teológico-político*, editado por Paolo Cristofolini. Um ponto severamente criticado por Pufendorf é a identificação feita por Spinoza entre o poder da natureza e o poder de Deus.

não simplesmente como uma afirmação sobre como, em virtude de suas naturezas, alguns ou todos os membros de alguma espécie agem;[21] uma lei no sentido próprio tem de ser não só um mandamento, mas um mandamento de tal natureza que a pessoa ordenada possa desobedecer (o "deve" não implica somente o "é capaz de", mas também o "não é capaz de"); mas um mandamento que a pessoa ordenada pode desobedecer tem de ser um mandamento humano; pois se Deus manda alguma coisa, então a obediência é decorrência desse mandamento, ou então Deus não seria onipotente (assumimos aqui que ordenar um ato é querer que ele ocorra, e que a onipotência de Deus implica que o que ele deseja que ocorra ocorre); portanto, qualquer lei que imponha uma obrigação sobre nós tem de ser uma lei humana; Deus não pode ser um magistrado. Essa conclusão da razão é confirmada pelo que encontramos na experiência; pois um magistrado recompensa a obediência e pune a desobediência; mas a experiência nos ensina, conforme as palavras de Salomão, que "uma mesma sorte cabe ao justo e ao mau, ao bom e ao puro como ao impuro".[22] No que concerne a Deus ou à natureza, o que somos capazes de fazer, podemos fazer.

---

[21] Note-se que Spinoza começa o capítulo IV distinguindo entre as leis que descrevem como todos ou alguns membros de uma espécie agem e as leis que prescrevem certo tipo de conduta. Somente estas são chamadas apropriadamente de leis. Trata-se de questão interessante saber em que grau era comum na tradição da lei natural a assunção de que somente mandamentos são chamados apropriadamente de leis. É certo que Hobbes e Suarez fazem-na (cf. *Leviatã* XXVI.2 e XV.41; e *De legibus* II.6). E Suarez alega seguir Tomás de Aquino, que definia a lei como "certa regra e medida dos atos, segundo a qual alguém é levado a agir, ou a apartar-se da ação" (*Suma teológica* I^a-II^{ae}, q. 90, a.1 [Tomás de Aquino 1964-6]). Isso sugere uma prescrição de algum tipo (se não um mandamento, ao menos um aconselhamento). Mas, ao usar as inclinações naturais das criaturas como guia para o que deveriam fazer, Santo Tomás defensavelmente confunde o descritivo com o prescritivo (*Suma*, I^a-II^{ae}, q. 94, a.2). Eis talvez o porquê de Spinoza insistir tanto nessa diferença. Novamente, se uma ordem deve vir de um superior a um inferior (conforme argumenta Suarez, *De legibus* I.21.4), e se a lei natural impõe obrigações para com Deus (conforme defende Grócio, em *De Jure Belli ac Pacis* I.1.10), talvez não seja essencial à lei natural ela ser um mandamento. Até onde consigo ver, a tradição não fala com uma única voz acerca dessa questão, que pode limitar a efetividade do argumento de Spinoza.

[22] *Eclesiastes* 9:1-3, citado aqui duas vezes no *Tratado teológico-político*, em VI.32 (241) em XIX.7 (291).

Às vezes diz-se que a teoria dos direitos naturais de Spinoza é "desprovida de conteúdo normativo",[23] e às vezes sugere-se que dessa maneira ele evita a objeção de Rousseau contra aqueles que baseiam o direito no poder (*Do Contrato Social* 1.III). A ideia é que Spinoza concede que a força (*might*) dá um direito a você, mas porque ele simplesmente identifica a noção de direito com a de poder físico, sua doutrina não tem implicações justificatórias:

> Se um novo Genghis Khan invadisse uma pequena república spinoziana com forças esmagadoras, ele teria o direito de invadi-la, e, então, o direito de oprimir seus habitantes enquanto eles permanecessem assustados o bastante para não resistir a ele. Não que Spinoza pretenda com isso justificar qualquer tirania possível, tampouco justificar qualquer coisa em geral (Matheron 1985: 176).

Spinoza certamente não pretende justificar uma invasão ou opressão dessas, se justificar implica que as pessoas invadidas têm um dever moral de submeter-se a seu novo mestre (tal como parece ser na crítica de Rousseau a essa teoria). Indicar isso é útil. Mas penso que a teoria de que o direito é coextensivo ao poder não deveria ser pensada como uma teoria que *identifica* o direito com o poder se isso implicar que, quando Spinoza diz que este "novo Genghis Khan" (Luís XIV, talvez) tem o *direito* de invadir "uma pequena república spinoziana" (a República Holandesa de 1672, talvez), tudo o que ele *quer dizer* é (o que já sabíamos) que Genghis Khan tem o *poder*.

Em geral, Spinoza expressará essa tese sobre a relação entre direito e poder dizendo que o direito *se estende até onde* o poder for. Ele não identifica os dois conceitos. Se o fizesse, a tese perderia o interesse. Da maneira como as coisas se põem, contudo, Spinoza está usando uma linguagem normativa com implicações normativas aqui: ele está dizendo que não há padrão transcendental de justiça pelo qual as ações de Genghis Khan possam ser julgadas como injustas (cf. nota 5). E essa (desafiadora) renúncia normativa não implica que não há nenhum outro padrão pelo qual suas ações possam ser

---

[23] A frase é de Douglas Den Uyl, em Den Uyl 1983: 7.

julgadas. Pois dizer que Genghis Khan age de acordo com o direito natural é compatível com dizer que ele age contrariamente à lei da razão (cf. TTP XVI.5-6 [234]), e considero que esta também é uma alegação genuinamente normativa.[24]

Spinoza como teórico do contrato social

Dizer que não é injusto fazermos o que temos o poder de fazer, porquanto nenhuma lei transcendente nos proíbe, é fazer uma alegação perturbadora, normativa e talvez maquiaveliana. Também é tornar problemática a ideia de que o direito do estado funda-se sobre um contrato social.

Essa ideia já era problemática em Hobbes. Pois muito embora, para Hobbes, uma lei da natureza afirme que devemos manter os compromissos que fizemos pelos pactos (L XV.1), não é claro qual o estatuto das leis da natureza para Hobbes. No parágrafo final do capítulo XV do *Leviatã*, Hobbes dirá que essas "leis" não podem ser consideradas no sentido estrito do termo, a menos que pensemos nelas como mandamentos divinos; seu próprio comprometimento para com o teísmo é bastante questionável, de modo que não sabemos o que fazer com essa cláusula de escape. Em outro lugar (Curley 1992) defendi que Hobbes provavelmente foi um ateu (conforme muitos de seus contemporâneos pensavam). Se isto estiver correto, a cláusula de escape implica que as leis da natureza não nos obrigam (uma vez que a condição para serem obrigatórias não pode ser satisfeita).[25] Assim, terminaríamos com a conclusão de que as leis da natureza simplesmente são teoremas sobre o que nos conduz a nossa autopreservação, e não impõem quaisquer obrigações sobre nós. De acordo com essa visão, o imperativo "mantém os pactos que firmaste" não parece ser mais do que um conselho geral sobre como se conduzir a vida, um conselho que se pode

---

[24] Ver Curley 1973.
[25] Considero importante que a cláusula de escape seja omitida na versão latina do *Leviatã* e mesmo numa referência seguinte de volta a esta passagem na versão inglesa (L XXVI.8).

livremente desconsiderar se circunstâncias especiais fizerem-no parecer um mau conselho – como, por exemplo, quando não há soberania para assegurar que uma parte aja reciprocamente à honestidade da outra (L XVII.2).

Creio que Hobbes não ficaria muito feliz com a visão de suas leis da natureza dessa maneira. Por exemplo, ele parece ter um apego muito profundo ao valor de se manter uma promessa, argumentando repetidamente que estamos obrigados a manter promessas mesmo no estado de natureza, dado que a outra parte já agiu primeiro (L XIV.27; cf. DCv II.16, e *Elementos da lei natural e política* I.XV.13). Em sua famosa "resposta aos tolos" (L XV.5), ele gasta algumas páginas para nos persuadir de que, não obstante aparências em contrário, esta realmente é a coisa mais prudente a se fazer. Mas sua indignação contra Wallis, por ter traído o Rei durante a Guerra Civil (*English Works* IV: 416-419), parece prova das intuições morais que considerações prudenciais normais dificilmente conseguem provar.

Parece que essas intuições faltam completamente a Spinoza. Como poderíamos esperar, dado o argumento da seção precedente, o de que o direito é coextensivo ao poder, ele sustenta que "um pacto não pode ter nenhuma força a não ser em função de sua utilidade e que, desaparecida esta, imediatamente o pacto fica abolido e sem eficácia" (TTP XVI.20 [238]). Essa conclusão também é extraída parcialmente de uma psicologia egoísta que parece tirar toda esperança de qualquer teoria contratualista do Estado: "Manda a lei universal da natureza humana que ninguém despreze o que considera ser bom, a não ser na esperança de um maior bem ou por receio de um maior dano, nem aceite um mal a não ser para evitar outro ainda pior ou na esperança de um maior bem" (TTP XVI.15 [237]). Segue-se disso, diz Spinoza, que "só por malícia alguém prometerá renunciar ao direito que tem sobre todas as coisas, e que só por medo de um mal maior ou na esperança de um maior bem alguém cumprirá tais promessas" (TTP XVI.16 [238]).[26] Há duas coisas estranhas aqui: uma é que Hobbes, cuja

---

[26] McShea está certo, contudo, quando indica (McShea 1968: 167) que essa afirmação sobre as premissas ocorre no contexto de uma filosofia que faz do conhecimento e do amor a Deus o bem mais elevado (cf. *Ética* 4p28 e *Tratado teológico-político* IV.9-16).

psicologia geralmente parece ser tão ou mais egoísta do que a de Spinoza, deveria apresentar as pessoas como se estivessem sinceramente, no contrato social, comprometendo-se irrevogavelmente a obedecer aos mandamentos do soberano (ou de seus herdeiros) perpetuamente (L XVIII.3); a outra é que Spinoza, que não tem tais expectativas quanto às pessoas, não obstante deveria exprimir sua teoria política em termos de um contrato social.

Os comentadores frequentemente indicam que Spinoza fala muito sobre o contrato social em sua primeira obra política, o *Tratado teológico-político*, enquanto que quase nada é pronunciado sobre o assunto no mais tardio *Tratado político*; disso, poderíamos inferir que Spinoza abandonou a teoria do contrato social porque reconheceu que o contrato era supérfluo.[27] Se nenhum contrato é obrigatório a não ser que seja inútil, então o suposto contrato social não pode ter participação real alguma na fundação do direito do soberano de mandar. O direito do soberano dependerá de seu poder de persuadir seus súditos (de uma ou outra maneira) de que obedecer é do interesse deles. Se acreditarem nisso, obedecerão (e o soberano, em virtude de seu poder, mandará com direito). Se não acreditarem, então não importa que promessas possam ter feito, não obedecerão (e ele, em virtude de sua falta de poder, não será mais o soberano).

Ora, há muita coisa correta sobre a discussão resumida no parágrafo precedente, mas creio que não deveríamos inferir dela que Spinoza mudou suas ideias, em algum sentido fundamental, sobre a questão da legitimidade política, entre o *Tratado teológico-político* e o *Tratado político*. Mesmo no *Tratado teológico-político*, no qual Spinoza parece ser mais contratualista, há algo caracteristicamente ímpar em seu contratualismo. Dadas suas concepções sobre a força moral e psicológica do ato de se prometer alguma coisa, Spinoza simplesmente não pode considerar esse ato como se por si mesmo

---

[27] Ver, por exemplo, Spinoza 1958: 25-7. Poderíamos classificar também Alexandre Matheron junto com Wernham, com base na força de sua discussão em Matheron 1969: 307-30. Mas um artigo seguinte sobre esse tópico deixa claro que Matheron não pretende que sua teoria se dirija à questão da legitimidade do estado, mas somente à questão de sua origem histórica. Ver Matheron 1990.

dotasse o soberano da autoridade moral de mandar em seus súditos. Se todas as pessoas fossem racionais, ele pensa, seria racional para todas as pessoas manter suas promessas; mas, durante a maior parte do tempo, as pessoas não são racionais, e nenhuma lei natural as obriga a se comportar racionalmente (TTP XVI.21-22). Por isso é que, diz ele,

> muito embora os homens deem provas de sinceridade quando prometem e assumem o compromisso de manter a palavra dada, ninguém, mesmo assim, pode com segurança fiar-se no próximo *se à simples promessa não se juntar algo mais*; de fato, à luz do direito natural, o indivíduo pode agir dolosamente e ninguém está obrigado a respeitar os contratos, exceto se tiver esperança de um bem maior ou receio de maior mal[28] (TTP XVI.23 [239]).

O que é preciso acrescentar, assumo, é a existência de um soberano com o poder (e a vontade) de impor os contratos. Se um soberano assim existir, então seremos capazes de confiar em outras pessoas para realizarem o que prometeram e estaremos obrigados a fazer o mesmo.

O que é preciso para fazer com que tal soberano exista se o ato de prometer num contrato social não é suficiente? Aqui, penso que a resposta de Spinoza é que temos de ter outra concepção do contrato social, não (como a de Hobbes) como uma transferência de direito, mas (de acordo com a teoria de Spinoza sobre a relação entre direito e poder) como uma transferência de poder (TTP XVI.24-25 [240-242]). É a transferência de poder que gera a soberania, não a enunciação de quaisquer fórmulas mágicas.

Mas como pode o poder ser transferido? O melhor jeito de se abordar essa questão, penso, é considerar o que o contrato social representa ultimamente para Hobbes. Ele nem sempre escreve como se o que nos obrigasse a obedecer ao governo no poder fosse uma promessa que nós (ou nossos antepassados) fizemos no passado. Ele sabe que as origens factuais de muitas,

---

[28] N.T.: Aqui, há um erro no texto em inglês, que grafa equivocadamente "lesser evil". No original em latim está "nisi spe majoris boni vel metu majoris mali".

se não da maioria, das ordens políticas perderam-se nas brumas da história, e que se soubéssemos o que foram poderíamos não considerá-las belas. "Há poucos Estados no mundo cujos primórdios possam em consciência ser justificados" (L "Revisão e conclusão", 8). O que interessa, no fim, não é se as promessas foram feitas, mas se o governo tem o poder de nos prover a segurança que era nossa finalidade quando concordamos em obedecer a suas ordens. Essa linha de pensamento é mais forte em Hobbes na "Revisão e conclusão" do *Leviatã*, no qual ele está explicitamente preocupado em estabelecer um problema de consciência moral para aqueles que apoiaram o finado rei na Guerra Civil: em que ponto eles podem, de maneira coerente com todos e quaisquer juramentos de lealdade que possam ter feito, transferir sua fidelidade ao novo governo? Mas isso está presente antes no *Leviatã* e mesmo nas primeiras obras de Hobbes (cf. DCv VI.3; *Elementos da lei natural e política* II.1.5), e assim não podemos acusar Hobbes de ter escrito o *Leviatã* "para assegurar o título de Oliver". E, em todo caso, desse ponto de vista o que interessa não é a pessoa que detém o poder, mas o poder que detém. "A obrigação dos súditos para com o soberano dura enquanto, e apenas enquanto, dura também o poder mediante o qual ele é capaz de protegê-los" (L XXI.21).[29]

Quando Hobbes está nesse modo, a questão fundamental é "quais as condições para a preservação do poder político?". Tendo vivido em meio a uma guerra civil vencida pelos rebeldes, Hobbes está agudamente ciente da fragilidade do poder político. Uma das proposições mais fundamentais de sua teoria política é a de que os indivíduos são aproximadamente iguais em potência [*power*] física e mental. Quaisquer diferenças possíveis entre eles não são suficientes para fundamentar uma relação duradoura de dominação baseada exclusivamente no poder (L XIII.1). Decorre disso que um magistrado não é capaz de dominar uma multidão de súditos a menos que muitos desses súditos estejam dispostos a ajudá-lo a impor suas ordens. Não precisa ser o caso em que a maioria das pessoas obedece a todos

---

[29] Minha interpretação de Hobbes aqui é muito influenciada pela obra de Quentin Skinner, por exemplo, Skinner 1974.

os seus mandamentos com disposição, mas é necessário haver ao menos uma quantidade substancial de quem deseje obedecer a mandamentos que constrangem, e a estrutura da coerção deve ser mais ampla e mais dedicada somente em proporção conforme as pessoas em geral sejam mais hostis ao regime. Impor a lei é uma atividade arriscada e o homem hobbesiano é altamente arriscado em contrário.[30]

Hobbes afirma isso da maneira a mais incisiva em *Behemoth*, sua história da Guerra Civil Inglesa, na qual escreve: "O poder dos poderosos não tinha fundação, exceto na opinião e na crença das pessoas. [...] Se os homens não conhecem seu dever, o que é que há que pode forçá-los a obedecer às leis? Um exército, dirás? Mas o que forçará o exército?" (*English Works* VI, 184, 237). Spinoza pode não ter conhecido *Behemoth*, mas poderia ter encontrado reflexões semelhantes no próprio *Leviatã*, por exemplo, na análise do poder das seções iniciais (1-15) do capítulo X ou no capítulo XXX, que lembra aos soberanos que a eles foi confiado o poder de conseguir a segurança do povo (L XXX.1) e que precisam ser tanto amados quanto temidos pelo povo se forem realizar seu ofício com bom sucesso (L XXX.28-29). Não basta, *pace* Maquiavel, ao magistrado ser somente temido.[31]

Se aplicarmos essas reflexões sobre as condições do poder à questão da legitimidade política, no contexto de uma filosofia política em que o direito é entendido como coextensivo ao poder, o resultado obtido é que os magistrados governam com direito somente na medida em que seus súditos consentem com aquele que os governa obedecendo a suas ordens. O que

---

[30] Discuti essas questões com mais detalhes em Curley 1990, seção 14.
[31] Isto pode ser injusto com Maquiavel. O capítulo XVII de *O Príncipe* alerta que é difícil ser amado e temido ao mesmo tempo e que, se forçado a escolher, um príncipe deveria preferir ser temido a ser amado. Mas o capítulo XIX balanceia essa ideia com o conselho de que de um príncipe não precisa preocupar-se muito com conspirações "quando o povo lhe for benévolo; quando, porém, for seu inimigo e lhe tenha ódio, deve temer tudo e a todos". Maquiavel conclui que uma das preocupações mais importantes de um príncipe deve ser "afastar a aristocracia do desespero e satisfazer a população fazendo-a feliz" (Maquiavel 1992: 51; cf. TP VII.12,14 – passagens que contêm diversas alusões a Tácito).

interessa não é um juramento de lealdade ao Estado, mas uma disposição na estrutura da coerção para ver que as leis são obedecidas e uma disposição na população geral ao menos para não resistir por força à estrutura coercitiva.[32] Como veremos na próxima seção, essa perspectiva acarreta limites ao direito do soberano que não poderiam ser esperados da caracterização inicial de Spinoza do contrato social.

Spinoza como um maquiaveliano

Comecei este ensaio sugerindo que em algum sentido importante Spinoza era um maquiaveliano na teoria política. Você pode perceber que já identifiquei um sentido importante em que isso é verdadeiro: Spinoza sustenta que nunca é injusto fazer o que seu poder permite que você faça. Dada essa teoria, poderíamos esperar que um líder político spinoziano se comportasse como

---

[32] Assim, concordo com Matheron quando ele escreve "Spinoza sempre pensou que a existência e a legitimidade da sociedade política derivam, em última instância, do consentimento dos súditos; se você quiser chamar isso de 'contrato', ele sempre foi um contratualista (não somente no *Tratado teológico-político*, mas mesmo no *Tratado político*) [...] Se você quiser chamar de 'contratualismo' a doutrina segundo a qual a conclusão de um acordo faria surgir, por si só, independentemente de qualquer variação posterior nas relações de forças, uma obrigação irresistível, ele nunca foi um contratualista (não somente no *Tratado político*, mas mesmo no *Tratado teológico-político*)" (Matheron 1990: 258). O contratualismo pelo qual Matheron se interessa é uma teoria segundo a qual (colocadas de lado questões de legitimidade) a sociedade política é de fato fundada num estado de natureza efetivamente histórico, por meio de uma decisão coletiva deliberada e racional, e não por um processo dinâmico que envolve a inter-relação das paixões, nas quais a imitação dos afetos tem uma função decisiva. Este é o contratualismo que ele encontra no *Tratado teológico-político*, e não no *Tratado político*. No momento, não estou persuadido de que Matheron esteja certo em achar a evolução que ele diz que achou, já que me parece que Spinoza é totalmente pessimista no que tange a racionalidade humana, mesmo no *Tratado teológico-político* (TTP XVII.14-16). Meu ponto principal é que Hobbes às vezes se inclina para um contratualismo do tipo que (de acordo com Matheron) Spinoza sempre aprovou. Hobbes nem sempre é um contratualista do tipo que Spinoza nunca foi.

o Bismack de Kissinger: perseguindo "a utilidade política descomprometido com princípios morais" (Kissinger 1968: 916).[33] Se Maquiavel concordasse que direito e poder são coextensivos, ele então concordaria com um dos princípios mais centrais da teoria política de Spinoza. Mas não estou certo de que ele concordaria com Spinoza nesse ponto.

A questão do amoralismo de Maquiavel é frequentemente colocada em termos da questão se os fins justificam os meios. Poderíamos perguntar melhor, penso, se há certos fins (tais como o estabelecimento ou a preservação de uma comunidade política) tão bons que justifiquem o uso de quaisquer meios que sejam. A passagem mais instrutiva que encontrei sobre isso está na discussão de Maquiavel do assassinato de Remo por Rômulo, na qual seu consequencialismo cai em algum lugar entre o individualismo extremo do egoísta e o universalismo extremo do utilitarista:

> Por isso, um ordenador prudente, que tenha a intenção de querer favorecer não a si mesmo, mas o bem comum, não sua própria descendência, mas a pátria comum, deverá empenhar-se em exercer a autoridade sozinho; e nenhum sábio engenho repreenderá ninguém por alguma ação extraordinária que tenha cometido para ordenar um reino ou constituir uma república. Cumpre que, se o fato o acusa, o efeito o escuse; e quando o efeito for bom, como o de Rômulo, sempre o escusará; porque se deve repreender quem é violento para estragar, e não quem o é para consertar (*Discursos*, I.9, em Maquiavel 1979: 200-201[41]).

Nessa passagem, Maquiavel concede que em algum sentido um ato como o de Rômulo é repreensível; o fato de que leva a um bom resultado não *justifica* a ação, mas a *escusa*. Contudo, penso que não devemos dar muito peso a essa distinção nesse contexto. De acordo com certas leituras

---

[33] Kissinger não hesita em caracterizar a maneira como Bismarck entende a política de maquiaveliana (p. 906), embora ele também relate que Bismarck foi um grande leitor de Spinoza (p. 894). Será que a influência de Spinoza sobre Kissinger de fato foi um fator peculiar que fez com a Srta. Fallaci o associasse com Maquiavel?

de Maquiavel, ele fica comprometido com padrões morais que julgariam as ações de um Rômulo como más, ao mesmo tempo em que recomenda que os agentes políticos desconsiderem esses padrões.[34] Acho que isso não é somente paradoxal, mas incoerente. Se "bem" realmente é o adjetivo mais geral de recomendação (conforme nos diz o *Oxford English Dictionary* e conforme acredito), então há uma espécie de contradição na recomendação da conduta que se chamaria de má. Penso que devemos considerar que Maquiavel usa o termo "bom" ironicamente quando ele insta os magistrados a aprender a como não serem bons.[35] Na passagem discutida aqui, ele fala de escusas somente porque deseja permitir a condenação desse tipo de ações quando não almejam (e não levam a) resultados da espécie que fez Rômulo. Ainda devemos reprovar o homem "que é violento para destruir".

Não é exatamente qualquer resultado que "escusará" uma ação desse tipo. É preciso ser um resultado muito significativo, que afete um grande número de pessoas, não somente o agente e aqueles que estão perto dele. Conforme indicam Bondanella e Musa, o resultado neste caso foi "o estabelecimento do governo republicano mais duradouro e poderoso da história humana" (Maquiavel 1979: 22, introdução dos editores). Pode ser que o "patriotismo, como o entendia Maquiavel, seja egoísmo coletivo",[36] mas o "consequencialismo patriótico" de Maquiavel, tal como me inclino a chamá-lo, não chega a dizer que o que quer que você consiga fazer, você tem a

---

[34] Um exemplo é a interpretação de Walzer 1973 (especificamente, p. 175-176). Cf. Isaiah Berlin: "É importante perceber que Maquiavel não deseja negar que o que os cristãos chamam de bem é, de fato, bom, que o que eles chamam de virtude e vício são de fato virtude e vício" (Berlin 1982: 46). O Maquiavel de Berlin, não obstante, rejeita a ética cristã em favor de uma moralidade rival ("romana ou clássica") (p. 54).

[35] Berlin tacitamente reconhece isto quando, ao parafrasear essa passagem, ele coerentemente coloca o termo "escusa" entre aspas simples: "O fim 'escusa' os meios, não importa quão horríveis possam ser em termos até mesmo da ética pagã, se o fim for (nos termos dos ideais de Tucídides ou de Políbio, Cícero ou Lívio) elevado o suficiente. Brutus estava certo em matar seus filhos: ele salvou Roma" (Berlin 1982: 64; cf. p. 62). Outro sintoma disso é o fato de que Walker se sente obrigado a usar o termo "justify" para traduzir "scusare" nessa passagem (Maquiavel 1975: 132).

[36] Conforme defendido por Leo Strauss, em Strauss 1984: 11.

permissão para fazer. O que sustenta é que um magistrado deve ser louvado, e não culpado, desde que aja com consideração prudente pelo bem-estar da comunidade por ele governada, muito embora faça coisas que, de outra forma, poderiam ser altamente repreensíveis. Assim, não chamo Spinoza de maquiaveliano porque acredita que o direito é coextensivo ao poder, já que não creio que o próprio Maquiavel acreditasse nisso. Como Spinoza é às vezes mais hobbesiano que o próprio Hobbes, às vezes ele é mais maquiaveliano que o próprio Maquiavel.

Um ponto de semelhança muito mais fundamental, creio, está na atitude pragmática de Spinoza para com a política, exemplificada no parágrafo de abertura do *Tratado político*, no qual escreve que

> Os filósofos [...] julgam agir divinamente e elevar-se ao pedestal da sabedoria, prodigalizando toda espécie de louvores a uma natureza humana que em parte alguma existe, e atacando através de seus discursos a que realmente existe. Concebem os homens, efetivamente, não tais como são, mas como eles próprios gostariam que fossem. Daí, por consequência, que quase todos, em vez de uma ética, hajam escrito uma sátira, e não tinham sobre política vistas que possam ser postas em prática, devendo a política, tal como a concebem, ser tomada por quimera, ou como respeitando o domínio da utopia ou da idade de ouro, isto é, a um tempo em que nenhuma instituição era necessária. Portanto, entre todas as ciências que têm uma aplicação, é a política o campo em que a teoria passa por diferir mais da prática, e não há homens que se pense menos próprios para governar o Estado do que os teóricos, quer dizer, os filósofos (TP I.1).

Essa crítica da teorização política utópica naturalmente nos faz pensar na crítica semelhante de Maquiavel, no começo do capítulo XV de *O Príncipe*, e, por outro lado, na *Utopia* de Thomas More ou na *República* de Platão. Mas, num artigo fascinante, Matheron (Matheron 1986) defendeu que não precisamos imaginar que Spinoza pretendia criticar somente pensadores como Platão e Morus, que a teoria política menos obviamente utópica de Santo Tomás de Aquino também é sujeita a essas mesmas críticas e que, se tomarmos o que Spinoza disse em sentido estrito, ele deve ter tido Hobbes também em vista. Pois Spinoza não diz somente que *alguns* ou *muitos* filósofos que escreveram sobre política erraram ao conceber os homens não como são, mas como desejariam que fossem; ele diz *os filósofos* fizeram isso, isto é, que isso é o que os filósofos geralmente fazem quando escrevem sobre política. Maquiavel escapará aqui da crítica, porque é claro que Spinoza o classifica, não junto com os filósofos atacados no *Tratado político* I.1, mas junto com os políticos, que são louvados no segundo parágrafo a seguir, por terem aprendido com a experiência a antecipar a conduta viciosa dos homens e por terem, como resultado disso, escrito de maneira bem-sucedida sobre os assuntos humanos. Mas não há como negar que Hobbes é um filósofo e que sua obra estava muito destacada no campo de visão de Spinoza para que ele a ignorasse quando fez essa generalização sobre os filósofos.

Ora, se incluirmos Hobbes entre os alvos da crítica de Spinoza, trata-se verdadeiramente de um paradoxo. Quem pensaria que Hobbes, dentre todos, seria criticado por ter concebido os homens não como são, mas como ele gostaria que fossem? Pode Spinoza com justiça acusar Hobbes de assumir uma visão sobremaneira otimista do homem, quando Hobbes escreveu que, por causa da propensão natural do homem à competição, à desconfiança e à busca da glória, a vida do homem no estado de natureza seria "solitária, pobre, sórdida, brutal e curta"? Podemos realmente colocar Hobbes junto com Platão, Santo Tomás e Morus?[37]

---

[37] É fato curioso que Hobbes nunca mencione Maquiavel (de qualquer forma, não há uma entrada para Maquiavel em nenhum dos índices de Molesworth, nem nas obras em inglês, nem nas em latim). Poderíamos supor que tal fato se deve à reputação de Maquiavel. Mas Francis Bacon (a quem Hobbes serviu como secretário) não tinha receio algum em elogiar Maquiavel: "Temos grande dívida para com Maquiavel e outros escritores desse tipo, que manifesta e descaradamente declaram ou descrevem o que os homens fazem, e não o que deveriam fazer. Pois não é possível unir a sabedoria da serpente com a inocência da pomba, exceto se os homens estiverem perfeitamente familiarizados com a natureza do próprio mal" (Tirado de *De augmentis scientiarum* VII.2, trad. para o inglês de F. R. Headlam, citado por Adams na edição crítica Norton de *O Príncipe*, p. 270). Spinoza é generoso em seus elogios de Maquiavel (TP V.7, X.1).

E, no entanto, do que dissemos acima, podemos ver que há certa justiça nessa crítica. Hobbes (pelo menos em certos modos) não fundamenta a legitimidade do soberano sobre a disposição dos homens em entregarem todos os seus direitos naturais a ele e nem o poder do soberano sobre a disposição deles em esperar por aquela promessa aconteça o que acontecer. E pode-se defender que isso é um abandono de sua psicologia de outra forma realista.[38] Assim, encontramos Spinoza, depois de defender uma teoria amplamente hobbesiana da soberania no capítulo XVI do *Tratado teológico-político*, recusar muito dela no capítulo XVII, que começa da seguinte maneira:

> Por mais que a doutrina apresentada no capítulo anterior, em torno do direito absoluto das autoridades soberanas e do direito natural do indivíduo que para elas é transferido, seja compatível com a prática, e por mais que esta possa estar regulamentada de maneira que se aproxime cada vez mais de tal doutrina, é, todavia, impossível que em muitos aspectos ela não se fique pela mera teoria. Ninguém, com efeito, pode alguma vez transferir para outrem seu poder e, consequentemente, seu direito, a ponto de renunciar a ser um homem. Tampouco haverá soberano algum que possa fazer tudo a sua vontade [...] (TTP XVII.1-2 [250]).

Há algumas coisas que um soberano de fato não pode ordenar que um súdito faça – odiar alguém que o tenha beneficiado, amar alguém que lhe tenha feito mal, não se ofender com insultos e assim por diante. E já que o direito do soberano não pode ser mais extenso do que seu poder, essas questões inalcançáveis ao poder do soberano são também inalcançáveis a seu direito.

> Jamais os homens renunciaram a seu próprio direito e transferiram para outrem seu poder em termos de tal maneira definitivos que aqueles que receberam de suas mãos o direito e o poder deixassem de os temer e que o Estado não estivesse mais ameaçado pelos cidadãos

---

[38] Hampton 1986, capítulos VII-VIII, e minha discussão do livro dela em Curley 1990: 205-211.

[...] do que pelos inimigos. [...] Há, por conseguinte, que reconhecer que o indivíduo reserva para si uma boa parte de seu direito [*sui juris*], a qual, desse modo, não fica dependente das decisões de ninguém a não ser ele próprio (TTP XVII.3-4 [251]).

Spinoza conclui disso que uma regra violenta nunca dura muito, que é obrigatório aos poderes supremos consultar o bem comum (se não por qualquer outra razão, para manter seu próprio poder – cf. TTP XVI.16 [238]). O Estado mais estável será aquele em que os arranjos constitucionais descentralizarem as tomadas de decisão.

No *Tratado teológico-político*, Spinoza argumenta em favor disso, paradoxalmente, numa longa análise da história política do Estado Hebraico. É um erro considerar essa aparente digressão, que começa em XVII.25 e vai até o fim do capítulo XVIII, como mera "divagação sem objetivo" e como um lugar em que as "tendências progressistas" do pensamento de Spinoza não se fazem ver.[39] Pois seu ponto está em defender que, depois da morte de Moisés,

> não houve mais ninguém que tivesse exercido ao mesmo tempo todas as funções do poder supremo. Na verdade, uma vez que não estava tudo dependente da decisão de um único homem, nem de um único Conselho, nem do povo, cabendo, pelo contrário, a uma tribo a administração de certas coisas, às outras em conjunto e em igualdade de direitos e administração das restantes, segue-se com toda evidência que, depois da morte de Moisés, o Estado deixou de ser monárquico, aristocrático ou popular [...] (TTP XVII.60 [265]).

Na continuação da passagem citada, Spinoza caracterizará o Estado como uma teocracia, por causa do lugar central da religião nele, mas sua mensagem política aparece mais claramente numa passagem anterior, na qual ele argumenta que, embora de um ponto de vista religioso as pessoas de Israel fossem concidadãs, "no que concerne ao direito que cada uma das

---

[39] As frases são de Negri 1991: 116-117. Haitsma Mulier é muito útil para este tema. Cf. Mulier 1980: 181-185.

tribos tinha sobre a outra, elas eram confederadas, *à semelhança quase* [...] *dos Estados Confederados da Holanda*" (TTP XVII.54 [263]; ênfase acrescentada). O caminho para a estabilidade política está nos arranjos constitucionais que consigam "refrear tanto os magistrados como os governados, de modo que nem estes se tornassem rebeldes, nem aqueles tiranos" (TTP XVII.62 [266]; cf. também TP VI.3).

Há um movimento de pensamento parecido nos dois capítulos finais do *Tratado teológico-político*. O capítulo XIX defende uma posição jurídica fortemente hobbesiana em se considerando os direitos do Estado no tangente à religião:

> Está, portanto, fora de causa que as coisas sagradas [...] são, hoje em dia, da exclusiva jurisdição das autoridades soberanas, e que ninguém, a não ser por autorização ou concessão destas, tem o direito e o poder [*potestatis*] de administrá-las, de eleger os respectivos ministros, de definir e estabelecer os fundamentos da Igreja e sua doutrina, de avaliar os costumes e as obras de piedade, de excomungar ou admitir quem quer que seja, de providenciar, enfim, pelos pobres (TTP XIX.39 [295]).

Mas o capítulo XX solapa essa posição hobbesiana ao argumentar que há limites necessários ao poder do soberano de controlar as mentes das pessoas (TTP XX.1-6), e, por conseguinte, há limites impostos também sobre seu direito de assim proceder (TTP XX.7 [300-303]). Até mesmo Moisés, que foi capaz de persuadir a maioria de seu povo de que falara por meio de inspiração divina, não foi capaz de evitar completamente o dissenso e a rebelião (TTP XX.5 [302]). Líderes menos carismáticos precisam ter cuidado em tentar obter controle demasiado sobre as mentes e as línguas de seus súditos, a menos que alienem seus súditos e consequentemente destruam o poder que detêm, que depende da obediência disposta de seus súditos. O melhor estado, julgado puramente pelo critério de estabilidade, será aquele que permitir a seus cidadãos uma ampla liberdade de pensar como bem lhes aprouver e de dizer o que pensarem. Embora Spinoza frequentemente pareça ser um pensador político extremamente conservador,⁴⁰ a ênfase que ele coloca na liberdade é um importante elemento liberal em seu pensamento.

O ponto de semelhança mais importante entre Spinoza e Maquiavel, entretanto, está na preferência que ambos têm por uma forma de governo republicano em que as pessoas agem como um controle de seus líderes, uma preferência sobre a qual os leitores de Maquiavel não aprenderão se lerem exclusivamente *O Príncipe*. Conforme notei acima, Spinoza alega que há menos razão para temer absurdos num estado democrático. Isso lembra a alegação de Maquiavel de que, embora o povo seja propenso à instabilidade, à ingratidão e falta de sabedoria, os príncipes são ainda mais propensos a essas faltas: um príncipe que esteja disposto a fazer o que quiser, isto é, que não seja restrito por leis, está inclinado a se comportar como um louco, ao passo que o povo que puder fazer o que quiser estará disposto simplesmente a agir sem sabedoria (*Discursos* I.58). No caso de Spinoza, parte da explicação para este otimismo de certa forma inesperado quanto às decisões das assembleias populares parece ser que numa grande população é mais provável se encontrar a verdadeira loucura somente dentre uma minoria, que achará difícil persuadir a maioria a se comportar como a minoria (TTP XVI.30 [240-241]). Mas onde o poder está concentrado nas mãos de uma única pessoa, se essa pessoa é louca, as consequências podem ser desastrosas.

Mas suspeito que Spinoza também sentia que uma leitura da história mostraria que se um magistrado não fosse louco quando assumiu o poder, a posse de poder absoluto provavelmente tenderia a deixá-lo louco. Este parece certamente ser um tema importante para um de seus historiadores romanos preferidos. Considere-se o discurso que Tácito põe na boca de Lúcio Arruntio, quando ele está prestes a se suicidar, para escapar da punição por ter sido adúltero e desleal a Tibério, quando foi falsamente acusado:

---

⁴⁰ Como quando ele argumenta no *Tratado teológico-político* XVIII.28-37 (à moda de Maquiavel) que é extremamente perigoso para qualquer estado tentar realizar uma mudança fundamental em sua forma de governo, movendo-se ou de uma forma republicana para uma monarquia ou vice-versa. Cf. *O Príncipe*, cap. V.

Vivi bastante tempo [...] Só me arrependo de que entre ludibriações e perigos suportei uma ansiosa vida senil [...]. Por certo que sobreviverei aos poucos dias antes de Tibério morrer, mas como evitarei a juventude de seus sucessores? *Se Tibério, com tanto conhecimento das coisas, foi convulsionado e modificado pela força da dominação,* tomará melhor rota Caio César (Calígula), estando ele mal saído da puberdade, sem nada conhecer, tendo sido treinado pelas piores pessoas [...]? Prevejo agora uma servidão ainda mais acre e assim voam juntas coisas passadas e as que estão por vir (Tácito, *Anais* VI.48; ênfase acrescentada).[41]

Não temos o que disse Tácito sobre o reinado de Calígula, mas o efeito corruptor do poder é um tema central de sua obra.[42]

Nero é outro exemplo do mesmo fenômeno, tal como viu Racine, contemporâneo de Spinoza. Defendendo-se das acusações contraditórias de que fizera de Nero, em seu *Britannicus*, uma figura tanto boa demais quanto má demais, ele escreveu: "É preciso somente ter lido Tácito para saber que, se ele foi durante certo tempo um bom imperador, ele sempre foi um homem muito perverso. [...] Sempre o considerei como um monstro, mas aqui ele é um monstro em estado de nascimento".[43] A peça de Racine pode ser lida como um estudo de caso nos efeitos do poder sobre a personalidade, como a subserviência de seus súditos permite a um magistrado autocrático agir de acordo com desejos que outras pessoas devem reprimir, mas como, a despeito de seu poder, ele não obstante deve estar atormentado pelo medo contínuo

---

[41] Fiz uma tradução literal e conservadora dessa passagem, mas a tradução mais livre da passagem em itálico feita por Michael Grant serve ainda melhor a meus propósitos: "If Tiberius, in spite of all his experience, has been transformed and deranged by absolute power..." (Tácito 1989: 225). Acerca da influência geral de Tácito sobre Spinoza, ver Wirszubski 1955. Devo essa referência a F. Akkerman, "Spinozas Tekort aan Woorden", em Akkerman 1980.

[42] Seu comentário sobre Vespasiano em *Histórias* I.1: "Somente ele, diferentemente de todos os imperadores anteriores, foi mudado para melhor [por sua atividade]".

[43] Prefácio à primeira edição, 1670, *Théâtre Complet*, Paris: Garnier, p. 254.

de rivais e assassinos.⁴⁴ Também Spinoza está agudamente ciente dos perigos, tanto para o magistrado quanto para os governados, quando um homem possui poder "absoluto", embora em seu caso eles estejam articulados nas abstrações da teoria política, e não na concretude de um drama histórico (TP VI.3, VII.1, 14, 27).

Conclusão

Minha questão fundamental sobre a filosofia política de Spinoza é se ele não é complacente demais acerca dos limites do poder estatal. Alexandre Matheron parece sumarizar a posição de Spinoza muito bem quando escreve: "se as pessoas aquiescerem em obedecer a um tirano, por quaisquer razões, tanto pior para elas. E tanto pior para o tirano, se as pessoas acordarem, pois uma pequena minoria, ainda que bem armada, nada mais poderá fazer, e, por conseguinte, não tem direito contra uma multidão unificada por um desejo comum e não mais coagida pelo medo".⁴⁵ Em nossa época podemos ilustrar essa proposição citando a quebra da União Soviética e o fim de sua dominação na Europa Oriental, ou a rápida ascensão e queda da Alemanha

---

⁴⁴ Sugiro que Racine acredita que a queda de Nero era inevitável, já que ele dá o passo fatal, assassinando seu meio-irmão (e rival em potencial pelo poder), Britannicus. Ele transmite essa ideia apresentando Nero num estágio precoce e aparentemente inocente de seu império, tendo tanto Burrus quando Agripina predito, com exatidão profética, seus crimes futuros e, em última instância, seu suicídio, cf. II.1337-1376, 1673-1694. Isto se parece com o efeito do discurso composto por Tácito para Lúcio Arruntius, predizendo a corrupção de Calígula.

⁴⁵ Matheron 1985: 176. Noto que Kissinger exprimiu concepção parecida com essa em sua análise da situação na Europa no começo do século XIX: "O Império Napoleônico demonstrou com toda a sua extensão [...] a fragilidade de uma conquista não aceita pelo povo subjugado" (*A World Restored: Metternich, Castlereagh and the Problem of Peace, 1812-1822*, Houghton Mifflin, p. 4; cf. p. 21). Em Kissinger 1968, Kissinger afirma ponto semelhante no nível das relações internacionais: "A estabilidade de qualquer sistema internacional depende de ao menos dois fatores: o grau em que seus elementos se sentem seguros e em que medida concordam sobre a 'justiça' ou 'equidade' dos arranjos existentes" (p. 899-900).

Nazista. Spinoza, que não tinha esses exemplos, gosta de citar a observação de Sêneca, a de que "ninguém jamais manteve um governo violento por muito tempo".[46]

Talvez governos tirânicos inevitavelmente se autodestruam. Isso parece plausível, se o poder dos magistrados autocráticos é tão frágil quanto Spinoza parece pensar.[47] Minha questão é se tal visão impassível da tirania é aceitável. Um tirano pode fazer muito mal ainda que sua tirania dure um período relativamente curto de tempo, como a história do Terceiro Reich mostra. E o governo de Stalin não foi tão curto assim. Ver as coisas *sub species arternitatis* não nos exige que aceitemos o sucesso de governos desse tipo enquanto sejam capazes de manter seu poder? Em caso afirmativo, será que para se ser um bom spinoziano não seria necessário um grau de distanciamento com relação ao sofrimento individual humano que ou é sobre-humano ou subumano?[48]

No *Tratado político* Spinoza reconhece que um governo tirânico pode ser totalmente estável e duradouro, e ele aparentemente não se preocupa muito com a segurança, a ponto de aprovar tal governo simplesmente por essa razão. Ele escreve:

> Nenhum Estado, com efeito, permaneceu tanto tempo sem nenhuma alteração notável como o dos turcos e, em contrapartida, nenhuma cidade foi menos estável do que as cidades populares ou democráticas, nem onde se tenham dado tantas sedições. Mas se a paz tem de possuir o nome de servidão, barbárie e solidão (*solitudinem*), nada há mais lamentável para o homem do que a paz. [...] a paz não consiste na ausência de guerra, mas na união das almas, isto é, na concórdia (TP VI.4).

---

[46] A citação é tirada d'*As troianas* 258-259 e é usada por Spinoza no *Tratado Teológico-Político* V.22 e XVI.29.

[47] Particularmente o *Tratado teológico-político* VII.12, 14. A segunda passagem é particularmente interessante por causa do uso ali feito de Tácito (*Histórias* I.25) para ilustrar a proposição de que, uma vez que um único homem tenha se investido do poder político, é muito mais fácil transferi-lo a outro. Spinoza cita a mesma passagem numa nota acrescentada ao *Tratado teológico-político* XVII.3.

[48] Conforme diz Aristóteles que deve ser o homem que for capaz por natureza de viver fora de alguma comunidade política (*Política* 1253^{a}1-3).

Essa passagem expressa de maneira eloquente um sentimento que, creio, muitos de nós compartilhamos. Mas será que a filosofia de Spinoza possui os recursos teóricos para condenar governos tirânicos tão fortemente quanto desejaríamos?

Considere-se a passagem clássica à qual Spinoza alude aqui. O *Agricola* é a homenagem prestada por Tácito a seu padrasto, o general que completou a conquista romana da Grã-Bretanha. É um tributo de Tácito à objetividade. No curso da celebração do imperialismo, ele compôs a obra para Cálgaco, o líder britânico, como uma condenação incisiva do imperialismo, culminando nas famosas linhas: "Se o inimigo é rico, eles [romanos] são gananciosos; se é pobre, são ambiciosos (por poder). [...] Somente eles, dentre todos os povos, desejam igualmente pobreza e riquezas. Ao saque, ao genocídio e à rapina eles dão o nome mentiroso de 'império'. Produzem a devastação (*solitudinem*) e a chamam de 'paz'" (*Agricola* 30).[49] Essa passagem tira parte de sua força do uso da linguagem que implica não somente que os romanos tornam a vida dos britânicos miserável, o que sem dúvidas já seria péssimo, mas que eles fazem algo ainda pior: violam seus direitos tirando deles o que é legitimamente deles – suas vidas, suas propriedades e sua honra. Se não podemos compreender a ideia de que as pessoas têm um direito natural a essas coisas, então parece que estamos aleijados na crítica que queremos fazer à conduta romana (ou ao tratamento dado por um tirano a seu próprio povo). O fato de que a noção de direito natural (não coextensivo ao poder) desaparece em Spinoza me parece ainda um defeito em sua filosofia política, por mais simpático que eu possa ser aos argumentos que levam a esse resultado.

---

[49] Spinoza também alude a esta passagem no *Tratado político* V.4. Stanley Karnow tomou a famosa linha "solitudinem faciunt, pacem appellant" como epígrafe para sua história do Vietnam (*Vietnam, a History*. New York: Viking Press, 1983).

8 Teologia de Spinoza

Alan Donagan

A teologia de Spinoza, embora original, deve muito ao solo cultural que a nutriu. Seus pais estavam entre os muitos "Marranos" – judeus portugueses que em seu país natal foram obrigados impositivamente a adotar o catolicismo romano – que emigraram para Amsterdã no começo do século XVII. Na liberdade de seu novo país, a comunidade de imigrantes marranos iniciou a recuperação de toda a sua herança religiosa e a se despojar de crenças e práticas contrárias a ela. Entretanto, alguns de seus membros, dentre os quais Spinoza, não apenas permaneceram ligados a elementos não judaicos em sua cultura marrana, mas, tendo se abraçado à revolução nas ciências físicas associadas a Galileo Galilei, Bacon e Descartes, desejaram buscar as implicações de tal revolução para a religião.[1] Quando tinha vinte e três anos de idade, Spinoza foi expulso da comunidade pela sinagoga de Amsterdã, que também o amaldiçoou, em parte por ele não renunciar a esses interesses não judaicos. Mas mesmo dentre os cristãos radicais que eram seus amigos e que repudiavam as doutrinas trinitaristas e cristológicas que ele achava absurdas, somente um pequeno círculo dos mais íntimos estavam preparados para segui-lo quando ele se

---

[1] Yovel 1989 é o melhor tratamento abrangente de Spinoza como um marrano dissidente. Ele se baseia em largo e crescente corpo de estudos da comunidade judaica de Amsterdã e suas relações com Spinoza. As relações de Spinoza com grupos protestantes foram examinadas de maneira confiável por K. O. Meinsma em 1896, em um livro agora mais acessível em edição francesa à cura de Henri Mechoulan e Pierre-François Moreau (Meinsma 1983), com apêndices, intitulado *Spinoza et son Cercle* (Paris: J. Vrin, 1983); essas relações continuam a ser investigadas por vários estudiosos. A influência de Franciscus van den Enden, um ex-jesuíta com quem Spinoza estudou quando jovem, permaneceram largamente inexploradas até as recentes investigações de Wim Klever, que anunciou sua descoberta de uma quantidade de escritos de van den Enden, que ele planeja apresentar em livro a sair, *Van den Enden, Biographical Documents and Works*.

livrou da carga de uma concepção de Deus como criador sobrenatural do universo natural, desenvolvendo uma teologia "naturalizada", na qual o universo natural, tal como concebido na ciência natural baconiana-cartesiana, não deriva sua existência de nada que esteja acima ou além de si mesmo.

A despeito do naturalismo radical do universo, a teologia de Spinoza articula-se bastante como as teologias sobrenaturalistas que ele rejeitava. Ela tem duas divisões principais, a especulativa e a prática. A teologia especulativa trata da existência de Deus e da natureza e de sua relação com o mundo natural e com os seres humanos nele. A teologia prática trata de como os seres humanos vivem, dada a natureza de Deus e a relação deles para com ele; e ela se subdivide em uma parte natural (ou filosófica), que trata do que pode ser estabelecido pela razão à luz da experiência humana, e em uma parte revelada, que trata do que Deus comunicou aos seres humanos individuais.[2] Embora a teologia especulativa tradicional tivesse de maneira semelhante uma parte revelada e um parte natural, a de Spinoza não. Com fundamentos que são tanto históricos como filosóficos, ele contra-argumentava que toda revelação divina aos indivíduos é prática. Segue-se que pouco pode ser aprendido pela revelação sobre a natureza de Deus e sua relação com o mundo: o que se sabe deles que é importante é filosófico. Segue-se também que a natureza da revelação não é em si revelada: o conhecimento dela é derivada em parte de relatos históricos – alguns dos quais espúrios –, de revelações alegadas e em parte de considerações filosóficas.

Spinoza expôs as várias partes de sua teologia nos seguintes escritos: sua teologia especulativa em sua *Ética*, Partes 1 e 2 (primeira metade), publicada postumamente; sua teoria histórico-filosófica da revelação divina e dos limites da teologia revelada no *Tratado teológico-político*, que

---

[2] O nome latino de Spinoza para Deus, *Deus*, é masculino; e o nome para um ser infinito que ele defende ser idêntico a Deus, *Natura*, é feminino. Ele às vezes se refere a esse indivíduo como *Deus sive Natura* – "Deus ou Natureza". Nos gêneros dos pronomes que uso em lugar desses nomes, sigo Spinoza nos dois primeiros casos: "ele" para Deus, "ela" para Natureza. Para "Deus ou Natureza", uso "isso" [*it*].

ele publicou anonimamente em 1670; e sua teologia prática no *Tratado teológico-político* e na *Ética*, Partes 4 e 5. No que segue, considero minha tarefa primária estabelecer o sentido daquilo que ele escreveu, nunca me esquecendo de que, coerentemente a seu mote *Caute*, ele era reservado, principalmente no *Tratado teológico-político* que ele publicou durante a vida e nas cartas aos correspondentes que não se mostraram amigos, e de que ele se utilizou livremente de reconhecidos instrumentos literários, como a ironia.

Os principais obstáculos para a compreensão desses escritos são dois: um interno, outro externo. O interno é que a dicção de sua *Ética* pode levar os leitores não atentos ao erro, principalmente se negligenciarem o *Tratado teológico-político*, a versão em holandês de seu *Curto tratado sobre Deus, o homem e seu bem-estar* e sua *Correspondência*, sobretudo as cartas trocadas entre ele e Oldenburg. Essa dicção é escolástico-cartesiana; e, como ele mesmo deve ter tido ciência, muito do que escreveu – embora nem tudo – faz sentido se suas palavras forem consideradas em seus sentidos escolástico-cartesianos. Entretanto, ele prescreve novos sentidos a muitas expressões que usa, às vezes explicitamente, às vezes implicitamente pela estrutura de seu raciocínio ou por seus exemplos. Leitores convencidos de que Spinoza é o último dos medievais ou o primeiro dos idealistas absolutos podem deixar passar as passagens em que ele procede dessa forma.

O principal obstáculo externo para se entender os escritos teológicos de Spinoza é a noção de que eles são esotéricos, que Leo Strauss colocou em voga.[3] De acordo com Strauss, o *Tratado teológico-político* de Spinoza, assim como os escritos de Platão e dos filósofos medievais muçulmanos e judeus ameaçados pela perseguição ortodoxa, têm significado dúplice: o significado "exotérico" ou de superfície que leitores não inteligentes, como os censores, pensarão que o texto tem, e o significado "esotérico" ou oculto, que os leitores inteligentes, atentos a signos, tais como contradições deliberadas e exemplos inapropriados, detectarão nele. O significado esotérico

---

[3] Ver Strauss 1988, cap. 5 (esse livro foi publicado originalmente em 1952).

pode não só ir muito além do exotérico, como também pode até contradizê-lo. Embora eu não tenha espaço para examinar o caso de Strauss por completo,[4] não conseguirei evitar totalmente o exame de sua sinistra interpretação de como Spinoza entendia Jesus, "a quem ele regularmente chama de Cristo" (Strauss 1988: 171).

Teologia Natural

Em teologia natural, Spinoza, na *Ética* Parte 1, rompe com a ortodoxia judaico-cristão ao conceber Deus não como o criador dos seres humanos e do mundo em que habitam, mas como um ser infinito "em" que os seres humanos existem como modos finitos (E 1p15). Ele defende que nenhuma substância, exceto Deus, pode ser ou seja concebida; e ele faz a inferência inevitável de que as coisas extensas e pensantes da experiência cotidiana "ou são atributos de Deus ou são afecções dos atributos de Deus" (E 1p14c2). Deus, ele conclui, não pode criar nada fora de si mesmo. Ele é "a causa imanente, e não transitiva, de todas as coisas", e não só de sua existência, mas também de sua essência, que não pode ser idêntica a sua existência (E 1p18, 24, 25).

Não obstante essas heresias, ele insinua que duas de suas três provas da existência de Deus na *Ética* 1p11d, assim como uma prova adicional em seu escólio, são *a priori*; e, dessas quatro, duas não só se parecem com as provas "ontológicas" dadas por Descartes e Leibniz, como uma lembra aquelas de Anselmo e Duns Scotus (E 1p11d, s). Já que ele também segue muitos teólogos ortodoxos ao deduzir da infinidade de Deus os "atributos" negativos que atribuíam a ele (que ele negava serem atributos genuínos – a saber, a indivisibilidade, o caráter de ser único, a independência de causas, a eternidade, a imutabilidade e a indistinguibilidade nele de existência e essência [E 1p13, 14c1, 17c1, 20, 20c2]), muitos comentadores reduziram a teologia

---

[4] Somente um exame completo poderia convencer. Errol E. Harris, em Harris 1978, fez muito do que é necessário mostrando que aquilo que Strauss considera os oito principais sinais pelos quais Spinoza indica o sentido esotérico do *Tratado teológico-político* não são nada disso.

natural de Spinoza a um estágio no suposto avanço ocorrido da escolástica ao idealismo hegeliano. Conforme a leitura que faziam dele, ele concebia os atributos infinitos positivos que ele atribuía a Deus – tais como a extensão, o pensamento e outros aos quais os seres humanos não têm acesso – como atributos somente no sentido de que parecem constituir, a alguns seres finitos, humanos ou não, a essência de Deus, ainda que de fato não a constituam.[5] A extensão, por exemplo, não é mais do que um *phenomenon bene fundatum* (fenômeno bem fundado), na terminologia que Leibniz introduziria.

Embora essas leituras sempre cativem os que são atraídos pela história hegeliana da filosofia, elas são incompatíveis não só com o grande escólio à *Ética* 1p15, mas também com o que Spinoza desvela em seu precoce *Curto tratado sobre Deus, o homem e seu bem-estar*[6] acerca das reflexões sobre seus predecessores que o levaram à teologia natural da *Ética*.

No "Curto Esboço" que precede o texto do *Curto tratado*,[7] o editor de Spinoza o descreve como alguém cuja "ideia de Deus" é a seguinte: "ele define Deus como um ser que consiste em atributos infinitos, dos quais cada um é infinitamente perfeito em seu gênero. Disso ele infere então que a existência pertence à essência [de Deus] ou que Deus necessariamente existe".

---

[5] A interpretação "subjetiva" daquilo que Spinoza queria dizer com "*attributum*" às vezes encontra apoio na tradução de *tanquam* por "como se" (*as if*) em vez de por "enquanto" (*as*), na definição spinoziana de um atributo, qual seja, "*id, quod intellectus de substantia percipit, tanquam ejusdem essentiam constituens*" (E 1d4). O exame decisivo da questão da objetividade dos atributos de Spinoza é o de Guéroult 1968-1974: I, 428-461 (Apêndice 3, "*La Controverse sur l'Attribut*").

[6] Mignini (em Spinoza 1986) defendeu de maneira persuasiva que Spinoza escreveu a primeira metade desse trabalho em latim em meados da década de 1660, ampliando-o conforme as objeções eram feitas ou conforme ocorriam a ele. De acordo com Mignini, ele deixou que um amigo o traduzisse, com notas adicionais, para o holandês; depois disso, ele revisou a tradução e fez acréscimos ao texto. Já por volta de 1662, tendo decidido reformular suas conclusões *more geometrico* (em maneira geométrica), ele começou a retrabalhar o escrito, que mais tarde se tornaria a *Ética*. Edwin Curley pesquisa judiciosamente as teorias apresentadas para a composição do *Curto tratado* em Spinoza 1985a: 50-53.

[7] Muitas vezes se pensou que o autor desse esboço fora o filósofo de Amsterdã chamado Willem Deurhoff. Mas alguns atribuem o texto a Monnikhoff. Ver Spinoza 1925: 436 e Spinoza 1985a: 53 n.1.

Isso inverte a ordem em que a maioria dos teólogos medievais – muçulmanos, cristãos e judeus – derivava os atributos divinos. Tanto Maimônides quanto Tomás de Aquino, por exemplo, começam com a identidade entre essência e existência (*esse*) em Deus e inferem, primeiro, que Deus existe necessariamente e não contingentemente, e então que sua existência não pode ser limitada por sua essência, isto é, não pode ser limitada à potência de nenhum gênero determinado de coisa que esteja oposto ao de qualquer outra. Eles então concluem, segundo as palavras de Maimônides, que, embora possamos saber que Deus é infinito no sentido de que "todas as deficiências são negadas" a respeito de sua essência, esse conhecimento é meramente negativo: não "somos capazes de apreender sua quididade" – o que ele é (Maimônides 1963: 132-137 [I.57-58]; Tomás de Aquino 1964-1966: I.XII.11-12).

Maimônides confinava o conhecimento não negativo que os seres humanos têm de Deus a sua existência e a suas obras – sua criação do mundo e suas intervenções nele, tais como reveladas nas Escrituras (Maimônides 1963: 280-359 [II.13-31]; 502-510 [III.25-26]; e 618-628 [III.51]). Tomás de Aquino era só um pouquinho menos restritivo. Ele afirmava que os seres humanos podem demonstrar que termos não negativos que representam perfeições puras (como a sabedoria) pertencem verdadeiramente a Deus, embora os únicos sentidos que podemos atribuir a esses termos quando aplicados a Deus sejam metafóricos. Assim, podemos saber que Deus é sábio, não da única maneira que a experiência humana nos faz capaz de entender positivamente – a maneira imperfeita e derivada em que os seres humanos são sábios – mas de uma maneira perfeita que só podemos compreender como não imperfeita: a maneira em que a primeira causa de toda sabedoria é sábia (Tomás de Aquino 1964-1966: I.13.1-3). No entanto, tanto Maimônides quanto Tomá de Aquino concordavam que Deus, já que não pode ser composto de elementos, tem de ser – na linguagem técnica da escolástica – "simples" e, por conseguinte, que os muitos "atributos" que se podem demonstrar que ele tem não podem ser verdadeiramente distintos. Ao predicar diferentes perfeições a Deus, seja de maneira negativa, seja de maneira metafórica, os seres humanos nada mais fazem do que atribuir a ele, de maneiras imperfeitas diferentes, uma perfeição simples que não conseguem compreender

(Maimônides 1963: 235-241 [II. Introdução.1]; 249-252 [II.9b-10b]; Tomás de Aquino 1964-1966: I.13.4ad3).

Uma observação cáustica no *Curto tratado* mostra que Spinoza ridicularizava esse consenso medieval já bem precocemente em seu pensamento. "Os filósofos", ele escreveu, querendo com isso dizer os teólogos naturais medievais, "concederam de maneira suficiente [...] que têm um conhecimento bastante superficial e inconsiderável de Deus" quando negaram que "fosse possível dar uma legítima definição de Deus", dando como fundamento para isso que uma definição "tem de representar a coisa de maneira absoluta e afirmativa, e [que] não se pode conhecer Deus de maneira afirmativa, mas somente de maneira negativa" (KT I.7). E ele prosseguia atribuindo a complacência deles na ignorância a seu equívoco aristotélico de que as definições legítimas das substâncias – isto é, dos seres que não são nem predicados de outro, nem estão presentes em outro – ou dos acidentes, dos quais há nove categorias fundamentais,[8] "*têm de ser por gênero e diferença*". Descartes corrigira esse erro mostrando que as essências das substâncias criadas são somente duas, cada uma constituída por um único atributo principal que é assunto de uma ciência fundamental, e que os acidentes aristotélicos de uma substância – os seres que existem somente porque "estão presentes" nela – nada mais são cada um deles do que modificações ou "modos" do atributo que constitui sua essência. Assim, um corpo não complexo, ou substância corpórea, é constituído pelo atributo da extensão (isto é, a tridimensionalidade espacial); e seus modos em qualquer momento determinado são sua forma, seu tamanho e o estado de movimento ou repouso relativo aos outros corpos. Os acidentes aristotélicos de um corpo complexo que não são redutíveis aos modos da extensão – por exemplo, seu tom de cor tal como é visto – não estão absolutamente presentes nele, mas são propensões dos modos dos corpos que o compõem para causarem certos modos de pensar em seres pensantes concretos.

Desde o começo, como mostra seu *Curto tratado*, Spinoza via o esquema cartesiano como fundamento tanto de uma nova teologia quanto

---

[8] Aristóteles, *Categorias* 1a16-2b7; ver *Metafísica* VII.1028a8-1028b8.

de uma nova física. Uma definição, na ciência cartesiana, não é por *genus* e *differentia*; e a de substância simplesmente afirma qual é seu principal atributo cartesiano. Esses atributos "não requerem gênero algum, nem nada mais pelo que são mais bem compreendidos ou explicados; pois, já que como atributos de um ser que existe por si mesmo eles existem por si mesmos, eles também são conhecidos por si mesmos" (KT I.7). Diferentemente, as definições dos modos especificam em quais modificações do atributo principal de suas substâncias elas consistem e existem completamente "por meio" desses atributos (KT I.7). Assim como a maioria de seus contemporâneos de mente científica, Spinoza acreditava que Descartes já tinha mostrado que o universo físico é um espaço pleno extenso e ilimitado, no qual coisas finitas ou limitadas existem como modificações em virtude de movimentos internos, cuja quantidade é conservada. O espaço vazio é uma não coisa [*nonthing*]; pois um atributo tem de ser um atributo de alguma coisa e a extensão de um espaço vazio seria um atributo de nada. Já que uma vasilha completamente esvaziada de tudo que for extenso tem de deixar de existir, uma que pareça estar vazia, por exemplo, uma jarra de vidro esvaziado por uma bomba de ar, pode ter sido esvaziada só daquilo (ar) que uma bomba de ar bombeia, e não da matéria mais fina que a bomba não consegue bombear. E já que nenhum corpo extenso pode mover-se do lugar onde está a menos que algum outro corpo ou corpos extensos venha a empurrá-lo dali, todo movimento no espaço pleno infinito tem de ser da natureza de um turbilhão, como o movimento que os peixinhos dourados produzem na água quando nadam dentro de um aquário. Entretanto, o espaço pleno não é absolutamente infinito, ele não tem modos que não sejam modos da extensão. Por exemplo, ele não pode pensar. Mas em seu gênero – *res extensa* – ele é infinito.

Corretamente apreensivo que sua física estimule a especulação teológica herética, o próprio Descartes protestou que o espaço pleno extenso *não* é infinito em nenhum sentido legítimo, mas meramente "indefinido":

E estas [as coisas em que não percebemos limites] chamaremos indefinidas de preferência a infinitas, por um lado, para reservarmos o termo "infinito" somente para Deus, pois é só nele que, sob todos os aspectos, não apenas não reconhecemos limite algum, mas também entendemos positivamente que não há nenhum; por outro lado também, porque não entendemos positivamente, do mesmo modo, que outras coisas carecem de limites sob algum aspecto, mas apenas negativamente admitimos que os limites dessas coisas, se é que elas têm alguns, não podem ser descobertos por nós [*Princípios da filosofia* I.27].

Isso, contudo, obscurece uma distinção que Spinoza enxergava e que todos podem ver: aquela entre a infinidade em um gênero e a infinidade absoluta, ou infinidade em todos os gêneros. Ao discutir o universo corpóreo em seu gênero, isto é, como substância extensa, Descartes escrevia:

> Este mundo, isto é, todo o universo da substância corpórea, não tem limites para sua extensão. Pois não importa onde imaginemos estarem as fronteiras, há ainda alguns espaços indefinidamente extensos além delas, que não somente imaginamos, *mas também percebemos serem imagináveis de maneira verdadeira, isto é, real* (*Princípios da filosofia* 2.21; ênfase adicionada).

Isso implica não só que "apenas admitimos [...] que os limites [deste mundo] não podem ser descobertos por nós", mas que não há limites reais, porque além de toda coisa finita extensa há espaços extensos reais.

E quanto à objeção escolástica[9] de que se o extenso é divisível, ele tem de ser constituído de partes finitas e, portanto, não pode ser uma *substância* infinita? Spinoza encontrou a refutação disso muito precocemente, desde quando escreveu o *Curto tratado*, repetindo-a na Epístola 12 e na *Ética* 1p15s. Nem as partes que os seres humanos distinguem no espaço extenso, nem o todo considerado como um composto dessas partes são "seres verdadeiros ou atuais, mas apenas seres de razão" (STI.2). O universo extenso é de fato divisível, embora para alguns propósitos práticos tenhamos de concebê-lo

---

[9] Ver Maimônides 1963: 249-52 (II.1.9b-10b); ver S. Tomás de Aquino 1964-66: I.3.1 (*secundo*).

como dividido em partes; mas as partes em que mentalmente o dividimos não são seres verdadeiros ou reais, mas meros *entia rationis*, assim como as horas em que dividimos o dia. E esse espaço pleno infinito e extenso não só não é criado, cmo Descartes erroneamente acreditava, como também dois predicados que a teologia tradicional atribuía somente a Deus podem ser atribuídos também a ele: a saber, "existe em si mesmo" e "é concebido por si mesmo". Em outras palavras, como todos os infinitos, ele é uma substância.

Ao dizer que o espaço pleno infinito e extenso "existe em si mesmo", Spinoza queria dizer que ele é a causa imanente de si mesmo, isto é, depende de si mesmo para existir. A causação imanente é a autodependência de um existente independente, e a dependência de outro, ou dependência de um existente independente, é a dependência de todo existente ou modo dependente. Embora as únicas leis da causação imanente descobertas pelos seres humanos sobre o espaço pleno extenso sejam as leis de conservação – segundo as quais tanto sua quantidade infinita quanto a proporção de movimento que estão nele são sempre as mesmas –, da natureza da substância em geral é possível inferir que deve haver outras pelas quais ele imanentemente causa os estados mutáveis de movimento e repouso que acontecem nele. Essa inferência é confirmada pela descoberta das leis de causação transitiva, de acordo com as quais um estado de movimento e repouso é sucedido por outro. Quando E. W. von Tschirnhaus sugeriu em uma carta que a substância extensa e infinita tem de ser de si mesma uma massa inerte, Spinoza negou isso terminantemente, declarando que a natureza da substância extensa e infinita efetiva – isto é, as leis pelas quais ela imanentemente causa tudo o que faz – tem de determinar não apenas todo movimento e repouso que aconteçam nela, mas também quais leis imutáveis de causação transitiva governam as mudanças contínuas no movimento e no repouso dos corpos finitos nela.[10]

---

[10] Parte dessa correspondência foi conduzida através de um intermediário, G. H. Schuller. As passagens relevantes nas cartas de Spinoza são a Epístola 64, em que ele remeteu Tschirnhaus a E 1p25c e a E2p13le7s; e a Epístola 83. Minhas discordâncias tanto com a tradução feita por Abraham Wolf de Spinoza 1925: IV.334/24-25 na Epístola 83, bem como com seu comentário sobre a passagem citada (Spinoza 1928: 61-62, 365) são explicadas em Donagan 1988: 100, 120.

Tendo afirmado o que Descartes negava – que a extensão é um atributo que expressa uma essência que é infinita no sentido estrito, e que as objeções medievais à infinidade do universo extenso são inválidas –, Spinoza naturalmente passou a investigar se o pensamento (*cogitatio*), que é o segundo dos atributos realmente distintos a constituírem as substâncias criadas de Descartes, também expressa uma essência infinita.

Os teólogos cristãos e judeus, embora falem com o vulgo ao fazerem referência ao intelecto de Deus e ao atribuírem a ele o conhecimento infinito, ao mesmo tempo aprovavam um princípio que Maimônides afirmara que "devia ser estabelecido na mente de todos", o qual seja:

> que nosso conhecimento ou nossa potência não difira do conhecimento ou da potência de Deus, esses últimos, maiores e mais fortes, os nossos, menores e mais fracos, ou em outros aspectos parecidos, à medida que o forte e o fraco são necessariamente parecidos com respeito a suas espécies, e uma definição única compreende a ambos. [...] tudo o que pode ser atribuído a Deus, possa Ele ser exaltado, difere em todo aspecto de nossos atributos, de modo que definição alguma pode compreender uma coisa e também a outra (Maimônides 1963: 80 [I.35, 42a]).

De acordo com esse princípio, o pensamento, enquanto expressa ou a essência de toda mente humana individual (conforme acreditava Descartes) ou a de uma substância cujos modos são as mentes humanas (conforme acreditava Spinoza), não pode ser nem um atributo de Deus, nem pode expressar uma essência infinita. Aqui também Spinoza rejeitava tanto os princípios como suas implicações. Assim como ele sustentara que uma coisa extensa finita tem de ser um modo de uma substância extensa infinita por meio de cujo atributo – a saber, a extensão – ela é concebida, da mesma maneira ele instava que um conjunto finito de ideias, que no fundo é em que consiste uma mente humana, tem de ser um modo de uma substância infinita por meio de cujo atributo – a saber, o pensamento – ele tem de ser concebido (E 2p1 e E 2p2d). Nada em nenhuma ideia humana, não importa o quão inadequada, proíbe que ela seja parte da ideia adequada infinita e complexa que é um modo infinito de tal substância pensante infinita.

No entanto, mesmo que Spinoza estivesse certo – mesmo que todos os corpos finitos e seus estados fossem modos de uma substância corpórea infinita e todas as mentes finitas e seus pensamentos fossem modos de uma substância pensante infinita –, a teoria cartesiana, segundo a qual essências expressas por atributos realmente distintos têm de ser de substâncias realmente distintas, não seria impugnada. E se fosse verdadeira, a substância extensa e infinita e a substância pensante e infinita de Spinoza seriam, cada uma delas, uma substância realmente distinta de um único atributo. Nenhum ser pensante infinito que fosse infinitamente extenso poderia ser mais do que uma *união* de duas substâncias distintas, tal como Descartes acreditava acerca de um ser humano. E tampouco qualquer união substancial desse tipo seria uma substância, já que necessitaria de uma causa externa.

Spinoza não teria nada a ver com essa linha de pensamento. "Quanto mais realidade ou ser uma coisa tem", ele declarava, não só "mais atributos lhe competem", mas também cada um desses atributos "deve ser concebido por si mesmo" – isto é, deve expressar uma essência infinita por si mesma, e não apenas em conjunto com as outras (E 1p9-10). Essa teoria levanta duas questões que vão ao coração da metafísica de Spinoza e que continuam a ser disputadas por seus comentadores. Primeiro, como podem atributos realmente distintos, que expressam essências realmente distintas, cada um infinito em seu gênero, constituir a essência de uma única e mesma substância? E, segundo, mesmo que uma substância infinita constituída de atributos realmente distintos *possa* existir, há qualquer boa razão para se acreditar que ela *existe*?

Em *Ética* 2p7 – "a ordem e a conexão das ideias é o mesmo que a ordem e a conexão das coisas" – Spinoza dá uma pista para como ele concebe a unidade de uma substância que é simultaneamente externa e pensante. Essa proposição sugere que a unidade de toda substância que consiste em atributos realmente distintos é a identidade *necessária*, sob cada um dos atributos, da ordem e da conexão de seus modos. Mas o que são ordem e conexão? Talvez, a ordem dos modos de uma coisa que é constituída por atributos realmente distintos seja a mesma se e somente se, considerados em sua ordem causal – tanto imanente como transitiva –, aqueles que são constituídos por qualquer atributo único correspondam um a um àqueles constituídos por qualquer outro. A homologia de conexão é mais obscura. Ela não pode ser a determinação pelas mesmas leis causais, porque as leis causais que determinam a ordem dos modos sob qualquer atributo único têm de ser concebidas através desse atributo. Minha hipótese é que Spinoza pensava ser preciso haver leis da natureza transatributivas que determinam, para os modos de uma substância que é constituída por qualquer atributo único, como eles são constituídos por quaisquer outros. Dado o que são essas leis da natureza e dada a maneira como a totalidade dos modos da substância é constituída sob qualquer atributo único, seguir-se-ia, para qualquer modo que for constituído sob um atributo único, a maneira em que ele é constituído como correspondente sob qualquer outro. Se for assim, e eu não conheço nenhuma outra alternativa coerente que não contradiga o texto, Spinoza concebia Deus como uma substância constituída de cada um dos atributos infinitos que constituem uma essência infinita, cujas leis constitutivas de sua natureza determinam, para qualquer modo constituído por qualquer de seus atributos, tanto *que* ela também será constituída por cada outro atributo, quanto *como* ela será constituída dessa maneira.

Por que acreditar que Deus, concebido assim, existe? Essa questão se reduz à seguinte: "Será que cada um dos diversos atributos que expressam uma essência infinita expressa também a essência do ser singular que consiste em infinitos atributos ou será que esses atributos estão distribuídos entre mais de um único ser?". Se for a primeira alternativa, o Deus de Spinoza existe; se a segunda, não existe. O argumento fundamental que Spinoza dá para a primeira alternativa é o seguinte:

> Pois, se poder existir é potência, segue-se que, quanto mais realidade a natureza de uma coisa possuir, tanto mais ela terá forças para existir por si mesma. Portanto, um ente absolutamente infinito, ou seja, Deus, tem, por si mesmo, uma potência absolutamente infinita de existir e, por isso, existe de forma absoluta (E 1p11s; ver KTI.2).

Isso resulta em um princípio de plenitude: a substância possível que tem o máximo de realidade tem de existir. Infelizmente, o argumento de Spinoza em favor disso é frouxo; pois, como Leibniz posteriormente mostrará, mundos possíveis é que são existentes possíveis independentes, e não substâncias possíveis. O próprio Spinoza admitia que a quantidade de realidade que uma substância possui é determinada pela quantidade de atributos que ela tem. Se for assim, enquanto todos os atributos que existirem forem de alguma forma distribuídos entre as substâncias em um mundo possível, a quantidade de realidade que ele tem não pode ser diminuída ou aumentada por uma distribuição diferente: ela tem de permanecer a mesma, constituam todos uma única substância ou constitua cada um deles uma substância diferente. Por conseguinte, um argumento na linha spinoziana no melhor dos casos só consegue mostrar que todo atributo que expresse uma essência infinita tem de ser instanciado em algum conjunto de substâncias, e não que eles têm de ser instanciados em uma única substância.

Embora, talvez, Spinoza nunca tenha percebido que sua versão do princípio de plenitude era falha, em seu *Curto tratado* ele o suplementou, argumentando *a posteriori* que os atributos da Extensão e do Pensamento têm de ambos pertencer à mesma substância, "por causa da unidade que vemos em toda parte na Natureza; se houvesse diferentes seres na natureza, um não poderia unir-se com o outro" (KT I.2). Já que os únicos atributos de que "nós", isto é, seres humanos, temos cognição [*cognize*] são a Extensão e o Pensamento, os únicos atributos que podemos em algum sentido "ver" unidos em toda parte na Natureza são a Extensão e o Pensamento. Mas, já que não podemos ver o Pensamento, como podemos ver essa união? Talvez por experimentarmos em nós mesmos que o objeto primordial do pensamento humano é o universo corpóreo, que é mediado pelos estados mutáveis dos corpos humanos particulares. Embora não seja rigorosamente falando uma consequência que todos os modos finitos primordiais de pensar na substância pensante infinita tenham modos do universo corpóreo para os objetos, se aqueles de que temos cognição imediata tiverem, e se não houver razão para acreditar que são únicos, então é uma hipótese ao menos razoável que o ser pensante infinito, do qual nossas mentes são modos finitos complexos, tem como objeto primordial a coisa extensa infinita, da qual nossos corpos são modos finitos complexos, e que ele representa verdadeiramente esse objeto primário por causa da ordem causal dos modos daquela coisa pensante e a dos modos daquela coisa extensa são uma e a mesma.

Uma hipótese adicional parece natural, embora Spinoza a afirme explicitamente somente em uma carta. Dado que a substância divina absolutamente infinita consiste em infinitos atributos além da extensão e do pensamento, e que, como coisa pensante, ela tem cognição de todos os seus modos sob todos os atributos, seu correspondente Tschirnhaus perguntava por que os seres humanos, que são modos da substância divina, têm cognição somente de um único atributo além do pensamento, a saber, a extensão (Ep 63). Spinoza respondeu que, já que Deus, como pensante, tem de ter cognição adequadamente de todo e cada um de seus atributos, e já que cada ideia complexa nele que adequadamente o representa sob um dado atributo tem de ser infinita, Deus, como pensante, tem de consistir em uma infinidade de mentes, cada uma representando-o primordialmente como infinito em um de seus gêneros (Ep 66). As mentes humanas são modos finitos de uma única das mentes infinitas na ideia infinita que é um modo eterno de Deus como pensante, a saber, aquela mente cujo objeto primordial é Deus como extenso. Deus como pensante tem cognição de todos os seus infinitos atributos; mas assim como cada atributo infinito é realmente distinto de cada outro, assim também a ideia de cada um deles na ideia infinita de Deus é realmente distinta da ideia de cada outro. De acordo, cada mente finita é um modo da ideia que é a autocognição de Deus de um único de seus atributos infinitos, e dele mesmo enquanto tem cognição desse atributo. Cada ser humano é tanto um corpo humano, um modo finito de Deus constituído pelo atributo da Extensão, e uma mente humana, o modo finito de Deus enquanto Deus pensa que é primordialmente constituído por uma ideia daquele corpo *e de nada mais*; e para cada atributo ulterior de Deus, A_i, esse mesmo modo finito também será constituído de A_i e de uma mente que é primordialmente constituída apenas pela ideia desse modo como constituído de A_i. Daí que Deus, na medida em que constitui a ideia desse modo finito, será uma série de ideias, cada uma primordialmente constituída por uma ideia dela sob um atributo diferente do atributo do Pensamento. Não apenas é o modo finito, que, como extenso e pensante, é um ser humano muito mais do que um ser humano, mas, como pensante, é muito mais do que uma mente humana.

Ao escrever o *Tratado teológico-político*, Spinoza pensava ser prudente explicar a seus leitores o que ele queria dizer tanto com a palavra "Deus" quanto como os termos teológicos tradicionais que ele aplicava a Deus. Por "Deus" ele entendia a substância absolutamente infinita, que ele identificava com a Natureza, considerada como uma causa imanente infinita omniabrangente, e não simplesmente como o universo corpóreo. Ele escreveu:

> [C]omo sem Deus nada pode existir nem ser concebido, é evidente que todas as coisas que existem na natureza implicam e exprimem a ideia de Deus na proporção de sua essência e de sua perfeição. Por conseguinte, quanto mais cognição temos das coisas naturais, maior e mais perfeita cognição adquirimos de Deus, ou seja (já que a cognição do efeito pela causa não é outra coisa que ter cognição de alguma propriedade da causa), quanto mais cognição temos das coisas naturais, mais perfeitamente temos cognição da essência de Deus (que é causa de todas as coisas). Sendo assim, toda a nossa cognição, isto é, o nosso bem supremo, não só está dependente da cognição de Deus, como até reside exclusivamente nele (TTP IV.11 [69]).[11]

---

[11] Aqui como em outros lugares minha tradução segue cerradamente a do esboço de Edwin Curley de uma tradução que será publicada no segundo volume de seu *The Collected Works of Spinoza* (a sair pela Princeton University Press). Agradeço ao Professor Curley a gentileza em me fornecer uma cópia de seu esboço e me permitir usá-lo. Também consultei a excelente tradução feita por Samuel Shirley em Spinoza 1989. Embora eu não registre divergências menores com relação às traduções de Curley (com a intenção, na maior parte, de ser mais literais, ainda que menos elegantes), os leitores devem notar que eu sempre traduzo *cognoscere* e *cognitio* usados por Spinoza por *cognize* e *cognition*, e não por *know* e *knowledge*. Minha razão principal para isso é que Spinoza sustentava que os seres humanos frequentemente têm cognições falsas (*cognize falsely*). N.T.: Aqui, seguimos Donagan e modificamos a tradução feita para o português, que usa "conhecer" e "conhecimento" respectivamente para *cognoscere* e *cognitio*. No restante do artigo, também usaremos "cognição" e "ter cognição" para "cognition" e "to cognize", respectivamente, deixando "conhecimento" e "conhecer" para *knowledge* e *to know*, respectivamente.

Segue-se que acontecer de acordo com as leis da natureza e acontecer de acordo com o conhecimento e a vontade de Deus são uma só e a mesma coisa. Spinoza defende essa ideia com um exemplo tirado da geometria, mas ele certamente teria aceitado um da física.

> Assim, por exemplo, quando atendemos só a que a natureza do triângulo está contida desde toda a eternidade na natureza de Deus como uma verdade eterna, dizemos que Deus tem a ideia do triângulo, ou seja, que entende a natureza do triângulo. Mas, se tivermos depois em conta o fato de a natureza do triângulo estar contida na natureza divina, por necessidade apenas dessa natureza [...], nessa altura, chamamos vontade ou decreto de Deus àquilo que antes chamamos entendimento de Deus (TTP IV.24 [72]).

Em um capítulo posterior ele resume sua teoria da identidade da natureza, a substância absolutamente infinita, com Deus:

> Dado, porém, que não há nada que seja necessariamente verdadeiro a não ser por decreto divino, conclui-se claramente que as leis universais da natureza são meros decretos de Deus que resultam da necessidade e da perfeição da natureza divina. Se, por conseguinte, acontecesse na natureza algo que repugnasse a suas leis universais, repugnaria, necessária e igualmente, ao decreto, ao entendimento e à natureza de Deus [...]. Poderíamos ainda demonstrá-lo facilmente pelo fato de *a potência da natureza ser a própria potência e virtude de Deus* e de a potência divina ser, por sua vez, exatamente a mesma coisa que a essência de Deus [...] (TTP VI.8-9 [97]; ênfase adicionada).

A teologia de Spinoza, em suma, naturaliza Deus.

Essa naturalização transforma o sentido de dois termos que Spinoza aplicava continuamente a Deus: os predicados "eterno" e "perfeito". Seguindo Boécio, tanto os teólogos medievais quanto os cartesianos concebiam a eternidade como a existência sem tempo. Spinoza redefiniu o conceito, como "a própria existência, enquanto concebida como se seguindo, necessariamente, apenas da definição de uma coisa eterna" (E 1d8). A existência de um ser absolutamente infinito, tal como Spinoza a descreve, decorre necessariamente da definição de tal ser, por ser definida como um processo de causação imanente da existência de si mesmo;[12] e uma coisa causa imanentemente a sua própria existência se e somente se for tal que é uma lei da natureza que ela seja conservada, isto é, não pode nem ser criada nem destruída. A eternidade entendida dessa forma não exclui a passagem do tempo no sentido corriqueiro,[13] pois movimento e repouso é um modo eterno da substância extensa infinita, e movimento é a mudança relativa de posição no tempo.[14]

Novamente, tanto os teólogos medievais quanto os cartesianos concebiam a "perfeição" *a priori*, como um padrão pelo qual a Natureza e tudo nela podem ser julgados como imperfeitos. Spinoza, sem redefinir o conceito, trata a perfeição como equivalente de "infinito". Por conseguinte, já que o universo corpóreo extenso seja infinito em seu gênero, ele também é perfeito em seu gênero, não porque satisfaz algum padrão de perfeição *a priori*, mas porque, na medida em que se trata de extensão, ele é em si mesmo o único padrão racional de perfeição. Deus, como ser absolutamente infinito, é, da mesma maneira, absolutamente perfeito, não porque satisfaz algum padrão humano *a priori*, mas porque dá o único padrão último pelo qual os seres humanos podem julgar qualquer coisa como imperfeita. Conforme as palavras de Spinoza, "a perfeição das coisas deve ser avaliada exclusivamente por sua própria natureza e potência: elas não são mais ou menos perfeitas porque agradem ou desagradem os sentidos dos homens ou porque convenham à natureza humana ou a contrariem" (E 1ap).

Ao declarar que o ser absolutamente infinito, cuja existência ele alegava demonstrar, é o verdadeiro Deus a quem os judeus ortodoxos e os cristãos veneram ignaramente, estaria Spinoza escondendo de si mesmo seu ateísmo com um jogo de palavras? Maimônides teria pensado que sim:

---

[12] Esse "necessariamente" na definição de Spinoza quer dizer "por necessidade (imanentemente) causal" e não "por necessidade lógica"; isso fica claro com base na Parte 1 da *Ética*. Ver Donagan 1988: 60-64, 73-75.
[13] Ele nega isso em um sentido técnico. Ver Donagan 1988: 109-113.
[14] Alguns negaram isso, com base em algumas passagens em que Spinoza usa a palavra *tempus* em sentido técnico. Ver Bennett 1984: 202-203.

Não direi que aquele que afirma que Deus – seja louvado – tem atributos positivos não consegue apreendê-lo ou [...] que tem uma apreensão Dele que é diferente do que Ele realmente é, mas direi que ele aboliu sua crença na existência da deidade sem estar ciente disso (Maimônides 1963: 145 [I, 60, 76b]).

Quando foi confrontado com uma carta em que Lambertus van Velthuysen reprochava o autor do *Tratado teológico-político* (sem saber quem era) por "ensinar o ateísmo puro com argumentos escondidos e disfarçados" (Ep 42), Spinoza perguntou indignado: "Será que esse homem [...] pôs de lado toda religião que declara que Deus tem de ser admitido como o bem supremo e que ele tem de ser amado como tal com um espírito livre?" (Ep 43).[15] Mas, como Maimônides teria apropriadamente respondido, quem quer que identifique Deus com a Natureza confunde o bem supremo com um ser que não é nada parecido com o Deus de Abraão, Isaac e Jacó. Ele não fez os céus e a terra, ele não criou nossos ancestrais e os colocou sobre a terra, e ele não está, pelo chamado dos judeus, engajado em dar a bênção a todas as nações da terra. O Deus de Spinoza não pode ser venerado racionalmente como o Deus do judaísmo ortodoxo e da cristandade pode: os seres humanos não feitos a sua imagem e suas relações com ele não são aquelas de semelhante para com semelhante em absolutamente sentido algum. E, no entanto, os seres humanos teriam para com o Deus de Spinoza, se ele existisse, algo que não é completamente distinto das relações que teriam com o Deus do judaísmo e da cristandade, se ele existisse. Eles são totalmente dependentes dele para existir, como efeitos da causa. Ninguém em sã consciência pode

---

[15] Afirmei falsamente que os contemporâneos de Spinoza acusaram-no "não de desacreditar no que ele declarava acreditar, mas de esconder as implicações heréticas do que ele declarava" (Donagan 1988: 15). Em "Van Velthuysen, Batelier and Bredenburg on Spinoza's interpretation of the scriptures", trabalho apresentado em abril de 1991 em um congresso em Cortona, organizado pela *Scuola Normale Superiore di Pisa*, o Dr. Wiep van Bunge mostrou que van Velthuysen fez o que nego que todos os contemporâneos de Spinoza tenham feito. A distinção que tracei é tão filosoficamente suspeita quanto historicamente falsa, porque a distinção entre diferença de significado e diferença de crença é (conforme mostrado por Quine) indeterminada.

odiar sua existência; e não pode também, portanto, odiar o Deus de Spinoza, conforme ele mesmo indicou (E 5p18). Todavia, nossa atitude para com ele será de "amor intelectual" em um sentido a ser definido, o que é uma atitude idêntica ao que Spinoza denominava "*acquiescentia*". Se Deus for concebido como os judeus e os cristãos de pensamento tradicional o concebem, Spinoza nega sua existência e pode legitimamente ser acusado de ateísmo. Não de idolatria; pois ele não oferece a seu "Deus" o tipo de louvor que os pagãos politeístas ofereciam a seus deuses. O Deus de Spinoza, porém, é mais como o dos judeus e cristãos do que os do paganismo; e o amor intelectual que ele pensa dever a seu Deus, embora diferente da veneração monoteísta, tem alguma analogia com ela. Spinoza pode legitimamente alegar que seu ser absolutamente infinito é suficientemente parecido com o Deus judeu e cristão, e a atitude racional a ser tomada para com esse ser é bastante parecida com a veneração, para que seja apropriado descrevê-lo como "Deus".

Revelação, imaginação e fé religiosa universal

Aqueles que identificam Deus com Natureza, se tiverem enfim uma teologia, em geral restringem-na à teologia natural e desqualificam a revelação divina como uma superstição. No *Tratado teológico-político*, Spinoza não faz nenhuma das duas coisas. Definindo revelação (ou, do ponto de vista de quem a recebe, profecia) como "o conhecimento certo de alguma coisa revelada por Deus aos homens" (TTP I.1 [15]), ele aceita as escrituras judaicas e cristãs como registros de uma longa tradição de revelação divina; e, investigando economicamente essa tradição, ele desenvolve uma teoria geral da revelação, a qual ele deduz dos princípios de uma fé religiosa universal.

Spinoza reconhecia que sua definição de revelação é satisfeita pela cognição natural, ou cognição dos segundo e terceiro gêneros, conforme definidos na *Ética* 2p40s2, pois essa cognição é certa e imanentemente causada por Deus. Entretanto, ele também reconhecia que, embora o que Deus certamente revele pela ciência não seja de maneira alguma inferior ao que ele certamente revela de outras maneiras, os europeus em geral (o *vulgus* no meio do qual o

Tratado teológico-político foi publicado) consideram que a cognição revelada exclui a científica e admitem como revelação somente os casos dela registrados nas escrituras judaicas e cristãs. Ele mesmo não era um fanático: embora aceitasse a revelação judaico-cristã como autêntica, ele tomava o cuidado de indicar que as escrituras judaicas atestam que "as outras nações tiveram também, à semelhança dos judeus, seus profetas e que esses profetizaram, tanto para elas como para os próprios judeus" (TTP III.35 [58]).

Os princípios filológicos de Spinoza para estudar as escrituras judaicas e cristãs não eram originais. Entre os filólogos nos Países Baixos, principalmente depois da indicação de J. J. Scaliger para uma cadeira em Leiden, em 1594, eles foram seguidos regularmente no estudo de textos não escriturais.[16] Como Richard H. Popkin mostra no capítulo 9 do presente volume, eles foram afirmados e utilizados por uma sucessão de estudiosos da Bíblia, tanto judeus como cristãos, a maioria deles perfeitamente ortodoxos, assim como o rabino medieval Abraão ibn Esdras,[17] cujo comentário sobre o Pentateuco foi impresso lado a lado com o texto hebraico das escrituras judaicas, da edição veneziana Bomberg (alguns poucos outros não eram ortodoxos, como o amigo e correspondente de Spinoza, Lodewijk Meyer). Entretanto, os filólogos clássicos tendiam a deixar os estudos bíblicos aos teólogos,[18] com o resultado, também mostrado por Popkin, de ninguém antes de Spinoza ter explorado o que decorreria da combinação de boa filologia com sua teologia naturalizada.

---

[16] Para o desenvolvimento da filologia nos Países Baixos, ver Willamowitz-Moellendorff 1982: 50-53, 65-76.

[17] Nascido *c.* 1090 em Tudela, Espanha, morto em 1164. Citado por Spinoza como "Aben Esdra".

[18] "Nenhum outro texto [a não ser o do Novo Testamento] colocou o problema do *Textus Receptus* [...] de forma tão contundente; e nenhum outro texto foi tão necessário salvar. O caráter da Vulgata estabelecido por Erasmo, Beza e Stephanus era tão obviamente casual que críticos argutos tinham os motivos mais fortes para questionar sua autenticidade, em países, é claro, onde isso era permitido" (Kenny 1974: 99).

Isso, muito embora "não haja quase nenhuma questão doutrinária de qualquer importância que dependa da crítica do texto, conforme observado por Bentley", conforme Kenny acrescenta em uma nota de rodapé na mesma página – mas isso trinta anos depois da morte de Spinoza.

Eis como Spinoza proclama e defende seus princípios filológicos para o estudo da escritura:

> Na realidade, assim como o método para interpretar a natureza consiste essencialmente em descrever a história da mesma natureza e concluir daí, com base em dados certos, as definições das coisas naturais, também para interpretar a Escritura é necessário elaborar sua história autêntica e, depois, com base em dados e princípios certos, deduzir daí como legítima consequência o pensamento de seus autores. Desse modo, quer dizer, se na interpretação da Escritura e na discussão de seu conteúdo não se admitirem outros princípios nem outros dados além dos que se podem extrair dela mesma *e de sua história*, estaremos procedendo sem perigo de errar [...] (TTP VII.8 [116]; ênfase adicionada).

Spinoza faz duas alegações gerais acerca do que pode ser estabelecido de tais exemplos serem seguidos. Primeiro, pode-se frequentemente mostrar se um texto sagrado foi de fato transmitido desde a antiguidade ou se foi interpolado ou acrescentado por causa de "um tão cego e temerário desejo de interpretar a Escritura e de inventar na religião coisas novas" (TTP VII.3 [97-98]). Segundo, pode-se frequentemente demonstrar que um registro de uma revelação alegada é mera fabricação – seja por parte do próprio profeta que a alega, seja por parte de alguma outra pessoa que esteja em posição de determinar se ele alegou ou não ter tido isto ou aquilo revelado a ele. Diferentemente, invalidar as razões dadas para a interpolação ou adição pode aproximar-se de uma prova de autenticidade.

Tanto as escrituras judaicas quanto a parte não epistolar das escrituras cristãs consistem em larga medida em narrativas históricas: algumas, de revelações divinas feitas a indivíduos, das ações que suscitaram e das reações a elas; outras simplesmente de revelações e das situações em que foram outorgadas. Dessas narrativas, algumas pretendem ter sido escritas por aqueles que receberam as revelações que registram, mas a maior parte não. Spinoza defende que o Pentateuco, o *Livro dos juízes*, *Ruth*, *Samuel* I e II, *Livro dos reis* I e II "foram escritos por um só e mesmo historiador, o qual quis escrever a história antiga dos judeus desde sua origem mais remota até a primeira destruição da Cidade" (TTP VIII.42

[149]). Qual foi esse historiador, ele diz não saber, mas suspeita ter sido Esdras (TTP VIII.48 [150]), e, desde então acaba por se referir a ele, quem quer que tenha sido, por meio desse nome (TTP IX.2 [153]). Esdras, contudo, deixou sua obra incompleta. Ela é parcialmente incoerente, embora editores tardios tenham removido algumas de suas lacunas e incoerências com acréscimos e interpolações de autoridade mais duvidosa (TTP IX *passim*).

Já que se pode inferir das próprias escrituras judaicas que "antes dos Macabeus não existia nenhum cânon dos Livros Sagrados e que, além disso, aqueles de que atualmente dispomos foram escolhidos dentre muitos outros pelos fariseus da época do segundo templo [...] e só por sua determinação expressa foram adotados" – que não foi nem por inspiração divina, nem se dizia que fosse –, Spinoza declara que "quem, por conseguinte, quiser demonstrar a autoridade da Escritura terá de demonstrar a autoridade de cada um de seus livros" (TTP X.43 [183-184]). Ele, no entanto, não duvida nem de que Esdras tenha honestamente usado material autêntico, nem de que sua obra possa em geral ser diferenciada da de outros editores posteriores. Daí ele não impugnar a autoridade da maioria das escrituras tal como estão editadas, mesmo que pouca coisa nelas tenha sido escrita pelos profetas cujos pensamentos ou ações elas registram. E muito menos ele impugna a autoridade do Pentateuco por causa de certas ninharias, como a de que Moisés não poderia tê-lo escrito todo: por exemplo, o prefácio ao *Deuteronômio*, que insinua que o livro foi escrito depois dos judeus cruzarem o Jordão, o que não fizeram até depois da morte de Moisés (TTP VIII.6 [140]).

Apesar do peso que ele atribui aos indícios filológicos, Spinoza não poderia ter chegado a suas conclusões mais importantes sobre a revelação somente com base na filologia. Ele admite que dois princípios filosóficos são também necessários.

O primeiro é um corolário de seu naturalismo: a saber, que, embora as causas específicas das revelações não científicas em geral estejam além do conhecimento humano, elas estão totalmente dentro da ordem causal natural e não são intervenções sobrenaturais nela. De acordo com a *Ética* 1p29, "nada existe, na natureza das coisas, que seja contingente; em vez disso, tudo é determinado, pela necessidade da natureza divina, a existir e a operar de uma maneira definida". Em sua discussão dos milagres no *Tratado teológico-político*, Spinoza indica o que isso implica para a revelação: a saber, "de nada acontecer na natureza que não dependa de suas leis, de estas se estenderem a tudo o que o entendimento divino concebe e de, finalmente, a natureza manter uma ordem fixa e imutável", resulta, por conseguinte, que "a palavra milagre só pode ser entendida relativamente às opiniões humanas e não significa senão um fato cuja causa natural não podemos explicar ou pelo menos quem registra ou conta o milagre não pode explicar por analogia com outra coisa que habitualmente ocorre" (TTP VI.13 [98]). Longe de nos ajudar a compreender a verdadeira natureza de Deus, os milagres nos distraem dela; "estão, portanto, completamente enganados os que invocam a vontade de Deus sempre que não sabem explicar uma coisa. Que maneira mais ridícula de confessar a ignorância!" (TTP VI.23 [101]).

O segundo princípio filosófico sobre o qual se baseia a teologia revelada de Spinoza tem a ver com a cognição. De acordo com *Ética*2pp32-43, ter cognição é ter uma ideia. A cognição imaginativa (do primeiro gênero) consiste parcialmente em ideias inadequadas; ela é propriamente intelectual (do segundo e do terceiro gêneros) quando consiste completamente em ideias adequadas. Ideias adequadas são "ou dos elementos que são comuns a todas as coisas, e que existe igualmente na parte e no todo" (E 2p38), ou do que é comum e próprio tanto ao corpo humano quanto a uma coisa externa que o afeta costumeiramente, e está no todo de cada um desses corpos e em cada parte (E 2p39). A cognição por ideias adequadas é ou (I) discursiva – pela "razão (*ratio*) ou cognição do segundo gênero" – em que se tem cognição de um efeito em se derivando sua ideia, da ideia de sua causa, ou (II) intuitiva – "*scientia intuitiva* ou cognição de terceiro gênero" – em que se tem cognição da essência de uma coisa em se formando uma ideia que a apresenta como imanentemente causada por Deus, a substância absolutamente infinita (E 3p40s2). Spinoza também acredita ter mostrado, nas Partes 3 e 4 da *Ética*, que da análise funcional dos afetos da mente humana é possível desenvolver uma teoria dos afetos que é intuitiva nesse sentido.[19]

---

[19] A teoria spinoziana dos três gêneros de cognição é discutida no cap. 3 por Margaret Wilson. Meu tratamento dela, que deriva em larga medida de Matheron 1969 e Matheron 1986a, pode ser encontrado em Donagan 1988: 135-140.

Como ele mesmo observa (TTP I.2[15]), ambos os tipos de cognição intelectual natural satisfazem sua definição formal de revelação ou profecia, a qual seja, "cognição certa de alguma coisa revelada por Deus ao homem", pois "as coisas das quais temos cognição pela luz natural dependem exclusivamente da cognição de Deus e do seus eternos decretos" (TTPI.2 [15-16]). Mas, como ele também observa, a maioria das pessoas não fala de maneira rigorosa. Em parte porque desprezam seus dons naturais, em parte porque anseiam por coisas que são raras e alheias a sua natureza, não chamam cognição alguma de revelação ou profecia, a menos que "esta se estenda para lá dos limites (da cognição natural) e porque as leis da natureza humana, consideradas em si mesmas, não podem ser sua causa" (TTP I.3).[20]

Após examinar as partes das escrituras judaicas que ele considera terem sido editadas por Esdras à luz de seu naturalismo e de sua teoria da cognição, Spinoza conclui que:

> Se folhearmos os sagrados volumes, verificaremos que tudo o que Deus revelou aos homens foi revelado ou por palavras, ou por figuras (*figurae*), ou de ambos os modos, quer dizer, por palavras e figuras. As palavras, tal como as figuras, ou foram verdadeiras, não dependendo então da imaginação do profeta que as ouvia (ou via), ou foram imaginárias, porquanto a imaginação do profeta, mesmo quando acordado, estava predisposta de modo que lhe parecesse ouvir palavras ou ver alguma coisa com toda a clareza (TTP I.9 [18]).

E do relato contido em *Números* 12,6-7, ele também infere que Deus fez o seguinte pronunciamento a Aarão e Miriam na presença de Moisés e em viva voz: "se há entre vós [isto é, os judeus] um profeta, é numa visão que eu, o Senhor, me dou a conhecer a ele: é num sonho que lhe falo. Assim não se dá com meu servo Moisés, ele que é meu homem de confiança para toda a minha casa: falo-lhe de viva voz" (TTP I.21 [21]). E, finalmente, ele aprova a crença judaica de que Moisés era único dentre os profetas judeus: todos os

---

[20] N.T.: Seguimos aqui a tradução de Donagan.

outros receberam suas revelações por meio de palavras imaginárias e formas visíveis de que somente eles tinham cognição, mas Moisés recebeu as suas por meio de sons reais, que outros que estivessem a seu lado poderiam ouvir (TTP I.10-13, 19-20 [19-21]).

Se em algum lugar uma dúvida aparece quanto a saber se Spinoza acreditava no que escrevia, esse lugar é aqui; mas se ele não acreditava, ele não deixa isso ser percebido, nem por exagero, nem por qualquer outra volta de estilo. Se Moisés recebeu suas revelações de Deus de viva voz, essa voz teria sido um milagre, de acordo com a maneira como ele define os milagres: "um fato cuja causa natural não podemos explicar ou pelo menos quem registra ou conta o milagre não pode explicar por analogia com outra coisa que habitualmente ocorre" (TTP VI.13 [98]). Essa concepção de milagre implica, para qualquer milagre relatado, ou que ele realmente tenha ocorrido e tenha uma causa natural, ou que não tem uma causa natural e não tenha realmente ocorrido. Se Spinoza acreditasse que a primeira alternativa é verdadeira quanto aos relatos escriturais da viva voz por meio da qual Deus fez as tais revelações a Moisés, não teria ele especulado sobre qual fora a causa natural dessa voz?

Sua maneira de considerar os milagres, que o Santo Ofício Romano citou como prova contra o copernicanismo de Galileo Galilei, sugere que não. Esse milagre é relatado em *Josué* 10,12-14:

> Então Josué falou ao Senhor, naquele dia em que o Senhor entregara os emoritas aos filhos de Israel, e disse, em presença de Israel:
> "Sol, detém-te sobre Guibeon,
> Lua, sobre o vale de Aialon!"
> E o sol parou e a lua imobilizou-se até a nação ter-se vingado de seus inimigos. Não está isso escrito no livro do Justo? O sol se imobilizou no meio dos céus e não se apressou a tramontar durante quase um dia. Nem antes, nem depois, houve um dia comparável a este dia em que o Senhor obedeceu a um homem, pois o Senhor combatia por Israel.

Spinoza admite que, quando Josué disse "Sol, detém-te", ele acreditava que Deus prenderia a rotação do sol sobre a terra tempo o bastante para decidir sua vitória, e depois, que Deus assim prendeu o sol de fato; e que a crença de Josué era tão falsa, porque, de acordo com a nova física, a terra é um planeta que gira rotativamente em torno do sol, e a aparência de o sol se levantar e o sol se pôr não é produzida por um movimento do sol (TTP II.26 [39]). Mas ele nega que isso decorra ou de que não houve milagre, ou de que se tratou de uma profecia, já que a cognição que Josué teve do fato era falsa e, por conseguinte, não certa:

> Acaso, pergunto eu, seremos obrigados, seremos obrigados a acreditar que um soldado como Josué era versado em astronomia? Ou que não podia ter-lhe sido revelado um milagre? Ou que a luz do Sol não podia permanecer mais tempo que de costume no horizonte, sem que Josué soubesse a razão desse fenômeno? [...] Prefiro dizer abertamente que Josué ignorava a verdadeira razão por que se demorava mais a luz do dia [...] sem reparar que a excessiva quantidade de gelo que, naquele momento, havia na atmosfera (ver *Josué*, cap. X, 11), podia ter originado uma refração maior do que era habitual, ou qualquer outro fenômeno semelhante que não investigaremos aqui (TTP II.27 [40]).

Embora essa especulação científica pareça muito absurda hoje, quando se sabe muito mais sobre refração, ela não estava excluída pelo estado da física quando Spinoza a escreveu.

Teria ele feito uma especulação parecida sobre as causas naturais da voz pela qual Moisés recebeu suas revelações se acreditasse que ela foi real? É preciso considerar um paralelo. Assim como a realidade das vozes de Moisés é crucial para o judaísmo ortodoxo, da mesma forma a ressurreição do corpo de Jesus é crucial para o cristianismo ortodoxo. Como é que Spinoza lida com os relatos de ressurreição de mortos em *2Reis* 4,31-37 (o filho do shunamita)? E em todos os quatro evangelhos (Jesus)?

No primeiro caso, dando uma explicação natural do fato, ele não tem dificuldade de aceitar que o reavivamento do filho do shunamita de fato tenha ocorrido (TTP VI.47[106]). No segundo, por seu surpreendente silêncio quando expõe a verdadeira natureza do ensinamento de Jesus sobre sua relatada ressurreição, ele claramente dá a entender que o corpo de Jesus não retornou à vida – uma implicação que ele confirma expressamente numa carta a Oldenburg (Ep 75). Talvez parte da razão para ele aceitar o primeiro e não o segundo esteja no fato de ele não considerar a restauração da vida do filho do shunamita como uma genuína ressurreição: ele foi reavivado meramente pelo calor do corpo do profeta e, portanto, só aparentemente estava morto. Diferentemente, com base no que afirmam os evangelhos, ele aceitava que Jesus realmente morreu na cruz; mas, a Oldenburg, ele mantinha que as aparências relatadas de seu corpo ressurreto – contrariamente à sincera crença dos apóstolos – eram imaginárias – "não diferentes da aparência pela qual Deus apareceu a Abraão, quando ele viu três homens a quem convidou para jantar" (Ep 75). Oldenburg reclamava que "nos evangelhos, a ressurreição de Cristo parece estar relatada (*tradi*) de igual maneira literalmente com [sua paixão e morte]" (Ep 79), talvez tenho em mente a história da dúvida de Tomé (*João* 20,24-28); mas, infelizmente, nenhuma resposta a essa sua carta – que traz a data de somente um ano antes da morte de Spinoza – foi preservada.

Spinoza afirma, como conclusão geral sobre os relatos escriturais de milagres,

> que tudo o que na Escritura se diz ter de fato acontecido aconteceu segundo as leis da natureza, como é necessário que tudo aconteça; e, *se lá se encontrar alguma coisa da qual se possa apoditicamente provar que repugna às leis da natureza ou que não pode ser consequência delas,* nesse caso, devemos ter por absolutamente certo que foi um acrescento feito nos Livros Sagrados por homens sacrílegos (TTP VI.51[108]; ênfase adicionada).

Contudo, isso ainda está muito distante da teoria de Hume em seu ensaio "Dos milagres", segundo a qual todos os relatos de fenômenos que não sejam dos tipos costumeiramente observados são suspeitos. Ao definir um milagre como "um fato cuja causa natural não podemos explicar por analogia com outra coisa que habitualmente ocorre" (TTP VI.13[98]), Spinoza sugere tanto que os fenômenos que não são do tipo costumeiramente observado realmente ocorrem quanto os que são naturalmente causados. Ele deixa essa sugestão explícita declarando que "encontrar nos Livros Sagrados alguns fatos de que desconhecemos as causas e que parecem ocorrer fora, senão mesmo contra, a ordem da natureza não deve constituir nenhum obstáculo a que estejamos convictos de que tudo o que na realidade acontece, acontece naturalmente" (TTP VI.45 [106]). Isso também é confirmado por seus exemplos. A luz do dia normalmente não é prolongada, mesmo quando haja grande quantidade de gelo no ar, conforme relatado em *Josué* 10; tampouco as pessoas, cujas funções vitais observáveis tenham cessado após sofrerem severas dores na cabeça, costumeiramente têm a vida restaurada depois de alguém deitar sobre seus corpos aparentemente mortos, conforme relatado em *2Reis* 4. Um humiano consistente seria obrigado a rejeitar ambos os relatos como invenções. Um spinoziano consistente, contudo, é obrigado a rejeitar os relatos filologicamente autenticados (conforme Spinoza os considera ser) somente se são excluídos pela física cartesiana; e a física cartesiana, como Newton mais tarde se queixaria, é licenciosa com relação às hipóteses especulativas que ela sanciona.[21] Com relação a esses relatos, se isso não exclui aqueles que Spinoza aceitava, não vejo como exclua os que ele não aceitava.

Ambos os fatos de que as vozes de Moisés e a ressurreição de Jesus são acreditados, por quem os acredita, com base em relatos escriturais que Spinoza aceita serem baseados em relatos escritos ou orais das observações originais, transmitidos de maneira confiável. Se, ou em seu *Tratado teológico-político*, ou em sua correspondência, ele dá uma razão defensável para aceitar o primeiro, mas não o segundo, eu não a encontrei. A evidência para o segundo é mais forte, ainda que longe de ser conclusiva. Embora alguns comentadores judeus tenham acusado Spinoza de preferir tendenciosamente atacar o judaísmo e não a cristandade,[22] no *Tratado teológico-político* ele

---

[21] Para um exemplo científico da licenciosidade de Spinoza na hipótese, ver sua controvérsia com Boyle (com Oldenburg como intermediário) sobre a reconstituição do nitrato (Ep 6, 11, 13). Por que Newton achava necessário formular um princípio que limitasse quais hipóteses os cientistas deveriam considerar, ver Hall e Hall 1964.

[22] Por exemplo, Hermann Cohen no século XIX e (de maneira menos veemente) Leo Strauss no século XX. Ver Strauss 1965: 19-20; e Strauss 1988: 190-191.

escolheu aceitar o milagre crucial da ortodoxia judaica, posto que conspicuamente hesite em aceitar um milagre crucial para a ortodoxia cristã. Afora isso, seu tratamento teórico de ambos é imparcial, embora algumas de suas observações sobre o judaísmo não o seja.[23]

Ele concorda que a grande massa das revelações relatadas nas escrituras judaicas, do *Gênesis* a *2Reis*, é autêntica. Ele em seguida defende que, quando estudadas de acordo com princípios filológicos e filosóficos corretos, essas escrituras mostram que os profetas judeus, até mesmo Moisés, receberam suas revelações completamente por meio de cognição do primeiro gênero, a saber, pela imaginação: Moisés as recebeu de uma voz viva, e o resto deles por meio de palavras imaginárias e formas visíveis. A imaginação ser o meio da revelação fornece um princípio para se interpretar o registro escritural. O caso de Moisés mostra que o maior dos profetas não era o único a ter o maior conhecimento das coisas. Como homem de seu tempo, ele ignorava muito do que veio a se tornar lugar comum para os estudantes rabínicos: por exemplo, Moisés pensava que "[Jeová] escolheu só para si a nação hebraica e uma determinada região do mundo (*Deuteronômio*, cap. 4,19 a cap. 32,8-9), abandonando as outras nações e regiões aos cuidados dos outros deuses seus substitutos" (TTP II.38[43]). O mesmo vale para os profetas judeus menores. O que lhes foi revelado foi "ajustado" às crenças especulativas sobre Deus e sua relação com o mundo que já tinham, e, portanto, não foi derivado da revelação (TTP II.41[45]). Já que muitos iludiram-se de ter recebido revelações sem que isso fosse verdade, como Deus dá certeza a um profeta de que uma cognição confiada a ele é uma revelação? A resposta de Spinoza é que todo profeta que recebeu uma revelação nova "era movido unicamente pela justiça e pelo bem" e imaginava o que lhes era revelado "de forma extremamente nítida" e com "sinais" ajustados a sua imaginação – diferentemente de profeta a profeta – que o fazem totalmente certo dela (TTP II.10-12[34-35]). Infelizmente, essa resposta não consegue

---

[23] Digo o que penso ser necessário sobre suas incidentais observações ofensivas sobre o judaísmo em Donagan 1988: 26-7.

dizer quais são os iludidos que pensam ser profetas sem na verdade serem e quais são profetas de verdade.

A cognição é ou especulativa (do que é o caso) ou prática (do que fazer). Por conseguinte, se nenhuma cognição revelada é teórica, todas devem ser práticas. A cognição prática, por sua vez, é ou geral ou particular. A cognição prática geral revelada a Moisés é a Lei Judaica que ele promulgou somente ao povo judeu, e que, portanto, somente os judeus são obrigados a observar. Além de regras gerais de conduta individual (sumarizadas nos Dez Mandamentos), ela inclui regras cerimoniais para a adoração divina, e, dentre elas, tanto regras para se instituir um sacerdócio e oferecer várias formas de sacrifício, bem como regras judiciais para decidir disputas, julgar acusações de criminalidade e punir os culpados. Profetas posteriores adicionaram outras disposições, como quando o profeta Samuel ungiu Saul, primeiro, e depois Davi, como reis. Revelações específicas foram concedidas a líderes políticos (juízes e depois reis) tanto quanto a indivíduos particulares (os que em geral são chamados de "profetas"), sobre o que certos indivíduos (não necessariamente o profeta) devem fazer em situações individuais.

Spinoza exprimia a maior admiração por "até que ponto um governo (*imperium*) assim constituído (por Moisés)" – isto é, a maneira como fora constituído antes dos reis – "poderia moderar os ânimos [*animos*] e refrear tanto os governantes como os governados, de modo que nem estes se tornassem rebeldes, nem aqueles tiranos" (TTP XVII.62 [266]). Ele só lhe atribuía um único defeito: o de que o ministério sagrado ficava reservado à tribo de Levi, embora, antes da breve apostasia em que todos, menos os levitas, adoraram o bezerro de ouro, ela devesse ser entregue aos primogênitos (TTP XVII.96-97 [273]). O novo arranjo causou o dissentimento entre as pessoas e o ministério sagrado, o que repetidamente incitou os líderes políticos a introduzir formas proibidas de veneração, o que, em troca, fez com que os profetas os denunciassem. Embora sugira que o caráter do povo tornou inevitável o fato de seu ministério sagrado ou apostatar ou causar dissentimento, Spinoza soturnamente descreve a situação em termos proféticos: "naquele momento Deus não estava pensando em sua [do povo hebreu] segurança, mas sim em sua punição" (TTP XVII.97 [273]).[24] Não fora por esse defeito causalmente inteligível, "no estado (*republicam*) dos hebreus [...] o governo (*imperium*) teria podido ser eterno" (TTP XVII.112 [277]). Mesmo como foi, repetidamente grandes perigos foram superados, mas, às vezes, só por causa do "auxílio externo de Deus" através de profetas individuais (TTP III.17[52]).

Spinoza apresenta sua conclusão de que a constituição quase sem falhas do estado hebraico foi como fato histórico obra dos profetas, e não de teóricos políticos, o que, assim como qualquer outro fato, os teóricos ignoram por sua conta e risco. Ele admitia que o gênero de cognição mais necessário para a competência em questões práticas é o primeiro – a imaginação; não o segundo e o terceiro – a razão e a *scientia intuitiva* – embora os últimos sejam necessários para explicar aquela competência *ex post facto*. Não se deve esquecer aqui que Spinoza usa as palavras "imaginação" e "razão" em ligação com a profecia com sentidos que ele cuidadosamente define no segundo escólio da *Ética* 2p40. A potência executiva realiza seus propósitos particulares somente ao perceber corretamente as situações individuais em que ela é exercida. Essas situações são "mensuradas" imaginativamente, e a posse de teorias corretas não assegura que elas serão bem mensuradas. Spinoza via claramente que aqueles com extraordinários poderes de percepção imaginativa e moderada realização racional se saem melhor na legislação e na elaboração de constituições, no estabelecimento de credos e formas de veneração, e até na formulação de códigos morais, muito mais do que aqueles que têm percepção imaginativa moderada. E quando alguém de potência imaginativa forte encontra uma constituição duradoura, embora a potência pela qual a encontre seja natural, ele e seus seguidores, acreditando que ninguém poderia tê-la feito sem ajuda sobrenatural, podem bem dizer que a fizeram por causa dessa ajuda.

---

[24] Como ele mesmo admitiu, ele tirou essas palavras de Tácito: "(*Nec*) *enim umquam atrocioribus populi Romani cladicus magisve iustis indiciis adprobatum est non esse curae deis securitatem nostram, sed ultionem*" (*Historiae* I.3).

Alguns comentadores acusaram Spinoza de ter preconceito contra os judeus, já que ele pensa que os ensinamentos cristãos são dirigidos a todo o mundo e os judaicos somente ao povo judeu, explicando isso em parte pelo modo como Jesus recebeu sua revelação. Mas em geral ele é imparcial. Assim como ele desqualificava as doutrinas especulativas do judaísmo ortodoxo como fora daquilo que fora revelado aos profetas judeus, da mesma maneira ele desqualifica as doutrinas do cristianismo ortodoxo, que ele professa não compreender (*capere*) (TTP I.24[22]), como fora do que fora revelado a Jesus ou aos apóstolos. Ele dizia que a revelação a Jesus, "tal como era pregada pelos apóstolos, isto é, pela simples narração da história de Cristo, não seja do domínio da razão, seu essencial, que consta sobretudo de ensinamentos morais, assim como toda a doutrina de Cristo, pode facilmente ser seguido por qualquer um mediante apenas a luz natural" (TTP XI.15[192]). E ele acha que a diferença para com a revelação judaica estava somente nisto: "é que, antes do advento de Cristo, os profetas costumavam pregar a religião como lei da Pátria [*Patriae*] baseada no pacto concluído no tempo de Moisés, ao passo que os apóstolos pregaram *a mesma religião* depois a todos os homens como lei católica e baseada apenas na paixão de Cristo" (TTP XII.24[201-202]). O cristianismo de Jesus e a Igreja primitiva eram, portanto, um judaísmo reduzido, e não aumentado: por exemplo, não tinham leis para um estado, para um sistema sacerdotal ou para os ritos religiosos.[25] Substancialmente, ensinavam o que Spinoza denomina "os dogmas da fé universal, ou os dogmas fundamentais que toda a Escritura visa estabelecer", que são sete: (1) que existe um ser supremo, sumamente

---

[25] "Quanto às cerimônias dos cristãos, tais como, o Batismo, a Ceia do Senhor, as festas, as orações exteriores (*orationes externas*) e outras semelhantes, que são e sempre foram comuns a todo o cristianismo, se de fato elas foram alguma vez instituídas por Cristo ou pelos apóstolos (o que, para mim, não está ainda bem esclarecido), foram-no a título de sinais exteriores da Igreja universal e não como coisas que contribuam para a beatitude ou que tenham em si mesmas algo de sagrado" (TTP V.32 [88]).

Como filologia, isso é fantástico com relação à Eucaristia (a Ceia do Senhor).

justo e misericordioso; (2) que o ser supremo é único; (3) que o ser supremo é ubíquo; (4) que o ser supremo tem o direito e o domínio (*dominium*) supremo sobre todas as coisas; (5) que o ser supremo é adorado e cultuado somente por justiça e caridade ou amor ao próximo; (6) que somente os que obedecem ao ser supremo seguindo a norma de (5) é que obterão a salvação (*salvos*); e (7) que o ser supremo perdoa a todos os que se arrependem. Essa era a substância do ensinamento religioso de Moisés ao povo dos judeus; a função primordial da revelação cristã estava em ensiná-lo a todas as pessoas (TTP XIV.24-28 [219-220]).[26]

Esses princípios fundamentais não somente deixam em aberto saber se Deus é idêntico à Natureza ou se é seu criador sobrenatural, mas também descrevem Deus como justo, misericordioso e clemente. Portanto, não satisfaz a teologia que Spinoza expõe no *Tratado teológico-político* porque não consegue estabelecer nem que Deus é idêntico à Natureza (TTP VI.7-22 [96 *seq.*]), nem que é só por causa de um "defeito no pensar [da multidão]" que Deus "é imaginado como um chefe, um legislador, um rei, misericordioso, justo etc." (TTP IV.37 [74]). Isso não deveria causar em si um problema aos leitores. Se, como Spinoza defendia, os profetas habitualmente recebiam suas revelações por sua imaginação e as interpretavam de acordo com o que já acreditavam, Jesus, a quem foram ensinadas as crenças especulativas do judaísmo rabínico primevo, teria interpretado tudo o que lhe fosse revelado de maneira compatível com essas crenças.

Todavia, essa explicação é excluída por uma série de passagens no capítulo I do *Tratado teológico-político*. Antes de tudo, Spinoza confessa que ele não acredita que ninguém, a não ser Jesus, chegou "a tanta perfeição" a ponto de ser capaz de perceber "só pela mente certas coisas que não estão contidas nos primeiros princípios de nossa cognição, nem deles se podem deduzir" (TTP I.22[22]). E ele então passa a admitir que de acordo com os relatos nas escrituras cristãs, Deus não revelou nada a Jesus aparecendo a ele

---

[26] O tratamento mais esclarecedor do projeto spinoziano de uma fé universal e de sua relação com o cristianismo é Matheron 1971.

ou por meio de anjos: "enquanto Moisés falava com Deus face a face, [...] Cristo comunicou-se com Deus de mente para mente" (TTP I.24 [23]). Somente a Jesus

> os preceitos divinos [*placita*] que conduzem os homens à salvação foram revelados imediatamente, sem palavras nem visões: Deus manifestou-se, portanto, aos apóstolos através da mente de Cristo como outrora a Moisés por meio de uma voz que vinha do ar. E assim, à voz de Cristo, tal como àquela que Moisés ouvia, pode chamar-se a Voz de Deus. Nesse sentido, podemos afirmar que a Sabedoria divina, isto é, a Sabedoria que é superior à do homem, assumiu em Cristo a natureza humana e Cristo foi o caminho da salvação (TTP I.23[22]).

Por conseguinte, Jesus, e somente ele, recebeu as revelações de Deus sem a ajuda da imaginação, isto é, sem o auxílio de palavras ou de imagens.[27]

Finalmente, no *Tratado teológico-político* IV.29-32[73-75], Spinoza afirma que Jesus, diferentemente de Moisés e dos outros profetas que não tiveram uma percepção adequada dos decretos de Deus "como verdades eternas", teve uma "percepção verdadeira e adequada das coisas"; e que "seria, por isso, tão contrário à razão admitir que Deus adaptou suas revelações às opiniões de Cristo quanto supor que antes ele as tinha adaptado às opiniões dos anjos [através dos quais ele as revelava], isto é (às opiniões), de uma voz criada e de visões"[28] (TTP IV.32[74]). E ele acresce:

---

[27] "Está, portanto, assentido que ninguém, além de Cristo, recebeu nenhuma revelação de Deus sem o recurso à imaginação, quer dizer, sem palavras nem figuras" (TTP I.25[25]).

[28] O ponto de Spinoza parece ser que, assim como Deus, ao fazer com que uma voz, ou uma imagem, que transmite uma revelação, não acomode a revelação às opiniões (não existentes) dessa voz, da mesma maneira, ao causar uma ideia na mente de Jesus, ele não se acomoda às outras ideias nessa mente. Os anjos, deve-se lembrar, não são reais, mas apenas ficções das imaginações dos profetas que atribuem a eles as vozes que ouvem ou as aparições visuais que veem.

> Por conseguinte, se Deus se revelou a Cristo ou a sua mente, de maneira imediata e não por palavras e imagens como se tinha revelado aos profetas, a única coisa que podemos concluir daí é que Cristo percebeu ou entendeu verdadeiramente coisas reveladas. Com efeito, diz-se que entendemos uma coisa quando a percebemos pela mente, sem imagens nem palavras. Sendo assim, Cristo percebeu verdadeira e adequadamente as coisas reveladas (TTP IV.32[74-75]).

Como resultado, Jesus foi capaz de ensinar aos seres humanos como viver, não pela mera promulgação de uma lei a ser obedecida, mas revelando-lhes as verdades causais eternas em virtude das quais essa lei não é simplesmente um mandamento a ser obedecido, mas um ditame da razão, que só prescreve o que for proveitoso (*utile*). Spinoza não negava que, quando falava aos que não compreendiam o reino dos céus, Jesus pode ter ensinado o que lhe fora revelado como se fosse uma lei; mas ele inferia das epístolas de Paulo que, quando falava com os que o compreendiam, Jesus ensinava as revelações como uma verdade eterna, e não como uma lei. Conseguindo com isso inscrever as revelações no coração dos homens, ele paradoxalmente as confirmava e as estabelecia como lei, libertando-os de uma relação servil para com ela (TTP IV. 33-34 [75-76]).

O fato de essas passagens serem difíceis não escusa a licença com a qual Strauss as interpretou. De acordo com ele,

> Spinoza afirma primeiro que ninguém, a não ser Jesus (a quem ele regularmente chama de Cristo), alcançou a excelência sobre-humana suficiente para receber revelações de conteúdo suprarracional sem auxílio da imaginação; ou que somente ele – em contraposição aos profetas do Antigo Testamento em particular – compreendeu verdadeira e adequadamente o que lhe fora revelado. (Strauss 1988: 171).

Conforme vimos, Spinoza afirmou que ninguém, a não ser Jesus, chegou "a tanta perfeição acima dos outros" (*ad tantam perfectionem supra alios pervenisse*) que Deus lhe revelou coisas que não revelou nem para Moisés. Mas isso não implica que sua perfeição fosse "sobre-humana"; somente que ela excedia a de *outros* seres humanos como ele mesmo. Mais uma vez, Spinoza afirmou que Jesus percebeu o que lhe foi revelado "adequadamente, como verdades eternas", e não "como um preceito e como algo de instituído", como Moisés percebera o que lhe fora revelado (TTP IV.29[74]). Mas, longe de insinuar que o conteúdo daquilo que foi revelado a Jesus era "sobrenatural", a percepção adequada é necessariamente racional. Finalmente, Spinoza afirmou que o que fora revelado aos profetas judeus foi acomodado a suas opiniões e que eles interpretaram as revelações à luz de suas opiniões. Mas isso não implica que houvesse algum defeito em como eles compreendiam o que lhes era revelado ser seu dever. Já que nada de especulativo lhes era revelado, seus equívocos especulativos não eram revelações compreendidas inadequadamente.

O fato de Strauss compreender mal o que Spinoza escreve nessas passagens é correspondente com o fato de ele compreender radicalmente mal que, ao afirmar implicitamente em algumas passagens que "é possível a revelação ou profecia como conhecimento [*knowledge*] certo de verdades que ultrapassam a capacidade da razão humana" e negar explicitamente em outras "a possibilidade de qualquer conhecimento suprarracional", Spinoza "se contradiz [...] com respeito ao que pode ser considerado o assunto central de seu livro" (Strauss 1988: 169).[29] O "conhecimento certo" que ele atribui aos profetas judeus é (extrinsecamente) a cognição verdadeira do primeiro gênero – a imaginação – de que o profeta não é capaz de duvidar. Como uma cognição, ela é sub-racional, e não suprarracional, e a causa da certeza do profeta é natural. Ela ultrapassa a capacidade de formas mais elevadas de cognição (a razão e a *scientia intuitiva*) porque, embora elas possam fornecer ditames

---

[29] As passagens que Strauss cita para a primeira das duas alegadas proposições contraditórias são: TTP I.1-4 [15-16], 6-7 [16], 22-23 [22], 25 [25]; e XV.22[238-239], 26-27[239-240], 44[245] (com VI.65[110], VII.8-10[115], 78 [124], XI.14-15[188]; XII.21-22[199], XIII.6-8 [206], 20[210-11], XVI.53-56[240-241], 61[242], 64[242] para comparação); e aquelas citadas para a segunda proposição são TTP V.49[86-87]; XIII.17[208], XIV.38[216-17]; e XV.21[226], 23[226], 42[227-28] (com IV.20[74] e VII.72[123] para comparação).

gerais da razão (*grosso modo*, a lei moral e os princípios gerais da política), não são capazes de fornecer a cognição certa de como agir para conseguir o que for mais útil em situações específicas. Não há contradição alguma em se afirmar que, embora as disposições da lei judaica revelada divinamente a Moisés através de uma voz incluíssem os ditames morais da razão que valem para todos os seres humanos, não foi revelado a Moisés *que* esses ditames estavam incluídos. Tampouco há qualquer contradição em se afirmar que, embora a razão e a *scientia intuitiva* sejam formas mais elevadas de cognição do que o *insight* da imaginação em situações específicas, do qual uma variedade única é a profecia, há muitos problemas práticos que só podem ser resolvidos recorrendo-se à última.

No entanto, resta um problema de consistência depois das brumas da leitura de Strauss terem sido dissipadas. Spinoza retrata Jesus não como filósofo, mas como profeta, no sentido coloquial: como alguém que recebe a cognição certa de Deus, não como os filósofos, "a partir dos primeiros fundamentos de nossa cognição" (TTP I.22[22]), isto é, dos princípios assentados na Parte 1 da *Ética*, mas de uma maneira que, embora natural, ninguém ainda entende. Ele é um profeta maior até do que Moisés; mas ele *é* um profeta, não um filósofo. No entanto, se Jesus compreendeu o que ensinava "verdadeira e adequadamente", não teria essa sua cognição que ser do segundo ou terceiro gênero, e, por conseguinte, filosófica? E, nesse caso, como ele poderia ter sido um profeta?

O exame cerrado do que Spinoza escreveu nas passagens cruciais do primeiro e do quarto capítulo do *Tratado teológico-político* mostra que essa dificuldade também surge de uma leitura equivocada. O que foi revelado a Jesus? Talvez, os princípios da fé universal, diversas aplicações desses princípios e muitos dos teoremas na Parte 4 da *Ética* sobre os efeitos de diversas disposições para agir, tanto virtuosas quanto viciosas, junto com soluções, de acordo com esses teoremas, de muitos problemas práticos que ele enfrentou durante seu ministério. Vamos assumir que Jesus compreendeu o que lhe foi revelado "verdadeira e adequadamente". O que isso implicaria? Uma ideia adequada é aquela que tem todas as propriedades intrínsecas de uma ideia verdadeira, como distintas da propriedade extrínseca de concordância com seu objeto (E 2d4); e isso deve ser entendido à luz do axioma de que "A cognição de um efeito depende de e envolve a cognição de sua causa" (E 1a4). Uma vez que tudo é um efeito, inclusive Deus ou a Natureza, que como causa de si é também efeito de si mesmo, a cognição adequada de qualquer coisa que seja é cognição de sua causa. Assim, a cognição adequada de que é útil aceitar e observar os princípios da fé universal, ou observar certas regras de conduta, ou adotar um curso específico de ação, é a cognição de que essas práticas e ações causam a utilidade. No entanto, embora essa cognição causal seja alcançável por qualquer pessoa capaz de estudar o *Tratado teológico-político* completamente, Spinoza não pensava que ela fosse dedutível dos primeiros fundamentos de nossa cognição, e na *Ética* ele mostrou por que não. Ao avançar às teorias dos afetos e da ação servil e livre nas Partes 3 e 4 da *Ética*, da metafísica fundamental e da teoria da mente nas Partes 1 e 2 da *Ética*, ele deixa claro que seis postulados na Parte 2 da *Ética* (enunciados depois de 2p13) e dois na Parte 3 da *Ética* são indispensáveis, nenhum dos quais é deduzido dos "primeiros fundamentos de nossa cognição", conforme assentado anteriormente. Eles são derivados de acordo com o teorema de que "será adequada na mente [...] a ideia daquilo que o corpo humano e certos corpos exteriores pelos quais o corpo humano costuma ser afetado têm de comum e próprio, e que existe em cada parte assim como no todo de cada um desses corpos exteriores" (E 2p39). A cognição prática comunicada nas Partes 3 e 4 da *Ética* é completamente obtenível pelo que Spinoza chamava de "cognição do segundo gênero" – por certas "noções comuns" e por ideias adequadas do que é comum e peculiar ao corpo humano e a certos corpos que o afetam. Essa cognição prática não é em si filosófica, ou seja, não é a *scientia intuitiva* obtenível somente quando seus princípios, tais como apresentados nas Partes 1 e 2 da *Ética*, tiverem sido dominados. O que pode ser conhecido ("percebido") por cognição adequada apenas pela mente não é o mesmo que pode ser deduzido dos primeiros fundamentos de nossa cognição. A mente sozinha tem cognição adequada de certas coisas a partir da experiência comum que ela não pode deduzir dos primeiros fundamentos de nossa cognição – muito embora esses fundamentos determinem quando a experiência comum resulta em cognição adequada e quando não. A cognição adequada permanece adequada muito embora os princípios que determinam sua adequação não tenham ainda sido concebidos.

A cognição adequada de Jesus, conforme Spinoza a concebia, não era acompanhada pela cognição dos princípios que determinam sua adequação. Sua perfeição excedia a de seus próximos porque ele "percebia só pela mente coisas que não estão contidas nos primeiros fundamentos de nossa cognição e que não podem ser deduzidas deles", mesmo que não percebesse pela mente apenas os princípios metafísicos e epistemológicos de acordo com os quais suas percepções ou cognições eram adequadas. A mente de Jesus, para Spinoza, "teria de ser por força superior e, de longe, mais perfeita que a mente humana" (TTP I.22-23 [22]), mas isso não implica que sua mente estava alçada àquele nível de excelência por causas externas de um tipo que não opera em outras mentes humanas ou que ela era sobre-humana por natureza, e muito menos divina. Conforme Spinoza, nenhuma mente é algo mais do que uma ideia complexa; e agir sobre uma mente é fazer com que as ideias que a compõem sejam diferentes do que seriam se não fosse por essa ação. Daí que Deus pudesse de fora fazer com que Jesus percebesse alguma coisa apenas pela mente somente se ele fizesse *diretamente* – sem mediação imaginativa – que certas ideias estivessem entre as que compunham sua mente, ideias essas que, de outra maneira, não estariam entre elas. Até onde consigo dizer, não é contrário à teoria da mente de Spinoza o fato de que causas naturais pudessem introduzir diretamente entre as ideias que compunham a mente de Jesus ou as ideias parcialmente inadequadas expressas nos princípios da fé universal, ou as ideias adequadas da utilidade ou inutilidade que ações úteis ou inúteis deste ou daquele tipo tendem a causa, expostas nas Partes 3 e 4 da *Ética*; e, não importa quais possam ser essas causas naturais, elas seriam Deus ou a Natureza agindo.

Em suma, a posição de Spinoza é que Deus introduziu na mente de Jesus tanto os princípios da fé universal quanto os ditames da razão enunciados nas Partes 3 e 4 da *Ética*. A cognição que Jesus tinha desses últimos era adequada, mesmo que ele não tivesse noção, nem das proposições metafísicas das quais um filósofo tiraria esses teoremas, nem de suas demonstrações. A diferença entre os ensinamentos morais e religiosos de Jesus e os de Spinoza é aquela entre a concepção de Deus expressa nos primeiros quatro princípios da fé universal e aquela expressa na Parte 1 e na segunda metade da Parte 5 da *Ética*; e essa diferença explica por que, para Spinoza, Jesus é um profeta no sentido coloquial, e não um filósofo. Já que ele não tem cognição dos princípios pelos quais sua cognição profética pode ser demonstrada adequada, ele não pode, como um filósofo tem de fazer, demonstrar sua adequação, com base "nos primeiros fundamentos de nossa cognição".

A teoria da revelação divina de Spinoza é consistente, portanto, tanto consigo mesma quanto com sua teologia natural. No entanto, para a maior parte dos que seguem seu tratamento filológico da escritura, sua teoria explicativa é muito mais persuasiva do que suas conclusões teológicas. Dada sua teologia naturalizada, não somente sua explicação dos fenômenos das profecias judaica e cristã é defensável, mas também a maneira como ele extrai os princípios de sua fé universal como o cerne racional tanto do judaísmo como do cristianismo. É verdade, sua fé universal, como religião, já nasceu morta e, como questão de história, não foi nem a essência do judaísmo nem a do cristianismo. Mas as deficiências de Spinoza como professor de religião não mostram que sua teologia era defectiva.

Uma das atrações da teoria da profecia de Spinoza é que ela explica por que isso acontece. Mesmo os teóricos mais capazes mostraram-se incapazes de planejar instituições, religiosas ou políticas, que no fim das contas funcionassem, e muito menos que se mantivessem funcionando. A religião universal de Spinoza, assim como o cristianismo estatal de Hobbes, é pensada para servir a necessidades políticas, em vez de religiosas. Adotá-la certamente seria frear o clero perseguidor que Spinoza detestava; mas isso não satisfaz as necessidades religiosas que as fés proclamadas de Moisés e Jesus satisfaziam. Em sua teoria da profecia, Spinoza não somente admitia que as duas fés religiosas adotadas pela maioria de seus contemporâneos tinham sido instituídas por profetas, e não por filósofos, mas também começou a explicar a razão disso. Para completar sua explicação, as histórias das duas fés têm de ser investigadas mais completamente do que ele as investigou. Justamente por ele não tentar fazer com que os profetas judeus pareçam mais respeitáveis do ponto de vista de sua filosofia naturalista é que seu retrato deles está mais próximo da verdade do que seu retrato de Jesus e dos apóstolos.

Se a teologia naturalista de Spinoza é verdadeira, então são falsas as alegações feitas pelo judaísmo e pelo cristianismo de que alcançaram a verdade revelada. Contudo, sua teoria de que o judaísmo é fundado sobre uma cognição imaginativa em si mesma é plausível, e pode ser estendida ao cristianismo. A fonte de potência das duas religiões como fés teria de ser buscada numa teoria que explicasse como certos tipos de erro sobre questões últimas podem tornar-se fundamentos de modos compartilhados de vida. Não há razão óbvia pela qual o *Tratado teológico-político* não possa ser revisado de acordo com essas linhas spinozianas. E mesmo que a teologia naturalista de Spinoza não seja verdadeira, ao menos ele entendeu – o que poucos teólogos e pouquíssimos filósofos entendem – que as religiões são sustentadas pela profecia, e não pela filosofia ou pela teologia.

Teologia prática

A teologia prática revelada de Spinoza é a da "fé universal", que ele acreditava ser o verdadeiro cerne do judaísmo e do cristianismo. Como toda teologia revelada, ela é prática. Contudo, seus direcionamentos práticos são expressos ao se imaginar Deus como o modelo perfeito para a conduta humana; e, nessa medida, sua expressão é falsa. A teologia prática definitiva de Spinoza é a teologia natural encontrada nas Partes 4 e 5 da *Ética*. Seu conteúdo prático é resumido nos "ditames da razão" para a vida humana expostos ali. Portanto, é idêntico a sua ética, entendida como de costume, e que Don Garrett estuda no capítulo 6 deste volume. Encontramos seu significado teológico ao examinar os ditames da razão do ponto de vista da relação dos seres humanos com Deus.

Tudo o que os seres humanos fazem ou tudo pelo que passam – todas as suas ações e "paixões" – acontece segundo as leis da causação imanente que constituem a essência de Deus ou da Natureza. Já que a essência de Deus é perfeita, é absurdo desejar que alguma coisa aconteça ou devesse acontecer diferentemente dela. Do ponto de vista de Deus, as violações humanas dos ditames da razão são tão necessárias a sua perfeição quanto o fato de os seres humanos respeitarem esses ditames. Conforme Spinoza explicou a seu correspondente Willem van Blijenbergh,

> se *em boa relação com Deus* implica que o homem justo faz algum bem a Deus e o ladrão faz algum mal, respondo que, nem o homem justo, nem o ladrão podem causar, nem deleite, nem desgosto (*taedium*) em Deus. Se então se pergunta se cada uma dessas ações, na medida em que se trata de algo real e causado por Deus, é igualmente perfeita, digo que nos ocupamos somente das ações, e da maneira proposta, então pode ser que cada uma seja igualmente perfeita (Ep 23).

Já que Deus, conforme pensara até mesmo a teologia tradicional, é totalmente ativo e, portanto, sem paixões, "propriamente falando, (ele) não ama nem odeia ninguém" (E 5p17c). Daí que nada que um ser humano faça ou de que sofra possa ser bom ou mau, justo ou injusto, para Deus, considerado como ele é em si mesmo, e não como ele constitui esta ou aquela mente finita individual. Até mesmo perguntar se alguma coisa qualquer poderia ser melhor do que é seria irracional, já que tudo só pode acontecer tal como acontece em Deus – a substância absolutamente infinita que é o único ser que pode existir.

Segue-se que, embora os seres humanos possam e devam investigar qual é a melhor maneira para os seres humanos agirem e qual é a melhor atitude que eles podem ter para com Deus ou a Natureza, e para com o curso da Natureza, eles não devem enganar-se de que o que é melhor para ele é mais do que isso. Já que a natureza de tudo consiste em um *conatus* para perseverar em se ser o que se é, o que é bom para uma coisa é o que promove sua perseverança no ser – o que é proveitoso (*utile*) para ela; e o que é ruim para ela é o que a impede de perseverar no ser. Contudo, um ser humano não persevera em ser simplesmente porque suas funções vitais continuam, por exemplo, a respiração. O bem mais alto a quem podem aspirar todos os seres humanos é serem livres como os seres humanos podem ser, isto é, serem capazes de achar proveito de toda oportunidade que as circunstâncias tornem possível de aumentarem sua potência de agir. E a maior oportunidade que qualquer um pode ter é viver em uma sociedade livre como uma pessoa dentre muitas que são plenamente capazes de tirar proveito de sua liberdade; mas para tirar proveito dessa oportunidade, cada um tem de desenvolver as virtudes cooperativas da boa-fé e da benevolência. Spinoza desqualificava com desprezo a objeção de que as virtudes necessárias para se aproveitar ao máximo a maior oportunidade não são vantagens incondicionais, porque despreparam os seres humanos para salvarem suas vidas em circunstâncias em que eles só podem ser salvos pela perfídia, pelo perigo eminente de morte, pela traição ou pela covardia (E 4p72d). Se você não conseguir sobreviver sem a cumplicidade servil no crime, o mal menor, isto é, o que é proveitoso (*utile*), é não transigir e morrer, como Sêneca fez (E 4p20s), pois ninguém que seja capaz de salvar a própria vida usando dessa cumplicidade pode apoiar-se nas únicas circunstâncias em que um ser humano racional pode: aquelas em que uma pessoa pode viver sem violar os ditames da razão.

Ao mesmo tempo que afirma vigorosamente que a razão impõe sobre os racionais um conjunto de ditames bastante parecidos com os do judaísmo e do cristianismo tradicionais, Spinoza nega com o mesmo vigor que ela permita a eles desabonarem quem violar esses ditames, assim como os pregadores judeus e cristãos sempre fizeram. Ele escreve sobre eles:

> Parecem conceber o homem na natureza como um governo (*imperium*) dentro de um governo. Pois acreditam que, em vez de seguir a ordem da natureza, o homem a perturba, que ele tem uma potência absoluta sobre suas próprias ações e que não é determinado por nada mais além de si próprio. Além disso, atribuem a causa da impotência e da inconstância não à potência comum da natureza, mas a não sei qual defeito da natureza humana, a qual, assim, deploram, ridicularizam, desprezam ou, mais frequentemente, abominam. E aquele que, mais eloquente ou argutamente, for capaz de recriminar a impotência da mente humana será tido por divino (E 3pr).

Esse tipo de denúncia é de fato mais blasfemo do que divino. Os ditames da razão requerem que todo ser humano produza tanto bem quanto for capaz e reduza o mal tanto quanto puder; mas o quanto de cada um cada indivíduo pode fazer não depende só do indivíduo, mas de como as coisas necessariamente são. Se ele não conseguir fazer nenhuma das coisas, ele não deve nem lamentar o estado de maldade do mundo, nem colocar todo o peso do mundo sobre os ombros daqueles cujas ações ele não pode prevenir. "Quem compreendeu (*novit*) corretamente que tudo se segue da necessidade da natureza divina [...] não encontrará, certamente, nada que seja digno de ódio, de riso ou de desprezo, *nem sentirá comiseração por ninguém* (*miserebitur*)" (E 4p50s; ênfase adicionada). Essa pessoa tentará ter só os afetos que o incitem à ação benevolente, coisa que a comiseração – essa tristeza que é "acompanhada da ideia de um mal que atingiu um outro que imaginamos ser nosso semelhante" (E 3da18) – não fará. A alguém já comprometido com a ação benevolente, a tristeza com relação ao que ele não pode fazer só consegue causar distração daquilo que ele pode fazer, ao mesmo tempo que afeta seu amor de Deus. Todavia, Spinoza acrescenta por escrúpulos que "quem não é levado, *nem* pela razão, *nem* pela comiseração, a ajudar os outros, é, apropriadamente, chamado de inumano" (E 4p50s; ênfase adicionada).

O amor que o Deus de Spinoza atrai dos outros que corretamente o conhecem é descrito por Spinoza como "intelectual". Esse amor é uma ação, não uma paixão: a ação de um ser racional finito cuja essência é um *conatus* para perseverar no ser, que tem a cognição adequada de que, já que Deus é a substância da qual ele é um modo finito, sua própria existência seria impensável a menos que Deus fosse exatamente tal ele é. Diferentemente do amor de Deus pregado por Moisés e por Jesus, a gratidão pelos benefícios recebidos não tem lugar aí, ainda que em resposta a uma oração ou como recompensa pela adoração. Tampouco é um retorno devido pelo amor de Deus para com nós. É nossa participação no "amor infinito com que Deus ama a si mesmo" (E 5p36); e ninguém que ame assim a Deus pode "esforçar-se para que Deus, por sua vez, o ame" (E 5p19). Amar a Deus intelectualmente é estar intelectualmente em paz (*quies*) com como as coisas são: nós mesmos, e a substância absolutamente infinita da qual somos modos finitos. A beatitude (*beatitudo*) suprema é a verdadeira satisfação do ânimo (*vera animi acquiescentia*) (E 5p42s).

Spinoza defende que ninguém pode odiar Deus, porque, na medida em que consideramos Deus como causa imanente de tudo o que existe, estamos ativos e, portanto, não estamos tristes – o ódio é o afeto passivo da tristeza, acompanhada da ideia de uma causa externa (E 5p18). Sua premissa, porém, parece-me ser falsa. Considerar que Deus é a causa imanente de tudo o que existe é uma ação somente na medida em que uma pessoa se esforce para existir individualmente, pois isso contribui a direcionar essa atividade de esforçar-se de maneira racional; mas não é uma ação se causas externas oprimirem tanto o *conatus* de uma pessoa em perseverar na existência, que essa pessoa no fim das contas não deseje nunca ter existido. É certo que Spinoza poderia guardar sua demonstração, caso pudesse mostrar que a dor extrema não poderia oprimir o *conatus* de uma pessoa em perseverar na existência sem obliterar que somos capazes de considerar Deus como causa imanente de tudo o que existe. É claro, mesmo que ele não pudesse fazer isso, não se seguiria que é possível ser racional odiar Deus: o fato de algum modo finito no ser absolutamente infinito desejar que ele nunca tenha existido não mostra que é irracional para o ser infinito desejar ele mesmo existir.

É notório que Spinoza já embaraçou muitos de seus admiradores com a alegação de ter demonstrado que "a mente humana não pode ser inteiramente destruída junto com o corpo: dela permanece algo, que é eterno" (E 5p23). Os comentadores mais recentes rejeitaram sua demonstração, dizendo que ela ou é falaciosa ou totalmente ininteligível. Contudo, ela é um desenvolvimento natural de sua concepção da mente humana como um subconjunto das ideias que são modos do modo eterno, ao qual ele se refere como a ideia infinita de Deus, quando considerada junto com sua doutrina de que a ideia adequada que um indivíduo humano tem de si próprio, se esse indivíduo tiver alguma, é uma ideia funcional de sua existência, tal como causada em certo estágio no curso da natureza. Dado que todas as ideias adequadas são elementos eternos na ideia infinita de Deus, parece decorrer disso que, se uma ideia adequada de si mesmo for parte de uma mente humana individual, essa parte dela não somente permanecerá eternamente após a destruição do corpo individual, que é o objeto primordial daquela mente, mas também que ela preexistiu eternamente ao vir a existir desse corpo.[30]

Teologicamente, a questão levantada pela teoria spinoziana de que parte da mente humana permanece após a dissolução do corpo que é seu objeto primordial está em se saber qual a relevância disso para como os seres humanos devem viver. Penso que a resposta é que a continuação eterna de parte da mente de uma pessoa na mente de Deus só pode ser algo que uma mente que deseje perseverar na existência de que desejar. Contudo, isso não tem o mesmo lugar nas vidas dos spinozianos que a esperança de ressurreição tem nas vidas de muitos judeus e cristãos. O que existe eternamente é parte daquilo que existe durante a vida, e não é nem melhor nem pior do que é então. Se nós (isto é, Deus, enquanto ele constitui nossas mentes) temos cognição adequada de nossas vidas como vidas que valem a pena ser vividas, então nós (isto é, ele, enquanto ele é nós) teremos cognição delas para sempre. Nossas mortes não serão seguidas pelo juízo divino, e nossa continuação após a morte não será nem a glorificação no paraíso, nem nossa danação no inferno. Mas tampouco nossas mortes serão nosso fim completo.

---

[30] Examinei em outro lugar como Spinoza deduz *Ética* 5p23 e defende sua validade, dados seus axiomas, em Donagan 1988: 191-200. Rigorosamente, ela não faz parte de sua teologia.

9 Spinoza e os estudos bíblicos

Richard H. Popkin

Spinoza é comumente considerado um dos criadores dos modernos estudos bíblicos e da crítica bíblica por causa de suas concepções sobre a Bíblia que ele expressou no *Tratado teológico-político* e em algumas de suas cartas. Neste capítulo, indicarei brevemente uma maneira possível em que as concepções spinozianas podem ter-se desenvolvido, depois direi quais elas são e farei uma comparação e uma diferenciação delas com as de seus contemporâneos. Por fim, tentarei avaliar a extensão de sua originalidade.

A imagem comum do desenvolvimento de Spinoza é tirada daquilo que aparece na "mais antiga biografia", atribuída a certo Jean-Maximillien Lucas; na *Vida de Spinoza*, de Jean Colerus; e de observações ocasionais de Spinoza mesmo. Spinoza é visto como nascido e criado no seio de uma rígida comunidade judaica ortodoxa de Amsterdã. Ele estudou na escola da Sinagoga Judaica Portuguesa. Jovem, começou a questionar algo do que lhe fora ensinado, e por volta de 1655 já rejeitava as assunções teológicas da comunidade judaica e as concepções de seus mestres, os rabinos de Amsterdã. Em julho de 1656 ele foi excomungado, acusado de defender crenças ultrajantes e práticas execráveis.[1]

Do que sabemos agora sobre a comunidade, a interpretação tradicional tem de ser engolida com muitos grãos de sal. A comunidade não era uma típica comunidade judaica, mas, antes, uma comunidade surpreendentemente atípica. A maioria de seus membros fora criada na Espanha e em Portugal como católicos, e fugiram para Amsterdã por causa da perseguição pela Inquisição.

---
[1] Ver Popkin 1990b, e Biderman e Kasher 1990.

Eram originariamente *Marranos*, assim chamados judeus secretos, descendentes de convertidos forçados que secretamente mantinham alguns aspectos de judaísmo, geralmente um judaísmo espiritualizado com práticas mínimas (já que práticas escancaradas poderiam levar à punição pela Inquisição). A comunidade no tempo de Spinoza já se unificara em um grupo com sua própria escola para ensinar aos jovens, adultos e velhos os rudimentos do judaísmo. Já que quase todos os membros da comunidade tinham sido educados em escolas católicas, muitos tinham um conhecimento mínimo do judaísmo e de suas práticas. Poucos, muito poucos do grupo conheciam alguma coisa de hebraico.[2]

Dos registros da Sinagoga, que se tornaram disponíveis somente depois da Segunda Guerra Mundial, depois de terem sido recuperados pelo governo holandês dos enormes roubos nazistas, sabemos hoje que a escola tentou ensinar a Bíblia, alguns rudimentos de hebraico, história e crenças judaicas e respostas judaicas aos argumentos conversionistas cristãos. Alguns de seus principais professores, Menasseh ben Israel, Judah Leon e Isaac Aboab, traduziram orações, livros de orações, partes da Bíblia e outros itens essenciais para o espanhol, a língua aprendida pela maioria dos membros.

Por causa de poucos membros terem verdadeiramente mantido certas práticas judaicas em Portugal e na Espanha e terem conhecimento apenas fragmentário delas, as pessoas tinham de ser ensinadas. Quando as práticas eram muito árduas (como a circuncisão adulta) ou conflitavam com as crenças das pessoas, algum tipo de explicação tinha de ser dada. A primeira grande obra de Menasseh ben Israel, *O Conciliador*, publicado em espanhol e latim em 1633, buscava mostrar como explicar aparentes conflitos das passagens na Bíblia usando materiais filosóficos judaicos, cristãos e gregos antigos. A obra não é uma obra típica de judeus apologéticos. Não há nada muito parecido com ela na literatura judaica, porque ela foi escrita no contexto especial de Amsterdã, no qual as pessoas não tinham educação judaica e

---

[2] O melhor retrato da comunidade e do contexto de seus membros aparece em Kaplan 1989.

encontravam todo tipo de dificuldades para entender o que supostamente deveriam fazer e em que supostamente deveriam acreditar.

Sabemos que pelo menos desde 1617 em diante havia criadores de confusão na comunidade, pessoas que se recusavam a aceitar as concepções dos rabinos quanto ao que constituía o judaísmo ou suas práticas. Primeiro, certo David Farrar, e depois Uriel da Costa, desafiaram as ideias oficiais. Ambos foram excomungados da Sinagoga de Amsterdã. Sem entrar em seus casos, é interessante que, principalmente no caso de da Costa, ele apelou à literalidade do texto bíblico e a uma leitura racional do texto, contra as leituras rabínicas.[3]

O conjunto de ensinamentos comum e tradicional que as crianças judias aprendem, estudando a Bíblia e o Talmud nas línguas originais, estava além do que era ensinado em Amsterdã. Nem os professores nem os estudantes sabiam hebraico ou aramaico suficiente. Os textos principais tinham primeiro de ser traduzidos para o espanhol. Os intérpretes tradicionais da Bíblia, Rashi, Kimchi, Abarbenel, Aben Esdras e assim por diante eram em geral conhecidos no máximo só por fragmentos, por aqueles que não sabiam hebraico o bastante. E os rabinos, exceto por Menasseh e pelo principal rabino Morteira, não sabiam o bastante sobre o judaísmo tradicional para responder questões complexas e profundas.[4]

---

[3] Uriel da Costa escreveu uma resposta em português em 1623 afirmando suas ideias. Acreditava-se que todas as cópias dessa obra tinham sido destruídas pela Sinagoga na época de sua excomunhão. Contudo, o prof. H. P. Salomon descobriu uma cópia e publicou uma edição dela como da Costa 1993.

[4] Pouco se sabe da educação de Menasseh. Ele nasceu em La Rochelle, França, criado em Lisboa, mudou-se adolescente para Amsterdã e ensinava na Sinagoga quando tinha 18 anos. Ele e o rabino Aboab aparentemente aprenderam de maneira muito privada com o cabalista Abraão Cohen Herrera, que viveu em Amsterdã, mas não tinha função na comunidade. Menasseh publicou somente uma obra em hebraico, e não é certo se essa obra foi traduzida por ele.

Morteira nasceu e foi criado na comunidade judaica em Veneza. Saiu de lá com 13 anos, indo a Paris como secretário do médico da Rainha Marie de Medici, doutor Elijah de Montaldo. Ficou no Louvre até 1617, quando foi para Amsterdã para enterrar o doutor Montaldo, e ficou por lá.

Nesse meio tempo, o jovem Spinoza, da primeira geração de estudantes nascidos como judeus (não como judeus secretos, marranos) em Amsterdã, ia à escola. Spinoza sabia hebraico. Parece que foi um estudante brilhante. A certo momento, impossível de datar, ele começou a ter altercações sobre o que aprendia, questões sobre o conteúdo da Bíblia, sobre o estatuto da Bíblia e sobre explicações judaicas. No *Tratado teológico-político*, ele diz que estava "desde a infância imbuído das opiniões comuns sobre a Escritura", a saber, que Moisés era o autor do Pentateuco e que a Bíblia era a Palavra de Deus.[5] Há indicações de que Spinoza e alguns outros (Juan de Prado e Daniel Ribera), por volta de 1655, estavam levantando questões quanto o estatuto e o conteúdo da Bíblia.[6] Quando exigiram que se retratasse e ficasse quieto, Spinoza se recusou a fazê-lo. Aparentemente ele recebeu uma proposta de grande soma de dinheiro só para ficar sem espalhar suas concepções e para aparecer algumas poucas vezes por ano na Sinagoga. Mais ou menos na época da excomunhão, ele saiu da comunidade judaica e entrou no mundo dos protestantes radicais sem denominação. Quando e como ele os encontrou, se por intermédio de seu professor de latim, van den Enden, pelos negócios em que ele e seu irmão estavam envolvidos ou por causa da presença desses protestantes, inclusive os Quakers, na Sinagoga, não sabemos.[7]

O ato de excomunhão acusa Spinoza de se apegar a heresias abomináveis, mas não nomeia nenhuma. Spinoza aparentemente escreveu uma resposta em espanhol, que existia no tempo de sua morte em 1677. Ela pode ter incluído a base da análise da Bíblia que apareceu no *Tratado teológico-político*.

Em termos da história dos estudos bíblicos e da crítica bíblica, um dos pontos principais de Spinoza, de que Moisés não é o autor do Pentateuco,

---

[5] Spinoza, TTP IX.179 [163]. Todas as citações são tiradas da tradução de Samuel Shirley (Spinoza 1989). N.T.: ver nota do tradutor sobre as traduções utilizadas no início deste volume.
[6] Ver Révah 1964, 1959, 1970-1972.
[7] Recentemente, descobriram-se os escritos de van den Enden. Os textos foram publicados pelo professor Wim Klever da Universidade Erasmus, Roterdã. Ele me contou que os textos mostraram a fonte das concepções de Spinoza. Os textos datam de depois da excomunhão de Spinoza e, Klever me diz, não lidam com o judaísmo.

é central na reconsideração do que é a Bíblia e como ela deve ser lida e interpretada.

Spinoza dizia:

> Para irmos por ordem, começarei pelos preconceitos relativos aos autores dos Livros Sagrados e, antes de mais, ao autor do *Pentateuco*, que quase toda a gente acredita ter sido Moisés. Os fariseus, inclusive, defendiam isso com tanto empenho que tinham por herege quem sustentasse um ponto de vista diferente (TTP VIII.161 [140]).

Ele então mencionava Aben Esdras, certo rabino espanhol do medievo (1092-1167) que escreveu um importante comentário à Bíblia, "homem de mentalidade mais aberta e de uma não medíocre erudição, que foi o primeiro, pelo menos dos que eu li, que se apercebeu desse preconceito". Ele "não ousou explicar claramente sua ideia, indicando-a apenas em termos assaz obscuros" (TTP VIII.161-2 [140]). Os indícios de Spinoza para negar a autoria de Moisés é uma versão do que Aben Esdras oferecera.

Para apreciar o que Spinoza dizia, pode ser útil revisar o estado da questão nos meados do século XVII. Imensa quantidade de estudos sobre a Bíblia foi produzida nos duzentos anos anteriores a Spinoza. Os comentadores judeus da Bíblia foram descobertos por estudiosos cristãos e foram editados, estudados e usados em comentários cristãos. Os manuscritos existentes da Bíblia em muitos idiomas foram cuidadosamente examinados e estudados. Novas edições da Bíblia apareceram, às vezes, oferecendo mudanças textuais muito importantes (como na edição de Erasmo do Novo Testamento, que omitia a linha que afirmava a doutrina da Trindade).

Aben Esdras era reconhecido como um importante comentador por estudiosos cristãos e judeus. De fato, ele era o comentador judeu preferido, o mais estudado, por exegetas cristãos.[8] Em seu comentário sobre o *Deuteronômio*, ele indicara que Moisés poderia não ter escrito a passagem em *Deuteronômio* 33 sobre a morte de Moisés e o que acontecia depois. Aben

---

[8] Ver Goshen-Gottstein 1989: 34.

Esdras não fazia afirmações dramáticas sobre o que isso indicava quanto à questão da autoria. Antes, ele sugeria que os versos escritos pós-Moisés e os versos não escritos por Moisés provavelmente tinham certo *status* e significado especial (não há nada que sugira a ideia de Spinoza de que ele era um spinoziano pré--Spinoza).[9] Seu comentário sobre o Pentateuco foi um dos principais lidos durante o medievo tardio e depois. Foi o primeiro publicado no século XV tardio. Ele também aparece junto com o texto hebraico na edição veneziana Bomberg do Antigo Testamento, publicada primeiro em 1546 e reimpressa algumas vezes depois. Suas ideias eram conhecidas de estudiosos cristãos e judeus da Escritura. Elas são citadas no amplamente lido *Scrutinium Scripturarum* de Pablo de Santa Maria, bispo de Burgos, e antes rabino de Burgos (Paulus Burgensis). A obra teve grande importância por tornar a exegese judaica conhecida a leitores cristãos, e foi uma obra controversa muito estudada tanto por cristãos quanto por judeus.[10]

Na literatura da Reforma sobre o Antigo Testamento, as notícias de que Moisés não escrevera a passagem sobre sua morte foi aceita por Andraes von Karlstadt. Martinho Lutero concordava que essa parte do texto fora acrescentada por outra mão. Mas ele sustentava que Moisés era o autor do material até aquele ponto. Lutero desqualificava o ceticismo sobre a autoria de Moisés dizendo que "não causa dano algum dizer que o Pentateuco não poderia ter sido escrito por Moisés" (Greenslade 1963: 7, 87). Vários comentários do final do século XVI, usando Aben Esdras, mostravam que havia dificuldades em supor a autoria de Moisés do Pentateuco (Greenslade 1963: 92).

Em vários comentários cristãos do século XVII encontra-se que quando o autor chegava à passagem sobre a morte de Moisés, o comentador dizia apenas que essa passagem não fora escrita por Moisés, mas provavelmente por Josué. E então, contam-nos, a passagem sobre a morte de Josué também

---

[9] Zac 1965: 37-39 mostra que não há razão para suspeitar de qualquer heterodoxia nas ideias de Aben Esdra.
[10] Algumas das respostas à cristandade escritas em Amsterdã dirigem seu ataque especificamente contra as alegações feitas por Paulo de Santa Maria.

fora escrita por outra pessoa. Os comentadores não pareciam ver esse ponto como um problema especial ou difícil, embora aceitassem que Moisés fosse o autor do Pentateuco.

Para indicar como era a visão aceita de que Moisés não tinha escrito a cena de sua própria morte, citarei passagens de alguns comentários padrão. O grande hebraísta inglês, John Lightfoot, disse em 1647, "o último capítulo do Livro foi escrito por alguém que não *Moisés*; pois ele reconta sua morte e como foi enterrado pelo Senhor" (Lightfoot 1647: 79); John Richardson, Bispo de Ardagh na Irlanda, disse em 1655, "O último capítulo do Deuteronômio foi escrito depois de *Moisés* morrer. Assim como também a conclusão do Livro de *Jeremias* fora escrita depois de sua morte" (Richardson 1655).[11]

Houve alguns esforços para dar um jeito de Moisés poder ter escrito a passagem sobre sua própria morte. Deus poderia ter-lhe contado o que iria acontecer. Um *midrash* medieval até mostra Moisés chorando pelo que Deus lhe disse e escrevendo essas linhas com suas próprias lágrimas.[12] Contudo, Simon Patrick, Bispo de Ely, em seu *Comentário sobre o quinto livro de Moisés, chamado Deuteronômio,* em seu capítulo 4, diz que os versos "não foram escritos no mesmo tempo que o resto do Livro", por causa do relato da morte e do enterro de Moisés, "a menos que se suponha que *Moisés* tenha relatado a própria Morte e o próprio Enterro pelo Espírito da Profecia, o que não é provável". Assim, o Bispo Patrick calmamente oferecia a possibilidade de que a passagem tinha mais provavelmente sido escrita por Samuel, "que era um Profeta e escrevia por meio de Autoridade Divina, o que ele encontrara em Registros deixados por Josué" (Patrick 1700: 678-679).

A importância de sustentar a autoria de Moisés é que ela era a suposta garantia de verdade do texto. Moisés recebera o texto diretamente de Deus. De acordo com a Confissão de Westminster de 1658 (uma enunciação dos

---

[11] A obra diz que esse capítulo fora atentamente lido e confirmado pelo Bispo de Armagh, que era o Arcebispo Ussher.
[12] Amos Funkenstein indicou-me que mesmo bastante para trás até o Talmud babilônico, Bab a Bahia, é feita menção que Moisés não poderia ter escrito sobre sua própria morte.

principais protestantes ingleses), Deus garantira a transmissão de Sua Mensagem a Moisés e preservara o texto de Moisés de maneira perfeita em todas as transmissões desde então.[13] Uma resenha recente do *Livro de J*, de Harold Bloom, no *New York Times*, afirma: "a tradição religiosa estrita, é claro, afirma que o Pentateuco hebreu foi dado por Deus diretamente a Moisés. Nesse sentido, qualquer noção de que os primeiros cinco livros da Bíblia tenham sido escritos e revisados por homens ou mulheres através dos séculos é herética a crentes estritos, tanto quanto o são os estudos bíblicos".[14]

Do que aparece em vários comentários, o reconhecimento de que Moisés não foi o autor de umas poucas linhas no *Deuteronômio* não constituía tanto um problema para os crentes. Eles aceitavam o texto como Revelação Divina, a Palavra de Deus, dada na maior parte a Moisés por Deus. O reconhecimento de linhas não escritas por Moisés somente começou a ter repercussões sérias e graves na década de 1650, nos escritos de Thomas Hobbes, Isaac La Peyrère, Samuel Fischer e depois Spinoza. Todos parecem ter tirado suas ideias sobre as linhas direta ou indiretamente de Aben Esdras.

Também havia certa demagogia inflamatória filistina de crítica bíblica oferecida por pessoas incultas durante a Revolução Puritana. Havia *ranters* e *levellers* e *seekers* que rejeitavam a Bíblia como a obra de asquerosos pastores opressores. Esses radicais procuravam todo tipo de razão para justificar a rejeição da Bíblia e encontravam todos os problemas óbvios sobre os quais

---

[13] Confissão de Westminster, Londres 1658, capítulo 1, página 6: "O Antigo Testamento em hebraico (que era a Língua Nativa do Povo do DEUS dos antigos) e o Novo Testamento em grego (que no tempo de sua escrita era geralmente conhecido às Nações) sendo imediatamente inspirados por Deus e por seu cuidado singular e Providência mantidos puros e todas as Eras, são, portanto, Autênticos".

[14] Richard Bernstein, em *New York Times*, 24 de outubro de 1990, seção C, p. 11. Comentários modernos basicamente consideram ponto pacífico que Josué ou outra pessoa escreveu as linhas sobre a morte de Moisés e o que aconteceu depois. Ver Reider 1937: 342; Driver 1973: 417, 535; e Buttrick 1952-1957: 535. Este último faz uma glosa completa "da mais alta crítica". *Deuteronômios* 34: 1-12 é um apêndice final em forma narrativa ao livro. "Os estudiosos por muito tempo concordaram que ele foi tirado de uma edição de um editor sacerdotal das fontes históricas antigas, JE, que talvez tenha sido expandida por um escritor deuteronômico, presumivelmente o historiador responsável pelos livros de *Josué* a *Reis II*."

os estudiosos eruditos da Bíblia deviam se debruçar, inclusive a afirmação de que Moisés não poderia ter escrito sobre a própria morte.[15]

Aquilo que foi considerado como a primeira afirmação intelectual do questionamento da autoria de Moisés na Escritura está no *Leviatã* de Hobbes, livro III, capítulo XXXIII. Hobbes indicava que não há testemunho suficiente na Sagrada Escritura ou em outro lugar para nos assegurar quem foram os escritores dos vários livros. "(Q)uanto ao *Pentateuco*, não constitui argumento suficiente para afirmar que foi escrito por Moisés o fato desse lhe chamar os cinco livros de *Moisés*" (Hobbes 1947: 247-248).[16] Ele então indicava o problema sobre a morte de Moisés no último capítulo do *Deuteronômio*. Primeiro, Hobbes considerava a interpretação mínima disso, a saber, que tudo no *Pentateuco* fora escrito por Moisés, exceto esse capítulo. Ele concluía que ela não funcionava, já que o *Gênesis* 12,6 e os *Números* 21,14 se referiam a eventos posteriores ao tempo de Moisés. Disso, Hobbes tirava o dramático juízo de que "fica assim perfeitamente evidente que os cinco livros de Moisés foram escritos depois de seu tempo, embora não seja manifesto quanto tempo depois" (Hobbes 1947: 248 [226]).

Hobbes então se assenta numa visão revisionista modesta: "Mas embora Moisés não tenha compilado inteiramente esses livros, na forma em que os conhecemos, ele escreveu tudo o que aí se diz que escreveu" (Hobbes 1947: 248 [226]). Assim, Hobbes retinha a autoria de Moisés de algo da Escritura. Ele aplicava sua análise a outros livros da Bíblia e questionava as costumeiras atribuições de autoria.

O que deu ao texto completo sua garantia e autoridade? Se não foi revelado que o texto é a palavra de Deus, então a aceitação do texto e o assentimento a ele vêm da autoridade do Estado (*commonwealth*). Hobbes transformou a questão numa questão política para aqueles que não tiveram uma revelação sobrenatural pessoal. E para Hobbes, era a igreja soberana, a Igreja da Inglaterra, que então declarava o que era a Escritura e o que uma

---

[15] Ver Hill 1980.
[16] N.T.: Utilizamos a tradução de João Paulo Monteiro e Maria Beatriz Nizza da Silva, São Paulo: Abril Cultural, 2ª ed. Col. *Os Pensadores*, 1979, p. 226.

pessoa deveria fazer quanto a ela. É óbvio que neste capítulo Hobbes estava preocupado em excluir a força desagregadora dos intérpretes particulares, como aqueles que tomaram conta da Inglaterra, e em reforçar a função da Igreja política do estado como o árbitro, mesmo da questão de que livro é a Escritura e quem a escreveu.

Um contemporâneo, que provavelmente conhecia Hobbes, apresentou um exame do problema da autoria de Moisés que ia muito mais longe. Isaac La Peyrère, 1596-1677, secretário do Príncipe de Condé, compôs uma obra em 1640-1641 justificando sua expectativa francesa messiânica de que o Rei da França governaria o mundo com o Messias, que poderia aparecer a qualquer momento. A maior parte do livro de La Peyrère foi suprimida e só foi conhecida em forma manuscrita no momento em que foi publicada em Amsterdã em 1655, com o título de *Prae-Adamitae* (*Pré-Adamitas*). La Peyrère era um calvinista de Bordeaux, provavelmente de ascendência marrana. Em Paris, ele fez parte do círculo de Mersenne (ao qual Hobbes também pertencera) e era conhecido de muitos *érudits*. Ele viajou a negócios para os Países Baixos, para a Escandinávia, Espanha e Inglaterra. Mantinha amizade com associados de Hobbes. Em 1654, a recém abdicada Rainha Cristina da Suécia persuadiu La Peyrère a publicar seu manuscrito na Holanda, e ela provavelmente pagou pela impressão. O manuscrito rapidamente apareceu em cinco edições em latim nos Países Baixos e na Suíça, uma edição inglesa e uma holandesa. A obra logo foi banida e queimada em toda a Europa, como escandalosa, blasfema e ateia, e o autor foi encarcerado na Bélgica até concordar a se desculpar pessoalmente ao Papa e a se tornar católico.[17]

Para justificar sua leitura revisada da Bíblia, La Peyrère questionava se temos uma cópia exata e se podemos estar certos sobre quem escreveu o documento que temos. Depois de discutir a passagem sobre a morte de Moisés, mais algumas outras passagens que parecem relacionar-se a eventos posteriores a Moisés, La Peyrère indicava que alguns outros livros são mencionados na Bíblia, livros que aparentemente eram as fontes do texto que havia

---

[17] Sobre La Peyrère, ver meu livro, Popkin 1987a.

sobrevivido. Ele lançava a hipótese de que Moisés pode ter tido um diário que seria uma das várias fontes. Contudo, o que chegou até nós é uma compilação de diversos materiais, uma "pilha de cópias de cópias" (La Peyrère 1656: 204-205). La Peyrère não questionava se o texto confuso e misturado que temos agora, com milhares de variantes nos diferentes manuscritos, era preciso. Ele pessoalmente aprendeu dos especialistas, como Louis Cappel, Andrè Rivet, Claude Saumaise e Isaac Vossius, quais eram os problemas em decidir qual era o texto correto. Era preciso reconstruir a mensagem original de fato com base naquilo que ora possuímos.

Outra alegação herética de La Peyrère era que a Bíblia não contava a história da humanidade, mas só a dos judeus. Todos os tipos de indícios indicavam que havia homens antes de Adão. Alguns indícios podiam ser encontrados na Bíblia. Quem era a mulher de Caim? As únicas pessoas mencionadas na Bíblia até aquele momento em que Caim tomava uma mulher eram Adão, Eva e seus filhos, Abel e Caim. Caim matou Abel, foi expulso do Éden e então se casou. Mas se casou com quem? La Peyrère dizia que a mulher deve ter sido uma pré-adamita, cuja linhagem estava fora do esquema adâmico (comentários da época notam a questão e oferecem a resposta que Caim se casou com uma irmã, que não fora mencionada no texto).[18] Uma parte desses indícios vinha da história antiga, outra das Viagens de Descobrimento. De acordo com La Peyrère, a humanidade existira por um período de tempo indefinido, vivendo num estado de natureza que era asqueroso, brutal e curto (sua descrição é quase a mesma que a de Hobbes). Deus, para melhorar a situação, criou Adão, e por ele, os judeus, que tinham um destino Providencial, que estava por se concretizar com a vinda do Messias Judeu, que governaria o mundo junto com o Rei da França, e salvaria a todos, adamitas e pré-adamitas.

---

[18] Por exemplo, há um texto de George Hughes, ministro em Plymouth, *An Analytical Exposition of the Whole First Book of Moses called Genesis*, 1672, no qual a resposta à questão de quem era a mulher de Caim é: "Certamente deve ser uma das filhas de Adão – muitas vãs presunções existem de que ela era gêmea dele, que seu nome era Schave, outras, Calmana – mas a escritura silencia sobre isso, portanto, fé alguma pode ser depositada sobre elas".

La Peyrère fez sugestões radicais sobre a mensagem bíblica, mas ainda parecia insistir na existência de uma mensagem sobrenatural da maior importância. Ele dizia que lançava uma hipótese que reconciliava o texto com todas as outras informações conhecidas. Um de seus últimos esforços foi a preparação de uma Bíblia francesa com notas, um texto que foi proibido antes de ser publicado. Ela trazia uma longa nota de rodapé quando Adão é mencionado pela primeira vez no *Gênesis*, com a informação da existência de uma teoria que fora declarada herética pelo Papa, mas que diz que..., e os indícios para isso são...[19]

La Peyrère não era só um maluco. Ele era conhecido de muitos dos principais estudiosos da Bíblia da época. Seu livro foi bastante lido. Spinoza tinha uma cópia e a usava extensamente em sua própria apresentação no *Tratado teológico-político*.[20] O rabino Menasseh ben Israel conhecia La Peyrère pessoalmente (e se tornou um dos apoiadores de seu messianismo francês).[21] Ele estava planejando debater com ele em Amsterdã, e escreveu uma resposta que desapareceu. La Peyrère esteve em Amsterdã por seis meses em 1655, enquanto seu livro estava em vias de publicação. O livro é dedicado a todas as sinagogas do mundo. Ele esteve lá durante o período em que Spinoza parece ter-se desiludido com as ideias da Sinagoga. Algumas das ideias de La Peyrère aparecem nas acusações contra os associados de Spinoza da época, Juan de Prado e Daniel Ribera. Um dos oponentes de La Peyrère alegava que ele estabelecera um secto de "pré-adamitas" em Amsterdã em 1655. Ninguém foi capaz de encontrar quem fazia parte desse grupo, mas pode ser que ele tenha incluído Spinoza e seus amigos.[22]

De Hobbes a La Peyrère há um forte questionamento em crescimento sobre se Moisés pode ter sido o autor de toda a Escritura e se temos um texto preciso. Um forte desafio ulterior apareceu na obra do estudioso Quaker

---

[19] Cópias dessa Bíblia, com o título Michel de Marolles, *Le Livre de Genèse*, estão na British Library e na Bibliothèque Nationale.
[20] Uma lista bastante incompleta de empréstimos aparece em Strauss 1965.
[21] Ver Popkin 1984a.
[22] Ver Popkin 1987ª para detalhes sobre essas questões.

da Bíblia, Samuel Fisher, 1605-1665. Fisher foi um dos poucos primeiros Quakers a ter uma formação universitária. Ele se graduou em Oxford, onde aprendeu hebraico. Tornou-se então ministro batista. Em 1654, tornou-se Quaker. Ele levou a mensagem dos Quakers a comunidades judaicas em Amsterdã, na Alemanha e na Itália, e teve longas discussões com líderes judaicos aonde quer que fosse.

Quando retornou à Inglaterra em 1660, escreveu sua resposta de 900 páginas à alegação puritana de que a Escritura é a Palavra de Deus, *The Rustic's Alarm to the Rabbies*, que combinava a crítica bíblica inglesa popular com sua própria erudição (Fisher 1660). Christopher Hill chamou Fisher de "o mais radical crítico bíblico de seu tempo" (Hill 1980: 259-268).

A questão da autoria de Moisés aparece em nota marginal questionando se Moisés poderia ter escrito a passagem sobre sua própria morte. Mas para Fisher há duas questões centrais, uma se o texto que possuímos é uma versão precisa do texto em hebraico ou grego antigo, e a outra se um documento escrito, escrito em alguma época da história humana, pode ser a Palavra de Deus.

Sobre o primeiro ponto, Fisher trazia dois problemas centrais à baila. Um era se há qualquer base para chamar a coleção particular de documentos que chegaram até nós de "Escritura", e o outro se esses documentos nos foram passados em cópias exatas dos originais. Os estudiosos conhecem a história do cânone do Antigo Testamento, conforme relatado na *História dos judeus* de Flávio Josefo, e no Talmud, a saber, que um conselho de rabinos, ou no tempo de Esdras, ou por volta de 300 a.C., decidiu quais textos eram canônicos. Fisher desafiava a confiabilidade de tal decisão humana ter determinado quais textos eram os revelados e reforçava que havia mais livros disponíveis do que aqueles que agora se encontram na Bíblia. Por que somente os livros incluídos são "Escritura"?

Fisher gastou uma quantidade imensa de tempo no segundo ponto, o problema da transmissão. A Confissão de Westminster de 1658 declarara que o texto fora transmitido exatamente e que Deus garantira e protegera o texto. Mas então o que fazer com todas as milhares de variantes em diferentes manuscritos? Fisher aprendera com várias autoridades judaicas e cristãs, inclusive Elias Levita, Louis Cappel, Christian Ravius e os Buxtorfs, que as marcações de vogais hebraicas não existiam na Bíblia original e foram introduzidas muito mais tarde. Portanto, o texto fora mudado, e não possuímos um texto fixo exato da Palavra de Deus. Nenhum dos manuscritos ora existentes é um manuscrito holográfico escrito por Moisés, por qualquer um dos Profetas ou por Esdras. Os manuscritos de que temos cópias são cópias de cópias, feitas por seres humanos falíveis. E eles não são só falíveis, também são pessoas de confiabilidade dúbia. Os manuscritos mais antigos foram feitos por judeus rigidamente bitolados que se recusavam a ver a Luz, e os últimos foram feitos por monges católicos corruptos. E o que temos agora é o que editores gananciosos decidem que é o texto (todos esses pontos também podem ser levantados quanto aos textos do Novo Testamento).

O resultado para Fisher é que não se pode dizer se um dado manuscrito ou livro contém a Palavra de Deus exata e inteira, a menos que se saiba *independentemente* qual é a Palavra de Deus. A Palavra de Deus presumivelmente existia já antes de toda tentativa de escrevê-la. Ela era conhecida antes de Moisés por Adão, Noé, Abraão, Isaac, Jacó e assim por diante, e nenhum deles tinha uma cópia dela. Ela era conhecida até por Moisés *antes* de ele supostamente tê-la escrito. Fisher posteriormente foi bem depressa para uma forma de universalismo Quaker. A Palavra de Deus pode ser conhecida em qualquer lugar em qualquer tempo em qualquer linguagem – por que ela só poderia ser enunciada em hebraico ou grego?[23]

Fisher esteve em Amsterdã por mais ou menos seis meses em 1657--1658, antes de partir para Roma e Constantinopla para tentar converter o Papa e o Sultão. Ele assistiu a serviços na Sinagoga e passou muito tempo tentando convencer membros da comunidade da mensagem Quaker. Nessa época, ele estava traduzindo dois panfletos de Margareth Fell, a mãe dos Quakers, para o hebraico, para tentar converter os judeus. Em outro lugar, dei indícios de que Spinoza, depois de sua excomunhão, envolveu-se com os Quakers e se uniu a Samuel Fisher na tradução dos panfletos.[24] Se isso aconteceu mesmo, Fisher e Spinoza facilmente poderiam ter partilhado suas

---

[23] Sobre Fisher, ver Popkin 1985.
[24] Ver Popkin 1984c, 1987b.

ideias sobre o texto bíblico. Spinoza, no *Tratado teológico-político*, avançava expressamente a tese de que a Palavra de Deus não é um objeto físico. A Palavra de Deus permaneceria e seria reconhecível mesmo se todos os livros físicos desaparecessem. Para Fisher, a Palavra seria reconhecida pelo Espírito ou Luz interior, para Spinoza, pela razão.

Isso leva à última teoria bíblica antecedente à teoria de Spinoza, a dos socinianos e racionalistas. O médico e amigo íntimo de Spinoza, Lodewijk Meyer, publicou um trabalho logo antes do *Tratado teológico-político* sobre a leitura filosófica da Escritura, no qual ele defendia a necessidade de se empregar a razão como juiz daquilo que a Escritura dizia e queria dizer (Meyer 1666).[25] Uma ideia como essa estava sendo desenvolvida por um século, com base no reformador cético Sebastian Castellio e em Fausto Socino. Este, cujos seguidores eram os socinianos ou unitaristas do século XVII, insistia numa leitura literal da Escritura e numa avaliação racional do que ela dizia. A maior heresia dos socinianos era alegar que a Escritura não afirma a doutrina da Trindade e que uma leitura racional do texto nega que Jesus tem a mesma substância que Deus Pai. Mas os socinianos até o tempo de Spinoza insistiam que reconheciam Jesus como ponto central de sua religião, como o Cordeiro de Deus, como o mensageiro de Deus enviado aos homens, o membro mais especial da raça humana, e que sua religião era baseada na Escritura considerada em seu sentido mais literal. Foi só na mesma época em que o *Tratado teológico-político* foi publicado que o líder sociniano, Wiszowaty (neto de Socino), deu a concepção mais radical de que a razão não deveria ser somente a medida da crença religiosa de uma pessoa, mas deveria ser fonte dela.[26] Spinoza conhecia os socinianos, deve ter-se misturado a eles em reuniões dos *Collegiani* e tinha alguma coisa dessa literatura em sua biblioteca.[27]

---

[25] Uma tradução francesa dessa obra com uma importante introdução foi recentemente publicada (Meyer 1988), com introdução e notas de Jacqueline Lagrée e Pierre-François Moreau.
[26] Ver Wiszowaty 1980 (originalmente publicado em 1685).
[27] O sociniano Christopher Sand deu a ele uma cópia de seu trabalho.

Para analisar como o próprio Spinoza afirmava suas ideias sobre a Bíblia no *Tratado teológico-político*, comecemos com o que ele disse sobre a autoria do texto. O título do capítulo VIII é: "*Onde se demonstra que o* Pentateuco, *assim como os livros de* Josué, *dos* Juízes, *de* Rute, *de* Samuel *e dos* Reis *são apógrafos, e se averigua depois se esses livros foram escritos por várias pessoas ou por uma só e quem terá sido*". Spinoza afirmava que para tratar o assunto com ordem lógica, ele começava com as ideias de Aben Esdras sobre a autoria de Moisés. Ele citava uma passagem do comentário de Aben Esdras sobre o *Deuteronômio* (que está na Bíblia de Bomberg, à qual Spinoza se refere especificamente no capítulo IX). Então, Spinoza diz: "Por essas escassas palavras, indica e ao mesmo tempo prova que não foi Moisés quem escreveu o *Pentateuco*, mas alguém que viveu muito depois, e que o livro que de fato Moisés escreveu era diferente" (TTP VIII.162 [140]). A seguir, ele divide o caso de Aben Esdras em seis pontos: (1) o prefácio ao Deuteronômio não poderia ter sido escrito por Moisés; (2) o *Livro de Moisés* deve ter sido muito menor do que o Pentateuco; (3) onde se fala de Moisés na terceira pessoa, como em *Deuteronômio* 31,9, as palavras "não podem ser de Moisés, mas sim de um outro autor que descreve os feitos e os descritos dele"; (4) *Gênesis* 12,6, sobre a terra de Canaã, deve ter sido escrito depois da morte de Moisés; (5) *Gênesis* 22,14, sobre onde o Templo devia ter sido construído, deve ser pós--Moisés, pois Moisés não indica posição alguma como escolhida por Deus, mas apenas prevê que Deus em algum momento escolherá o lugar; e (6) em *Deuteronômio* 3 alguns textos foram acrescentados muito depois da morte de Moisés.

Spinoza acrescenta então uma lista de outros textos que ele também alegava não poderiam ter sido escritos por Moisés. Sua lista contém muitos textos que também figuram nos escritos de La Peyrère e Fisher. Com base nos textos em *Deuteronômios* 29 e 31, Spinoza (com La Peyrère) alegava que Moisés de fato escreveu um livreto explicando suas leis, chamado *Livro da lei de Deus*, ao qual Josué mais tarde acrescentara um relato do pacto pelo qual seus contemporâneos se obrigavam (*Josué* 24,25-26). Nenhum livro existe agora que se pareça com esse. "De nossa parte, concluímos que esse livro da lei de Deus que Moisés escreveu não era o *Pentateuco*, mas um outro completamente diferente que o autor do *Pentateuco* inseriu a dado passo em sua obra, como se deduz, quer do que acabamos de dizer, quer daquilo que se segue" (TTP VIII:166 [146]). Na próxima página, Spinoza anunciava que "dado que há várias passagens no *Pentateuco* que não podem ter sido escritas por Moisés, ninguém poderá afirmar com um mínimo de fundamento que Moisés é o autor do *Pentateuco*. Pelo contrário, uma afirmação dessas repugnaria à razão" (TTP VIII.167 [146]). Spinoza então passa a examinar o texto e dá uma teoria de como a obra poderia ter sido compilada por um historiador pós-Moisés.

Tudo isso poderia fazer de Spinoza só um avaliador mais extremado do texto bíblico. Aben Esdras dissera somente que Moisés não escrevera todo o Pentateuco, e dera alguns textos que ele sugeria não eram de Moisés. Vários comentadores indicaram que Aben Esdras não tirava nenhuma conclusão herética disso.[28] Hobbes estendia esse ponto e dizia que Moisés deveria ser considerado somente como o autor dos textos que se diz serem dele. La Peyrère separava o texto acabado de um possível texto escrito por Moisés. Fisher lançava mais dúvidas sobre a autoria. Mas todos eles em algum sentido sustentavam que o texto, independentemente de como chegou a ser o que é, deveria ser tomado como a Palavra de Deus (Fisher demandaria que o texto fosse assim reconhecido pelo Espírito ou pela Luz). Outros comentadores que notaram alguns dos problemas citados por esses críticos – e que os empurravam para debaixo do tapete, dizendo que Josué escreveu isto, Samuel aquilo e assim por diante – estavam convencidos de que todo o texto fora inspirado e escrito por homens que foram inspirados por Deus. Daí não ter importância a dificuldade menor de que Moisés poderia não ter escrito a linha *x*, se o autor também estava em contato com Deus.

Hobbes começava a próxima linha de crítica bíblica perguntando "de onde as Escrituras tiram sua autoridade?". Ele dizia: "em todo o lado se acredita que foi Deus seu primeiro e original *autor*". Não era isso que estava em disputa. Só se pode saber qual é a palavra de Deus se Deus tivesse revelado

---

[28] Ver, por exemplo, a discussão em Zac 1965: 37-39.

seu caráter sobrenatural. Onde isso não tenha acontecido, como no caso da maioria das pessoas, então uma autoridade política tem de estabelecer a questão para as pessoas. E assim Hobbes, sem negar o estatuto Divinal da Escritura, deixa a Igreja da Inglaterra decidir que textos fazem parte da Escritura (Hobbes 1947: 245-255 [225-232]).

La Peyrère, desculpando-se com o Papa, disse que fora levado a suas heresias por sua educação calvinista. Ele aprendera que onde houvesse visões conflitantes, ele deveria recorrer à própria razão para decidir. Já que ele descobrira que a Escritura era uma massa de textos conflitantes, ele se sentiu livre para oferecer sua própria hipótese sobre como o texto chegou a ser o que é. Ele dizia que era como Copérnico. Ele não estava mudando nada na natureza, mas só oferecendo uma maneira diferente de olhar para ela (La Peyrère 1663).[29] Em sua nova hipótese, o presente texto da Escritura era visto como uma bagunça que precisava ser reconstruído e decifrado. O aspecto bagunçado poderia ser explicado pela história humana, mas por trás havia uma mensagem divina.

Ao começar seu exame da Escritura, Spinoza dizia que, para evitar confusão, preconceitos teológicos e "não abraçarmos temerariamente invenções humanas como se fossem ensinamentos divinos", precisamos do verdadeiro método de interpretação da Escritura. "Muito resumidamente, o método de interpretar a Escritura não difere em nada do método de interpretar a natureza; concorda até inteiramente com ele." Não podemos admitir "outros princípios nem outros dados além dos que se podem extrair dela mesma e de sua história" (TTP VII.141 [115-116]). Ao dizer isso, Spinoza dava início a uma maneira muito diferente de examinar e avaliar os textos da Escritura do que aquela que seus predecessores empregaram. O literalismo e o contextualismo levavam a uma leitura completamente secular da Bíblia. Para Spinoza, era necessário examinar e estudar a linguagem dos autores bíblicos: como a linguagem era usada, as circunstâncias em que os livros foram escritos, inclusive as intenções dos autores. Conforme concebido por Spinoza, esse tipo de estudo situava a Escritura claramente dentro da história humana.

---

[29] Ver Popkin 1987a: 15-16.

Mesmo nisso Spinoza era completamente original. Como resultado de todas as descobertas dos diferentes tipos de religião por todo o planeta, e da miríade de variedades das religiões antigas, um tipo de antropologia da religião começou a ser desenvolvida no século XVII. Sua forma, pré-Spinoza, conforme enunciado à exaustão por grandes e eminentes estudiosos, como Gerard Vossius de Leiden e Amsterdã, em seu *Origens de teologia gentílica*, de 1641 (reimpresso várias vezes no século XVII, e estudado e usado por Hugo Grócio, Herbert de Cherbury, Ralph Cudworth e Isaac Newton), era dar conta do politeísmo como um desenvolvimento histórico a partir de uma religião original natural e revelada. Os antigos hebreus primeiro apresentaram uma religião natural com o formato dos vários princípios de Noé (as leis de Noé) e, depois, com Moisés, apresentaram também uma religião revelada. Todas as outras religiões, de acordo com Vossius, derivam ou são uma forma degenerada dessa Ur-religião. Alguns dos elementos degenerados entraram no judaísmo tardio e na cristandade (uma interpretação para algumas das corrupções na Escritura). Com a ajuda dos mais cuidadosos estudos filológicos e históricos, os estudiosos poderiam reconstruir o desenvolvimento da religião, desde seus inícios naturais até suas muitas manifestações atuais. Essa reconstrução histórica situa a maioria dos desenvolvimentos religiosos em contextos históricos humanos, políticos, sociais, econômicos, militares e assim por diante.

Spinoza foi um pouco além, avaliando os primeiros professores religiosos alegadamente inspirados, os profetas de Israel antigo. Razões cruciais para isso aparecem nos primeiros capítulos do *Tratado teológico-político*, nos quais a assim chamada inspiração divina é analisada em termos estritamente humanos, maníaco-depressivos, e a assim chamada história divina, ou história da Providência, é analisada em termos da história política local dos antigos Hebreus. Sua situação peculiar depois da fuga do Egito era de crua anomia. Moisés deu-lhes leis e as chamou de leis de Deus, para ter certeza de que esses primeiros hebreus as obedeceriam.

O *Tratado teológico-político* começa com um exame de qual seria o significado de profecia e inspiração profética. Spinoza questiona se os profetas poderiam ter conhecido algo diferente do que pode ser conhecido por pessoas comuns através da razão e da experiência. Não pode ter sido o conhecimento matemático ou o conhecimento de fatos empíricos. Conforme Spinoza mais tarde analisa, ele concluiu que não há conhecimento especial que os profetas possam ter tido, mas, antes, os profetas tinham uma imaginação mais vívida do que as pessoas comuns.

O círculo de platônicos de Cambridge, na Inglaterra, logo antes de Spinoza, tentaram definir "inspiração divina" de maneira clara e cuidadosa, de modo que ela pudesse ser distinta completamente de "entusiasmo", que Henry More definia como uma crença que uma pessoa tem de estar inspirada quando na verdade não está.[30] Os Quakers, considerados pelos platônicos de Cambridge como o pior tipo de entusiastas, tentaram explicar como podiam ter certeza de estarem divulgando a Palavra de Deus e os outros não.

Se Spinoza conhecia essa discussão (e certos indícios sugerem que ele conhecia),[31] ele alegava que os profetas não faziam afirmações de conhecimento especial que outras pessoas não pudessem saber por outros meios, mas ofereciam relatos vívidos de suas imaginações. Para entender o que os profetas diziam e o porquê de eles o dizerem da maneira como diziam, era preciso empregar o método spinoziano de contextualização de leitura da Bíblia.

Spinoza afirmava que havia algumas obras que eram autoexplicativas. Os conceitos empregados eram claros, o raciocínio óbvio, de modo que nenhuma outra informação era necessária para entendê-las. O exemplo dado de uma obra desse tipo era o dos *Elementos* de Euclides. Spinoza declarava que o leitor não precisava saber grego, não precisava saber a biografia pessoal de Euclides e não precisava saber a circunstância em que ele escrevera:

> Euclides, que só escreveu coisas extremamente simples e altamente inteligíveis, pode facilmente ser explicado a toda a gente e em qualquer língua. Nem é preciso, para apreendermos seu pensamento e ficarmos seguros de seu verdadeiro sentido, ter um conhecimento completo da língua em que ele escreveu: basta um conhecimento vulgar e no nível

---

[30] Sobre isso, e a ideia dos platônicos de Cambridge sobre Spinoza, ver Hutton 1984.
[31] Ver Hutton 1984.

quase de uma criança. É igualmente desnecessário conhecer a vida do autor, seus estudos e hábitos, em que língua, para quem e quando escreveu, o destino que conheceram os livros, suas variantes, ou, finalmente, por deliberação de quem foi reconhecido. E o que se diz de Euclides diz-se de quantos escreveram sobre coisas que são por natureza perceptíveis [...] (TTP VII.154 [131]).

Diferentemente, "a Escritura não dá definições das coisas de que fala" (TTP VII.142 [117]). Para que consigamos conceber o que está sendo dito, temos de procurar na natureza e nas propriedades da linguagem em que a Bíblia está escrita. Temos de ver como os autores bíblicos usam essa linguagem. E temos de descobrir as circunstâncias relevantes a todos os livros dos profetas que chegaram até nós, inclusive o conhecimento da vida, o caráter e as atividades do autor de cada livro. Isso inclui descobrir quem foi cada autor, quando e para quem escreveu o livro, como o livro foi revisado e quem decidiu que era sagrado.

Tudo nesse contextualismo poderia ser compatível com a ortodoxia tradicional se os textos bíblicos fossem considerados como divinamente inspirados. Spinoza insistia que aqueles que alegavam que a luz da razão é inadequada para interpretar a Escritura, e que uma luz sobrenatural é absolutamente essencial, não seriam capazes de explicar o que é essa luz sobrenatural (TTP VII.155 [132]). Eles não conseguem esclarecer o que supostamente deve ser essa luz sobrenatural. As explicações que eles nos dão são notavelmente semelhantes às naturais, "isto é, humanas, meditadas durante muito tempo e só com muito trabalho encontradas" (TTP VII.155 [132]). Se a luz sobrenatural é conhecida somente dos fiéis, então o que dizer do fato de que os profetas também pregavam aos não crentes e aos ímpios? Como a audiência conseguia entender o que estava sendo dito, se não tinham nenhuma luz sobrenatural? Spinoza concluía sua discussão dizendo que aqueles que "exigem uma luz sobrenatural para entender o pensamento dos profetas e dos apóstolos parecem é estar carecidos da luz natural. E longe de mim julgá-los possuidores de um dom divino sobrenatural qualquer" (TTP VII.155 [133]).

Assim, tendo excluído todo elemento divino ou sobrenatural do texto bíblico, o contextualismo spinoziano assumiu um formato radicalmente diferente do que aqueles que, antes e depois dele, usaram materiais semelhantes para elucidar o que consideravam como um texto divinamente inspirado. Para Spinoza, o significado do que estava relatado na Escritura devia ser encontrado e exaurido na elucidação da formulação linguística, do contexto histórico e da personalidade do autor bíblico.

Nesses termos, Spinoza via que a parte central do Pentateuco, a recepção e a aceitação dos Dez Mandamentos e da Lei de Moisés pelos judeus deviam ser entendidos em termos das circunstâncias da época. Os antigos hebreus tinham acabado de escapar do Egito e da lei egípcia. Estavam, naquela ocasião, num mundo sem lei, um estado de natureza. Moisés felizmente resgatou-os daquele estado de coisas dando-lhes novas leis e fazendo-os aceitarem as leis revestindo-as em termos divinos. Assim, a teocracia dos antigos hebreus foi estabelecida. Isso explica o que aconteceu no grande episódio no Monte Sinai e dá as razões para o estabelecimento de um Estado judaico segundo essas leis.

Segundo a leitura de Spinoza, as leis cerimoniais dessa teocracia podem ser entendidas em termos das condições e das crenças da época. Mas essas leis não são obrigatórias em diferentes épocas e diferentes condições. A única lei universalmente obrigatória é a lei moral, obrigatória porque é racionalmente deduzida, em vez de historicamente aceita.

A explicação spinoziana é como aquela, dada por Maquiavel e Hobbes, de como as religiões pagãs se desenvolveram e adquiriram autoridade. A explicação política da religião era oferecida nos meados do século XVII para todos os casos diferentes do judaísmo e da verdadeira cristandade (os reformadores explicavam a ascensão e o poder do catolicismo romano em termos políticos, e alguns católicos faziam o mesmo para a Reforma). Em 1656, Henry Oldenburg, que se tornaria o amigo mais importante de Spinoza fora dos Países Baixos, escreveu de Oxford a Adam Boreel, o líder dos *Collegiani*, o grupo ao qual Spinoza se unira depois de sua excomunhão no mesmo ano, para contar a Boreel que havia uma teoria recém-formulada que dizia que Moisés, Jesus e Mohamed eram impostores, agitadores políticos, que ganharam poder impondo uma nova religião ao povo (é claro que essa é a tese da notória obra clandestina, *Les Trois Imposteurs, ou l'Esprit de M. Spinoza*, publicada no início do século XVIII, mas escrita na última parte do século XVII).[32]

Oldenburg não identificou quem era o autor dessa teoria. Mas ele implorou a Boreel que escrevesse uma resposta para salvar a religião. Boreel passou os próximos vários anos escrevendo uma resposta, que ainda não foi publicada, intitulada *Jesus Cristo Legislador da Raça Humana*.[33]

Parece provável que esse projeto – o maior empreendimento da carreira de Boreel, sua resposta aos incrédulos e também aos judeus e muçulmanos – fosse conhecido no movimento dos *Collegiani* que ele encabeçava, inclusive a Spinoza. Creio que algumas das observações de Spinoza sobre Jesus no *Tratado teológico-político* fazem sentido como uma alternativa à tese de Boreel de que Jesus é o legislador universal.[34]

No capítulo IV, Spinoza dizia acerca de Cristo que

---

[32] Oldenburg escreveu que, de acordo com essa ideia horrenda: "toda a história da Criação parece ter sido composta para introduzir o Sabbath, e isso por motivos simplesmente de prudência política. Pois com qual propósito [...] o fatigante trabalho de tantos dias é atribuído ao Deus Todo-Poderoso, quando todas as coisas se submetem a seu comando num único instante? Parece que o mui prudente legislador e governador Moisés tramou toda a história propositadamente, de modo que (quando ele ganhou a aceitação dela nas mentes de seu povo) certo dia deveria ser reservado para que eles solene e publicamente venerassem essa Deidade invisível – e de modo que tudo o que o próprio Moisés dissesse procedesse dessa mesma Deidade a que eles obedeceriam com grande humildade e reverência. O outro problema é que Moisés certamente encorajava e incitava seu povo a lhe obedecer e a ser bravio na guerra por causa de esperanças e promessas de adquirir ricos espólios, e grandes posses, e que o homem Cristo, sendo mais prudente do que Moisés, instigava seu povo com a esperança da vida e da felicidade eternas, embora estivesse ciente de que a alma que seriamente contemplasse a eternidade mal saborearia o que é vil e baixo. Mas Mohamed, de aguda esperteza em todas as coisas, recrutou todos os homens para as coisas boas deste mundo e do mundo do além também, e assim se tornou seu mestre, e estendeu os limites de seu império muito mais além do que o fizeram todos os legisladores antes ou depois dele. Vês que licenciosidade esse crítico adota por amor ao raciocínio" (Oldenburg 1965-1986: 89-92).

[33] O manuscrito, em ordem confusa, está nos Boyle Papers na Royal Society da Inglaterra, volumes 12, 13 e 15. Henry More conhecia o texto, de uma cópia que pertencera a Francis Van Helmont.

[34] Ver Popkin 1991.

[...] embora ele pareça também ter prescrito leis em nome de Deus, deve, pelo contrário, afirmar-se que teve uma percepção verdadeira e adequada das coisas: Cristo, de fato, não foi tanto um profeta quanto a própria boca de Deus.

Através da mente de Cristo [...] Deus revelou, tal como anteriormente tinha feito através dos anjos, isto é, de uma voz criada, de visões etc., certas coisas ao gênero humano. [...] Cristo foi enviado para ensinar não só aos judeus, mas a todo o gênero humano [...]. Por conseguinte, se Deus se revelou a Cristo ou a sua mente, de maneira imediata e não por palavras e imagens como se tinha revelado aos profetas, a única coisa que podemos concluir daí é que Cristo percebeu ou entendeu verdadeiramente coisas reveladas. [...] Sendo assim, Cristo percebeu verdadeira e adequadamente as coisas reveladas e, portanto, se alguma vez as prescreveu como leis, foi por causa da ignorância e da obstinação do povo (TTP IV.108-109 [74-75]).

Spinoza insistia que Cristo não introduziu nenhuma lei nova, e até mesmo duvidava que Cristo tivesse introduzido alguma cerimônia (TTP V.119 [88]).[35] Ele pronunciava a lei moral divina. E "aquele que acredita firmemente em Deus, pela misericórdia e graça com que rege todas as coisas, perdoa os pecados dos homens, e que por esse motivo se inflama ainda mais de amor para com Deus, esse conhece verdadeiramente Cristo segundo o Espírito e Cristo está nele" (TTP XIV.225 [220]).

Essas e muitas outras passagens de Spinoza sobre Jesus Cristo provocaram muita discussão, e até tomos eruditos foram escritos por causa delas.[36] Se Spinoza supostamente era um ateu, poderiam esses trechos exprimir uma concepção séria? Se Spinoza teve uma educação judaica, será que ele poderia ter-se desviado tanto para se tornar um cristão crédulo? (sabemos que ele

---

[35] A concepção spinoziana é como a de alguns socinianos judaizantes, que negavam que alguma lei religiosa tivesse sido mudada pela aparição de Jesus no século I. Alguns desses judaizantes, diferentemente de Spinoza, mantinham, portanto, todas as leis de Moisés, embora fossem mais ou menos "cristãos".

[36] Como Matheron 1971.

nunca entrou para nenhuma organização cristã, embora tenha sido enterrado no jardim de uma igreja cristã).

Leitores judeus frequentemente me perguntam: Por quê? Quem ele está tentando enganar? Será que ele tinha de dizer essas coisas para agradar ao censor ou ao público? Eles assumem que ele não podia estar sendo sério ou sincero.

Não posso aqui provar o oposto, mas sugerirei que o que Spinoza disse sobre Cristo faz sentido como uma alternativa à concepção de Boreel e como uma expressão das concepções socinianas e Quakers sobre Cristo que ele pode ter aceitado sem se comprometer com nenhuma concepção sobrenatural. Para Spinoza, diferentemente de Boreel, Cristo não era um legislador, tampouco um impostor, mas o porta-voz de Deus. Nisto ele dava uma ideia próxima da dos socinianos na Holanda daquele tempo, além de uma cristologia parecida com a deles, fazendo Cristo pertencer a uma ordem diferente da de Moisés e dos profetas, com relação a Deus, *sem* atribuir qualquer substância ou aspectos divinos a Cristo. "Conhecer Cristo segundo o Espírito e ter Cristo dentro de si" era uma expressão Quaker, segundo a qual qualquer pessoa, fosse cristã, judia, muçulmana, pagã, poderia ter Cristo dentro de si. O mecenas de Spinoza, Peter Serrarius, disse que tinha certeza de que o espírito de Cristo estava dentro do Rabino Nathan Shapira de Jerusalém, quando o rabino dissera que achava o Sermão da Montanha a fonte de toda a sabedoria e a expressão dos ensinamentos de nossos maiores rabinos.[37] Os Quakers foram acusados de não serem cristãos por causa de seu universalismo e de sua concepção a-histórica de Cristo como o Espírito de Deus.

Spinoza deixou claro que ele não era um cristão em muitos sentidos em sua correspondência tardia com Oldenburg, quando disse que estava disposto a aceitar a interpretação histórica dos Evangelhos, exceto no tocante à ressurreição. Oldenburg disse a seu amigo que isso destrói a cristandade desde suas raízes (Ep 79, 11 de fevereiro de 1676). Spinoza não ficou impressionado, já que para ele a essência da cristandade estava

---

[37] Ver Popkin 1984b.

na regra de ouro, não nas atividades de um ser sobrenatural. Ele, como os socinianos, não queria aceitar um papel sobrenatural para Jesus, e como os Quakers, via Cristo como o nome do espírito interior que tornava os homens morais.[38]

Passando agora para a visão mais ampla que Spinoza tinha da Bíblia, o que é original e *realmente* importante? Em pormenor, sugeri que Spinoza reiterava o que tanto os estudiosos ortodoxos da Bíblia quanto os radicais como Hobbes, La Peyrère e Samuel Fisher já tinham dito. Seus exemplos surpreendentes aparecem em escritores anteriores e não convenceram todo o mundo de que a Bíblia era só um documento humano. Como indiquei, Hobbes e La Peyrère diziam que acreditavam haver uma Mensagem Divina no Livro, mas que poderia ser mais difícil encontrá-la do que as pessoas esperavam, por causa do estado dos indícios e do estado do texto. Fisher acreditava ser possível ter experiência da Palavra de Deus e fazer uso dela como uma medida dos textos apresentados na Bíblia.

Spinoza indicava o novo passo crucial que tomara na somatória de sua avaliação da Bíblia no capítulo XII do *Tratado teológico-político*. Ele ali dizia: "Os livros de ambos os Testamentos não foram escritos por mandato expresso e de uma vez por todas" (TTP XII.210 [202]). Hobbes, La Peyrère e Fisher, todos, concordariam, como também muitos estudiosos ortodoxos.[39] Ele prosseguia: "mas [foram escritos] por simples acaso, por

---

[38] Os primeiros Quakers se autocompreendiam como a Segunda Vinda, a segunda expressão do Espírito de Deus na terra. Ver, por exemplo, William Penn, *Visitation to the Jews*.

[39] Por exemplo, Edward Stillingfleet, Bispo de Worcester, depois de ler o *Tratado teológico-político* de Spinoza e *Critical History of the Old Testament* de Richard Simon, disse: "A questão não é se os Livros de Moisés foram escritos por ele mesmo ou por outros de acordo com suas indicações ou direcionamento. Não é se os Escritos de Moisés foram preservados livres de todos os erros literais ou variações de leituras em questões de menor consequência. [...] mas é uma questão de grande peso e momento, e da qual muitíssimo depende, se os Livros de Moisés contêm os escritos genuínos ou somente resumos e abreviações deles. [...] Pois então a certeza de nossa fé não pode depender da autoridade de Moisés ou dos profetas, mas da credibilidade daquelas pessoas que se apoderaram deles para soltar essas abreviações em vez de seus escritos originais" (notas de Stillingfleet para um sermão, 1682/3, publicado em Reedy 1985: 147).

certos e determinados homens, em conformidade com as exigências de seu tempo e sua própria maneira de ser" – novamente uma concepção sustentada por muitos.

Spinoza começou a mostrar originalidade quando em seguida afirmou que compreender a Escritura e a mente dos profetas não é de modo algum a mesma coisa que "compreender a mente de Deus, isto é, a verdade" (TTP XII.210 [202]). Entender a Escritura se tornou, então, um empreendimento estritamente histórico. Era preciso compreender que os livros do Antigo e do Novo Testamento foram selecionados por concílios de homens. "Ora, entre os participantes desses concílios (tanto dos fariseus como dos cristãos) não havia profetas, mas só peritos e doutores" (TTP XII.210 [203]). Spinoza desejava tornar público um sentimento Quaker, o de que esses peritos e doutores tomavam a Palavra de Deus como sua norma para fazer sua seleção. Daí que devem ter tido alguma ideia da Palavra de Deus antes de aprovarem os livros que entraram no cânone.

Contudo, e isso é fundamentalmente importante, "ficou assim demonstrado que a Escritura, em rigor, só pode chamar-se palavra de Deus na perspectiva da religião, isto é, da lei divina universal". O resto é histórico, e deve ser compreendido em termos de causas humanas – psicológicas, sociológicas, políticas, econômicas e assim por diante. Ao separar a Mensagem – a Palavra de Deus, a Lei Divina – das Escrituras históricas, Spinoza fez com que os próprios documentos ganhassem interesse em termos unicamente humanos, podendo ser explicados em termos unicamente humanos. Nisto ele divergia até do antiescrituralismo dos Quakers, que viviam e respiravam a Bíblia e falavam através dela. Eles não a consideravam como a Palavra de Deus, mas a Palavra para eles frequentemente se encontrava expressa nela. Para Spinoza, a voz da razão, a Palavra de Deus, se encontrava expressa nela somente na Lei Divina.

Visto de outro ângulo, Spinoza secularizou completamente a Bíblia como um documento histórico. Ele podia fazer isso porque tinha uma metafísica radicalmente diferente, mais radical do que mesmo a de seus contemporâneos mais radicais, uma metafísica para um mundo sem nenhuma dimensão sobrenatural. Mas o que ele disse como estudioso histórico (e ele realmente não era bem um estudioso histórico, comparado a alguns de seus contemporâneos)[40] não implica ou prova sua atitude naturalista. O que ele disse como estudioso histórico foi interpretado em termos de sua atitude histórica, e se tornou a nova maneira *Esclarecida* de ver o mundo religioso como uma criação humana. Seu sucessor imediato, Padre Richard Simon, disse que concordava com o método de Spinoza, mas não com suas conclusões. Padre Simon usava pesquisas históricas excessivas para tentar chegar ao Ur-texto, além de ter divulgado a indústria hoje conhecida como Alta Crítica (e talvez tenham sido os detalhes históricos e filológicos de Simon que tornaram as alegações de Spinoza plausíveis à época). Seus praticantes defendem que ainda estão em certo sobrenaturalismo,[41] procurando pela Mensagem de Deus aos homens em trapos dos Manuscritos do Mar Morto e em textos Gnósticos. Spinoza estava disposto a afirmar de maneira nua e crua que as escrituras históricas eram as mensagens de alguns homens ao homem. E as mensagens que valiam a pena seriam aquelas decorrentes de raciocínio livre e sem preconceitos. Esse secularismo racional baseado numa metafísica naturalista é reforçado pela análise histórica dos escritos religiosos, em vez de baseado neles. E é essa nova metafísica (ou naturalismo grego redivivo) que constitui a grande contribuição de Spinoza, para bem ou para mal, à feitura da mente moderna. É possível perguntar, como faço, por que ela era tão aceitável a um mundo de pensadores educados para levarem o sobrenaturalismo a sério. Mas essa é outra longa, muito longa história.[42]

---

[40] Spinoza não citou nenhum dos comentários básicos de estudiosos cristãos que eram lidos por quase todo o mundo na república das letras. Em sua biblioteca, ele tinha gramáticas e dicionários escritos por hebraístas cristãos, mas não tinha suas exposições ou explicações da Escritura. O primeiro a escrever uma resposta ao *Tratado teológico-político*, Regneri a Mansvelt (Mansvelt 1674; escrito por volta de 1672), lista muitos especialistas que trabalharam diligente e cuidadosamente sobre os problemas do texto hebraico, mas que não são mencionados por Spinoza – Drusius, Buxtorf, Fagius, Bochart, Coccocieus, Capell, Selden, Munster, Hottinger e Scaliger.
[41] Considere-se Bultmann, por exemplo, sobre o que restará da mensagem quando todos os aspectos do texto tiverem sido desmitologizados.
[42] Uma versão deste artigo também foi publicada em Force, James e R.H. Popkin, Eds., *The Books of Nature and Scripture* (Dordrecht: Kluwer, 1994).

10 Recepção e influência de Spinoza

Pierre-François Moreau

Investigar o "spinozismo" nos ensina no mínimo tanto sobre as interpretações de Spinoza por outros movimentos – tanto aqueles que o aprovam quanto (os mais frequentes) os que se opõem a ele – quanto sobre o próprio pensamento de Spinoza. Mais do que outras filosofias, a de Spinoza tem sido vista como um espelho para as grandes correntes de pensamento, um espelho em que suas imagens distorcidas podem ser vistas. Sua primeira recepção aconteceu em meio à polêmica; as modalidades de sua influência sempre sofreram disso, de modo que, em cada período, a recuperação da situação exata do spinozismo de debaixo da acumulação de abusos e mal-entendidos é um instrumento intelectual efetivo para se analisar a disposição de forças dentro do domínio das ideias, suas ideias dominantes e dominadas, e a batalha que travam umas com as outras. Dessa maneira, podem-se entender o calvinismo, o cartesianismo, o Iluminismo e outros movimentos, olhar para suas reflexões e ver suas contradições reveladas ali.

O século XVII

Durante um século e meio depois de sua vida, a primeira imagem assumida por Spinoza foi a de ateu e ímpio. Leo Bäck (1895), P. Vernière (1954) e W. Schröder (1987) estudaram a formação dessa imagem. Por muitos anos, Spinoza foi debatido principalmente por causa de sua reputação; chegou-se mesmo a afirmar que ele só devia ser lido com essa intenção.[1] Alternativamente,

---
[1] "É do direito natural não ler esses livros, a menos que se deseje refutá-los e se tenha talento o bastante para tal", Arnauld, citado em Vernière 1954: I, 116.

se ele despertava algum interesse positivo, era com pensadores que já olhavam para a religião oficial com um olho crítico. Contudo, tanto os ortodoxos quanto os libertinos coincidiam em concebê-lo como ateu ou ímpio.

A crítica do Tratado teológico-político

A publicação do *Tratado teológico-político* em 1670 teve o efeito de um relâmpago. O primeiro ataque público veio do professor de Leibniz, Thomasius, e logo todo um conjunto de clérigos e pessoas ligadas à universidade – alemães, holandeses e até huguenotes franceses que se refugiaram nas Províncias Unidas – denunciaram a obra. Mas não foi a primeira vez que as certezas oficiais sobre a Bíblia eram questionadas: Lorenzo Valla, Erasmo e os exegetas protestantes da escola de Saumur submeteram o texto sagrado à crítica filológica. Não foi nem a primeira vez que essa crítica aparecia combinada com teses política: Thomas Hobbes já o fizera na terceira parte do *Leviatã*. Mas talvez fosse a primeira vez que isso era feito de maneira tão radical. A crítica da superstição e dos milagres ficou mais coerente, e a relação entre profecia e imaginação fundamentou o conjunto numa antropologia rigorosa. A dimensão polêmica da maioria das respostas nasceu disso.

O que o *Tratado teológico-político* tinha que causou essa impressão? Por um lado, havia uma defesa da liberdade de consciência, ou seja, do direito alegado de se escolher a própria religião (entenda-se: o direito de não se ter religião alguma), que os críticos afirmavam levar à anarquia – principalmente se acrescentada a isso a relatividade de bem e mal (que encontramos sistematizada na quarta parte da *Ética*). Por outro lado, havia a crítica da Bíblia – e particularmente a demonstração de que o Pentateuco não provinha de Moisés (o que, contudo, só ocupa um capítulo do *Tratado teológico-político*) e do caráter tardio dos pontos vocálicos do hebraico – o que perturbou a exegese tradicional e desatou o furor dos apologetas. Por quê? Porque a era de Spinoza fundamenta a autoridade dos textos sagrados com sua autenticidade; recusar a eles seus autores tradicionais significa romper a continuidade da revelação e, portanto, retirar das Escrituras sua alegação de legitimidade.

Além disso, com os protestantes, que estavam entre os primeiros críticos e eram os mais numerosos, a constância do texto bíblico é uma das condições do princípio da *"Scriptura sola"*, sobre o qual eles apoiam suas igrejas. Mas temos de ir além para entender sua dificuldade. Os próprios calvinistas desenvolveram uma leitura da Bíblia que era a mais crítica no tocante à idolatria e à superstição; insistindo na imutabilidade das leis da natureza, Spinoza parece usar o argumento deles para empurrá-lo além do aceitável. Eles insistiam na continuidade dos dois Testamentos, até o ponto de às vezes fazer do Estado Hebreu um modelo para se pensar a política; Spinoza pressupõe essa continuidade, mas a leva ao ponto de recusar a divindade de Cristo e, simetricamente, qualquer validade atual das leis de Moisés para o Estado.

A crítica de Spinoza que escritores como Richard Simon (Simon 1687) ou Jean Le Clerc faziam relaciona-se com questões de método. Embora Spinoza se contente em notar a alteração dos textos sagrados depois de sua determinação, Simon, por sua parte, empreende a história de recepção subsequente para garantir sua autenticidade, usando métodos mais complexos do que os da exegese tradicional. Por outro lado, quanto ao que concerne a primeira *constituição* do texto (que é o objeto principal de Spinoza), ele a salva ao custo mínimo com uma teoria dos "escribas inspirados", que preserva a tese clássica da inspiração, embora a corrija nos pontos em que ela se tornara insustentável. Todavia, a vitória de Spinoza pode ser medida pelo fato de que Bossuet, em seu *Discours sur l'Histoire Universelle*, embora não cite explicitamente o nome de Spinoza, ser forçado a admitir a existência de distorções no texto bíblico (para negar sua importância). Assim, mesmo a ortodoxia é forçada a registrar seu retratamento em pontos específicos em que a autoridade e a legitimidade dos textos se articula.

A unidade de substância

O segundo grande tema controverso diz respeito à metafísica, notadamente, à unidade de substância e determinismo. Ele pode ser ilustrado por duas figuras: Bayle e Leibniz. Pierre Bayle dedicou um artigo do

Dictionnaire Historique et Critique (Bayle 1697) a Spinoza; e muitos leitores chegaram ao spinozismo por meio do resumo dado por Bayle, que é mais acessível do que a *Opera Posthuma*. Ele faz ali um *éloge* da vida de Spinoza, que, para ele, é o modelo do ateu virtuoso (sabe-se que para Bayle – levando um tema calvinista ao extremo – o ateísmo não é mais perigoso do que a idolatria). Mas ele faz uma caricatura da teoria ao não distinguir entre *natura naturans* (natureza naturante) e *natura naturata* (natureza naturada) e ao tratar da relação dos modos para com a substância como uma identidade mecânica. O spinozismo aparece, assim, como uma gigantesca fusão de Deus e do mundo, o que torna as contradições do mundo, portanto, incompreensíveis. Aqui, no entanto, o limite de aceitabilidade é dado pelo calvinismo particular de Bayle: o pensamento da substância única suprime a transcendência e mostra as contradições de uma razão entregue a seus próprios excessos sem o impedimento do dogma. Logicamente, esse papel paradigmático deveria exceder o quadro de toda época particular e se manifestar toda vez que a Razão parecer agir por si mesma; e, de fato, Bayle descobre uma espécie de pan-spinozismo – pronto para novamente se levantar à beira de cada controvérsia – nos pré-socráticos, nos orientais e nos averroístas. Essa transformação da filosofia de Spinoza numa categoria conceitual trans-histórica fará escola: nós a redescobriremos com Hegel e com Victor Cousin.

Quanto a Leibniz, ele foi seduzido pelo filósofo de Haia; manteve correspondência com ele, encontrou-o, tentou saber mais dele pelo intermédio de Tschirnhaus, seu amigo comum. Mas isso não o impediu de denunciar Spinoza toda vez que lhe foi útil fazê-lo – notadamente em sua polêmica contra os cartesianos, na qual ele expôs as raízes do spinozismo no cartesianismo. Mas o essencial de sua metafísica parece às vezes sair completamente de um diálogo com a *Ética* ou, de maneira mais precisa, de uma disposição de replicar de maneira diferente às questões que Spinoza adota da filosofia de Descartes. A mônada parece verdadeiramente herdar a espontaneidade da substância única a multiplicando; a teoria da harmonia preestabelecida busca resolver a dificuldade do cartesianismo (a saber, a relação entre mente e corpo) à qual Spinoza respondia com seu "paralelismo" entre pensamento e extensão. Quanto à teoria da determinação na *Teodiceia*, ela parece aproveitar-se da ideia de lei da natureza para dar um papel ao determinismo sem aceitar a regra universal de uma necessidade concebida restritamente.[2]

Os círculos spinozianos

Mas Spinoza não tinha só detratores. Também havia alguns círculos spinozianos, inicialmente aqueles de seus amigos íntimos durante sua vida. Seus membros podem ser reduzidos a dois tipos: (1) doutos como Tschirnhaus, cuja *Medicina Mentis* (Tschirnhaus 1686; traduzido para o francês como *Médecine de l'esprit*, Tschirnhaus 1980) é em muitos aspectos uma síntese das doutrinas do *Tratado sobre a emenda do intelecto*, com metodologias cartesianas e leibnizianas; e (2) cristãos da segunda Reforma, como Meyer e Balling, e mais tarde Van Hattem e Leenhof. A existência desses círculos spinozianos é bem constatada por dois *romans à clef*, *A vida de Philopater* e *A continuação da vida de Philopater* (Duijkerius 1991), que ilustram as discussões teóricas na atmosfera intelectual holandesa no final do século XVII. O herói (assim como autor) passa de calvinista ortodoxo a convencido pelo spinozismo em meio aos debates com vossianos, coccocianos e cartesianos. O editor do livro foi preso. Não é acidental que, no país mais tolerante do século XVII, duas das raras condenações relativas a assuntos intelectuais – resultantes em detenção – tivessem sido contra spinozianos.[3]

Tudo isso mostra que uma pessoa não se tornava spinoziana por acaso; frequentemente o spinozismo era o resultado do abandono de certos fundamentos cartesianos heterodoxos. Disso nasce o cuidado tomado por certos círculos cartesianos em refutar o spinozismo, separando-se dele;[4] disso também nasce a refutação dessas refutações, que vêm de áreas ortodoxas,

---

[2] "Estamos sempre mais inclinados e consequentemente mais determinados para um lado do que para outro, mas nunca estamos necessitados à escolha que fazemos" (*Teodiceia* II, seção 132).
[3] A outra foi a de Adriaan Koerbagh, discutida em maior extensão no primeiro capítulo deste volume.
[4] É o caso, por exemplo, de Wittichius.

para mostrar que as refutações cartesianas são insuficientes e dificilmente melhores do que proselitismo mascarado. Assim, surge uma polêmica cujo objetivo é revelar se Descartes é *architectus* ou *eversor spinozismi* (arquiteto ou destruidor do spinozismo). Em suma, a recepção do spinozismo aqui é simultaneamente um testemunho e um elemento da desintegração da filosofia determinante do século – o cartesianismo – e, em alguns países protestantes, de suas relações com o calvinismo. De fato, nos Países Baixos e em certas universidades alemãs, a teologia da Reforma rapidamente adotou uma "escolástica cartesiana". É essa aliança que os primeiros debates sobre o spinozismo dissolveram. Eles mostraram, de fato, que o primeiro esforço de justificar racionalmente a religião revelada por meio da metafísica do *ego cogito*, que estabelece a descoberta do Deus transcendente e da criação *ex nihilo*, colide de frente com os desenvolvimentos que Spinoza deu à razão cartesiana concebida como potência de pensamento:[5] a substância única, Deus imanente e o pensamento como um atributo de Deus, que excede a consciência humana.

O século XVIII

No início do século XVIII, era raro o conhecimento direto do pensamento de Spinoza. É claro, a *Opera Posthuma* e o *Tratado teológico-político* eram encontrados em muitas bibliotecas e alguns autores das refutações os conheciam e citavam; mas era mais frequente, conforme Paul Vernière mostrou em sua obra clássica, *Spinoza et la Pensée Française Avant la Révolution* (Vernière 1954), ideias spinozianas eram conhecidas indiretamente: pelo artigo de Pierre Bayle no *Dictionnaire Historique et Critique* (Bayle 1697; cf. Bayle 1984); pelos textos de Boulainvilliers; pela tradução francesa do *Tratado teológico-político* (*La Clef du Sanctuaire* [Spinoza] 1678); e finalmente, com frequência, por meio de refutações ou adaptações.

---

[5] Ver Schmidt-Biggeman 1992 e Scribano 1988.

Esse aspecto indireto diz respeito não somente ao conhecimento do spinozismo, mas também a sua compreensão e seu uso. As grandes teses do sistema spinozianos foram transformadas e usadas de maneiras muito diferentes. Se alguém lê os textos clandestinos ou os dos grandes autores do Iluminismo, não havia spinozianos (exceto os fantasmas convenientes para os apologetas); só havia pensadores que faziam uso de Spinoza. Naturalmente, eles poderiam fazer isso com mais ou menos criatividade, estilo e profundidade.

Panteísmo e cabalismo

Duas novas interpretações bastante promissoras nasceram no começo do século XVIII. Toland, que fora antes discípulo de Locke, inventou o termo "panteísmo" (em seu *Socianism Truly Stated*, de 1705) para se referir a uma doutrina em que Deus é identificado com o todo da natureza. De acordo com ele, esse era o pensamento tanto de Moisés como de Spinoza, e é a verdadeira base comum de todas as religiões reveladas. Daí em diante, a teoria spinoziana era frequentemente chamada de "panteísmo", e com mais frequência vista (*contra* Toland) como evidência de hipocrisia: Deus é colocado em todos os lugares e assim ele não está em lugar algum.

Quanto a Wachter, ele lê o spinozismo no contexto do cabalismo, condenando ambas as teorias com a acusação de deificarem o mundo (Wachter 1699).[6] Assim, ele mostra uma maneira de ligar Spinoza à tradição judaica – maneira essa mais séria do que os abusos antissemitas espalhados na polêmica (*judaeus et atheista*) e mais original do que a comparação clássica com Maimônides. Essa ideia contraria o fato de que, na única ocasião em que Spinoza menciona a cabala, ele o faz em termos um tanto desdenhosos. Mas isso não invalida a ideia de Wachter. É importante lembrar que na herança da cultura judaica de Amsterdã, não

---

[6] Wachter 1706 tem uma inclinação mais favorável para Spinoza.

se acha apenas as diferentes versões de aristotelismo medieval. Veremos essa leitura reaparecer novamente quase dois séculos mais tarde, quando Victor Cousin usará os materiais postos a sua disposição por Franck e Munk. Ela reaparecerá em intervalos regulares, sem jamais encontrar os intérpretes analíticos que merece.

A literatura clandestina militante

Na primeira metade do século XVIII, começou a aparecer toda uma literatura dirigida contra a religião revelada e às vezes contra toda e qualquer religião. Essa tendência, muitas vezes presente nos textos propagados clandestinamente, é bem exemplificada pelo *Traité des Trois Imposteurs* (Charles-Daubert 1994). Nessa obra, a ideia clássica de que as três grandes religiões monoteístas são de fato o produto de três impostores políticos aparecia articulada com numerosos empréstimos dos textos de Spinoza, judiciosamente editados para acentuar seu espírito anticristão. Outro exemplo é a *Lettre de Thrasybule à Leucipe*, atribuída a Nicolas Fréret (Fréret 1986, uma edição notável), texto clássico de literatura clandestina, composto sem dúvida por volta de 1722. Este último é mais interessante para a história da recepção do spinozismo, já que o spinozismo é mais difuso nele, e, assim, dá melhor testemunho de uma presença separada da influência direta do sistema. O autor da carta supostamente escreve, na época do Império Romano, a um amigo que está se convertendo. Ele lhe explica as várias religiões e seus rituais, em que se parecem mutuamente e por que se desviam da verdadeira compreensão da natureza e de nós mesmos. Descobrimos grandes temas spinozianos ali:

– Luta contra a superstição:
Elas variam infinitamente, não concordam em nada, acusam umas às outras de erro e nada mais fazem do que acumular absurdos sobre absurdos, quando tentam iluminar ou mesmo desenvolver as ideias que alegam ter [...]. As pessoas envolvidas com esse tipo de delírio vão além [...], elas desejam forçar outras pessoas a ver

esses objetos não existentes e coagem-nas a se conformarem a sua própria conduta e a seguirem os exemplos que elas dão (Fréret 1986: 252-253).

O importante aqui não é a acusação de absurdo e de perseguição feita contra as religiões (ao menos em sua forma extrema) – esse é um tema comum a toda essa literatura. Antes, o que é mais notável é a indicação da obra de variação ideológica como fator essencial ao delírio religioso e como a raiz da fúria teológica, além de sua explicação da violência pelo desejo de que os outros se conformem a si próprio. Estamos aqui mais próximos do Prefácio do *Tratado teológico-político* do que de outras fontes. Contudo, Spinoza desenvolve esse tema como uma aplicação de uma lei universal da natureza humana: a tendência de todos (inclusive do filósofo) de querer que os outros vivam de acordo com sua própria mente (*ingenium*);[7] essa universalização não aparece na *Carta*.

> – Leitura crítica da Bíblia:
> (Os cristãos) dizem que o autor de sua seita não foi um homem comum, que ele era o próprio Deus incorporado, e que, embora tenha perdido sua vida dolorosamente, eles não se incomodam com isso mais do que os egípcios se incomodam com a morte cruel de Osíris; eles afirmam assegurar a honra de sua divindade por não sei quantos milagres feitos por ele, que, de acordo com os cristãos, conforme alegam, foram testemunhados por seus seguidores, muito embora sejam os únicos que falem desses milagres.

Temos de notar que Fréret formula uma regra de compreensão do Antigo Testamento que parece diretamente emprestada das precauções metodológicas de Spinoza: "é somente a Deus que todos os acontecimentos devem ser referidos, sem dar atenção a causas próximas ou sensíveis ou aos meios corporais usados por ele" (Fréret 1986: 274-275).

---

[7] Ver Moreau 1994.

– Comparação das religiões:

Eis, meu caro Leucipo, todas as seitas religiosas essencialmente diferentes que conhecemos entre eles. Todas as outras são somente modificações, no mais das vezes formadas pela conjunção de diversas opiniões tiradas de sistemas opostos (Fréret 1986: 281).

Esse mesmo tema também é aplicado aos meios pelos quais as religiões conquistam e preservam seus adeptos:

Já te disse várias vezes: todas essas religiões usam provas do mesmo tipo para demonstrar a verdade do que está nelas contido. Vejo idêntica persuasão em todos os lados, idêntico zelo, idêntica devoção pelos dogmas, cuja verdade única se diz estar pronta para ser selada com o sangue das pessoas. (Fréret 1986: 316).

De onde vêm essas análises? Em parte de Spinoza, em parte de Hobbes e, por fim, em parte da tradição de *libertinage érudit*, cuja erudição é ampliada aqui pelo desenvolvimento da ciência real de Fréret de religião comparada. Pode-se detectar aqui a diferença com relação à *libertinage érudit* do século XVII, que se baseava na repetição, em círculo fechado, de certo número de observações emprestadas dos antigos ou do repertório de descobertas da Renascença. Aqui, ao contrário, a comparação é sustentada e suplementada pelo processo real de constituição de uma disciplina, pela influência das contribuições de um crescente orientalismo. Sem dúvida, é por ter recebido uma parte da herança do *Tratado teológico-político* por meio dessa disciplina que Fréret é capaz de permanecer acima do nível de simples polêmica antibíblica, como muitos dos manuscritos clandestinos não conseguem.

Temos agora de tratar das linhas de demarcação entre as duas problemáticas. Fréret toma certas características psicológicas que sustentam a prática religiosa, mas elas não são tematizadas; a teoria do comportamento humano na *Ética*, partes 3 e 4, que subjaz o *Tratado teológico-político* e que o *Tratado* sem dúvida transformou (acentuando a teoria do indivíduo) decididamente não aparece em Fréret. Ela foi substituída por uma teoria do conhecimento que deve muito a Locke, ligada a uma teoria do prazer.

Em Spinoza, por outro lado, a antropologia do *Tratado teológico-político* é extremamente complexa e pressupõe uma teoria da imaginação, das paixões e da identidade individual, que quase sempre passa despercebida pelos autores da literatura clandestina. Além disso, há em Fréret uma característica que contradiz abertamente Spinoza: o ataque à efetividade do Estado hebreu. Fréret considera que, de fato, quanto mais os hebreus forem fiéis à Lei, mais seu destino os esmaga. "De acordo com as promessas positivas de seu Deus, eles serão felizes e florescerão enquanto forem fiéis a sua lei. Nunca mais foram assim desde seu retorno da Babilônia; e nunca foram mais infelizes" (Fréret 1986: 311). Diferentemente, Spinoza considera que o Estado hebreu era bem constituído (exceto pela instituição do sacerdócio dos levitas, mas isso demorou a ser sentido) e que ele trouxera a paz e a prosperidade aos hebreus por muitos séculos.

Em suma, a *Lettre* de Fréret se resume a uma política anteteológica da qual a antropologia de Spinoza fica de fora, e na qual, além disso, a primeira parte da *Ética* pouco é citada. Poderíamos caracterizar essa leitura como típica de uma atitude militante para a qual o *Tratado teológico-político* aparece antes como um reservatório de argumentos antissupersticiosos, uma leitura que abandona a teoria da substância spinoziana em nome de uma polêmica contra a ortodoxia.

Todos esses textos, o *Traité des Trois Imposteurs*, *Lettre de Thrasybule* e ainda muitos outros, clandestinos ou publicados, são representativos de um spinozismo anônimo (mesmo quando acontece de sabermos o nome do autor). Eles exemplificam uma concepção de escrita segundo a qual não é a força sistemática que conta, mas, antes, a força repetitiva e (paradoxalmente) a multiplicidade de argumentos justapostos. Há verdadeiramente uma coerência nesses textos, mas se trata de uma coerência de intensidade, de atmosfera argumentativa, e não uma coerência conceitual ligada à articulação dos argumentos. Portanto, os autores desses textos sem autor bebem em todas as fontes que encontram: em Spinoza, mas também em Hobbes, no ceticismo antigo, mas também em Gassendi. Em outras palavras, estamos lidando com uma estética de compilação, e mesmo com uma política de compilação. É claro, ainda há lugar para a originalidade de um escritor individual; ela não se encontra na invenção, mas em sua forma própria obtida pelo uso de certa entonação e na escolha das fontes. Dois golpes com o mesmo formão em posições diferentes não produzem o mesmo resultado. O *Traité des trois imposteurs* tem inclinações revolucionárias; a *Lettre de Thrasybule* se parece mais com um ajuste baseado na ciência em crescimento de religiões comparadas. Há tantos spinozismos (ou dimensões spinozianas em textos compostos) quanto diferentes escritores desses textos. Mas todos esses spinozismos têm um ar familiar, que nasce do fato de que são produzidos pela mistura quase dos mesmos ingredientes.

Neospinozismo

O século XVII não foi um grande século para as ciências da vida. É claro, importantes descobertas foram feitas nele, como a de Harvey, sobre a circulação do sangue; mas essa descoberta foi muito facilmente interpretada em termos mecanicistas para possibilitar por si só o desenvolvimento de uma consciência sobre os movimentos vitais. Ao contrário, a ênfase cartesiana na forma e no movimento produziriam uma vontade de reduzir todos os fenômenos da vida aos da extensão. Mesmo que o iatromecanismo não estivesse sozinho no *front* da cena intelectual, descobertas nas ciências da vida não tinham nenhuma influência direta sobre a interpretação do cartesianismo.

Diferentemente, uma nova versão da herança spinoziana foi desenvolvida principalmente na segunda metade do século XVIII. Essa nova versão reconferiu significado à teoria da substância única ligando-a a novos desenvolvimentos nas ciências da natureza.[8] A evolução de Diderot pode dar um bom exemplo.

(I) Diderot começa confrontando o spinozismo com o deísmo e o ateísmo; ele então já está interessado em ir além dos usos puramente militantes de Spinoza. Em *La promenade du sceptique* (1747), ele constrói um diálogo

---

[8] Aqui seguimos essencialmente as conclusões de Vernière (Vernière 1954: 555-611).

entre um spinoziano e representantes de diferentes posições filosóficas; esse spinoziano parece triunfar no fim, ensinando uma síntese de determinismo e onipotência divina. Ele declara:

> O ser pensante, de acordo com ele [isto é, o deísta], não é um modo de ser corpóreo. De acordo comigo, não há por que acreditar que o ser corporal é um efeito do ser pensante. Portanto, segue-se de sua admissão e de meu argumento que o ser pensante e o ser corpóreo são eternos, que essas duas substâncias constituem o universo e que o universo é Deus.

Ele aí avança uma crítica do deísta que lhe diria: "você deifica as borboletas, os insetos, as moscas, gotas de água e todas as moléculas da matéria" ao afirmar que o que conta é o lado que se toma, em vez do conteúdo das proposições; "não deifico nada, eu responderia a ele. Se você me entende um pouco, verá que, ao contrário, eu trabalho duro para banir do mundo a presunção, as mentiras e os deuses" (Diderot 1747: I, 233-234). Essa é uma maneira de dizer que o interesse do spinozismo está em a teoria afirmar certo número de proposições, mais do que em instaurar uma dinâmica de batalha.

(II) Por outro lado, este é um conjunto de proposições que Diderot critica na *Encyclopédie* (cerca de 1750-1765), quando faz uma exposição do sistema de Spinoza; essa exposição deve muito a Bayle e Brucker, e sem dúvida não pressupõe uma leitura direta dos trabalhos de Spinoza. Quanto à crítica, ela se parece como os muitos artigos filosóficos da *Encyclopédie*; ela implica uma retórica ortodoxa que não envolve completamente o juízo pessoal do autor.

(III) Finalmente, Diderot elabora uma metafísica da matéria sensível em que o "neospinozismo" é renovado pelas lições das ciências da natureza (em *Le Rêve de D'Alembert* e outros diálogos do fim da década de 1760). O argumento baseia-se em duas observações: o desenvolvimento do ovo e o crescimento do animal. "Há mais de uma substância no universo, no homem, nos animais" (*Entretien entre D'Alembert et Diderot*, Diderot 1747: II, 117); "há somente um indivíduo; ele é a totalidade" (*Le Rêve de D'Alembert*, Diderot 1747: II, 139). Essa substância única é a matéria, mas uma matéria dinâmica, viva, em fluxo perpétuo. Vemo-nos no âmbito das discussões sobre a necessidade da matéria para a vida, e da vida para o pensamento. Tal renovação do spinozismo por meio de uma concepção dinâmica da matéria e a rejeição do mecanismo do atributo da extensão, considerado como cartesianismo exagerado, já podem ser encontras nas *Letters to Serena* de Toland. É possível encontrar exemplos assim em La Mettrie, e ideias semelhantes, de outras linhas, em Maupertuis ou no *Telliamed* de Benoit de Maillet. Trata-se verdadeiramente de uma característica do período.

Em suma, essa evolução atesta um desejo de deixar o spinozismo romper a classificação especificamente antirreligiosa, na qual toda uma corrente do Iluminismo queria mantê-lo e à qual desejava reduzi-lo. Essa evolução dá testemunho de um esforço de conceber seu cerne metafísico como uma metafísica da potência e do devir. A letra do texto e sua estrutura matemática devem ser abandonadas para que seu determinismo seja renovado por outro modelo, o da biologia.

A querela do panteísmo ("Pantheismusstreit")

O spinozismo foi introduzido muito cedo na Alemanha, por se misturar com o atomismo e o socianismo. Não era muito lido por si mesmo; era mais usado como um dos elementos na construção de teses heterodoxas segundo as quais Deus era identificado com um mundo constituído, em outros aspectos, por partículas eternas. Isso é o que se encontra em Stosch e Lau.[9] Vemos nessa recepção como uma filosofia pode perder sua coerência sistemática para se tornar simplesmente uma força da heterodoxia. Ela não necessariamente perde sua força em outros aspectos. Mas ela perde alguns

---

[9] Citemos, por exemplo, algumas das frases de Theodor Ludwig Lau, tiradas de Lau 1992: "*Deus Natura naturans: ego natura naturata... Materia simplex: ego materia modificata. Oceanus: ego fluvius. Aqua: ego gutta...*" (I,4); "*Est totum navis: Deusnauclerus. Currus: Deus auriga. Horologium Deus aequilibrium inquies. Machina: Deus rota. Automaton: Deus loco-motiva*" (II,17).

dos aspectos em que seu autor poderia reconhecer-se nela. Assim, os materialistas alemães têm em comum com seus adversários ortodoxos o fato de terem perdido de vista que o pensamento spinozista é antes de tudo uma meditação sobre Deus. Isso não é muito problemático para aquela parte do século XVIII que percebia o spinozismo somente segundo características muito fracas ou convencionais, pensando, no todo, mais em atacá-lo ou defendê-lo do que em renová-lo. Além disso, Edelmann introduzira a leitura spinozista da Bíblia no âmbito da teologia, radicalizando seus resultados ainda mais (Edelmann 1756) e dando início a uma série de perseguições contra ele.

Mas o conflito sobre o spinozismo não se reduz à interpretação bíblica, já que o desenvolvimento da ciência bíblica na Alemanha durante a segunda metade do século produziu outras teses perfeita e diferentemente heterodoxas.[10] A *Pantheismusstreit* (a "querela do panteísmo") surgiu logo depois da morte de Lessing, seguindo as crenças dele. Ele defendia a tolerância e publicara os *Fragmentos* de Reimarus; com Mendelssohn, representava o mais alto ponto do Iluminismo, ou seja, a crítica da tradição, cuidadoso, contudo, em justificar a religião revelada purgando-a das superstições, tornando-a tolerante e dando a ela um lugar no sistema da Razão – um programa que causaria desgosto ao mais zeloso ortodoxo, mas que congregou muitos crentes esclarecidos. Ora, Jacobi publicou uma obra (Jacobi 1785) em que revelava que Lessing lhe contara que era um spinoziano, querendo dizer com "spinozismo" a teoria da unidade de princípio do mundo, acima de todas as suas modificações e contra toda teologia da revelação. Mendelssohn se indignou e defendeu a memória de seu amigo contra essa reprovação; outros responderam. Quase todo mundo que importava no mundo intelectual entrou na querela, relendo Spinoza, reavaliando suas teorias e questionando o

---

[10] Contudo, temos de mencionar que a ciência do Antigo Testamento difere em abordagem daquela do *Tratado teológico-político*; ela tende, seguindo o francês Astruc, a dissecar cada livro sagrado para recuperar nele uma pluralidade de documentos; Spinoza, por outro lado, preservava a unidade desses livros e raciocinava sobre ele como sobre uma totalidade.

simples conceito de Iluminismo. De fato, o conflito terminou o Iluminismo, fazendo aparecer suas contradições da mesma maneira que, um século antes, outro conflito causara a aparição das contradições do cartesianismo. Ao mesmo tempo, Jacobi anunciou que o spinozismo não poderia ser refutado pela razão – do que surgiu a necessidade de um "*salto mortale*" para superá-lo. Isso legitimou o spinozismo na metafísica para aqueles que queriam estabelecer um pensamento filosófico independente. Daí em diante, Spinoza não mais apareceria como um perigo para a revelação por causa de sua impiedade, mas, antes, por ser potencialmente o portador de uma doutrina rival da Divindade, que atribuía tanto a filosofia quanto a religião ao Espírito (*Mind*). Essa seria precisamente a concepção do romantismo e, depois, dos grandes sistemas do idealismo alemão. Os tempos já amadureceram para Spinoza mudar sua aparência daí para frente.

Direito e política

Mas, antes, temos de mencionar outra importante parte da herança spinozista: sua concepção de direito natural e do Estado. Foi notado que Rousseau (que dificilmente se refere a Spinoza) tem em comum com Spinoza uma concepção da alienação total do indivíduo, articulada com a intenção de estabelecer uma liberdade dos cidadãos a despeito disso.[11] Durante a Revolução Francesa, o abade Sieyès construiu um equilíbrio de forças que parece vir diretamente do *Tratado político*.[12] Precisamos ressaltar esses desenvolvimentos, pois ao começar com o século XIX a teoria política de Spinoza recebe cada vez menos interesse, até que essa tendência é revertida e sua teoria política começa a se tornar centralmente interessante nos últimos vinte anos.[13]

---

[11] Ver Eckstein 1944 e Vernière 1954: 475-94.
[12] Ver Pariset 1906 e Vernière 1954: 684-7
[13] Uma exceção é a tradição historiográfica italiana, que sempre atribuiu bastante importância à política de Spinoza, e principalmente aos problemas das relações entre as teorias de Hobbes e Spinoza.

O século XIX

Idealismo alemão

Os românticos extraíram uma nova leitura de Spinoza da *Pantheismusstreit*, da qual desaparecia a figura do ateu para dar lugar a seu oposto: um "homem intoxicado de Deus" (Novalis). Ao mesmo tempo, trouxeram o *amor intellectualis Dei* (amor intelectual de Deus) para mais perto do *logos* do Evangelho de João. De sua parte, Goethe definia Spinoza como *christianissimus*. Daí em diante, estamos longe dos abusos da ortodoxia e dos argumentos anticristãos dos libertinos, o spinozismo ganhou respeitabilidade metafísica. Hegel articulou a escolha imposta a qualquer filósofo assim: ou o spinozismo ou absolutamente nenhuma filosofia. Isso não significa que devemos permanecer dentro do spinozismo. Antes, ele é um ponto de partida necessário, para Hegel, por causa de sua afirmação da Substância; mas reserva-se à dialética conceber essa Substância como Sujeito, ou seja, como automovente, enquanto em Spinoza ela alegadamente permanece inerte, vazia e tautológica. Eis por que, em vez de acusá-lo de ateísmo, ele deve segundo Hegel ser acusado de acosmismo, já que não dá nenhuma maneira de justificar a existência real e múltipla do mundo depois de situar seu ponto de partida. Hegel compreende os atributos como pontos de vista acerca da substância e indica como corrigir a inércia spinoziana, concebendo a extensão a partir do pensamento, ou seja, introduzindo o movimento da Mente no exercício. Em outras palavras, é a definição de sua própria filosofia e o desnudamento de suas raízes que Hegel torna manifesto em sua apreciação crítica do spinozismo.[14]

---

[14] Ver Macherey 1979.

Ecletismo e positivismo na França

Durante o período de 1815-1848 que marcou o apogeu, sob vários regimes, da dominação burguesa das "classes médias", havia uma batalha em duas frentes: de um lado, os reacionários legitimistas, apoiados pela aristocracia e pelo clero, e, de outro, a pequena burguesia e o proletariado, com quem as ideias democráticas e socialistas estavam sendo debatidas. No plano filosófico, Victor Cousin, mestre da escola eclética e da instituição da universidade, representava a si mesmo um campo de batalha com três elementos: o *tradicionalismo político*, que rejeitava indistintamente como ímpios tanto o liberalismo moderado quando as tendências extremistas; a *tradição sensualista*, ainda viva em círculos democráticos, que encontrava alguma nova sustentação com os físicos; e, por fim, o *meio propriamente*, representado pelo próprio Cousin. Inicialmente, ele usou Hegel e Spinoza; criticado como panteísta pela direita, ele abandonou essas referências incômodas para usar Descartes, o "primeiro psicólogo francês", e estabelecer a metafísica sobre a análise da consciência. Qual então é o lugar de Spinoza nessa configuração? Cousin e seus seguidores acusavam-no de ter esmagado o cartesianismo por desconsiderar os ensinamentos da consciência e da experiência, deixando-se ser levado pelo espírito da matemática a ponto de aceitar a necessidade absoluta. Spinoza entrara, portanto, no panteísmo – ou antes em uma das duas formas de panteísmo, aquela que absorve o mundo em Deus e não o contrário (vê-se que a lição de Hegel foi bem entendida); ele não pode, portanto, ser classificado junto com os materialistas, mas, antes, como um tipo de desvio místico do cartesianismo (análogo aos Munis hindus e aos Sufis persas). Dessa maneira, a escola de Cousin fabricou alguns estereótipos que durariam por muito tempo nas universidades francesas e nas universidades influenciadas por elas. Contudo, isso não a impediu de produzir algumas respeitáveis ferramentas de pesquisa.[15]

---

[15] A primeira tradução francesa completa de Spinoza foi feita por Emile Saisset, por exemplo.

Essa construção tornou-se objeto de dois tipos de ataque. Primeiro, um idealismo mais radical que o de Cousin atacava Descartes como se estivesse comprometido por causa de Spinoza (reconhece-se aqui a tática de Leibniz; além do mais, o principal proponente dessa tese era Foucher de Careil, editor das obras ainda não editadas de Leibniz). Cousin se defendia, em seus últimos anos, tentando eliminar ainda mais o spinozismo de Descartes, como uma pessoa que se livra de um pesado fardo. Ele então passou a afirmar que o panteísmo chegou a Spinoza por via da tradição judaica, notadamente, pela cabala; daí em diante o spinozismo nada mais devia à ciência cartesiana, ainda que por ampliação.[16]

Veio então a crítica dos positivistas, que reprovavam os seguidores de Cousin com a alegação de que sua retórica era incapaz de explicar as leis reais do desenvolvimento da humanidade. Um bom exemplo poderia ser Taine, que se referia a Spinoza precisamente porque leu nele o determinismo que, até agora, havia tanto abjurado. Todas as nossas ações são determinadas por leis tão explicáveis quanto as que governam os objetos da natureza. La Fontaine e Tito Lívio podem ser explicados, assim como as paixões de um homem e o temperamento de um povo, segundo o modelo das Partes 3 e 4 da *Ética*. Nos escritos de Taine, Spinoza aparecia assim como o precursor da versão mais objetivista das ciências sociais.

Schopenhauer e Nietzsche

Schopenhauer era muito crítico com o pensamento de Spinoza. Ele o reprovava por ter identificado "*causa*" com "*ratio*" e também por seu "otimismo metafísico". Contudo, Schopenhauer teve um papel importante na transformação da imagem do spinozismo ao propor uma nova versão do homem Spinoza. Este não é o lugar para resumir tudo o que Schopenhauer disse sobre Spinoza. No entanto, podemos notar, a despeito da divergência

---

[16] Temos de notar que essa nova interpretação não tinha unanimidade dentro de sua escola: Saisset, por exemplo, manteve as posições iniciais.

teórica, o tom hagiográfico da referência a Spinoza na conclusão de *Da vontade na natureza*: como o estoico Cleantes, Spinoza preferia a verdade às instituições, e precisava ganhar seu pão com o suor de seu rosto. Essa é uma maneira de opor a autenticidade da vida de Spinoza à não autenticidade da vida dos professores antischopenhauerianos: "Pois seguramente quem quer que procure essa beleza nua, essa sereia sedutora, essa noiva sem dote, deve renunciar à felicidade e querer ser ao mesmo tempo um filósofo do Estado e da universidade [...]. Melhor seria polir lentes como Spinoza ou cavar por água como Cleantes". Mas é em *O mundo como vontade e representação* que encontramos as páginas mais originais: Schopenhauer enfatiza o extraordinário caráter das primeiras páginas do *Tratado da emenda do intelecto*.[17] No fim da quarta parte dessa sua obra, Schopenhauer afirma que ele acredita que Spinoza mostrou pela primeira vez de maneira abstrata a essência da renúncia e da mortificação voluntária. Mas, ele acrescenta, essa essência já fora intuitivamente compreendida e expressa nas ações dos santos e ascéticos; quem quer que desejasse entendê-la completamente teria de compreendê-la por meio de exemplos derivados da experiência e da realidade (exemplos extremamente raros, ele especifica, citando a última frase da *Ética*).[18] Ele então se refere a alguns desses exemplos, e, dentre eles – entre Madame Guyon e as *Confissões de uma bela alma* inseridas no *Wilhelm Meister* – é a vida de Spinoza.[19] Mas, para entender essa biografia, devemos usar a introdução ao *Tratado da emenda do intelecto* como sua chave; ele recomenda o tratado como "o

---

[17] Por oposição ao que segue, em todo caso: "*in jenem herrlichen Eingang zu seiner ungenügenden Abhandlung*" (*Die Welt asl Wille und Vorstellung* I.IV.68, em Schopenhauer 1960: I, 523 [488]). N.T.: "sua excelente introdução ao deficiente ensaio *De Emendatione Intellectus*". Trad. Jair Barboza, *O Mundo como vontade e representação*, São Paulo: Editora UNESP, 2005.

[18] "Mas tudo o que é preciso é tão difícil como raro" (E 5p42s).

[19] "*Gewissermaßen konnte man als ein hierhergehöriges Beispiel sogar die bekannte französische Biographie Spinozas betrachen*" (*Die Welt alsWille und Vorstellung* I.IV.68, em Schopenhauer 1960: I, 523 [488]). De maneira semelhante, o texto de Goethe é mencionado somente com referência à vida que ele tomou como modelo, a de Susanna von Klettenberg, da qual ele fala diretamente em *Dichtung und Wahrheit*. N.T.: A tradução do trecho de Schopenhauer: "Poderíamos aqui incluir como um exemplo parecido, dando certo desconto, até mesmo a conhecida biografia de Spinoza".

intróito mais eficiente que conheço como calmante para a tempestade das paixões".[20] O começo do tratado é elogiado, proposto à meditação filosófica, e apresentado como "sublime", mas menos por suas virtudes sistemáticas do que por seu valor em se comunicar com um limiar de envolvimento com sofrimento. Schopenhauer inventa aqui, portanto, uma nova abordagem de Spinoza, que consiste em ler a intensidade do *Tratado da emenda do intelecto* à luz da autenticidade de seu autor.

Schopenhauer deu assim um ponto de partida para uma nova imagem na história da recepção de Spinoza: a do Spinoza como sofredor. As grandes explicações filosóficas e comentários sobre o *Tratado da emenda do intelecto* daí em diante se alinhariam a essa tese,[21] e todos eles, de uma maneira ou de outra, mesmo que não partilhassem da oposição schopenhaueriana ao restante do sistema, leriam novamente as primeiras páginas de acordo com a assim delimitada interpretação "apaixonada". Dessa forma, Freudenthal, depois de notar que o "*Tractatus de Intellectu Emendatione* não está entre as obras mais importantes de Spinoza" (porque quase tudo o que ele contém está também em outros lugares, às vezes de outra forma), acrescenta que o *Tratado* é uma das obras mais comoventes e que ele nos permite ter "uma visão profunda de sua alma e dos motivos de sua ação" (Freudenthal 1927: 96). Gebhardt escreve que "em nenhum outro lugar das obras de Spinoza encontramos tão imediatamente o filósofo em toda a sublimidade e pureza de seus sentimentos" (Gebhardt 1905: 54), e prossegue citando a fórmula de Schopenhauer. Estamos aqui verdadeiramente dentro de uma interpretação que comunica de maneira direta seu pensamento e seu enraizamento no que é mais íntimo e doloroso na vida, já que certa qualidade de vida e sua transcrição supostamente devem estabelecer a verdade do que é depois afirmado teoricamente e, ao mesmo tempo, falar à alma do leitor de maneira mais

---

[20] "*das wirksamste, mir bekannt gewordene Beseitigungsmittel des Sturms der Leidenschaften*" (*Die Welt als Wille und Vorstellung* I.IV.68, em Schopenhauer 1960: 1,523 [488-489]).
[21] A primeira obra dedicada completamente ao *Tratado da emenda do intelecto* foi Elbogen 1898, mas todos os grandes estudiosos de Spinoza do fim do século XIX e começo do século XX dedicaram um capítulo ao *Tratado*.

direta do que a geometria. Portanto, os historiógrafos continuarão na direção que faz do prólogo um testemunho imediato e autêntico do sofrimento humano; eles somente acrescentarão a isso o que pode ser produzido pela maquinaria da erudição.

Não é inútil gastar um pouco de tempo no significado da descoberta de Schopenhauer. Podemos pensar que não é acidental uma filosofia que dá ao sofrimento e ao problema de superá-lo um lugar tão decisivo apontar para o texto que torna o spinozismo impossível de ser reduzido ao panteísmo intelectual.[22] O texto já estava disponível antes, mas permaneceu praticamente ilegível para as interpretações que colocavam já de início que o espinosismo reduzia as criaturas a ilusões imersas na substância única. Desde então, a filosofia spinoziana produziria por si mesma os meios para sua recepção. Mas havia um preço a pagar; é que a reclamada intensidade parece exigir uma explicação: ou comunicar-se diretamente com a vida do autor[23] ou com a consciência do leitor.

Nietzsche escreveu a Overbeck em 30 de julho de 1881: "*Ich habe einen Vorganger, und was für einen!*" (Eu tenho um precursor, e que precursor!); em agosto de 1881 ele elaborou os grandes conceitos que daquele momento em diante animariam seu pensamento. O estilo da filosofia de Nietzsche, baseado em aforismos e paradoxos, às vezes mascarava sua continuidade; além disso, reconhecer um precursor não quer dizer ver-se a si mesmo como um imitador. Mas é possível mostrar a proximidade da oposição spinoziana *laetitia/tristitia* e a oposição nietzschiana *Wille zur Macht/ Wille zum Nichts*; entre *amor Dei* e *amor fati*; entre necessidade e o eterno retorno do mesmo.[24]

---

[22] Sobre Schopenhauer e Spinoza, ver a seleção de textos principais em Grunwald 1987: V, 109, p. 247-253, assim como Rappaport 1899. Comentadores italianos frequentemente desenvolveram úteis comparações detalhadas entre os motivos spinozianos e schopenhauerianos, principalmente Moretti-Constanzi 1946: 173 *seq.*, e Semerari 1952: 94, 103, 109-110.

[23] Com respeito a Giordano Bruno e Spinoza, Schopenhauer fala de suas "*kümerliches Daseyn und Sterben*" (*Die Welt als Wille und Vorstellung*, "Anhang: Kritik der kantischen Philosophie*", Schopenhauer 1960: I, 571 [532]). N.T.: A tradução: "Sua existência e morte miseráveis...".

[24] Ver Snel s/d. Ver também Wurzer 1975.

Marx e o marxismo

Em 1841, o jovem Marx leu os escritos de Spinoza (as cartas e o *Tratado teológico-político*), pena na mão, esquematizando a divisão entre filosofia e religião de maneira tão definitivamente rígida que elas não mais se relacionam de modo algum. Na primeira, um determinismo universal exclui o sobrenatural; na segunda, uma série de opiniões incita a obediência. Daí não haver interesse algum nem para a exegese bíblica, nem para uma fé mínima.[25] Na *Sagrada família*, por outro lado, Marx classifica Spinoza entre os metafísicos, inspirado que estava pelo manual de Renouvier (conforme mostrou O. Bloch). Mas foi Engels quem definiu Spinoza como "o esplêndido representante da dialética" (no *Anti-Dühring*) e que respondeu a uma pergunta de Plekhanov – Spinoza estava certo em dizer que o pensamento e a extensão nada mais são do que dois atributos de uma única e idêntica substância? – "Naturalmente o velho Spinoza estava completamente certo." Desde então, Spinoza reapareceria em intervalos regulares na história do marxismo, especialmente em momentos de crise, em que ele geralmente serviu para revelar os conflitos entre várias tendências. Plekhanov se referia ao "materialismo" spinoziano para afirmar o rigor das leis objetivas que governam a natureza e a sociedade, contra Bernstein, que usava Kant para retornar o socialismo a uma atitude moral. De maneira semelhante, na U.R.S.S. dos anos de 1920, os diferentes campos filosóficos (os mecanicistas e os dialéticos) construíram cada um uma imagem do spinozismo e de seu lugar na história do pensamento que trouxe conforto a suas posições.[26]

---

[25] Ver a análise dada em Matheron 1977.
[26] Ver Kline 1952.

Leituras literárias

No século XIX, Spinoza já se tornara temporalmente distante o bastante para ser visto como uma figura ou referência literária.[27] O primeiro que arriscou dizer isso foi o tradutor e biógrafo alemão de Spinoza, Berthold Auerbach (Auerbach 1837). Escritor de destaque, autor de romances sobre as aldeias da Floresta Negra, Auerbach foi um judeu liberal, cuja vida estava ligada às batalhas pela democracia e pelo progresso. Suas ideias foram reveladas em seu livro, que começa com o enterro de Uriel da Costa,[28] de maneira a primeiro evocar o poder de um pensamento isento de tradição, que Spinoza levaria adiante, apesar dos preconceitos e das dificuldades. Esse "romance de edificação moral"[29] impõe a imagem de Spinoza como a de um gênio que tem como missão conduzir os homens no caminho do progresso, mas que é impedido pela superstição e pela irracionalidade.

Com relação à literatura inglesa, temos de lembrar George Eliot, que traduziu a *Ética* e o *Tratado teológico-político*. Seus romances tentam divulgar a moralidade spinoziana com uma forma prática adaptada às massas de leitores, por meio de personagens que ilustram a oposição entre servidão e liberdade, ideias adequadas e inadequadas, desejo por bens finitos e busca da verdadeira liberdade. Assim, *Adam Bede* e *Middlemarch* permitem a penetração no pensamento inglês de um spinozismo desvestido de sua forma geométrica; são os comportamentos dos heróis e suas consequências que exemplificam os diferentes gêneros de conhecimento e a felicidade ou infelicidade a que levam.[30]

---

[27] Sobre esse tema geral, ver o volume 5 de *Studia Spinozana*, "Spinoza and Literature" (Königshausen and Neumann, 1989).
[28] Ver capítulo I deste volume.
[29] Ver Lagny 1993.
[30] Ver Atkins 1985.

Finalmente, na França, Spinoza fez o papel de um mau professor – ou, antes, de um dos maus professores (com Taine) – em *Le Disciple* (1889), o romance do tradicionalista Paul Bourget, inspirado por uma peça do noticiário da época. O herói é um filósofo moderno, cuja vida toda pode ser resumida em uma palavra: pensamento. Ele sistematicamente proíbe a caridade em si mesmo porque, como Spinoza, crê que "a piedade em um homem sábio que vive pela razão é má e inútil". Ele detesta a cristandade como uma doença trazida pela humildade. Ele se baseia em Darwin (mas com referência a Spinoza) para a ideia de que "o universo moral reproduz exatamente o universo físico e que o primeiro é somente a consciência dolorosa e extática do segundo". Podemos supor a moral da história: essa filosofia leva ao assassinato cometido pelo estudante que aplica bem demais as máximas do professor. Não é um atenuante o fato de o professor ser mencionado em outro lugar como alguém "muito doce"; Bourget está preocupado em mostrar que mesmo os ateus virtuosos ainda são piores do que outros indivíduos.

O século XX

Estudos alemães

O fim do século XIX e os primeiros trinta anos do século XX testemunharam um formidável desenvolvimento nos estudos spinozianos. Dali em diante, antes de interpretar a doutrina, há uma tentativa de conhecê-la, de rejeitar os contos sobre a vida do autor e de fixar seus contextos e influências. O essencial desse movimento de estudos está na Alemanha e, em parte, na Holanda. Os pesquisadores cavaram na biografia (Meinsma), publicaram documentos de arquivo (Freudenthal) e estabeleceram o texto das obras completas (Van Floten e Land, e depois Gebhardt). O periódico *Chronicon Spinozanum* colecionou artigos que iluminaram pontos específicos, pesquisaram influências e deram forma a interpretações contemporâneas, além de levar à leitura da *Epistola* de Steno, do livro de Peiter Balling e das três cartas de Van den Enden a Jan de Witt.

Esse enorme trabalho foi incontestavelmente útil; foi o período que construiu a maior parte das ferramentas de pesquisa ainda em uso hoje em dia. Por outro lado, a interpretação de Spinoza não fez grandes progressos. O conhecimento do sistema de Spinoza se tornou mais exato sem se tornar mais profundo. Gebhardt defendia uma *religio philosophica* bem fraca. Por fim, temos de mencionar o mais ambicioso desses trabalhadores, Dunin-Borkowski, autor de uma gigantesca *summa* sobre a história das ideias,[31] na qual, infelizmente, o pensamento de Spinoza perde sua especificidade.

Toda essa grande pesquisa foi violentamente interrompida na Alemanha pela vitória dos nazistas, dentro do quadro de antissemitismo, de reordenamento das universidades e da batalha contra doutrinas racionalistas.

Os ecos do spinozismo

Fora da filosofia, propriamente falando, pode-se procurar, se não interpretações vivas, ao menos ideias que reconhecem paternidade vaga em Spinoza ou pensadores que acreditam terem sido realmente influenciados por Spinoza.

(I) Freud nunca se refere a Spinoza, mas em uma de suas interpolações, ele afirma que sempre viveu em um "ambiente spinoziano", o que quer que isso queira dizer. Muitos de seus parceiros (Lou Andreas Salomé, Viktor Tausk) conheciam bem as teorias e a figura de Spinoza.[32] Além do mais, certo número de motivos freudianos lembram os grandes temas da *Ética*, sem jamais repeti-los: em primeiro lugar, a ideia de que o psicológico não se reduz ao consciente, e que os acontecimentos do âmbito psicológico se manifestam

---

[31] Ver Dunin-Borkowski 1910; e Dunin-Borkowski 1933-1936 (v. I: *Der junge Spinoza* [que retoma mais uma vez a obra de 1910]; v. 2: *Aus den Tagen Spinozas: Das Entscheidungsjahr 1657*; v. 3: *Aus den Tagen Spinozas: Das neue Leben*; v. 4: *Aus den Tagen Spinozas: Das Lebenswerk*).

[32] Tausk escreveu um poema sobre a sabedoria composto de um diálogo entre ele e Spinoza.

no corpo. O fantasma de Spinoza frequentemente veio assombrar a história da psicanálise. Quando Jacques Lacan rompeu com a instituição psicanalítica oficial para defender sozinho algumas teses que, em sua visão, eram mais conformes à verdade freudiana, ele evocou a exclusão de Spinoza da Sinagoga de Amsterdã.[33]

(II) A referência a Spinoza teve certa importância no movimento das Luzes Judaicas (a *Haskalah*); ele foi considerado um precursor da saída do gueto e na direção do movimento de emancipação de um judaísmo liberado da tradição religiosa. Em contrapartida, alguns sionistas viam em Spinoza a testemunha de uma atitude que assumiriam como sua própria; esse foi o caso de Moses Hess no século XIX, e também de Joseph Klausner, historiador do judaísmo e um dos fundadores da Universidade Hebraica de Jerusalém, assim como o próprio Ben Gurion.[34]

(III) Finalmente, Albert Einstein se referiu a Spinoza em muitas ocasiões, embora não se possa atribuir nenhum conteúdo específico à comparação entre as teorias de ambos.[35]

Literatura

Não se espera encontrar um escritor ligado ao nazismo entre os admiradores de Spinoza. Contudo, esse é justamente o caso de E. G. Kolbenheyer.[36] É verdade que seu romance *Amor Dei* foi bastante precoce (1908) relativamente à ditadura do Nacional-Socialismo, mas as ideias com as quais ele está imbuído estão genuinamente marcadas por um irracionalismo e um

---

[33] Seria necessário evocar também a figura de Constantin Brunner, filósofo judeu de Berlim, que contava Spinoza entre suas inspirações; suas teorias tiveram pouco sucesso entre filósofos profissionais durante a década de 1920, mas exerceram considerável influência em vários círculos de biólogos e físicos; encontra-se ali uma leitura do spinozismo, particularmente insistente nas relações entre alma e corpo.
[34] Ver Yakira 1993.
[35] Ver, contudo, Paty 1985.
[36] Ver Lagny 1993.

culto dos grandes indivíduos que permitem antever a evolução posterior de seu autor: a massa é somente a encarnação de uma força vital que contém as sementes de sua própria destruição; as pessoas nascem para a servidão; o indivíduo excepcional (Spinoza, nas circunstâncias) é fascinado pela força da massa, mas rejeita essa brutalidade animal.

Em *O faz tudo*, de Bernard Malamud, o herói, um pobre judeu, perseguido na renovação do antissemitismo na Rússia do começo do século, aparece a seu surpreso advogado como um leitor da *Ética*.

Por fim, Jorge Luís Borges,[37] que dedicou vários escritos a Spinoza, confessou seu fascínio por um filósofo que "constrói Deus nas sombras". Ele nunca entrou nos detalhes do sistema, mas quando assimilou a metafísica a um ramo da literatura fantástica, é possível vermos por que esta metafísica específica tanto o apraz – talvez precisamente por causa dos aspectos que pareciam mais estranhos, certamente os mais repugnantes, aos críticos da época clássica, ou os mais distantes da experiência dos sóbrios discípulos de Victor Cousin. A infinidade dos atributos divinos, dos quais só conhecemos dois, mas nos quais fenômenos de alguma maneira correspondentes ao corpo e à alma devem existir, em virtude da unidade de causalidade substancial, é uma ideia que não pode evocar o tema do duplo e o tema dos universos paralelos que estão na base da literatura fantástica tal como Borges a concebe.

A renovação do spinozismo depois de 1945

Depois de longos anos de relativa inatividade (em que, porém, algumas obras de mérito podem ser distinguidas), o fim dos anos de 1960 viu uma aguda renovação dos estudos spinozianos, em diversas direções. Por um lado, surgiram trabalhos dedicados a estudar a ordem lógica das razões do sistema, a arquitetônica dentro da qual cada elemento deriva seu significado. Essa tendência é claramente ilustrada no mais alto nível pela obra de

---

[37] Ver Damade 1993.

Martial Guéroult,[38] mas também é necessário mencionar toda a escola por ele inspirada na França, mais notadamente Alexandre Matheron;[39] e pode-se mencionar o trabalho de Edwin Curley no mundo anglófono.[40] Por outro lado, há interpretações que veem no spinozismo uma filosofia do poder (Deleuze)[41] ou do pensamento constitutivo (Negri);[42] e, por fim, outras leituras, cuidadosas comparações do spinozismo com tradições não ocidentais, como o budismo, por exemplo (Wetlesen).[43] Além disso, temos de mencionar estudos historiográficos (Mignini, Proietti, Popkin, Yovel) e a construção de ferramentas de pesquisa (no mais alto nível aqui, está o *Lexicon Spinozanum* de Emilia Giancotti). Mais provas do renascimento dos estudos spinozianos são dadas – mais de meio século depois do desaparecimento do *Chronicon Spinozanum* – pelo aparecimento de dois periódicos dedicados inteiramente a Spinoza: *Studia Spinozana* (cujo editor é Manfred Walther) e *Cahiers Spinoza*. É claro que Spinoza, e o spinozismo, continuarão a ser uma poderosa força no mundo intelectual e cultural.

Traduzido para o inglês por Roger Ariew.[44]

---

[38] Ver Guéroult 1968-1974, 2 vv.: v. I: *Dieu* (*Ethique* I), 1968; v. II: *L'âme* (*Ethique* II), 1974.
[39] Ver Matheron 1969.
[40] Ver Curley 1969, 1988.
[41] Ver Deleuze 1970, 1969.
[42] Ver Negri 1981.
[43] Ver Wetlesen 1979.
[44] Tradução para o inglês de Roger Ariew, Departamento de Filosofia, Virginia Polytechnic Institute and State University, Blacksburg, Virginia, USA.

Bibliografia

Akkerman, F. 1980. *Studies in the Posthumous Works of Spinoza: On Style, Earliest Translation and Reception, Earliest and Modern Edition of Some Texts*. Reimpressão de uma monografia originalmente publicada em *Mededelingen Vanwege het Spinozahuis*. Krips Repro Meppel.

Akkerman, F., and Hubbeling, H. G. 1979. "The Preface to Spinoza's Posthumous Works, 1677, and its Author Jarig Jelles (c. 1619-1683)." *LIAS* 6:103-173.

Albiac, G. 1987. *La Sinagoga vacía. Un Estudio de las Fuentes Marranas del Espinosismo*. Libros Hiperion.

Allison, Henry E. 1987. *Benedictus de Spinoza: an Introduction*. Revised ed., New Haven: Yale University Press.

_____. 1992. "Spinoza and the Philosophy of Immanence: Reflections on Yovel's The Adventure of Immanence." *Inquiry* 35 (1): 55-67.

Alsted, Johann-Heinrich. 1649. *Encyclopedia,* (first ed. Herborn, 1630) 4 vv. Lyons.

Altkirch, E. 1912. *Spinoza im Porträt*. Leipzig.

(Anônimo). 1977. *Spinoza. Troisième Centenaire de la Mort du Philoso-phie*. (Catálogo) Paris: Institut Neerlandais.

(Anônimo), ed. 1965. *Catalogus van de Bibliotheek der Vereniging 'Het Spinozahuis' te Rijnsburg*. (Catálogo) Leiden: Brill.

Aquila, Richard. 1978. "The Identity of Thought and Object in Spinoza." *Journal of the History of Philosophy* 16: 271-288.

Aquino, S. Tomás de. 1964-1966. *Summa Theologiae*. 60 vv. London: Eyre and Spottiswoode. Tradução brasileira: *Suma teológica*. 9 vv. São Paulo: Edições Loyola, 2005.

Ariew, Roger. 1987. Review of Jonathan Bennett's A Study of Spinoza's Ethics. Em: *Philosophy and Phenomenological Research* 47: 649-654.

ARISTÓTELES. *Política*. Tradução, introdução e notas de Mário da Gama Kury. 3ª ed. Brasília: Editora Universidade de Brasília, 1997.

ATKINS, Dorothy. 1985. "La Philosophic de Spinoza selon George Eliot." *Spinoza entre Lumières et Romantisme, Cahiers de Fontenay* 36-38: 349-358.

AUERBACH, Berthold. 1837. *Spinoza, ein Historischer Roman.*

BÄCK, Leo. 1895. *Spinozas erste Enwirkungen auf Deutschland.* Berlin.

BACON, Francis. 1857-1874. *The Works of Francis Bacon,* eds. J. Spedding, R. L. Ellis, and D. D. Heath. 15 vv. London: Longmans and Co.

BAIER, Annette. 1993. "David Hume, Spinozist." *Hume Studies* 19: 237-252.

BALIBAR, Etienne. 1990. "Ultimi Barbarorum – Spinoza: o temor das massas." *Discurso* 18: 7-35.

BARBONE, Steven L. 1993. "Virtue and Sociality in Spinoza." *Iyyun* 42 (3): 383-395.

BARKER, H. 1972. "Notes on the Second Part of Spinoza's Ethics (I)." Em: *Studies in Spinoza,* ed. Paul Kashap, 101-122. Berkeley: University of California Press.

BAR-ON, A. Z. 1983. "The Ontological Proof – Spinoza's Version in Comparison with Those of Anselm and Descartes." Em: *Spinoza: His Thought and Work,* eds. Nathan Rotenstreich and Norma Schneider, Jerusalem: The Israel Academy of Arts and Sciences.

BARTUSCHAT, Wolfgang. 1991. "Metaphysik und Ethik in Spinoza's 'Ethica.'" *Studia Spinozana* 7: 15-37.

BATALIER, J. 1674. *Vindicia Miraculorum.* Amsterdam.

BAYLE, Pierre. 1697. Dictionnaire Historique et Critique. Paris.

_____. 1984. *Écrits sur Spinoza,* eds. F. Charles-Daubert and P.-F. Moreau. Paris: Berg.

BEDJAI, M. 1990. "Métaphysique, Éthique et Politique dans l'Oeuvre du Docteur Franciscus van den Enden (1602-1674): Contribution à l'Étude des Sources des Écrits de B. de Spinoza." Dactylographié, Leiden (tese).

BENNETT, Jonathan. 1980. "Spinoza's Vacuum Argument." *Midwest Studies in Philosophy* 5: 391-399.

BENNETT, Jonathan. 1981. "Spinoza's Mind-Body Identity Thesis." *Journal of Philosophy* 78: 573-584.

_____. 1983. "Teleology and Spinoza's Conatus." *Midwest Studies in Philosophy* 8: 143-160.

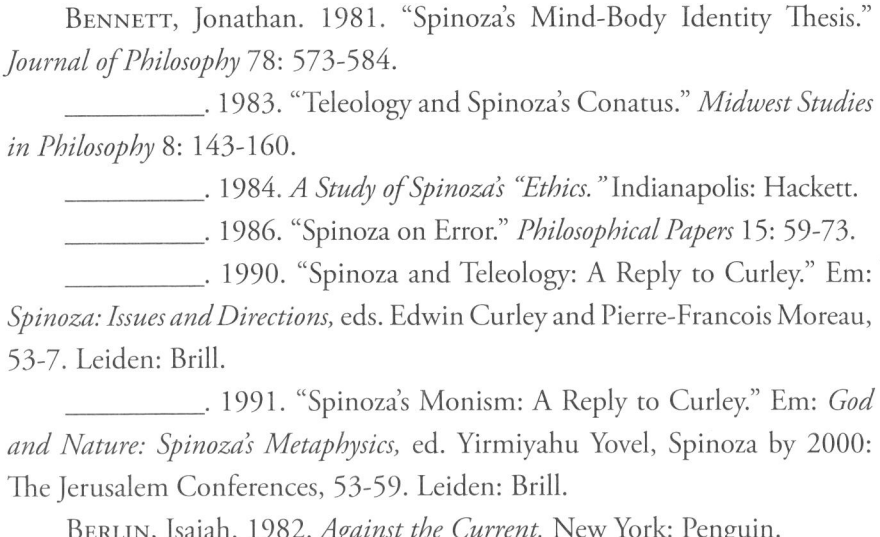

_____. 1984. *A Study of Spinoza's "Ethics."* Indianapolis: Hackett.

_____. 1986. "Spinoza on Error." *Philosophical Papers* 15: 59-73.

_____. 1990. "Spinoza and Teleology: A Reply to Curley." Em: *Spinoza: Issues and Directions*, eds. Edwin Curley and Pierre-Francois Moreau, 53-7. Leiden: Brill.

_____. 1991. "Spinoza's Monism: A Reply to Curley." Em: *God and Nature: Spinoza's Metaphysics*, ed. Yirmiyahu Yovel, Spinoza by 2000: The Jerusalem Conferences, 53-59. Leiden: Brill.

BERLIN, Isaiah. 1982. *Against the Current.* New York: Penguin.

BERNADETE, Jose. 1980. "Spinozistic Anomalies." Em: *The Philosophy of Baruch Spinoza*, ed. Richard Kennington, 53-71. Washington, D.C.: Catholic University of America Press.

BIASUTTI, Franco. 1979. *La Dottrina della Scienza in Spinoza. Scienze Filosofiche*, 23. Bologna: Patron Editore.

BÍBLIA. Tradução Ecumênica. São Paulo: Edições Loyola, 1994.

BIDERMAN, S., and KASHER, A. 1990. "Why was Spinoza Excommunicated?" Em: *Sceptics, Millenarians and Jews*, eds. D. S. Katz and J. Israel, 98-141. Leiden: Brill.

BIDNEY, David. 1940. *The Psychology and Ethics of Spinoza: A Study in the History and Logic of Ideas.* New Haven: Yale University Press.

BOS, E. P., and KROP, H. A. eds. 1993. *Franco Burgersdijk (1590-1635).* Studies in the History of Ideas in the Low Countries. Amsterdam: Rodopi.

BOS, H. J. M. *et al.*, ed. 1980. *Studies on Christiaan Huygens: Invited Papers from the Symposium on the Life and Work of Christiaan Huygens, Amsterdam, 22-25 August 1979.* Lisse: Swets and Zeitlinger B. V.

BOURGET, Paul. 1889. *Le Disciple.* Paris.

BOYLE, Robert. 1661. *Tentamina quaedam Physiologica, Diversis Temporibus et Occasionibus Conscripta. A Latin Translation of Certain Physiological Essays, Written at Distant Times, and on Several Occasions.* London.

BRETT, G. S. 1965. *Brett's History of Psychology,* revised edition, ed. R. S. Peters. Cambridge, MA: MIT Press.

BROAD, C. D. 1930. *Five Types of Ethical Theory.* London: Routledge and Kegan Paul.

BRUNSCHVICG, Léon. 1951. *Spinoza et ses Contemporains.* 4th ed., Paris: Presses Universitaires de France.

BURGERSDIJK, Frank. 1651. *Institutionum Logicarum Libri Duo. Accedit Adriani Heerboord Synopseos Logicae Burgersdicianae Explicatio: Una Cum Ejusdem Autoris Praxi Logica.* London: Roger Daniels.

BUTTRICK, George Arthur, ed. 1952-1957. *The Interpreter's Bible.* New York: Abingdon-Cokesbury.

CAIRD, E. 1910. *Spinoza.* Edinburgh.

CALVETTI, Carla Gallicet. 1972. *Spinoza Lettore del Machiavelli.* Milan: Universitá Cattolica del Sacro Cuore.

CARR, Spencer. 1978. "Spinoza's Distinction Between Rational and Intuitive Knowledge." *The Philosophical Review* 87: 241-252.

CARRIERO, John P. 1991. "Spinoza's Views on Necessity in Historical Perspective." *Philosophical Topics* 19: 47-96.

CHAPPELL, Vere, ed. 1992. *Essays on Early Modern Philosophers,* Volume 10: Baruch de Spinoza. Hamden: Garland.

CHARLES-DAUBERT, F., ed. 1994. *Le Traite des Trois Imposteurs.* Universitas.

CHAUÍ, Marilena de Souza. 2008. Spinoza: poder e liberdade. Em: *Novo manual de Ciência Política.* São Paulo: Malheiros Editores, p. 109-142.

_____. 2006. Remarques sur la Peur, l'Espoir, la Guerre et la Paix chez Spinoza. Em: Anne Kaptik et Etienne Tassin. (Org.). *Critique de la politique. Autour de Miguel Abensour.* Paris: Sens & Tonka, p. 155-172.

_____. 2005. *Spinoza e la Política.* Milano: Edizioni Ghibli.

_____. 2003. *Política em Spinoza.* São Paulo: Cia. das Letras.

_____. 1999. *Nervura do ral. imanência e liberdade em Spinoza.* São Paulo: Companhia das Letras.

_____. 1995. *Spinoza: uma filosofia da liberdade.* São Paulo: Editora Moderna.

CLERICUZIO, Antonio. 1990. "A Redefinition of Boyle's Chemistry and Corpuscular Philosophy." *Annals of Science* 47: 561-589.

Cohen, I. B. 1964. "'Quantum in se est': Newton's Concept of Inertia in Relation to Descartes and Lucretius." *Notes and Records of the Royal Society of London* 19: 131-155.

COLERUS, John. 1705. *Korte, dog Waaragtige Levens-Beschrijving van Benedictus de Spinosa, uit Autentique Stukken en Mondeling Getuigenis van nog Levende Personen, Opgestelt.* Amsterdam.

_____. 1899. "The Life of Benedictus de Spinoza." Em: *Spinoza: His Life and Philosophy,* ed. Frederick Pollock, 386-418. London: Duckworth.

COVER, J. A., and KULSTAD, Mark eds. 1990. *Central Themes in Early Modern Philosophy: Essays Presented to Jonathan Bennett.* Indianapolis: Hackett.

CROPSEY, Joseph, and STRAUSS, Leo eds. 1981. *History of Political Philosophy.* Chicago: University of Chicago Press.

CUPER, Franciscus. 1676. *Arcana Atheismi Revelata.* Rotterdam: Naeranus.

CURLEY, Edwin. 1969. *Spinoza's Metaphysics: An Essay in Interpretation.* Cambridge, Mass.: Harvard University Press.

_____. 1973a. "Experience in Spinoza's Theory of Knowledge." Em: *Spinoza: A Collection of Critical Essays,* ed. Marjorie Grene, 25-59. Garden City: Doubleday/Anchor Press.

_____. 1973b. "Spinoza's Moral Philosophy." Em: *Spinoza: A Collection of Critical Essays,* ed. Marjorie Grene, 354-376. Garden City: Doubleday/Anchor.

_____. 1975. "Descartes, Spinoza, and the Ethics of Belief." Em: *Spinoza: Essays in Interpretation,* eds. Eugene Freeman and Maurice Mandelbaum, LaSalle: Open Court.

_____. 1977. "Spinoza – as an Expositor of Descartes." Em: *Speculum Spinozanum 1677-1977,* ed. Siegfried Hessing, 133-42. London: Routledge and Kegan Paul.

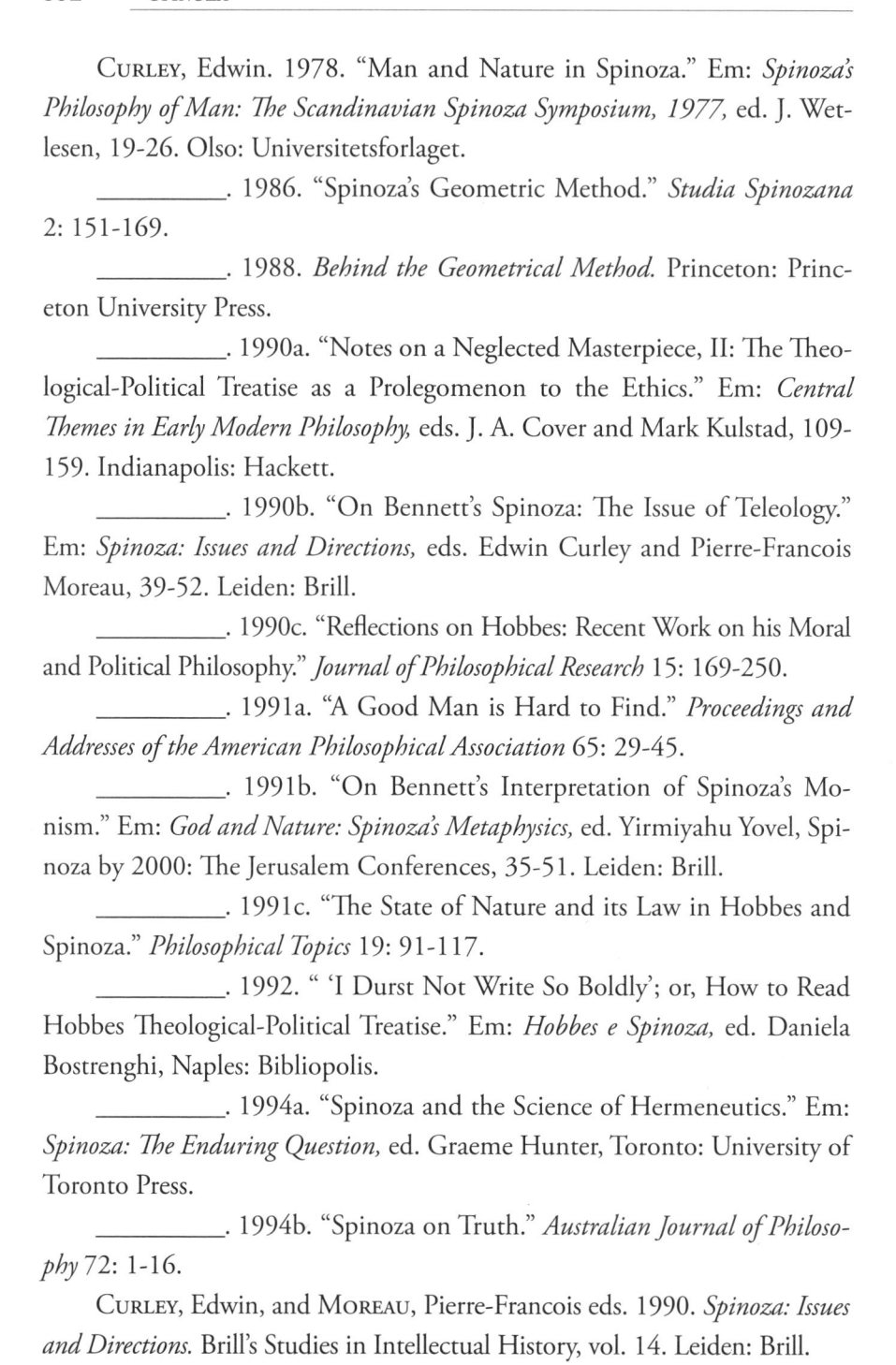

Curley, Edwin. 1978. "Man and Nature in Spinoza." Em: *Spinoza's Philosophy of Man: The Scandinavian Spinoza Symposium, 1977,* ed. J. Wetlesen, 19-26. Olso: Universitetsforlaget.

_____. 1986. "Spinoza's Geometric Method." *Studia Spinozana* 2: 151-169.

_____. 1988. *Behind the Geometrical Method.* Princeton: Princeton University Press.

_____. 1990a. "Notes on a Neglected Masterpiece, II: The Theological-Political Treatise as a Prolegomenon to the Ethics." Em: *Central Themes in Early Modern Philosophy,* eds. J. A. Cover and Mark Kulstad, 109-159. Indianapolis: Hackett.

_____. 1990b. "On Bennett's Spinoza: The Issue of Teleology." Em: *Spinoza: Issues and Directions,* eds. Edwin Curley and Pierre-Francois Moreau, 39-52. Leiden: Brill.

_____. 1990c. "Reflections on Hobbes: Recent Work on his Moral and Political Philosophy." *Journal of Philosophical Research* 15: 169-250.

_____. 1991a. "A Good Man is Hard to Find." *Proceedings and Addresses of the American Philosophical Association* 65: 29-45.

_____. 1991b. "On Bennett's Interpretation of Spinoza's Monism." Em: *God and Nature: Spinoza's Metaphysics,* ed. Yirmiyahu Yovel, Spinoza by 2000: The Jerusalem Conferences, 35-51. Leiden: Brill.

_____. 1991c. "The State of Nature and its Law in Hobbes and Spinoza." *Philosophical Topics* 19: 91-117.

_____. 1992. " 'I Durst Not Write So Boldly'; or, How to Read Hobbes Theological-Political Treatise." Em: *Hobbes e Spinoza,* ed. Daniela Bostrenghi, Naples: Bibliopolis.

_____. 1994a. "Spinoza and the Science of Hermeneutics." Em: *Spinoza: The Enduring Question,* ed. Graeme Hunter, Toronto: University of Toronto Press.

_____. 1994b. "Spinoza on Truth." *Australian Journal of Philosophy* 72: 1-16.

Curley, Edwin, and Moreau, Pierre-Francois eds. 1990. *Spinoza: Issues and Directions.* Brill's Studies in Intellectual History, vol. 14. Leiden: Brill.

CURLEY, Edwin, and MOREAU, Pierre-Francois eds. 1995. "Spinoza and the Science of Hermeneutics." Em: *Spinoza: The Enduring Questions,* ed. Graeme Hunter, Toronto: University of Toronto Press.

DA COSTA, Uriel. 1993. *Examination of Pharisaic Traditions,* ed. H. P. Salomon. Leiden: E. J. Brill.

DAMADE, Jacques. 1993. "Le Saint et l'Heretique. Borges et Spinoza." Em: *Spinoza au XXe siecle,* ed. O. Bloch, 483-492. Paris: PUF.

DAUDIN, Henri. 1948. "Spinoza et la Science Expérimentale: sa Discussion de l'Expérience de Boyle." *Revue d'Histoire des Sciences* 2: 179-190.

DAVIDSON, Donald. 1980. *Essays on Actions and Events.* Oxford: Clarendon Press.

_____. 1982. "Paradoxes of Irrationality." Em: *Philosophical Essays on Freud,* eds. R. A. Wollheim and J. Hopkins, 289-305. Cambridge: Cambridge University Press.

_____. 1985. "Incoherence and Irrationality."*Dialectica* 39: 345-354.

DE DEUGD, C. D. 1966. *The Significance of Spinoza's First Kind of Knowledge.* Assen: Van Gorcum.

DE DIJN, Hermann. 1986. "Spinoza's Logic or Art of Perfect Thinking." *Studia Spinozana 2:* 15-25.

DE MURR, C. T. 1802. *Adnotationes ad Tratatum Theologico Politicum. Ex Autographo...* The Hague.

DE VET, Joannes J. V. M. 1983. "Was Spinoza de Auteur van Stelkonstige Reeckening van den Regenboog en Reeckening van Kanssen?" *Tijdschrift voor Filosofie* 45: 602-639.

_____. 1986. "Spinoza's Authorship of the 'Algebraic Calculation of the Rainbow' and of 'Calculation of Chances' Once More Doubtful." *Studia Spinozana* 2: 267-309.

DELAHUNTY, R. J. 1985. *Spinoza.* London: Routledge and Kegan Paul.

DELBOS, Victor. 1968. *Le Spinozisme.* Paris: Librarie Philosophique J. Vrin.

DELEUZE, Gilles. 1970. *Spinoza. Philosophie pratique.* Paris: Éditions de Minuit.

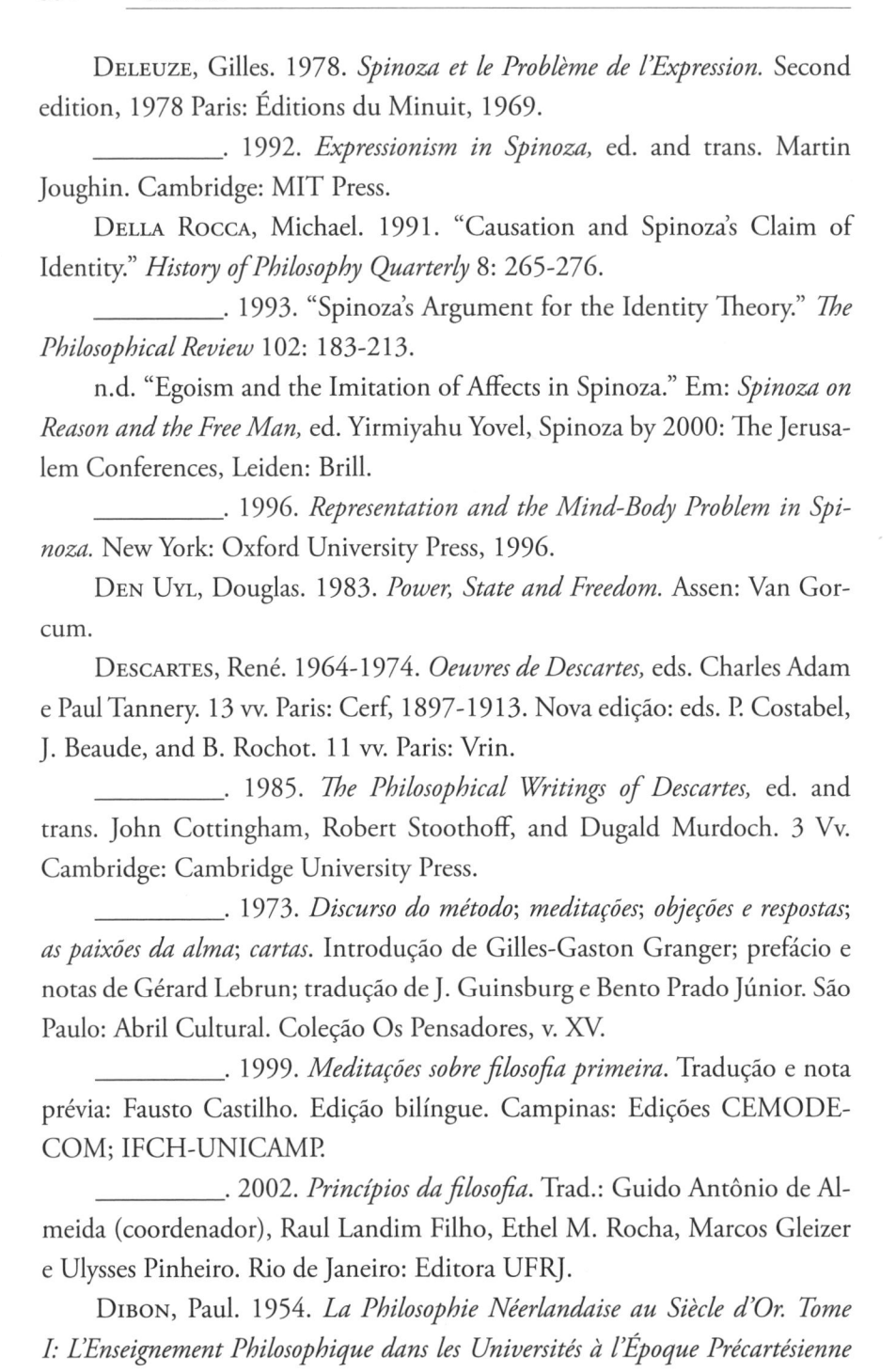

DELEUZE, Gilles. 1978. *Spinoza et le Problème de l'Expression.* Second edition, 1978 Paris: Éditions du Minuit, 1969.

_____. 1992. *Expressionism in Spinoza,* ed. and trans. Martin Joughin. Cambridge: MIT Press.

DELLA ROCCA, Michael. 1991. "Causation and Spinoza's Claim of Identity." *History of Philosophy Quarterly* 8: 265-276.

_____. 1993. "Spinoza's Argument for the Identity Theory." *The Philosophical Review* 102: 183-213.

n.d. "Egoism and the Imitation of Affects in Spinoza." Em: *Spinoza on Reason and the Free Man,* ed. Yirmiyahu Yovel, Spinoza by 2000: The Jerusalem Conferences, Leiden: Brill.

_____. 1996. *Representation and the Mind-Body Problem in Spinoza.* New York: Oxford University Press, 1996.

DEN UYL, Douglas. 1983. *Power, State and Freedom.* Assen: Van Gorcum.

DESCARTES, René. 1964-1974. *Oeuvres de Descartes,* eds. Charles Adam e Paul Tannery. 13 vv. Paris: Cerf, 1897-1913. Nova edição: eds. P. Costabel, J. Beaude, and B. Rochot. 11 vv. Paris: Vrin.

_____. 1985. *The Philosophical Writings of Descartes,* ed. and trans. John Cottingham, Robert Stoothoff, and Dugald Murdoch. 3 Vv. Cambridge: Cambridge University Press.

_____. 1973. *Discurso do método; meditações; objeções e respostas; as paixões da alma; cartas.* Introdução de Gilles-Gaston Granger; prefácio e notas de Gérard Lebrun; tradução de J. Guinsburg e Bento Prado Júnior. São Paulo: Abril Cultural. Coleção Os Pensadores, v. XV.

_____. 1999. *Meditações sobre filosofia primeira.* Tradução e nota prévia: Fausto Castilho. Edição bilíngue. Campinas: Edições CEMODECOM; IFCH-UNICAMP.

_____. 2002. *Princípios da filosofia.* Trad.: Guido Antônio de Almeida (coordenador), Raul Landim Filho, Ethel M. Rocha, Marcos Gleizer e Ulysses Pinheiro. Rio de Janeiro: Editora UFRJ.

DIBON, Paul. 1954. *La Philosophie Néerlandaise au Siècle d'Or. Tome I: L'Enseignement Philosophique dans les Universités à l'Époque Précartésienne*

(1575-1650). Publications de L'Institut Francais d'Amsterdam, Maison Descartes, n. 21. Paris: Elsevier Publishing Company.

DIDEROT, Denis. 1747. *Oeuvres Complètes.* Assezat.

DONAGAN, Alan. 1973a. "Essence and the Distinction of Attributes in Spinoza's Metaphysics." Em: *Spinoza: A Collection of Critical Essays,* ed. Marjorie Grene, 164-181. Garden City: Doubleday/Anchor.

_____. 1973b. "Spinoza's Proof of Immortality." Em: *Spinoza: A Collection of Critical Essays,* ed. Marjorie Grene, 241-258. Garden City: Doubleday/Anchor.

_____. 1980. "Spinoza's Dualism." Em: *The Philosophy of Baruch Spinoza,* ed. Richard Kennington, 89-102. Washington, D.C.: Catholic University of America Press.

_____. 1988. *Spinoza.* Chicago: University of Chicago Press.

DONEY, W. 1971. "Spinoza on Philosophical Skepticism." *Monist* 55: 617-635.

DRIVER, S. C. 1973. "A Critical and Exegetical Commentary on Deuteronomy." Em: *International Critical Commentary,* 3rd ed., Edinburgh: T. and T. Clark.

DUCHESNEAU, Francois. 1974. "Du Modèle Cartésien au Modèle Spinoziste de l'Être Vivant." *Canadian Journal of Philosophy* 3: 539-562.

DUFF, R. A. 1970. *Spinoza's Political and Ethical Philosophy.* First edition, Glasglow: James Maclohose and Sons, 1903. Reprinted, New York: Augustus M. Kelly.

DUIJKERIUS, Johannes. 1991. *Het Leven van Philopater. Verlog van't Leven van Philopater. Een Spinozistiche Sleutelroman uit* 1691-1697. Edited and annotated by Geraldine Marechal. Amsterdam: Rodopi.

DUNIN-BORKOWSKI, Stanislaus von. 1910. *Der Junge de Spinoza. Leben und Werdegang im Lichte der Weltphilosophie.* Miinster: Aschendorf.

_____. 1933. "Die Physik Spinozas." Em: *Septimana Spinozana: Acta Conventus Oecumenici in Memoriam Bendicti de Spinoza diei Natalis Trecentissimi Hagae Comitis Habiti, Curis Societatis Spinozanae Edita,* 85-101. The Hague: Societas Spinozana.

_____. 1933-1936. *Spinoza.* 4 vv. Münster: Aschendorf.

DUNNER, Joseph. 1955. *Baruch Spinoza and Western Democracy.* New York: Philosophical Library.

DUTKA, Jacques. 1953. "Spinoza and the Theory of Probability." *Scripta Mathematica* 19: 24-33.

EARMAN, John. 1989. *World Enough and Space-Time: Absolute versus Relational Theories of Space and Time.* Cambridge, MA: MIT Press.

ECKSTEIN, W. 1944. "Rousseau and Spinoza" *Journal of the History of Ideas,* 259-291.

EDELMANN, Johann Christian. 1756. *Moses.*

EISENBERG, Paul. 1977. "Is Spinoza an Ethical Naturalist?" Em: *Speculum Spinozanum 1677-1977,* ed. Siegfried Hessing, 145-164. London: Routledge and Kegan Paul.

ELBOGEN, Ismar. 1898. *Der Tractatus de Intellectus Emendation und seine Stellung in der Philosophie Spinozas.* Breslau.

EVENHUIS, R. B. 1971. *Ook dat was Amsterdam.* Baarn.

FEUER, Lewis Samuel. 1964. *Spinoza and the Rise of Liberalism.* Boston: Beacon Press. Originalmente publicado em 1958.

FISHER, Samuel. 1660. *The Rustick Alarm to the Rabbies.* London: Robert Wilson.

FLOISTAD, Guttorm. 1973. "Spinoza's Theory of Knowledge in the Ethics." Em: *Spinoza: A Collection of Critical Essays,* ed. Marjorie Grene, Garden City: Doubleday/Anchor.

FORCE, James, and R. H. Popkin, eds. 1994. *The Books of Nature and Scripture.* Dordrecht: Kluwer.

FRANCÈS, M. 1937. *Spinoza dans les Pays Nerlandais de la Seconde Moitié du XVIIe siècle.* Paris.

FRANCKS, Richard. 1985. "Caricatures in the History of Philosophy: The Case of Spinoza" Em: *Philosophy, its History and Historiography,* ed. A. J. Holland, Royal Institute of Philosophy Conferences, Vol. 1983, 179-194. Dordrecht: Reidel.

FRANKENA, William K. 1975. "Spinoza's 'New Morality7: Notes on Book IV." Em: *Spinoza, Essays in Interpretation,* eds. Eugene Freeman and Maurice Mandelbaum, 85-100. La Salle: Open Court.

Freeman, Eugene, and Mandelbaum, Maurice, eds. 1975. *Spinoza: Essays in Interpretation.* La Salle: Open Court.

Freudenthal, J. 1904. *Spinoza: sein Leben und seine Lehre, Band I: Das Leben Spinozas.* Stuttgart: Frommann.

_____. 1927. *Spinoza Leben und Lehre. Zweiter Teil: Die Lehre Spinozas auf Grund des Nachlasses von Freudenthal Bearbeitet von Carl Gebhardt.* Heidelberg: Carl Winter Verlag.

Freudenthal, J., ed. 1899. *Die Lebensgeschichte Spinoza's Quellenschriften, Urkunden, und Nichtnamlichen Nachrichten.* Leipzig.

Freret, Nicholas. 1986. *Lettre de Thrasybule a Leucippe.* ed. Sergio Landucci. Florença: Olschki.

Friedman, Joel I. 1978. "An Overview of Spinoza's Ethics." *Synthese* 37: 67-106.

_____. 1983. "Spinoza's Problem of 'Other Minds'." *Synthese* 57: 99-126.

_____. 1986. "How the Finite Follows from the Infinite in Spinoza's Metaphysical System." *Synthese* 69: 371-407.

Friedmann, George. 1962. *Leibniz et Spinoza.* 2ª ed., Paris: Gallimard.

Fuks-Mansfeld, R. G. 1989. *De Sefardim in Amsterdam tot 1795. Aspecten van een Joodse Minderheid in een Hollandse stad.* Hilversum.

Gabbey, Alan. 1973. Review of W. L. Scott, The Conflict Between Atomism and Conservation Theory 1644-1860. Em: *Studies in History and Philosophy of Science,* 373-385. 4.

Gabbey, Alan. 1980. "Force and Inertia in the Seventeenth Century: Descartes and Newton." Em: *Descartes: Philosophy Mathematics and Physics,* ed. Stephen Gaukroger, 230-320. Sussex: Harvester Press.

_____. 1992. "Newton's Mathematical Principles of Natural Philosophy: a Treatise on 'Mechanics'?" Em: *An Investigation of Difficult Things: Essays on Newton and the History of the Exact Sciences in Honour of D. T. Whiteside,* eds. P. M. Harman and Alan E. Shapiro, 305-322. Cambridge: Cambridge University Press.

Garber, Daniel. 1992. *Descartes' Metaphysical Physics.* Chicago: University of Chicago Press.

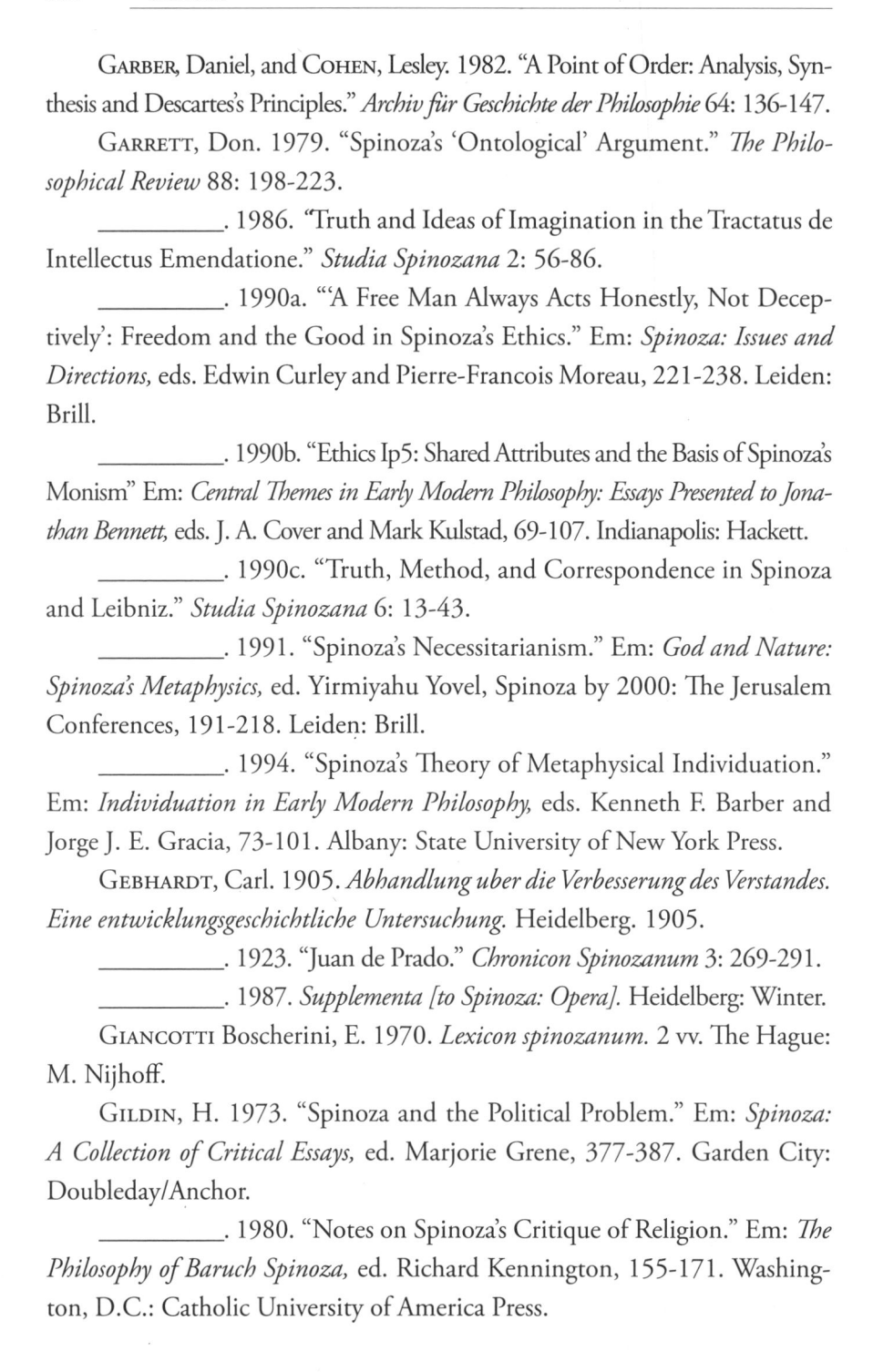

GARBER, Daniel, and COHEN, Lesley. 1982. "A Point of Order: Analysis, Synthesis and Descartes's Principles." *Archiv für Geschichte der Philosophie* 64: 136-147.

GARRETT, Don. 1979. "Spinoza's 'Ontological' Argument." *The Philosophical Review* 88: 198-223.

_____. 1986. "Truth and Ideas of Imagination in the Tractatus de Intellectus Emendatione." *Studia Spinozana* 2: 56-86.

_____. 1990a. "'A Free Man Always Acts Honestly, Not Deceptively': Freedom and the Good in Spinoza's Ethics." Em: *Spinoza: Issues and Directions,* eds. Edwin Curley and Pierre-Francois Moreau, 221-238. Leiden: Brill.

_____. 1990b. "Ethics Ip5: Shared Attributes and the Basis of Spinoza's Monism" Em: *Central Themes in Early Modern Philosophy: Essays Presented to Jonathan Bennett,* eds. J. A. Cover and Mark Kulstad, 69-107. Indianapolis: Hackett.

_____. 1990c. "Truth, Method, and Correspondence in Spinoza and Leibniz." *Studia Spinozana* 6: 13-43.

_____. 1991. "Spinoza's Necessitarianism." Em: *God and Nature: Spinoza's Metaphysics,* ed. Yirmiyahu Yovel, Spinoza by 2000: The Jerusalem Conferences, 191-218. Leiden: Brill.

_____. 1994. "Spinoza's Theory of Metaphysical Individuation." Em: *Individuation in Early Modern Philosophy,* eds. Kenneth F. Barber and Jorge J. E. Gracia, 73-101. Albany: State University of New York Press.

GEBHARDT, Carl. 1905. *Abhandlung uber die Verbesserung des Verstandes. Eine entwicklungsgeschichtliche Untersuchung.* Heidelberg. 1905.

_____. 1923. "Juan de Prado." *Chronicon Spinozanum* 3: 269-291.

_____. 1987. *Supplementa [to Spinoza: Opera].* Heidelberg: Winter.

GIANCOTTI Boscherini, E. 1970. *Lexicon spinozanum.* 2 vv. The Hague: M. Nijhoff.

GILDIN, H. 1973. "Spinoza and the Political Problem." Em: *Spinoza: A Collection of Critical Essays,* ed. Marjorie Grene, 377-387. Garden City: Doubleday/Anchor.

_____. 1980. "Notes on Spinoza's Critique of Religion." Em: *The Philosophy of Baruch Spinoza,* ed. Richard Kennington, 155-171. Washington, D.C.: Catholic University of America Press.

GILLISPIE, Charles Couston, ed. 1970-1980. *Dictionary of Scientific Biography.* 16 vv. New York: Charles Scribner's Sons.

GOCLENIUS, Rodolphus. 1964. *Lexicon Philosophicum, quo Tanquam Clave Philosophiae fores Aperiuntur, Informatum Opera & studio Rodolphi Goclenii senioris, in Academia Mauritania, quae est Marchioburgi, Philosophiae Professoris Primarii.* Reprint, Hildesheim: Georg Olms (no mesmo volume: Goclenius's Lexicon philosophicum Graecum, 1615). Frankfurt: Matthias Becker, 1613.

GOSHEN-GOTTSTEIN, Moshe. 1989. "Bible et Judaisme." Em: *Le Grand Siècle et la Bible,* ed. J.-R. Armogathe, 33-39. Paris: Beauchesne.

GRAESER, Andreas. 1991. "Stoische Philosophie bei Spinoza." *Revue Internationale de Philosophie* 45 (178): 336-346.

GRAM, Moltke S. 1968. "Spinoza, Substance, and Predication." *Theoria* 3: 222-244.

GREENSLADE, S., ed. 1963. *Cambridge History of the Bible.* Cambridge: Cambridge University Press.

GRENE, Marjorie, ed. 1973. *Spinoza: A Collection of Critical Essays.* Modern Studies in Philosophy. Garden City: Doubleday/Anchor Press.

GRENE, Marjorie, and NAILS, Debra, eds. 1986. *Spinoza and the Sciences.* Boston Studies in the Philosophy of Science, vol. 91. Dordrecht: Reidel.

GRUNWALD, Max. 1986. *Spinoza in Deutschland.* Reimpresso por Neudruck Scientia Verlag Aalen. Berlin: S. Calvary, 1897.

GUÉROULT, Martial. 1968-1974. *Spinoza.* Vol. 1: *Dieu (Éthique 1);* Vol. 2: *L'âme (Éthique 2)* 2 vv. Paris: Aubier.

_____. 1970. *Études sur Descartes, Spinoza, Malebranche et Leibniz.* V. 1970. Hildesheim: Georg Olms.

HALL, A. Rupert, and HALL, Marie Boas. 1964. "Philosophy and Natural Philosophy: Boyle and Spinoza" Em: *Mélanges Alexandre Koyré II: l'Aventure de L'Ésprit,* 241-256. Paris: Hermann.

HALLETT, H. F. 1957. *Benedictus de Spinoza: The Elements of his Philosophy.* London: Athlone Press.

_____. 1962. *Creation, Emanation, Salvation: A Spinozistic Study.* The Hague: M. Nijhoff.

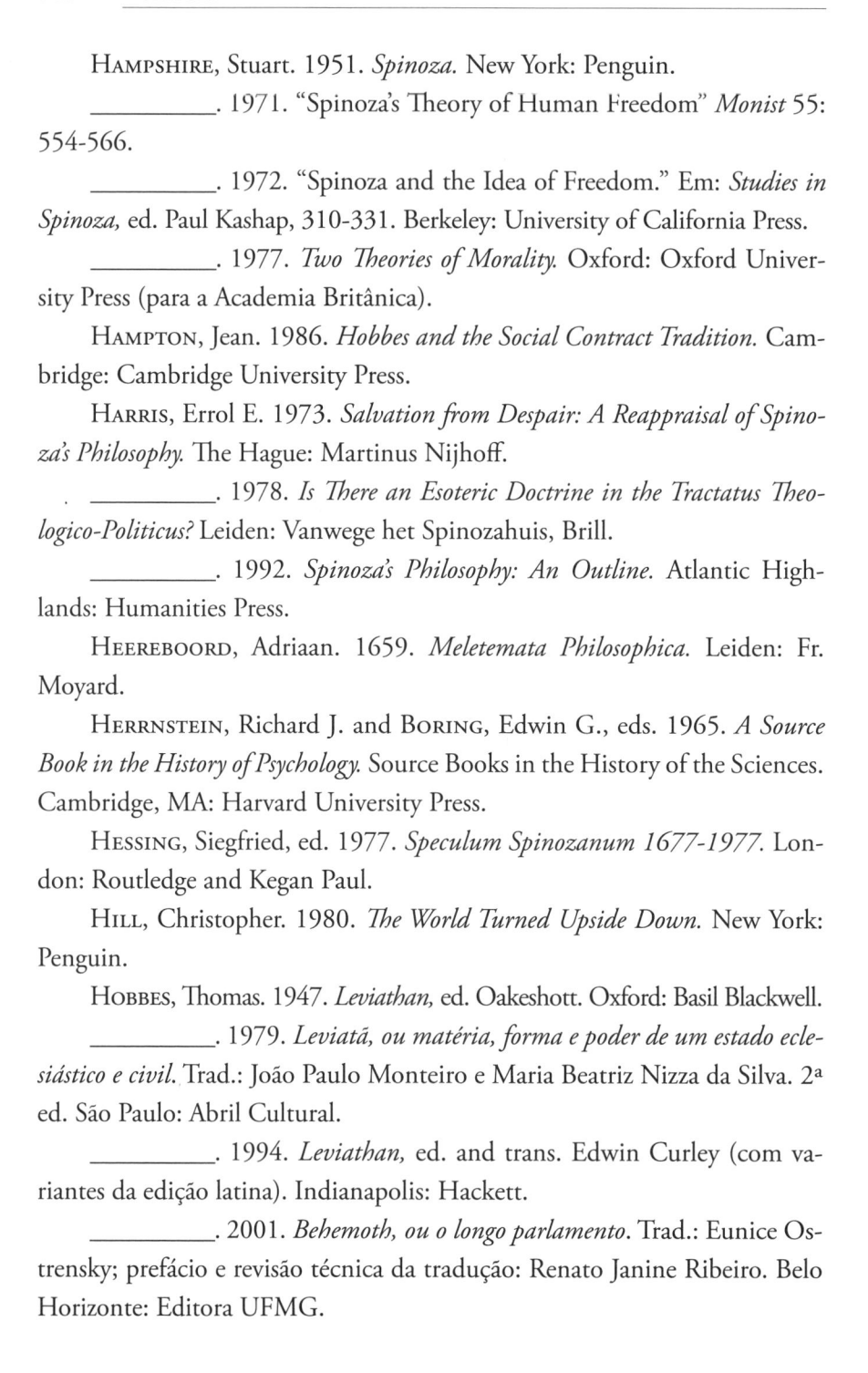

HAMPSHIRE, Stuart. 1951. *Spinoza*. New York: Penguin.

_____. 1971. "Spinoza's Theory of Human Freedom" *Monist* 55: 554-566.

_____. 1972. "Spinoza and the Idea of Freedom." Em: *Studies in Spinoza*, ed. Paul Kashap, 310-331. Berkeley: University of California Press.

_____. 1977. *Two Theories of Morality*. Oxford: Oxford University Press (para a Academia Britânica).

HAMPTON, Jean. 1986. *Hobbes and the Social Contract Tradition*. Cambridge: Cambridge University Press.

HARRIS, Errol E. 1973. *Salvation from Despair: A Reappraisal of Spinoza's Philosophy*. The Hague: Martinus Nijhoff.

_____. 1978. *Is There an Esoteric Doctrine in the Tractatus Theologico-Politicus?* Leiden: Vanwege het Spinozahuis, Brill.

_____. 1992. *Spinoza's Philosophy: An Outline*. Atlantic Highlands: Humanities Press.

HEEREBOORD, Adriaan. 1659. *Meletemata Philosophica*. Leiden: Fr. Moyard.

HERRNSTEIN, Richard J. and BORING, Edwin G., eds. 1965. *A Source Book in the History of Psychology*. Source Books in the History of the Sciences. Cambridge, MA: Harvard University Press.

HESSING, Siegfried, ed. 1977. *Speculum Spinozanum 1677-1977*. London: Routledge and Kegan Paul.

HILL, Christopher. 1980. *The World Turned Upside Down*. New York: Penguin.

HOBBES, Thomas. 1947. *Leviathan*, ed. Oakeshott. Oxford: Basil Blackwell.

_____. 1979. *Leviatã, ou matéria, forma e poder de um estado eclesiástico e civil*. Trad.: João Paulo Monteiro e Maria Beatriz Nizza da Silva. 2ª ed. São Paulo: Abril Cultural.

_____. 1994. *Leviathan*, ed. and trans. Edwin Curley (com variantes da edição latina). Indianapolis: Hackett.

_____. 2001. *Behemoth, ou o longo parlamento*. Trad.: Eunice Ostrensky; prefácio e revisão técnica da tradução: Renato Janine Ribeiro. Belo Horizonte: Editora UFMG.

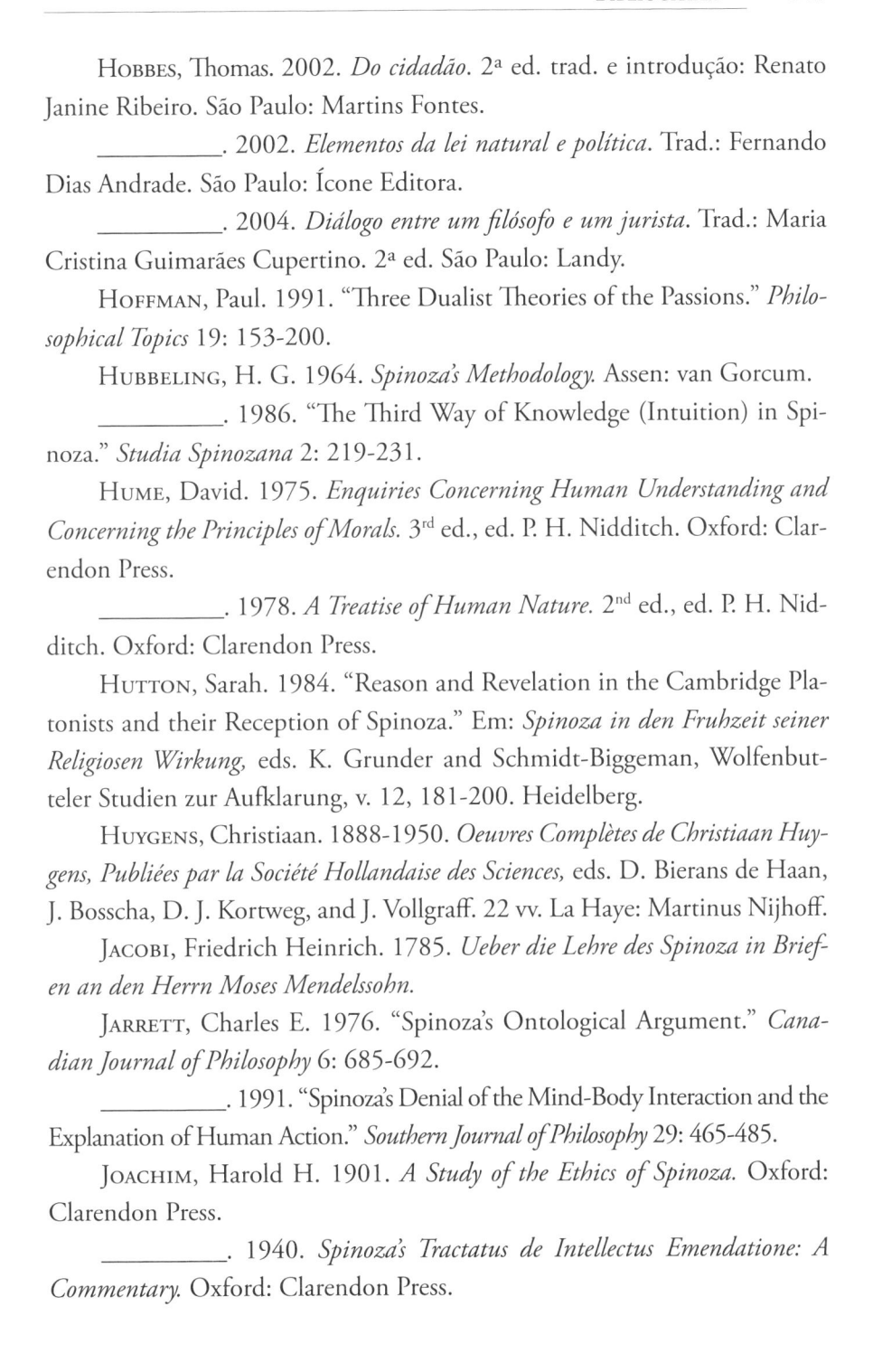

Hobbes, Thomas. 2002. *Do cidadão*. 2ª ed. trad. e introdução: Renato Janine Ribeiro. São Paulo: Martins Fontes.

_____. 2002. *Elementos da lei natural e política*. Trad.: Fernando Dias Andrade. São Paulo: Ícone Editora.

_____. 2004. *Diálogo entre um filósofo e um jurista*. Trad.: Maria Cristina Guimarães Cupertino. 2ª ed. São Paulo: Landy.

Hoffman, Paul. 1991. "Three Dualist Theories of the Passions." *Philosophical Topics* 19: 153-200.

Hubbeling, H. G. 1964. *Spinoza's Methodology*. Assen: van Gorcum.

_____. 1986. "The Third Way of Knowledge (Intuition) in Spinoza." *Studia Spinozana* 2: 219-231.

Hume, David. 1975. *Enquiries Concerning Human Understanding and Concerning the Principles of Morals*. 3rd ed., ed. P. H. Nidditch. Oxford: Clarendon Press.

_____. 1978. *A Treatise of Human Nature*. 2nd ed., ed. P. H. Nidditch. Oxford: Clarendon Press.

Hutton, Sarah. 1984. "Reason and Revelation in the Cambridge Platonists and their Reception of Spinoza." Em: *Spinoza in den Fruhzeit seiner Religiosen Wirkung,* eds. K. Grunder and Schmidt-Biggeman, Wolfenbutteler Studien zur Aufklarung, v. 12, 181-200. Heidelberg.

Huygens, Christiaan. 1888-1950. *Oeuvres Complètes de Christiaan Huygens, Publiées par la Société Hollandaise des Sciences,* eds. D. Bierans de Haan, J. Bosscha, D. J. Kortweg, and J. Vollgraff. 22 vv. La Haye: Martinus Nijhoff.

Jacobi, Friedrich Heinrich. 1785. *Ueber die Lehre des Spinoza in Briefen an den Herrn Moses Mendelsohn.*

Jarrett, Charles E. 1976. "Spinoza's Ontological Argument." *Canadian Journal of Philosophy* 6: 685-692.

_____. 1991. "Spinoza's Denial of the Mind-Body Interaction and the Explanation of Human Action." *Southern Journal of Philosophy* 29: 465-485.

Joachim, Harold H. 1901. *A Study of the Ethics of Spinoza*. Oxford: Clarendon Press.

_____. 1940. *Spinoza's Tractatus de Intellectus Emendatione: A Commentary*. Oxford: Clarendon Press.

JONAS, Hans. 1973. "Spinoza and the Theory of the Organism." Em: *Spinoza: A Collection of Critical Essays,* ed. Marjorie Grene, 259-278. Garden City: Doubleday/Anchor Press.

KAPLAN, Yosef. 1989. *From Christianity to Judaism: The Life of Isaac Orobio de Castro.* Oxford: Oxford University Press.

KASHAP, S. Paul, ed. 1972. *Studies in Spinoza: Critical and Interpretive Essays.* Berkeley: University of California Press.

KECKERMANN, Bartholomew. 1614. *Operum Omnium quae Extant Tomus Primus.* Geneva: Pierre Aubert.

KENNINGTON, Richard, ed. 1980. *The Philosophy of Baruch Spinoza.* Studies in Philosophy and the History of Philosophy, vol. 7. Washington, D.C.: Catholic University of America Press.

KENNY, E. J. 1974. *The Classical Text.* Berkeley: University of California Press.

KERCKRINGH, Theodor. 1670. *Opera Anatomica, Continentia Spicilegium Anatomicum.* Leiden: Boutesteyn.

KINGMA, J., and A. K. Offenberg. 1985. *Bibliography of Spinoza's Works up to 1800.* Amsterdam: Amsterdam University Press, 1977. Edição corrigida e anotada, 1985.

KISSINGER, Henry A. 1968. "The White Revolutionary: Reflections on Bismarck" *Daedalus* 97: 888-924.

KLEIN, D. B. 1970. *A History of Scientific Psychology: Its Origins and Philosophical Backgrounds.* New York, London: Basic Books, Routledge and Kegan Paul.

KLEVER, W. N. A. 1983. "Nieuwe Argumenten tegen de Toeschrijving van het Auteurschap van de SRR en RK aan Spinoza." *Tijdschrift voor Filosofie* 47: 493-502.

_____. 1986. "Axioms in Spinoza's Science and Philosophy of Science" *Studia Spinozana* 2: 171-195.

_____. 1987. "The Helvetius Affair, or, Spinoza and the Philosopher's Stone" *Studia Spinozana* 3: 439-450.

_____. 1988a. "Burchard De Voider (1643-1709): Crypto-Spinozist on a Leiden Cathedra." *LIAS* 15: 191-241.

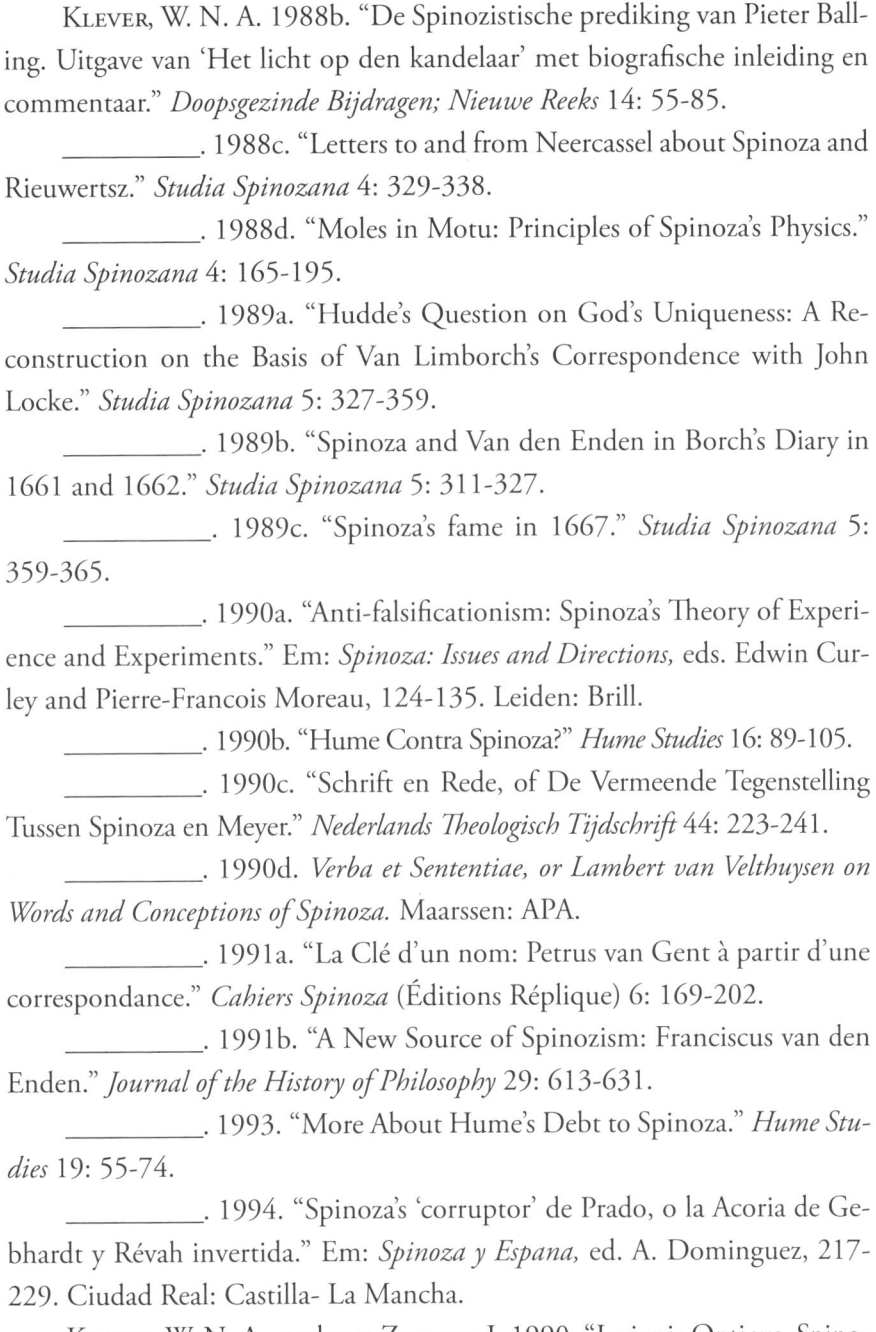

Klever, W. N. A. 1988b. "De Spinozistische prediking van Pieter Balling. Uitgave van 'Het licht op den kandelaar' met biografische inleiding en commentaar." *Doopsgezinde Bijdragen; Nieuwe Reeks* 14: 55-85.

_____. 1988c. "Letters to and from Neercassel about Spinoza and Rieuwertsz." *Studia Spinozana* 4: 329-338.

_____. 1988d. "Moles in Motu: Principles of Spinoza's Physics." *Studia Spinozana* 4: 165-195.

_____. 1989a. "Hudde's Question on God's Uniqueness: A Reconstruction on the Basis of Van Limborch's Correspondence with John Locke." *Studia Spinozana* 5: 327-359.

_____. 1989b. "Spinoza and Van den Enden in Borch's Diary in 1661 and 1662." *Studia Spinozana* 5: 311-327.

_____. 1989c. "Spinoza's fame in 1667." *Studia Spinozana* 5: 359-365.

_____. 1990a. "Anti-falsificationism: Spinoza's Theory of Experience and Experiments." Em: *Spinoza: Issues and Directions,* eds. Edwin Curley and Pierre-Francois Moreau, 124-135. Leiden: Brill.

_____. 1990b. "Hume Contra Spinoza?" *Hume Studies* 16: 89-105.

_____. 1990c. "Schrift en Rede, of De Vermeende Tegenstelling Tussen Spinoza en Meyer." *Nederlands Theologisch Tijdschrift* 44: 223-241.

_____. 1990d. *Verba et Sententiae, or Lambert van Velthuysen on Words and Conceptions of Spinoza.* Maarssen: APA.

_____. 1991a. "La Clé d'un nom: Petrus van Gent à partir d'une correspondance." *Cahiers Spinoza* (Éditions Réplique) 6: 169-202.

_____. 1991b. "A New Source of Spinozism: Franciscus van den Enden." *Journal of the History of Philosophy* 29: 613-631.

_____. 1993. "More About Hume's Debt to Spinoza." *Hume Studies* 19: 55-74.

_____. 1994. "Spinoza's 'corruptor' de Prado, o la Acoria de Gebhardt y Révah invertida." Em: *Spinoza y Espana,* ed. A. Dominguez, 217-229. Ciudad Real: Castilla- La Mancha.

Klever, W. N. A., and van Zuylen, J. 1990. "Insignis Opticus. Spinoza in de Geschiedenis van de Optica." *De Zeventiende Eeuw* 6: 47-63.

Klijnsmit, A. J. 1986. *Spinoza and Grammatical Tradition.* Leiden: Brill.

Kline, George L. 1952. *Spinoza in Soviet Philosophy.*

Koerbagh, Adriaan. 1974. *Een ligt schijnende in duystere plaatsen / om te verligten de voornaamste saaken der Gods-geleertheyd en Gods-dienst / ontsteeken door Vreederijk Waarmond / ondersoeker der Waarheyd. Anders Adr. Koerbagh.* ed. H. Vandenhossche. Brussels.

Kortholt, Christian. 1700. *De Tribus Impostoribus.* Hamburg.

La Peyrère, Isaac. 1656. *Men before Adam.* London.

_____. 1663. *Apologie de la Peyrère.* Paris.

Lachterman, David R. 1978. "The Physics of Spinoza's Ethics." Em: *Spinoza: New Perspectives,* eds. Robert W. Shahan and John Biro, 77-111. Norman: University of Oklahoma Press.

Lagny, A. 1993. "Spinoza Personnage de Roman." Em: *Spinoza au XXe siècle,* ed. O. Bloch, Paris: PUF.

Lau, Theodor Ludwig. 1992. *Meditationes Philosophicae de Deo, Mundo, Homine (1717) Meditationes. Theses, Dubia Philosophico-Theologica (1719). Dokumente. Mit einer Einleitung Herausgegeben von Martin Pott.* Stuttgart-Bad Cansatt: Frommann-Holzboog.

Lecrivain, André. 1986. "Spinoza and Cartesian Mechanics." Em: *Spinoza and the Sciences,* eds. Marjorie Grene and Debra Nails, 15-60. Dordrecht: Reidel.

Leibniz, Gottfried Wilhelm. 1710. *Theodicée.* Amsterdam.

_____. 1980. *Sämtliche Schriften und Briefe.* Berlin: Akademie-Verlag.

_____. 1989. *Philosophical Essays,* ed. and trans. Roger Ariew and Daniel Garber. Indianapolis: Hackett.

Leopold, J. H. 1902. *Ad Spinozae Opera Posthuma.* The Hague.

LePore, Ernest, and Loewer, Barry. 1987. "Mind Matters." *Journal of Philosophy* 84: 630-642.

Levi, Ze'ev. 1987. "The Problem of Normativity in Spinoza's Hebrew Grammar." *Studia Spinozana* 3: 351-390.

Lightfoot, John. 1647. *The Harmony of the Four Evangelists, Among Themselves, and with the Old Testament.*

Loeb, Louis. 1981. *From Descartes to Hume.* Ithaca: Cornell University Press.

Lowinan, Moses. 1756. *Three Tracts.* London.

(Lucas, Jean Maximilien). 1927. *The Oldest Biography of Spinoza,* ed. and trans. A. Wolf. London: George Allen and Unwin.

Macherey, P. 1990. *Hegel on Spinoza.* Paris: Maspero, 1979. Segunda edição, La Découverte.

Machiavelli, Niccolò. 1975. *The Discourses of Niccolò Machiavelli,* ed. Bernard Crich and trans. Leslie Walker. London: Routledge and Paul.

_____. 1979. *The Portable Machiavelli,* ed. and trans. Peter Bondanella and Mark Musa. New York: Viking Press.

_____.1992. *The Prince.* 2nd ed., ed. and trans. Robert Adams. New York: Norton.

_____. 2006. *O príncipe.* Tradução, introdução e notas de Antonio D'Elia. São Paulo: Cultrix.

_____. 2007. *Discursos sobre a primeira década de Tito Lívio.* 1ª ed. Glossário e revisão técnica: Patrícia Fontoura Aranovich; trad.: MF; edição de texto: Karina Jannini. São Paulo: Martins Fontes.

Madanes, Leiser. 1992. "How to Undo Things with Words: Spinoza's Criterion for Limiting Freedom of Expression." *History of Philosophy Quarterly* 9: 401-408.

Maimonides, Moses. 1963. *The Guide of the Perplexed,* ed. and trans. Shlomo Pines. Chicago: University of Chicago Press.

Mansvelt, Regnerus à. 1674. *Adversus Anonymum Theologico-Politicum.* Amsterdam: Wolfgang.

Marcus, Ruth Barcan. 1983. "Bar-On on Spinoza's Ontological Proof." Em: *Spinoza: His Thought and Work,* eds. Nathan Rotenstreich and Norma Schneider, 110-120. Jerusalém: The Israel Academy of Arts and Sciences.

_____. 1986. "Spinoza and the Ontological Proof" Em: *Human Nature and Natural Knowledge,* eds. A. Donagan, A. N. Perovich, and M. V. Wedin, 153-66. Dordrecht: Reidel.

Mark, Thomas Carson. 1972. *Spinoza's Theory of Truth.* New York: Columbia University Press.

_____. 1978. "Truth and Adequacy in Spinozistic Ideas." Em: *Spinoza: New Perspectives,* eds. R. W. Shahan and J. I. Biro, 11-34. Norman: University of Oklahoma Press.

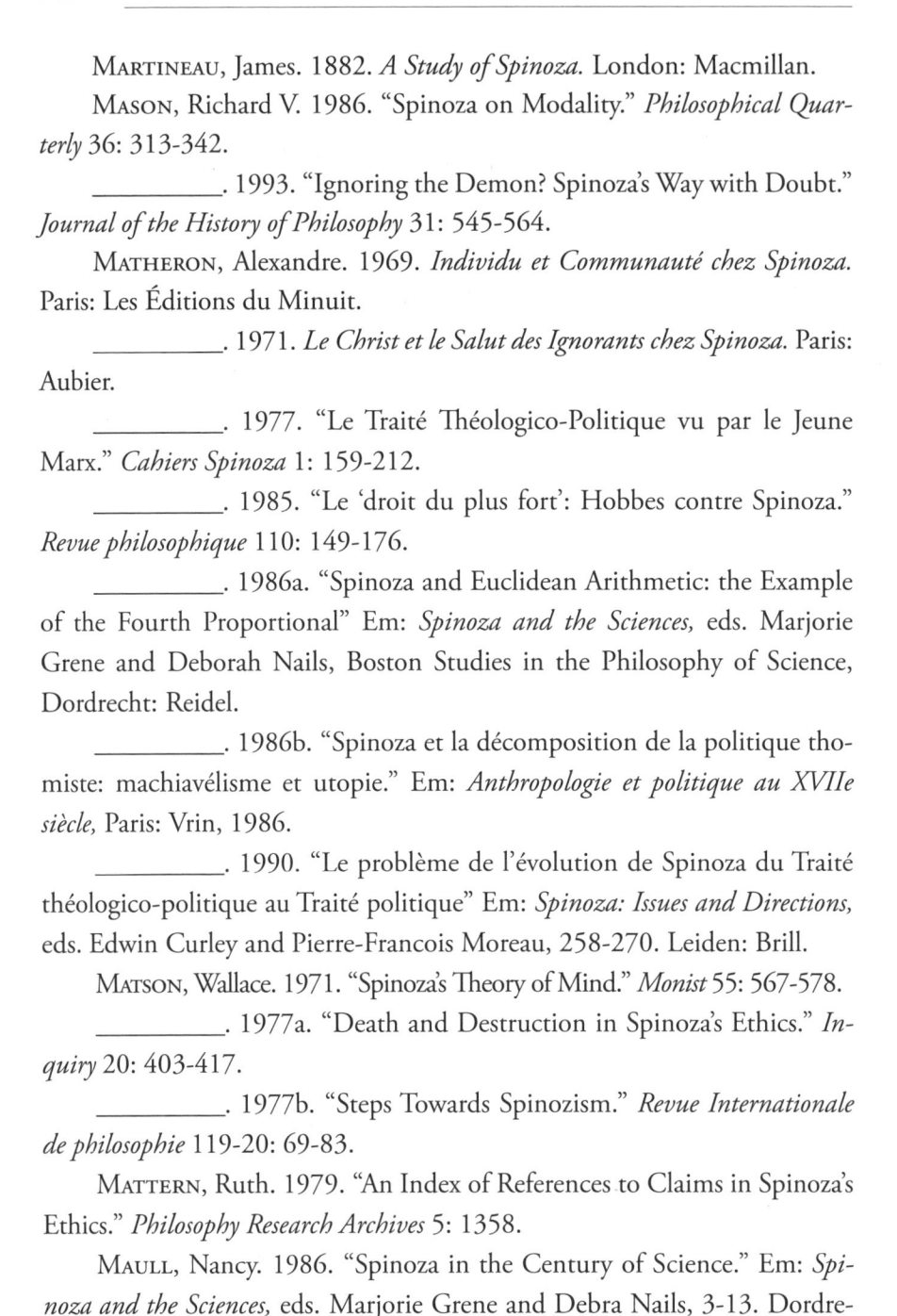

Martineau, James. 1882. *A Study of Spinoza.* London: Macmillan.

Mason, Richard V. 1986. "Spinoza on Modality." *Philosophical Quarterly* 36: 313-342.

_____. 1993. "Ignoring the Demon? Spinoza's Way with Doubt." *Journal of the History of Philosophy* 31: 545-564.

Matheron, Alexandre. 1969. *Individu et Communauté chez Spinoza.* Paris: Les Éditions du Minuit.

_____. 1971. *Le Christ et le Salut des Ignorants chez Spinoza.* Paris: Aubier.

_____. 1977. "Le Traité Théologico-Politique vu par le Jeune Marx." *Cahiers Spinoza* 1: 159-212.

_____. 1985. "Le 'droit du plus fort': Hobbes contre Spinoza." *Revue philosophique* 110: 149-176.

_____. 1986a. "Spinoza and Euclidean Arithmetic: the Example of the Fourth Proportional" Em: *Spinoza and the Sciences,* eds. Marjorie Grene and Deborah Nails, Boston Studies in the Philosophy of Science, Dordrecht: Reidel.

_____. 1986b. "Spinoza et la décomposition de la politique thomiste: machiavélisme et utopie." Em: *Anthropologie et politique au XVIIe siècle,* Paris: Vrin, 1986.

_____. 1990. "Le problème de l'évolution de Spinoza du Traité théologico-politique au Traité politique" Em: *Spinoza: Issues and Directions,* eds. Edwin Curley and Pierre-Francois Moreau, 258-270. Leiden: Brill.

Matson, Wallace. 1971. "Spinoza's Theory of Mind." *Monist* 55: 567-578.

_____. 1977a. "Death and Destruction in Spinoza's Ethics." *Inquiry* 20: 403-417.

_____. 1977b. "Steps Towards Spinozism." *Revue Internationale de philosophie* 119-20: 69-83.

Mattern, Ruth. 1979. "An Index of References to Claims in Spinoza's Ethics." *Philosophy Research Archives* 5: 1358.

Maull, Nancy. 1986. "Spinoza in the Century of Science." Em: *Spinoza and the Sciences,* eds. Marjorie Grene and Debra Nails, 3-13. Dordrecht: Reidel.

McKeon, Richard. 1928. *The Philosophy of Spinoza: The Unity of his Thought.* London: Longmans, Green, and Co.

_____. 1965. "Spinoza on the Rainbow and on Probability." Em: *Harry Austryn Wolfson Jubilee Volume on the Occasion of his Seventy-Fifth Birthday,* ed. Leo W. Schwartz and others, Vol. 1, 533-559. Jerusalem: The American Academy for Jewish Research, 2 vv.

McShea, Robert. 1968. *The Political Philosophy of Spinoza.* New York: Columbia University Press.

Méchoulan, H. 1990. *Amsterdam au Temps de Spinoza.* Paris: Presses Universitaires de France.

Méchoulan, H. and Nahon, G. 1979. *Menasseh Ben Israel, Espérance d'Israel.* Paris: Vrin.

Meinel, Christoph. 1988. "Early Seventeenth-Century Atomism: Theory, Epistemology and the Insufficiency of Experiment." *Isis* 79: 68-103.

Meininger, J. V., and van Suchtelen, Guido. 1980. *Liever met Wercken als met Woorden. De Levensreis van doctor Franciscus van den Enden, Leermeester van Spinoza, Complotteur tegen Lodewijk de Veertiende.* Weesp: Heureka.

Meinsma, K. O. 1980. *Spinoza en Zijn Kring. Historisch-kritische Studien over Hollandsche Vrijgeesten.* The Hague: Gravenhage 1896. Reimpresso, Utrecht: M. Nijhoff.

_____. 1983. *Spinoza et son Cercle.* eds. Henri Mechoulan and Pierre-Francois Moreau. Paris: Vrin.

Melchior, J. 1671. *Epistola ad Amicum, Continens Censuram Libri.* Utrecht: Noenaert.

Meyer, Lodewijk. 1666. *Philosophia s. scripturae intepres.* Eleutheropoli (Amsterdã).

_____. 1988. *La philosophie interprète de l'Écriture Sainte,* ed. and trans. Lagree, J. and Moreau, P.-F. Paris: Intertextes editeur.

Mignini, Filippo. 1986b. "Spinoza's Theory on the Active and Passive Nature of Knowledge" *Studia Spinozana* 2: 27-58.

_____. 1990. "In Order to Interpret Spinoza's Theory of the Third Kind of Knowledge: Should Intuitive Science be Considered per causam proximam Knowledge?" Em: *Spinoza: Issues and Directions,* eds. Edwin Curley and Pierre-Francois Moreau, 136-146. Leiden: Brill.

MILLER, David, ed. 1987. *The Blackwell Encyclopedia of Political Thought.* Oxford: Basil Blackwell.

MOREAU, Pierre-Francois. 1971. *Spinoza et Spinozisme.* Paris.

_____. 1975. *Spinoza.* Paris.

_____. 1994. *L'Expérience et L'Eternité. Recherches sur la Constitution du Système Spinoziste.* Paris: PUF.

MORETTI-CONSTANZI, T. 1946. *Spinoza.* Rome: Editrice Universitas.

MULIER, Eco Haitsma. 1980. *The Myth of Venice and Dutch Republican Thought in the Seventeenth Century.* Assen: Van Gorcum.

MUSAEUS, J. 1674. *Tractatus Theologico-politicus ad Veritatis Lumen Examinatus.* Jena.

NAESS, Arne. 1975. *Freedom, Emotion, and Self-Subsistence: The Structure of a Central Part of Spinoza's Ethics.* Oslo: Universitetsvorlaget.

NAGEL, Thomas. 1986. *The View From Nowhere.* New York: Oxford University Press.

NAILS, Debra. 1986. "Annotated Bibliography of Spinoza and the Sciences." Em: *Spinoza and the Sciences,* eds. Marjorie Grene and Debra Nails, 305-314. Dordrecht: Reidel.

NEGRI, Antonio. 1981. *L'Anomalia Selvaggia. Saggio su Potere e Potenza in Baruch Spinoza.* Traduzido para o francês como *L'Anomalie Sauvage. Puissance et pouvoir chez Spinoza.* Milan: Felltrinelli, 1981, Paris, 1982.

_____. 1991. *The Savage Anomaly,* ed. and trans. Hardt, Michael. Translation of *L'Anomalia Selvaggia,* Giangriacomo Feltrinelli Editore, 1981. Minneapolis: University of Minnesota Press.

_____. 1993. *A anomalia selvagem – poder e potência em Spinoza.* Tradução de Raquel Ramelhete. São Paulo: Editora 34.

NEU, Jerome. 1977. *Emotion, Thought and Therapy.* Berkeley: University of California Press.

NIL VOLENTIBUS ARDUUM (NVA). 1989. *Onderwijs in de Tooneelpoezy.* ed. A. J. E. Harmsen. Rotterdam: Ordeman.

ODEGARD, Douglas. 1975. "The Body Identical with the Human Mind: A Problem in Spinoza's Philosophy." Em: *Spinoza, Essays in Interpretation,* eds. Eugene Freeman and Maurice Mandelbaum, 61-83. La Salle: Open Court.

OLDENBURG, Henry. 1965-1986. *The Correspondence of Henry Oldenburg,* ed. and trans. A. Rupert Hall and Marie Boas Hall. 13 Vv. Madison: University of Wisconsin Press, London: Mansell, Taylor, and Francis.

OSIER, J. P. 1983. *D'Uriel da Costa a Spinoza.* Berg International.

PARFIT, Derek. 1984. *Reasons and Persons.* New York: Oxford University Press.

PARISET. 1906. "Sieyès et Spinoza." *Revue de synthèse historique* 12: 309-20.

PARKINSON, G. H. R. 1954. *Spinoza's Theory of Knowledge.* Oxford: Clarendon Press.

_____. 1971. "Spinoza on the Power and Freedom of Man." *Monist* 55: 527-553.

_____. 1990. "Definition, Essence, and Understanding in Spinoza." Em: *Central Themes in Early Modern Philosophy,* eds. J. A. Cover and Mark Kulstad, 49-67. Indianapolis: Hackett.

PASCAL, Blaise. 1663. *Traité de L'Équilibre des Liueurs et de la Pesantuer de la Masse de l'Air.* Paris: Desprez.

PATRICK, Simon. 1700. *A Commentary upon the Fifth Book of Moses, called Deuteronomy.* London.

PATY, Michel. 1985. "La Doctrine du Parallélisme de Spinoza et le Programme Épistémologique d'Einstein." *Cahiers Spinoza* 5: 93-108.

PETRY, M. J. 1994. "Algebra, Chances and the Rainbow." Em: *Les Textes de Spinoza. Études sur les Mots, les Phrases, les Livres,* eds. Fokke Akkerman and Piet Steenbakkers, Philosophia Spinozae Perennis: Spinoza's Philosophy and its Relevance, Vol. 9, Assen: Van Gorcum, 1994; Naples: Bibliopolis, 1994.

POLLOCK, Frederick. 1912. *Spinoza: His Life and Philosophy.* Reedição corrigida da 2ª edição (1899) ed., London: Duckworth.

POPKIN, Richard H. 1979a. "Hume and Spinoza." *Hume Studies* 5: 65-93.

_____. 1979b. *The History of Scepticism from Erasmus to Spinoza.* Berkeley: University of California Press.

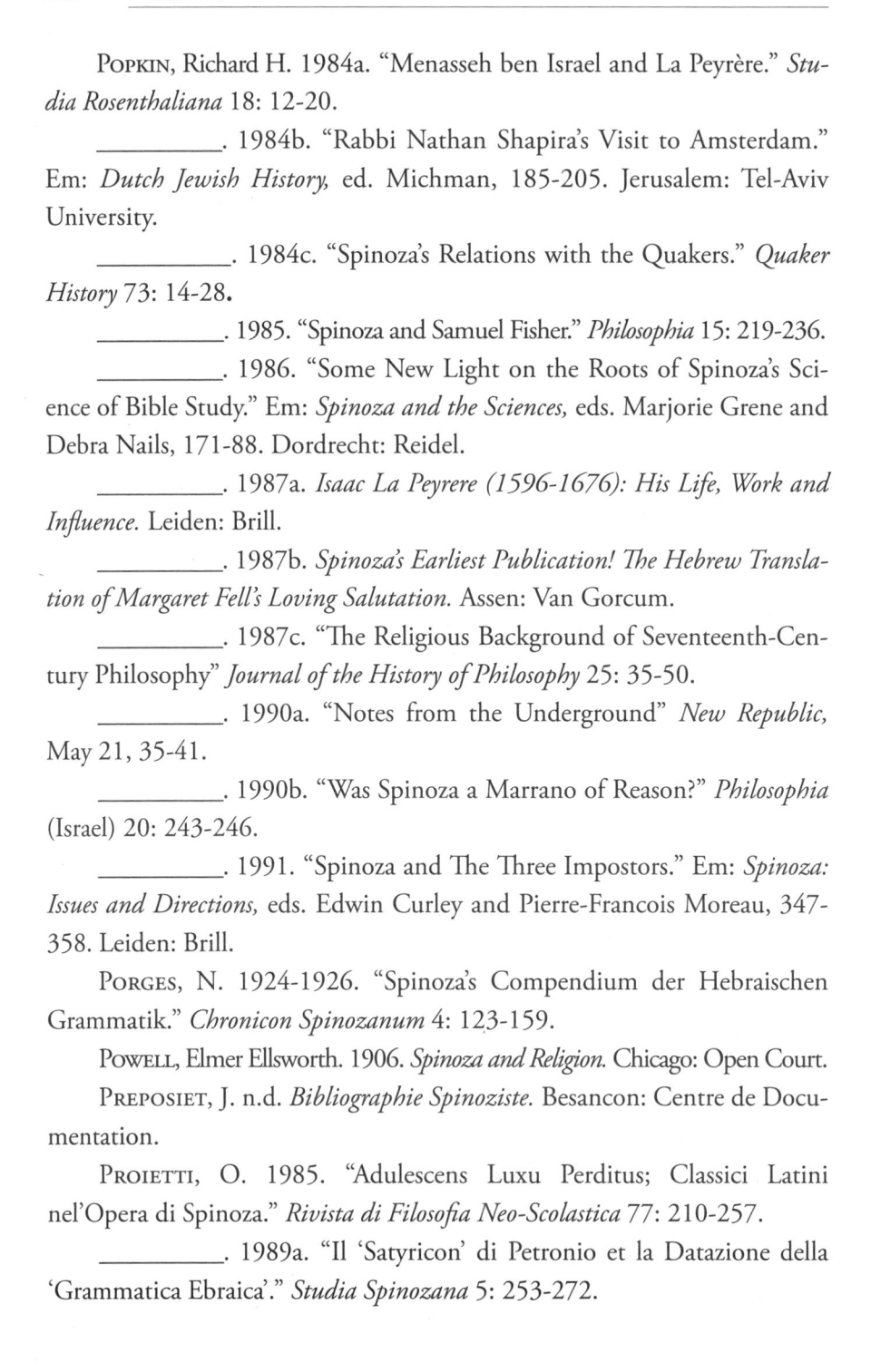

Popkin, Richard H. 1984a. "Menasseh ben Israel and La Peyrère." *Studia Rosenthaliana* 18: 12-20.

_____. 1984b. "Rabbi Nathan Shapira's Visit to Amsterdam." Em: *Dutch Jewish History,* ed. Michman, 185-205. Jerusalem: Tel-Aviv University.

_____. 1984c. "Spinoza's Relations with the Quakers." *Quaker History* 73: 14-28.

_____. 1985. "Spinoza and Samuel Fisher." *Philosophia* 15: 219-236.

_____. 1986. "Some New Light on the Roots of Spinoza's Science of Bible Study." Em: *Spinoza and the Sciences,* eds. Marjorie Grene and Debra Nails, 171-88. Dordrecht: Reidel.

_____. 1987a. *Isaac La Peyrere (1596-1676): His Life, Work and Influence.* Leiden: Brill.

_____. 1987b. *Spinoza's Earliest Publication! The Hebrew Translation of Margaret Fell's Loving Salutation.* Assen: Van Gorcum.

_____. 1987c. "The Religious Background of Seventeenth-Century Philosophy" *Journal of the History of Philosophy* 25: 35-50.

_____. 1990a. "Notes from the Underground" *New Republic,* May 21, 35-41.

_____. 1990b. "Was Spinoza a Marrano of Reason?" *Philosophia* (Israel) 20: 243-246.

_____. 1991. "Spinoza and The Three Impostors." Em: *Spinoza: Issues and Directions,* eds. Edwin Curley and Pierre-Francois Moreau, 347-358. Leiden: Brill.

Porges, N. 1924-1926. "Spinoza's Compendium der Hebraischen Grammatik." *Chronicon Spinozanum* 4: 123-159.

Powell, Elmer Ellsworth. 1906. *Spinoza and Religion.* Chicago: Open Court.

Preposiet, J. n.d. *Bibliographie Spinoziste.* Besancon: Centre de Documentation.

Proietti, O. 1985. "Adulescens Luxu Perditus; Classici Latini nel'Opera di Spinoza." *Rivista di Filosofia Neo-Scolastica* 77: 210-257.

_____. 1989a. "Il 'Satyricon' di Petronio et la Datazione della 'Grammatica Ebraica'." *Studia Spinozana* 5: 253-272.

PROIETTI, O. 1989b. "Lettres a Lucilius, une Source du 'De Intellectus Emendatione' de Spinoza." Em: *Lire et Traduire Spinoza. Travaux et Documents [du] Groupe de Recherches Spinozistes,* Vol. I, Paris.

_____. 1989c. "Petronius and Spinoza's Hebrew Grammar." *Studia Spinozana* 5: 253-272.

RADNER, Daisie. 1971. "Spinoza's Theory of Ideas." *The Philosophical Review* 80: 338-359.

RAPPAPORT, Samuel. 1899. *Schopenhauer und Spinoza.* Halle/Wittemberg (tese).

REEDY, Gerard. 1985. *The Bible and Reason: Anglicans and Scripture in Late Seventeenth-Century England.* Philadelphia: University of Pennsylvania.

REIDER, Joseph. 1937. *Deuteronomy with Commentary.* Philadelphia: The Jewish Publication Society of America.

RÉVAH, I. S. 1959. *Spinoza et le Docteur Juan de Prado.* The Hague: Mouton.

_____. 1964. "Aux Origines de la Rupture Spinozienne: Nouveaux Documents sur la Croyance dans la Communaute Judéo-Portugaise d'Amsterdam a l'Époque de l'Excommunication de Spinoza." *Revue des Études Juives* 123: 359-431.

RÉVAH, I. S. 1970-2. "Aux Origines de la Rupture Spinozienne: Nouvel Examen des Origines du Déroulement et des Conséquences de l'Affaire Spinoza-Prado-Ribera." *Annuaire du Collège de France* 70-72: 562-568, 574-787, 641-653.

RICE, Lee C. 1971. "Spinoza on Individuation." *Monist* 55: 640-659.

RICHARDSON, John. 1655. *Choice Observations and Explanation upon the Old Testament.* London.

RIVAUD, Albert. 1924-1926. "La Physique de Spinoza." *Chronicon Spinozanum* 4: 24-57.

ROBINSON, Amy. 1991. *Two Problems in Spinoza's Theory of Sense Perception.* Princeton University (dissertação).

ROTH, Leon. 1924. *Spinoza, Descartes, Maimonides.* Oxford: Clarendon Press.

_____.1929. *Spinoza.* London: E. Benn.

Rousseau, Jean-Jacques. 2006. *Do contrato social: princípios do direito político*. Trad.: Antonio de Pádua Danesi. 4ª ed. São Paulo: Martins Fontes.

Rovane, Carol, n.d. "Charity and Identity." *Forum fur Philosophie* (no prelo).

Ryan, Alan. 1983. "Hobbes, Toleration and the Inner Life." Em: *The Nature of Political Theory*, eds. David Miller and Larry Seidentop, Oxford: Clarendon Press.

Sahakian, William S., ed. 1970. *History of Psychology: A Source Book in Systematic Psychology*. Itasca, Illinois: F. E. Peacock Publishers.

Salomon, H. P. 1988. *Saul Levi Mortera en zijn "Traktaat Betreffende de Waarheid van de wet van Mozes."* Braga.

Santayana, G. 1886. "The Ethical Doctrine of Spinoza." *The Harvard Monthly*. 144-152.

Savan, David. 1973. "Spinoza and Language." Em: *Spinoza: A Collection of Critical Essays*, ed. Marjorie Grene, Garden City: Doubleday/Anchor.

_____. 1986. "Spinoza: Scientist and Theorist of Scientific Method." Em: *Spinoza and the Sciences*, eds. Marjorie Grene and Debra Nails, 95-123. Dordrecht: Reidel.

Schmidt-Biggemann, W. 1992. "Spinoza dans le Cartesianisme." Em: *Travaux et Documents du Groupe de Recherches Spinozistes*.

Schopenhauer, Arthur, 1960. *Sämtliche Werke*. ed. Wolfgang Lohneysen. Frankfurt: Insel-Cotta.

Schröder, Winfried. 1987. *Spinoza in der Deutschen Frühaufklärung*. Wurzburg: Königshausen und Neumann.

Scribano, M. E. 1988. *Da Descartes a Spinoza. Percosi della Teologia Razionale nel Seicento*. Milan: Franco Angeli.

Secretan, Catherin. 1987. "La Reception de Hobbes aux Pays-Bas au XVIIe siècle." *Studia Spinozana* 3: 27-46.

Seligman, Edwin R. A., and Alvin Johnson, eds. 1930-1935. *Encyclopedia of the Social Sciences*. 15 vv. New York: MacMillan.

Semerari, G. 1952. *I Problemi dello Spinozismo*. Vecchi: Shahan, Robert W., and J. I. Biro, eds. 1978. *Spinoza: New Perspectives*. Norman: University of Oklahoma Press.

SHERWOOD, William of. 1966. *William of Sherwood's Introduction to Logic*, ed. and trans. Norman Kretzmann. Minneapolis: University of Minnesota Press.

SIEBRAND, Heine. 1986. "Spinoza and the Rise of Modern Science in the Netherlands." Em: *Spinoza and the Sciences,* eds. Marjorie Grene and Debra Nails, 61-91. Dordrecht: Reidel.

SILLS, David L., ed. 1968-1979. *International Encyclopedia of the Social Sciences.* 18 vv. New York: MacMillan, Free Press.

SIMON, Richard. 1687. *De l'Inspiration des Livres Sacres.* Rotterdam.

SKINNER, Quentin. 1974. "Conquest and Consent: Thomas Hobbes and the Engagement Controversy." Em: *The Interregnum: the Quest for Settlement,* ed. G. E. Alymer, 79-98. New York: MacMillan.

_____. 1999. *Razão e retórica na filosofia de Hobbes.* V. 1. Trad.: Vera Ribeiro. São Paulo: Editora da UNESP.

SNEL, Robert, n.d. *Het Hermetisch Universum. Nietzsches Verhouding tot Spinoza en de Moderne Ontologie.* Mededelingen vanwege het Spinozahuis 60. Delft: Eburon.

SOSA, Ernest. 1984. "Mind-Body Interaction and Supervenient Causation" *Midwest Studies in Philosophy* 9: 271-281.

SPINOZA, Bento de. 1663. *Renati Des Cartes Principiorum Philosophiae Pars I, & II, more geometrico demonstratae per Benedictum de Spinoza Amstelodamensem. Accesserunt ejusdem Cogitata Metaphysica...* Amsterdam: Jan Rieuwertsz.

_____. 1664. *Renatus Des Cartes Beginzelen der Wysbegeerte, I en II Deel, Na de Meetkonstige wijze door Benedictus de Spinoza Amsterdammer. Mitsgaders deszelfs overnatuurkundige Gedachten... Alles uit 't Latijn vertaalt door P. B.* Amsterdam: Jan Rieuwertsz.

_____. 1678. *La clef du Sanctuaire.* Traduzido por Saint-Glain. Leyde: Warnaer.

_____. 1910. *Short Treatise on God, Man, and His Weil-Being, and a Life of Spinoza,* ed. and trans. A. Wolf. London: Adam and Charles Black.

_____. 1925. *Spinoza Opera,* ed. Carl Gebhardt. 4 Vv. Heidelberg: Carl Winter.

Spinoza, Bento de. 1966. *The Correspondence of Spinoza*, ed. and trans. A. Wolf. London: Allen & Unwin, 1928. Reprinted, London, Frank Cass.

_____. 1954. *Oeuvres complètes,* ed. and trans. Roland Caillois, Madeleine Frances, and Robert Misrahi. Paris: Gallimard.

_____. 1958. *Political Works,* ed. A. G. Wernham. Oxford: Clarendon Press.

_____. 1968. *Abrégé de Grammaire Hébraique.* Introduction, traduction francaise et notes, éd. et traduction par J. Askenazi et J. Gerson, Paris: Vrin.

_____. 1974. *The Principles of Descartes' Philosophy [and the Cogitata Metaphysica],* ed. and trans. Halbert Hains Britan. Primeira edição 1905 La Salle, Illinois: Open Court.

_____. 1982. *The Ethics, and Selected Letters,* ed. and trans. Samuel Shirley. Indianapolis: Hackett.

(atribuído). 1984-1985. "Calcul algébrique de Farc-en-ciel, Calcul des Chances" Traduzido por P.-F. Moreau. *Cahiers Spinoza* 5: 7-69.

_____. 1985a. *The Collected Works of Spinoza.* Vol. 1, ed. and trans. Edwin Curley. Princeton: Princeton University Press.

(atribuído). 1985b. *Spinoza's Algebraic Calculation of the Rainbow; and, Calculation of Chances,* ed. M. J. Petry. The Hague: M. Nijhoff.

_____. 1986. *Korte Verhandeling van God, de Mensch en deszelvs Welstand/ Breve Trattato su Dio, l'Uomo e il suo Bene,* ed. e trad.: Filippo Mignini. L'Aquila: L. U. Japadre Editore.

_____. 1989. *Tractatus Theologico-Politicus,* ed. and trans. Samuel Shirley. Leiden: Brill.

_____. 1994. *A Spinoza Reader,* ed. Edwin Curley. Princeton: Princeton University Press.

_____. 2008. *Ética.* Trad. e notas de Tomaz Tadeu. 2ª ed. bilíngue Latim-Português. Belo Horizonte: Autêntica editora.

Spizelius, T. 1675. *Infelix Litterator.* Rotterdam.

Sprigge, Timothy. 1977. "Spinoza's Identity Theory" *Inquiry* 20: 419-445.

Steinberg, Diane. 1981. "Spinoza's Theory of the Eternity of Mind." *Canadian Journal of Philosophy* 11: 35-68.

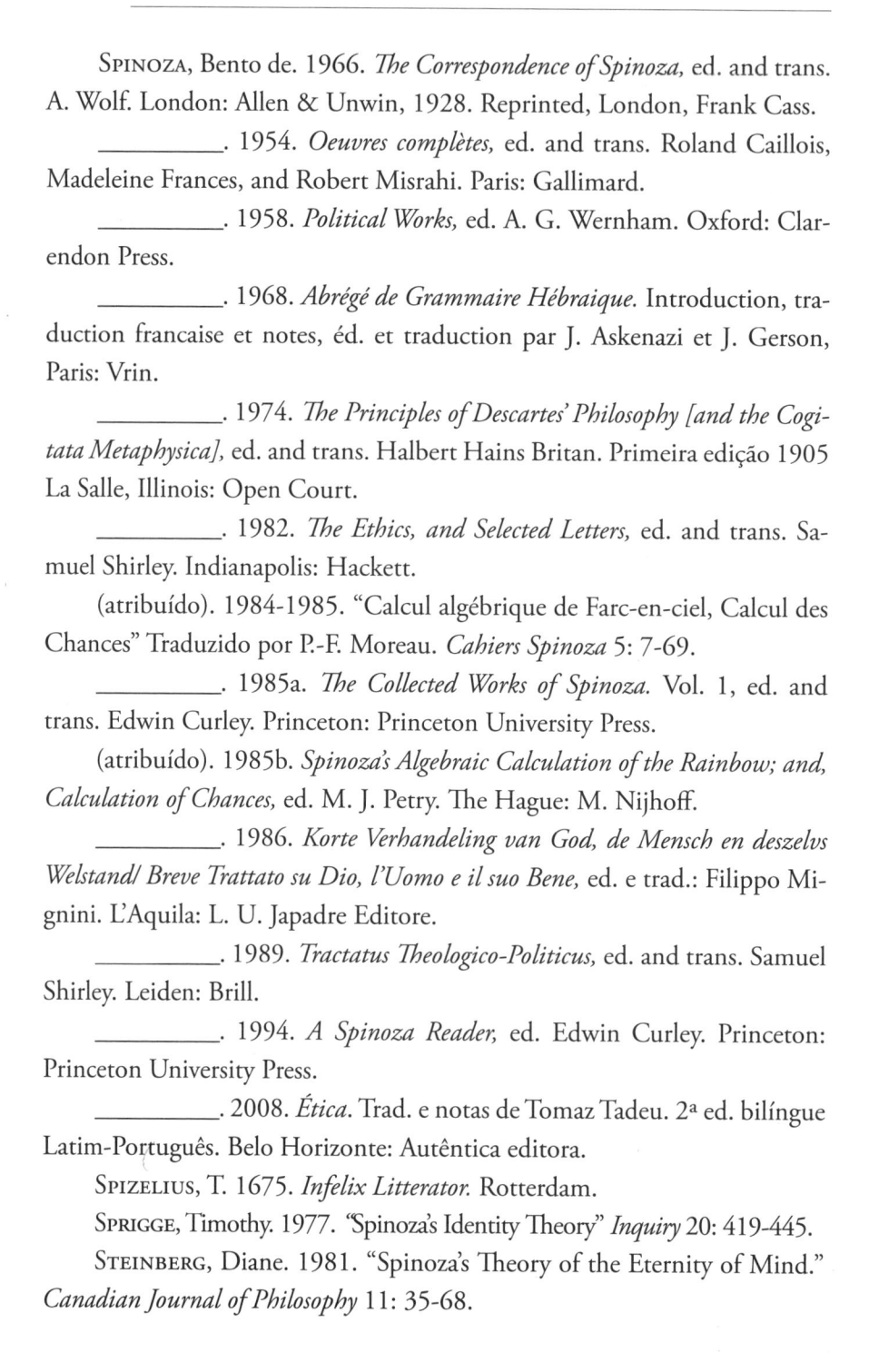

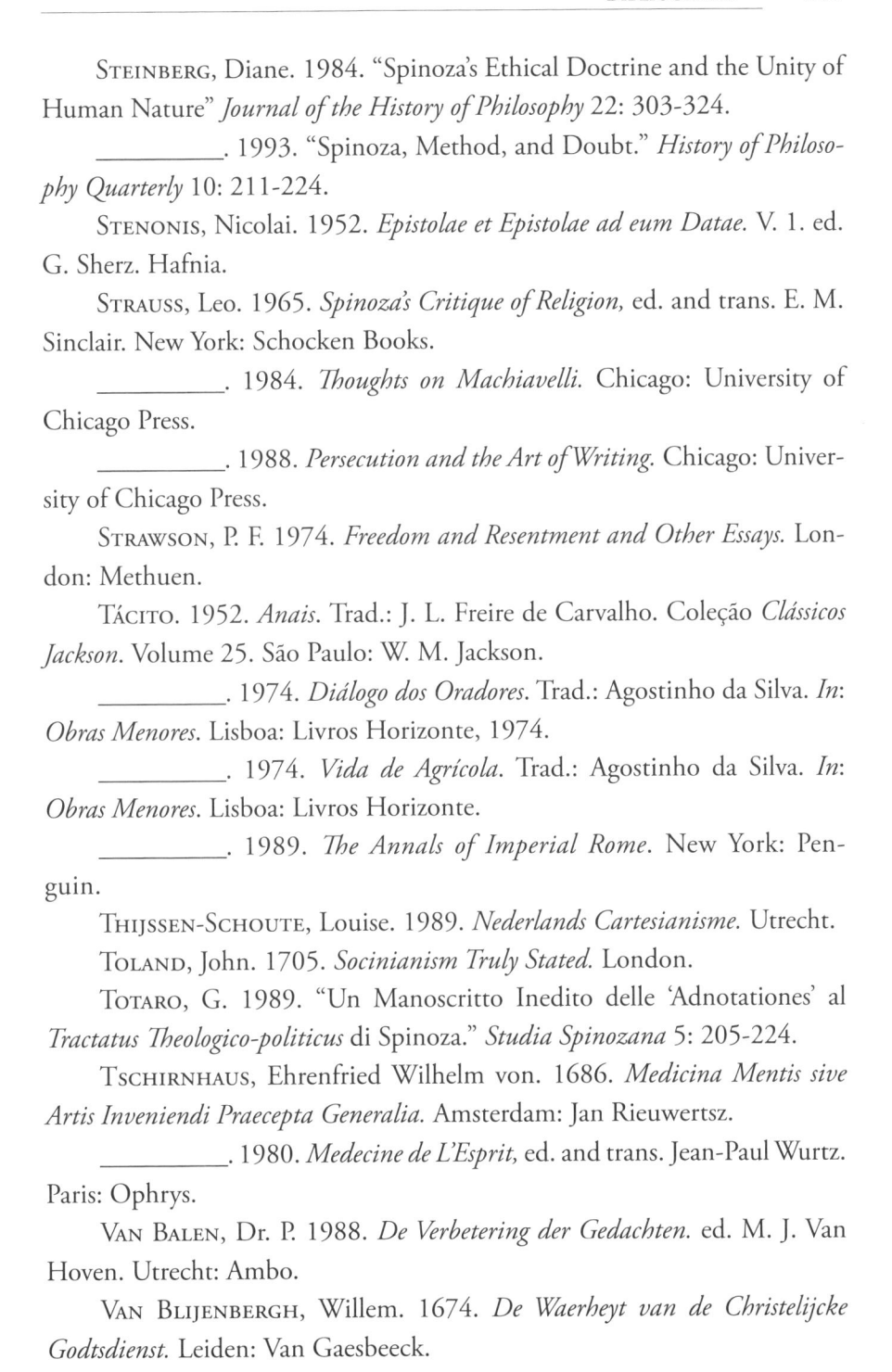

STEINBERG, Diane. 1984. "Spinoza's Ethical Doctrine and the Unity of Human Nature" *Journal of the History of Philosophy* 22: 303-324.

_____. 1993. "Spinoza, Method, and Doubt." *History of Philosophy Quarterly* 10: 211-224.

STENONIS, Nicolai. 1952. *Epistolae et Epistolae ad eum Datae.* V. 1. ed. G. Sherz. Hafnia.

STRAUSS, Leo. 1965. *Spinoza's Critique of Religion,* ed. and trans. E. M. Sinclair. New York: Schocken Books.

_____. 1984. *Thoughts on Machiavelli.* Chicago: University of Chicago Press.

_____. 1988. *Persecution and the Art of Writing.* Chicago: University of Chicago Press.

STRAWSON, P. F. 1974. *Freedom and Resentment and Other Essays.* London: Methuen.

TÁCITO. 1952. *Anais.* Trad.: J. L. Freire de Carvalho. Coleção *Clássicos Jackson.* Volume 25. São Paulo: W. M. Jackson.

_____. 1974. *Diálogo dos Oradores.* Trad.: Agostinho da Silva. *In*: *Obras Menores.* Lisboa: Livros Horizonte, 1974.

_____. 1974. *Vida de Agrícola.* Trad.: Agostinho da Silva. *In*: *Obras Menores.* Lisboa: Livros Horizonte.

_____. 1989. *The Annals of Imperial Rome.* New York: Penguin.

THIJSSEN-SCHOUTE, Louise. 1989. *Nederlands Cartesianisme.* Utrecht.

TOLAND, John. 1705. *Socinianism Truly Stated.* London.

TOTARO, G. 1989. "Un Manoscritto Inedito delle 'Adnotationes' al *Tractatus Theologico-politicus* di Spinoza." *Studia Spinozana* 5: 205-224.

TSCHIRNHAUS, Ehrenfried Wilhelm von. 1686. *Medicina Mentis sive Artis Inveniendi Praecepta Generalia.* Amsterdam: Jan Rieuwertsz.

_____. 1980. *Medecine de L'Esprit,* ed. and trans. Jean-Paul Wurtz. Paris: Ophrys.

VAN BALEN, Dr. P. 1988. *De Verbetering der Gedachten.* ed. M. J. Van Hoven. Utrecht: Ambo.

VAN BLIJENBERGH, Willem. 1674. *De Waerheyt van de Christelijcke Godtsdienst.* Leiden: Van Gaesbeeck.

VAN BUNGE, Wiep. 1989. "On the Early Dutch Receptions of the Tractatus Theologico-Politicus." *Studia Spinozana* 5: 225-253.

VAN BUNGE, Louis. 1990. *Joannes Bredenburg (1643-1691). Een Rotteidamse Collegiant in de ban van Spinoza.* Erasmus Universiteit (tese).

VAN DER BEND, J. G., ed. 1974. *Spinoza on Knowing, Being and Freedom.* Assen: van Gorcum.

VAN DER HOEVEN, P. 1973a. *De Cartesiaanse Fysica in het Denken van Spinoza.* Mededelingen Vanwege het Spinozahuis 30. Leiden: Brill.

_____. 1973b. "Over Spinoza's Interpretatie van de Cartesiaanse Fysicaen Betekenis Daarvan voor het System der Ethica." *Tijdschrift voor Filosofie* 3 5: 27-86.

VAN PEURSEN, C. A. 1993. "E. W. Von Tschirnhaus and the Ars Inveniendi." *Journal of the History of Ideas* 54: 395-410.

VAN ROOIJEN, A. J. Servaas. 1888. *Inventaire des Livres Formant la Bibliotheque de Benedict Spinoza.* The Hague, Paris: W. C. Tengeler, Paul Monnerat.

VAN SCHOOTEN, Francis. 1657. "Tractatus de Ratiociniis in Aleae Ludo." Em: *Exercitationum Mathematicarum, libri Quinque*, ed., Leiden: Johann Elsevier, 1657. Texto original em holandês lado a lado com a tradução para o francês em Huygens 1888-1950: XIV, 50-91.

VAN SUCHTELEN, Guido. 1987. "Nil Volentibus Arduum. Les Amis de Spinoza au Travail" *Studia Spinozana* 3: 391-404.

VAN TIL, Salomon. 1694. *Het Voor-Hof der Heydenen, Vooralle Ongeloovigen Geopent.* Dordrecht.

VANDENBOSSCHE, H. 1978. *Adriaan Koerbagh en Spinoza.* Leiden: Brill.

VAZ DIAZ, A. M., and VAN DER TAK, W. G. 1982. "Spinoza, Merchant and Autodidact." *Studia Rosenthaliana* 16: 105-148.

VERBEEK, T. 1988. *La Querelle d'Utrecht.* Paris: Impressions Nouvelles.

VERMIJ, R. H. 1988. "De Nederlandse vriendenkring van E. W. von Tschirnhaus" *Tijdschrift voor Degeschiedenis der Geneeskunde, Natuurweten-Schappen, Wiskunde en Techniek* 11: 153-178.

VERNIERE, Paul. 1982. *Spinoza et la Pensée Francaise Avant la Revolution.* Paris: PUF 1954. Segunda edição 1982.

VERSÉ, Noel Aubert de. 1684. *L'Impie Convaincu, ou Dissertation Contre Spinosa.* Amsterdam.

Voss, Stephen. 1981. "How Spinoza Enumerated the Affects" *Archiv für Geschichte der Philosophie* 63: 167-179.

Vries, Theun de. 1985. *De Gezegende. Het Leven van Spinoza in Honderdzeven Scenes.* Amsterdam: Querido.

Vulliaud, Paul. 1934. *Spinoza d'Après les Livres de sa Bibliothèque.* Paris: Wachter, Johann Georg.

Wachter, Johann Georg. 1699. *Der Spinozismus im Judentum.* Amsterdam.

_____. 1706. *Elucidahus Cabalisticus.* Amsterdam.

Walker, Ralph C.S. 1989. *The Coherence Theory of Truth.* London: Routledge.

Walther, Mannfred. 1971. *Metaphysik als Anti-Theologie. Die Philosophie Spinozas im Zusammenhang der Religionsphilosophischen Problematik.* Hamburg.

Walzer, Michael. 1973. "The Problem of Dirty Hands." *Philosophy and Public Affairs* 2: 160-180.

Wetlesen, Jon. 1979. *The Sage and the Way: Spinoza's Ethics of Freedom.* Assen.

Wetlesen, Jon, ed. 1978. *Spinoza's Philosophy of Man: The Scandinavian Spinoza Symposium, 1977.* Oslo: Universitetsvorlaget.

Wilamowitz-Moellendorff, U. von. 1982. *History of Classical Scholarship,* ed. and trans. Alan Harris. Baltimore: Johns Hopkins University Press.

Williams, Bernard. 1978. *Descartes: The Project of Pure Inquiry.* Harmondsworth, England: Pelican.

Wilson, Margaret. D. 1978. *Descartes.* London: Routledge.

Wilson, Margaret. 1980. "Objects, Ideas, and 'Minds': Comments on Spinoza's Theory of Mind." Em: *The Philosophy of Baruch Spinoza,* ed. R. Kennington, 103-120. Washington, D.C.: The Catholic University of America Press.

_____. 1983. "Infinite Understanding, Scientia Intuitiva, and Ethics 1.16." *Midwest Studies in Philosophy* 8: 181-191.

_____. 1991. "Spinoza's Causal Axiom (Ethics 1, Axiom 4)." Em: *God and Nature: Spinoza's Metaphysics,* ed. Yirmiyahu Yovel, 133-160. Leiden: Brill.

WIRSZUBSKI, C. 1955. "Spinoza's Debt to Tacitus." *Scripta Hierosolymitana* 2: 176-186.

WISZOWATY, Andrew, Jr. 1980. "Rational Religion, or a Tract Concerning the Judgment of Reason to be used even in Theological and Religious Controversies." Em: *The Polish Brethren*. Harvard Theological Studies XXX, Document XXXIV, ed. George H. Williams, Cambridge, MA: Harvard University Press.

WOLF, A. 1935. *A History of Science, Technology and Philosophy in the Sixteenth and Seventeenth Centuries*. With the cooperation of F. Danneman and A. Armitage London: George Allen & Unwin Ltd.

WOLF, Susan. 1979. "Asymmetrical Freedom." *Journal of Philosophy* 77: 151-166.

WOLFSON, Harry Austryn. 1934. *The Philosophy of Spinoza*. 2 vv. Cambridge, MA: Harvard University Press.

WOOLHOUSE, R. S. 1990. "Spinoza and Descartes and the Existence of Extended Substance." Em: *Central Themes in Early Modern Philosophy*, eds. J. A. Cover and Mark Kulstad, 23-48. Indianapolis: Hackett.

_____. 1993. *Descartes, Spinoza, Leibniz: The Concept of Substance in Seventeenth-Century Metaphysics*. New York: Routledge. Wurzer, W. S. 1975. *Nietzsche und Spinoza*. Meissenheim an Glan.

YAKIRA, Elkhanan. 1988. "Boyle et Spinoza." *Archives de Philosophie* 51: 107-124.

_____. 1993. "Spinoza et les Sionistes." Em: *Spinoza au XXe siecle*, ed. O. Bloch, Paris: PUF.

YOVEL, Yirmiyahu. 1973. "Bible Interpretation as Philosophical Praxis: A Study of Spinoza and Kant." *Journal of the History of Philosophy* 11: 189-212.

_____. 1989. *Spinoza and Other Heretics*. Vol. 1: *The Marrano of Reason*, Vol. 2: *The Adventures of Immanence*. Princeton: Princeton University Press.

_____. 1994. *Spinoza on Knowledge and the Human Mind: Papers Presented at the Second Jerusalem Conference (Ethica II)*. Leiden: Brill.

ZAC, Sylvain. 1965. *Spinoza et l'Interprétation de l'Écriture*. Paris: PUF.

ZWEERMAN, T. H. 1983. *Spinoza's Inleiding tot de Filosofie. Een Vertaling en Structuuranalyse ... Benevens Commentaar*. Leuven (tese).

Índice remissivo

Aben Esdras, *ver* ibn Esdras, Abraham
Aboab, Isaac, 470, 471 n. 4
afetos, *ver* emoções
agir, 270-277, 283-285
Albiac, G., 44 n. 19
alegria (*laetitia*), 25, 283 n. 54, 283-287, 301-303,
    373-374, *ver também* emoções
alquimia, 198-199
Alsted, Johann-Heinrich, 191 n. 17
altruísmo, 27, 278, 297-304, 336, 379, 380, 382
Alveres, Anthonij, 35
amor, 286-287, 313, 350-351, 353-355,
    ver também amor intelectual de Deus
amor intelectual de Deus, 50, 174, 181, 183, 353, 356, 513
Anselmo, 424
Apologia, 39, 44
Aquino, S. Tomás, 400 n. 21, 411-412, 426-427, 429 n. 9
Ariew, Roger, 30, 187 n. 7, 525 e n. 44
Aristóteles, 84, 230, 231, 383 e n. 43, 419 n. 48, 427 n. 8
Arnauld, Antoine, 497 n. 1
Atkins, Dorothy, 520 n. 30
atributos, 90, 94, 112-121, 133-134, 424, 425 n. 5, 426-436
Auerbach, Berthold, 520

Bäck, Leo, 497
Bacon, Francis, 196, 226-229, 234, 235, 412 n. 37, 421
Balling, Pieter, 38 n. 9, 54 n. 30, 67 n. 42, 80, 501, 521
Barker, H., 152 n. 32, 153 n. 34

Bayle, Pierre, 30, 37 n. 7, 42, 60, 73, 76, 83, 499, 500, 502, 509

beatitude, 28, 125, 176, 180, 181, 334, 337, 353-357 e n. 26, 373, 374, 386, 453 n. 25, 466

Bedjai, M., 50

bem e mal, 362, 498

ben Gurion, David, 523

ben Israel, Manasseb, *ver* Manasseh ben Israel

Bennett, Jonathan, 9, 23, 30, 89, 98, 106, 133 n. 11, 187 n. 7, 216 n. 53, 246 n. 1, 247, n. 3, 258 n. 18, 261 n. 23, 265 n. 26, 266 n. 28, 276 n. 45, 279 n. 50, 281 n. 53, 288, 306 n. 75, 307 n. 77, 311, 313 n. 85, 316 n. 87, 317 n. 88, 320 n. 95, 324 n. 105, 325, 327 e n. 110 e 111, 329-331 e n. 114, 332, 336 n. 7, 351 n. 18, 352 n. 19 e 20, 364 n. 31, 387 e n. 46, 438 n. 14

Berlin, Isaiah, 410 n. 34 e 35

Bernstein, Ricahrd, 476 n. 14

Biasutti, Franco, 187 e n. 5

Bíblia, a, 29, 35, 47, 56, 57, 65, 67, 447-455, 469-496, 498-499, 511 n. 10

Bidney, David, 283 n. 55

Bismarck, Otto von, 409 n. 33

boa-fé, 366, 367, 369, 397 n. 17, 464

Borch, Olaus, 46-49

Boreel, Adam, 490, 491, 493

Borges, Jorge Luís, 524

Bourget, Paul, 521

Bouwmeester, Jan, 50, 58 e n. 35, 63, 227, 228, 235

Boyle, Robert, 25, 52, 53, 192, 196-197, 227, 236, 237 e n. 75 e 76, 238, 239, 243 n. 81, 449 n. 21, 491 n. 33

Broad, C. D., 91, 324 n. 105, 336 n. 7, 342 n. 15, 374 n. 36

Brunner, Constantin, 523 n. 33

Bruno, Giordano, 518 n. 23

Brunschvicg, L., 192

Burgersdijk, F., 188 e n. 8, 189 e n. 12 e 13, 193, 230, 231 e n. 70, 232, 233

Burgh, Albert, 80

Buttrick, George Arthur, 476 n. 14

Cabala, 242 n. 80, 503, 515
Cahiers Spinoza, 525
Cálculo algébrico do Arco-Íris (*Stelkonstige Reeckening van den Regenboog*), 200
Cálculo das probabilidades (*Reeckening van Kanssen*), 200-203
Calígula, 417, 418 n. 44
Calvetti, Carla Gallicet, 390 n. 2
Careil, Foucher de, 515
Carr, Spencer, 126 n. 5
Casearius, 54, 204, 205 n. 39, 213
Castellio, Sebastian, 483
Chronicon Spinozanum, 521, 525
ciência intuitiva (*scientia intuitiva*), *ver* conhecimento, três gêneros de
Clericuzio, Antonio, 237 n. 76, 239 n. 79
Clerselier, Claude, 214, 217 n. 54, 218
Cohen, Hermann, 449 n. 22
Cohen, I. B., 251 n. 9
Colerus, 42, 60, 62, 73, 82, 83, 469
Compêndio de gramática hebraica, 29, 33, 58, 59, 82
conatus, 25, 50, 170, 175, 176, 216, 220, 249, 294, 299, 339, 340, 346, 372, 381, 463, 465, 466
Condé, Príncipe de, 73, 478
conhecimento, três gêneros de, 23, 50, 160 e n. 42 e 43, 161, 162, 163 e n. 46, 164 e n. 48, 165-170, 179-183, 228-233, 339, 386 e n. 44, 440, 443, 444 e n. 19, 445, 451-453, 457-459
contrato social, 392-393, 402-408 e n. 32
corpos simplicíssimos (*corpora simplicissima*), 102, 139 n. 16, 220 e n. 58, 252 n. 10
Cousin, Victor, 500, 504, 514, 515, 524
Cristina, Rainha da Suécia, 478
Cristologia, 30, 79, 421-424, 447-448, 452, 453 e n. 25, 454, 455 e n. 27 e 28, 456-462, 491-496, 499
Cuffeler, A., 86 n. 71

Curley, Edwin, 9, 28, 37 n. 8, 97, 98, 103, 104, 113, 123 n. 1, 124 n. 2, 143 n. 21, 146 n. 23, 157 n. 37, 186 e n. 4, 187 n. 5, 204 n. 38, 209, 210, 216 n. 53, 228 n. 67, 229 n. 68, 236 n. 73, 246 n. 1, 247 n. 4, 248 n. 5, 250 n. 8, 252 e n. 12, 257 e n. 17, 258 n. 19, 265 n 26, 277 n. 47, 283 n. 54, 306 n. 74, 320, 326 e n. 109, 327, 334 n. 2, 336 n. 7, 342 n. 15, 387 n. 45, 389, 392 e n. 6, 395 n. 13 e 14, 396 n. 16, 397 n. 17, 399 n. 20, 402, 425 n. 6, 436 n. 11, 525

Curto tratado sobre Deus, o homem, e seu bem-estar, 15, 33, 51, 57, 126 n. 4, 337, 423, 425

da Costa, Uriel, 44 e n. 19, 471 e n. 3, 520

Damade, Jacques, 524 n. 37

Daudin, Henri, 237 n. 76

Davidson, Donald, 268, 269 n. 31, 270-276, 277, 302-304 e n. 72, 326 n. 108

De Prado, Juan, 45, 46, 472, 480

De Vet, Joannes, 200 e n. 33, 201, 203 n. 37

De Volder, Burchard, 86

De Vries, Simon Joosten, 54 e n. 30, 76 n. 58, 80, 83, 205 n. 39, 233

De Witt, Jan, 69, 70 e n. 48, 71, 76, 80, 233, 390 n. 4, 521

Delahunty, R. J., 186, 187 n. 5, 336 n. 15, 365

Deleuze, Gilles, 525 e n. 41

Della Rocca, Michael, 26, 245, 271 n. 36, 278 n. 49, 300 n. 70, 304 n. 72, 320 n. 94, 324 n. 103, 325 n. 107

Den Uyl, Douglas, 397 n. 17, 401 n. 23

Descartes, René, 20-22 e n. 1, 30, 38, 39, 41-43, 46, 47, 51, 52, 54-57, 61, 69, 78, 84, 89, 90, 96, 99-102, 118, 120, 123, 124, 128-129, 131, 132, 137, 138 n. 14, 150 n. 30, 158 e n. 39, 159 e n. 41, 160 n. 42, 166-168 n. 54, 171, 173, 183, 185, 186, 192, 196, 201, 203, 204 n. 38, 205-209 e n. 43, 210, 212, 215 e n. 49 e 50, 216 e n. 53, 217 e n. 54, 218 e n. 55, 219 n. 57, 221, 222 n. 61, 223, 225 n. 65, 226, 237, 248-250 e n. 8, 251-254, 278, 312 n. 84, 313 n. 85, 333 e n. 1, 334 n. 2, 335 e n. 5, 350, 352, 421, 424, 427-432, 500, 502, 514, 515

desejo (*cupiditas*), 25, 175, e n. 60, 278-282, 287, 340,
  ver também emoções
determinismo (*necessitarianism*), 27, 104-105, 125, 194 e n. 22, 260 n. 22, 314 n. 86, 338 e n. 10, 352, 375-378
Duerhoff, Willem, 425 n. 7
Diderot, Denis, 508-509
Dierquens, Salomon, 200 n. 33
direito, 395-402
Donagan, Alan, 5, 9, 20, 29, 123 n. 1, 129 n. 6, 182 n. 67, 336 n. 7, 421, 430 n. 10, 436 n. 11, 438 n. 12 e 13, 439 n. 15, 444 n. 19, 445 n. 20, 450 n. 23, 467 n. 30
dor, *ver* tristeza
Driver, S. C., 476 n. 14
dualismo, 90-92, 111-112, *ver também* atributos
Duchesneau, F., 194 n. 24
Duijkerius, Johannes, 501
Dunin-Borkowski, Stanislau von, 194 n. 24, 522 e n. 31
Duns Scotus, John, 424
duração, 106-107
Dutka, Jacques, 200 e n. 33

Eckstein, W., 512 n. 11
Edelman, Johann Christian, 511
Einstein, Albert, 523
Elbogen, Ismar, 517 n. 21
Eliot, George, 520
emoções, 175, 277 n. 47, 312 n. 84, 312-325, 339-340, 344, 351, 355, 372, 375
Engels, Friedrich, 519
Erasmo, 473, 498
Esdras, 441, 443, 445, 471, 473, 474, 476, 481, 482, 484, 485
espaço, 98-102, 110, 428-429, *ver também* extensão
essência, 118-120, 156, 163 e n. 46, 164 e n. 47, 259-262, 276
estado de natureza, 390-397, 392 n. 7, 403

estoicismo, 383 e n. 43

eternidade, 168-170, 174-183, 178 n. 62, 354-357, 466

Ética demonstrada segundo a ordem geométrica, 33, 76, 79-81, 87, 126, 193-194, 334, 423

Euclides, 488-489

Experientia vaga, 160, 229-235, 339, *ver também* conhecimento, três gêneros de

Extensão, 95, 427-431, 434-435, 438, *ver também* atributos; *ver também* espaço

Fabricius, 71-73

Fallaci, Oriana, 389 e n. 1, 409 n. 33

Falsidade, *ver* ideias, verdadeiras e falsas

Farrar, David, 471

Fell, Margaret, 482

Fisher, Samuel, 29, 481, 482 e n. 23, 483-485, 494

Francks, Richard, 228 n. 67

Fréret, Nicolas, 504-507

Freud, Sigmund, 387, 522

Freudenthal, J., 200, 517-521

Friedman, Ben, 183 n. 68

Fuks-Mansfield, R. G., 44 n. 19

Funkenstein, Amos, 475 n. 12

Gabbey, Alan, 10, 25, 30, 185, 192 n. 18, 193 n. 21, 209 n. 43, 213 n. 47, 214 n. 48, 215 n. 49, 221 n. 59, 222 n. 61

Garber, Daniel, 204 n. 38, 209 n. 43, 213 n. 47, 217 n. 54, 250 n. 7, 252 n. 10

Garrett, Don, 10, 19, 105, 106, 194 n. 22, 260 n. 22, 299 n. 58, 333, 335 n. 5, 338 n. 10, 339 n. 13, 364 n. 32, 367 n. 33, 387, 462

Gassendi, Pierre, 507

Gebhardt, Carl, 40 n. 12, 45, 517, 521-522

Genghis Khan, 389, 401, 402

Giancotti, Emilia, 525

Goclenius, 190 e n. 14, 213 n. 47, 230 n. 69, 231, 233 n. 72
Goethe, Johann Wolfgang von, 513, 516 n. 19
Graevius, J. G., 69
Grant, Michael, 417 n. 41
Grene, Marjorie, 185 n. 1, 187 n. 5, 206, 207, 243 n. 82
Grócio, Hugo, 391 n. 5, 400 n. 21, 487
Guéroult, Martial, 219, 224-225 e n. 65, 425 n. 5, 525 n. 38
Guilherme III, Príncipe, 70

Hampshire, Stuart, 266 n. 28
Hampton, Jean, 413 n. 38
Harmsen, A. J. E., 58 n. 35
Harris, Errol E., 424 n. 4
Hayes, Christine, 332 n. 115
Heereboord, Adriaan, 188 e n. 8, 189 n. 12 e 13, 190 e n. 14, 231
Hegel, Georg Wilhelm Friedrich, 30, 500, 513, 514
Heidegger, John Henrico, 73 e n. 53
Helvetius, J. F., 198, 199
Herrera, Abraham Cohen, 471 n. 4
Hess, Moses, 523
Hevelius, 196
Hill, Christopher, 477 n. 15, 481
Hobbes, Thomas, 9, 17, 27, 28, 185, 213, 334 e n. 2, 385, 390 n. 4, 391 n. 5, 393-399, 395 n. 14, 396 n. 15, 397 n. 17, 398 n. 18, 400 n. 21, 402-418, 406 n. 29, 408 n. 32, 412 n. 37, 461, 476-480, 485, 486, 490, 494, 498, 506, 507, 512 n. 13
Hudde, Johan, 47, 48 e n. 21, 52, 197
Hughes, George, 479 n. 18
Hume, David, 146 n. 24, 312, 313, 371, 372, 374 n. 37, 379-381, 385-387, 448
Hurwitz, Sabattai Scheftel, 35
Hutton, Sarah, 488 n. 30 e 31

Huygens, Christiaan, 41, 47, 52, 60, 61, 197, 203 e n. 36, 212 e n. 46, 214, 218 e n. 56, 219 e n. 57, 224, 225 e n. 64 e 65
ibn Esdras, Abraão, 441 e n. 17, 443, 445, 471, 473, 474 e n. 9, 476, 481, 482, 484, 485
ideia(s), 130, 171-173
        adequadas e inadequadas, 131, 137, 138, 144-149 e n. 28, 150-159, 165-168
        claras e distintas, 130-131, 144, 166, 167
        inatas, 159 n. 40
        de Deus (*idea Dei*); *ver* intelecto, infinito
        de ideias, 144
        verdadeiras e falsas, 147-149 e n. 27 e 28, 150, 151 e n. 32, 152, 165-168
idealismo, 513
imaginação, 140-142 e n. 20, 154, 380-383, 445, 450, 452, 454-458,
    ver também conhecimento, três gêneros de
indignação, 376-377 e n. 40, 378-379, 382
indivíduos (individual), 223-224, 238, 265-267 e n. 29 e 30, 268-270, 339, 347, 378 n. 42
infinitude, 94
Inquisição espanhola, 45-46
intelecto, 117-121, 171, 381-383, 385, 386, 444-445
        Infinito, 129 e n. 6, 132, 135, 136, 144, 146, 150 e n. 29, 152, 154, 161, 166, 167, 179, 181, 355
irracionalidade, 268, 269, 297, 306-308, 520

Jacobi, Friedrich Heinrich, 511
Jelles, Jarig, 38, 44 e n. 17, 59-61, 67 n. 43, 71, 74, 77, 81, 82 e n. 62, 197-199, 201, 202, 333 n. 1
Jesus Cristo, *ver* cristologia
Joachim, H. H., 299 n. 68
Jonas, Hans, 194 n. 24
Josefo, 481

Josué, 446-447, 449, 474-475, 484-485
Judaísmo, 440-462, 450 n. 23, 469-473
juízo, 171-174

Kaplan, Yosef, 470 n. 2
Kant, Immanuel, 371-372, 373 n. 35, 378 n. 41, 387, 389 e n. 1, 519
Karl Ludwig, 71-72
Karlstadt, Andraes von, 474
Keckermann, Bartholomew, 188 e n. 8, 189 e n. 12, 190 n. 14, 192 n. 18
Kenny, Anthony, 441 n. 18
Kerckringh, Theodor, 60
Kim, Jaegwon, 96
Kissinger, Henry, 389 e n. 1, 409 e n. 33, 418 n. 45
Klausner, Joseph, 523
Klever, W. N. A. (Wim), 21, 33, 38 n. 9, 46, 48 n. 21 e 22, 53 n. 29, 57 n. 33, 61 n. 38, 62 n. 40, 69 n. 46, 71 n. 52, 86 n. 69, 195, 199 n. 32, 200 e n. 33, 201, 228 n. 67, 421 n. 1, 472 n. 7
Kline, George L., 519 n. 26
Koerbagh, Adriaan, 66, 67 n. 42, 68, 71, 80, 233, 501 n. 3
Kolbenheyer, E. G., 523
Kortholt, Sebastian, 70 n. 48, 73 n. 54
Kretzman, Norman, 230 n. 69

La Méttrie, Julien Offray de, 510
La Peyrère, Isaac, 476, 478-480, 484-486, 494
Lacan, Jacques, 523
Lachterman, David R., 187 e n. 5, 220 n. 58
Lagny, A., 520 n. 29, 523 n. 36
Lagrée, Jacqueline, 483 n. 25
Lau, Theodor Ludwig, 510 e n. 9
Le Clerc, Jean, 75 n. 57, 499
Lécrivain, André, 215 n. 51

Leibniz, Gottfried Wilhelm, 30, 60, 69, 70 e n. 50, 76-78, 89, 90, 96, 99, 185, 192, 197, 214, 219 n. 57, 242 n. 80, 338 n. 10, 379, 424, 425, 434, 498-500, 515

Leon, Judah, 470

Leopold, J. H., 43 n. 14

Lessing, Gotthold Ephraim, 511

liberdade, 19, 349-353 e n. 21, 360, 361 e n. 30, 362-368, 374 n. 38, 375-379

Lightfoot, John, 475

Linus, Francis, 196

Locke, John, 90, 96, 102, 185, 196, 385, 503, 506

Lucas, Jean Maximilien, 40, 41, 43, 60, 69 n. 47, 70 n. 48 e 49, 81, 82, 84, 198, 379, 469

Lutero, Martinho, 474

Macherey, P., 513 n. 14

Machiavelli, Niccolò, 81

McKeon, Richard, 186, 187 n. 5, 195, 200 e n. 33, 207 n. 42, 236 n. 73 e 74, 237 n. 76

McShea, Robert, 186 n. 3, 390 n. 2, 403 n. 26

Maimônides, Moisés, 38, 426, 429 n. 9, 431, 438-439, 503

Maillet, Benoit de, 510

Malamud, Bernard, 524

Mansvelt, Regneri à, 83 n. 63, 496 n. 40

Mark, Thomas Carson, 172 n. 58

Marx, Karl, 30, 519

Matheron, Alexandre, 57 n. 33, 224 e n. 63, 320 n. 95, 324 n. 105, 398 n. 18, 399 n. 19, 401, 404 n. 27, 408 n. 32, 411, 418 e n. 45, 444 n. 19, 454 n. 26, 492 n. 36, 519 n. 25, 525 e n. 39

Matson, Wallace, 256, 257 e n. 17

Maull, Nancy, 192, 195 n. 25

Maurício, Príncipe, 66

Meinel, C., 239-240

Meinsma, K. O., 39 n. 11, 75 n. 57, 421 n. 1, 521
Melchior, J., 69, 83 n. 63
memória, 140-141
Menasseh ben Israel, 35, 470, 471 e n. 4, 480
Mendelssohn, Moses, 511
Meyer, Lodewijk, 44 n. 17, 50, 54-56 e n. 31, 57, 58 e n. 35, 59, 63, 65, 67 n. 42, 82, 204 n. 38, 205 e n. 40, 441, 483 e n. 25, 501
Mignini, Filippo, 44, 49 e n 23, 190 n. 15, 425 n. 11, 525
milagres, 399-443, 444, 446-448
modos, 96-98, 151 n. 32, 424, 427-436
        finitos e infinitos, 103-104, 129 n. 6
        teoria da identidade, 110-117
Moisés, 414, 415, 443, 445-447, 449-451, 453-458, 461, 465, 472-475 e n. 12, 476 e n. 14, 477-482, 484-485, 487, 490, 491 n. 32, 492 n. 35, 493-494, 498, 499, 503
monismo, substância, 95-98, 103, 109, 112-113, 120, 338-339, 387
More, Henry, 488, 491 n. 33
More, Thomas, 411-412
Moreau, Pierre-François, 10, 30, 200, 387 n. 45, 421 n. 1, 483 n. 25, 497, 505 n. 7
Moretti-Constanzi, T., 518 n. 22
morte, 366-370, 464, 467
Morteira, Saul Levi, 35, 41, 471 e n. 4
movimento e repouso, 25, 139 n. 16, 157, 217, 221, 223 e n. 62, 224 n. 63, 269 n. 32, 290, 339, 348, 366, 430, 438
Mulier, Haitsma, 395 n. 14, 414 n. 39

Nagel, Thomas, 158 n. 39
Nagelate Schriften, De, 33, 44 e n. 17, 59, 81, 333
Nails, Debra, 186 n. 2, 187 n. 5 e 6
naturalismo, 245-247, 278-292, 297-30, 443, 496
natureza, 240-243, 422 n. 2, 437-440, *ver também* Deus
Negri, Antonio, 395 n. 14, 414 n. 39, 525 e n. 42

Nero, 417, 418 n. 44
Neu, Jerome, 186 n. 2, 312 n. 84, 314 n. 86
neutralidade do tamanho, 23, 90, 91
Newton, Isaac, 41, 90, 102, 192, 193, 214, 251 n. 9, 254 n. 14, 449 e n. 21, 487
Nietzsche, Friedrich, 386, 387 e n. 45, 515, 518
noções comuns, 24, 152-159 e n. 41, 160-161
Novalis, 19, 513

Oldenburg, Henry, 24, 48, 52, 60, 61, 64, 79, 80, 196 e n. 28 e 29, 197, 216, 218 e n. 46, 223, 224, 226, 227, 235, 237 n. 76, 239 e n 79 e 80, 241-243 e n. 81, 423, 448, 449 n. 21, 490, 491 e n. 32, 493
Opera Posthuma, 33, 44 n. 17, 58, 70, 73 n. 53, 86 e n. 72, 87, 390 n. 4, 500, 502
ordem geométrica, 22 e n. 1, 30, 33, 334-335, 358, 387
Ostens, Jacob, 61, 69
ótica, 60, 186, 197-199
Ovídio, 44, 79, 84 n. 66, 306, 344

panteísmo, 503, 510-515
paralelismo, 108-116, 132-136, 283-284, 307 n. 77, 354 n. 24
Parfit, Derek, 322 n. 99
Parkinson, G. H. R., 186, 187 n. 5, 195 n. 26 e 27, 228 n. 67, 236
Pascal, Blaise, 127, 198 e n. 31
Patrick, Simon, 475
Paty, Michel, 523 n. 35
Penn, William, 494 n. 38
pensamento, 118-132, 431, 434-435, *ver também* atributos
percepção, sensorial, 23, 130 n. 7, 137-141
perfeição, 175, 272 n. 39, 283 n. 54, 341-342 e n. 15, 360 e n. 28
Petry, M. J., 198, 200
Platão, 84, 102 160 n. 42, 383, 411, 412, 423
platônicos de Cambridge, 488 e n. 30

Pollock, Frederick, 186
Popkin, Richard H., 11, 29, 186 e n. 4, 441, 469 e n. 1, 478 n. 17, 480 n. 21
    e 22, 482 n. 23 e 24, 486 n. 29, 491 n. 34, 493 n. 37, 496 n. 42, 525
prazer, *ver* alegria
Princípios da filosofia de Descartes, 15, 22, 24, 33, 54, 56, 82, 101, 107,
    188, 199, 200, 204 e n. 38, 205, 209, 214, 215 e n. 51, 216 n. 53, 217-
    219, 221, 238 n. 77, 249-250 e n. 7, 251, 252, 254 n. 14, 333, 338 n. 9
Proietti, O., 43 n. 14 e 15, 44 n. 16, 58 n. 36, 80 n. 61, 525
prudência, 287-297
Pufendorf, Samuel, 399 n. 20

Quakerismo, 480-484, 488, 493, 494 e n. 38, 495
Quine, W. V. O., 102, 281 n. 52, 439 n. 15

Racine, 417, 418 n. 44
Radner, Daisie, 152 n. 32
racionalismo, 158 n. 39, 159 n. 40
    explicativo, 89, 94, 104-106, 387
razão (*ratio*), 345-352, 359, 370-373, 381-383, 455-456, 464,
    ver também conhecimento, três gêneros de
reconhecimento, 216, 348, 376-378, 381-383, 476
Reider, Joseph, 476 n. 14
Révah, I. S., 45, 46, 472 n. 6
revelação, 440-462
Ribera, Daniel, 472, 480
Richardson, John, 475
Rieuwertsz, Jan, 68 n. 44, 70, 71, 79, 83, 86 e n. 72
Rivaud, Albert, 219-220
Robinson, Amy, 137 n. 13
Robles, Solano y, 45
romantismo, 30, 386, 512
Rosen, Stanley, 390 n. 2
Ross, James, 178 n. 62

Rousseau, Jean-Jacques, 393 n. 9, 401, 512
Rovane, Carol, 269 n. 31
Ryan, Alan, 395 n 12

Saisset, Emile, 514 n. 15, 515 n. 16
Salomon, H. P., 35 n. 3, 471 n. 3
Sand, Christopher, 483 n. 27
Santa Maria, Pablo de, 474 e n. 10
Savan, David, 186 e n. 4, 187 e n. 5, 195 n. 25, 227 e n. 66, 236 e n. 73
Scaliger, J. J., 441
Schmidt-Biggeman, W., 502 n. 5
Schopenhauer, Arthur, 335 n. 6, 515, 516 e n. 17 e 19, 517 e n. 20, 518 e n. 22 e 23
Schröder, W., 497
Schuller, G. H., 199, 430 n. 10
Scribano, M. E., 502 n. 5
Semerari, G., 518 n. 22
Sêneca, 43 n. 15, 44, 84 n. 66, 383 n. 43, 419, 464
Serrarius, Peter, 493
servidão, 87, 174, 337, 341, 343-345, 371, 417, 419, 520, 524
Shapira, Rabi Nathan, 493
Shirley, Samuel, 124 n. 2, 222 n. 60, 223 n. 63, 233, 243 n. 82, 283 n. 54, 436 n. 11, 472 n. 5
Siebrand, Heine, 188 n. 9, 195 n. 25, 204 n. 38
Sieyès, Abade, 512
Simon, Padre Richard, 494 n. 39, 496, 499
Skinner, Quentin, 406 n. 29
Slote, Michael, 374 n. 39
Snel, Robert, 518 n. 24
socianismo, socinianos, 29, 483, 492 n. 35, 493, 494
Sosa, Ernest, 327 n. 111
Spinoza, Benedictus de
        aparência, 45

juventude, 34, 35 e n. 5, 36-37, 469, 473
excomunhão, 33, 36-37, 46, 421, 469, 472
escritos, 33
Spinoza, Gabriel de, 34, 35
Spinoza, Miguel de, 34
Spizelius, T., 83 n. 62
Steinberg, Diane, 182 n. 67, 347
Steno, *ver* Stensen, Niels
Stensen, Niels, 51, 80, 521
Stillingfleet, Edward, 494 n. 39
Stouppe, Tenente, 73, 74, 83
Strauss, Leo, 390 n. 2, 410 n. 36, 423, 424 e n. 4, 449 n. 22, 456, 457 e n. 29, 458, 480 n. 20
Strawson, Peter F., 375
Studia Spinozana, 520 n. 27, 525
Suarez, Francisco, 400 n. 21
substância, 22-23, 25, 28, 30, 92-95, 252 n. 12, 424-438

Tácito, 81, 84 n. 66, 407 n. 31, 416, 417 e n. 41, 418 n. 44, 419 n. 47, 420, 452 n. 24
Taine, Hippolyte Adolphe, 515, 521
teleologia, 325-332
tempo, 106-108, 178 n. 62, 438 n. 14
Terêncio, 43 e n. 14 e 15, 75
Thijssen-Achoute, Louise, 47 n. 20
Thomasius, 498
Tibério, 416, 417
transmigração, 78, 79
Tratado da emenda do intelecto, 15, 18, 33, 37 n. 8, 38, 43, 44 e n. 18, 46, 49, 51 e n. 26, 58 n. 35, 124 n. 2, 126, 163 n. 45, 246 n. 2, 257 n. 17, 335 e n. 5, 353 n. 21, 360 n. 28, 363, 516, 517 e n. 21
Tratado político, 15, 17, 27, 50, 81, 82, 86, 187, 241, 394 n. 11, 396 n. 15, 399, 404, 408 n. 32, 411, 412, 420 n. 49, 512

Tratado teológico-político, 15, 17, 21, 27, 29, 33, 50, 58, 59, 64, 66, 67 e n. 42, 68 e n. 44, 69-71, 73, 74, 76, 82, 83 n. 63, 126 n. 4, 187, 190, 191 n. 17, 226, 241, 247 n. 4, 253 n. 13, 337, 385, 390-395 n. 4, 394 n. 11, 395 n. 13, 397-399 e n. 20, 400 n. 22, 403 n. 26, 404, 408 n. 32, 413-415, 416 n. 40, 419 n. 46 e 47, 422, 423, 424 n. 4, 436, 439-441, 443, 449, 454, 455, 458, 459, 462, 469, 472, 480, 483, 484, 487, 491, 494 e n. 39, 496 n. 40, 498-499, 502, 507, 511 n. 10, 519, 520

Travis, Shawn, 178 n. 62

Três impostores, Os (*Les trois imposteurs*), 490, 504, 507

tristeza (*tristitia*), 26, 283 e n. 54, 284-287, 340, 518,

    ver também emoções

Tschirnhaus, Barão von, 76-79, 81, 82, 84 e n. 67, 85, 197, 198, 219 n. 57, 223 n. 62, 236, 430 e n. 10, 435, 500, 501

Tydeman, Daniel, 62

Valla, Lorenzo, 498

Van Balen, Dr. P., 86 n. 71

Van Berkel, Abraham, 390 n. 4

Van Blijenbergh, Willem, 83 n. 63, 192 n. 19, 384, 463

Van Bunge, Wiep, 68 n. 45, 439 n. 15

Van den Enden, Franciscus, 10, 33, 38, 39, 41, 43, 48-50 e n. 25, 51-52, 58 n. 35, 60, 66, 67, 77, 80, 81, 188, 421 n. 1, 472 e n. 7, 521 e n. 11 e 12

Van der Meer, John, 203

Van der Spyk, Henrik, 82-83

Van Dyck, Levyn, 200

Van Gent, Dr. P., 86 n. 71

Van Limborch, Philippus, 75 n. 57

Van Mansvelt, Reinier, 74

Van Rooijen, A. J., 188 n. 9, 195, 203 n. 36

Van Suchtelen, Guido, 39 n. 11, 50 n. 25, 58 n. 35

Van Til, Salomão, 39-40

Van Velthuysen, Lambert, 69 e n. 46, 194 n. 24, 439 e n. 15

Verbeek, T., 47 n. 20

verdade, *ver* ideias, verdadeiras e falsas
Vermij, R. H., 78 n. 59
Vernière, P., 497 e n. 1, 502, 508 n. 8, 512 e n. 11 e 12
Versé, Noël Aubert de, 193-194
virtude, 176, 343, 345-346, 358-364, 373-374 e n. 38 e 39
Vogel, Jonathan, 151-152 n. 32
vontade, 150 n. 30, 171-174, 241, 278
Voss, Stephen, 313 n. 85
Vossius, Gerard, 487
Vulliaud, Paul, 84 n. 65

Wachter, Johann Georg, 242 n. 80, 503 e n. 6
Walther, Manfred, 525
Walzer, Michael, 410 n. 34
Wetlesen, Jon, 525 e n. 43
Wheeler, Isaac, 327 n. 111
Wilamowitz-Moellendorff, U. von, 441 n. 16
William de Sherwood, 230 n. 69, 232
Williams, Bernard, 150 n. 29
Wilson, Margaret D., 11, 24, 123, 130 n. 9, 133 n. 11, 137 n. 13, 173 n. 59, 353 n. 22, 444 n. 19
Wirszubski, C., 417 n. 41
Wiszowaty, Andrew, 483 e n. 26
Wolf, Susan, 378 n. 41
Wolfson, H. A., 117, 186, 187 n. 5, 188 n. 9, 312 n. 84, 313 n. 85, 383 n. 43
Woolhouse, Roger, 183 n. 68
Wurzer, W. S., 518 n. 24

Yakira, Elkhanin, 237 n. 76, 523 n. 34
Yovel, Yirmiyahu, 421 n. 1, 525

Zac, Sylvain, 57 n. 33, 474 n. 9, 485 n. 28
Zweerman, T. H., 44 n. 18

Esta obra foi composta em CTcP
Capa: Supremo 250g – Miolo: Pólen Soft 80g
Impressão e acabamento
Gráfica e Editora Santuário